KB083074

The New Way of
KOREAN
ECONOMY

역사적 분석으로 본

한국경제의
새로운 길

최배근

博 英 社

한국경제의 새로운 길 찾기

현재 한국경제는 '위기'에 놓여 있다. 낡은 질서는 붕괴되었는데 경제주체들이 희망을 갖지 못하는 등 한국경제에 '새로운 길'이 보이지 않는다는 점에서 위기라 말하지 않을 수 없다. 성장 동력은 크게 저하되고 양과 질에서 고용이 악화되고 있고, 핵전쟁보다 더 큰 재앙이 될 수 있는 고령화와 출산율의 저하가 급속히 진행되고 있고, 통일의 부담은 눈앞으로 다가온 반면, 경제주체들의 신뢰가 사라지고 희망이 꺼져 가는 등 우리 사회의 에너지가 고갈되고 있는 실정이다.

무엇보다 한국경제는 성장 동력이 계속 저하되면서 '저성장의 함정'에 빠져 있다. 2001-2004년중 잠재성장률은 4.8% 수준으로 1990년대 외환위기 이전(1991-1997년 6.9%)에 비해 2.1%p 가량 하락하였고, 향후(2004-2014년)에도 비관적으로는 4.0%까지 하락할 것으로 전망하고 있다. 잠재성장률 하락의 원인들로는 글로벌 경쟁 심화, 산업구조 변화와 연관관계 약화, 투자 위축, 노동력 공급 둔화, 금융중개기능 약화, 경제의 불안정성 증대 등이 지적되고 있다.

첫째, 1990년대 이후 글로벌 경쟁이 심화되면서 우리의 기술수준은 선진국에 미치지 못하는 상황인 반면, 범용기술 제품분야에서 중국 등 저임노동력을 가진 국가들의 산업화 진전으로 수출시장을 잠식당하고 있다.

둘째, 산업구조는 선진국형으로 진화되고 있으나 소재부품산업의 발전이 동반되지 못한 상황에서 조립·가공 위주의 정보통신산업 급성장으로 산업연관관계가 1990년에 비해 크게 약화되었다. 즉 수출호황이 국내 여타 산업의 성장으로 이어지던 과거와는 달리 IT 중심의 수출호조는 국내 생산 및 고용증대로 이어지는 경제 파급효과가 미약하다. 1997년부터 2005년까지 GDP 대비 수출 비중이 41.4%로 1987-96년의 2배 이상으로 확대됐으나 IT부문의 수출구조 탓에 수출의 산업연관효과는 크게 떨어졌다. 2005년 IT산업의 수출 비중은 28.7%였으나 수출 10억원당 취업유발계수는 1990년 46명에 비해 2000년대에는 10명을 겨우 웃도는 정도로 떨어졌다.

셋째, 수익성 높은 신규투자처의 미발견, 고비용구조의 지속 등으로 설비투자가 2001-2005년중 연평균 1.1% 증가하는 데 그쳐 외환위기 이전(1990-1997년중 9.6%)에 비해 크게 하락하였다. 투자의 내용 면에서도 국산자본재보다 수입자본재의 증가세가 더욱 크게 나타나고 정보통신기기에 집중하였다.

넷째, 1980년대까지 2% 중반 정도의 높은 증가율을 유지하던 노동력(생산가능인구)은 고령화 등 인구구조 변화로 1990년대 1%대, 최근에는 0.6% 정도로 증가세가 둔화하였다. 경제활동참가율도 외환위기 직후 크게 낮아진 후 외환위기 이전 수준을 여전히 하회(1997년 62.5% → 2004년 62%)하고 있다. 학력수준이 크게 높아지는 상황에서도 기술 인력은 부족한 직업불일치(job mismatch) 문제가 야기되고 있고, 기술발전과 산업구조 급변으로 97년 위기 이후 고용시장의 비정규직화가 빠르게 진행되고 있고 재취업도 제약받고 있다. 게다가 저출산과 고령화로 10년 후 생산인구의 감소와 노인부양비율(≡65세 이상 인구/생산가능인구) 급등이 예상되고 있어 취업률(고용률) 제고가 중요 과제로 부각하고 있다.

특히 청년실업률이 큰 폭으로 증가하였는데 이는 낙후된 교육시스템과 관련을 맺고 있다. 투자유발 메커니즘이 물적 자본에서 인적 자본 주도로 변화했음에도 불구하고 변화한 사회경제환경에 부응하는 교육시스템의 부재로 고용의 양과 질 모두가 악화되고 있기 때문이다.

다섯째, 외환위기 이후 금융구조조정이 진행되면서 금융기관의 수익성 개선이 지나치게 강조됨에 따라 금융기관들이 가계대출은 크게 늘리는 데 반해 위험부담이 높은 기업대출에는 소극적인 태도를 보임에 따라 투자 부진의 한 요인으로 작용하고 있다. 게다가 가계부문의 유동성 확대는 수도권 지역의 부동산 가격을 크게 급등시킴으로써 '부동산 투기' 조장 등 경제불안 요인으로 작용하고 있다.

여섯째, '97년 위기' 이후 급속하게 승자 독식의 경쟁사회(winner-take-all society)로 이행하면서 소득분배가 악화되고 사회적 불안정성도 높아짐에 따라 소비가 위축되고 교육기회의 불균형 심화를 통해 인적자본 투자도 소홀해지는 등 대내외 경제환경이 크게 변화하는 상황에서 안정적인 제도를 선제적으로 확충해 나가는 정부의 역할이나 지역균형발전 대 수도권 규제 완화 등 경제주체들의 갈등을 조정하는 통합의 리더십이 부족하다.

한국경제의 희망을 만들기 위해서는 현재의 문제에 대한 정확한 진단이 필요하고 그에 적합한 처방을 마련해야 한다. 이러한 새로운 길 찾기는 경제주체들의 신뢰를 확보해 내고 통합의 에너지를 만들어 내는 일이 될 것이다. 구체적으로 한국경제가 당면한 현안들을 이해하고 풀어가기 위해서는 현재에서 출발할 수밖에 없다.

이 책은 현재를 이해하는 방법으로 한국경제의 진화패턴에 대한 역사적 분석의 방법을 선택하였다. 즉 역사적 흐름 속에서 한국경제를 발전시킨 동력이 무엇이고 동시에 그 발전을 좌절시킨 원인은 무엇이었나를 살펴보고자 한다.

무엇보다 현 단계 한국경제의 특징들은 '97년 (외환) 위기'와 깊은 관련을 맺고 있다. '97년 위기' 이후 한국경제는 급격한 시스템의 변화를 경험하였는데, 이를 '97년 체제'라 부르자. '97년 위기'의 결과로 그 이전의 개발독재('61년 체제')를 대체한 '97년 체제'를 제대로 평가하기 위해서는 '97년 체제'와 개발독재, 즉 '61년 체제'를 비교할 필요가 있다. 개발독재('61년 체제')는 현재의 우리를 있게 해 준 측면('한강의 기적')과 '97년 위기'의 원인이기도 하다. 개발독재('61년 체제')의 쌍생아인 재벌 역시 '한강의 기적'을 만들어 낸 주역이자 동시에 '97년 위기'를 초래한 원흉이자 '경제선진화의 가장 큰 장애물'이라는 상반된 평가를 받고 있다. 사실 개발독재나 재벌에 대한 이중적 인식은 잘못된 것이 아니다. 개발독재나 재벌은 개혁·청산할 부분과 유지·발전시켜야 할 부분, 두 가지 모습을 모두 갖고 있기 때문이다. 그럼에도 불구하고 개발독재나 재벌에 대한 인식의 혼란은 한국경제와 재벌을 우리의 언어나 눈으로 사유하고 바라볼 능력이 없는 우리 사회과학계의 '식민지성'에서 비롯한다.

'61년 체제'는 기본적으로 고성장에 따른 위험을 전 사회가 함께한 '공유시스템'이었다. 즉 경제성장이라는 사회 전체의 목표를 위해 한국사회가 가진 모든 자원과 역량을 동원하였다. 예를 들어, 〈정부-은행-기업〉의 협력시스템은 그 산물이었다. 이 공유시스템은 1972년 10월 17일 들어선 유신체제와 1973년부터 추진된 중화학공업화 이전까지는 성공적으로 작동한 편이었다. 그러나 유신체제의 등장으로 개발독재의 정당성이 약화되고 민주화 요구를 탄압하는 과정에서 경제력집중과 자본편향의 노사관계, 정경유착과 부정부패, 그리고 인권과 헌정의 유린 등이 구조화되었다. 즉 '61년 체제'는 공정성이 크게 훼손되었다. 공유시스템은 위험과 손실만이 공유되고, 대다수 국민, 특히 노동자와 농민 등은 이익의 공유에서 배제되는 불공정 공유시스템이 되었다. 그리고 이러한 체제의 불공징싱은 경세적으로는 '외부성'으로 작용하여 경제효율 제고에 장애요인으로 작용했을 뿐 아니라 우리 사회의 분열의 원인으로 작용하였다. 게다가 '61년 체제'는 분단 및 냉전체제라는 제약 속의 공유시스템이었다.

분단은 식민지체제의 유산이자 냉전체제의 산물이기도 하였다. 식민지체제는 후술하는 전통사회의 공유시스템을 파괴시켰을 뿐 아니라 한국경제의 부문 간, 예를 들어 농촌과 도시 부문 사이의 보완적 발전 (지방공업화) 가능성을 파괴시켰다. 여기에 한국전쟁 이후의 원조경제는 대도시, 특히 수도권 중심의 발전 논리를 강화시켰다. 즉 '61년 체제'에서 지방권의 소외가 구조화되었고 '61년 체제'의 불공정성을 심화시킨 한 원인이 되었다. '61년 체제'의 불공정성에 대한 반작용이었던 '87년 체제'의 산물, 특히 그 중에서도 참여정부에서 분권이 화두 중 하나로 등장한 이유도 여기에 있다.

'61년 체제'에 대해서는 제 I 부에서 자세히 다룰 것인데 제 1 장에서는 '61년 체제'의 전사(前史)로서 50년대 초기공업화, 즉 원조경제의 성과와 한계들을, 제 2 장에서는 '61년 체제'의 생산력 특성인 외연적 성장의 내용에 대한 평가를, 제 3 장에서는 냉전체제 내 개방경제를 선택한 결과로서 수출주도 경제성장의 의미를, 제 4 장에서는 분단체제라는 한계 속에 만들어진 공유시스템의 지휘자로서 국가의 역할을, 그리고 제 5 장에서는 공유시스템의 성과이자 '61년 체제'의 불공정성의 상징이라는 복합적 성격을 갖는 한국의 재벌에 대해서 자세히 다룰 것이다.

'61년 체제'의 불공정성은 결국 '87년 체제'로 귀결되었다. '87년 체제'의 등장으로 민주화가 진전되면서 우리 사회의 투명성이 강화되고 다원화가 확대되었다. 그런데 문민정부에서는 국가주도의 불공정 공유시스템(개발독재)을 시장체제(사적 요소)로 대체하고 한국경제의 글로벌화를 적극 추진하였다. 사실 글로벌화 추진은 80년대 후반부터 한국경제에 거세게 불어 닥친 자본시장 개방이라는 '외압'과 무관하지 않다. 즉 '61년 체제'의 문제를 공정성의 결여로 인식하지 못하고 공유시스템 자체를 청산의 대상으로 설정하는 우를 범하였고, 공유시스템이 전제되지 않는 글로벌화(예: OECD 가입) 추진은 '97년 위기'로 나타났다. 공정성 강화를 목표로 한 민주화가 역설적으로 위기를 초래한 것이다.

'97년 위기'의 산물로 등장한 '97년 체제'는 한국경제의 개방을 한편으로는 외압에 의해, 그리고 다른 한편으로는 우리 스스로의 선택을 통해 가속화시켰고 기존의 공유시스템은 복구되기 어려울 정도로 붕괴되었다. 그리고 공유시스템의 붕괴는 우리가 직면한 사회양극화, 성장동력의 약화, 사회 신뢰망의 훼손과 파편화 등으로 나타났다. 즉 민주화가 목표로 한 공정성 강화가 공유시스템을 붕괴시키고 그 결과 실질적인 공정성과 민주주의(사회경제적 민주주의)를 후퇴시키는 역설을 만들어 냈다. 특히 국민의 정부와 참여정부에서 서민과 사회적 약자층을 위한 정책을 추진할수록 소득양극화가 심화되고, 지방경제 활성화와 고용창출을 추진했음에도 불구하고 지방경제가 침체되는 역설이 나타났다. 그리고 이에 대한 대응은 글로벌화를 심화시키는 방향으로 이어지고 있다. 참여정부에서 현재 추진하는 한미 FTA를 비롯해 전방위적 FTA 추진이 그것이다. 사회경제적 민주주의의 후퇴로 고통을 받는 사회적 약자층이 이에 대한 반발 또한 예상된 것이다. 공유시스템의 구축이라는 내부개혁 없는 글로벌화의 '저주'가 자신들을 기다리고 있기 때문이다.

　이러한 경험은 이미 1세기 전에도 경험한 것이었다. 전통사회의 경제진화는 기본적으로 공유시스템에 기초한 것이었다. 사적 요소의 성장은 공유시스템의 유지라는 전제 속에서 용인되었다. 예를 들어, 공유(公有)제에 기초했던 토지소유관계 역시 기본적으로 국가에 의한 재분배가 가능한 한 유지되었다. 세종 6년(1423년)에 민전매매가 공인되며 토지에 대한 국가의 관리체계와 국가가 갖는 공동체적이며 공공적인 성격이 약화되며 시장에 의한 자원배분방식이 도입되었지만 국가에 의한 관리체계는 조선왕조 말까지 결코 포기되지 않았다. 생산력의 발전방향 역시 공유시스템과 부합하는 것이었다. 즉 전통사회에서 생산력의 발전은 자연경제영역과 시장의 영역이 상호 보완적으로 결합·발전하였고, 이는 도시와 농촌의 대립을 통해 발전을 한 영국의 경험과 달리 농촌공업화 혹은 지방공업화의 가능성을 기대할 수 있었다.

　그리고 공유시스템의 전제 속에 시장의 개방은 전통사회의 경제발전과 조응하는 것이었다. 그러나 양란 이후 약화되던 국가의 공공적 성격이 19세기 이후에는 붕괴되면서 공유시스템이 해체되었고, 그런 상황에서 강요된 개항은 농촌공업화 혹은 지방공업화의 가능성을 차단함으로써 소농경영의 위기를 심화시켰고 결국 조선을 식민지로 전락시켰다. 전통사회의 경제진화의 성격에 대해서는 제9장에서 생산력의 특성, 제10장에서 국가의 성격, 제11장에서 토지소유관계, 그리고 제12장에서 시장경제의 성격을 나누어 다룰 것이다.

식민지체제는 공유시스템을 구조적으로 붕괴시켰다. 그리고 대도시와 결합된 외래자본의 유입은 지방권의 영세화를 구조화시켰다. 1930년대 이루어진 공업화의 결과는 기본적으로 일본자본 및 일본인에게 귀속되었고 식민지조선이 국제분업 관계를 맺었던 일본경제로부터 선진기술의 유입도 확인되지 않는다. 게다가 식민지지주제와 식민지공업화는 분단의 사회경제적 원인 중 하나로 작용하였다. 즉 식민지체제는 2차 대전 이후 형성된 냉전체제와 더불어 분단체제('48년 체제')를 낳은 주요한 원인으로 작용하였다. 그리고 한국전쟁 이후의 원조경제는 산업부문 간 보완적 발전의 가능성을 차단하는 또 다른 계기로 작용한다.

냉전체제 속에 편입된 한국경제는 미국 중심의 세계경제질서에 편입되었고 개방형경제가 성공할 수 있었던 것은 앞에서 지적했듯이 박정희 정권의 개발독재('61년 체제')가 기본적으로 공유시스템이었기 때문이었다. 식민지체제에 대해서는 제6장과 제7장에서 자세히 다루고 있다.

한편 사회주의체제가 성립된 북한 지역에서는 식민지유산과 더불어 사회주의 자립경제 노선에 기초해 중화학공업을 중심으로 한 중공업 우선노선을 선택하게 된다. 중화학공업은 경공업에 비해 성장의 효과가 높기에 초기에 북한경제의 높은 성장률을 가져다 주었다. 그러나 기본적으로 내수시장이 작고 기술경쟁력이 낮은 북한이 중화학공업화를 성공적으로 수행하기 위해서는 개방, 즉 해외시장의 확대가 불가피하였다. 그러나 냉전체제 속에서 북한의 개방은 사회주의 국제분업의 범위에 한정될 수 없었다. 이러한 한계 때문에 북한은 1954–55년 중공업 우선 노선을 둘러싼 당내 갈등, 그 연장에서 개인숭배 비판을 둘러싼 권력투쟁의 성격인 56년 8월 종파사건 등에 직면하였고, 이를 계기로 50년대 말부터 북한은 사회주의 국제분업 전략에서 이탈한다.

그리고 이러한 국제분업 이탈전략은 북한 사회주의 공업화 위기의 결정적 계기로 작용한다. 즉 생산재부문을 국제분업에 의존하던 북한의 공업화에서 대외원조의 감소 및 국제분업의 약화는 곧 축적의 위기로 나타날 수밖에 없었다. 공업화에 요구되는 거액의 자금과 자재에 대한 내부동원(주체형 사회주의 공업화) 전략은 '계획경제 내 무정부성'이라는 구조적 역설을, 그리고 이러한 강행적 성장방식은 양적 성장의 성과들을 내용적으로 부정하는 외연적 성장의 모순을 만들어 낸 것이다. 즉 북한의 선택은 엄격한 공유시스템에 기초한 것이었으나 개방성의 결여로 지속적으로 작동할 수 없었다. 이에 대해서는 제 8 장에서 자세히 다루고자 한다.

이처럼 역사적 분석을 통해 한국경제의 진화패턴이 한국경제 발전의 내적 원동력은 공유시스템에서 비롯한 반면 한국경제의 공유시스템은 개방경제와 친화적 관계를 형성하고 있음을 파악할 수 있다. '97년 위기'가 공유시스템의 해체 속에 세계화를 추진한 결과였듯이, 현재 한국경제가 직면한 '또 다른 위기' 역시 새 시대에 맞는 공유시스템의 재구축 없이 진행되는 한국경제의 글로벌화와 무관하지 않다. 이러한 위기는 기본적으로 '87년 체제'의 적자(嫡子)들이 '97년 위기' 이후 새로운 공유시스템을 만들어 낼 능력의 결여뿐만 아니라 심지어 공유시스템을 청산의 대상으로 인식한 지적 수준에서 비롯한 것이다.

지금까지의 분석을 통해 한국경제는 전통사회에서나 개발독재기 고도성장에서나 공유시스템에 의해 발전이 가능하였고, 공유시스템의 유지를 전제로 한 개방화, 시장화, 글로벌화는 발전에 친화적으로 작용하였음을 확인할 수 있었다.

물론 '포스트 97년 체제'가 요구하는 공유시스템의 내용은 '87년 체제'(민주화)로 강화된 다원화나 투명화 등의 새로운 환경에 조응해야 한다. 따라서 국가의 성격 역시 개발독재의 그것과 달리 다양한 민관자원을 네트워크화시킬 수 있는 리더십을 갖춘 '네트워크 국가'가 되어야 한다. 즉 '61년 체제'는 다양성을 억압하고 창의력을 억제함으로써 지식사회의 인프라인 양질의 인력 창출을 가로막고 새로운 패러다임을 창조할 수 있는 상상력을 질식시켰다. 다양성이 경제적 자원으로 부상한 지식사회는 경제 및 사회 각 부문을 정보기술의 조직원리로 재구성함을 의미한다.

또한, '포스트 97년 체제'가 요구하는 공유시스템은 냉전 및 분단체제에 기초한 '61년 체제'의 공유시스템과 달리 세계화 및 냉전체제의 해체, 중국의 부상 등 변화된 환경과 조응해야 할 뿐 아니라 한반도에서 분단을 해소시켜야 한다. 이런 이유 때문에 새로운 길을 찾고 있는 한국경제는 단순히 기업 및 산업 구조의 조정이 아니라 사회양극화를 해소하고 신성장동력과 교육혁신을 만들어 낼 수 있도록 사회시스템을 혁신하고 이를 전제로 세계화의 흐름과 중국의 부상을 적극 활용하는 한반도 공간구조개혁을 해야 한다.

사회시스템의 혁신의 방향은 사회통합의 콘텐츠를 갖는 리더십을 요구하고 있고, 우리 경제의 당면과제들을 상호 연관 속에 통합적으로 인식하는 사고체계를 필요로 한다. 그리고 이는 분단과 분열의 시대에서 통일과 통합의 시대로 전환되는 것을 의미한다. 제13장에서는 '97년 위기'의 원인을 소개할 것이고, 제14장에서는 '97년 체제'와 '또 다른' 위기의 내용들 그리고 '포스트 97년 체제'에 대한 모색을 자세히 소개할 것이다.

2007년은 97년 (외환)위기가 발생한 지 10년, 그리고 1987년 6월 항쟁이 일어난 지 20년이 되는 해이다. 즉 지난 20년은 대내적으로는 민주화의 물결이 대세를 잡고 민주화운동 세력이 사회와 국가의 주역으로 부상을 하였고, 대외적으로는 70년부터 진행된 IT 혁명과 금융경제화 등을 내용으로 한 세계화의 물결이 냉전질서의 해체와 자본시장 자유화로 한반도 질서와 한국경제에 충격(외압)으로 다가왔다. 앞에서 지적했듯이 '97년 위기'는 기본적으로 '61년 체제'의 한계에서 비롯한 것이었지만 '61년 체제'에 대한 '87년 체제'의 주역들의 대안 만들기 실패와 직접 관련이 있다. '97년 위기'를 계기로 지금까지 한국경제를 주조해 온 '97년 체제'는 외부의 요구에 의한 부분도 있었지만 우리 스스로 선택한 부분도 없지 않았다는 점에서 '97년 체제'의 공과는 '87년 체제'의 주역들의 몫이라 해도 과언이 아닐 것이다. 특히 최근 거론하는 우리 사회의 민주주의와 민주화운동세력의 위기, 그리고 한반도 질서의 위기는 '97년 체제'의 산물이다. 이런 시점에서 2007년을 맞이하는 한국사회는 새로운 길을 만들어 내야 하는 과제를 갖고 있고 이 책은 그런 차원에서 기획된 것임을 밝힌다.

차 례

제 Ⅱ 편　식민지경제와 분단체제 그리고 북한경제의 비극

제Ⅲ편 한국 경제성장의 역사적 배경

제 Ⅳ편　97년 위기와 97년 체제의 등장

제 I 편

개발독재기
한국 경제성장의 특성

- 분단체제 하 공유시스템

제 I 편 개발독재기 한국 경제성장의 특성
― 분단체제 하 공유시스템 ―

　　한국경제는 약 한 세대 만에 1인당 국민소득을 약 80 달러(1962년) 수준에서 1만여 달러(1995년)로 증대시켰고, 특히 제조업이 연평균 약 15% 정도의 높은 성장률을 이룩하였다. 해방 직후 한국경제는 낮은 경제성장률과 높은 인구증가율로 인해 1인당 GNP는 60-80 달러 수준에 있었고 실업률은 높은 수준에 있었다. 즉 한국경제는 60년대 들어서야 공업화와 경제개발을 본격적으로 추구하게 되면서 성장을 경험할 수 있었다.

　　사실, 한국에서의 경제개발은 2차 대전 후 시장경제 국가들에서의 경제계획에 대한 관심의 고조와 맥을 같이한다. 이 때 도입 · 발전된 경제개발계획은 크게 두 가지 유형으로 구분된다. 하나는 선진국의 경기조정 또는 경기예측적 기능에 중점을 둔 경기대응적 경제계획(anti-cyclical planning)인데, 이것의 특색은 기존의 경제 · 사회적 구조의 테두리 안에서 경기침체가 초래되지 않도록 주로 기업 및 재정활동의 방향을 사전적으로 제시하는 데 있다. 다른 하나는 개발도상국의 경제개발계획으로 경제적 측면에서는 고도경제성장의 달성, 근대기업을 주축으로 한 산업구조의 고도화, 그리고 선진국과 대외경제적 협력체제의 강화를 도모하는 것이고, 사회적 측면에서는 근대화의 추구가 그 주된 기능이 된다.

　　이러한 시대적 조류에 따라 한국에서도 1960년 당시의 부흥부 산업개발위원회에 의해 1960-62년까지의 '종합경제개발 3개년계획'이

처음으로 입안되었는데, 이것이 '경제개발7개년계획'의 전반 3개년계획이다. 사실, 그 전에도 UN 한국재건단(UN Korean Reconstruction Agency, UNKRA) 원조계획을 뒷받침하기 위한 1953년 3월의 한국경제재건계획(일명 네이산보고서, Nathan Report)와 7월의 타스카(Taska) 3개년 대한원조계획(일명 타스카보고서, Taska Report) 및 1954년 7월경 한국인에 의해 작성된 최초의 계획인 경제부흥 5개년계획 등이 있었다. 그러나 이런 계획들은 어느 것이나 한국민의 자발적 의지에 의해 작성되었다기보다는 원조 및 지원정책을 수립하는 데 이용하고자 작성되었다고 할 수 있다. 경제개발 3개년계획은 미국의 대한원조가 점차 감소하리라는 예상 하에 자립화 기반 구축을 목표로 하였으나, 4·19혁명으로 계획에 그치고 말았다.

1962년부터 본격적으로 전개된 경제개발계획에 기초해 30년간 연평균 8.7%라는 높은 GNP의 성장을 이룩하였고 세계 11위의 경제규모를 가지게 되었다. 그리고 이러한 한국의 경제개발방식은 요소투입과 수출주도에 의한 공업화(input-driven and export-led industrialization)였다. 즉, 이러한 경이적 성장이 가능했던 것은 연평균 약 26%와 약 29%라는 저축 및 투자율, 그리고 연평균 약 20%라는 높은 수출신장률 때문에 가능한 것이었다. 참고로 1960년대 이후 80년대까지 한국을 포함한 아시아 신흥공업국들(NICs)의 수출은 연평균 약 18%로 신장되었으며, 이는 세계 전체의 약 12%에 비해 매우 급속한 것이었다. 그 결과, 산업구조 및 수출상품구조도 1차 산품 중심에서 공산품 중심으로, 경공업 중심에서 중공업 중심, 즉 노동집약적 제품에서 자본·기술집약적 제품 중심으로 고도화되었고, 자본·기술집약제품 중에서도 중후장대형(重厚長大型)에서 경박단소형(輕薄短小型)으로 급변하였다.

이런 이유로 한국의 경제성장은 '압축성장'으로 표현될 만큼 전후 후진국가들 중 가장 성공적인 모델로 지적되곤 하였다. 한국의 경제성장의 특성은 서구 공업국가의 그것과 비교할 때 생산요소의 대량동원과 해외부문에의 의존, 그리고 이를 위한 '국가통제적 경제조절(state-controlled adjustment and growth)' 소위 '개발독재체제(61년 체제)'로 요약된다. 다시 말해, 경제개발과정에서 높은 투자율과 수출신장률에 힘입어 고도성장이 가능했는데, 바로 이 과정에서 국내자금과 외환, 세금, 새로운 기업에 대한 인허가 권한 등을 통제한 정부의 중심적 역할이 존재하였다. 이처럼 61년 체제는 〈국가-은행-기업〉 사이에 유기적 협력이 이루어진 '공유시스템'이었다. 그리고 이 공유시스템은 중화학업화를 통해 재벌 중심의 경제구조가 성립되기 이전까지는 성공적으로 작

[표 1] 국민경제의 주요지표, 1953-1993   (단위: 달러, %)

	1953	1954	1955	1956	1957	1958	1959	1960	1961
일인당GNP	67	70	65	66	74	80	81	79	82
GNP성장률	–	5.1	4.5	-1.4	7.6	5.5	3.8	1.1	5.6
제조업성장률	–	18.1	21.3	15.2	7.1	10.3	9.2	8.2	4.0
제조업비중	9.0	11.8	11.6	11.6	11.2	12.8	14.1	13.8	13.6
정부지출/GDP	8.0	10.3	8.9	9.3	10.9	12.9	14.3	14.6	13.7
국내총투자율	14.7	11.4	11.7	8.0	14.0	11.8	10.4	10.0	12.0
개인순저축률	7.3	5.3	4.1	-2.9	5.4	4.2	2.0	-2.2	-0.2
수출/GNP	3.2	2.1	2.9	2.3	2.2	2.8	3.4	4.1	6.3
수입/GNP	9.8	7.4	10.0	13.2	12.0	10.8	10.3	12.7	14.9
노동소득분배율	25.8	31.4	30.1	28.6	30.3	34.1	38.6	37.4	34.5

	1962	1967	1972	1977	1982	1987	1990	1991	1992	1993
일인당GNP	87	142	319	1,011	1,834	3,218	5,883	6,757	7,007	7,466
GNP성장률	7.9	9.5	8.6	5.6	9.3	12.3	9.6	9.1	5.0	5.6
제조업성장률	15.1	21.8	19.3	11.2	13.0	19.5	9.7	9.1	5.1	5.0
제조업비중	14.4	19.1	22.2	26.8	28.1	31.4	29.2	28.5	27.8	27.1
국내총투자율	15.3	24.9	26.6	31.7	29.7	30.0	37.1	39.1	36.8	34.4
개인순저축률	-1.2	1.7	–	14.8	11.0	21.8	19.8	21.9	20.2	–
수출/GNP	6.0	13.6	35.9	20.8	35.5	41.1	30.3	28.8	29.5	29.8
수입/GNP	16.6	22.4	25.6	33.9	42.5	35.3	31.6	32.0	31.2	30.0
노동소득분배율	36.1	36.7	40.8	44.2	53.2	53.5	59.0	60.2	61.0	60.6

	연평균성장율(%)						
	GNP	제조업	총고정자본형성	수 출	수 입	저축율	투자율
1953–61	3.98	11.68	9.71	13.45	1.5	15.8	12.96
1962–92	8.65	15.44	16.35	20.06	16.79	20.06	29.38

	산업구조의 추이(%)								
	1960	1965	1970	1975	1980	1985	1990	1995	1996
1차 산업	36.8	38.0	26.6	24.9	14.7	12.5	8.7	6.5	6.3
2차 산업	20.0	24.7	29.1	33.4	39.8	41.1	43.4	43.3	42.8
중 공 업	23.4	31.4	39.2	47.9	53.6	58.5	65.9	76.3	76.2
경 공 업	76.6	68.6	60.8	52.1	46.4	41.5	34.1	23.7	23.8
3차 산업	43.2	37.2	44.2	41.7	45.5	46.5	47.9	50.1	50.9

주: 1. 일인당 GNP는 경상가격으로 1970년 이전은 1975년 기준이고, 1970년 이후는 1990년 기준임.
　　2. GNP성장률과 제조업성장률은 불변가격 기준으로, 그리고 국내 총투자율은 경상가격 기준으로 1962–86년까지는 각 계획 기간의 평균성장률이고, 1987년 이후는 각 개별년도의 것.
　　3. 각 산업별로 부가가치 구성비(경상가격 기준).
　　4. 1, 2, 3차 산업분류는 세계은행 분류방식으로, 2차 산업은 광공업에 건설 및 전기가스수도업을 합한 것.
　　5. 1996년의 자료는 잠정치
자료: 한국은행, 1994, 『국민계정』, 14–37쪽; 현대경제사회연구원, 1997, 「HRI 경제통계」.

동되었다. 소득의 증대뿐만 아니라 상대적으로 소득분배에 대한 불만 역시 크게 문제되지 않았던 것이다. 그리고 개방은 공유시스템과 성공적으로 결합되었다. 그러나 재벌중심의 경제구조가 성립되면서 경제력 집중, 정경유착과 부정부패가 심화되었고 그 결과 시스템은 정당성을 훼손하였고 이는 제3공화국의 비극적 종말로 이어졌다.

　　제 I 편에서는 개발독재기 고도성장(61년 체제)의 공유시스템을 작동시킨 특징들을 살펴보기로 하겠다.

▶▶▶ **경제조절방식**

종래 선진경제들의 공업화 패턴은 대개 세 가지 방식으로 분류한다(J. C. Lee, 1994). 첫째는 미국처럼 기업주도에 의한 경제조절(company-led adjustment, liberalism), 둘째는 스위스 · 스웨덴 · 노르웨이 · 덴마크 · 오스트리아 같은 유럽의 소규모 국가들이 보여 준 국가와 기업과 노동자 간의 담합에 의한 협상식 경제조절(negotiated adjustment, corporatism), 셋째는 일본과 프랑스에서처럼 기업집단의 충분한 동의를 전제로 한 국가주도적 경제조절(state-led adjustment, statism)로 구분할 수 있다(J. Zysman, 1983). 그런데 한국의 경우 앞의 경우들과 달리 임의적인 부문에 대한 시장조작(discretionary field manipulation)을 위해 시장개입과 더불어 '명령'(행정명령이나 대통령령 등)이나 강제적 조치들을 사용하였던 국가통제형 조절(state-controlled adjustment)이었다.

제 1 장

초기공업화의 특징
─ 원조경제와 수입대체공업화의 한계 ─

분단이 한국경제에 미친 영향은 하나의 경제를 지리적으로 분리시킴으로써 불구로 만들었다는 점이다. 분단 당시 전체 인구의 약 2/3를 보유하였던 한국은 경지면적에서는 전체의 50%도 안 되었기 때문에 인구밀도에서 북한의 두 배가 넘었다. 게다가 산업구조의 측면에서 상대적으로 한국은 농업이, 그리고 북한은 공업─특히 중화학공업─의 비중이 높았다. 예를 들어, 답(畓)은 남한이 전체의 2/3 이상을 보유하였다. 또한, 자본집약적이며 단위당 높은 생산비용이 요구되는 산업들의 북한 집중이 지역경제와 잘 통합되지 않았기 때문에 지속적인 보호가 요구되었던 반면, 남한은 노동집약적 소비재의 수출을 통한 공업화를 추구할 수밖에 없었다(A. Kohli, 1994: 1282). 즉 일제가 남겨 놓은 남농(南農)·북공(北工)체제는 분단으로 인해 남북한 간의 상호보완적 국내분업체계의 발전 가능성을 원천적으로 봉쇄시켜 어느 한 쪽도 자생적 산업발전을 극히 어렵게 만들었다. 여기에 공업원료 및 에너지의 북한에의 편재가 이러한 여건을 더욱 악화시켰다.

이러한 차이는 남북한의 해방 후 경제발전 전략에도 영향을 미치게된다. 게다가 식민지 하 한국 내 투하자본의 90% 이상을 차지하던 일본자본과 공업기술자의 80% 이상을 차지하던 일본기술자의 철수로 한국내 공업생산시설의 대부분이 유휴상태에 놓이게 되었다(황병준, 1965:

[표 1-1] 분단 당시 남북한의 토지 및 인구의 비교

	남 한	북 한	남한비중
전체토지(km²)	108,366	118,366	47.8
인구(1944년, 천명)	17,041	8,859	65.1
인구밀도(명/km²)	58	75	
경작지(1939년, km²)	22,300	24,175	48.1
답	13,293	5,684	70.0
일인당경지(m²)	1,309	2,729	
남북한의 순생산물, 1939-1940년 평균(백만엔[1])			
농 업	496.3(59.9)	333.3(46.8)	59.8
임 업	65.8(7.9)	58.7(8.2)	52.9
어 업	80.2(9.7)	46.8(6.5)	63.1
광 업	28.9(3.5)	90.6(12.7)	24.2
제조업	157.9(19.0)	183.7(25.8)	46.2
전 체	829.1(100.0)	713.1(100.0)	53.8
인구(천명)	15,627	7,920	66.4
일인당생산물	53.1	90.0	

주: 1. 1936년 시장가격.
자료: Kwang Suk Kim and Michael Roemer, 1979, *Growth and Structural Transformation: Studies in the Modernization of the Republic of Korea, 1945-1975*, Cambridge, p. 22; BOK, 1948, *Annual Economic Review of Korea*, Ⅲ, pp. 17-25; Sang-Chul Suh, 1978, *Growth and Structural Changes in the Korean Economy, 1910-1940*, pp. 137-39.

57). 이러한 생산의 감축은 해방 후 소비재 중심의 미국의 원조물자의 유입으로 더욱 위축되어 상대적으로 초과수요경제를 결과시켰다. 한국의 공업생산의 위축을 보면, 1941년에 비해 1948년 당시 공장수는 40%, 직공 수는 29%의 감소를 가져왔고, 전체 생산액으로는 1939-1948년간 83%나 감소하였다.

그러나 무엇보다 분단이 사회경제에 끼친 가장 커다란 영향은 한국전쟁이었고, 그 결과로서 한반도에 지속되어 온 군사적 대립이었다. 전

● **[표 1-2]** 해방 직후 공업생산의 위축상황   (단위: 개, 천명, 백만원, %)

	공 장 수			종업원 수			공 산 액		
	1941	1948	증감율	1941	1948	증감율	1941	1948	증감율
섬 유	1,301	1,325	2.0	54.1	54.2	0	170	17,673	−74
화 학	517	767	48.4	17.4	24.9	43	85	14,666	−57
식 품	1,863	646	−65.3	25.2	5.2	−79	210	5,879	−93
기 계	585	543	−7.2	14.8	9.0	−39	38	2,396	−84
금 속	408	206	−49.5	9.4	4.4	−54	14	2,209	−59
인쇄출판	371	72	−80.0	7.5	1.9	−75	17	1,620	−76
요 업	366	115	−68.6	6.3	4.6	−27	12	1,574	−68
공 예	971	134	−86.2	14.6	4.6	−89	133	697	−99
합 계	6,382	3,803	−40.3	149.2	105.7	−29	679	46,715	−83

주: 공산액은 1939-48년간의 물가상승률을 감안한 실질가격 기준.
자료: 『産銀調査月報』, 제46호, 10쪽; 이대근, 「공업」, 변형윤 · 김윤환 편저, 『한국경제론』,
    제 6 장, 211쪽, 〈표 6.6〉에서 재인용.

쟁은 남북한 모두에게 엄청난 인명과 재산의 피해를 주었을 뿐 아니라
그 이후의 군사적 대립은 남북한의 사회경제발전에 커다란 부담으로 작
용하였던 막대한 군사비 지출을 구조화시켰다. 예를 들어, 공업부문의
전쟁피해에 대해 1951년 8월 말 현재 정부조사에 따르면, 한국의 3대공
업지대인 경인 · 삼척 · 영남지역 중 앞의 두 지역에서 건물의 44%와 공
장시설의 42%의 원상(原狀)피해율 등 전체 공업부문의 60%의 원상피해
율을 보고하고 있다(황병준, 1965: 71).

　　이처럼 한국동란으로 그나마도 미약하였던 공업시설이 파괴됨에
따라 1950년대의 한국경제는 생필품 공급부족에서 오는 초과수요경제
를 형성하였다. 이러한 조건에서 한국경제는 외국원조와 결합된 생필품
위주의 경공업건설 및 교육 · 의료 · 전력 · 자원시설 등을 포함한 사회
간접자본의 건설을 추진함으로써 민생안정, 전쟁재해의 복구, 그리고
공업화의 발전기반을 구축하기 시작하였다.

공업정책의 주요 특징을 요약하면,

① 1951년의 공업생산 수준이 1949년의 절반 수준으로 격감함에 따라 1953년 7월 휴전의 성립과 더불어 외국원조에 의한 공업재건사업, 특히 삼백산업을 중심으로 한 생필품의 안정적 공급 추진

② 국내총생산의 성장률을 능가하는 광공업 및 제조업부문의 성장으로 국내총생산에서 광공업과 제조업의 비중의 증대(1953년에 10.1%와 9.0%에서 1960년에는 15.9%와 13.8%)

③ 소비재 대 생산재공업의 구성비율이 1953년 79.7% 대 18.2%에서 1961년에는 75.1% 대 23.6%에서 보이듯이 경공업우위의 성장 추진 등을 지적할 수 있다.

이런 측면에서 한국경제의 재건과 성장구조로 전환시키는 데 크게 기여하였던 외국원조는 정부예산의 재정적자를 감소시키고 소비재공급을 증가시킴으로써 악성인플레이션의 압력을 완화시켰다는 긍정적 평가와 더불어, 원조가 소비재의 성격이 강한 원자재 위주의 도입이었고 제조업에서의 시설재 도입 비중은 낮았기 때문에 투자유인효과를 발생시키지 못하고 구호사업 등의 단기적 효과에 머물렀다는 비판을 받고 있다(차철호, 1995: 34-35). 따라서 원조자금에 의한 소비재공업의 놀라운 성과를 단기간에 거두었지만 구조면에서 보면 또 다른 구조적 불균형을 심화시켰을 뿐 아니라 대외의존적 공업자본의 축적과 재벌의 형성(소위 '원조재벌')을 가져오는 계기가 되었다. 특히, PL(Public Law)480에 의한 잉여농산물의 도입은 오늘날 농업 정체의 주요 요인으로 지적된다.

한편, 자본주의 공업화로의 이행 과정이기도 한 한국에서의 자본축적 과정은 두 국면으로 나타났다. 첫 국면은 1950년대의 지대자산의 상업자본으로의 전환이고, 두 번째 국면은 1960년대의 상업자본의 산업자본으로의 전환이었다. 50년대 토지재산의 상인자본으로의 전환은 자본을 토지로부터 밀어내는 힘과 상업으로 끌어들이는 힘들에 대응하여 발생하였다. 즉 지대자본은 농지개혁의 결과로 토지로부터 밀려났고, 이

것은 지주계급의 정치력 및 경제력의 쇠퇴를 반영하는 것이었다. 다른 한편, 미국원조의 유입과 외환의 부족, 그리하여 무역을 통해 커다란 이윤을 만드는 것이 가능했던 경제상황에 대응한 상업적 이해관계의 추구가 자본을 상업 쪽으로 끌어들였다.

제1절　농지개혁의 사회경제적 영향: 산업노동력창출의 경제적 토대

　　1950년 3월에 마지막 형태를 갖추어 공포되었던 농지개혁은 개혁의 준비 및 실시과정에서의 개혁 주체 상의 문제 등 여러 가지 문제점과 실시기간중에서 발발한 한국전쟁 등으로 인해 개혁의 본래 의미가 크게 벗어났음에도 불구하고 개혁에 의해 경자유전(耕者有田) 원칙에 따른 농민의 소소유자화(小所有者化) 및 한국농업의 소농체제 확립에 기여하였다(장상환, 1985: 292-358 참조). 즉 유상몰수·유상분배의 원칙이었음에도 불구하고 농지개혁은 처분농지에 대한 보상의 부실, 인플레이션, 그리고 가구당 3정보 이하라는 제약으로 상당한 경지를 경작자에게 이전시키는 효과를 가졌고, 이것은 농촌에서 지주계급의 힘을 효과적으로 제거시키는 계기가 되었다. 예를 들어, 1945년부터 1965년 사이에 자신의 토지를 소유한 농가구의 비율은 14%에서 70%로 증가한 반면 순수소작인은 49%에서 7%로 감소하였다.

　　농업관계의 혁명은 무엇보다 지주들의 정치력 및 경제력의 쇠퇴, 그리고 토지에 대한 투자 감소와 상업분야에의 자본축적을 가속화시킨 반면 경지규모나 농업기술에는 커다란 영향을 미치지 않았다고 평가하는 경우가 있다. 그러나 1949-63년간 국민총생산이 연평균 4.7%, 그리고 1차 산업의 연평균 1.9% 성장에서 보여 주듯이 속도는 완만하였지만 농업이 결코 정체하지는 않았다. 예를 들어, 일본이 농지개혁 후 10년 사이에 농업생산액이 연평균 3.1%의 성장을 하였던 것에 비교하면 한국 농지개혁의 성과는 상대적으로 불충분하나 정체라고 말하기는 어렵다. 즉 농지개혁 후 50년대 후반까지 30년대 후반의 토지생산성을 회복하였고 60년대 전반까지는 약 17% 증가하였다.

이러한 성과는 식민지기 약 20년 동안에 달성된 생산력의 증진에 해당된다. 이러한 농업생산의 성장은 소농민경영에 있어 경작권의 안정이 가져 온 농업생산의 의욕 고취 및 농업신기술의 수용효과의 제고에서 기인하였다. 또한, 자작농체제의 성립은 소작료의 부담을 소멸시킴으로써 실질적 소득의 인상을 초래한다는 점이고, 이러한 효과가 한국에서는 농지상환곡과 토지수득세의 부담이 완화되는 50년대 중엽부터 나타나 60년대부터 본격화되었을 것으로 추정되고 있다(장시원, 1995: 62-63). 물론, 지가의 현물상환, 인플레이션 하 농산물가격 억제정책, 농민들의 높은 조세부담, 악성고리대 등은 농지개혁을 전후해 대량 창출된 자작농민의 부채를 증가시켰다. 게다가 1955년 5월 PL480호에 의한 미국의 잉여농산물의 무상원조 실시는 농가경제를 파탄시켜 많은 농민을 소작농으로 만드는 계기가 되었다(김홍상, 1987: 175-78).

한편, 농지개혁의 불철저성으로 지적되는 사항 중 하나가 개혁 후 성립한 자작농의 영세과소농구조이다. "가족노동이 완전연소되지 않고 농업경영만으로 생계유지가 불가능한 경영층"을 영세과소농이라 정의하면 당시의 생산력 수준으로 볼 때 1정보 미만 경영층이 이에 해당되는데, 개혁 후 이러한 영세과소농은 전 농가의 79%에 달하였고, 이는 개혁 전에 비교해 12% 정도 증가한 것이었다. 그러나 당시의 주어진 경지규모와 농가호수에 비추어 볼 때(1949년 현재 경지면적 207만 정보÷농가호수 247만 호=0.837정보), 농지개혁 당시부터 적정규모 이상의 소경영을 창출한다는 것은 현실적으로 불가능하였고, 자본주의적 틀 속에서의 개혁을 전제로 한다면 적정규모의 창출은 농촌과잉인구를 흡수할 정도의 상공업의 발달, 특히 공업화의 문제였다(장시원, 1995: 64).

● [표 1-3] 농지개혁 전후 농민계층구조의 변화   (단위: %)

	1945	1947	1951	1953
0.5정보 미만	33.7	41.2	42.7	44.9
0.5-1정보	33.4	33.3	35.9	34.2
1-2정보	22.9	18.8	17.1	16.5
1-3정보	7.7	5.3	4.3	4.3
3정보 이상	2.3	1.4	0.1	0.1

자료: 김성호 외, 1989, 『농지개혁사연구』, 한국농촌경제연구원, 1040쪽.

　흔히, 후진국에서의 경제성장과 공업화는 농업의 정체와 농촌지역의 불평등성의 심화(심지어 절대적 궁핍화)를 수반하곤 했다. 그러나 1945-57년간 진행된 한국에서의 농지개혁은 농업생산액과 생산성의 완만한 성장, 그리고 상대적으로 평등하고 동질적인 농촌구조를 만들어내는 데 기여하였다(E. Lee, 1979: 493-517). 즉 1965년을 기준으로 토지소유분배에 의한 지니계수를 보면 많은 개발도상국가들이 0.6-0.7이었던 반면 한국은 0.38로서 상대적으로 평등한 농촌구조를 가졌다.

　경지소유의 3정보 상한 규정이나 토지거래에 대한 법적 제약과 더불어 농지소유의 편차가 적었다는 점은 농가의 생산조건이 동질적(예를 들면 투입요소와 생산성에서 규모의 중립성)이었음을 의미한다. 즉 상이한 경지규모에 대해 생산비용과 단위토지당 수확량은 별 차이가 발견되지 않는다(농수산부, 1970, 『농업통계연감』, 표 131, 310-311쪽; 1976, 『농업통계연감』, 표 88, 202쪽). 예를 들어, 화학비료 같은 근대적 농업요소의 사용에서나 유기비료나 농우 같은 전통적 농업요소의 사용에서 경지규모에 따른 유사성이 발견된다. 단지, 경지규모에 비례하여 고용노동력의 사용이 비례하고 있다.

　이러한 조건들에서 한국의 농업은 국제기준에 비추어 볼 때 낮지 않은 성장률을 기록하였다. 1952-71년 기간동안 농업생산물의 부가가치 성장률은 연평균을 보면, 일본과 인디아가 2.2%와 2.9%이었던 반면 한국은 3.5%를 기록하였고, 무엇보다 이것이 생산성의 증가 — 예를 들어, 신품종의 도입, 화학비료의 사용, 관개시설의 향상 등으로 1952-56년간 1헥타당 벼의 수확은 3,340Kg에서 1970년에는 4,550Kg, 그리고 1974년에는 4,700Kg으로 증가 — 와 관련을 맺고 있다는 점이다. 그 결과, 1960년대 말부터 농가소득은 증대하였고 농촌지역과 도시지역 간의 가구당 소득도 그 격차가 축소되었다. 또한, 농가경제 내 소득분배를 보더라도 다른 개발도상국들에 비교해 상대적으로 균등할 뿐 아니라 급속한 경제성장 및 경제구조의 변화에도 불구하고 변화하지 않았다는 점을 지적할 수 있다. 이것은 토지개혁으로 인해 초기부터 소득분배의 불평등 정도가 낮았을 뿐 아니라 이러한 초기의 평등(정태적 자산재분배)과 더불어 교육기회의 확대 속에서 '동태적 재분배'의 효과에 기인한 것이었다(I. Adelman, 1974).

게다가 급속하게 성장하는 노동집약적 수출산업의 노동력 흡수가 고성장의 과정 동안 농촌 내 불평등을 약화시키는 효과로 작용할 수 있다. 즉, 농지개혁 이후 소작지율이 꾸준히 증가했음에도 불구하고 공업화가 본격적으로 추진되지 않았던 50년대 후반과 60년대 초반에는 광범한 영세소농들이 부채농화하면서도 취업기회의 부족으로 탈농으로 연결되지 않고 상대적 과잉인구의 형태로 농촌에 체류하였다. 반면, 1963년 '보완계획'(제3장 제1절 참조)을 계기로 수출지향의 공업화정책이 강력히 추진되면서 도시부문의 고용기회의 확대는 농촌의 몰락농민을 이동시켰고, 이로써 농가경제의 압박이 일정하게 해소될 뿐 아니라 소작제에도 적잖은 영향을 미쳤다. 예를 들어, 1960-75년간 이농은 기본적으로 영세소농을 중심으로 하는 가구이농(세대유출)이 중심을 이루었고, 이들 중 5단보(1정보=10단보, 1단보=300평) 미만층이 55.8%이었고 10단보 미만층은 전체의 89.0%나 차지하였다(배진한, 1977).

이처럼 해방 후 농지개혁은 영세자영농을 대량 배출함으로써 농촌을 안정시키고 근대산업부문에 양질의 노동력을 제공할 수 있는 경제적

🌑 **[표 1-4]** 농가와 도시가구의 소득비교

	1963	1967	1970	1972	1974
농 촌					
A. 가구당	93,179	149,470	255,804	429,394	674,500
B. 1인당	14,582	24,423	43,210	75,200	118,000
C. 노동력당	29,209	47,907	87,905	144,092	218,000
도 시					
D. 가구당	80,160	248,640	381,240	517,440	644,520
E. 1인당	14,417	45,538	71,393	98,186	123,000
F. 노동력당	67,361	192,744	286,647	394,992	476,000
비 율(%)					
A/D	116.3	60.1	67.1	83.0	104.7
B/E	101.1	53.6	60.5	76.6	96.0
C/F	43.4	24.9	30.7	36.5	46.0

자료: P. Hasan, 1976, *Korea: Problems and Issues in a Rapidly Growing Economy*, Johns Hopkins Press, p. 52, Table 16,

토대를 갖추게 했다. 농지개혁과 농업생산성의 상관관계를 보면 농지개혁 이후 농가의 농업투자가 증대하고 노동보다 자본 투입이 늘었으며, 이에 따른 농촌의 상대적 과잉인구가 도시의 산업노동력으로 배출됐음이 확인된다. 그리고 풍부한 산업노동력 창출은 한국전쟁 이후 귀속재산 불하 및 미국 원조와 더불어 신흥자본가층이 형성되는 계기가 되었다(조석곤·오유석, 2004). 특히 자본축적에 결정적 역할을 한 휴전 이후 미국의 원조는 주로 국가와 국가의 관계이기 때문에, 일차적 수혜자는 수원국 국가 자체 또는 수원국 정부였다. 즉 원조는 원조국의 국가자본 수출의 한 형태로서 수원국 내에서는 국가자본 형성의 기초가 되었고, 경제성장에 있어 정부의 주도적 역할의 원인이 되었다. 즉 미국 입장에서 원조는 한반도에서의 반공국가 건설과 한국경제 통제 수단이었지만, 한국의 입장에서 원조는 전 국민 위에 군림할 수 있는 과대국가, 즉 강력한 국가주도 체제의 물적 토대가 되었다. 특히 원조물자는 3백(白)산업(설탕, 밀가루, 면방직)을 중심으로 이루어졌다. 미국의 원조 중 중요한 것으로 ICA(International Cooperation Administration, 미국 국무부의 한 기관으로 군사원조 외의 모든 대의 원조를 관할하던 곳)원조와 PL480에 의한 잉여농산물원조가 있었는데, ICA원조는 미국의 MSA(Mutual Security Act, 상호안전보장법)에 의한 원조로, 기본적으로 군사원조와 경제원조로 나뉘나 경제원조도 주로 방위지원의 명목으로 주어진 반면, PL480에 의한 잉여농산물 원조가 주로 경제적 성격을 띠었다.

이 원조로 급한 식량문제를 해결할 수는 있었으나 곡물가격을 크게 하락시켰고 농가경제의 상품경제화에 부정적으로 작용하는 등 농가경제 및 지방공업화에 타격을 주었다. 참고로 PL480은 미국이 자국의 농산물 가격을 유지하고 농산물 수출을 진흥하는 한편 저개발국의 식량부족을 완화하기 위하여 1954년에 제정하여 잉여농산물원조를 각국에 제공하도록 한 미국의 농업수출진흥 및 원조법(Agricultural Trade Development and Assistance Act)을 말한다. 한국은 1955년 이 법의 제1조에 따라 협정을 체결, 1956년부터 잉여농산물 원조를 받기 시작하여, 1981년 종료될 때까지 원조를 받았다.

제2절 원조경제와 수입대체공업화의 한계: 지방공업화 가능성의 봉쇄

1940년대 말부터 50년대에 걸쳐 한국경제가 겪었던 제조업 제품, 특히 소비재의 심각한 부족은 이 문제를 수입으로 쉽게 대체하는 기간이었다. 따라서 무역을 통한 축적의 기초는 외환배분과 미국원조에 놓여 있었고, 50년대의 재벌의 발전 과정은 상업거래에서 막대한 이윤을 얻게 해 준 정치적 특혜의 과정이었다. 게다가 복수환율제는 시장환율보다 낮은 공식환율에 의해 수입업자들에게 비용을 보조해 주는 기능을 하였다. 이 과정에서 미국원조가 가장 중요한 요소였다. 외환부족으로 제약받았던 생산요소에의 접근 그 자체가 그것으로 만들어 낸 상품판매에 대한 독점을 보장해 주는 것이었다. 게다가 거대한 이윤축적은 달러에 대한 접근이나 수입으로부터 직접적으로 획득되었을 뿐 아니라 전쟁 후 미군과 함께 유입된 군용품은 정치적 영향력만 있다면 적은 자본으로도 부를 축적할 수 있도록 해 주었다.

　물론, 이 기간 동안 지배적 추세가 상업자본의 출현과 축적이었다고 말할 수는 없다. 상당한 정도 수입을 대체하는 제조업의 성장을 경험하기도 하였다. 예를 들어, 1953-62년 기간의 총실질고정자본스톡은 연평균 5.1%의 성장률을 보여 주었다. 즉 50년대에 시작된 수입대체적인 생산활동이 산업자본의 성장을 대표했다는 사실은 부인할 수 없다. 1953-61년 기간에 광업 및 제조업은 연평균 12.2%로 성장하였다. 그러나 정부가 국내제조업의 발전을 장려하기 위해 여러 조치들 ― 복수환율제나 조세감면제 등 ― 을 취했음에도 불구하고 50년대 동안 많은 제조업 부문에서 수입에의 의존은 증가하고 있었다. 오히려 이러한 조치들의 효과는 대기업들에게 집중되었다.

　지주의 쇠퇴와 자본가의 성장을 경영하였던 1950년대 경제체제가 자신을 더 이상 유지할 수 없다는 사실이 50년대 말까지 명백해져갔다. 기본적으로 한국경제는 생존을 위해 수입에 의존하였다. 즉 수입액은 수출액의 10배 이상이었고, 미국원조만이 경제를 지탱시켜 주었다. 이런 구조의 중요성은 성장률 하락을 수반하였던 1958-60년의 원조삭감으로 표면화되었다. 세계경제는 1958년을 일대 전환점으로 하여 서구의 달러부족 현상이 완전히 해소되고, 그 결과 서구 주요 통화의 교환성이 회복된 반면 미국경제는 역으로 달러의 대외신용이 떨어짐과 동시에 국제수지가 처음으로 적자기조로 발전하여 미국은 국제수지대책의 일환으로서도 더 이상 무상베이스의 대외원조를 계속할 수 없게 되고 무상원조의 유상차관으로의 전환은 불가피하게 된다.

그리하여 수입과 수출 간의 격차에서 오는 한국의 외환부족은 미국 원조가 그리 오래 가지 않을 것이라는 예상과 함께 심각한 문제로 대두하였다. 그렇다고 이러한 조건들이 수입과 원조에 안정을 의존했던 사회의 경제구조가 어떻게 발전을 향해 변화하였는가를 설명하지 못한다. 이런 점에서 한국사회의 농업적 토대를 변형시켰던 부패한 이승만 정권을 타도함으로써 경제 및 정치의 우위성을 상업자본에서 산업자본으로 이행시킨 1960년 학생혁명은 일반대중들의 필요를 충족시켜 주지 못하는 상업자본의 무능력에 의해 야기된 정치적 긴장의 산물로 해석될 수도 있다.

한국경제에 있어서 본격적인 개발과정의 시작을 1960년대 초 좀 더 구체적으로는 5·16군사정권에 의해 62년부터 시행된 '제1차 경제개발 5개년계획'으로 볼 때, 한국경제의 조직적인 개발과정은 지금까지 35년간 계속되고 있는 셈이다. 그러면, 먼저 60년대 이후 한국경제에 개발전략이 도입된 배경을 살펴보자.

50년대 초만 하더라도 한국은 매우 높은 인구밀도를 가진 세계에서 가장 가난한 나라 중 하나였다. 저발전의 경제상태와 한국전쟁의 후유증을 반영하듯이 제조업의 활동은 미약하기만 하였고, 후에 경제성장의 견인차 역할을 하였던 수출도 거의 존재하지 않았을 뿐 아니라 있어도 주로 농산품이었다.

전쟁의 폐허 후 복구기간동안 정부는 수입대체산업의 육성을 위해 수입을 통제하였다. 원화의 누진적 인플레이션을 완화시키기 위해 정부는 고관세벽과 더불어 1950년대 후반에는 수입수량을 제약하는 방식에 의존하였다. 또한, 환율은 과대평가되어 있었기 때문에 국제수지를 위해 복잡한 환율제도가 개발되었고, 국제교역에 많은 직접규제가 부과되었을 뿐 아니라 인센티브제는 수출에 불리하게 운영되었다. 외화획득은 미미해서 수입의 일부조차 대체하지 못할 정도였기 때문에 상당한 원조의 유입이 불가피했다.

이와 같이, 1950년대를 특징지운 한국의 내향적 정책은 수입대체를 통해 60년대 이후의 외향적 경제개발전략에 비교해 상대적 저성장의 경제를 가져왔지만, 50년대 동안은 수입대체가 수출확장보다 상대적으로 성장에의 기여가 높았던 것도 사실이다. 게다가 수출이 높은 경제성장을 가져온다는 종래의 가설과 달리 수출과 경제성장이 그 이전의 경제발전과 구조변화에 의해 결정된다는 주장을 고려할 때 50년대의 수입대체전략에 대한 평가는 신중할 필요가 있다(B. Yaghmaian, 1994).

GNP 성장률은 농업생산이 급격히 위축된 1956년과 1960년을 제외하고 4% 이상의 성장률을 보였으며, 이 기간 동안 연평균 성장률은 4.9%였다. 이것은 60년대 중반 이후의 경제성장률과 비교해 거의 절반 수준에 해당하는 것이지만 50년대의 어려운 경제여건을 고려할 때 결코 낮은 것은 아니었다. 1인당 국민소득 역시 50년대 전 기간을 통해 연평균 3.1%의 성장률로 꾸준히 증가하였는데, 이것은 당시의 높은 인구증가율을 상회한 경제성장이 이루어졌음을 의미하는 것이다.

이러한 성장을 주도한 것은 연평균 성장률이 12.4%에 달했던 광공업이었으며, 특히 제조업 성장이 두드러졌다. 그런데 1957년을 전후로 2차 산업 부문의 성장률이 현저히 감소하는데, 이는 국내시장의 포화상태와 함께 원조정책의 변화에 기인한 것이었다. 즉 50년대 후반이 되면 원조의존적 수입대체공업화가 서서히 한계에 직면하고 있었던 것이다. 예를 들어, 50년대 제조업은 소비재공업이 압도적 비중이었고 그 중에서도 섬유공업, 식료·음료품공업이었는데, 이 두 산업을 중심으로 소비재공업이 발달할 수 있었던 것은 원조물자가 이들 산업과 관련된 원료 및 반제품 중심으로 도입되었기 때문이다(최상오, 2005: 371-74).

제 2 장

외연적 성장
─ 지식경제에서 요소투입형 성장의 재평가 ─

2000년 물가기준으로 한국의 일인당 국민총소득(GNI)은 경제개발이 본격적으로 시작된 1962년까지 100 달러에도 미치지 못하였으나 중화학공업화를 선언했던 1973년에 401 달러, 1977년에 1,034 달러, 1983년에 2,076 달러, 1989년 5,418 달러, 1995년에는 11,432 달러를 기록함으로써 30여년 만에 100배 이상의 소득 증대를 경험하였다. 1960-94년간 한국의 노동력당 소득은 연평균 5.7%의 성장률을 기록하였는데, 이 중 58%가 물적 자본에 의한 것이었다. 이는 인적 자본의 역할 14%에 비교하면 절대적인 것이었다(S. Collins and B. Bosworth, 1996: 135-91).

제 1 절 성장의 원천

경제학에서 성장이란 생산의 증가를 의미한다. 이론적으로 생산함수로부터 도출되는 경제성장률은 일반적으로 다음과 같이 표현할 수가 있다.

$$\frac{\dot{Y}}{Y} = E_{Yt} + \frac{1}{E_{CY}} \sum_j \frac{P_j(t)V_j(t)}{C(t)} \cdot \frac{\dot{V}_j(t)}{V_j(t)}$$

여기서 Y는 산출량(국민소득), C는 생산비용, V_j는 노동(L) · 자본 (K) · 중간재(M) · 에너지(E) 등 투입물이고, P_j는 각 생산요소의 가격, t 는 기술변화를 포함한 시간의 흐름, 그리고 ' · '은 시간에 따른 변화량 을 나타낸다.

경제성장률은 일정한 투입물 하에서 각종 혁신에 의해 발생하는 부 분, 즉 E_{Yt}(=total factor productivity, TFP)의 증가율(=$\partial \ln Y(t)/\partial t$), 그리고 '비용탄력성($E_{CY}$)의 역수' (=$\partial \ln C/\partial \ln Y$)에 의해 가중된 요소투입의 증가 율의 합으로 구성된다. 이처럼 이론적으로 경제성장은 투입물의 기여분, 효율성의 개선에 의한 부분(TFP의 기여분), 그리고 규모의 경제 부분으 로 구성된다. 흔히 경제성장의 원천을 앞의 두 부분으로 얘기할 경우는 시장이 경쟁 상태에서 작동하는 것, 즉 규모의 경제가 작동하지 않을 경 우를 가정한 것이다. '규모에 따른 수익불변'의 경우 비용탄력성은 1이 되기 때문이다. 이 경우 투입물의 기여분은 생산곡선 상에서의 이동으 로, 그리고 효율성의 개선 부분은 생산곡선 자체의 이동에 의한 변화를 의미한다. 즉 [그림 2-1]에서 점 A에서 점 B로의 이동이 전자의 부분, 그리고 점 B에서 점 C로의 이동은 후자의 부분이다. 그러나 일반적 경우 경제성장은 투입물 증가에 의한 기여분과 총요소생산성(TFP)의 증가에 의한 기여분, 그리고 규모의 경제에 의한 기여분으로 구성된다. 즉 [그림 2-1]에서 점 A, B, C는 경제주체가 효율적 산출량을 선택하는 것을 전제 한 것으로 규모에 대한 수확불변(CRS)를 가정한 것이다.

그런데 위 식에서 보면 비용탄력성(E_{CY})이 1보다 작을 경우에는 투 입물 증기에 의한 성장의 기여부분이 증대하고 그와 반비례하여 총요소 생산성에 의한 성장기여분은 상대적으로 작아진다. 다시 말해 규모의 경제가 존재하는데도 완전경쟁시장(규모에 따른 수익불변)을 가정하고 생산성의 증가율을 계산할 경우 생산성의 증가율은 과대평가될 수밖에 없다. 역으로 표현하면 규모의 경제가 존재할 때는 생산성이 증가하지 않아도 투입물 증가에 의해 경제성장이 어느 정도 이루어질 수 있다.

▶▶▶ **총요소생산성**(total factor productivity, TFP)

경제학에서 생산성은 노동이나 자본 등 생산요소의 투입과 이로부터 얻어지는 산출을 비교한 것으로, 크게 단일요소생산성과 총요소생산성 혹은 다중요소생산성(multi factor productivity, MFP)으로 구분한다. 단일요소생산성은 노동이나 자본 등 개별생산요소 투입에 대한 산출의 비율로, 노동생산성이나 자본생산성 개념이 여기에 속한다. 노동생산성은 노동 한 단위(단위노동시간 또는 단위노동력)를 더 투입해서 얻어낼 수 있는 산출 규모, 즉 노동의 평균생산물($\equiv AP_L$)이다. 이에 비해 총요소생산성은 모호한 개념이다. 총요소생산성은 투입물의 변화에 따른 산출량의 변화를 제외한 '잔차항(residual)'으로 정확히 표현하면 '설명되지 않는 부분(unexplained parts)'이다. 즉 생산기술을 밖에서 주어진 '외생변수'로 취급하는 경제학의 구조상으로는 정확하게 설명되지 않는 부분이다. 흔히 효율성의 개선 부분으로 이해하는 총요소생산성은 생산기술의 진보 이외에도 여러 가지 요인들에 영향을 받는다. 경영방식의 개선이나 생산조직의 변화나 근로의욕의 향상은 물론이거니와 제도의 변화, 부패의 정도, 자연재해의 발생, 범죄나 환경오염의 증가 등에 의해서도 산출양은 영향을 받기 때문이다.

● [그림 2-1] 경제성장의 원천

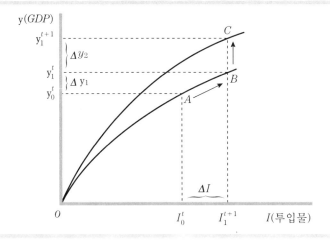

🔵 **[표 2-1]**　한국 제조업의 Markup 비율(≡ P^*/MC)과 비용탄력성 그리고 총요소생산성

	기 간	Markup 비율	비용탄력성	총요소생산성
전체 제조업	1967–73년	1.590	0.795	0.013
	1973–81년	1.616	0.604	−0.052
	1981–89년	1.576	0.593	−0.008
	1967–89년	1.600	0.656	−0.016
경공업	1967–73년	1.155	1.116	−0.001
	1973–81년	1.502	0.791	0.008
	1981–89년	1.575	0.570	−0.025
	1967–89년	1.415	0.819	−0.005
중화학공업	1967–73년	1.584	0.756	0.043
	1973–81년	1.880	0.594	−0.049
	1981–89년	1.462	0.672	0.021
	1967–89년	1.643	0.664	0.005

자료: Park and Kwon(1995: 338, Table 1).

　　생산측면에서 성장률과 생산성의 관계를 살펴보자. 다음의 생산함수 (i)로부터 변화율을 도출하기 위해 생산함수에 자연로그를 취한 후 시간 t로 전체 미분하면 식 (ii)를 얻는다.

$$Y(t) = Y[t;\ V_j(t)],\ j = L,\ K,\ M,\ E \qquad \cdots\cdots \text{(i)}$$

$$\frac{d\ln Y(t)}{dt} = \frac{\partial \ln Y(t)}{\partial t} + \sum_j \frac{\partial \ln Y(t)}{\partial V_j(t)} * \frac{dV_j(t)}{dt} \qquad \cdots\cdots \text{(ii)}$$

이제 불완전경쟁 시장에서 기업의 최적화를 위한 필요조건인 식 (iii)을 식 (ii)에 대입하면 식 (iv)를 얻게 된다.

$$\frac{\partial Y(t)}{\partial V_j(t)} * P(t) * \{1 + \varepsilon_{PY}(t)\} = P_j(t) \qquad \cdots\cdots \text{(iii)}$$

$$\therefore\ \frac{\dot{Y}(t)}{Y(t)} = \varepsilon_{Yt}(t) + \frac{1}{1 + \varepsilon_{PY}} * \{\sum_j \frac{P_j(t)V_j(t)}{P(t)Y(t)} * \frac{\dot{V}_j(t)}{V_j(t)}\} \qquad \cdots\cdots \text{(iv)}$$

$$한편,\ P(t)Y(t)=C(t)\frac{MC(t)Y(t)}{C(t)}*\frac{P(t)}{MC(t)}=C(t)\frac{MC(t)}{AC(t)}*\frac{P(t)}{MC(t)}$$

$$=C(t)\frac{MC(t)}{AC(t)}*\frac{P(t)}{MR(t)}=C(t)*\frac{\varepsilon_{CY}(t)}{1+\varepsilon_{PY}(t)} \quad \cdots\cdots\ (v)$$

$$\therefore MR(t)=P(t)*\{1+\varepsilon_{PY}(t)\}$$

$$그리고,\ \varepsilon_{CY}(t)=\frac{\partial C}{\partial Y}*\frac{Y}{C}=\frac{MC(t)}{AC(t)}$$

따라서 식 (v)를 (iv)에 대입하면 식 (vi)을 얻게 된다.

$$\therefore \frac{\dot{Y}(t)}{Y(t)}=\varepsilon_{Yt}(t)+\frac{1}{\varepsilon_{CY}(t)}*\{\sum_j \frac{P_j(t)V_j(t)}{C(t)}*\frac{\dot{V}_j(t)}{V_j(t)}\} \quad \cdots\cdots\ (vi)$$

이처럼 경제학에서 경제성장의 첫 번째 방식은 생산에 필요한 자원을 최대한 투입하는 것이다. 한 나라에서 투입물의 규모나 배분은 자원의 부존량과 생산요소비율에 의해 결정된다. 실제로 국가 간 성장률의 차이를 비교할 때 투입물의 증가율도 커다란 차이를 보여 준다. 이론적으로 투입물의 배분은 투입물의 상대가격체계에 의해 결정된다. 그런데 한 예로 1966년 '자본/노동' 비율을 보면, 미국의 10.26에 비해 한국은 0.32에 불과했다(H. Brown, et al., 1987: 806-7).

따라서 이론에 따르면 한국은 노동집약적이며 자본절약적 경제성장을 했어야 했다. 그러나 한국의 경제성장은 자본집약적인 것이었고, 이는 시장에 의해 자원이 배분되기보다는 정부가 시장 개입을 통하여 생산요소의 상대가격 비율에 영향을 미쳤기 때문에 가능한 것이었음을 보여 준다. 예를 들어 한국의 경우 자본스톡은 1961-72년과 1972-80년간 각각 연평균 15.2%와 24.7%로 증가했는데, 이러한 자본스톡의 급증은 기업에 공여(供與)된 거대한 정부의 투자보조금과 '임금/자본임대료' 비율의 상승에 의한 것이었다.

그리고 기업에 투자보조금을 공여하기 위해 행정명령이나 대통령

● **[표 2-2]** 동아시아 및 비교 지역의 성장률과의 성장의 원천, 1960-94년

(연평균증가율, %)

국가 혹은 지역	노동력당 소득	요인별 성장률(성장의 기여분)		
		물적 자본	교 육	TFP
한 국	5.7	3.3(57.9)	0.8(14.0)	1.5(26.3)
대 만	5.8	3.1(53.4)	0.6(10.3)	2.0(34.5)
싱가포르	5.4	3.4(63.0)	0.4(11.8)	1.5(27.8)
인도네시아	3.4	2.1(61.8)	0.5(14.7)	0.8(23.5)
말레이시아	3.8	2.3(60.5)	0.5(13.2)	0.9(23.7)
타 이	5.0	2.7(54.0)	0.4(8.0)	1.8(38.0)
동아시아	4.2	2.5(59.5)	0.6(14.3)	1.1(26.2)
남아시아	2.3	1.1(47.8)	0.3(13.0)	0.8(19.0)
아프리카	0.3	0.8(266.7)	0.2(66.7)	-0.6(-200.0)
중 동	1.6	1.5(93.8)	0.5(31.3)	-0.3(-18.8)
중남미	1.5	0.9(60.0)	0.4(26.7)	0.2(13.3)
미 국	1.1	0.4(33.3)	0.4(33.3)	0.4(33.3)
기타 산업국가	2.9	1.5(51.7)	0.4(13.8)	1.1(37.9)

주: ( )의 수치는 일인당 소득의 성장률에 대한 기여분으로 %.
자료: S. Collins and B. Bosworth, 1996, "Economic Growth in East Asia: Accumulation versus Assimilation," *Brookings Papers on Economic Activity* 2.

령 등 강제조치들을 사용하기도 했다(J.C. Lee, 1994). 한 추정에 의하면 '임금/자본임대료' 비율은 1962-75년 3.4배가 증가했다(J. Kwon, ed., 1990: 39). 정부의 보조금과 기업에 맞춰진 저이자율정책으로 자본의 임대료는 시장가격 밑으로 하락했고 그 결과 시장은 자본집약적 부문에 유리하게 구성되었던 것이다. 사실 산업화에 성공한 대부분의 국가들의 경우 경제성장에서 가장 기여가 큰 부분은 물적 자본이었다.

제 2 절   지식경제와 요소투입형 성장의 지속 가능성

한편, 경제학에서는 생산성의 증가, 즉 효율성의 개선을 성장의 지속에서 가장 중요한 원천으로 간주한다. 그 이유는, 투입물의 증가는 물리적으로 한계가 있을 뿐 아니라 '한계생산물체감의 법칙'에 직면하기 때문이다. 이러한 이유를 기초로 하여 1997년 동아시아 위기 이전에 '동아시아 기적의 환상'을 얘기해 마치 동아시아의 1997년 위기를 정확히 예측한 것으로 유명(?)해진 크루그만(P. Krugman, 1994)의 주장이 대표적인 경우다. Young(1994, 1995)의 추정에 기초해, 특히 그 중에서도 싱가포르의 경우에 초점을 맞춘 크루그만은 동아시아의 성장은 효율성의 개선이 수반된 것이 아니었기에 지속될 수 없음을 주장하였다. 즉 동아시아의 성장은 효율성의 개선이 수반된 것이 아니었고, 효율성의 개선 없이 지난 시기와 같은 고성장을 이루자면 자본투입물의 높은 증가율과 인적자본(교육)의 확장이 지속되어야 한다. 즉 자본투입물의 높은 증가율은 물리적 한계를 가질 뿐 아니라 그 자체가 한계생산물체감의 한계에 직면할 수밖에 없고, 교육 확대 또한 물리적으로 한계를 가질 수밖에 없다는 것이다. 예를 들어, 1996-90년 사이에 전체 노동자 중 중등교육(secondary) 졸업자의 비중이 한국은 26.5%에서 75%, 대만이 25.8%에서 67.6%, 싱가포르가 15.8%에서 66.3%, 그리고 홍콩(1966-91년)은 27.2%에서 71.4%로 크게 증가하였다(A. Young, 1995: Table Ⅱ).

그러나 크루그만의 주장은 과학적으로 근거가 없다. 자료나 추정방식에 따라 많은 차이가 존재하지만, 동아시아 신흥공업국들의 성장이 효율성 개선보다는 투입량 증가에 의한 것이었다는 주장에는 대개 동의한다. 그러나 주의할 점은 성장률에서 효율성 개선에 의한 비중이 상대적으로 낮았던 것이지 효율성의 개선이 없었던 것은 아니다. 추정에 따라서 약간의 차이를 보이고 있으나 동아시아 국가들은 상당한 정도의 총요소생산성 증가를 달성하였고 크루그만이 인용한 Young(1995)의 추정([표 2-4])을 보더라도 서구 산업국가의 그것과 차이를 보이지 않기 때문이다. 무엇보다 크루그만의 주장이 갖는 한계는 산업구조가 고도화됨에 따라 한계생산체감의 법칙이 약화된다는 사실을 간과하였다는 점이다.

사실 [표 2-1]에서 보듯이 한국의 경제성장을 견인하였던 제조업의 비용탄력성은 전반적으로 1보다 작았다. 게다가 압축성장을 이룩한 동아시아 신흥공업국가들은 산업구조 역시 빠르게 고도화되었는데, 산업구조가 고도화됨에 따라 비용탄력성의 값은 작아질, 즉 규모의 경제가 존재할 가능성이 높아진다. 즉 전통적인 제조업 부문과 달리 지식산업에서는 수확체감의 법칙이 작용하지 않는다는 점, 그리고 지식기반경제에서 성장의 가장 중요한 요소는 인적자원이라는 점을 간과한다. 실제로 싱가포르는 동아시아의 전형적인 성장방식에 의해 선진국 소득수준에 이미 진입하였고 경상수지나 외환보유에 있어서도 건실한 모습을 보여 주고 있기 때문이다. 따라서 총요소생산성의 증가 없이도 투입물 주도의 경제성장은 이론적으로 지속 가능하다.

● [표 2-3] 동아시아 국가들의 총요소생산성의 연평균 성장률 (%

	Young (1994, 1995) 1966-90년	Collins & Bosworth (1996) 1960-94년	Sarel (1997) 1978-90년	Hu-Khan (1997) 1979-94년
한 국	1.7	1.5	−	−
대 만	2.6	2.0	−	−
싱가포르	0.2	1.5	2.2	−
말레이시아	1.1*	0.9	2.0	−
인도네시아	1.2*	0.8	1.2	−
타 이	1.5*	1.8	2.0	−
중 국	−	4.6*	−	3.9

주: *의 추정 기간은 상이함. 예를 들어 첫째 열은 1970-85년, 둘째 열은 1984-94년.
자료: 최배근, 2000, 『시장경제들의 특성과 기원』, 법문사, 381쪽에서 재인용.

[표 2-4] 총요소생산성의 연평균 성장률, 1970-1985

동아시아 국가	TFP 성장률	선진 공업국	TFP 성장률	기타 후진국	TFP 성장률
일 본	0.012	미 국	0.004	브라질	0.01
한 국	0.014	독 일	0.009	콜롬비아	0.01
대 만	0.015	프랑스	0.005	이집트	0.03
싱가포르	0.001	영 국	0.009	인 도	0.001
홍 콩	0.025	이태리	0.018	파키스탄	0.03
태 국	0.019	캐나다	0.003	케 냐	0.006
말레이시아	0.010	스웨덴	0.010	가 봉	0.024
중 국	0.013	네덜란드	0.008	콩 고	0.028
미얀마	0,014	덴마크	0.013	시리아	0.02
		노르웨이	0.017	이 란	0.014

자료: Alwyn Young, 1995, "The Tyranny of Numbers: Confronting the Statistical Realities of the East Asian Growth Experience," *Quarterly Journal of Economics*, Vol. 110, (August), pp. 641-80.

제 3 장

수출의 역할
― 규모의 경제와 외부성 ―

한국의 수출입 약사
1950년 최초 무역사절단 파견
1964년 수출 1억 달러 돌파
1965년
− 대통령 주재 수출진흥확대회의 매달 개최
− GATT 가입
1971년 수출 10억 달러 돌파
1975년 종합무역상사 설립
1977년 수출 100억 달러 돌파
1979년 한국종합전시장(COEX) 준공
1988년 삼성동 무역센터 개막
1995년 수출 1,000억 달러 돌파
1997년 외환위기와 완전 변동환율제로의 전환
2000년 무역업 자유화
2003년 중국, 미국 제치고 수출 1위 시장 부상
2004년 수출 2,000억 달러 돌파
2005년 무역 5,000억 달러 돌파
2006년 수출 3,000억 달러 돌파

제1절 수입대체공업화에서 수출주도 공업화로의 전환

제1장에서 보았듯이 원조가 지속될 수 없다는 것은 1950년대 말까지 명백해졌고 대부분 원료를 수입에 의존(외화수요의 증대)할 수밖에 없는 한국이 더 이상 수입대체를 통해 성장할 수 없다는 사실 또한 자명해졌다. 특히, 기계와 내구소비재, 그리고 이것들을 위한 중간재의 수입대체에 집중된 성장전략은 내수시장의 협소함과 그것들이 거대한 자본을 요구한다는 조건들에 의해 제한될 수밖에 없었다. 그 결과, 1960년대 초부터 정책은 변화의 조짐이 나타나기 시작했는데 첫 조치로서 급격한 국내인플레의 우려에도 불구하고 1960년에 대폭적인 환율의 평가절하가 실시되고, 1961년에는 단일환율이 도입되었다.

그럼에도 불구하고 수출의 증대는 커다란 효과가 없었던 반면, 수입상품에 대한 단위당비용을 40%나 증가시켰다. 즉 1962-66년간 연평균 22.6%의 투자율을 확보함으로써 연평균 7.1%의 경제성장률을 달성한다는 목표를 내걸었던 제1차 계획은 내포적(또는 내향적) 개발방식의 성격을 가지고 있었다. 예를 들어, 자립경제 달성을 위한 기반구축이란 목표를 내 걸고 농업생산력을 증대시키며 전력·석탄·정유·종합제철·조선·시멘트 등 기간산업을 자체적으로 건설코자 하였고, 그에 따라 당초 투자재원의 조달도 내자 72.2%, 외자 27.8%로 구성을 하였던 것이다.

그러나 소요외자의 조달난 및 외국자본의 비협조에 부딪쳤을 뿐 아니라, 국내자본가 층으로부터도 지지를 받지 못하였기 때문에 1963년 8월에 계획내용을 크게 바꾸는 '보완계획'을 새로이 편성하였다. 주요 변경내용을 보면 성장목표치는 당초 7.1%에서 5.0%로 줄이고, 정부투자부문을 축소하는 대신 민간사업부문을 확대하되 특히 광공업부문은 민간기업에 맡기며 투자재원의 외자의존도를 높일 뿐더러 외자의 활동

을 자유롭게 하는 것으로 요약된다. 예를 들어, 1962년 말 소요외자조
달의 어려움으로 공사중단 상태에 빠졌던 울산정유공장 건설계획이
1963년 들어 걸프(Gulf) 측의 주식투자 허용(전체의 25%) 및 2천만 달러
의 장기차관 허용을 통해 재개되고, 이 사업은 정부의 외자정책 전환의
계기가 된다.

　　이것은 1957년을 정점으로 약 4억 달러에 달했던 미국의 원조가 하
락하기 시작하였다는 점에서 중요한 의미를 가지고 있었다. 즉 정부는
조세와 이자율의 인상과 더불어 해외차입의 유입을 자극하기 위해 1966
년의 '외자도입법' 제정을 비롯해 여러 조치들을 고안하였고, 그 결과
해외차입은 60년대 말과 70년대 초에 한국에서 자본형성에 주요한 원천
이 되었다. 국민의 거센 반발에도 불구하고 1965년 6월에 타결시킨 한
일회담도 경제개발을 위한 재원조달의 요구와 일정한 관련을 가지고 있
었다. 앞에서 지적했듯이, 1차 계획에서 계획했던 외자도입이 제대로
이루어지지 못했을 뿐 아니라 무상원조에서 유상차관으로의 전환으로
차관도 그 성격이 대부분 사회간접자본의 형성을 위해 투입된 공공차관
이 주종을 이루었다. 해외저축률의 미달은 유상외자, 특히 상업차관의
확대를 필요로 했고, 여기서 일본자본의 유입을 위해 계획당국은 한일
국교재개의 문제를 급선무로 다루었던 것이다.

　　게다가 국제수지 및 외환사정의 악화에 직면한 미국의 입장에서도
한국에 대한 경제적 지원의 일부를 일본에게 전가시킬 필요가 대두되었
다. 즉 1964년 IMF 8조국으로의 이행을 계기로 저개발국에 대한 경제협
력을 증대시켜야 한다는 국제압력을 받고 있었을 뿐 아니라 외환보유고
가 팽창되어 민간베이스의 대외자본수출이 불가피했던 일본의 입장에
서도 한국과의 관계재정립은 필요 불가결하였다. 그리하여 국교가 트인
그 해 하반기중에 7천1백만 달러(7건)에 달하는 일본상업차관이 밀려들
어와 같은 해 한국 총 상업차관액 7천8백만 달러의 91%를 차지하였듯
이, 한일국교정상화는 외국자본의 급격한 유입의 전기가 되어 한국 경

제개발방식을 외향적 개발전략으로 완전히 굳히는 데 필요충분조건을 마련해 주는 계기가 되었다(이대근, 1984: 163-90). 이것은 또한 5·16 직후 한국 내부의 정치·사회적 불안정과 경제적 난국을 극복하고 한·미·일 공동의 강력한 반공전선을 구축하는 결정적 계기로 작용한다.

　정부는 보완계획을 작성하는 일과 병행하여 그 동안 중단되었던 재정안정계획을 부활시켰다. 즉 앞에서 지적했듯이 명목이자율의 상승은 인플레율을 현저히 하락시키고 국내저축률을 크게 증가시켰고, 인플레이션을 통제하기 위해 물가안정화와 조세개혁을 통해 국민총생산에서 조세의 비중을 증대시켰다.

　정부의 개발계획과 투자 및 신용정책도 대개 수출촉진에 집중되었다. 수출부문에 대해 인센티브를 주기 위해 재정 및 금융부문의 포괄적 개혁이 1964-65년에 실시되었다. 즉 조세감면과 관세면제, 그리고 재정 및 기타 혜택을 포함한 수출지향적인 수출유인책들이 뒤따랐고, 국제수지를 위해 수입의 통제는 수입인가제와 고관세를 통해 보다 강화되었다. 예를 들어, 1964년 5월에 단행된 달러당 130원에서 256.53원으로의 원화의 평가절하를 시작으로 1965년 3월부터 효력을 발휘한 단일변동환율제로 인해 그 해 말까지 달러당 270원으로 결정되었다. 1964년의 평가절하와 더불어 1967년에 포지티브리스트제에서 네가티브제로의 전환 등 무역자유화조치와 GATT(관세 및 무역에 관한 일반협정) 가입이 이어졌다.

　또한, 1965년 9월에는 은행예금금리와 대출금리에 대한 금리를 약 100% 인상시켜 자발적인 민간저축을 증가시켰을 뿐 아니라, 수출업자에게는 우대금리를 적용하였기 때문에 수출에 대한 인센티브를 증대시켰다.

　이러한 수출촉진전략에 기초하여 수출은 급속한 증대를 가져와 1962년까지 5천5백만 달러에 불과하였으나 그 후 1962-73년 기간 동안 연평균 44.8%로 성장하여 1973년에는 수출이 32억 달러나 되었고, 이는 GNP에서 25%를 차지하는 것이었다. 게다가 50년대와 60년대 초까지 수출상품은 대개 1차 산품이었고, 1962년까지 제조업이 수출에서 차지하는 비중은 27%에 불과하였으나 1973년까지 88%나 차지하였다. 그러나 당시의 수출은 미국과 일본에 편중되어 두 나라의 수출이 전체에서 차지하는 비중은 1962년에는 64.6%에서 1973년에는 70.2%를 구성하였다. 수출에 힘입어 한국경제는 1962–73년 기간 동안 연평균 10%의 GNP 성장을 경험하였고, 이것은 1954–62년의 4%에 비교하면 놀라운 성과였다.[1] 특히, 제조업분야는 연평균 19.4%로 성장함으로써 경제성장에서 주도적 역할을 하였다.

　　이와 같이 한국경제에서 수출의 역할은 다른 요인에 비교할 때 괄목할 만한 것이었다. 수입대체에서 수출확대로의 전환이 경제성장에 미친 영향은 1955–68년 기간 동안 전체 성장에서 수출과 직간접으로 관련을 맺고 있는 부분이 20.2%이었던 반면, 수입대체는 오히려 성장을 0.6% 감소시켰다. 특히, 수출확대로 돌아선 1960–68년 기간 동안 수출

[표 3–1] 경제의 부문별 성장에 기여한 직간접 요인, 1955–1968년

	국내수요확대		수출확대		수입대체	
	직접기여	총기여	직접기여	총기여	직접기여	총기여
1차산업	109.2	94.7	4.0	19.4	−13.2	−14.2
제조업	80.0	72.5	3.7	22.0	6.3	5.5
사회간접부문	91.4	86.7	0.8	12.3	−0.2	0.9
서비스	96.4	86.7	0.0	14.9	−1.4	−1.6
기　타	81.5	70.9	5.9	46.4	−17.4	−17.3
전　체	88.9	80.3	1.2	20.2	−0.3	−0.6

자료: Westphal, Lary E. and Kwang Suk, Kim, 1974, "Industrial Policy and Development in Korea," in Balassa and Associates, *Development Strategies in Semi-industrial countries*, p. 107.

---

1) 1962–92년간 수출과 경제성장과의 인과관계를 Granger검정에 의해 규명한 결과는 수출로부터 성장으로의 일방적 인과관계가 확인된다(김철환, 1995).

[표 3-2] 수출확장 및 수입대체의 총산출량(및 제조업)에 대한 성장기여율

	1955-60	1960-63	1963-66	1966-68
수출확대	12.9%	6.3%	31.4%	21.3%
	(5.1)	(6.2)	(29.4)	(13.0)
수입대체	10.2%	-6.9%	8.9%	-6.6%
	(24.2)	(0.9)	(14.4)	(-0.1)

주: 총산출량은 직간접 전체 기여분이고, 제조업은 직접적 기여분만임; ( )은 제조업의 비중.
자료: Westphal, L. E. and K. S. Kim, 1974, "Industrial Policy and Development in Korea," p. 32.

의 기여는 22.4%이었던 반면, 수입대체는 1.4%를 감소시켰다. 국내 후방연관 효과의 측면에서도 수출은 국내에서 생산되는 중간재에 대한 수요를 지속적으로 유발시켰던 반면, 수입대체는 60년대 말까지 제조업 성장에 대한 (-)의 효과에서 보듯이 자본재 수입과 자본유입의 커다란 증가를 반영하고 있다.

한편, [표 3-3]에서 보듯이 제조업의 수출은 수입에 비해 높은 (노동/자본)비율을 보여 주고 있다. 한국의 1차 산품 수출은 수입에 비해 자본집약적이었으나 수입은 노동집약적 농업생산물의 많은 부분을 포함하였다. 그리고 제조업생산의 노동집약도가 점차적으로 하락하였음에도 불구하고 한국의 제조업 수출은 1960-68년간 제조업수출의 (노동/자본) 비율은 약 30% 정도 증가하였다. 다시 말해, 한국의 제조업수출은 점점 노동집약적이 되어 갔던 반면, 반대로 제조업의 수입은 보다 자본집약적이 되어 갔다. 게다가 수출품의 총노동집약도는 직접적 노동집약도보다 컸는데, 이는 수출산업을 위해 국내에서 생산된 중간재가 심지어 수출 그 자체의 직접생산보다 노동집약적이었음을 의미한다.

이와 같이, 60년대 한국의 수출지향적 성장은 상대적으로 노동집약적인 제조업의 수출 확대에 의해 이루어졌다는 점에서 한국의 비교우위는 적어도 제조업 내에서 노동집약적 생산물을 수출하고 자본집약적 생

● [표 3-3] 한국무역의 요소집약도

	(노동/자본)비율			
	1960	1963	1966	1968
직접요소의 수요				
일차생산물				
국내산출물	16.60	17.20	17.08	17.16
수 출	8.19	6.89	6.15	5.69
수 입	16.58	15.91	16.13	15.48
제조업생산물				
국내산출물	2.97	2.89	2.67	2.64
수 출	2.72	3.02	3.24	3.55
수 입	2.09	1.93	1.98	2.33
총요소의 요구				
일차생산물				
수 출	6.55	5.75	5.13	4.81
수 입	11.99	11.50	11.90	11.30
제조업생산물				
수 출	3.74	3.71	4.09	4.29
수 입	2.77	2.40	2.40	2.74

주: 1965년 불변가격으로 자본 10억원당 천명의 연수.
자료: Westphal and Kim, 1974, "Industrial Policy and Development in Korea," p. 123.

산물을 수입하는 데 있었다고 말할 수가 있다.

성장의 가속화는 생산구조의 매우 급격한 변동을 수반하여 1957년에 GNP의 44%를 차지했던 농업 등 1차 산업의 비중은 77년까지 20% 미만으로 하락하였고, 대신 제조업은 같은 기간 동안 9%에서 35%로 증가하였다. 한국의 빠른 경제성장은 높은 인구성장률을 수반했는데, 1963-76년 기간 동안 14세 이상의 경제활동인구는 연평균 3%의 성장률로 증가하였다. 그럼에도 불구하고 1963년 이전에 거의 16% 이상으로 추정되던 도시의 실업은 급격하게 감소하였고 농업부문의 고용자도

1963년 61%에서 77년에 40%로 하락하였다. 그 결과 1964년 이후 실질임금도 증가하였다.

고용의 추세 중 무엇보다 가장 주목할 점은 제조업 고용의 급증이었다. 1960-63년 기간에 수출이 만들어 낸 고용은 30만 2천 명으로 총고용 중 4%도 채 안 되었으나 70년까지 84만 5천 명으로 전체의 약 9%로 증가하였다. 그러나 무엇보다 수출의 고용 창출효과는 제조업에서 현저하였다. 60년에 총 수출 중 제조업의 수출이 약 30%에서 70년까지 거의 70%로 증가한 결과 제조업 수출이 창출해 낸 고용도 1960년 2만 6천 명에서 70년에는 30만 8천 명으로 약 12배 증가하였다. 그리하여 제조업의 총 고용 중 제조업 수출이 창출해 낸 고용이 차지하는 비중도 1960년에 5.0%에서 70년에는 25.9%로 상승하였다. 마찬가지로, 제조업의 최종수요의 측면에서도 수출의 상대적 중요성은 1960년대 전체에 걸쳐 기하급수적으로 증가하였다.

반면, 수출에 의한 간접고용 창출은 상대적으로 미약하였는데, 이는 제조업 수출에 대한 총고용계수가 제조업에 대한 국내최종수요의 총고용계수보다 훨씬 작은 데서 확인된다. 이와 같이, 제조업의 수출이 상대적으로 노동집약적이었으나 제조업 수출의 다른 생산부문과의 연관성은 상대적으로 제약되어 있었음을 알 수 있다(D.C. Cole and L.E. Westphal, 1975: 94-95).

한국 경제성장의 이러한 성격은 개발을 위한 한국경제의 여건과 밀접한 관련을 맺고 있다. 주지하듯이, 한국은 부존자원이 빈약한 반면 인적자원은 양과 질에 있어서 풍부하였다. 풍부한 양질의 인적자원은 또한 한국 전통사회의 생산력 기초나 사회구조와 밀접한 관련을 맺고 있다. 제Ⅲ편에서 살펴보겠지만, 한국 전통사회는 생산력 특성으로 인해 높은 인구밀도를 가진 사회였고 이로 인해 집약농법의 전개 및 노동력의 이용을 극대화시키는 방향에서 시장경제의 발달도 경험하였다. 게다가 높은 사회적 유동성과 개방성은 높은 교육열을 하나의 문화로 구조화시켰다.

이러한 여건에서 한국이 저임금에 기초한 노동집약적이며 수출지
향적인 공업화의 추진은 여러 문제에도 불구하고 현실적 선택이었다.
한 때 유행이었던 자립경제를 추구한 산업정책과 급속한 중화학공업의
건설은 외환부족과 대량실업의 문제를 야기할 수 있다는 점에서 바람직
한 주장이었는가를 생각할 필요가 있다. 예를 들어, 식민지 공업화의 유
산으로 북한에 집중된 중화학공업은 자본집약적이고 단위생산당 고비
용을 요구하기 때문에 지역경제와 잘 통합되지 않을 뿐 아니라 지속적
인 보호가 요구된 반면, 역설적으로 식품가공이나 섬유 등과 같은 경공
업 중심적인 남한은 노동집약적인 소비재의 수출을 통해 빠른 경제성장
이 가능하였다(A. Kohli, 1994: 1282).

제 2 절   중화학공업화와 개방체제의 확대: 재벌경제의
성립과 공유시스템의 불공정성

1960년대 경제개발은 수출주도의 공업화 과정이었다. 또한 그것은
외자 및 정부주도에 의한 성장위주였고, 성장의 엔진은 노동집약적 경
공업제품의 수출이었다. 그러나 이러한 고도성장의 이면에는 한일회담
의 타결, 월남전 특수경기, 노동자들의 억압 등과 같은 정치적 요인과
더불어 양질의 풍부한 노동력의 존재라는 국내경제적 요인과 국제자본
시장의 상황으로 인한 외자도입의 용이성 및 한국의 가공무역형 경공업
화에 유리하게 작용한 60년대의 국제경제환경이 있었다.

그러나 1970년대에 들어서면서 국제경제질서는 동요하기 시작하였
다. 무엇보다 전후 자본주의의 황금기 동안 지속되었던 미국 헤게모니
의 쇠퇴 징후들이 70년대 이후 곳곳에서 나타났다. 경제적으로는 생산
성 증가율의 하락, 국제수지의 지속적 적자 화대 등으로 80년대 중반 이

후 미국은 순채권국에서 순채무국으로 전락하였다. 참고로 미국은 2차대전 후 1970년에 이르는 동안 한번도 무역수지의 적자를 기록한 적이 없었다.

그러나 1971년 22억 달러의 무역수지 적자를 출발로 연평균 무역적자는 1970-74년에 21억 달러, 1975-79년에는 186억 달러, 1980-84년에는 539억 달러, 1985-89년에는 1,343억 달러로 급증해 왔다. 여기에 베트남전쟁의 패배는 미국의 군사적 헤게모니에 대한 의문을 자아냈다. 그러나 세계경제에서 미국이 차지하던 헤게모니적 지위의 약화는 자본주의국 간의 불균등 발전으로 인해 세계경제에서 차지하는 미국의 비중이 상대적으로 감소했다는 소극적 의미로 국한되지 않고, 상대적으로 안정적이었던 기존의 국제적 경제조절체제를 와해시켰다는 적극적 의미를 가진다. 즉 상품과 자본의 국제적 이동에 따른 화폐적 위험을 최소화시키는 데 기여했던 IMF 체제와 발전도상국을 포함한 선진자본주의 국가들에게 국제무역을 통한 경제성장의 여지를 부분적으로 마련해 주었던 GATT 체제는 궁극적으로 모두 미국의 경제적 우위에 의해 유지되었던 것이다. 브레튼우즈(Bretton Woods)체제가 바로 자본주의 황금기를 유지해 온 가장 대표적 제도 형태였으며, 71년 8월 닉슨 대통령의 '경제긴급조치'로 상징되는 브레튼우즈체제의 와해는 과거의 국제적 경제조절체제의 붕괴를 의미하는 것이었다.

주요 내용을 보면 ① 달러화 금태환의 일시정지, ② 대외경제협력자금 등의 삭감, ③ 10%의 수입과징금 부과 등으로 요약된다. 여기에 선진자본주의 국가들의 60년대의 경제규모의 지속적 확대와 과잉축적은 물가와 임금상승을 초래하였고, 뒤이은 긴축정책은 스태그플레이션(stagflation)을 만들어냈다. 73년 10월 중동전쟁이 계기가 된 74년의 제1차 석유파동은 세계경기를 침체의 늪으로 밀어 넣었고, 불황이 심화되면서 선진제국은 수입규제조치를 확대하고 강화하였는데 그 대상이 주로 저개발국의 노동집약적 경공업제품이었다.

그리하여 수출을 미국과 일본을 중심으로 한 선진제국들에 의존해 오던 한국경제에 세계경제환경의 신보호주의시대 개막은 커다란 위협이었고 중화학공업화로의 변신을 요구받았다. 즉 경공업(후진국)-중공업(선진국)의 형태로 유지되어 오던 기존의 국제분업체제는 1970년을 전후해 선진국의 탈공업화현상에 따라 노동집약적이며 공해유발적인 최종소비재의 조립가공분야, 다시 말해 선진국에서 사양화되고 있는 산업을 중심으로 중화학공업의 후진국에로의 이전이 진행되었다.

이러한 국제분업체계의 변화에 편승한 한국의 중화학공업화는 72년의 이른바 '10월유신'이라는 폭압적인 정치체제 속에서 73년 1월의 '중화학공업화선언'으로 본격적으로 전개된다.

한국의 중화학공업화의 추진 배경을 구체적으로 보면, 1960년대 수출증대로 경공업제품의 생산이 확대됨에 따라 소재 및 생산재 등 중화학공업부문에의 후방연관압력이라는 대내적 분업관련의 요인을 먼저 지적할 수 있다. 그러나 보다 중요한 요인으로는 저임금을 기초로 하는 경공업수출이 한계에 직면하자 상업차관의 원리금상환난이 외자도입방식의 직접투자형태로의 전환과 원리금상환용 외화획득을 높이기 위해 지금까지의 경공업제품 중심의 수출구조에서 중화학공업제품 중심의 수출구조로 전환할 수밖에 없었다는 지적이다. 즉 차관원리금상환 가능성에 대한 국제적 우려는 드디어 1969년 4월 세계은행 주최로 IBRD, OECD 등 7개 국제기구와 미국, 일본 등 10개 채권국이 모여 '대한국제경제협의체(IECOK)'라는 대한 채권국회의를 결성케 하였다. 이는 매년 총회를 열고 한국의 경제개발, 특히 외자사업에 관한 협의 및 조정기능을 담당해 오다가 1984년 7월 13차 서울총회를 마지막으로 해체되었다. 그럼에도 불구하고, 중화학공업의 건설은 그 자체 및 경공업이 필요로 하는 자본재나 원자재를 수입대체시키지 못하고, 오히려 더 많은 수입유발효과를 가져왔다.

중화학제품의 수입유발계수는 1970년의 0.4172에서 75년에는

0.4978, 그리고 79년에는 조금 떨어져 0.4831이었던 반면 같은 기간동안 0.3425, 0.3696, 0.3217을 보였던 경공업제품의 그것을 훨씬 앞서고 있다(대한상공회의소, 1982: 304).

여기에 수출장려를 위해 차관기업에 대한 막대한 금융특혜조치를 뒷받침해 주었다. 즉, ① 차관원리금의 보증은행의 대불을 허용하고, ② 국내 금융비용 부담을 줄이기 위해 융자를 투자로 전환시켜 주고, ③ 직접금융으로의 자금조달을 가능케 하기 위해 무리한 기업공개정책을 추구하고, ④ 대출금리를 예금금리보다 낮게 하는 역금리 제도를 채택하고, 그리고 ⑤ 1973년의 '8·3긴급경제조치'(제5장 제1절 참조)를 통해 사채를 동결한 것 등이 금융특혜조치에 포함된다.

1973년 5월에 대통령령으로 설치되어 80년 9월까지 존재했던 '중화학공업추진위원회'에서는 철강·화학·비철금속·기계·조선·전자의 6대 전략업종을 선정하고, 76년에는 '기계공업육성 5개년계획'과 더불어 '기계류국산화 지원방침' 등과 같은 중화학공업 육성계획이 이루어졌다(김대환, 1987). 구체적으로, 6대 전략업종에 투자된 금액은 1973-81년간 2조 9,800억 원(1970년 불변가격)으로 같은 기간동안 전체 제조업투자의 약 64%에 달하였다. 이를 위해 정부는 재정상으로는 1974년 '국민투자기금법'에 의해 설치된 국민투자기금을 중화학공업의 지원에 집중(전체 기금의 약 68%)하였고,[2] 이기금은 정기예금보다 금리가 낮은 역금리체계에서 운용되었다는 점에서 중화학공업에 참여한 재벌들에게 엄청난 특혜를 주었다. 이에 대해서는 제5장에서 자세히 다룰 것이다.

재정융자와 더불어 산업지원자금 형식의 금융지원이 동시에 이루어졌는데, 1973-80년 기간동안 중화학공업에 대한 산업은행의 총 대출은 1조 2,302억 원에 달하였고, 이는 전체 제조업의 대출자금 중 약

---

2) 재무부, 1982, 『재정투융자백서』에서 계산됨.

80%에 해당하는 것이었다. 이러한 재정 및 금융의 편중지원과 더불어 조세상의 정책지원도 중화학공업에 집중되어 중심이 되는 14개 중요산업에 대해서는 처음 3년간은 100%, 다음 2년간은 50%의 내국세 감면 — 특히 외국인투자에 대해서는 처음 5년간 100%, 다음 3년간은 50% 감면 — 혜택을 주었고, 여기에 70–100%의 관세감면(외국인투자의 경우는 100% 감면)이 추가되었다. 이와 별도로 중화학공업의 각종 시설재 수입 시에는 관세를 감면하여 주고 설비투자 시에는 법인세감면을 통한 조세 상의 지원을 하였고, 중화학공업제품의 수출에서 발생하는 소득에 대해서는 소득세 또는 법인세를 50% 감면해 주었다.

　이러한 파격적인 조세감면은 일반국민의 조세부담률을 증대시켜 GNP 대비 조세부담률은 1973년 12.5%에서 81년에는 19.3%로 증대했을

[표 3-4] 산업기지 건설투자 현황　　　　　　　　　　　　　　　(단위: 억원)

	공 기	총사업비	80년까지 예산	비　　　고
기완공사업		317	210	
옥 포	1974–80	182	156	조선
울 산	1966–80	102	43	석유화학 및 비료
구 미	1971–80	33	11	전자
계속사업		4,926	2,654	
포 항	1968–83	1,513	828	철강
창 원	1974–84	541	292	기계
온 산	1974–87	532	318	비철금속
여 천	1974–87	728	386	석유화학
북평(I)	1974–90	737	624	시멘트
기 타	1962–86	875	205	
신규사업		6,419	37	
북평(II)	1983–	792	–	시멘트
아 산	1983–87	4,867	37	철강 및 기타 중화학
광 양	1987–	760		석유화학

자료: 한국개발연구원, 1981, 『국가예산과 정책목표』, 180쪽에서 재인용.

뿐 아니라, 부가가치세 및 각종의 조세공과를 신설하였다.

마지막으로 사회간접자본의 확충을 통한 중화학공업에 대한 지원을 보면, 1972-76년간은 총 재정투자의 67.4%인 1조 6천억 원 가량, 그리고 1977-80년간은 80.5%인 약 5조 원으로 대폭 증대하였듯이, 정부는 중화학공업화의 계획에 따라 각 업종별로 산업입지를 선정하여 공단을 조성하고 거기에 필요한 도로 · 항만 · 용수 등의 부대지원시설을 제공함으로써 산업기지를 건설하였다. [표 3-4]에서 보듯이 70년대에 건설된 산업기지는 거의 모두가 중화학공업을 위한 것이었고 여기에 입주하는 기업에게 금융 및 조세상의 혜택이 주어졌음은 물론이다.

이와 같은 중화학공업에 대한 정책지원은 기업의 측면에서 보면 다름 아닌 자본축적에 대한 지원이었는데 위에 열거한 지원들 이외에도 대규모의 외자도입과 기술도입, 그리고 자본주의사회에서 상상도 힘든 사채동결(1973년의 8·3긴급조치)과 뒤이은 자본시장 육성정책 등의 결과로 오늘날의 재벌의 존재가 가능하였던 반면, 억압일변도의 노동정책은 중화학공업화의 또 다른 성격을 보여 준다.

이상의 집중적 정책노력에 의해 수출상품에서 차지하는 중화학공업제품의 비중은 1973년 23.7%에서 80년에는 41.5%로 증가하였고, 중화학공업화율도 같은 기간 동안 40.5%에서 52.6%로 증가하여 공업구조도 고도화되었으나, 70년대 동안 국제수지 불균형은 확대되어 추가적인 외자도입이 불가피하였다. 그러나 한편으로는 재벌의 특혜경쟁으로 인한 중화학공업의 중복 및 과잉투자는 자원배분의 왜곡[3]을 가져왔고(D. H. Kim, 1985: 188), 다른 한편 70년대 후반 제2차 석유파동과 세계경제의 불황으로 인한 해외수요의 감소와 에너지 소비적 중화학공업의 비용조건 악화는 수출부진, 과당경쟁의 격화로 기업의 부실화, 그리고 가

---

3) 예를 들어, 1970년대 중화학공업의 전체 설비투자효율, 총자본투자효율, 그리고 10개 산업별 효율이 1977년을 전환점으로 급격히 떨어졌고, 그 원인은 76년 말부터 78년 간 대기업에 의한 중화학공업에의 단기적인 중복진입에 기인하는 것이었다(박영구, 1995).

동률 저하를 초래하여 80년의 마이너스(-) 성장을 가져왔을 뿐 아니라 79년의 정치적 격변과 연결되었다.

1980년 8월 현재 주요 중화학공업의 가동률을 보면, 석유화학이 86% 정도로 가장 높고, 철강 70.6%, 전기기계 및 수송기기 51.2%, 비철금속 47.8%를 기록하고 있으며, 일반기계는 34.85에 불과하다(Korea Exchange Bank, 1980(Dec.), *Monthly Review*, p. 6). 그 결과 80년에는 중복 및 과잉투자로 인해 과당경쟁을 벌이는 분야에 대한 교통정리를 통해 자원낭비를 방지하고 국제경쟁력을 높이기 위한 목적으로 중화학투자조정이 단행되었으나, 이 조정은 경제력 집중의 문제를 가지고 있는 한국경제구조와 맞물려 업종별로 특정 재벌에 독점적 지위를 부여하는 효과를 가져왔을 뿐 아니라 이들 기업에 대해 채무상환의 연기와 구제금융을 제공함으로써 경제력 집중이 강화되는 결과를 초래하기도 하였다. 즉 특혜금융은 저리의 부채조달로서 소유분산을 저지할 수 있기 때문에 재벌의 소유집중과 밀접한 관련을 맺고 있다(홍현표, 1993).

경제력 집중은 한국경제의 '가공무역후진경제'(강철규 · 장석인, 1987)와 밀접한 관련을 맺고 있다. 즉 자본재와 중간재의 수입특화와 소비재의 수출특화를 그 특징으로 하고 있는 가공무역후진구조는 국내시장의 독과점화를 면키 어렵다. 양산 · 가공조립형 산업은 자동차 · 전자산업 등에서 전형적으로 보듯이 규모의 경제로 높은 과점도를 갖기 때문이다. 반면, 부품산업 · 중간재생산업체 들은 종업원 300명 이하의 중소기업이 많은 경쟁적 산업이다. 그런데 이러한 부품 · 중간재 및 기계를 일본으로부터의 수입에 크게 의존하는 한국의 사업은 경쟁도를 높이는 중소기업의 발달이 저해되는 반면 규모의 경제를 갖는 소수의 대규모기업이 성하는 높은 시장집중률을 갖게 된다. 특히, 이들 가공 · 조립산업이 외환을 벌어들이기 위해서는 수출의존을 높여야 하기 때문에 시장집중률은 그렇지 않은 경제에 비하여 더욱 높아질 수밖에 없다(강철규, 1990: 175).

제3절 수출의 외부성 효과

한국의 경제성장은 수출 주도에 의한 것이었다. 한국의 경우 제한된 국내시장 때문에 요소의 집중적 투입에 의한 규모의 경제는 수출시장의 발전을 필요로 하였고, 해외수요가 없었더라면 규모경제의 의해 수반된 자본집약적 기술은 오히려 심각한 실업문제를 야기했을 것이다. 물론, 이에 대해서는 수출주도 성장이었느냐 아니면 투자주도 성장이었느냐 하는 논쟁이 있으나, 후자 역시 투자수요의 확대가 수출의 증가를, 그리고 수출의 증가는 자본재 수요를 비롯한 수입을 위해 전제가 된다는 것을 인정하고 있다(D. Rodrik, 1994).

한편, 시장의 크기가 규모의 경제에서 중요한 요소임에도 불구하고 한국의 국내시장은 그 절대적 규모에서 매우 제한적이었다. 또한, 수출촉진전략에도 불구하고 국제시장에서 한국기업의 시장점유율이 낮았다는 점을 고려할 때 규모의 경제가 어떻게 가능했는가? 이는 한국의 대기업들이 개별생산물(업종)별로 보면 규모의 경제가 나타나지 않았지만 전체적으로 규모의 경제를 강하게 보였던 것이다(S. Jwa, 1996). 즉 규모의 경제가 실제로 제한적이었음에도 불구하고 산업과 금융에 대한 막강한 조직과 권한을 가졌던 국가의 지원책으로 한국의 대기업들이 자원을 저렴하게 이용할 수 있었고, 기업들은 요소시장의 불완전성을 극복하기 위해 '내부화 전략'으로 '업종다양화' 전략을 채택하였던 것이다. 그 결과, '범위의 경제(economies of scope)'가 실현되었고, 이것이 국민경제 전체적으로는 규모의 경제로 나타났던 것이다.

한국의 수출액은 1960년에 3천 3백만 달러에 불과했으나 1964년에 약 1억 2천만 달러, 1971년에 약 10억 7천만 달러, 1962년 '수출제일주의'를 채택한 이래 16년간 지속해 온 강행군의 결과 1977년에 약 100억 5천만 달러로 수출 100억 달러 달성을 4년 앞당겼고, 1995년에 약

1,250억 6천만 달러를 기록하였는데 이는 35년 만에 약 3,790배의 증가였다. 참고로 2006년의 수출액은 3,259억 9천만 달러를 기록하였다. 수출액의 구성 비중도 100억 달러를 돌파하였던 1977년까지 경공업(약 53억 달러) 대 중화학공업(약 33억 달러)이 약 1.6:1의 비율로 경공업의 비중이 높았고, 제품별로도 섬유(약 31억2천만 달러)나 식료 및 직접소비재(약 10억7천만 달러)의 수출액이 전기전자(약 8억3천만 달러)나 철강(약 9억7천만 달러)보다 높았다.

한국의 수출 역사는 오징어와 해태 · 한천 등 수산물과 중석을 비롯한 광산물에서부터 출발한다. 60년대 초 수출 개척기의 주력 품목은 단연 농수산물과 광산물이었다. 실례로 62년도의 수출품목 구성을 살펴보면 총수출액은 5,481만 달러였는데 이 중 돼지 147만 달러, 생선 345만 달러, 마른생선 249만 달러, 조개류 181만 달러, 김 75만 달러 등 살아 있는 동물과 식료품 수출이 2,185만 달러에 달했다. 그 외에 생사 396만 달러, 고령토 등 광석 269만 달러, 철광 385만 달러, 무연탄 274만 달러 등 원자재 수출이 1,500만 달러를 넘어서 총 수출액의 75%를 천연물이 차지하고 있다. 1차 산품 외에는 내다 팔 것이 없는 척박한 시절이었다.

천연물 수출의 뒤를 이어 합판과 가발이 바통을 이어받았다. 합판은 60년대 중반 수출의 정상을 누리며 1972년 제 9 회 수출의 날까지 최고상을 독점한다. 그 결과 합판 수출의 대명사인 동명목재가 1964년부터 10여년간 수출 대표주자로서 명성을 날렸다. 60년대 후반 들어 가발이 수출역군 대열에 동참한다. 미국 내 가발시장을 독점한 서울통상이 '가발 재벌'이라는 소리를 들으며 재계의 기린아로 부상했다. 70년대 들어서면서 섬유류가 수출 전면에 나섰다. 한일합섬을 비롯해 선경, 코오롱 등 수많은 섬유재벌들이 이 시기에 탄생했다. 신발도 빼놓을 수 없다. 양적으로 세계를 제패한 신발 수출이 국제와 삼화라는 신발 재벌을 낳았다.

70년대 초반까지는 농수산 · 광물 등 제1차 산품과 가발 · 신발 · 합판 등 간단한 경공업 제품들이 수출의 주력전선을 구축하고 있었던 셈이다. 그러나 70년대 중후반에 들어서면서부터 수출품목은 급격한 변화를 보인다. 중화학공업 육성 정책에 힘입어 경공업 제품이 퇴조하고 중화학 제품이 수출 전면에 부상하기 시작한 것이다.

1977년 수출 100억 달러를 달성할 당시 수출품 구성비를 보면 공산품의 비중이 90%를 넘어선다. 농산물은 3%, 수산물은 5.6%, 광산물은 1.1%에 불과했다. 공산품 중에서도 철강·전자·선박·금속·기계류 등 중화학 제품의 비중이 35%를 넘어섰다. 불과 몇 년 사이에 수출품목이 경공업 제품에서 중후장대형 중화학 제품으로 급속히 변화한 것이다. 수출 100억 달러는 '오징어'에서부터 '유조선'까지 팔 수 있는 것은 모두 내다 팔아 이룩한 16년 대역사의 산물이었다.

당시 수출 100억 달러 돌파가 갖는 의미는 대단한 것이었다. 경제적 성과뿐만 아니라 "우리도 할 수 있다"는 국민적 자긍심의 발로였다. 수치적으로는 국민 3,500만 명이 1인당 274달러, 하루 평균 2,700만 달러 상당의 '메이드 인 코리아'를 내다판 성과였다. 수출 100억 달러는 여러 가지 기록들을 양산했다. 수출제일주의를 선언한 1962년 이래 연평균 수출신장율은 42.4%를 기록했고, 수출시장은 33개국에서 133개국으로, 수출품목은 69개에서 1,200개로 늘어났다. 당시의 국제경제 여건에 비추어 모두 세계 신기록감들이었다.

수출시장 133개국 개척은 '전세계의 시장화'였고, 수출상품 1,200개 돌파는 '전산업의 수출화'를 의미했다. 정부와 국민 모두 혼연일체가 돼 수출증대에 총력을 기울인 결과였다. 1977년 당시 수출외형 100억 달러는 세계 랭킹 25위권에 해당하는 금액이었다. 석유수출로 쉽게 100억 달러를 넘어선 중동 산유국을 제외할 경우 세계 17~18위 까지 올려 잡을 수 있는 성과였다. 전쟁의 폐허를 딛고 이룩한 성과 치고는 괄목할만한 것이었다. 아시아권에서는 일본에 이어 2번째로 수출 100억 달러를 돌파하며 수출강국의 지위를 확보했다. 대만 홍콩 싱가폴과는 그동안 추격하던 입장에서 쫓기는 입장으로 바뀌었고, 선진국들은 우리를 대등한 교역상대국으로 경계하기 시작했다.

수출 100억 달러 목표가 처음 제시된 것은 1972년 11월 30일 제 9 회 수출의 날 기념식에서였다. 박정희 대통령은 이날 치사를 통해 "조국의 번영과 민족의 중흥을 위해 80년대 초까지 100억 달러 수출 목표를 새로 설정한다"고 밝혔다. 당시 연간 수출실적이 16억 달러에 불과했다는 점을 감안할 때 100억 달러 목표는 실로 엄청난 액수였다. 박 대통령은 "100억 달러 수출은 쉽게 달성할 수 있는 목표는 아니지만 그렇다고 결코 불가능한 것도 아니다"며 "앞으로 정부는 100억 달러 수출 목표를 달성하기 위해 가능한 모든 지원과 협조를 아끼지 않을 것"이라고 천명했다. 이날 박 대통령의 언급 이후 '수출 100억 달러 달성'은 70년대 최우선 정책과제로 등장했다. "수출은 국력의 총화" "전산업의 수출화" "전세계의 시장화" "무역입국" 등 수출을 독려하기 위한 각종 캐치프레이즈가 이어졌다.

수출극대화 전략이 채택되면서 정부는 수출기업들에게 최대한의 특혜를 베풀었다. 수출행정은 금융지원 강화, 서류절차 간소화, 양산체제 지원 등 100억 달러 체제로 완전 개편됐다. 수출이 곧 '애국'이며 수출상사가 하는 것이면 뭐든 용인해 주는 풍토가 자리 잡았다. 은행 대출 금리가 25%를 넘나들던 시절이었지만 수출기업에게는 연 6% 저리로 대출이 이뤄졌다. 수출용 원자재를 수입하는 기업에게는 세금을 전액 면제해 줬고, 달러를 벌어들인 기업에는 소득세를 최대 80%까지 감면해줬다. 해외에 나가는 절차가 쉽지 않던 시절이었지만 수출업체 대표들에게는 언제든 외국에 나갈 수 있는 특권이 주어졌다.

수출 100억 달러에 이르기까지 대통령이 직접 주재하는 청와대 수출진흥확대회의가 중요한 역할을 했다. 1962년 12월 29일 수출진흥위원회로 시작한 이 회의는 3년 만에 수출진흥회의로 개편됐고, 이후 수출 총력지원 체제의 구심점 역할을 하게 된다. 수출을 위해 필요한 사항은 이 청와대 회의에서 최우선적으로 조치됐다. 박 대통령은 1965년 1월부터 사망하던 79년 10월까지 한번도 거르지 않고 매달 수출진흥회의를 주재했다. 수출진흥회의는 69년 수출진흥확대회의로 개칭되면서 참석범위가 더 넓어졌다. 경제단체장과 대학교수, 해외공관장, 심지어는 법조계 인사도 참석대상에 포함됐다.

이 회의에서 대통령은 월별, 종목별, 지역별 수출동향을 점검하고 수출증대를 위한 정부 시책과 업계 건의사항을 논의했다. 지역별 수출실적에 대한 대통령의 관심이 높아지자 해외공관에도 비상이 걸렸다. 해마다 열리는 해외공관장회의에서 가장 중요한 보고는 주재국에 대한 수출실적이었다. 수출실적이 좋으면 유능한 대사였고 실적이 나쁘면 인사 조치됐다. 이런 이유로 당시 외교관들은 '수출대사'로 불리기도 했다. 청와대 수출진흥회의는 1977년 들어 무역진흥확대회의로 개칭된다. 이제는 수출 뿐 아니라 수입도 함께 다루는 종합무역회의로 개편할 시기가 되었다는 판단에 따른 것이었다. 그간의 수출일변도에서 벗어나 비로소 균형 잡힌 무역정책의 개념이 자리잡기 시작한 것이다.

수출증대를 위한 대통령의 의지는 확고했다. 박 대통령은 청와대 집무실에 월별 수출실적을 그래프로 그려놓고 관련 공무원과 기업인들을 불러 직접 독려했다. '수출이 곧 국력'이라고 믿었던 박정희에게 수출목표 미달은 있을 수 없는 일이었다. 어떻게 해서든 목표를 달성해야만 했고, 미달할 경우 해당 부서에는 불벼락이 떨어졌다. 수출업무를 담당하고 있는 상공부가 가장 많은 스트레스를 받았다. 상공부 관리들은 매달 수출목표 달성을 위해 야근을 밥 먹듯 하곤 했다. 상공장관과 담당 국장은 전국의 수출기업을 돌아다니며 수출목표를 늘릴 것을 독려했다. 대통령이 수출 전선의 총사령관이었고, 장관과 국장은 참모였다. 책상 앞에 앉아서 수출실적만 챙길 상황이 아니었다. 대통령과 장관이 직접 독려에 나서면서 수출상사들의 사기가 크게 올랐다. 실질적으로 수출 100억 달러는 무역상사들이 발로 뛰면서 쟁취한 성과였다. 230여 개 수출상사가 1,400개에 달하는 해외지사를 통해 크고 작은 주문들을 받아 왔다. '전세계의 시장화'가 결실을 맺기 시작한 것이다. 수출상사들에게는 다른 기업들은 상상도 할 수 없는 적극적인 금융지원이 제공됐다.

이것이 또 다른 부작용으로 이어졌다. 손쉽게 은행돈을 쓸 수 있다 보니 수출상사들이 마구잡이로 은행돈을 빌려 썼고, 결국 엄청난 부채를 짊어지게 된 것이었다. 1977년을 기준으로 한일합섬 1,350억 원, 쌍용 228억 원, 국제상사 329억 원, 효성 276억 원, 선경 590억 원, 삼화 370억 원 등 주요 무역상사들이 대부분 엄청난 은행돈을 쓰고 있었다. 수출상사들의 부채비율은 도를 넘어섰다. 반도상사가 956%, 쌍용이 936%로 900%를 넘어선데 이어 삼성 641%, 삼화 615%, 대우 465%, 효성 434%, 금호 363% 등 주요 상사들이 모두 300%를 넘는 부채비율을 기록했다. 건설이나 자동차 등 다른 업종에 비해 평균 3-4배 이상 높은 비율이었다. 이러다 보니 수출종합상사들의 순이익률은 매출액에 비해 형편없이 낮았다. 삼성물산의 경우 1976년 1,020억 원 매출액을 기록했지만 순이익률은 26%, 매출순이익률은 1.8%에 불과했다. 그리고 반도상사는 순이익률이 0.5%였고, 쌍용은 1%, 금호는 2% 등 미미한 수준에 머물렀다. 수출실적은 좋았지만 금융비용을 제하고 나면 크게 남는 게 없는 장사였다.

100억 달러 돌파 후 18년만인 1995년 드디어 총 수출규모가 1,000억 달러를 넘어섰다. 이로부터 10년 후인 2004년에는 수출규모가 2,542억 달러를 넘어서 세계 12번째로 2,500억 달러를 돌파하는 기록을 세운다. 수출은 이후로도 한국경제를 지탱하는 버팀목 역할을 담당하며 꾸준한 증가세를 이어왔고 일인당 국민총소득이 1만 달러를 돌파하고 총 수출규모가 1천억 달러를 넘어섰던 1995년에는 경공업(약 304억 2천만 달러) 대 중화학공업(약 870억 5천만 달러)의 비율이 약 1:2.9로 중화학공업이 절대적 비중을 차지하였고,[4] 제품별로도 반도체(약 177억 달러), 철강(약 99억 5천만 달러), 정보통신기기(약 77억 6천만 달러), 가전제품(약 67억 9천만 달러), 자동차(약 65억 5천만 달러), 선박(55억 3천만 달러) 등이 주요 수출제품으로 부상하였다. 2004년에는 경공업(296억 3천만 달러) 대 중화학공업(약 2,080억 3천만 달러)의 비율이 약 1:7로 크게 확대되었을 뿐 아니라 경공업의 절대 수출액이 감소하였다. 제품별로도 정보통신기기(약 459억 달러), 반도체(약 265억 2천만 달러), 철강(약 186억 1천만 달러), 자동차(약 245억 8천만 달러), 선박(약 153억 2천만 달러), 가전제품(약 97억 1천만 달러) 등 90년대 후반부터 주력 수출품으로 부상한 제품들이 크게 신장한 반면, 직물·섬유·의류는 109억 8천만 달러를 기록함으로써 1995년의 155억 달러 수준보다 크게 후퇴하였다.

2004년의 수출품목별 비중을 살펴보면 불과 40년 전 오징어, 한천 등 1차 산품만을 내다 팔던 시절과 비교해 정말 격세지감(隔世之感)이 아닐 수 없다. 기업별로는 반도체와 무선통신기기 수출에 힘입어 2004년 삼성전자 한 회사에서만 416억 달러를 수출했다. 70년대 국민적 목표였던 총 수출 100억 달러를 넘어 이제는 단일기업이 400억 달러 이상을 수출하는 전천후 수출 시대가 도래한 것이다.

📍 **[표 3-5]** 5개년계획 기간별 경제성장률 및 수출입증가율 (%)

	연평균경제성장률	연평균수출증가율	연평균수입증가율
1차5개년계획(62-66)	7.9	43.6	17.8
2차5개년계획(67-71)	9.6	33.7	27.3
3차5개년계획(72-76)	9.2	48.5	29.7
4차5개년계획(77-81)	5.8	22.5	24.4
5차5개년계획(82-86)	8.6	10.3	3.9

자료: 이대근(2003: 248).

---

4) 경공업 수출액(약 95억 달러)을 중화학공업 수출액(약 104억 달러)이 앞선 연도는 1982년이었다.

💿 **[표 3-6]** 한국의 무역의존도 추이, 1953-85년

	수출/국민소득	수입/국민소득	무역의존도 (수출＋수입)/국민소득
1953	2.0	9.9	11.9
57	1.5	12.1	13.6
60	3.4	12.8	16.2
65	8.6	16.0	24.6
70	14.3	24.1	38.4
75	23.6	33.8	57.5
80	27.4	34.9	62.4
85	31.3	32.2	63.6

자료: 한국은행, 경제통계시스템.

　　이처럼 제한된 국내시장으로 내수보다 수출 주도의 성장을 한 한국의 성장 방식은 규모의 경제와 외부성의 효과를 가져다 주었다. 신성장론은 무역이 규모의 경제 및 외부성의 효과를 통해 성장에 기여하고 있음을 보여 준다(J. Sengupta, 1991; G. Feder, 1982). 즉 수출지향공업화 전략을 채택한 국가들의 경우 국제경쟁에 놓여 있는 수출부문의 성장이 신기술과 경영혁신을 가져다 줌으로써 비수출부문의 성장에 긍정적 영향을 주는 '외부성'의 효과를 낳았다. 실증연구들(J. Sengupta, 1991, 1993)은 수출부문의 비수출부문에 대한 외부성 효과가 그 반대의 경우보다 분석기간에 따라 많게는 7배(1964-83년), 적게는 3배(1969-86년)

💿 **[표 3-7]** 경제성장요인의 분해 결과, 1955-95년   (%, 10억원)

	내수확대효과	수출확대효과	수입대체효과	기술변화효과	총생산액증가
1955-63	78.0	9.2	15.9	-3.1	497
1963-75	64.4	32.4	6.3	-3.1	6,415
1975-85	52.5	41.5	5.0	1.1	135,876
1985-95	72.5	27.9	0.2	-0.7	406,273

자료: 김광석(2001: 60-61).

정도 높았음을 보여 준다.

또한, 앞에서도 확인했지만 한국 경제성장에서 규모의 경제 효과는 중요한 역할을 하였다. 예를 들어, 1948-69년간 미국의 GNP 성장에서 규모의 경제 효과는 전체 성장의 10.5%를 구성한 반면, 1963-82년간 한국의 경우에는 18.0%를 차지하였다(Enos and Park, 1988). 이처럼 규모의 경제가 작용한 수출부문에서 자본의 한계생산(MP_K)의 증가로 수출의 성장을 가져오고, 이것은 다시 기술집약적 부문에 대한 투자를 통해 규모의 경제를 확대시켰다.

제Ⅲ편에서 보듯이 한국 경제성장에서 수출의 역할은 전통사회가 시장경제와 친화적이었다는 사실과 맥을 같이한다. 시장 영역의 확대는 전통사회의 소농경제의 안정화에 기여했을 뿐 아니라 농촌과 도시의 상호 보완적인 발전, 즉 '지방공업화'의 가능성을 보였다. 이는 영국이나 서구사회의 경험과는 다른 길이었다. 그러나 이러한 가능성은 일본 제국주의 침략으로 중단되었고, 그 이후 형성된 분단체제에서 왜곡, 발전되었다. 즉 한국경제의 개방화는 개발독재기 및 오늘날까지 경제성장에 긍정적으로 작용한 반면, 일제 식민지 유산 및 분단체제 하 원조경제의 영향으로 지방공업화의 가능성은 차단되었다. 따라서 '97년 위기' 이후 가속화되는 한국경제의 글로벌화는 기본적으로 한국경제와 친화적 성격을 가진 것으로 한국경제의 시스템을 어떻게 구축하느냐에 따라 한국경제를 재도약시키는 계기가 될 수 있다.

〈수출의 외부성 효과〉

하나의 국민경제를 수출과 비수출부문으로 분류할 때, 총산출량 Y는 수출부문의 산출량 E와 비수출부문의 산출량 A로 나누어지고, 각 부문의 산출량은 노동(L)과 자본(K)에 의해 이루어진다. 이 때 수출부문이 비수출부문에 미치는 영향을 F_E로 표현할 수 있고, 비수출부문이 수출부문에 미치는 영향을 G_A로 나타낼 수 있다.

$$A = F(L_A, K_A, E); \ E = G(L_E, K_E, A) \qquad \cdots\cdots (\text{i})$$
$$(L = L_A + L_E, \ K = K_A + K_E, \ Y = E + A)$$

식 (i)을 각각 시간 t로 전미분하면 아래의 식 (ii)가 도출된다.

$$\dot{A} = F_K I_A + F_L \dot{L}_A + F_E \dot{E}; \ \dot{E} = G_K I_E + G_L \dot{L}_E + G_A \dot{A} \qquad \cdots\cdots (\text{ii})$$

단,

$$\dot{A} = dA/dt; \ F_K = \partial F/\partial K_A; \ I_A = \dot{K}_A; \ F_L = \partial F/\partial L_A; \ \dot{L}_A = dF/dL_A;$$
$$F_E = \partial F/\partial E;$$
$$\dot{E} = dE/dt; \ G_K = \partial G/\partial K_E; \ I_E = \dot{K}_E; \ G_L = \partial G/\partial L_E; \ \dot{L}_E = dG/dL_E;$$
$$G_A = \partial G/\partial A$$

이제 수출부문 성장에 의한 비수출부문 성장의 외부성의 효과(F_E)와 그 역의 경우인 비수출부문의 성장에 의한 수출부문의 성장의 효과(G_A)를 비교할 수 있다.

또한, 수출부문의 비수출부문에 대한 외부성 효과는 회귀분석에 의해서도 추정될 수 있다. 국민경제를 수출과 비수출부문으로 분류할 때, 총산출량 $Y(=X+N)$는 수출부문의 산출량 X와 비수출부문의 산출량 N으로 나뉘어지고, 여기서 수출부문에 사용된 노동과 자본을 L_X와 K_X로, 그리고 L_N과 K_N은 비수출부문에 사용된 노동과 자본으로 가정한다. 여기서 수출부문이 비수출부문의 성장에 긍정적 영향을 주는, 즉 외부성 효과가 존재한다면, 각 부문의 한계요소생산성의 비율은 1과 다를 것이다.

$$N = N(L_N, K_N, X, t); \; X = X(L_X, K_X) \qquad \cdots\cdots \text{(iii)}$$

$$(X_K/N_K) = (X_L/N_L) = 1 + \delta \qquad (\text{단, } \delta \neq 0) \qquad \cdots\cdots \text{(iv)}$$

식 (iii)을 시간(t)에 대해 전미분한 후 식 (iv)를 이용하여 정리하면 식 (v)를 얻을 수 있다. 식 (v)는 경제성장률이 총요소생산성의 증가율 과 요소축적의 기여분, 그리고 생산요소를 저생산성부문(비수출부문) 에서 고생산성부문(수출부문)으로 이동시킴으로써 수반되는 이득으로 구성됨을 보여 준다(자세한 것은 G. Feder, 1982 참조). 수출부문의 비 수출부문에 대한 외부성 효과, 특히 유익한 효과가 존재한다면 β_2는 정 (+)의 값을 가질 것이다.

$$\dot{Y}/Y = \alpha + \beta_0(I/Y) + \beta_1(\dot{L}/L) + \beta_2(X/Y) * (\dot{X}/X) \qquad \cdots\cdots \text{(v)}$$

여기서 $\alpha = \{(\partial N/\partial t) + (\partial X/\partial t)\} * (1/Y) = (\partial Y/\partial t) * (1/Y) = TFP$의 변화율

$\beta_0 = N_K$; $\beta_1 = N_L * (L/Y)$; $\beta_2 = \{\delta/(1+\delta) + N_X\}$

단, $N_X \equiv (\partial N/\partial X)$

제 4 장

분단체제 하 국가의 정치경제학
— 불공정 공유시스템의 지휘자 —

이처럼 한국 경제는 높은 투자율과 수출신장률을 통해 산업구조의 고도화와 압축성장을 달성하였다. 그리고 앞에서 보았듯이 높은 투자율과 수출신장률이 가능했던 것은 국가의 적극적 개입에 의한 것이었다. 그런데 국가의 역할은 기본적으로 경쟁시장의 부재 혹은 시장실패에서 비롯된 것이었다. 국가는 기업과 마찬가지로 시장의 조정메커니즘을 대체하는 위계(hierarchy) 구조라 할 수 있다. 구체적으로 1960년대 이후 한국의 급속한 공업화는 정부의 선별적 산업육성정책에서 이루어졌다. 특히 원화 및 외화 자금의 배분과정에 대한 통제는 이 시기 정부의 산업정책을 수행하는 데 있어서 중요한 수단으로 사용되었다. 공업화를 경험한 모든 국가들에서 확인되듯이 제조업 단계에서 경제를 성장시키고 고용을 증대시키는 데 가장 커다란 요인은 물적 자본을 얼마나 경제활동에 동원할 수 있느냐에 달려 있다. 1963-90년간 시장가격을 기준으로 GDP가 9.6배 증가하기 위해 노동투입은 3.7배의 증가가 있었던 반면 (비주거용) 자본스톡은 20.8배의 증가가 있었다(D. Pilat, 1994: 81).

이를 위해 국내은행의 신용과 해외자본을 장악하였던 국가는 기업에게 낮은 비용으로 자본을 이용할 수 있게 해 줌으로써 1960년대와 70년대 동안 연평균 각각 15%와 35% 이상의 높은 자본투입(투자) 증가율이 가능하였다. 예를 들어, 1965년 은행 예금과 대출 금리는 연 25~30%를 오르

내렸다. 그러나 은행 문턱이 너무 높아 개인은 물론 대다수 기업이 사금융에 의존해 필요한 돈을 끌어 쓸 수밖에 없었다. 당시 사채금리는 연 50~60%로 은행 금리의 두 배 수준이었다. 금융지원으로 특혜금리와 신용보조가 있고, 재정지원으로 조세감면, 특별상각, 관세감면이 있고, 요소지원으로 용지나 시설물의 지원을 하였다.

산업정책의 목적을 달성하기 위하여 국가가 은행의 신용배분에 강력히 개입했고, 국가의 금융개입은 자본축적에 크게 기여했다. "고물 삽니다. 채권 삽니다." 광복 후 1970년대 말까지 전국 어디서나 흔히 들을 수 있었던 소리였다. 엿장수들이 고물을 사들이면서 채권까지 수집했다. 그러다 보니 채권값(채권금리)이란 게 엿장수 마음대로였다 액면단위가 낮은 채권들은 무게를 달아 거래되기도 했다.

당시 금융시장이란 게, 금융회사란 게 정말 보잘 것 없었다. 은행이 있긴 했지만 정부 통제대로 움직이는 허수아비였다. 정부가 제도금융권의 돈줄과 금리를 직접 쥐고 흔들어 댄 소위 '관치금융' 시대였다. 국가의 금융시장 개입의 절정판이 소위 '8·3 사채동결 조치'다. 70년대 초 기업들이 "살인적인 고금리 때문에 다 죽겠다"며 정부에 특단의 대책을 요청했고, 박정희 정권은 재계의 요구를 받아들여 1972년 8월 2일 오후 11시 40분에 "기업들이 안고 있는 사채를 일정 기간 갚지 않아도 되며(3년 거치 5년 분할상환), 금리도 시중 실세금리의 1/4인 월 1.35%만 내도록 한다"는 '대통령 긴급명령'을 전격 발표했다.

정부는 아울러 사금융을 활성화하겠다며 '단기금융업법' '상호신용금고법' '신용협동조합법' 등 3개의 법을 만들었는데 (후에 종금사로 전환한) 단자회사와 신용금고와 신협 등이 탄생한 배경이다. 그러나 만성적인 자금 부족과 공금리 통제가 이어지는 상황에서 사금융은 다시 활개쳤고, '장영자·이철희 거액 어음사기사건'(1982년)[1]이나 김철호 사건

---

1) '장영자·이철희 거액 어음사기사건'은 금융실명제가 논의되는 배경이 되었다. 즉 1983년 '7·3조치'로 금융실명제의 실시방법이 공식적으로 거론된 이후 많은

(1983년) 등 80년대 초 금융사건도 이러한 배경에서 비롯한 것이었다.

　　이러한 국가의 금융개입의 결과 (자본/노동력)의 상대가격 비율을 크게 하락시켰고, 이는 수출부문을 자본집약적으로 만들고 규모의 수익 증대를 가능케 하였다. 한 추정(J. Kwon, ed., 1990: 39)에 의하면 '임금/자본 임대료' 비율은 1962~75년간 3.4배가 증가했다. 정부의 보조금과 기업에 맞춰진 저이자율정책으로 자본의 임대료는 시장가격 밑으로 하락했고, 그 결과 시장은 자본집약적 부문에 유리하게 구성되었던 것이다. 또한, 실증연구(W. Hong, 1990)는 1960년대와 70년대의 높은 수출 신장률이 일반대출금과 수출대부금 간의 이자율 차이와 밀접한 관련을 맺고 있음을 보여 준다. 즉 연평균 40.3%의 수출 증가를 기록하였던 1961-65년간

[표 4-1] 예금은행의 정책금융 비중 추이　　　　　　　　　　(단위: %)

연도	정책금융비율	연도	정책금융비율	연도	정책금융비율	연도	정책금융비율	연도	정책금융비율
1965	39.6	1972	48.2	1979	39.1	1986	34.2	1993	31.3
1966	31.8	1973	43.4	1980	39.8	1987	33.8	1994	30.4
1967	32.6	1974	38.8	1981	40.1	1988	32.9	1995	30.4
1968	27.5	1975	35.9	1982	37.8	1989	30.5	1996	28.0
1969	26.7	1976	40.6	1983	38.6	1990	32.0	1997	27.8
1970	29.3	1977	39.3	1984	33.3	1991	30.8	1998	29.8
1971	29.3	1978	41.2	1985	31.9	1992	30.7	1999	27.1
								2000	25.4

주: 정책금융비율＝정책대출/총대출액; 정책금융은 무역금융(수출지원금융), 수출설비금융, 에너지절약시설금융, 주택자금, 농·수·축산업자금, 농어가사채대체자금, 중소기업자금(85년 부터 일반자금 편입), 재정자금, 국민투자 기금, 기타 특별자금 등으로 구성되었다.
자료: 한국은행 통계DB.

　　논의와 시행착오의 과정을 밟아 왔고, "금융기관과 거래를 함에 있어 가명이나 차명이 아닌 본인의 실명으로 거래해야 하는 제도"인 금융실명제가 "금융실명거래 및 비밀보장에 관한 긴급명령'에 의거 1993년 8월 12일 이후 모든 금융거래에 도입되었다.

양자의 이자율 차이는 8.9%이었고, 연평균 37.7%의 수출증가율을 기록하였던 1966-72년간은 17.1%, 그리고 연평균 35.1%의 수출증가율을 기록한 1973-81년간은 7.6%였다(J. Kim, et al., 1995: 184).

반면 저이자율정책은 금융부문의 저성장을 가져왔다. 사실 저축성예금에 대한 이자율을 두 배로 인상시킴으로써 대부이자율이 증가하였던 1965년의 이자율개혁(고이자율정책)으로 60년대 후반에 금융부문의 성장을 경험하였다. 예를 들어, 1965년부터 70년까지 (M₂/GNP) 비율은 12.1%에서 35.0%로 증가하였다. 그러나 그 후 계속된 저이자율정책은 저축과 금융부문의 성장을 정체시켰다. 게다가 은행신용에 대한 만성적 초과수요를 만들어 낸 저이자율정책 하에서 은행차입 그 자체는 막대한 지대(rent)를 발생시켰다. 이는 특히 정부가 선호한 대기업에 대한 커다란 특혜를 의미하였고, 이들 기업들에 대한 지속적 은행신용의 제공은 도산에 대한 위험을 제거해 주고, 초과설비를 구축케 함으로써 신규기업의 진출을 쉽게 차단시켜 독과점적 시장구조를 형성시켰다.

반면, 제도권금융으로부터 차입이 어려웠던 중소기업들은 사채시장을 비롯한 비은행권에 신용차입을 의존함으로써 높은 금융비용을 지불할 수밖에 없고 높은 부도위험에 놓였다. 이와 같이 저이자율정책은 경제효율성의 손실 및 경제력 집중을 심화시키고, 소득분배에 부정적 영향을 미

[표 4-2] 일반은행의 수익성 지표 추이

(단위: %)

	90	91	92	93	94	95	외국은행 국내지점(94)	미 FDIC 가맹은행 *
ROE	6.28	6.58	6.69	5.90	6.09	4.19	10.96	10.21
ROA	0.63	0.59	0.56	0.45	0.42	0.32	1.32	0.72

주: * 는 미국 FDIC 가맹은행의 최근 5개년간 평균치.
FDIC: 연방예금보험공사(Federal Deposit Insurance Corporation).
ROA : 자산수익률(Return on Asset) = (당기순이익/자산).
ROE : 자본수익률(Return on Euity) = (당기순이익/자기자본).
자료: 한국은행, 보도자료.

● **[표 4-3]** 국내 은행과 외은 국내지점과의 생산성 비교   (단위: 백만 원)

	1991	1992	1993	1994	1995		1995
					시중은행	지방은행	외 은
1인당총자산	1,468	1,724	2,053	2,628	3,295*	2,099	7,548
1인당예수금	1,006	1,192	1,473	1,963	2,500	1,571	511
1인당대출금	758	928	1,054	1,250	1,512	1,010	2,346
1인당업무이익	20	29	32	52	41	32	146
1인당당기순이익	9	10	11	12	8	10	88
1인당경비	22	27	30	36	42	41	81
1인당인건비	20	25	29	34	40	39	47

주: *는 신탁계정 포함.
자료: 한국은행.

쳤다. 이러한 결과들은 대만과 비교할 때 대조적이다. 양 국가 모두 정부가 금융부문에 대한 개입을 통해 수출주도형 경제성장을 이루었음에도 불구하고 대만은 금융부문에 대한 정부개입을 수출부문에 제한함으로써 경제력 집중이나 소득분배구조에서 훨씬 바람직한 결과를 가져왔다.

한편, 국가에 의한 금융자금 배분과정에의 개입으로 필연적으로 발생한 지대가 민간부문의 효율성에 미친 영향과 관련하여 일반적으로 국가 주도의 경제성장을 긍정적으로 평가하는 이들은 규모의 경제나 수출신장 등 급속한 자본축적의 '동태적 효과'가 국가의 시장개입에 따른 요소시장의 왜곡 및 비효율성을 상쇄하고도 남았다고 주장한다(Kwon and Paik, 1992). 즉 산업정책에 관한 일련의 연구들은 수출의무부과 등을 통한 해외시장으로부터의 경쟁압력이 그렇지 않았으면 내수시장에 안주하여 비효율적 운영으로 귀결되었을지도 모를 기업들에 대한 규율로 작용하였음을 지적한다.

이러한 국가에 의한 자원배분은 기본적으로 (경쟁적인) 시장의 부재에서 비롯한 것이었다. 본격적인 공업화가 시작되던 1960년대 초까지 한국은 기본적으로 농업에 기반을 둔 사회였다. 1963년에도 농림어업이 취업자의 63%를 차지할 정도였고, 1차 산업 종사자가 전체 취업자의 절반 이하로 줄어든 것은 정부가 중화학공업화를 선언한 1973년이나 되어서였다. 한국의 경제성장 역사가 기업의 성장사와 일치한다는 점에서 공급 주체인 기업도 제대로 존재했다고 볼 수가 없다. 한국의 대표적 기업은 소위 '재벌' 기업인데 한국 재벌기업의 다각경영(업종다양화), 이른바 '선단식전략' 역시 시장은 부재한 가운데, 즉 요소시장의 불완전성을 극복하기 위한 '내부화전략'이었다.

▶▶▶ **선단식(船團式)경영**

재벌그룹들이 주력업체를 중심으로 확장을 거듭, 많은 계열사들을 거느린 행태를 선단(船團)에 빗댄 말이다. 배의 경우 군함은 말할 것도 없고 어선도 한척이 활동하기보다 여러 용도의 선박이 어울려 함께 활동하게 된다. 선단은 작업의 효율성과 함께 웬만한 풍랑에도 견디고 상호 지원을 하게 된다. 즉 선단식 경영이란 업종이 별로 연관이 없는 회사끼리 상호 지급보증 등으로 연결해 사업을 해 나가는 재벌들의 경영행태를 말한다. 일반적으로 한 기업이 특정분야에만 주력하다 보면 업종 부침에 따라 경영의 안정성이 크게 위협을 받게 된다. 이 같은 위험을 줄이기 위해 대기업들은 사업다각화를 하는데, 이렇게 하면 한 기업이 손실을 보더라도 다른 기업이 이익을 내면 큰 탈 없이 회사를 꾸려나갈 수 있기 때문이다. 사업다각화를 하다 보면 상호지급보증이나 출자 등으로 서로 촘촘히 얽히고 설키게 된다. 호황이나 약간의 불황 때는 별다른 문제가 없지만 불황의 정도가 심해지면 한 기업이 쓰러질 때 모두 연쇄적으로 망하고 마는 결과가 발생한다. 선단식 경영은 한국경제가 고도성장을 구가하던 1970~80년대에 재벌들이 정부의 금융지원을 밑천삼아 빚으로 덩치 키우기에 주력하면서 생겨났다. 이 같은 선단식 경영이 없어지면 개별 기업은 모두 자체적인 생존능력을 가져야 한다.

한국이 은행 중심의 금융시스템을 가진 이유도 다른 후발국처럼 '자본시장의 부재'와 관련된다. 취약한 증권시장은 급성장하는 기업의 자금수요에 대응할 수 없어 자본조달 창구로서 제 역할을 다하지 못했던 반면, 대형 상업은행들이 신규 사업자금과 육성자금을 공급하면서 취약한 자본시장의 역할을 대신해 왔다. 예를 들어, 중화학공업 같은 전략산업을 지탱하기 위해서는 대규모 설비투자가 필요했는데 은행들은 정부의 간접적인 지침에 따라 이른바 전략산업에 대한 대규모 여신공급을 담당해 왔다.

이런 점에서 한국의 금융시스템은 기업금융 측면에서 보면 은행 중심 금융시스템이지만 은행이 국가의 대리인일 뿐이고 독자적인 감시능력이 없다는 점에서 은행 중심도, 자본시장 중심도 아닌 '국가 주도의 금융시스템'이라 할 수 있다. 즉 국가가 경제개발과정에서 산업자금을 지원하기 위해 은행의 경영과 자금배분 과정에 직접 개입함에 따라 은행은 기업에 대한 감시와 통제 역할을 제대로 수행하지 못하였고, 이런 점에서 한국의 금융시스템은 은행 중심도 아니며 그렇다고 시장중심도 아닌 국가주도의 간접금융시스템이라는 독특한 모습을 보이게 된다.

예를 들어, 우리나라의 은행 경영에 있어 자율성이 결여되어 있다는 사실은 은행장 인사에서 단적으로 드러난다. 은행장의 선임에 정부가 줄곧 간여한 결과 은행장의 재직기간이 매우 짧았다. 은행을 정부가 완전히 장악했던 1961년부터 1980년대 초 민영화할 때까지의 20여년 동안에 은행장의 평균 재직기간이 2.4년이었고, 1980년대 초 민영화 이후 은행장후보추천위원회 제도가 도입된 1993년까지의 평균 재직기간 또한 이보다 짧은 2.1년에 불과하였다. 이러한 우리나라 은행장의 재직기간은 주요 5개국 대형은행 행장의 평균 재직기간 6.6년의 1/3 수준에 불과한 것이다.

이처럼 국가가 주도하는 은행 중심의 금융제도를 가졌던 한국경제에서 국내저축은 가계소비를 제외한 저축의 규모에 의해 결정되는 반면, 한국 가계의 저축 형태를 보면 은행을 통한 저축의 비중이 높을 수밖에 없다. 즉 한국의 높은 저축률은 기본적으로 주로 가계저축률에 기인한 것이고 가계가 은행예금 중심의 저축구조를 갖고 있는 한 기업의 자금조달 방식도 은행차입에 의존해야 했다. 다시 말해 우리와 같이 '고저축-고투자'가 은행 중개로 연계되는 기업금융체제에서는 정상적인 기업들이라고 해도 부채비율이 높을 수밖에 없고, 특히 기업의 고성장은 높은 부채비율을 수반할 수밖에 없었다. 실제로 저축률이 10% 미만이었던 1965년까지 한국 제조업의 부채비율은 100%를 밑도는 낮은 수준이었던 반면, 이후 1967년에는 저축률과 부채비율이 각각 12.8%와 151.2%, 1968년에는 각각 15.1%와 201.3%로 높아져 1968년부터 부채비율이 200%를 넘기 시작했다.

▶▶▶ 금융시스템의 다양성

일반적으로 자금의 공급자인 은행과 대표적 자금수요인 기업 사이의 관계는 매우 다양하다. 이를 크게 두 가지 유형으로 대별해 보면 영국과 미국에서 전형적으로 발견되는 '거래적 은행관계(transactions banking)' 혹은 '제3자 거래식 은행방식(arm's length banking)', 그리고 일본의 '주거래은행시스템(main bank system)'이나 독일의 '유니버설 은행시스템(universal banking system)'에서 전형적으로 발견되는 '관계적 은행거래(relationship banking)'로 나눌 수 있다. 시장중심 금융제도를 갖고 있는 미국과 영국에서는 은행과 기업이 상호 주식보유를 하지 않는 등 양자의 관계가 시장을 중심으로 '일정한 거리(arm's length relationship)'를 두고 있으며 은행과 기업이 시장기능에 따라 별도로 행동하는 경향이 강하고, 산업자본이 은행을 소유하여 경제력이 집중되는 것과 은행이 기업주식에 지나치게 투자하여 은행의 건전성이 훼손되는 것을 방지하기 위하여 은행과 기업의 소유관계를 엄격하게 제한하고 있다.

반면, 독일이나 일본은 산업화가 영국이나 미국 그리고 심지어 프랑스 등에 비해 늦어 앞선 국가들을 따라잡기 위해 대형은행을 통해 대규모로 자금을 조달하려 하였다. 거래적 은행관계에서는 은행과 기업이 상호 선택적으로 행동하는 반면, 관계적 은행거래에서는 특정 은행과 기업이 보다 장기적이고 지속적인 거래관계를 유지하는 특징을 보인다. 그 결과 기업에 대한 감시와 정보생산과 관련된 장기관계를 형성하고 대출업무 외에 거래관계 기업의 증권발행 업무도 맡을 뿐만 아니라 의결권 대리행사를 하기 때문에 은행들이 기업에 대해 상당한 영향력을 행사할 수 있었다.

은행들이 특정 기업주식을 다량 보유하게 되는 것은 기업이 유동성 위기에 처했을 때 이루어진 구제금융과 같은 특수거래의 결과인 경우가 많았기 때문이다. 이처럼 은행들은 거대 기업들과 장기적인 긴밀한 관계를 유지하면서 대출 및 결제거래 등 대부분의 금융서비스를 독점적으로 공급하였고, 기업의 중요한 투자활동에 직접적으로 개입하는 한편 경우에 따라서는 장기적 관계를 공고히 하기 위하여 단기적인 금융적 손실을 기꺼이 수용하기도 하였다. 예를 들어, 일본의 주거래은행 방식은 1980년대까지 경영안정과 고속성장에 크게 기여한 반면, 90년대 이후에는 장기불황으로 다량의 불량채권이 발생하여 금융 불안으로 이어져 기업과 은행의 밀접한 관계가 경기회복의 걸림돌로 작용하기도 하였다.

그러나 독일과 일본의 유형은 금융부문이 기업경영에 대해 통제력을 행사하는 메커니즘의 측면에서 상당한 차이를 보이고 있으며, 상호 대비되는 장단점을 각각 갖고 있다. 그리고 이것은 국민경제 전체의 성과에도 중요한 영향을 미칠 수밖에 없다. 일본의 주거래은행 제도는 은행과 기업 간에 독일보다 더 강한 유대관계를 형성하여 양자의 관계는 주식의 상호보유로 연결되어 있으며, 주거래은행이 기업 감시와 통제기능을 수행하고 있다. 반면, 여신이나 수신의 전통적인 금융업무 및 유가증권의 매매 같은 증권 업무를 겸업하고 있는 독일의 은행은 기업주식 보유자인 동시에 채권자로서 기업경영에 대하여 다양한 영향력을 행사하고 있다. 특히 보유주식 또는 고객위탁 주식에 대한 주주권 행사, 기업 감독이사회에 대한 임원파견 등을 통해서 기업경영에 강력한 영향력을 행사하고 있다. 이처럼 은행과 기업이 상호 주식보유 방식을 채택하고 있는 일본의 경우 은행과 기업은 시장기능보다는 양자 간 암묵적 계약에 의한 결속관계를 형성하고 있는 반면, 은행이 기업주식을 일방적으로 보유하고 있는 독일의 경우에는 양자의 관계가 명시적 제도에 의해 장기 결속관계를 형성하고 있다. 중요한 점은 주요국의 금융제도가 그 나라의 특성에 맞게 발전해 왔으며 나름대로 장단점을 가지고 있기 때문에 두 유형의 금융제도 중 어느 것이 더 우월한가에 대해서는 아직도 많은 논의가 진행중이다.

주요 선진국의 금융제도는 대체로 기업금융 공급이나 기업지배구조 측면에서 은행이 자본시장보다 더 중요한 역할을 하는 유럽식의 은행 중심 (bank-oriented) 금융제도와 자본시장이 은행보다 더 중요한 역할을 하는 영미식의 시장 중심(market-oriented) 금융제도의 두 유형으로 분류한다. 시장중심 금융제도를 운영해 온 영미의 경우 장기자금 공급이 주로 자본시장 중심으로 이루어져 자본시장이 중요한 역할을 담당한 반면, 은행 중심 금융제도를 운영해 온 독일과 일본의 경우 자본시장이 영미만큼 잘 발달되지 못하여 기업자금조달은 전통적으로 자본시장에 비해 은행대출에 더 많이 의존하고 있다. 시장 중심 금융제도의 장점은 첫째, 기업의 투자계획 및 실행에 대한 평가가 시장메커니즘에 의해서 이루어지므로 자원배분의 적정화와 투자자의 위험분산이 가능하고; 둘째, 기업의 부실 발생시 시장에 의해 조기에 정리되므로 은행과 기업의 대규모 동반 부실화 가능성이 적으며; 셋째, 증권시장의 발달로 컴퓨터산업 등 신흥 고도기술사업의 자금조달에 유리하다는 점 등이다.

반면에 단점은 첫째, 기업경영자와 투자자 사이에 정보의 비대칭성이 존재하여 대리인 문제가 야기될 수 있으며, 둘째, 기업금융 공급 측면에서 주주나 경영자가 주가유지 등 시장의 단기적 성과에만 관심이 있어 과소투자 문제가 일어날 수 있으며, 셋째, 기업지배구조에서는 분산된 소액주주들의 기업 감시 유인이 약하고 시장에서의 적대적 매수가 기존의 경영진에게 더 이상 심각한 위협이 되지 않을 때에는 기업의 감시 및 통제가 취약해질 수 있으며, 넷째, 은행은 단기상업금융 위주로 자금을 공급하기 때문에 직접금융시장이 위축되는 경우 장기산업자금 공급의 안정성이 결여될 수 있다는 점 등이다.

시장중심 금융제도에서의 빈번한 적대적 매수, 주주와 경영진의 단기적 시계(視界), 은행의 단기상업금융업무 취급에 따른 장기산업자금 공급의 안정성 결여가 1980년대 후반 미국 제조업의 경쟁력을 약화시켜 제조업 공동화를 초래한 주요 원인으로 지적된 바 있으며, 이러한 문제점을 해결하기 위하여 독일 일본 등의 은행 중심 금융제도의 장점을 일부 도입해야 한다는 주장이 있었다. 그러나 1990년대에 들어 미국의 국가경쟁력이 강화됨에 따라 이러한 주장은 다소 약화되었으며 미국의 경쟁력이 회복된 이유가 바로 1980년대에 진행된 M&A 등 시장구조의 역동성이 작용한 구조조정의 결과에 있다고 보는 견해가 있다.

다른 한편, 은행 중심 금융제도의 장점은 첫째, 은행과 기업이 장기적이고 유기적인 결속관계를 형성하여 정보의 비대칭 문제를 효과적으로 해소함으로써 대리인 문제를 크게 완화할 수 있으며, 둘째, 기업금융 공급 측면에서 은행은 채권자인 동시에 주주로서 기업의 위험을 분담하여 산업 자금을 장기적인 안목에서 안정적으로 공급할 수 있기 때문에 제조업의 경쟁력 강화에 유리하다는 점 등이다.

반면에 단점은 첫째, 은행이 기업을 효과적으로 감시하고 통제할 수 있느냐 하는 문제가 있으며, 둘째, 은행대출이 특정 기업에 집중되는 경우 은행이 과다위험을 안게 되고 기업부실시 은행부실이 동반될 가능성이 있으며, 셋째, 은행·기업 간의 장기 결속관계 유지는 은행의 기업 감시나 통제기능을 약화시켜 은행의 보호를 받은 기업이 중복과다투자를 하는 등 방만한 경영을 할 가능성을 내포하고 있으며, 넷째, 은행과 기업의 암묵적 밀착관계는 효율성이 낮거나 부실한 기업의 퇴출을 어렵게 하고 불공정·비경쟁적 행위를 유발할 가능성이 있다는 점 등이다.

기업금융 공급 방식은 기업지배구조에 그대로 영향을 미친다. 미국을 비롯한 시장중심 금융제도 국가에서는 기업에 대한 감시와 통제가 주로 자본시장 중심으로 이루어져 기업에 대한 정보생산 및 감시기능이 각종 신용평가기관, 투자자, 금융중개기관 등에 의해 수행되며, 그 결과가 수시로 시장에서 주가 변화로 반영되어 나타나고 이러한 시장의 평가에 의해 기업의 매수가 빈번히 일어난다. 예를 들어, 미국(1976~90년)의 경우 자본시장에서의 기업 인수·합병 건수가 약 35,000여건에 달하였다. 반면, 독일을 비롯한 은행 중심 금융제도 국가에서는 은행이 기업 지분소유자이면서 채권자로서 이사회에 참석하여 의결권을 행사하는 등 직접적으로 기업에 영향력을 발휘하여 기업 감시 및 통제 역할을 수행하는 반면 자본시장은 전통적으로 기업지배구조 측면에서 중요한 역할을 담당하지 않았다. 예로 독일의 경우 은행 및 대주주에 의한 기업경영진 교체건수는 1980년대 후반 이후 연평균 1,500여건에 달하였다.

● **[표 4-4]** 기업의 자금조달 구성의 변화

			1975	1980	1985	1990	1993
자금부족액/경상GNP			1.9	6.3	7.8	29.3	34.3
제조업의 재무비율	부채비율		339.5	487.9	348.4	285.5	294.9
	금융비용/매출액		5.0	7.1	5.3	5.1	5.9
	차입평균이자율		11.3	18.7	13.4	12.7	11.2
외부자금조달액/조달총액			81.7	81.1	62.9	72.9	71.2
외부자금조달액구성	간접금융	소 계	27.7	36.0	56.2	40.9	32.8
		은행차입	19.1	20.8	35.4	16.8	13.7
		비은행차입	8.6	15.2	20.8	24.1	19.0
	직접금융	소 계	26.1	22.9	30.3	45.2	53.3
		주 식	22.6	10.9	13.0	14.2	16.5
		회 사 채	1.1	6.1	16.1	23.0	14.5
		국 공 채	0.8	0.9	0.8	3.1	3.4
		기업어음	1.6	5.0	0.4	4.0	14.7
	해외차입		29.8	16.6	0.8	6.8	-2.3
정부융자/기업신용			16.4	24.5	12.7	7.1	16.2

자료: 한국은행, 『기업경영분석』, 『우리나라 자금순환의 이해』.

　　이처럼 한국의 기업들은 구조적으로 주식이나 채권의 발행에 의한 직접금융 조달보다 은행차입에 의한 자금조달이 용이했다. 게다가 재무 레버리지, 즉 자기자본에 대한 채무의 비율을 증대시키는 자금조달 방식 은 대주주경영자의 입장에서는 일종의 위험분산 효과를 가져다 주는 것 일 뿐만 아니라 종업원이나 하도급업자 등의 관련자 입장에서도 경우에 따라서는 위험감소라는 측면에서 이득이 될 수 있다. 이처럼 자본축적이 안 된 상태에서 부채의존형 재무구조는 필연적인 측면이 있다. 게다가 개 발연대의 높은 인플레이션으로 종종 마이너스(-) 실질이자율을 기록했

기 때문에 부채의 비용을 더욱 낮추는 효과를 야기했다. 이러한 낮은 차입비용으로 기업들은 다른 자금원을 추구할 유인도 없었다. 게다가 경영권 유지에 대한 높은 욕구가 주식공개나 유상증자 방식을 통한 자금조달을 기피하게 했다.

　　이와 같이 한국적 금융제도와 기업지배구조의 특성이 결합하여 한국의 '차입형 재무구조'를 만들어냈다. 따라서 한국기업의 고부채 비율을 모두 '관치금융'의 '도덕적 해이'의 결과로 볼 수는 없다. 한국의 경우는 대기업의 금융자원 독점으로 관치금융의 특혜를 제대로 받지 못했던 중소기업들이 대기업들보다 부채비율이 높다. 1997년과 1998년을 기준으로 보더라도 한국 제조업 전체의 부채비율은 404.7%와 311.8%였는데 대기업이 각각 392.3%와 298.3%였던 반면, 중소기업은 437.8%와 351.3%를 기록했다.

　　한국기업들의 부채비율이 비정상적으로 높다는 주장은 근거가 희박할 뿐만 아니라 높은 부채율 그 자체를 큰 문제로 삼을 수는 없다. 이론적으로 차입형 기업 확장의 진정한 문제는 잘못된 투자를 뒷받침하는 경우에만 발생할 뿐이기 때문이다. 기업의 높은 부채비율은 경제발전 정도와 경제구조의 차이를 반영하기 때문에 획일적으로 비교하는 것은 곤란하다. 실제로 고부채비율은 한국기업만의 특성이 아니다. 예를 들어 1980-91년간 평균 부채비율을 국제적으로 비교한 세계은행의 한 연구(A. Demigruc-Kunt and V. Maksiovic, 1996)에 의하면 한국(366%)의 평균 부채비율은 미국(179%)이나 영국(148%)의 그것보다 높고, 또한 비교국가들인 싱가포르(123%), 홍콩(132%), 말레이시이(94%), 대국(222%), 브라질(56%), 멕시코(82%) 등보다 훨씬 높은 비율을 기록했다. 그러나 일본(369%), 프랑스(361%), 이탈리아(307%) 등과는 비슷했고, 스칸디나비아 국가들, 예컨대 노르웨이(538%)나 스웨덴(555%), 핀란드(492%)보다는 훨씬 낮은 수준을 보여 주었다.

　　경영자의 재량권을 강력하게 규율할 수 있는 이점을 갖고 있는 차입의존적 경제구조에서 한국경제가 관치경제의 정보 비대칭성과 감시 취약성에도 불구하고 '연성제약문제'를 극복하면서 높은 경제성과를 낼 수 있었던 이유 중 하나도 간접금융을 통한 투자자금 조달에 기인한다. 즉 한국의 금리는 외국에 비해 상대적으로 높은 수준이었기 때문에 부채의 '경성예산제약'이 외국보다 더 엄격했고 그 만큼 관치금융의 도덕적 해이를 상쇄시켰다.

1960, 70년대 관치금융과 집행이 엄격하지 못했던 경성예산제약은 모험적인 고위험 투자와 고도성장에 기여했다. 이른바 '대마불사론'도 도덕적 해이론보다 연성제약식의 문제로 접근하는 것이 보다 논리적이다. 도덕적 해이론은 주인이 대리인의 행위를 관찰하지 못할 때 대리인의 합리적 행위(이기심)가 초래하는 현상을 설명하기 위해 정보경제학에서 시도된 것인데, 연성제약식의 문제는 사회주의 기업의 경영자가 충성스러우며, 즉 이기적이 아니며 국가가 이 경영자의 행동을 관찰할 수 있는 경우에도 발생한다. 이 때문에 사회주의 정부는 '동태적 비일관성' 혹은 '신뢰할 수 없는 약정(incredible commitment)'의 문제에 끊임없이 직면한다.

한편 한국의 경우, 정부는 재벌기업의 도산이 가져올 사회적 파장을 우려하여, 또 은행은 재벌기업에 발목이 잡힌 관계로 국민의 부담 하에 추가지원을 계속했던 것이다. 바로 이 동태적 비일관성 혹은 신뢰할 수 없는 약정이 이른바 '대마불사론'의 핵심인 것이다. 이론적으로 대마불사라는 현상은 기업들의 기회주의나 정부 관료의 부정부패와 관련 없이도 발생할 수 있는 것이다.

수익성을 무시한 재벌의 '방만한 차입경영'은 1997년 위기 이전에는 근본적인 문제가 되지 않았는데, 차입의존형 기업금융을 원활히 진행시키는 데 주거래은행제가 중요한 역할을 했다. 기업 경영의 중요한 부분을 주거래은행이 직접 담당하여 심지어 주거래은행이 기업의 생사여탈권을 쥐게 된다. 그러나 동시에 기업이 차입자금에 과도하게 의존함으로써 재무구조의 악화와 기업부실화의 촉발 그리고 경제력의 불균등 배분을 초래하는 부작용을 초래했는데, 여신관리제도는 이러한 국가 주도적 개발금융체제의 부작용을 개선하기 위한 제도적 장치로서 출발했다. 고부채비율의 기업은 위험사업을 선택하는 경향이 있는데 금리자유화로 '역선택(adverse selection)' 문제를 해결하기 어렵기 때문에 은행의 여신심사에 의한 신용할당이 필요했다. 다시 말해 계열기업군 여신관리제도는 한국에만 있는 제도로서 기본적으로 국가 주도적 개발금융체제의 부산물이었다.

> ▶▶▶ **연성예산제약**(soft budget constraint)
>
> 소유권이 모호하고 국유인 사회주의 국가들의 경우, 온정주의적 성향과 기업이 전체 산업에 미치는 영향으로 인해 파산시킬 수가 없으므로, 국가의 기업에 대한 재정지원을 중단할 수 없기 때문에 기업의 적자는 국가보조금으로 메워진다는 것이다. 따라서 적자 기업도 계속 생존이 가능하게 되고 경영혁신, 기술혁신, 품질혁신, 원가혁신 등에 대한 유인이 없게 된다. 반면 자본주의에서는 사유재산권 하에서 자기의 책임 아래 경성예산제약(hard budget constraint) 하에 놓이게 된다. 자본주의 회사의 오너들의 입장에서도 자본을 확장시킬 수 있는 투자팽창은 매력적일 수 있다. 하지만 실패에 대한 부담이 무절제한 팽창을 제지한다는 점에서 자본주의 체제에서는 기업 내부에 '자기억제(self-control)'가 존재하고, 이런 이유로 연성예산제약을 피할 수 있다고 보고 있다. 하지만 스티글리츠는 금융제도로 인해 자본주의 체제에서도 연성예산제약이 발생할 수 있음을 지적한다. 즉 기업들이 은행에서 많은 돈을 빌릴 수 있고, 은행은 그 돈을 한번 빌려주면 추가적 대부를 제공하지 않을 수 없게 된다. 이런 가운데 기업이 '대마불사' 인식이 작용해 연성예산이 발생할 수 있게 된다. 문제는 기업들에 대해서 통제를 담당해야 하는 금융기관이 기업에 대한 완전한 정보를 가질 수 없게 되는 상황에서 이러한 연성예산제약이 발생된다는 것이다.

이처럼 '방만한 차입경영'이나 관치금융 등은 한국의 재벌기업이나 한국경제의 본질적 문제가 아니다. '고부채-고투자-고성장'이라는 한국경제성장 모델에서 보듯이, 재벌기업의 성장은 국가에 의해 이루어진 국내외 자본차입에 대한 지급보증과 은행파산에 대한 구제신뢰라는 전사회적 지원시스템 속에서 가능한 것이었다. 예를 들어, '관치금융'의 폐해로 지적되는 연성제약문제는 '국가-금융-기업'이 유기적 관계를 맺는 특수한 제도적 환경에서 비롯한 것이다. 즉 '국가-금융-기업'의 협력적 틀은 경기순환의 진폭을 완화시켰으며 파국을 초래할 수 있는 부실기업 발생 시에도 국가가 직접 개입해 부실기업을 정리하고 이로 인한 은행의 부실을 해소해 줌으로써 '고부채-고투자-고성장'모델을 유지할 수 있었다. 예를 들어 대표적 부실기업 정리로 1960년대 말 부실기업 정리, 1979-1980년의 중화학공업 투자조정, 1985-88년의 해외건설 해운업 조선 종합상사 등에 대한 광범위한 부실기업 정리 등을 지적할 수 있다. 이 때 정부가 사용한 방법은 부실기업의 제3자 인수, 통폐합, 공매와 더불어 대출원리금 상환유예, 이자지급 면제, 출자전환, 종자돈(Seed Money) 제공, 조세감면 등이 있으며, 결국 이것은 은행이 기업의 부실을 떠안게 하고 이로 인한 은행의 부실은 다시 한국은행의 특별융자나 직접적인 이윤보전 등으로 보상해 주는 방식이었다. 다시 말해, 급속한 산업구조의 고도화, 압축성장 그리고 빠른 재벌의 성장은 전 국민이 위험을 공유한 가운데 가능한 것이었다. 자본과 기술과 경영 등이 부족한 한국의 기업들이 리스크가 매우 높은 신규사업(예: 중화학공업)으로의 진출하기 위해 리스크분산은 불가피했던 것이다.

한 예로 한국이 세계 제1의 조선강국으로 우뚝 선 데는 경쟁력 있는 선박금융이 디딤돌 역할을 톡톡히 했다. 조선산업과 선박금융은 '실과 바늘'같은 관계다. 선박금융은 선사들이 배를 확보하기 위해 이용하는 금융이다. LNG선 한 척 당 가격은 2억 5,000만 달러(약 2,300억 원)에 달한다. 워낙 고가여서 선사들이 일시에 자기자금만으로 조달하기는 불가능하므로 선박금융 활용이 불가피하다. 이 때 경쟁력 있는 선박금융을 제공하는 게 조선사의 수주경쟁을 가르는 관건이 된다.

선박금융은 금액이 큰 데다 기간도 통상 12년, 최장 20년에 달할 정도로 장기다. 더욱이 선사들이 선박을 운용하며 올린 수익으로 원리금을 갚는 프로젝트 파이낸스(PF)로 위험부담도 큰 편이다. 한국의 조선산업은 1970년대 제3차 경제개발계획에 따른 중화학공업 육성정책에 의해 정부차원의 육성산업으로 채택되면서 도약의 발판을 맞았다. 이를 위해 1976년 선박수출금융 전담지원기관으로 수출입은행이 설립됐다. 수출입은행의 수출금융 지원은 1970년대 후반 이후 불어 닥친 세계 조선 시장의 장기 불황을 이겨내고 한국이 세계적인 조선강국으로 부상하는 초석이 됐다. 즉 당시 국내 조선소는 선박 건조 경험도 유럽 및 일본 조선소에 비해 부족한 실정이었기 때문에 정부에서 수출입은행을 통해 제공하는 각종 선박금융의 지원이 수출선 수주에 결정적인 역할을 했다. 실제로 1970년대 후반 조선불황으로 일본 및 유럽 조선소는 연쇄 부도를 맞아 설비축소 및 통폐합에 나섰지만 한국 조선업계의 수출선 건조량은 수출입은행이 설립된 1976년 이후 1989년까지 연 평균 24.5%의 고속성장을 거듭했다. 국내 조선업계의 건조 경쟁력에 더해 이 같은 선박금융 경쟁력[2]을 기반으로 2003년 이후 한국은 선박 수주량과 수주잔량, 고부가가치선 수주 분야 등 전 부문에서 일본을 제치고 명실상부한 세계 1위의 조선강국으로 발돋움했다.

실제로 '리스크 분산'설에 따르면 '자원획득의 확실성'이 낮은, 즉 리스크기 큰 공유 프로젝트일수록 사유보다 공유가 유리하다. 이익의 보

---

2) 선박금융의 금리를 결정하는 경제협력개발기구(OECD) 기준금리가 2002년 4월 고정금리에서 국제 금융시장 금리에 연동되는 방식으로 바뀌면서 선박금융은 본격적으로 상업 금융기관과의 경쟁시대를 맞았다. 수출입은행은 이 위기를 첨단금융기법을 결합한 SF(Structured Finance : 맞춤형 금융)라는 선박금융 신상품 개발로 돌파했다. SF 선박금융은 선박자체담보 외에 장기운항계약과 각종 보험 등 다양한 신용 보강장치를 통해 해외 수입자의 신용상태에 구애받지 않고 맞춤형 대출을 제공하는 첨단 금융기법이다.

▶▶▶ 리스크 분산설

파라과이 동부의 열대우림엔 '아체(Ache)'라는 종족이 있다. 수렵과 채집으로 생활하는 원주민이다. 이들은 혼자 짐승을 사냥해 와도 마을의 구성원 모두와 나눠먹는다. 반면 열매나 과일과 같은 채집물은 개인의 소유권이 인정돼 가족끼리만 나눈다. 채집이냐 사냥이냐에 따라 분배의 범위가 다르다. 오랜 시간 동안 형성된 관습이라고 한다. 미국의 인류학자 힐러드 카플란과 킴 힐(Hillard S. Kaplan and Kim Hill) 교수는 아체족을 관찰한 끝에 1985년 인간의 분배행위에 관한 기념비적인 논문을 발표했다. 두 교수는 사냥으로 잡은 고기와 채집에 의한 열매 과일의 분배방식이 크게 다르다는 데서 분석의 실마리를 풀어나갔다. 이들은 그 차이를 '자원 획득의 확실성'에서 찾았다. 열매나 과일은 누구나 노력하면 안정적으로 손에 넣을 수 있다. 수확이 예측가능하고 확실한 편이다. 그러나 사냥은 다르다. 괜찮은 사냥감이 늘 잡혀 주진 않는다. 노력해도 허탕치는 경우가 있다. 육류는 공급의 불확실성이 높다는 것이다. 이 때문에 사냥에 계속 실패할 경우 동물성 단백질을 섭취할 기회를 잃게 된다. 아체족은 이 위험을 최소화하기 위해 사냥으로 얻은 육류를 구성원 모두가 나눠 먹게 됐다는 것이 카플란과 힐의 주장이다. 내가 사냥해온 고기를 남과 나눠 먹음으로써 다음 사냥에서 빈손으로 돌아와도 남이 잡아 온 고기를 얻어 먹을 수 있다. 이 때 현재의 분배는 미래에 대한 보험인 셈이다. 이런 식으로 고기를 나눠 먹는 것은 사냥에 실패할 위험(리스크)을 사회 전체적으로 분산시키는 기능을 한다. 그런 의미에서 카플란과 힐의 주장은 '리스크 분산'이라고 불린다. 이 논문은 인간의 분배행위 전반을 이해하는 데 중요한 단서를 제공했다는 평가를 받았다. 그 후 인류학계에선 분배가 이념이나 철학과는 별도로 인류가 오랜 진화과정에서 깨달은 생존전략의 하나라는 주장이 나왔다. 원하는 것을 늘 얻을 수 있을지 불확실할 때는 나눔이 독점보다 유리하기 때문이라고 한다.

장이 불확실할 때는 나눔이 독점보다 유리하기 때문이다.

또한 경제성장을 위한 국가의 (특히 재벌 중심의) 산업정책은 일반 국민이나 중소기업의 희생에 기초한 것이었다. 실증연구(J. G. Yoo, 1990: 383)는 실질이자율과 소득불평등 간에 마이너스(−)관계가 존재했음을 보여 준다. 예를 들어, 소득의 불평등 정도가 고금리정책 기간(1965−71년, 1978−81년)에는 개선된 반면, 저금리정책 기간(1972−77년)에는 보다 악화되었다. 여기에 저이자율정책은 자본집약적 생산방식으로의 전환을 용이하게 함으로써 국민경제 총생산에서 임금소득의 비중을 감소시켰다. 이는 고금리정책을 택한 대만의 경우보다 한국의 소득분배가 훨씬 좋지 않은 데서도 확인된다. 양 국가가 내란 및 토지개혁의 경험, 그리고 취약한 산업기반과 빈약한 부의 축적으로 50년대까지만 해도 유사한 소득분배 구조를 가지고 있었다. 그러나 60년대 이후 대만은 꾸준히 소득분배가 개선된 반면, 한국은 70년대 소득분배의 악화를 경험하였다. 즉 80년까지 대만의 지니계수가 0.303이었던 반면, 한국의 그것은 0.389였다.

　　금융차입에 있어서도 한국의 경우(1983년 2월 현재) 상위 100개 대기업과 400개 기업이 각각 총 금융대출의 35%와 50%를 차지한 반면, 대만의 경우(1981년 말 현재)에는 상위 97개 기업과 333개 기업이 각각 총 대출의 11.6%와 18.0%를 차지하였다. 대만보다 한국에서의 금융자원 사용의 집중이 있었던 것이다. 다시 말해, 높은 지대와 보조를 창출한 한국의 통제적 금융정책이 공정한 소득분배에 불리하게 작용하였다(Y. J. Cho, 1990: 235−36). 덧붙여 대만의 고이자율정책은 플러스(+) 자본효율성을 비롯해 한국보다 효율적 경제구조를 만들었다. 1963년, 74년, 81년에 걸쳐 자본생산성의 성장률(%)을 보면 한국의 경우 −0.08, −0.44, −0.47로 지속적으로 감소한 반면, 대만의 경우에는 0.18, 0.21, 0.32로 증가하였다(J. P. Choi, 1990: 175). 특히, 대만의 고이자율정책은 세계에서 가장 높은 저축률을, 그리고 이는 경제성장에 필요한 자원의 많은 부분을 국내에서 동원하는 것을 가능케 하였다.

　　한국의 경우 GNP에서 총 투자와 국내저축이 차지하는 비중이 1964년 15.6%와 8.7%, 71년 25.1%와 14.5%, 75년 27.5%와 16.9%, 80년 32.1%

와 20.8%, 85년 31.1%와 28.6%이었던 반면, 대만의 경우에는 64년 17.0%
와 16.3%, 71년 26.4%와 29.0%, 75년 30.8%와 29.0%, 80년 34.3%와
32.7%, 85년 17.9%와 31.6%를 보였다(Y. J. Cho, 1990: 233).

　이처럼 투자 실패 시 비용과 위험은 국민에게 전가된 반면, 과실은 일
차적으로 재벌 일족과 부패한 정치집단과 관료 등이 향유하는, 즉 위험과
손실은 사회화시키고 이익은 사유화시킨 구조적 모순이 한국 재벌체제
문제의 본질인 것이다.

　요약하면, 유신체제와 중화학공업화 선언 이후의 개발독재기의 성
장시스템은 '고부채-고투자-고성장'(정부-은행-기업의 협조체계)으로
요약되는 정부와 민간부문이 이익의 공유 없이 '위험과 손실만'이 공유
되는 '위험공유시스템' 혹은 '민관 공조의 투자리스크 관리체계'였다.
이 시스템은 공정성을 결여했다는 점에서 정당성을 결여한 불구의 공유
시스템이었다. 즉 권위주의적 정권이 민간부문의 사업을 관리하는 정부
주도형 성장전략 속에서 독재권력과 재벌의 특권과 공생이 구조적으로
재생산된 것이다. 이러한 모순은 근본적으로는 분단체제에서 비롯한 것
이었다. 정경유착과 부정부패를 만연시켰고, 자본편향적인 노사관계로
일관하였고, 인권과 헌정을 다반사로 유린하였던 '독재적 동원체제'와
이로부터 파생된 (위험만을 공유한) 공유시스템의 불공정성은 분단체제
속에서 장기간 지속될 수 있었기 때문이다.

제 5 장

한국의 재벌
― 불공정 공유시스템의 적자(嫡子) ―

제3장에서 보았듯이 중화학공업화는 한국경제의 구조변동을 가져왔다. 이 과정에서 중화학공업화는 생산력의 비약적 발전을 가져오고 시장규모를 급속히 확대시켰다. 그 결과 한국경제사에서 두 가지 중요한 전환점을 가져왔다. 첫째, 한국경제사에서 대기업들의 확장과 발언권의 강화를 가져오는 결정적 계기가 되었으며, 이후 대기업들은 기술·정보 등 모든 면에서 정부를 이용, 압도하는 전환점이 되었다. 둘째, 중화학공업화를 통해 시장규모가 정부의 통제 가능한 수준을 넘어섬으로써 정부의 인위적인 개입비용이 높아지고, 또 개입의 실패도 매우 큰 비용으로 분명히 나타나게 되는 전환점이 되었다(박영구, 2005: 427).

한편, 앞에서도 지적했듯이 한국 재벌에 대한 우리 사회의 상반된 평가는 평행선을 달리며 에너지 소모적인 논쟁을 되풀이하고 있다. 실제로 지난 '97년 위기' 이후 재벌에 대한 개혁의 목소리가 이전보다 더욱 강해졌음에도 불구하고 경제성장률이나 기업의 설비투자는 후퇴하였고, 양극화는 갈수록 심화되고 있다.

한국의 재벌은 미국을 비롯해 외국 기업을 기준으로 이해할 수 없다. 한국 재벌의 성격은 또한 분단체제 속에서 이룩한 한국경제의 압축성장의 특성에서 자유롭지 못하기 때문이다. 즉 재벌의 진화과정은 시장 부재와 은행 중심의 간접금융시스템 그리고 분단체제(민주주의의 빈곤) 속에서 이룩한 압축성장의 산물이다.

제1절 한국 재벌의 특징

먼저 한국재벌의 외형상 특징을 몇 가지로 요약하면 다음과 같다. 첫째, 경제력 집중이 대단히 높다. 둘째, 많은 계열사를 거느린 복합 기업집단이다. 셋째, 사업구조가 여러 업종에 다변화되어 있다. 넷째, 계열사들은 순환적인 출자관계로 서로 얽혀 있다. 다섯째, 일본의 기업집단보다 더 중앙집권적으로 경영한다. 즉 한국의 재벌그룹들은 대개 창업주와 그 가족이 경영권을 행사하고 있다. 그러나 창업초기에 이들이 가지고 있던 절대적 과반수 지분은 기업공개와 함께 점차 줄어들어 현재 이들의 경영권은 창업주 일가의 개인지분보다는 계열사의 우회출자를 통한 간접자본에 의존하고 있다. 여섯째, 자신의 계열은행을 갖고 있는 일본의 기업집단과 달리 한국의 재벌은 증권·보험사 등 비은행 금융회사를 보유하고 있다. 일곱 번째, 재벌은 1997년 이전까지 부채지향형 자금조달을 선호하였다.

이처럼 한국의 재벌은 특수한 기업조직이다. 현재 재벌에 대한 정의는 다양한데, 대개 대기업과 재벌을 구분하여 재벌을 "총수나 그 가족이 지배하는 대규모 기업집단, 즉 가까운 족벌에 의하여 소유 경영되는 다각화된 대규모 기업집단"으로 정의한다. 현행법상 '기업집단'이라 함은 공정거래법('독점규제및공정거래에관한법률') 제2조 제2호의 규정에 의하여 "동일인이 회사인 경우 그 동일인과 그 동일인이 지배하는 하나 이상의 회사의 집단, 동일인이 회사가 아닌 경우 그 동일인이 지배하는 2 이상의 회사의 집단"을 말한다. 그런데 외형상으로 기업집단은 합법적인 독립기업들의 집합으로 구성되어 있다.

> ▶▶▶ **계열회사**
>
> 　동일인 또는 동일인으로 간주되는 자를 합하여 최다출자자가 발행주식
> 총수의 30% 이상을 소유하고 있거나 기타 임원의 임면 등으로 경영에 영
> 향력을 행사하고 있다고 인정되는 회사를 말한다. 다만 소속회사가 전부
> 금융 혹은 보험회사인 기업집단과 금융 및 보험회사, 정부투자기관, 공공법
> 인이 동일인인 경우의 기업집단 등은 대규모기업집단 지정에서 제외된다.
>
> ▶▶▶ **동 일 인**
>
> 　친인척 혹은 동일인 지배하의 비영리법인, 계열회사, 사용인 등을 지칭
> 한다.

　그런데 이러한 특징을 갖는 한국의 재벌은 이미 알려진 대로 전쟁
전의 일본 이외에는 거의 유사한 조직이 발견되지 않는 조직이다. 흔
히 한국과 일본의 재벌을 비교하곤 한다. 그러나 재벌의 경제력 집중
정도를 보면 지표상으로 양자가 매우 유사하지만 그 소유구조와 경영
방식은 매우 다른 모습을 보인다.

　첫째, 소유형태에서 전전의 일본 재벌은 한국의 재벌처럼 재벌가
족이 실질적 대주주라는 점에서 유사했지만, 현대 일본의 기업집단은
완전히 다르다. 즉 일본의 기업집단은 상층부의 사장회 회원사들이 상
호주식을 보유함으로써 실질적으로는 대주주가 없으며, 굳이 주인을
찾는다면 바로 기업 자신으로 볼 수밖에 없다. 이러한 상황을 놓고 일
본의 일부 학자들은 일본을 '법인자본주의'라고 부르고 있다. 이에 반
해 한국은 기업을 혈연에 승계시키는 이른바 '족벌자본주의'라고 볼
수 있다. 결국 일본의 기업집단에게는 경제력은 집중되어 있지만 소유
는 분산되어 있는 반면, 한국 재벌의 경우 경제력의 집중과 더불어 소
유까지도 특정의 개인 및 그 가족에게 집중되어 있는 것이 확연히 다
른 점이라고 할 수 있다. 일본의 기업집단이 그 규모나 경제 전체에서

차지하는 비중에서는 한국의 재벌에 결코 뒤지지 않는데도 국민들의 지탄을 덜 받고 있는 것은 바로 이러한 점 때문인지도 모른다.

둘째, 경영형태 면에서 한국의 재벌은 재벌총수가 경영까지도 장악하는 반면, 일본의 경우에는 소유구조가 비슷한 전전의 재벌에서도 경영은 전문경영인에게 위임하고 있다는 점에서 크게 차이가 난다. 특히 전후의 기업집단에서는 사장회 회원사들의 경영이 사실상 사장을 정점으로 한 사원집단에 위임되어 있고, 기업의 임원들도 대부분 내부 승진자들이다. 따라서 경영도 한국과 같이 재벌총수가 그룹총괄기구의 도움을 받아 산하 계열기업을 중앙집권적이고 상의하달식으로 일사불란하게 움직이는 형태가 아니라, 전문경영인들에 의해 분권적이고 하의상달식의 형태로 이루어진다. 즉 일본 기업집단의 사장회 회원사들은 서로 상당히 독립성을 유지하면서 느슨한 형태로 결합되어 있어 계열기업들이 총수의 지시 하에 일사불란하게 움직이는 한국의 재벌기업에 비해 그들이 개별시장에서 발휘할 수 있는 총체적 복합력이 상대적으로 작다. 이 중 어느 쪽이 사원들에게 주인의식을 심어주고 기업을 위해 자발적으로 헌신하도록 동기를 부여하는 데 적합할 것인가는 자명하다. 물론 일본 기업집단에서도 하부의 기업그룹에서는 친(親)회사가 자(孫)회사를 강력히 통제한다. 그러나 이들도 친회사의 본업과 수평적 혹은 수직적 분업관계에 있는 기업으로서 상대적으로 관련이 없는 분야로 확장하는 한국재벌과는 차이가 있다.

한국과 일본 재벌의 이러한 차이는 한일 경제의 발전구조의 차이 그리고 이와 관련된 양국의 사회정치 구조의 차이에서 비롯한다. 첫째, 자본조달방식의 차이를 보면 일본은 높은 저축률로 주로 국내자본의 축적을 통해 자본을 조달함으로써 과시효과 없는 소비구조의 발전이 가능했던 반면, 한국은 해외자본에 상당 기간 의존함으로써 소비성향이 높고 경기회복 시의 과소비현상도 해외자본 의존적 경제성장 방식의 산물이다.

둘째, 자본조달 방식의 차이는 일본경제로 하여금 원세트(one-set) 형 자기중심적 경제발전구조의 형성을 가능케 하였다. 원료만 해외에서 수입하면 전 가공과정을 개별 기업집단 내의 개별 기업에서 생산하고, 그 그룹 내의 기업 간 내부거래화를 하는, 즉 외부 특히 해외로부터 수입할 필요가 없는 중층적 하청조직을 통해 이루어지는 산업조직이 형성되었다(소위 일본의 '원세트형 산업조직과 중층적 하청조직'). 다시 말해, 소속 그룹기업이 대외거래를 관장하고, 거래규모의 대형화를 달성하고 상사와 메이커와의 협력적 진출이 가능하였다. 그리고 많은 중소기업에의 자본 참여를 통해 독점판매계약을 맺은 종합상사의 존재와 역할이 있었다. 반면, 한국은 그룹 내의 개별기업 등이 각각 해외기업과 다른 파이프를 갖고 있는 경우가 허다하여 대외거래에서 종합상사에의 통합은 실현 불가능하였고, 한국의 중소기업은 국제하청적 성격으로 성장하여 종합상사와 협력적 관계가 결여되었다.

셋째, 그 결과 산업발전 방식의 차이를 가져왔다. 일본 산업발전의 특징은 소위 안행(雁行)형태론적 발전패턴으로 묘사된다. 즉 수입 단계에서 내수 창출 단계를 거쳐 내수 규모가 일정 수준에 도달하면 국내대체화를 하고, 국내대체화 과정에서 국내기업 간 경쟁을 통해 정태적·동태적 규모의 경제 효과를 높여 국제경쟁력을 확보하고 수출화로 이어졌다. 이는 다시 소비재산업에서 자본재산업으로 전개되었고, 자본재산업도 조잡품부터 점차 정공품으로 발전하였다. 반면 한국은 외형상 비슷한 구조지만 외부로부터 침투되기 쉬운 구조다. 일본의 낮은 무역의존도와 한국의 높은 무역의존도가 여기에서 비롯한다.

제 2 절 재벌 형성의 역사적 배경

한국기업의 성장사는 수백 년의 역사를 갖고 있는 서구 기업과 달리 반세기 정도의 짧은 역사를 갖고 있다. 한국경제가 압축성장했듯이 시장경제에서 주도적 역할을 하는 기업 역시 마찬가지였다. 한국기업의 성장사는 대체적으로 기반형성기(1955-70년), 고도성장기(1971-87), 전환기(1988-97), 그리고 '97년 위기' 후 재도약기(1998~현재) 등으로 구분할 수 있다.

첫 번째 시기는 생필품 제조, 건설, 무역업 등이 발전하기 시작했으나 삼백(三白)산업이 주류를 이룰 정도로 산업구조가 취약하였고, 한국기업들이 수입대체 및 수출산업으로 진출하기 시작한 시기였다.

두 번째 시기는 중화학공업과 수출드라이브 정책으로 대기업집단 주도로 경제가 급성장한 시기로, 예를 들어 상위 6대기업의 연간 매출액이 중화학공업화를 선언한 해였던 1973년 4천억 원에서 1980년에 14조 7천억 원으로 약 37배가 증가하였고, 계열사 수도 116개에서 308개로 거의 세배나 증가하였다. 한국 재벌의 부정적 특징들로 종종 거론되던 대규모 차입경영이나 전방위적 사업다각화가 한국경제와 기업의 고도성장이 있었던 이 시기에 진행되었다.

세 번째 시기는 대내적으로는 민주화운동으로 기업과 정부의 관계가 재정립되고, 노동운동의 활성화로 저임금체제가 종식되어 기업의 자본비용이 급등하였고, 대외적으로는 무역자유화 정책으로 시장이 개방되면서 기업들의 수익성이 저하되고 국제경쟁력이 약화되면서 기업의 경영패러다임에 변화가 발생한 시기였다.

네 번째 시기는 '97년 위기'로 30대 기업집단 중 절반이 몰락할 정도로 위기를 겪은 시기이고 그 위기의 극복과정이 현재까지 진행되는 시기이다.

한국주식회사가 한국전쟁 이후에 출범을 하였으나 한국 재벌기업 출현의 결정적 배경이 된 해방 이후 '귀속재산(歸屬財産)'의 배분을 짚고 넘어가지 않을 수가 없다. 해방 후 당시 한국 내에 있던 일본의 모든 공유 및 사유재산은 미군사정부에 의해 몰수되었으며, 이것은 다시 대한민국 정부수립 뒤 1948년 9월 11일에 체결된 협정에 의거하여 대한민국 정부에 이양되었다. 대한민국 정부와 미국 정부 간에 체결된 '재정 및 재산에 관한 협정' 제5조의 규정에 의하여 대한민국 정부에 이양된 일체의 재산을 '귀속재산'이라 한다. 따라서 귀속재산을 획득할 수 있는가의 여부가 초기 자본조달이 가능했는가 여부를 결정하는 중요한 기준이 되었다.

재벌의 부의 축적은 또한 미국 및 국제사회의 원조와 외국상품의 수입권을 누가 획득하였는가에 의하여 결정되었다. 외국의 원조나 수입권에는 환율 면에서 그리고 판매·배급 면에서의 독점권이 주어지기 때문에 그러한 권한을 얻은 기업이 그대로 이익을 보게 되었다. 참고로 해방 이후 1960년대 초까지 진행된 원조는 크게 미국과 유엔 원조로 구분된다. 미국의 원조는 미군정이 실시된 1945년 9월부터 1950년 6월 한국전쟁이 발발할 때까지 정치적 혼란과 민생고를 해결하기 위한 긴급구호의 성격의 소비재 원조, 한국전쟁 3년간 이루어진 전쟁물자 중심의 군사원조, 1953년 7월 휴전 이후 60년대 초까지 전재(戰災)복구와 전후 재건을 위한 경제부흥원조 등 약 38억 6,620만(1960년까지는 총 23억 8,110만) 달러가 이루어졌다. 여기에 1949년부터 1960년까지 진행된 유엔의 원조 5억 7,940만 달러를 합치면 총 44억 4,560만 달러의 원조가 이루어졌다. 이 때까지 재벌의 부의 축적은 4.19혁명과 5.16 군사쿠데타 이후 '부정축재환수법'의 제정이 보여주듯이 기본적으로 '정경유착'에 의한 것이었고, 정당성을 확보하지 못한 것이었다.

1950년대에는 '97년 위기' 이전의 10대 재벌 중 대우를 제외한 9개 재벌이 50년대에 주력기업을 형성하였거나 창업한 상태였고, 대자본과 중소자본의 관계가 미약하였고 상대적으로 독립적 영역에서 존재했다. 1950년대 후반 불황으로 일부(중소)기업의 도태와 인수합병으로 기업 간 격차의 확대 및 업종다각화 현상이 나타나기 시작했다. 그리고 이 시기에는 일시적인 은행민영화도 이루어졌다.

앞에서 지적했듯이, 미국원조를 지렛대로 운영되어 오던 한국경제는 1950년대 말에 이르러 근본적인 방향 전환이 불가피해졌다. 미국의 원조규모가 감축되고 무상원조가 (유상베이스) 차관으로 전환되면서 당시까지 무상원조에 맡겨져 온 경제운용방식의 변경이 필요했다. 즉 소비재 중심의 무상원조경제 하에서는 정부가 경제에 개입하지 않고 경제운용을 시장에 맡겨도 큰 문제가 발생하지 않았던 반면, 차관 원리금의 상환을 위해서는 경제의 계획적 운영이 불가피해졌고, 이는 정부의 중장기 경제개발계획의 수립과 추진으로 나타난다. 즉 원리금 상환용 외환을 벌기 위한 수출확대가 불가피하게 됨에 따라 수출과 관련한 산업에 대한 지원이 활발해졌다.

이를 구체적으로 살펴보면 다음과 같다. 1960년대 이후 한국의 급속한 공업화는 정부의 선별적 산업육성정책에서 이루어졌다. 이를 위해 금융지원으로 특혜금리와 신용보조가 있고, 재정지원으로 조세감면, 특별상각, 관세감면이 있고, 요소지원으로 용지나 시설물의 지원을 하였다. 특히 원화 및 외화 자금의 배분과정에 대한 통제는 이 시기 정부의 산업정책을 수행하는 데 있어서 중요한 수단으로 사용되었다.

첫째, 국가의 원화 자금의 배분과정에 대한 통제는 산업정책의 목적을 달성하기 위하여 국가가 은행의 신용배분에 강력히 개입했다. 예를 들어, 1960년대 박정희 정부는 수출 경공업 육성을 내세워서 일부 부문에 자금을 집중하였는데, 1964년에는 특혜금융 편타대출(便他貸出) 문제가 제기되기도 하였다. 즉 1964년 8월말 현재 거액대출 현황을 보면 판본방적 55억 5천만 원을 비롯하여 삼호방직 37억 2천만 원, 화신산업 31억 5천만 원, 금성방직 26억 원, 삼성물산계 8억 2천만 원 등

9개 그룹에 176억 4천만 원이 대출되었다. 이것은 당시 화폐발행고 214억 원의 82%, 일반금융기관 대출잔액 462억 원의 약 40%를 점하는 규모였다. 당시 물가가 35%나 상승하였고, 사채금리는 월 3~4%인데 은행대출 금리는 연 16%에 불과했으므로 은행대출은 큰 특혜였다. 인플레이션 속의 편중대출로 인해 중소기업과 농촌부문이 자금회수대상이 되었다. 금융특혜 시비는 1965년 금리자유화를 촉진하는 자극제가 되었다.

> ▶▶▶ **편타대출(便他貸出)**
>
> 편타란 타점권의 교환결제 전 지급을 약칭한 것으로서 타금융기관을 지급 은행으로 한 수표를 받은 금융기관이 어음의 교환결제기구를 통하여 그 대금이 추심되기 이전에 거래선의 지급요구에 응해 주는 금융행위를 말한다.

당시 금융시장이나 금융회사란 게 정말 보잘 것 없었다. 은행이 있긴 했지만 정부 통제대로 움직이는 허수아비였다. 정부가 제도금융권의 돈줄과 금리를 직접 쥐고 흔들어 댄 소위 '관치금융' 시대였다.

국가의 금융시장 개입의 절정판이 제4장에서 살펴본 1972년 '8·3 사채동결조치'다. '8·3 조치'의 목적은 기업을 사채의 중압에서 해방시키고 특별지원금융을 베풀어줌으로써 기업의 취약한 재무구조를 개선하고 금리인하를 통하여 생산비 절감을 유도하며 인플레이션 압력을 제거하고 금융질서를 시정하는 것이었다. 당시 은행 문턱이 너무 높아 개인은 물론 대다수 기업이 사금융에 의존해 필요한 돈을 끌어 쓸 수밖에 없었다.

8·3조치'의 결과 사채조정의 내용을 보면 1972년 8월 2일 현재의 기업채무를 8월 3일부터 8월 9일까지 관할 세무서와 금융기관에 신고토록 하고 이에 응하지 않는 경우 사채의 변제를 금지하도록 했다. 신

고접수를 마감한 결과 채권자의 신고가 21만 906건, 3,571억 원, 채무기업의 신고가 4만 677건 3,456억 원에 이르렀는데 신고금액은 당시 통화의 거의 90%에 이르는 거액이었다.

이와 동시에 한국은행이 제공한 저리(연 5.5%)의 특별금융자금(2천억 원)으로 기업의 단기대출금잔액의 30% 해당액을 연 8%의 이자, 3년 거치 5년 분할 상환의 장기대출로 전환해 주는 특별금융조치가 취해졌고, 합리화 대상산업에 대하여는 산업은행이 장기저리의 산업합리화자금을 공급했다.

둘째, 국가의 외화 자금의 배분과정에 대한 통제 역시 마찬가지였다. 1960년대에는 투자재원 조달의 40% 이상을 외채에 의존하였고, 1962년부터 1971년까지 도입된 공공차관과 상업차관의 합계는 24억 5천만 달러에 달했다. 차관도입이 가장 많았던 1971년에는 차관액이 국내 총고정자본 형성의 35.8%, GNP의 7.8%에 달하였다. 그 결과 GNP 대비 외채비율은 1965년 7%에서 67년 14%, 71년에는 30%로 높아졌다. 1972-79년에는 125억 5천만 달러의 차관이 도입되었다. 기간 중 차관도입액은 GNP의 5%를 상회했다(경제기획원, 『한국경제주요지표』, 1983). 외자도입은 국내이자율보다 싼 금리와 환율의 차이에서 오는 이익뿐만 아니라 정부의 지급보증도 받는 이중적 특혜였다. 1960년대의 일반은행 대출금리는 17.5%-26.0% 수준이었지만 외자금리는 5.6%-7.1%에 불과했다. 1969년 말 기준으로 차관을 가장 많이 받았던 쌍용(1.5억 달러), 럭키(1.23억 달러)는 1960년대 초에는 10대재벌에 들어가지 못했으나 1970년대 초에는 새로운 10대 재벌로 성장했다. 즉 1960년대에는 50년대의 삼호, 개풍, 화신, 대한전선, 태창방직 등이 몰락하고 시멘트, 화학, 철강분야 등에 대한 산업지원정책으로 새로운 대기업이 형성되었다. 또한, 차관기업의 부실화로 인수 및 합병이 진행되면서 부실기업의 인수, 그리고 이를 바탕으로 정부의 지원은 대우, 현대, 한진, 동아, 효성 등의 대자본을 형성시켰다. 예를 들어, 1960년대 말 인수기업에게는 대출원리금의 상환유예, 이자지급 면제, 조세감면 등의 혜택을 제공하였다.

이처럼 국내은행의 신용과 해외자본을 장악하였던 국가는 기업에게 낮은 비용으로 자본을 이용할 수 있게 해 줌으로써 1960년대와 70년대 동안 연평균 각각 15%와 35% 이상의 높은 자본투입 증가율이 가능하였다. 1963-90년간 시장가격을 기준으로 GDP가 9.6배 증가하기 위해 노동투입은 3.7배의 증가가 있었던 반면 (비주거용) 자본스톡은 20.8배의 증가가 있었다. 저렴한 노동력이 풍부하고 자본축적이 결여된 저개발국가에서 자원이 시장에 의해 배분되었다면 불가능한 일이었다. 즉 국가의 금융개입의 결과 임금에 비해 자본조달의 비용은 상대적으로 하락하였고, 그 결과 수출부문을 자본집약적으로 만들어 규모의 수익증대를 가능케 하였기 때문이었다. 예를 들어, '임금/자본임대료' 비율은 1962-75년간 3.4배가 증가했다. 정부의 보조금과 기업에 맞춰진 저이자율정책으로 자본의 임대료는 시장가격 밑으로 하락했고 그 결과 시장은 자본집약적 부문에 유리하게 구성되었기 때문이다. 앞에서 보았듯이 1960년대와 70년대의 높은 수출 신장률은 일반대출금과 수출대부금 간의 이자율 차이와 밀접한 관련을 맺고 있었다.

수출 증대와 산업구조의 고도화를 통한 경제개발은 1979년에 경제협력개발기구(OECD)가 '충격(*The Impacts of the Newly Industrializing Countries on Production and Trade in Manufacturing*)'으로 표현할 정도로 성공적인 것이었다. 반면 이 과정에서 재벌들은 수출산업에 특화하면서 정부의 지원을 받아냈고, 중회학투자는 징부가 보증하는 것이기 때문에 무리한 것임을 알면서도 이에 참여하게 되고, 이에 참여한 기업은 오늘날 재벌의 위치에 오르게 되었다.

첫째, 1960년대의 수출주도경제에서 재벌들의 성장에 획기적 전기를 마련해 주었던 것은 월남전쟁과 그에 따른 월남 특수였다. 월남파병의 대가로 한국은 군사원조 이외에 월남 건설사업에 대한 한국 건설업체 응찰자격 획득, 주한미군용 일부 물자의 한국에서의 조달, 주월 한국군 소요물자와 주월미군 및 월남군 소요물자 중 일정품목의 한국 에서 공급 등으로 육상운송 용역, 건설업 등에서 성장할 기회를 얻게 되었다. 예를 들어, 한진그룹은 월남에서 운송업으로 번 자금으로 동양 화재를 인수하고 대한항공을 불하받았으며, 한일개발을 설립하고 대진 해운, 인하대학까지 인수하였다.

둘째, 정부는 수출을 촉진하기 위해 재벌들이 종합수출상사를 설립하도록 유도했다. 1975년 삼성물산, 쌍용, 대우실업, 국제상사, 한일 합섬이 설립되었고, 1976년에 반도상사, 선경, 삼화, 금호실업이 설립되었으며, 1978년에 현대종합상사가 설립되었다. 대우그룹은 수출에 의해 급성장하였다.

셋째, 1970년대에 해외건설은 재벌의 또 다른 축적기회였다. 저렴한 노무비에다 정부는 모든 공사에 대하여 공사지급 보증을 해 주었기 때문이다. 대부분의 재벌들은 기존 건설업체를 인수하여 해외건설에 뛰어들었다. 처음에 20개 업체가 선정되었고, 그 후 1978년에 57개 업체가 추가로 선정되었는데 과당경쟁으로 덤핑 등의 문제가 야기되었다. 중동건설 계약액은 1975년 7억 5천만 달러에서 1977년에 34억 달러, 1978년 80억 달러로 급증하였고, 79년에는 60억 달러로 감소하였지만 1980년에는 78억 달러, 81년에 126억 달러를 돌파하였다가 1982년 113억 달러, 83년 90억 달러, 84년 59억 달러로 감소하였다. 현대그룹, 동아그룹, 동부그룹 등 당시 건설주력 재벌들의 경우 중동건설에서 벌어들인 오일달러로 본격적인 그룹 확장에 나섰다.

넷째, 박정희 대통령은 1973년 1월 '중화학공업화 선언'으로 방위 산업에 속하는 철강, 기계, 조선, 정유, 전자, 비철금속 등 주요 6개 산업을 정책적으로 육성하고자 하였다. 지원대상 산업부문에 배정된 자금이 다른 용도로 전용되지 않도록 방지하기 위하여 정책금융과 여신 관리제도를 도입하였다. 그러나 이 과정에서 정책금융과 여신관리 등의 수단을 통하여 정경유착에 의한 재벌육성이 이루어졌다.

한편, 중화학공업은 재벌그룹으로서는 지속적인 성장과 발전을 위해서는 반드시 진출해야 할 분야이었으나 당시까지 한국기업의 주력사업 분야였던 경공업과 비교할 수 없을 정도로 대규모 자본을 요구였을 뿐만 아니라 기술축적도 결여하고 있었기 때문에 쉽게 새로운 사업을 결정하기는 어려운 것이었다. 이에 정부로부터 보조금, 융자 지원, 조세 감면, 단지조성 등과 같은 막대한 지원을 전제로 재벌기업들은 정부가 제시한 육성계획 중 자기그룹에 적합한 부문을 선택하여 앞 다투어 중화학부문에 진출하였다. 예로 삼성그룹은 삼성석유화학, 삼성중공업, 삼성조선, 삼성코닝 등을 설립하고 한국반도체, 한국전자통신, 대성중공업 등을 인수하였다. 현대재벌은 현대건설에서 현대중공업이 분리 독립하고, 현대미포조선, 대한알루미늄, 현대강관, 현대엔진공업, 현대정공, 현대중전기 등을 설립하였다.

럭키금성그룹은 금성사를 주축으로 전자산업 분야에 적극 참여하게 되는데 금성자판기, 금성정밀, 금성통신, 금성계전, 서통전기, 삼우특수금속, 대한반도체 등을 설립하거나 인수했다. 대우그룹은 신아조선공업, 새한자동차에 경영참가하고 제철화학, 대우전자, 대우 ITT, 대우기계, 대우마르코, 풍국정유, 한국기계 등을 설립하거나 인수하였고, 선경그룹의 경우는 대한석유공사를 인수함으로써 사세가 급성장했다. 8대 재벌의 매출액은 1973년 4,790억 원에서 1980년에는 16조 8,550억원으로 7년간 30배, 연평균 67.9%로 크게 증가하였다. 재벌 위주로의 투자는 세계경제의 침체 속에서 과잉중복투자의 문제로 나타났다. 정부는 1980년대 중화학 투자조정과 부실기업 정리 과정에서도 부실기업 인수업체에 대하여 상환유예, 신규대출, 조세감면 등의 혜택을 부여하였다. 이러한 혜택은 1986년 경상수지 흑자전환 시까지 계속되었다.

그렇지만 재벌은 정부의 지원에 의해 성장한 것만은 아니었다. 예를 들어, 정부가 제공하는 외자배분, 금융 및 세제 지원 등의 혜택은 대체적으로 수출에 성공하는 기업들에 집중됐다. 독점에 입각한 확장이 아니라 수출시장에서 경쟁을 통한 확장이 요구된 것이다. 이 과정에서 구 재벌이 몰락하고 신흥재벌이 등장했다. 1965-85년 중의 10대 재벌의 변화를 보면 1965-75년에는 10개 중 3개만이 10대에 남아 있는 반면 1975-85년의 기간 중에는 10대 중 8개가 10대에 남아 있다. 이처럼 1960년대 이후 한국 재벌의 자본축적 과정에서도 정경유착이라는 부정적 측면이 해소되지 않았음에도 불구하고 경제개발의 '성공'과 비례하여 성공의 주역 중 하나였던 재벌의 부의 축적에 대한 평가는 복잡해진다. 즉, 1960년대 이후 한국경제에 대한 재벌의 긍정적 기여는 재벌의 확장능력과 국민경제 발전을 연결시킬 수 있는 정책적 환경이 조성되었기 때문에 가능하였다.

이런 점에서 한국 재벌의 이중성은 분단체제와 민주주의 결여 등에서 비롯한 정치실패(정경유착)와 '정부정책'의 유효성(시장실패)이라는 이중성의 다른 표현이기도 하다.

요약하면, 한국경제의 고도성장과 재벌의 성장 과정을 보면 경제학 교과서가 묘사하는 시장의 원리만이 작동한 것이 아니었다. 앞에서 보았듯이 국가는 자본을 창출하는 역할을 충실히 수행했다. 특히 박정희 정권은 거시적 경제운영 뿐만 아니라 미시적 산업구조 개편까지 정부가 주도하여 관리하였다. 당시 경제수석 비서관 오원철은 이것을 '경제건설의 공학적 접근(Engineering Approach to Economic Construction)', '국가적 계획경제 체제' 또는 '한국경제 주식회사체제'로 불렀다. 국가가 목표를 제시하고, 목표 달성을 위한 방법론을 선택하며, 시기별 계획을 세우며, 외국의 경험과 지식이 도입하여 더욱 세부계획을 세우고, 기업을 주체로 하여 경제계획의 실천을 강행토록 하였다.

정부에서 계획한 일을 기업가에게 실천시키려면 기업가에게 이윤이 보장되어야 했고, 이를 위해 박정희 정권은 산업단지 제공, 저리 장기상환 조건의 특혜금융, 관세와 내국세의 감면, 독점의 조장과 수입금

지정책, 공업용 사회간접자본 건설, 기술자와 기능공 양성, 기업가와 근로자의 사기 진작 등 재벌을 육성하기 위한 지원조치들을 강구했다(오원철, 1996: 12장).

　이러한 조건에서는 정치권력과 가까운 것이 기업성장의 결정적 요소였다. 특히 1960, 70년대는 정부가 자원배분을 주도하던 시기였으므로 정치권, 행정부, 재벌 간의 위계질서가 분명하여 단연코 1위는 정치권력, 2위 행정부, 3위 재벌 순이었다. 기업들은 직접적 이익을 기대하고 정치권력에 자금을 제공하고 반대급부로 특혜를 받는 경우가 일반적이었다.

　이러한 관행은 재벌 간의 우열구조와 순위에 큰 변화를 줄 수 있었으며, 권력과 긴밀한 관계를 유지할 수 있었던 재벌은 계속 성장했으나 그렇지 못한 재벌은 뒤떨어졌다. 즉 박정희 정권 하에서는 외자도입, 특혜금융, 8.3조치, 중화학공업 육성 등을 통하여 재벌을 육성했고, 정권은 재벌 육성의 대가로 대규모 정부사업 발주에서 일정 비율을 정치자금으로 받았고, 외국차관 도입에서도 정치자금을 받았다. 처음에는 차관이 들어오기도 전에 정치자금을 떼는 것이 관행이었다가 후에는 차관을 도입하여 이익을 내면 정치자금을 바치는 식으로 바뀌었다. 당시 정부는 부정축재 처리로 시중은행을 국유화하여 완전한 통제권을 소유하고 있었고, 차관도입과 관련한 정부의 보증, 기술도입에 있어서 정부의 인허가 등으로 자원배분권 및 기술도입허가권을 장악, 기업에 대한 절대적 우위를 점하고 있었다. 정부는 단기간 내에 공업화를 이룩하기 위하여 차관, 정부의 재정투융자, 기술도입 허가 등의 특혜를 대기업을 중심으로 재벌 편중의 성장정책을 전개하였다. 특히 제3, 4차 경제개발계획(1972~81년) 과정에서 추진된 중화학공업정책은 재벌 그룹의 위치를 확고하게 해 주었고 자체 성장을 위한 완벽한 구색을 갖추어준 계기가 되었다.

　전두환 정권 아래서 정경유착은 기본적으로 박정희 정권 하의 그것과 동일한 행태를 보였다. 대표적으로 1980년대 초에 시행한 중화학 투자조정이나 1986~88년에 5차에 걸친 부실기업 정리 등은 불황을 극복하기 위한 것이었으나 이 과정에서 재벌과 권력의 유착관계가 더욱 심하게 작용했다.

첫째, 발전설비 분야를 한국중공업에 일원화한 것을 제외하고는 자동차분야는 1980년 8월 20일의 1차 조치에서는 승용차가 일원화되었다가 GM의 반대로 통합이 백지화되었다. 중전기기 분야는 효성중공업과 현대중전기로 이원화되었다. 디젤엔진 분야는 현대엔진과 쌍용중공업, 대우중공업 이외에 신규참여를 금지하고 엔진의 용량별로 생산영역을 분할하였다. 전자교환기는 네 개 업체에서 삼성반도체통신과 금성반도체로 이원화되었다.

둘째, 기업을 인수하면 웃돈을 얹어주는 것이 원칙인데도 부실기업 정리 때는 오히려 거꾸로 관리은행(사실상 정부)이 종자돈을 지원해 주고 이자 및 부채를 탕감해 주고 장기분할상환을 허용하는 등 각종 특혜를 제공했다. 5공화국 시절에 정리된 부실기업은 모두 78개 업체로 이 가운데 70개 기업에 금융 및 세금 특혜가 제공되었고, 정부는 이를 위해 조세감면규제법까지 대폭 개정했다. 개별 정리된 57개 기업에 대해 4조 1,947억 원의 이자가 유예 또는 탕감되었으며, 9,863억 원의 원금이 면제되고 4,608억 원이 종자돈으로 지원되었다. 그리고 정리된 57개 기업 가운데 51개 기업은 제3자에게 인수되었는데 26개가 30대 재벌에 의해 인수되었다. 6개 해운합리화 대상업체는 7,942억 원의 은행대출이 상환 유예되었고, 7개 해외건설 합리화업체에는 4,611억 원의 이자 및 원금 상환 유예 등의 특혜가 제공되었다. 부실기업과 인수기업이 받은 조세감면 혜택은 총 2,411억 원에 달했고, 부실기업을 보유했던 은행에는 1조 7,220억 원의 특별융자가 한국은행으로부터 지원되었다. 이처럼 재벌과 정치권력과의 관계, 정부의 경제개발정책에의 관여의 강약은 재벌의 부침에 많은 영향을 미쳤다.

▶▶▶ **정경유착 사례**

한일합섬에 의한 국제그룹 인수와 한국화약에 의한 명성그룹 인수는 정경유착에 의한 대표적인 자본집중 사례다. 한일합섬은 1983년 27번째 순위였으나 1987년에는 18번째 재벌로 부상하였다. 주거래은행과 정부는 국제를 인수한 한일합섬에 조세감면 559억 원, 1,308억 원의 대출원금 탕감, 581억 원의 신규대출, 1,808억 원은 15년 거치 15년 무이자 분할상환, 2,175억 원은 12년 거치 10년 분할상환 등의 조세 및 금융지원을 제공했다. 한일합섬은 그 대가로 1986년에 전년보다 53% 증가한 46억 원의 기부금을 냈고, 진해화학 인수 후 1987년에는 72억 원을 내 기부금 납부실적 1위를 기록했다.

한국화약은 한양유통을 인수하면서 원금 150억 원은 5년 거치 5년 분할상환에 이자 11.5%로, 530억 원은 20년 거치 후 무이자로 일시상환, 300억 원은 10년 거치 후 연 10%로 분할 상환하는 혜택을 받았고, 명성그룹을 인수하면서는 1,970억원을 8년 거치 12년간 무이자 분할 상환하는 혜택을 받았다. 동국제강은 1986년 부실기업정리 때 연합철강을 인수함으로써 굴지의 재벌로 뛰어 올랐다. 당초 동국제강은 연합철강의 인수자로 거론되지 않았는데 전두환 전 대통령이 결재과정에서 동국제강을 새로운 인수자로 지명했다. 동국제강은 1983년 10억 원, 1984년 30억 원, 1985년 5천만 원, 1986년 15억 원 등 총 67억 5천만 원을 새마을성금, 새세대심장재단·일해재단 성금 등으로 내서 보답하였다. 동부도 1980년대에 급성장한 재벌 가운데 하나인데 1984년 일신제강 인수가 계기였다. 일신제강을 전대통령의 처남 이창석씨의 개입으로 동부가 인수하였고, 동부그룹은 그 대가로 새마을성금으로 중견재벌로서는 거금인 50억 원을 청와대에 납부했다. 대림은 1980년대에 들어와 정부 및 지방공공단체에서 발주하는 대공사를 대부분 독차지해 '수주의 명수'라는 별명까지 얻었다. 대림의 배경은 이준용 부회장의 삼촌인 이재형 전 국회의장이었다. 대림은 정부의 비호 대가로 1982년에 10억 원을 청와대에 기부했으며, 청남대를 22억 원에 지어 정부에 기증했다. 1984년에 3억 원의 일해성금을 냈고, 1985년과 86년에 성금액수를 5억 원씩으로 늘렸다. 대림은 1986년 부실기업 정리 시에는 삼호, 삼호유통, 삼호개발, 동광기업 등을, 1987년에는 호남에틸렌을 인수했다. 부동산재벌 롯데의 특혜시비는 롯데월드와 영등포역사가 대표적이다. 롯데월드는 잠실의 체비지 매입과 석촌호 사용을 둘러싸고 의혹이 끊이지 않았다. 롯데가 특혜를 입은 것은 5공화국에서 20대 재벌의 성금·찬조금·정치자금 납부내역을 보면 알 수 있다. 현대 185억 원, 삼성 152억 원, 럭키금성 108억 원, 대우 107억 원, 선경 106억 원으로 5대 재벌은 매출액과 헌금액의 순위가 대체로 일치하지만 매출액 순위 13위인 롯데는 69억 9천만 원으로 헌금액 8위를 기록했다.

[표 5-1] 한국 재벌 형성의 시대별 주요 계기

	1950년대	1960년대	1970년대	1980년대 이후
화폐자본 조달	장기저리의 금융자금, 재정자금	장기저리의 금융자금, 재정자금	장기저리의 금융자금, 재정자금	장기저리의 금융자금, 재정자금, 해외차입
생산수단 조달	귀속재산처리와 원조물자	차관과 수입	차관과 수입	수입
노동력 조달	저임금과 풍부한 노동력	저임금과 풍부한 노동력	저임금과 풍부한 노동력	노동력 부족경제로의 진입
가치실현 과정	국내 수요	내수 및 수출	수출 및 내수	수출 및 내수
공업화정책	수입대체공업화	수출지향적(소비재 경공업) 공업화	수출지향적(중화학공업) 공업화	수출지향적(중화학공업) 공업화
자본집중 계기	귀속재산	부실기업정리와 민영화	중화학공업부문으로 신규 진출	부실기업정리, M&A, 민영화

● [표 5-2] 재벌 형성과 국가정책

	국가정책	해당산업	주요관련재벌	구체적 국가정책
1960-73년	기간산업 확충, 기초자재의 수입대체, 경공업의 수출	비료, 시멘트, 판유리, 정유, 화학, 섬유, 직물 등	삼성, 럭키, 동양, 현대, 대한, 대우, 쌍용, 코오롱 등	외자도입촉진법(61), 장기결제방식에 의한 자본재 도입에 관한 특별조치법(62), 차관에 대한 지불보증에 관한 법률(62), 환율현실화조치(64), 수출산업공업단지개발조성법(64), 금리현실화(65), 조세감면규제법(65), 외자도입법(66)
1974-79년	중화학공업 육성	철강, 기계, 조선, 전자, 비철금속, 석유화학 등	현대, 삼성, 대우, 럭키, 금성, 선경, 효성, 기아, 쌍용, 국제, 한국화약	6개산업육성법, 조세감면규제법, 관세법, 국민투자 기금설립(73), 장기저리의 정책자금융자, 중화학제품 수입규제, 중화학투자조정조치(80)
	중화학투자 조정	발전설비, 건설중장비, 자동차 중전기기, 전자교환, 디젤엔진, 동제련 등	현대, 대우, 삼성, 기아, 효성, 코오롱, 럭키금성, 쌍용	
1980-88년	합리화	직물, 합금철, 중전기기, 건설중장비, 디젤엔진, 자동차, 염색가공, 비료	삼성, 대우, 현대, 기아, 효성, 쌍용, LG, 한보, 동국제강, 강원산업	공업발전법(86), 조세감면규제법(85)
1989-90년	첨단산업육성	마이크로일렉트로닉스 광산업, 메카트로닉스, 항공, 정밀화학, 생물산업, 신소재	삼성, 럭키, 금성, 대우, 선경, 현대	기술개발촉진, 산학연협조체제 구축
1991년-	업종전문화	제조업 중심	30대 기업집단	여신관리 강화

제 3 절 재벌에 대한 사회적 평가: 공정거래법을 중심으로

우리나라는 개발연대에 있어서 고도의 경제성장을 목표로 특정기업 및 산업에 대해서만 집중적으로 지원하는 이른바 불균형개발정책을 시행함으로써 고도경제성장이라는 정책목표를 달성시켰다. 그리고 이 과정에서 재벌 역시 한 축을 담당하였다. 경제성장 과정에서 재벌의 역할에도 불구하고, 앞에서 살펴보았듯이 재벌의 부의 축적과정은 긍정적 평가를 받지 못하는 게 사실이다. 예를 들어, 한국의 재벌은 미국이나 유럽의 부자, 심지어 일본의 재벌이나 부자와 비교된다. 후자들은 그 사회에서 존경받는 경향이 있는데 우리 사회에서 재벌에 대한 평가는 부정적이고 냉소적이다. 즉 우리에게 재벌은 교활, 부정부패, 돈세탁 등으로 얼룩진, 서민들에게 멸시적이고 부도덕한 이미지로 떠오르지만, 일본의 경우 다수의 보통 일본인들에게 가전제품을 생산한 마쓰시타 재벌의 창업주 마쓰시타 고노스케(1894-1989)나 전후 소비 붐의 상징이 된 자동차를 만들어 준 혼다 소이치로(1906-91) 등 일각의 기업인들은 '국민 스타'가 되어 있다.

2001년에 한국경제학회가 일반인(1,011명), 대학생(833명), 경제학과 교수(220명) 및 기업 인사담당자(43명), 신입사원(107명) 등 다섯 개 집단을 대상으로 '우리는 기업을 어떻게 보는가'란 주제로 조사한 결과를 보면 일반 국민은 정경유착과 족벌경영이 마음에 들지 않고 도덕성이 부족하다는 이유로 대기업과 기업가를 좋아하지 않는 것으로 나타났다. 반면 기업이나 기업가 모두에게 호감을 갖고 있는 것으로 나타난 경제학과 교수들은 이에 대해 일반국민들이 기업에 대해 오해와 불신이 강하다고 평가한다. 그러나 사실은 일반인들이 정확히 인식하고 있고, 경제학자들이 착각을 하고 있는 것이다. 대부분 경제학자가 외국에서 공부한 이유로 선진국에서의 기업인에 대한 평가를 우리 기업인도 당연히 받아야 하는 것으로 착각하고 있는 것이다. 이는 한국 기업인들이 아무리 드라마까지 이용하면서 자신들을 '애국자'로 부각시키고 그들이 말하는 '반기업 정서'를 해소하려 노력해도 그들이 '한국의 마쓰시타'나 '한국의 혼다'가 되지 않는 이유를 간과하는 것이다.

이처럼 재벌의 부의 축적에 대한 부정적 평가와 더불어 재벌 중심의 경제성장으로 인한 경제력 집중, 그리고 대주주(Owner) 중심의 외형확장주의의 선단식(船團式) 경영방식에 따른 중복·과잉투자 및 기업집단의 전문성 결여에 따른 경제적 비효율성은 재벌에 대한 규제의 근거가 되고 있다. 재벌에 대한 규제를 나타내는 대표적 제도가 소위 '공정거래법(독점규제및공정거래에관한법률)'이다. 우리나라 공정거래정책은 1975년 당시 시행되고 있던 '물가안정에 관한 법률'을 입법화하면서 출범하였지만, 당시까지 경제력집중 억제정책은 이에 포함되지 않았다가 1986년 말 공정거래법 1차 개정 시 도입되었다. 이 때에 지주회사설립금지, 대규모 기업집단 지정, 채무보증제한, 상호출자금지, 출자총액제한, 금융·보험회사의 의결권제한 등 경제력집중 억제시책의 기본적 틀이 형성되었다. 즉 재벌이라고 불리는 '대규모 기업집단'은 1986년 1차 공정거래법 개정 시 경제력집중 억제시책의 일환으로 도입된 개념으로 도입 당시에는 지정기준이 자산총액 4천억 원 이상이었으나 1992년부터 동일한 지배관계 하에 있는 회사들, 즉 동일기업집단 소속 국내계열회사들의 총자산액(금융 및 보험회사는 자본금 또는 자기자본 중 큰 금액으로 계산) 합계액의 순위가 1위부터 30위까지의 순위 기준으로 변경되었나. 그러나 2001년 말 법 개정을 통해 '30대 기업집단' 지정제도를 폐지하고 형태별 규율방식으로 전환하여 출자총액제한, 상호출자제한 및 채무보증제한 대상 기업집단을 별도로 규정하였다. 그리하여 출자총액제한 기업집단은 자산총액 합계액의 5조 원 이상, 상호출자제한 기업집단 및 채무보증제한 기업집단은 자산총액 합계액이 2조 원 이상으로 규정하였다.

● [표 5-3] 재벌의 경제지배 현황 (단위: %)

	제조업 부가가치비중				전산업 부가가치 비중				전산업 매출액 비중			
	1-4대	5-10대	11-30대	30대 전체	1-4대	5-10대	11-30대	30대 전체	1-4대	5-10대	11-30대	30대 전체
1985	11.7	4.8	5.7	22.2	6.0	2.8	3.7	12.5	25.1	11.6	9.6	46.3
1990	17.0	5.8	6.2	29.0	6.6	3.0	3.1	12.7	24.5	9.1	8.0	41.7
1995	27.2	7.1	6.7	41.0	9.2	3.6	3.4	16.2	27.9	9.9	8.2	46.0

	제조업 종업원 수 비중				전산업 종업원 수 비중				전산업 당기순이익 비중			
	1-4대	5-10대	11-30대	30대 전체	1-4대	5-10대	11-30대	30대 전체	1-4대	5-10대	11-30대	30대 전체
1985	6.5	1.7	3.4	11.6	2.4	0.7	1.2	4.3	16.9	3.5	−4.4	16.0
1990	6.9	2.1	2.7	11.7	2.4	0.8	1.0	4.3	12.4	5.9	4.1	22.4
1995	8.1	2.6	2.5	13.1	2.5	1.0	0.9	4.4	44.7	3.2	−1.8	46.1

자료: 최승노, 1996, 『1996년 30대기업집단』, 한국경제연구원.

　현재 공정거래위원회는 공정거래법 제14조 제1항의 규정에 의하여 매년 1회 기업집단을 지정하고 각 상호출자제한 기업집단, 출자총액제한 기업집단, 채무보증제한 기업집단에 속하는 회사에 이를 통지한다. 일정한 규모의 기업집단을 대상으로 각종 제한을 가하는 것은 자산규모가 상당히 큰 기업집단이 공정하고 자유로운 경쟁에 의하여 발전하는 것은 문제되지 않겠지만, 막강한 경제력을 이용하여 계열사 확장을 꾀하고 이를 통해 더욱 경제력을 집중시키는 것은 국민경제의 균형 있는 발전을 저해할 가능성이 높다는 논리에 기반하고 있다.

　이 밖에도 출자총액제한제도는 대다수 주주들의 권익을 보호하기 위해, 그리고 금융사 의결권제한은 예금자들이 재벌총수의 경영권을 확대하는 데 이용되는 것을 제한하는 장치로서 의미를 부여한다. 그 내용을 구체적으로 살펴보면 다음과 같다.

　첫째, 지주회사란 기업결합의 한 형태로서 트러스트나 카르텔보다는 강고한 결합이며 합병과 달리 간접적 결합이다. 현행 공정거래법

제2조에서 지주회사는 주식(지분을 포함)의 소유를 통하여 국내회사의 사업내용을 지배하는 것을 주된 사업으로 하는 회사로서 자산총액이 대통령령이 정하는 금액 이상인 회사를 말한다. 지주회사에는 순수지주회사와 사업지주회사가 있으며, 순수지주회사란 주식을 소유함으로써 타기업 사업 활동의 지배를 주된 사업으로 하는 지주회사를 말하고, 사업지주회사란 자기사업을 영위하면서 부차적으로 타기업 사업활동을 지배하는 지주회사를 말한다. 여기서 "자산총액이 대통령령이 정하는 금액 이상인 회사"라 함은 직전 사업연도 종료일 현재의 대차대조표상의 자산총액이 1천억 원 이상인 회사를 말한다고 규정되어 있다(시행령 제2조). 주된 사업의 기준은 회사가 소유하고 있는 자회사의 주식(지분)을 포함한다. 공정거래법에서의 지주회사란 순수지주회사를 의미한다. 사실, 공정거래법 상의 지주회사 금지규정은 1997년 개정 전 일본의 독점금지법 제9조를 모방한 것으로서, 구미 등 나라에서는 그 예가 거의 없다. 더욱이 1997년 일본에서, 제한적이긴 하지만 우리가 모방했던 지주회사 금지에 관한 조문을 전면 개정함으로써 전 세계적으로 지주회사 형태를 금지하고 있는 곳은 우리나라밖에 없었다. 1999년 4월, 당시 IMF 경제위기를 조속히 극복하기 위해 지주회사가 가지는 순기능을 충분히 활용할 수 있도록 하기 위하여 일정한 요건 하에서 그 설립을 제한적으로 허용하게 된 것이다. 이는 외국인과의 합작 지주회사의 설립을 통한 외자유치, 비주력 사업부문의 분리·매각 등 원활한 기업구조 조정의 지원을 위함이었다.

공정거래법에 따르면 지주회사를 설립하거나 지주회사로 전환한 자는 대통령령이 정하는 바에 의하여 공정거래위원회에 신고하여야 한다(제8조). 그리고 지주회사는 자본총액을 초과하는 부채액을 보유하는 행위,[1] 계열회사(자회사)가 아닌 국내회사의 주식을 당해 회사 발행

---

1) 다만 지주회사로 전환하거나 설립될 당시에 자본총액을 초과하는 부채액을 보유하고 있는 때에는 지주회사로 전환하거나 설립된 날부터 2년간은 자본총액을 초

주식 총수의 100분의 5를 초과하여 소유하는 행위, 금융업 또는 보험업
을 영위하는 자회사의 주식을 소유하는 지주회사('금융지주회사')인 경
우 금융업 또는 보험업을 영위하는 회사(금융업 또는 보험업과 밀접한
관련이 있는 등 대통령령이 정하는 기준에 해당하는 회사를 포함) 외의 국
내회사의 주식을 소유하는 행위,[2] 금융지주회사 외의 지주회사('일반
지주회사')인 경우 금융업 또는 보험업을 영위하는 국내회사의 주식을
소유하는 행위,[3] 일반지주회사의 경우 사업관련 손자회사의 주식을 당
해 사업관련 손자회사 발행주식 총수의 100분의 50(그 사업관련 손자회
사가 증권거래법의 규정에 의한 주권상장법인 또는 협회등록법인이거나
공동출자법인인 경우에는 100분의 30) 미만으로 소유하는 행위 및 사업
관련 손자회사가 아닌 국내계열회사의 주식을 소유하는 행위 등을 금
지한다. 이처럼 2005년 개정된 법에서 지주회사 설립 및 운용 조건을
과거보다 완화하였으나 지주회사체제의 투명성을 강화하는 등 정부는
지주회사가 소액 자본으로 경제력을 집중하는 데 악용할 수 있다는 점
을 걱정, 그 설립과 운용에 대해 여전히 엄격한 제한을 가하고 있다.

　둘째, 채무보증제한제도란 공정거래위원회가 지정하는 기업집단
에 속한 계열사가 그룹 내 다른 계열사에 대해 채무보증을 서지 못하
도록 하는 것을 말한다. 2005년 4월 1일 기준 자산규모 2조 원 이상인
채무보증제한 기업집단은 55개이다. 채무보증을 제한하는 이유는, 계
열사 간에 거미줄처럼 얽혀 있는 채무보증이 경제력 집중과 연쇄도산
의 원인이 되는 것은 물론, 구조조정과 외자유치의 장애물이 되기 때
문이다. 계열사의 보증에 따른 폐해는 크게 세 가지가 있다. 첫째는 대

　　과하는 부채액을 보유할 수 있다.
  2) 다만 금융지주회사로 전환하거나 설립될 당시에 금융업 또는 보험업을 영위하는
　　회사 외의 국내회사 주식을 소유하고 있는 때에는 금융지주회사로 전환하거나 설
　　립된 날부터 2년간은 그 국내회사의 주식을 소유할 수 있다.
  3) 다만 일반지주회사로 전환하거나 설립될 당시에 금융업 또는 보험업을 영위하는
　　국내회사의 주식을 소유하고 있는 때에는 일반지주회사로 전환하거나 설립된 날
　　부터 2년간은 그 국내회사의 주식을 소유할 수 있다.

규모 기업집단에 속하는 회사는 경쟁력이 없는 회사임에도 불구하고 채무보증을 통해 용이하게 자금을 차입할 수 있어 자금시장에 있어 독립기업, 특히 중소기업과의 공정한 경쟁을 저해하고 여신 접근기회를 제약함으로써 대기업집단으로의 여신 편중문제를 야기하고, 둘째는 채무보증을 통한 계열관계의 공고화를 통해 선단식 경영구조가 고착화되고, 채무보증 관계가 한계부실기업의 퇴출장벽으로 작용하여 원활한 기업구조조정의 걸림돌이 될 뿐 아니라 일부 계열회사의 부실경영이 그룹 전체로 파급됨으로써 연쇄도산을 초래하여 국민경제에 막대한 피해를 야기하고, 채무보증을 통한 경쟁력 없는 기업의 적정수준 이상의 차입은 금융기관에게 부실채권을 발생시킴으로써 금융기관의 부실화를 심화시켜 국민경제 전체의 위기로 확산되는 주요인이 될 수 있다. 이처럼 계열회사 간 채무보증은 대기업집단으로의 편중여신을 초래하여 상호출자와 함께 경제력집중을 심화시키는 주요인으로 지적받아 왔다.

공정거래법 제10조의 2에 따르면 일정규모 이상의 자산총액 등 대통령령이 정하는 기준에 해당되어 제14조(상호출자제한 기업집단 등의 지정) 제1항의 규정에 따라 지정된 기업집단('채무보증제한 기업집단') 에 속하는 회사(금융업 또는 보험업을 영위하는 회사는 제외)는 국내계열회사에 대하여 채무보증을 하여서는 아니 된다. 현재 자산 2조 원 이상 그룹 계열사 간에는 채무보증이 금지되어 있다.

셋째, 상호출자란 둘 이상의 회사 간에 상대회사의 주식을 보유함으로써 소유권의 전부 또는 일부를 상호 보유하는 것을 말한다. 독점규제법은 상호출지제한 기업집단에 속하는 회사가 주식을 취득 또는 소유하고 있는 계열회사의 주식을 취득 또는 소유하는 것을 금지하고 있다. 기업 간의 주식의 상호보유(이른바 상호주보유)의 모습에는 직접적 상호보유(A ↔ B), 환상(環狀)형 상호보유(A → B → C → D → A), 복합형 상호보유 등이 있다. 직접 상호주보유란 두 회사 간에 서로 상대방의 주식을 보유하는 것을 의미한다. 우리나라에서는 1982년에 개정된 증권거래법에서 상호출자를 최초로 규제하기 시작하였다. 당시에 상호출자를 규제하는 목적은 오로지 주식의 위장 분산을 막기 위한 것이었다.

그런데 이러한 상호출자는 주식의 위장 분산을 위한 수단으로 이용되는 데에 그치지 않고, 재벌의 계열 확장을 위한 수단으로 널리 이용되기 시작함에 따라, 정부는 재벌의 무리한 계열 확장을 억제하기 위하여 상호출자를 규제하기 시작하였다. 즉 상호출자는 기업의 자본충실을 저해하고, 회사지배권을 왜곡하고, 계열기업의 확장 수단 등이 되기 때문이다. 즉 상호주 보유의 문제는 본질적으로 자기주식 취득이며 출자 없이 회사를 지배하는 수단이 되기 때문에 자본의 공동화를 초래하여 회사의 자본의 유지 및 충실의 원칙을 위반한다는 점에 있다. 특히 가공적 자본으로 자기자본을 늘려 금융기관의 자기자본 집중의 대출관행에서 연유한 더 많은 대출한도를 얻어 계열기업을 확장하는 수단으로 이용하거나 금융지배 수단으로 이용하는 한편 여신을 독점하여 중소기업에 돌아가는 금융자원을 잠식할 가능성이 높다는 점이다.

그리고 회사가 소유하는 주식의 의결권은 주식소유회사의 대표이사에 의해 행사되는데, 대표이사는 대규모 결합기업군의 경영자에 의해 선임되므로 기업군 경영자의 1인 지배가 가능해진다는 점이다. 마지막으로 상호출자는 주식의 위장 분산을 가능하게 하며 기업공개제도가 추구하는 자본시장의 육성이나 대기업주식의 다수 국민에의 분산이라는 대명제를 실추시키는 역할을 하게 한다. 이런 문제점으로 공정거래법 제9조에서는 일정규모 이상의 자산총액 등 대통령령이 정하는 기준에 해당되어 제14조(상호출자제한 기업집단 등의 지정) 제1항의 규정에 따라 지정된 기업집단(상호출자제한 기업집단)에 속하는 회사는 자기의 주식을 취득 또는 소유하고 있는 계열회사의 주식을 취득 또는 소유하여서는 아니 된다고 규정하여 상호출자제도를 금지시키고 있다. 구체적으로 상호출자제한 기업집단은 자산 2조 원 이상 그룹의 계열사 간 상호출자가 전면 금지된 기업집단이다.

　2005년 4월 1일 기준 상호출자제한 기업집단은 55개 이다. 상호출자·채무보증제한 기업집단으로 지정된 대표적 기업집단(자산총액)의 계열사 수를 보면 삼성(107.62조)이 62개, 현대자동차(56.04조)가 28개, 엘지(50.88조)가 38개, 에스케이(47.96)가 50개, 롯데(30.30조)가 41개, 한진(24.52조)가 23개, 지에스(18.72조)가 50개, 한화(16.22조)가 30개 등이다. 자산총액 기준으로 10대 기업집단에 속하면서 총수가 없는 상호출자·채무보증제한 기업집단(자산총액, 계열사 수)으로 한국전력공사(98.31조, 11개), 한국도로공사(32.38조, 3개), 케이티(29.32조, 12개), 포스코(25.71조, 17개), 대한주택공사(24.95조, 2개) 등이 있다.

　넷째, 출자총액제한제도는 재벌이 계열사 간 순환출자로 가공자본을 만들어 과도한 지배력을 형성하는 폐해를 막기 위해 도입된 장치로 현재 자산규모 6조 원 이상 기업집단 소속회사가 순자산의 25%를 넘어 계열사 등 다른 회사 주식을 보유하는 것을 제한하는 "타회사 주식보유한도제"이다. 즉 이 제도에 따르면, 순자산 1,000억 원을 가지고 있는 대기업의 경우 5개의 계열사가 있을 때, 이 5개의 계열사에 출자하는 합계액이 순자산의 25%인 250억 원을 넘을 수 없다. 1987년 처음 도입 당시에는 출자총액제한제도는 30대 대규모 기업집단 소속 계열사들을 모두 적용대상으로 했고, 대신 출자총액 한도는 순자산의 40%까지 허용했다. 정부에서는 순자산에 대한 정의를 87년 제도 도입 시에는 '자본총액-계열사 출자분'으로 정의했으나 2002년 4월부터는 '자본총액 또는 자본금 중 큰 금액-계열사 출자분'으로 기준을 바꾸었다.

　출자총액제한제도는 IMF 직후인 1998년 2월에 폐지되었다가 3년 후인 2001년 4월 1일부터 다시 부활되어 시행되고 있다. 1998년 일시적으로 폐지된 것은 외환위기 당시 국내기업들이 재무구조 등이 취약한 상태에서 외국기업에 무차별적으로 팔려나가는 것을 방지하기 위한 것으로서 그룹 계열사 간의 순환출자 등을 묵시적으로 허용함으로써 국내 기업에 경영권 방어수단을 주기 위함이었다. 당시 시민단체 등은 재벌개혁이 대폭 후퇴하는 것이라고 정부를 공격했다. 시민단체 등이 우려했던 것처럼 출자총액제한제도가 철폐되면서 30대 그룹의 출자총액 비율은 계속 높아졌다. 1997년 4월 27.5%에 머물던 출자총액비율은 1998년 4월에는 29.85%, 1999년 4월에는 32.5%로 증가했다. 특히 5대 그룹의 출자총액 비율이 크게 늘어나 1999년 4월 44.3%에서 2000년 4월에는 50.5%까지 치솟았다. 출자총액제한제도는 2001년 4월부터 다시 부활하면서 종전과 마찬가지로 30대 대규모 기업집단 소속 계열사들을 적용대상으로 했다. 한도는 1995년 당시 기업들에게 3년의 유예기간을 주어 조정하도록 했던 순자산의 25%로 이내로 정했다. 정부에서는 한도를 넘어선 초과출자분에 대해 1년의 조정기간을 주어 2002년 3월말까지 모두 해소토록 했다. 2002년 4월 공정거래법이 개정되면서 30대 대규모 기업집단 지정제도는 폐지되고 대신 자산 규모 5조 원 이상 기업집단을 출자총액제한대상으로 지정했다. 그리고 2005년에 다시 기업의 자산총액기준을 5조 원에서 6조 원으로 상향 조정했다.

2005년 4월 1일 기준 출자총액제한 기업집단은 11개이다. 정부는 출자총액제한제도의 필요성으로 계열사 간 상호보조·부당내부거래 등을 통한 독과점 시장구조 및 진입장벽 구축 등 공정한 시장경쟁질서의 왜곡 방지, 집단 내 계열사의 부당지원을 받는 기업과 독립 중소·중견기업과의 불공정한 경쟁의 차단, 한 계열사의 부실이 다른 계열사로 연쇄 파급되는 기업집단 전체의 동반부실화 및 채권·금융시장까지도 마비시킬 수 있는 시스템리스크의 예방, 소수주주권 보호를 위하여 지배주주의 실제 출자지분 이상의 과도한 지배권 남용 및 사익추구의 방지 등을 지적하고 있다.

공정거래법 제10조의 규정에서는 자산총액·재무구조·계열회사의 수 및 소유지배구조 등이 대통령령이 정하는 기준에 해당되어 제14조(상호출자제한 기업집단 등의 지정) 제1항의 규정에 따라 지정된 기업

집단('출자총액제한 기업집단')에 속하는 회사는 당해 회사의 순자산액
에 100분의 25를 곱한 금액('출자한도액')을 초과하여 다른 국내회사의
주식을 취득 또는 소유하여서는 아니 된다고 규정하고 있다.

앞에서 지적했듯이 2002년 이전의 공정거래법에서 대규모기업집
단은 자산총액기준으로 상위 30위 기업집단을 지정하고 있으나, 이러
한 자산순위방식에 따른 지정은 예측가능성이 낮아 하위 기업집단들의
경영안정성이 저해될 우려가 있는 점을 감안하여 자산규모방식으로 지
정기준을 전환한 것이다. 그리고 2004년 12월 법을 다시 일부 개정하
여 2005년 4월부터 시행되는 공정거래법에서는 자산 2조 원 이상 대기
업집단 소속 비상장 · 비등록 회사의 소유지배구조, 재무구조 및 경영
활동 관련 중요사항의 공시를 의무화하였고, 지주회사제도를 보완하여
부채비율(100%) 충족 유예기간의 연장, 모든 설립 · 전환 유형에 유예
기간의 인정 , 자회사 간 출자금지, 비계열사 주식 5% 초과소유를 금지
하였고, 출자총액제한제도는 4가지 졸업기준을 도입하고 적용제외 · 예
외인정 제도도 보완하였다.

> ▶▶▶ **내부거래**
>
> 대규모 기업집단, 즉 한 재벌 그룹에 속하는 계열회사 간에 이루어지는
> 거래행위를 말한다. 내부거래는 법률상의 용어는 아니다. 계열회사 간에
> 서도 필요한 거래는 있을 수 있기 때문에 내부거래를 모두 위법한 것이라
> 고 볼 수는 없다. 심지어 시장거래에 대비되는 거래로서 기업 내의 거래
> 를 뜻하는 내부거래란 거래비용경제학이 말하듯이 개방된 시장을 통한 거
> 래에서 발생하는 높은 거래비용에서 비롯하는 것이다. 내부거래에 대해
> 부정적 인식을 갖는 일반인들 중에는 흔히 기업의 내부거래를 특정기업과
> 특별한 관계에 있는 사람이 자신의 지위를 이용해 회사정보를 입수, 이를
> 기초로 주식을 매매하는 '내부자거래'와 혼동하는 경향이 있다. 내부거래
> 가 문제되는 것은 그것이 부당 내부거래로 인정되는 경우이다.
> 부당 내부거래의 4가지 유형으로는 제품가격 · 거래조건 등에서 계열회

사에 유리하게 하는 차별거래, 임직원에게 자사 제품을 사거나 팔도록 강요하는 사내판매 강요행위, 납품업체에 자기 회사 제품을 사도록 떠맡기는 거래강제, 정당한 이유 없이 비계열사와의 거래를 기피하는 거래거절 등을 들 수 있다. 특히, 한 대규모 기업집단 내에서 어떤 계열회사를 지원하기 위하여 물품을 비계열사에 대한 판매가격보다 싼 가격에 공급하거나 계열회사의 제품을 비싸게 사 주는 등 거래조건이나 지불조건 등에서 차등을 두어 혜택을 주는 차별거래의 경우가 특히 문제가 된다. 중복거래나 상식을 넘어선 과도한 지원을 통해 내부거래가 부실 계열회사를 도와주는 수단으로 악용될 경우 공정한 경쟁을 가로막고 경쟁업체에는 간접적인 피해를 주게 되기 때문이다. 특히 거대한 자금력과 인력 동원력을 갖고 있는 대기업이 내부거래에 나설 경우 경쟁력 집중에 대한 염려도 지적된다. 국제화 시대를 맞아 기업의 체질과 경쟁력을 강화해야 한다는 취지 아래 정부는 1993년부터 30대 대규모 기업집단의 부당 내부거래를 금지하고 있다. 1997년 공정거래위원회는 30대 기업의 부당 내부거래 심사지침을 마련하여 이들 기업집단의 부당 내부거래에 대한 감시를 더욱 강화하였다. 대규모 기업집단이 부당 내부거래를 했을 경우에는 공정거래위원회는 행정조치를 취하거나 검찰에 고발하도록 되어 있다. 이러한 행정조치에는 해당 기업에 거래행위 중지명령을 내리고, 부당 내부거래 규모의 2%까지 과징금을 부과하며, 법 위반사항은 신문에 공표하는 것이 있다.

▶▶▶ 출자총액제한의 4가지 졸업기준

첫째 기준은 내부견제시스템을 잘 갖춘 지배구조 모범기업, 둘째 기준은 지주회사 및 그 소속 자회사 손자회사, 셋째 기준은 지배주의 소유와 지배 간 괴리가 작은 기업집단, 넷째 기준은 계열회사 수가 적고 3단계 이상의 계열사 간 출자가 없는 기업집단이다. 그리고 민간이 소유권을 갖는 방식의 SOC 법인 출자에 대한 적용제외를 신설하고, 기업구조조정관련 출자(현물출자 물적분할 분사 등)의 예외인정을 부활하고, 기업구조조정·중소기업과의 기술협력·신산업·10대 성장동력산업 등 출자의 경우 예외인정시한(최장 8년)을 폐지하고, 외국인투자기업에 대한 출자 예외인정 요건을 강화(모든 외국인투자기업 → 단일 외국인이 10% 이상 보유)하되, 외국인투자자가 경영권 획득과 관련하여 악용할 소지를 차단하기 위해 단일외국인개념에 특수관계인을 추가하였다.

다섯째, 금융·보험회사의 의결권제한으로 공정거래법 제11조에 보면 상호출자제한 기업집단에 속하는 회사로서 금융업 또는 보험업을 영위하는 회사는 취득 또는 소유하고 있는 국내계열회사주식에 대하여 의결권을 행사할 수 없다고 규정하고 있다. 즉 대규모 기업집단에 속하는 회사로서 금융업 빛 보험업을 영위하는 회사는 취득 또는 소유하고 있는 국내계열회사 주식에 대하여 의결권을 행사할 수 없다. 다만, 단서규정에 따라서 금융·보험회사가 금융업 또는 보험업을 영위하기 위하여서나 보험자산의 효율적인 운용·관리를 위하여 관계법령에 의한 승인 등을 얻어 주식을 취득 또는 소유하고 있는 경우에는 그 예외가 인정된다. 또한, 동조 단서에서는 금융업 또는 보험업을 영위하기 위하여서나 보험자산의 효율적인 운용관리를 위하여 관계법령에 의한 승인 등을 얻어 주식을 취득 또는 소유하고 있는 경우에 대한 예외를 규정하고 있는바, 예외조항에 해당되는지 여부는 특정한 사안에서 구체적인 자료를 기초로 개별적으로 판단하고 있다.

게다가 2004년 12월에 재개정된 법의 부칙 9조에서는 "금융회사 또는 보험회사의 의결권 제한에 관한 특례" 조항으로 상호출자제한 기업집단에 속하는 회사로서 금융업 또는 보험업을 영위하는 회사가 단서 및 규정에 따라 그 회사가 취득 또는 소유하고 있는 국내계열회사 주식 중 의결권을 행사할 수 있는 주식의 수에 대하여 2006년 3월 31일까지는 그 계열회사 발행주식 총수의 100분의 30을, 2006년 4월 1일부터 2007년 3월 31일까지는 100분의 25를, 2007년 4월 1일부터 2008년 3월 31일까지는 100분의 20을, 2008년 4월 1일부터는 100분의 15를 각각 초과할 수 없다고 규정하고 있다. 즉 그동안 자산규모 2조 원 이상 대기업집단 소속 금융 보험사는 자신이 보유하고 있는 계열사 주식에 대해 임원 선임·해임, 정관변경, 합병 영업양도 등에 대한 주총 의결 시 30%까지 의결권 행사가 가능하였으나, 2006년 4월 1일부터 3년 동안 매년 5%씩 단계적 축소하여 계열금융사 의결권 행사 범위를 현행

30%에서 15%로 축소하기로 했다. 1986년 제도 도입 시에는 의결권 행사가 전면 금지되었으나, 외국인에 의한 적대적 M&A 위협이 제기되어 2002년 관련 의결권을 30%까지 예외 허용하였다. 그러나 의결권제한 완화 이후 당초의 개정 취지와는 달리 금융보험사의 고객자산이 대주주의 지배권 강화수단으로 이용되는 등 폐해가 발생하여 2004년 12월 재개정하게 되었다. 즉 금융계열사의 고객자산이 지배주주의 의결권으로 활용됨으로써 발생하는 지배주주와 고객 간 이해상충문제 등 산업자본의 금융지배에 따른 부작용을 방지하고, 계열 금융보험사의 지원을 받는 기업과 그렇지 않는 독립 중소 중견기업 간의 공정한 경쟁을 촉진할 목적으로 법을 재개정하였다.

제4절   재벌에 대한 오해: 사회과학의 식민지성

지금까지 한국 재벌에 대한 몇 가지 중요한 규제들을 살펴보았듯이 재벌에 대한 규제는 앞에서 지적한 재벌의 부의 축적에 대한 부정적 인식을 배경으로, 그리고 경제력 집중이나 경제의 비효율성 등 재벌에 대한 부정적 평가를 전제로 하고 있다. 그러나 경기 침체와 투자 부진 속에서 끈질기게 이어지는 재계의 요구를 비롯해 사회 일각으로부터 재벌에 대한 규제 철폐의 목소리도 적지 않은 게 현실이다. 예를 들어, 경제력집중 억제정책이 자본시장이 개방된 글로벌 경쟁시대에 국제자본이 동원되어 경영권 경쟁에 노출된 국내 대기업에는 외국인에 비해 상대적으로 역차별로 작용하고, 이에 따라 기업의 자원이 실물투자에 활용되지 못하고 경영권 방어에 사용되는 자원의 비효율성을 초래한다는 재계의 주장에 힘이 실리고 있다. 최근 공정거래위원회는 구조조정기업(공적자금을 투입해 살아난 옛 대우그룹 6개 계열사)의 출자 예외 인정, 민영화된 공기업 중 총수 없는 기업집단(한국전력, 케이티,

포스코, 철도공사 등)의 출자총액제한제 적용 배제, 내부거래위원회 요
건(4인 이상과 전원 사외이사에서 3인 이상과 2/3 이상 사외이사로 완화)
과 운용(10억 원 이상에서 100억 원 이상 내부거래로 완화) 기준의 완화
등을 내용으로 하는 '대기업집단 소유지배구조개선 유도를 위한 공
정거래법시행령 개정안'을 마련하였다. 심지어 정부나 여당 내에서
조차 재벌 총수들의 영향력 행사 수단인 계열사 순환출자를 일정 수
준으로 묶어 두는 대표적인 재벌 규제 수단인 출자총액제한제도에 대
한 폐지 목소리가 나오고 있다. 이에 대해 일부 시민단체를 비롯해 사
회 일각에서는 참여정부의 재벌 정책이 후퇴하였다고 크게 반발하는
실정이다.

　　이처럼 평행선을 긋고 있는 우리 사회의 재벌에 대한 대립적 인식
은 한국 재벌에 대한 역사적 몰이해에서 비롯한다. 앞에서 지적했듯이
한국 경제환경의 역사특수적 상황의 산물인 재벌을 이해할 때 특정 국
가의 기업의 잣대로 이해할 경우 많은 문제가 발생한다. 예를 들어, 경
제력집중 억제 정책은 그동안 그 목적을 대주주의 과도한 지분분산 →
업종전문화 → 기업구조 조정 → 기업지배구조 개선으로 바꾸는 등 일
관성을 보이지 못해 왔는데, 이처럼 정책의 목적이 수시로 변경된 것
이나 그 효과를 입증하는 데 실패한 이유도 재벌에 대한 정확한 이해
부족에서 발생한 것이다.

　　그런 점에서 재벌에 대한 규제들은 기본적으로 재계의 주장처럼
"재벌에 대한 (부정적) 여론을 의식한 정책유행의 산물"이거나 재벌이
등장할 수밖에 없었던 우리나라의 특수한 상황에 대한 이해 부족에서
비롯한다. 구체적으로 몇 가지 예를 들어보자. 흔히 재벌 문제의 핵심
으로 이른바 '문어발식' 확장, 차입경영, 소유와 경영의 미분리, 그리고
높은 내부지분율 문제 등을 지적하는데, 이것들은 재벌 문제의 본질이
아니다.

1. 한국 재벌기업의 다각경영

문어발식 확장의 경우 이는 학문적 표현이라기보다 저널리즘적 표현으로서 정확히 표현하자면 '비관련다각화'라 할 수 있다. 즉 재벌그룹 내 계열기업들을 보면 상대적으로 업종 간 상호 관련이 적다는 것이다. 그 결과 비효율성이 매우 크다는 것이다. 흔히 '방만한 차입경영'의 비효율성과 관련하여 한국 기업의 낮은 수익성을 지적한다. 수익성의 문제는 뒤에서 자세히 다룰 것이다.

소위 문어발식 확장과 관련하여 '97년 위기' 직전인 1996년 30대 재벌은 국민총생산(GNP)의 14.7%에 해당하는 56조 9,500억 원의 부가가치를 창출했고, 이는 95년의 16.2%에 비해 그 비중이 1.5% 포인트 낮아진 것이었다. 그럼에도 불구하고 30대 재벌그룹은 1996년 한 해 동안 무려 150개나 계열사를 늘렸다. 이에 따라 30대 그룹 상장계열사의 매출총액은 16.2%가 늘었지만, 순이익은 무려 90%나 줄어들었다. 이들 기업들의 재무구조도 더욱 악화돼 자산 가운데 부채가 차지하는 비율이 83.1%에서 84.1%로 늘어났다. 재벌들은 문어발처럼 계열사를 늘리면서 은행에서 돈을 빌려 실속 없는 장사를 계속한 것이다. 더욱이 상장사들의 토지 · 건물 등 부동산 보유규모가 22.7%가 늘어난 것은 재벌들이 경기침체의 와중에도 부동산투자에 열을 올렸음을 보여준다. 1997년 한 해 동안 숱한 재벌기업들이 쓰러지고 위태로워진 것도 이런 방만한 문어발식 경영의 결과임은 두말할 나위도 없다.

이러한 재벌의 몸집 불리기는 30대 재벌이 조달한 자금 총 343조 원 중 이익금 등 내부자금은 22.4%인 77조 원에 불과했고, 특히 외부자금 중 유상증자가 1.6%뿐이었고 나머지는 장단기차입금이었듯이 차입경영에 의한 것이었다(전국경제인연합 부설 자유기업센터, 1997, 『'97년 한국의 대규모 기업집단』). 또한, 1995년 말 현재 30대 재벌그룹의 평균 자기자본 비율은 19.9%(제조업 평균은 25.9%)로, 미국과 일본의 제조업 평균치 32-38%나 경제발전 정도가 비슷한 대만의 53%와도 비교할 수 없을 만큼 낮았다. 재벌들은 '고금리'를 경쟁력의 발목을 잡는 '3고'의 하나로 불평했으나, 높은 금융비용 부담은 금리가 높다는 것뿐만 아니라 차입금에 지나치게 의존해 빌린 돈의 규모 자체가 큰 데 주된 원인이 있었던 것이다.

그 결과 일본기업의 금융비용은 매출액의 0.4%에 불과했던 반면, 한국기업은 일본기업의 14배인 5.6%에 달했다. 예를 들어, 1997년 5월 27일 은행감독원이 재정경제원에 제출한 부도방지협약대상 51대 재벌그룹 재무현황에 따르면, 국내 51대 재벌그룹 가운데 금융비용부담률(매출액대비 은행이자, 사채발행비용, 수수료 등의 금융비용부담률)이 10%를 넘는 그룹이 9개(한보 · 삼미 제외)에 달한 것으로 밝혀졌다. 1996년 현재 기업별 금융비용부담률을 보면, 삼성 3.3%, LG · 쌍용 각 3.8%, 현대 3.9%, 선경 4.1%, 대우 5.1%, 한진 6.3%, 한화 · 대림 각 6.4%, 기아 6.5% 등으로 10대 그룹은 10% 이내에 그쳤다. 그러나 10위권 밖의 진로(21.4%) · 통일(21.0%) · 한일(13.8%) · 두산(12.0%) · 우방(12.0%) · 대농(11.6%) · 동국무역(10.8%) 갑을(10.6%) · 신호(10.0%) 등은 매출액의 10% 이상을 금융비용으로 지출하고 있는 것으로 나타났다.

이는 재벌그룹의 차입경영 구조에서 비롯된 것이었다. 지난 1996년 말 현재 이들 재벌그룹의 총차입금(=은행대출금+종금사대출금+회사채발행액)은 169조 원으로 전체 시중자금(≡현금+은행예금+제 2 금융권예금) 614조 9천억 원의 약 28%에 이르렀다. 그룹별로는 현대가 20조 9천억 원으로 가장 많고, 삼성 18조 6천억 원, 대우 14조 7천억 원, LG 13조 6천억 원 등으로 4대 그룹이 모두 67조 8천억 원에 달해 51대 재벌그룹 차입금의 40.1%를 차지했다. 이어 선경(7조 7천억 원), 쌍용(7조 1천억 원), 기아(6조 3천억 원), 한화(5조 9천억 원) 등도 5조 원 이상을 차입했다. 특히 진로 · 삼미 · 한일 · 고합 · 통일 · 한솔 · 삼양사 · 건영 · 동양 등은 1995년 연간매출액보다 차입금이 더 많은 것으로 밝혀졌다. 구체적으로 부도방지협약 1호 기업인 진로그룹의 금융비용 부담률은 21.4%, 즉 물건 1백 원 어치를 팔면 무려 21원을 이자로 냈다. 1996년 우리나라 제조업체들의 매출액 경상이익률이 1.0%인 점을 감안하면 진로는 물건을 팔면 팔수록 손해를 봤다는 얘기다. 또한, 부도방지협약 2호 기업인 대농그룹은 자기자본비율(≡자기자본/총자산)이 마이너스(－) 3.7%를 기록하고 있다. 적자경영을 계속하는 바람에 자본금이 전액 잠식당했다는 얘기다. 이러한 경영방식은 시장상황이 조금만 악화되어도 경영악화를 초래할 가능성이 높아진다. 독과점 이윤과 차입금을 바탕으로 한 반도체, 철강, 자동차, 조선, 화학부문에 대한 재벌 대기업들의 과잉중복투자와 기술개발 지연이 당시의 불황을 심화시킨 주된 요인이었던 것이다.

재벌의 문어발식 확장은 금융자원의 독점과도 관련이 있다. 즉 재벌은 제조업뿐만 아니라 은행·증권회사·단자회사·보험회사 등 금융산업까지 장악하고 금융여신도 독점하다시피 하였다. 30대 재벌을 중심으로 한 대기업 및 제2금융권 기관들의 1992년 말 현재 5대 시중은행 지분률은 38.2%에 이르렀다. 30대 계열기업 중에는 삼성그룹이 상업은행에서 동일인 주식소유한도(8%)를 넘겨 8.5%를 소유하였으며, 5대 시중은행 주식의 평균 5.7%를 소유하고 있었다. 각 시중은행에 3-7개의 기업집단이 주주로 있으나 동일인의 소유상한이 8%로 되어 있어 단일한 지배는 불가능한 실정이었다. 그러나 지방은행에는 소유제한이 없어 대체로 기업집단의 지분이 많으며, 같은 은행에 여러 재벌

[표 5-4] 자기자본비율 비교 　　　　　　　　　　　　(매년 말 기준, 단위: %)

	한국30대재벌(95)	한국제조업(95)	미국(94)	일본(94)	대만(94)
자기자본비율	19.9	25.9	37.5	32.3	53.4

자료: 1) 한국은행, 1996, 『최근 우리나라 기업경영성과의 국제비교』.
　　　2) 한국 30대재벌은 공정거래위원회, 1996, 『공정위 중점과제에 대한 추진계획』.

이 참여하고 있지는 않았다. 재벌계열 금융기관은 그룹 내 계열기업에 자금을 공급하는 일종의 사금고 역할을 하고 이 과정에서 불법적인 자금공급도 이루어졌다. 재벌들은 또한 간접금융을 통하여 막대한 자금을 동원하였다.

　기업들이 유상증자, 기업공개, 회사채 발행 등을 통해 증권시장에서 조달하는 자금 가운데서 5대 재벌이 차지하는 비중은 갈수록 높아졌다. 1995년 5대 재벌은 증시를 통해 29조 8,480억 원을 조달했고 이는 전체의 30.6%에 해당하였다. 1991년에 5대 재벌이 조달했던 15조 4,260억 원이 전체의 23.8%를 차지한 것과 비교할 때 직접금융시장에 대한 5대 재벌의 지배력이 빠르게 증가했음을 알 수 있다.

　재벌의 금융여신 독점은 그들의 취약한 재무구조와 더불어 금융기관의 구조적 부실화에 주요 요인이 되었다. 우리나라 일반은행(시중은행 및 지방은행)의 (총여신 대비) 부실여신(≡회수의문＋추정손실) 비율은 공식 통계에 의하면 90년대 들어 꾸준히 감소한 것으로 나타나고 있다. 이러한 감소는 ① 1991년 이후 단계적으로 실시된 금리자유화 및 금융산업에 대한 규제 완화에 따라 정책금융의 비중이 줄어들고 은행의 대출 과정에 대한 정부의 간섭이 약해졌고, ② 1994년 실시된 대손충당금 적립기준의 강화로 인해 기존 부실여신이 부분적으로 상각되었기 때문이다.

　그러나 부실여신 분류 기준의 문제로 인해 실제 부실여신의 규모는 발표된 통계 수치보다 훨씬 높은 수준인 것으로 알려져 있다. 예를 들어, 주요 선진국의 경우 이자연체 기간이 90−180일(미국 90일, 유럽 150일, 일본 180일) 이상인 경우를 모두 부실여신으로 분류하는 데 비해 당시 우리나라의 경우 6개월 이상 연체되더라도 담보가 있는 고정여신은 부실여신 통계에서 제외되었다.

　그런데 기업이 부도를 내거나 법정관리에 들어가도 담보에 해당되는 금액만큼은 고정여신으로 분류되기 때문에 우리나라의 부실여신 통계는 실제 부실여신의 규모를 축소시키게 된다. 실제로 1996년 말 현재 고정여신까지 포함시킨 6대 시중은행의 불건전여신(≡부실여신＋고정여신)은 8조 3,227억 원에 달하였다. 이는 총여신의 5.1%에 해당하며 공식 발표된 부실여신에 비해 약 6조 원 정도가 더 많은 수준이다. 여기에 97년 한보, 삼미 등의 부도로 발생된 불건전여신까지 합하면 불건전여신은 엄청난 규모로 증가하였고, 여기에 요주의 여신까지 포함한 비정상여신은 1996년 말 총여신의 14.3%에 해당하였고, 97년중 부도기업의 고정여신이나 요주의 여신을 포함하면 비정상여신은 기하급수적으로 증가하게 된다. 미국 상업은행의 부실여신 비율이 총여신의 약 3% 수준임을 감안하면 당시 우리나라 은행의 부실여신은 매우 심각한 수준이었음을 알 수 있다.

　이러한 과도한 부실여신은 다음의 세 가지 이유들로 은행의 수익성과 유동성을 악화시키는 주요 요인이 될 뿐 아니라 국민경제적 입장에서도 대출금리의 하향안정화를 저해하고 금융자율화 및 금융개방화의 추진을 제약하는 부작용을 야기하였다.

　첫째, 부실여신은 개별은행의 입장에서는 무수익자산이므로 대손충당금 적립 확대로 부실여신이 감소하더라도 은행의 비용 부담은 증가하여 은행의 수익 구조가 악화된다. 실제 시중은행의 부실여신 비율과 총

[표 5-5] 일반은행의 부실 여신 현황　　　　　　　　　　　　(단위: 억 원, %)

	90년 말	91년 말	92년 말	93년 말	94년 말	95년 말	96년 말
총여신(A)	905,556	1,184,745	1,437,047	1,605,203	1,947,392	2,418,270	2,896,488
부실여신(B)	19,103	20,900	24,374	29,551	19,253	22,944	24,439
부실여신비율 (B/A)	2.1	1.8	1.6	1.7	0.9	0.9	0.8
대손충당금(C)	9,985	13,110	16,646	20,040	24,473	31,647	34,193
적립비율(C/B)	52.3	62.7	68.3	67.8	127.1	137.9	139.9

자료: 한국은행, 은행감독원.

자산당기순이익률 사이에는 대체로 역의 상관관계가 존재하였다.

둘째, 은행이 부실여신을 보유하게 되면 은행의 운용 자금이 고정화됨에 따라 유동성 부족(illiquidity) 문제가 야기되고, 부실여신의 규모가 크거나 연체기간이 장기화되면 예금자에게 약속한 원리금 지급을 제대로 이행하지 못하는 지급불능(insolvency) 사태가 초래할 수 있다. 특히 개별은행의 지급불능 사태가 지급결제 시스템을 통하여 전체 금융시스템으로 확대될 경우 금융시장이 혼란에 빠지는 금융위기(financial crisis)가 발생할 수도 있다.

셋째, 과도한 부실여신은 대손비용의 증가로 인해 금융중개비용의 상승을 초래하며 은행이 이를 자금차입자에게 전가할 경우 대출금리의 하락을 제약하는 요소로 작용한다(김범구, 1997: 86-89).

그런데 한국 재벌기업의 다각경영(업종다양화), 이른바 '선단식 경영전략'은 시장이 부재한 가운데 고성장을 추구했던 결과물이다. 즉 특정사업을 하는 기업이 그것을 제대로 하기 위해서는 그에 필요한 자원의 원활한 공급이 필요하다. 예를 들어 자동차를 제대로 만들어 팔기 위해서는 좋은 페인트와 부품이 있어야 하고, 할부금융을 해 주는 금융업체가 있어야 하고, 자동차가 잘 다닐 수 있는 도로가 건설되어 있어야 한다.

이런 제반 여건이 갖추어져 있지 않은 상태에서 고성장을 추구하는 기업은 관련 산업에 진출할 동기를 갖는다. 이는 수익을 목적으로 위험자산을 보유하는 개인투자자가 여러 종류의 자산구성(포트폴리오)을 갖춤으로써 체계적인 위험을 회피하려는 행동과 같은 동기에서 발생하는 것이다. 게다가 산업화 과정에 있는 나라에서 사업하는 기업은 대체로 국제경쟁력을 결여하고 있다. 국제경쟁력을 가져다 줄 수 있는 물적 및 인적 기반이 존재하지 않기 때문이다. 즉 제대로 기능하는 시장제도는 짧은 시간 내에 만들어지지 않기 때문이다. 성장을 위한 소프트 인프라스트럭처에는 금융·경영·고용·기술 시장 등이 포함되

며 공업화의 역사가 긴 서구에서는 잘 발달된 투자은행·회계사·경영
대학원 등이 그 역할을 맡고 있다.

반면 한국에서는 재벌이 시장기구를 대신하는 역할을 수행하면서
많은 부가가치를 창출했다. 즉 부가가치 창출을 위해 재벌이 (전문적
자본 중개시장이 발전하지 않은 곳에서 정부와 더불어) 새로운 사업을 수
행하는 벤처캐피털(신규사업을 위한 중요한 자금조달 및 운용원)의 역할
을 수행했다. 재벌그룹들은 기존의 사업에서 확보할 수 있는 자금과
인력을 새로운 사업에 활용한다. 따라서 창업투자 회사 같은 중간매체
를 필요로 하지 않는 것이다. 즉 한국의 기업들이 세계적인 거대기업
으로 성장하고 한국경제가 성장의 발판을 마련한 것은 자동차와 조선
을 포함한 다양한 부문에서 새로운 사업을 시작할 수 있는 능력이었
다. 그런 새로운 사업을 시작하는 데는 모험자본, 뛰어난 관리인력, 선
진국 기술이 필요하다. 제도적으로 확립된 기관이 없는 한국에서 기업
가가 그런 모든 요소를 확보하는 것은 매우 어려운 일이다.

그러나 재벌그룹들은 이미 보유하고 있는 사업체의 자금과 인력을
활용할 수 있었다. 아울러 외국 파트너와의 거래 경험을 바탕으로 외
국기술 도입도 가능했다. 따라서 기존의 시스템을 해체한 한국이 만일
벤처 자본가와 같은 전문적인 자본시장 중간매체를 확립하지 않는다면
앞으로 새로운 기업을 성장시키기는 어려울 것이다.

또한, 산업화 과정의 국가들에서 경영자와 경영기술에 대한 초과
수요가 존재하기 때문에 재벌은 노동시장 기구의 역할(예: 삼성은 그룹
내부의 노동시장을 통해 경영관리자를 육성, 활용)도 수행했다. 당시의
한국기업은 기술력을 포함하여 경쟁력이 없었다. 필요한 기술자나 숙
련노동자들을 노동시장에서 채용해야 하는데 기술적 지식을 지닌 노동
시장이 존재하지 않아 기업 내부에서 노동력을 양성했다. 이른바 현장
교육(실습, 'on-the-job training')이라는 능력개발과 숙련공 형성이 기
업에 닥친 긴급한 과제였고 가장 효율적인 방법으로 이를 수행했던 것

이다. 즉 재벌그룹들이 노동력 시장 조직의 역할을 대신하였다. 우수한 경영대학원이 그리 많지 않았으며 뛰어난 관리인력에 대한 수요가 공급을 훨씬 앞지르는 실정이었다. 그러나 다양한 사업부문을 갖고 있는 재벌그룹 내 기업들은 관리인력에 대한 내부적인 시장을 형성할 수 있었고, 다양한 사업부문을 활용해 관리자들에게 다양한 상황을 경험할 수 있도록 하였다. 재벌그룹의 인력개발원은 모든 산하 기업체가 간부들(특히 해외 지사 경험자)의 경험과 통찰력을 공유할 수 있도록 지식관리 부문에 대한 투자를 아끼지 않았다.

게다가 기업이 국제경쟁력이 없으면 무역장벽에 의해 어느 정도 보호되는 국내시장을 공략해야 한다. 그러나 국내시장 규모가 작았기 때문에 고성장을 추구하는 기업은 다른 산업에 뛰어들고자 하는 동기를 갖는다. 달리 말하면 재벌의 네트워크 구축은 세계 시장에서 한국 재벌기업의 경쟁력이었다. 예를 들어, 기업집단은 자원의 공유 및 정보의 교환, 위험 공유(Risk Sharing), 거래비용의 삭감 등의 이점을 갖는다. 즉 브랜드, 기술, 경영자원 등 계열사 간의 자원공유 효과가 수익성에 긍정적 효과를 내는 것이다. 예를 들어, 세계 전역의 고객을 상대로 유수한 다국적 기업과 경쟁을 벌이고 있는 재벌그룹은 세계적인 수준의 질과 고객 서비스를 상징하는 공통의 그룹 브랜드를 개발함으로써 가치를 창출할 수 있었고, 그런 브랜드는 한국 같은 수출주도형 경제에서는 극히 소중한 가치를 지닌다.

미국의 학자들조차 많은 신흥경제 국가에서 다각적인 부문의 사업에 진출함으로써 자본-노동력-상품-용역 부문에서 효과석인 시상 확립을 뒷받침하는 제도적인 장치를 대신하고 있는 재벌그룹들을 해체하는 것은 민간 부문의 비효율성을 악화시키고 사회적인 스트레스만 가중시킬 수 있음을 지적한다(예를 들어, Tarun Khanna and Krishna Palepu, 1999 참조). 즉 재벌그룹들이 특정 사업부문에 주력하고 효율적인 회사가 되기 위해서는 자본 · 경영 · 노동력 · 국제 기술 등에서 원활한 기능을 가진 시장의 존재가 전제되어야 하고, 또한 그런 시장을 뒷받침할 수 있는 제도적인 장치와 중재적인 기관이 확립되어 있어야 하기 때문이다. 따라서 재벌그룹의 해체는 '소프트' 인프라를 제공할 수 있는 제도적인 장치를 전혀 남겨 두지 않는 결과를 가져올 수 있고, 그런 전략은 이미 막대한 손실을 가져다 주고 있다. 이처럼 한국의 재벌들은 요소시장의 불완전성을 극복하기 위해 '내부화전략'으로 '업종다양화' 전략을 채택했던 것이다. 그 결과로 '범위의 경제'가 실현되었고 이것이 국민경제 전체적으로는 '규모의 경제'로 나타났던 것이다.

한국 재벌기업의 비관련 다각경영은 비효율성(낮은 수익성)의 원인으로 지적되는데 이런 상황에서 대주주의 목적은 개별 계열사 수준이 아니라 그룹 전체 차원에서 평균적인 수익성을 일정하게 유지·확보하는 것일 수밖에 없다. 예를 들어, '97년 위기' 이전 한국 재벌기업들의 비효율적 과잉투자의 증거로 낮은 경상이익률(≡경상이익/매출액)을 거론한다. 앞에서 살펴보았듯이 기업수익성을 비교하는 지표는 여러 종류가 있는데, 그 중 매출액 대비 영업이익률(≡영업이익/매출액)은 기업의 실질적 효율성과는 별로 관계가 없는 이자지급이나 자산매각에 따른 수입 등에 영향을 받는 경상이익률보다 측정지표로 장점을 가진다.

그런데 '97년 위기' 이전 한국 제조업의 매출액 대비 영업이익률을 보면 미국이나 일본, 그리고 경쟁국가인 대만에 비교해 큰 차이가 없었다. 즉 한국제조업의 경상이익률이 매우 낮았던 것은 영업외수지에서 금융비용이 컸기 때문이다. 예를 들어, 한국은행의 1997년 기업경영분석에 나타난 제조업의 수익성을 미국·일본 및 대만과 비교해 보면 97년 중 우리나라 제조업의 매출액 영업이익률은 8.3%로 미국(96년) 7.4%, 일본(96년) 3.6%, 대만(95년) 7.3%보다 높지만 매출액 경상이익률은 −0.3%로 미국 8.3%, 대만 5.1%, 일본 3.4%에 비해 크게 낮은 것으로 나타났다. 이는 우리나라 기업이 영업활동에서는 이들 국가들보다 양호한 수익성을 나타내었으나 높은 외부자금 의존도와 고금리로 인해 금융비용 부담이 컸던 데다 환율 급등으로 대규모의 환차손이 발생하여 영업외수지가 크게 악화되었기 때문이다.

실제로 '97년 위기' 이후 한국 기업의 매출액 대비 경상이익률이 크게 증가하였는데 수익성 향상은 금리 하락과 차입금 축소에 따른 금융비용 경감에서 주로 기인하였다. 뒤에서 자세히 살펴보겠지만 특히 2000년 대 들어와서 경상이익률이 높아졌지만 오히려 영업이익률이 전보다 떨어졌는데 기업의 가처분소득이 늘어난 이유는 기업 자체의 노력보다는 정부의 저금리 정책과 부채비율을 낮추는 구조조정 덕택이었다. 이론적으로 보더라도 소유와 경영이 완전히 분리되어 있지 않고 최고경영자가 바로 대주주일 경우 경영자의 동기는 소유자의 동기와 마찬가지로 이윤극대화가 될 것이기 때문에, 즉 대리인비용이 존재하지 않을 것이기 때문에 보다 높은 수익률을 실현할 것이다. 실제로 여러 통계자료들에 의하면 경영자와 소유자가 일치하는 소유자 지배기업이 양자가 분리된 경영자 지배기업보다 더 높은 이윤율을 나타내고 있다.

물론, 비관련 다각화가 무조건 정당화될 수 없다. 구체적으로 보면 '97년 위기' 이전 30대 재벌은 10–36개 업종(표준산업분류 상의 2단위 60개 업종기준)의 다각경영을 하고 있다. 새로운 사업기회가 지속적으로 출현하였던 80년대 중반 이전까지는 기존 사업에 재투자하는 것보다는 비관련분야로 다각화하는 것이 수익성과 성장성을 높이는 데 유리하였다. 그러나 산업화가 진전되어 항공·우주·통신 등 몇몇 첨단산업을 제외하고는 새로운 사업기회가 거의 없어지고, 기존 사업분야에서 새로운 기술개발이나 제품차별화를 위한 투자가 필요해진 80년대 중반 이후에는 과도한 다각화는 불리하게 되었다. 그럼에도 불구하고 다각화가 심화된 이유는 계열사 간 출자와 상호채무보증이라는 수단을 동원함으로써 총수가 가진 자본에 대해 외부주주의 자금 또는 부채조달 규모도 증가하므로 총수의 경영자로서의 투하자본당 이득도 계열사 수가 증가함에 따라 증가하게 되기 때문이다. 즉 소유 집중과 다각화

[표 5-6] 제조업 수익성의 국제비교　　　　　　　　　　　(단위: %)

	한 국		미 국	일 본	대 만
	96	97	96	96	95
매출액 영업이익률	6.5	8.3	7.4	3.6	7.3
매출액 경상이익률	1.0	-0.3	8.3[1]	3.4	5.1
금융비용/매출액	5.8	6.4	–	1.0	2.2
차입금 의존도	47.7	54.2	25.6	33.1	26.2

주: 1) 법인세차감 이전의 순이익/매출액
자료: 일본 대장성, 『재정금융통계월보』, 1997. 8.
　　 대만은행, 『중화민국 대만지구 공업재무상황보고』, 1996.
　　 U.S. Department of Commerce, *Quarterly Financial Report*, 4th Quarter 1996.

[표 5-7] 제조업 재무구조 지표의 국제비교　　　　　　　　　(단위: %)

	한 국		미 국	일 본	대 만
	96	97	96	96	95
자기자본비율	24.0	20.2	39.4	34.1	53.9
부채비율	317.1	396.3	53.5	193.2	85.7

자료: 일본 대장성, 『재정금융통계월보』, 1997. 8
　　 대만은행, 『중화민국 대만지구 공업재무상황보고』, 1996.
　　 U.S. Department of Commerce, *Quarterly Financial Report*, Fourth Quarter 1996.

[표 5-8] 제조업의 매출액경상이익률/매출액영업이익률 추이

	80년대 (1981~90)	90년대(A) (1991~96)	2000년대(B) (2002~04)	개선 폭 (B-A)
매출액경상이익률	2.5	2.1	6.0	3.9
매출액영업이익률	5.4	5.8	1.9	-3.9

는 순환적으로 연결되어 소유가 집중될수록 더욱 다각화를 추구하는 경향이 나타나게 된 것이다(장지상, 1995).

　또 재벌의 지대추구 활동으로 인해 자원배분의 비효율, 인력배분의 비효율성, 산업구조조정의 지연 등이 초래된다. 30대 재벌들은 정부

의 우대금리로 특혜융자를 받음으로써 사채금리, 사회적 평균금리, 회사채수익률을 평균비용으로 본 경우에 비교하여 1987-93년 동안 매년 작게는 8천억 원, 많게는 2조 4천억 원의 금리차 지대를 획득한 것으로 분석되었다(강철규, 1995). 따라서 비관련다각화는 새로운 사업기회의 확장의 경우에 대해서는 구분하여 적용해야 할 것이다.

2. 한국 재벌기업의 차입경영

재벌 순위는 '빚 많은 순서'라는 말도 있었듯이 (과거) 한국 재벌의 문제로 높은 부채비율과 차입경영을 지적하였다. 사실 한국 기업의 높은 부채비율은 '97년 위기' 이전의 특징에 불과하다. 2004년 기준 한국 전 기업의 부채비율은 114.0% 제조업만은 104.2%에 불과하고, 이는 2003년 일본 전체기업과 제조업의 부채비율 253.6%와 145.4%, 2004년 미국 제조업체의 부채비율 141.2%에 비해 낮다.

한국의 재벌들은 전통적으로 자금 조달원으로서 자본보다는 부채를 선호했다. 그런데 이는 한국의 경제성장 방식과 관련을 맺고 있고, 또한 한국 금융제도의 특수성에 기인한다. 한국의 경제성장은 앞에서 말했듯이 '고부채-고투자-고성장' 모델이다. 일반적으로 경제성장은 세 가지 요인, 즉 투입물 증가와 생산성 증대 그리고 규모의 경제에 의해 결정된다. 한국 경제성장에서는 투입물, 특히 자본투입의 기여도가 가장 높았다. 앞에서 지적했듯이, 1960-94년 노동력당 소득의 연평균 증가율은 5.7%였는데 이 중 노동력당 자본스톡 증대에 의한 성장 기여율은 3.3%를 차지하고 이는 전체 성장률의 약 58%를 구성하는 것이었다. 이처럼 한국경제의 고성장은 기업의 높은 투자율에 의해 가능했다.

그런데 기업의 높은 투자를 가능케 하였던 기업의 자금조달 방식은 앞에서 살펴보았듯이 은행 중심의 간접금융시스템과 관련을 맺고

있다. 다시 말해 경제개발 초기부터 은행을 중심으로 한 금융기관이
기업금융을 주도적으로 담당해 왔다. 기업의 높은 투자를 가능케 했던
은행의 자금 공급은 높은 저축률에 의해 가능했다. 즉 국내저축은 가
계소비를 제외한 저축의 규모에 의해 결정되는데, 한국 가계의 저축 형
태를 보면 은행을 통한 저축의 비중이 높다.

심지어 '97년 위기' 이후 자본시장의 개방 및 형성에도 불구하고
2000년 6월 기준 주식 및 채권의 보유 비중이 19%에 불과하고 현금과
예금 보유 비중이 60%나 될 정도였다. 반면, 미국의 경우 가계의 주식
및 채권의 보유 비중은 45%에 달하는 반면, 현금 및 예금 보유 비중은
21%에 불과했다. 2003년 말 기준으로도 한국 가계의 금융자산 구성비
율을 보면 현금과 예금 보유 비중이 57.2%에 달한 반면, 주식(7.5%)과
채권(3.9%)의 보유 비중이 11.4%에 불과하였다. 같은 기간에 미국 가계
의 경우 현금과 예금 비중이 12.4%에 불과한 반면, 주식(32.4%)과 채권
(7.3%)의 비중이 약 40%에 달하였다.

이러한 경향은 펀드 등을 통한 최근 한국 사회의 간접투자 붐 이
후에도 그대로 확인되고 있다. 즉 전체 금융자산의 약 2/3가 현금과
예·적금에 쏠려 있을 정도로 최근의 국내 금융 자산은 여전히 저축과
같은 '안전자산'에 편중돼 있는 것으로 확인된다. 증권선물거래소에
따르면 2005년 말 우리나라의 개인 금융자산은 1,167조 원에 달했는데

[표 5-9] 한·미·일의 개인금융자산   (2005년 말 기준, 단위 %)

국적	금융자산 총액	현금·예금	채권	투자신탁·수익증권	주식·출자금	보험·연금	기타
한국	1,167조 원	58.4	4.1	6.3	7.0	20.9	3.4
미국	38조5,000억 달러	12.8	6.7	13.4	33.2	30.6	3.3
일본	1,509조 엔	51.9	2.8	3.4	11.4	25.9	4.7

자료: 한국은행, 일본은행, 미연방준비제도이사회, 국제통화기금.

이 중 현금 및 예금 비중이 58.4%에 달했던 반면 간접투자인 수익증권 (펀드)투자 비중은 6.3%에 불과했다. 직접투자 자산인 주식과 출자금 (7.0%), 그리고 채권(4.1%) 투자 비중을 모두 합해도 고작 17.4% 정도이고, 이는 보험과 연금의 비중(20.9%)에도 못 미친다.

이와 대조적으로 적극적인 투자 성향이 뚜렷한 미국인들은 38조 5천억 달러에 육박하는 미국의 개인 금융자산 중 주식 또는 펀드 등의 투자상품 비중이 53.3%에 달한 반면, 현찰이나 예금 등 현금성 자산은 전체 금융자산의 1/8, 즉 12.8%에 불과했다. 이는 최근까지도 간접금융 시스템을 손상시키지 않고 있는 일본의 경우에서도 확인된다. 일본인의 금융자산 1,509조 엔 중 주식 및 출자금 비중(11.4%)은 한국인보다 훨씬 높지만, 저축 등 안전자산에 매달리는 경향은 우리와 비슷하다.

이처럼 자본시장의 개방을 비롯해 금융시스템에 커다란 변화를 수반한 '97년 위기' 이후조차, 게다가 저축을 통한 자산증식 방식이 한계가 있는 저금리-고령화 시대가 도래 했음에도 불구하고 이런 경향이 바꾸지 않고 있는 것이다. 따라서 한국의 높은 저축률이 주로 가계저축률에 기인하고 가계가 은행예금 중심의 저축구조를 갖고 있는 한 기업의 자금조달 방식도 은행차입에 의존해야 했다. 다시 말해 '고저축-고투자'가 은행 중개로 연계되는 기업금융체제에서는 정상적인 기업들이라고 해도 부채비율(≡부채/자기자본)이 높을 수밖에 없다. 실제로 저축률이 10% 미만이었던 1965년까지 한국 제조업의 부채비율은 100%를 밑도는 낮은 수준이었던 반면, 이후 1967년에는 저축률과 부채비율이 각각 12.8%와 151.2%, 1968년에는 각각 15.1%와 201.3%로 높아져 1968년부터 부채비율이 200%를 넘기 시작했다. 또한, 한국 제조업의 부채비율은 60년대 말까지만 해도 경쟁국 대만과 비슷한 수준이었다.

정부가 정책금융을 제공하고 재벌들도 중화학공업에의 투자에 필요한 자금을 금융기관 차입에 크게 의존하면서 부채비율은 80년대 초반에 거의 500%에 육박했다. 대외부채도 마찬가지로 급증했다. 그러나 높은 부채비율이나 대외부채 유지에 따르는 금융위험은 정부나 금융기관의 정책적 지원, 대외자본거래 통제, 재벌들의 위험부담능력에 맡겨졌다. 즉 국가의 위험 공유에 기초한 재벌기업의 고부채율은 고성장의 원동력이 되었다(신장섭, 2005: 437-38).

이처럼 한국의 기업들은 구조적으로 주식 등의 발행에 의한 직접금융 조달보다 은행차입에 의해 자금을 조달했다는 점에서 기업과 경제의 성장방식은 '은행에 기반을 둔 고부채 모델(bank-based high debt model)' 이었다(R. Wade, 1998; R. Wade & Veneroso, 1998).

'97년 위기' 이후 기업의 설비투자율과 경제성장률이 크게 하락했는데 이는 한국기업의 부채비율 감소와 무관하지가 않다. 예를 들어, 공정거래위원회에 따르면 대기업집단의 부채비율은 1998년 이후 계속 감소하였는데, 98년 4월 기준 518.9%에서 99년 4월에는 379.8%, 2000년 4월에는 218.7%, 2001년 4월에는 171.2%(이상 30대 기업집단), 2002년 4월(34개 민간 상호출자제한기업집단)에는 138.7%, 2003년 4월(42개 민간 상호출자제한기업집단)에는 128.9%, 2004년 4월(45개 민간 상호출자제한기업집단)에는 115.9%, 2005년 4월(48개 민간 상호출자제한기업집단)에는 102.2%로 지속적으로 하락하였다.

3. 한국 재벌기업의 가족경영

전문경영인체제 도입의 지연 또한 한국 재벌의 문제 중 하나로 지적된다. 즉 자질이 부족한 경영자가 창업주의 후계자로서 최고경영자가 된다거나 외부주주에 의한 비효율적 경영진의 교체가 사실상 불가능한 것 등은 대주주경영자가 기업을 실질적으로 지배하고 있기 때문에 발생하는 현상이다. 이 문제를 해결하기 위한 방안들로 영미경제학에서는 사외이사제나 소액주주제 도입, 그리고 주주민주주의나 집중투표제도의 도입 등을 주장한다. 그러나 이러한 제도들은 소유와 경영이 분리된 미국의 기업구조에 적합한 제도들에 불과하다. 예를 들어 미국식 기업구조 하에서 전문경영자가 독자적인 목표를 추구함으로써 발생할 수 있는 문제, 즉 '주인-대리인' 문제를 소유자의 입장에서 통제 감독하려는 방안 중 하나가 사외이사제도이다. 따라서 사외이사제는 '소유-지배-경영' 구조가 거의 일치하는 한국의 재벌에는 적절하지 않은 제도다. 증권거래법에 의하면 상장기업은 1/4 이상을, 그리고 자산 2조 원 이상의 상장기업은 과반수 이상의 사외이사를 선임하도록 되어 있다. 회사와 무관한 사람들을 사외이사로 임명하여 경영진의 전횡을 감시한다는 것이다.

사외이사가 경영진을 잘 감시한다면 대리인비용을 상당히 감소시킬 수 있다. 무엇보다 전문경영자 시장이 충분히 발달하지 못했을 뿐만 아니라 인맥이 극히 중시되는 한국적인 사회환경에서는 사외이사의 선정과정부터 대주주경영자의 영향력을 배제하는 것이 사실상 불가능하다. 게다가 일반적으로 사외이사는 내부이사(경영진)에 비해 경영현황에 관해 많은 정보를 갖고 있지 못하기 때문에 이른바 '정보의 비대칭성' 문제로 인해 실효를 거두기 어렵다. 다시 말해 사외이사는 회사의 경영진을 감시할 만큼 업무에 익숙하지 못한 사람들이다. 이들은 사업에 익숙하지 못하고 전문성이 부족하다. 전문성이 부족한 이들에게 회사의 합병이나 영업의 양도, 그리고 신제품 개발과 같은 사업을 해야 하는지 등에 관한 중요한 일에 대해 제대로 된 결정을 기대한다는 것은 매우 어려운 일이다. 또 본업을 가지고 있으므로 이사회 의결사항에 대하여 검토할 시간이 부족하다. 또 세부적인 사항까지 숙지한다고 할지라도 그러기 위해서는 많은 시간이 소요되므로 의사결정과정이 길어진다. 그 결과 재벌의 입장에서 사외이사제는 현재로서는 불필요한 비용을 유발하는 제도에 지나지 않는다.

그리하여 재벌들은 그 대안으로 기업지배권시장의 발전을 통한 외부지배구조의 형성(기업인수권시장의 활성화)을 주장한다. 그러나 기업

인수권(M&A)시장이 활성화되더라도 창업주 및 그 가족의 내부지분율이 매우 높고 증권이나 보험회사 등 자금동원력이 큰 비은행금융기관을 직접 소유하고 있는 상황에서는 적어도 단기적으로 경영권 탈취의 주 대상은 상대적으로 소유분산이 잘 되어 있고 대주주의 지배력이 취약한 기업이 될 가능성이 크다. 즉 업종전문화가 잘 된 중견기업이나 자금력이 취약한 우량 중소기업이 인수대상이 될 수 있다. 이 경우 경제력 집중이 오히려 심화되는 역효과가 발생할 가능성도 존재한다. 실제로 미국기업의 경우 소유구조의 분산과 증권화뿐 아니라 공격적 인수(hostile takeover)의 파동으로 경영관리 기능 자체도 기업의 성과에 좌지우지되는, 즉 기존의 기업자산과 경영진의 고정적인 관계는 붕괴되었다.

　이처럼 전문경영인제도의 도입도 합리적인 관점에서 논의되고 있지 못하다. 그 동안의 논의는 '오너는 절대악이요 전문경영인은 절대선'이라는 단순하고도 위험한 이분법적 사고에서 벗어나지 못한 측면이 있다. 실제 우리는 대표적인 전문경영인으로 불렸던 기아 김선홍 회장의 참담한 경영실패 현장을 목도하면서 전문경영인체제에도 한계가 있음을 교훈으로 얻었다. 이는 한편으로 경영능력이 검증된 총수 2세라면 전문경영인보다 더 낫게 기업경영을 꾸려나갈 수 있음을 반증하는 것이기도 하다. '전문경영인＝절대선'이라는 환상에 젖기에 앞서 책임경영체제를 확고히 구축해 총수든 전문경영인이든 경영을 잘못하면 그에 대한 책임을 확실히 지고 물러나는 제도를 마련하는 것이 급선무다. 한국은 재벌의 역사가 짧기 때문에 총수는 사실 전문경영인이기도 했다. 게다가 앞에서 지적했듯이 한국에는 전문경영인 시장도 존재한 적이 없다.

　사실 가족경영이냐 아니냐는 기업 경영의 본질이 아니다. 그 기업의 역사와 사업 특성에 맞게 장기적인 이익을 낼 수만 있다면 경영 형태는 문제가 되지 않기 때문이다. 한 기업의 역사적 배경과 사업 체계

가 어떤가에 따라 가장 적합한 경영 형태가 좌우된다. 기업 형태는 단
기적인 이익을 중시하는 기업과 장기적인 이익을 중시하는 기업이 있
다. 대부분의 비가족 기업들은 단기 이익을 내는 데만 집착하는 경향
이 있다. 반면, 가족경영은 기업의 단기적인 이익보다는 장기적인 성장
을 더욱 추구하는 특징을 갖고 있을 뿐더러 강력한 주인 의식을 기반
으로 기업가정신을 구현하는 데도 유리하다.

예를 들어, 자기 책임 아래 장기 투자를 하고 그 성과를 내는 것은
가족경영을 하는 유럽 일류 기업들의 전매특허다. 1990년대 세계 제약
업계의 판도를 뒤흔든 스웨덴 발렌베리그룹의 아스트라제네카의 '로
섹'이라는 제품은 무려 20여년의 준비 끝에 나온 것이었다. 가족경영
에 기초하고 있는 유럽의 일류기업들(첨단기술강국 독일을 대표하는 전
기전자 기업인 지멘스와 세계적인 프리미엄 가전업체인 밀레, 스웨덴의 초
대형기업인 발렌베리 등)을 보면 가족경영과 기업의 투명경영과는 양립
불가능한 것이 아님을 보여준다.

▶▶▶ **사외이사제**

영어로는 Board of Directors로 '이사회'로 불러야 할 용어인데 우리나
라처럼 이사들이 사내에 있는 경우와 구분하기 위해서 '사외'란 말을 덧
붙였다. 우리나라에서는 이사는 부장들이 진급하는 자리고 따라서 우리나
라의 이사는 '사내이사'들이다. 이사회는 원래 주주들을 대변하여 경영이
잘 되는지를 감독·관리하는 기구인데 우리나라는 사내에서 경영에 참여
하는 사람들이 경영을 감독해야 하는 야릇한 입장이어서 사실상 이사회로
시 제 구실을 하지 못하게 된다. 그래서 말이 주식회사지 사실상 개인기
업처럼 운영되는 경우가 많다. 그러다보니 비자금 같은 뒷주머니를 주주
들로부터 아무런 제재를 받지 않고 대주주이자 또 대표이사인 사람들이
마음대로 마련한다. 소유와 경영이 분리되어 있고 또 이사회를 좌지우지
하는 대주주가 있다면 감히 '고용사장'이 회사돈으로 비자금을 만들 수
있겠는가를 생각해 보면 사외이사제의 필요성을 쉽게 이해할 수 있다. 사

외이사제가 돼 있어야 합병·인수뿐 아니라 중요한 투자 또는 인사 등 회사의 중요한 의사결정에 대주주·소액주주 구분 없이 주주들의 의견을 반영할 수 있다. 사외이사제가 있으면 대주주라고 해서 무조건 사장이나 회장이 될 수 없고 이사회가 그 사람들의 경영능력을 평가하여 임명하게 된다.

▶▶▶ 집중투표제(Cumulative Voting)

집중투표제는 소액주주권 보호 및 기업지배구조 개선을 위한 제도로, 2명 이상의 이사를 선임할 때 주당 이사 수와 동일한 수의 의결권을 부여하는 것이다. '누적투표제'라고도 말한다. 예를 들면 이사 3명을 선임한다면 주당 3개의 의결권을 부여한다. 3명의 이사를 선출할 때 1주를 가진 주주의 의결권은 3주가 된다는 계산이다. 이 때 주주는 특정이사에 집중적으로 투표하거나 여러 명의 후보에게 분산해 투표할 수 있다. 즉 이사 3명을 뽑을 때 한 주를 가진 주주는 3표를 행사할 수 있으며 이 표를 한 후보에게 몰아줄 수 있다. A, B, C 3명의 임원을 뽑는 주주총회에서 한 주주가 100주를 갖고 있을 경우 예전에는 3명에게 각각 100주의 찬반권을 가졌지만, 이 제도가 도입되면 A임원에게 찬성 또는 반대 300표를 던지고 B, C임원 선임에 대해서는 의결권을 포기할 수 있다. 투표결과 최다수를 얻은 자부터 순차적으로 이사에 선임되기 때문에 이 제도가 의무화되면 소액주주들이 자신을 대표하는 사람을 이사로 선임하거나, 대주주가 내세운 후보 중 문제가 있는 사람이 이사로 선임되는 것을 저지할 수 있게 된다. 그동안 각 후보마다 별도로 한 표씩 주도록 돼 있어 지분이 많은 대주주가 절대 유리했다. 하지만 집중투표제가 도입되면 소수주주도 의결권을 하나에 집중시켜 자기가 원하는 이사를 뽑을 수 있는 장점이 있는 것이다. 정부는 1998년 말 상법을 개정, 기업이 주총의 특별결의로 배제하지 않는 한 이사의 선출을 집중투표방식으로 하도록 했다. 다시 말하면 정관으로 집중투표제를 배제할 수도 있어 이 제도는 유명무실해졌다. 그러나 기업지배구조 모범규준에는 집중투표제를 도입했는지 여부를 공시토록 기업에 권고하고 있다. 정관에 집중투표제 배제 조항이 없는 경우, 2인 이상의 이사의 선임을 목적으로 하는 상장기업의 주주총회 소집이 있는 때에는, 발행주식 총수의 1% 이상에 해당하는 주식을 가진 주주는 집중투표의 방법으로 이사를 선임할 것을 청구할 수 있다. 이 때 주총 7일 전까지 서면으로 집중투표를 실시할 것을 회사에 청구해야 한다.

4. 한국재벌기업의 순환출자

높은 내부지분율 문제다. 이는 한국 재벌의 핵심 문제로 지적되는 것이기도 하다. 2005년 4월 기준 총수 있는 상호출자제한기업집단(38개)의 경우 총수일가는 4.94%의 적은 지분으로 계열사 간 순환출자 등을 통해 형성된 지분을 이용하여 그룹 전체를 지배하고 있다. 즉 총수일가지분은 4.94%에 불과하지만 내부지분율은 51.21%에 달하였다. 예를 들어, [표 5-10]에서 보듯이 총수가 있는 자산 6조 원 이상 기업집단(14개)은 대부분의 경우 계열사 간 순환출자관계가 형성되어 있는 것으로 나타났다. 그리고 총수일가의 지분구조에 있어서는 대체적으로 동일인이 가장 많은 지분을 가지고 있으며 동일인과 촌수가 멀어질수록 지분보유 비중이 낮고 인척보다는 혈족의 비중이 높은 것으로 나타났다.

> ▶▶▶ **내부지분율**
>
> 대주주 개인과 특수관계인인 가족의 지분율과 실질적으로 대주주의 통제 하에 있는 계열기업의 지분율의 합으로 구성한다. 여기서 특수관계인이란 "기업의 대주주(소유주)와 대주주의 친 인척, 그리고 출자 관계에 있는 사람과 법인"을 지칭한다.

● [표 5-10]   자산 6조 원 이상 기업집단의 주요 순환출자 현황

기업집단	주요 순환출자 현황
삼 성	삼성에버랜드 → 삼성생명 → 삼성전자 → 삼성카드 → 삼성에버랜드
현대자동차	현대자동차 → 기아자동차 → 현대모비스 → 현대자동차
에스케이	에스케이 → 에스케이씨 → 에스케이케미칼 → 에스케이
한 진	한진 → 대한항공 → 한진중공업 → 한진
한 화	한화 → 한화석유화학 → 한화종합화학 → 한화증권 → 한화

현대중공업	현대중공업 → 삼호중공업 → 현대미포조선 → 현대중공업
금호아시아나	아시아나항공 → 아시아나씨씨 → 금호렌터카 → 아시아나항공
두 산	두산 → 두산중공업 → 두산산업개발 → 두산
동 부	동부건설 → 동부제강 → 동부생명 → 동부건설
현 대	현대상선 → 현대증권 → 현대엘리베이터 → 현대상선
롯 데	롯데건설 → 롯데산업 → 롯데리아 → 롯데건설

또한, 금융보험사를 가지고 있는 기업집단은 23개이며 그 중 13개 집단 소속 금융보험사(29개)가 78개 계열회사에 출자하고 있는 것으로 나타났는데 78개 계열회사의 평균 12.58% 지분을 보유(계열사 전체 출자분 41.69%의 30.17%를 차지)하는 것으로 나타났다. 예를 들어, 삼성은

[표 5-11] 금융보험사의 계열사 출자현황(출자금 기준)   (단위 : 개사, 억원, %)

순위	집 단 명	출자금융사수	피출자회사수	금융보험사출자금	금융보험사지분율
1	삼 성	5	27	1조 2,756	16.40
2	동 양	6	12	6,143	42.74
3	동 부	4	9	1,449	9.32
4	현대차	1	4	1,227	4.67
5	한 화	2	6	1,122	2.76
6	씨제이	1	1	625	91.80
7	현대중공업	1	2	325	65.03
8	에스케이	3	5	295	2.62
9	롯 데	2	2	174	4.54
10	태광산업	1	4	92	16.12
11	현 대	1	3	58	6.15
12	금 호	1	1	24	6.24
13	코오롱	1	2	7	2.50
	계	29	78	2조 4,307	12.58

[표 5-12]　계열 금융보험사가 출자하고 있는 주력회사 현황

기업집단	피출자회사(출자회사, 보통주 기준)
삼　　성	에버랜드(삼성카드 25.64%)
	삼성전자(삼성생명 7.23%, 삼성화재 1.26%)
	삼성물산(삼성생명 4.80%, 삼성투신 0.10%)
에스케이	에스케이(에스케이생명 0.47%)
	에스케이텔레콤(에스케이생명 0.01%)
한　　화	한화(한화증권 4.94%)
동　　부	동부건설(동부생명 9.46%, 동부화재 13.73%)
동　　양	동양레저(동양캐피탈 35.00%), 동양메이저(동양생명 1.63%)
태광산업	태광산업(흥국생명 9.99%)

5개 금융계열사가 27개 계열회사에 1조 2,756억 원을 출자하여 전체 피출자회사(78개)의 34.61%, 전체 출자금(2조 4,307억 원)의 52.47%를 차지하고 있다. 금융보험사가 계열사 주식을 보유하고 있는 대부분의 그룹의 경우 주력회사의 지분을 보유하고 있고 주력회사가 계열사에 출자하고 있는 구조를 취하고 있어 금융계열사가 지배구조의 중요한 축을 형성하는 것으로 밝혀졌다.

　한편, 흔히 기업 기업집단 소유지배구조의 왜곡정도를 나타내는 지표인 소유지배괴리도와 의결권승수를 보면 총수 있는 상호출자제한 기업집단의 소유지배 간 괴리도는 31.21%p, 의결권승수는 6.78배로 나타나 대기업집단의 소유지배 간 괴리 정도기 큰 것으로 니다났다. 그리고 출자총액제한기업집단의 소유지배 간 괴리도는 35.24%p, 의결권승수는 8.57배로 나타났다. 이처럼 소유지배괴리도와 의결권승수가 크다는 것은 지배주주의 소유지분은 낮지만 의결지분이 높다는 것으로 소유지배구조의 왜곡이 심함을 의미한다.

▶▶▶ **소유지배괴리도**

기업집단 총수(일가)의 소유지분율과 의결지분율 간 차

▶▶▶ **의결권 승수**

의결지분율과 소유지분율 간 비

▶▶▶ **소유지분율**

총수(일가)가 계열회사에 대하여 직접 보유하고 있는 지분으로서 총수 및 총수 친인척 지분

▶▶▶ **의결지분율**

총수가 실제로 영향력을 행사할 수 있는 지분으로서 총수, 친인척, 임원, 비영리법인, 계열사 지분의 합

[표 5-13] 대기업집단의 소유지배괴리도/의결권승수 현황 (단위: %, %p, 배)

	소유지분율 (A)[1]	의결지분율 (B)	소유지배괴리도 (A-B)	의결권승수[2]
상호출자집단	9.13	40.33	31.21	6.78
출총집단	6.49	41.73	35.24	8.57

주: 1) 소유지분율은 전체 발생주식에서 자사주·우선주·상호주를 제외한 의결권 있는 지분만을 기준으로 계산한 것이기 때문에 보통주 기준의 동일인 및 친족의 지분합보다는 다소 높음.
2) 의결권승수는 B/A가 아니라 각 기업집단별 의결권 승수를 먼저 계산한 후 이를 각 기업집단의 자본총계(또는 자본금)의 합으로 가중 평균한 것임.

[표 5-14] 6조 원 이상 기업집단의 소유지배괴리도/의결권승수 현황 (단위 %, %p, 배)

순위	집단명	소유지분율 (A)	의결지분율 (B)	소유지배괴리도 (A-B)	의결권승수
1	삼 성	4.41	31.13	26.72	7.06
2	현 대 차	5.58	39.07	33.49	7.00

3	엘　　지	5.34	41.30	35.96	7.74
4	에 스 케 이	2.15	34.06	31.91	15.83
5	**롯　　데**	10.53	48.58	38.05	4.61
6	**한　　진**	12.42	31.76	19.35	2.56
7	지 에 스	18.02	51.63	33.60	2.86
8	**한　　화**	4.87	48.95	44.08	10.05
9	현대중공업	11.32	27.93	16.61	2.47
10	금　　호	12.28	50.69	38.40	4.13
11	두　　산	5.78	57.36	51.58	9.92
12	동　　부	14.42	53.32	38.90	3.70
13	현　　대	3.98	20.12	16.14	5.06
14	신 세 계	24.79	39.99	15.20	1.61

＊볼드체는 출총졸업집단.

　　한국 재벌기업의 높은 내부지분율은 몇 가지 그 배경을 갖고 있다. 첫째, 높은 내부지분율은 대주주가 곧 창업경영주인 한국적 상황과 관련을 갖고 있다. 다시 말해 높은 내부지분율은 재벌 총수들이 행사하고 있는 절대적인 기업지배권에 비해 그들이 보유하고 있는 지분이 크게 낮아진 상황의 대응물이다. 고도성장의 결과, 다른 나라에 비해 창업경영자가 압도적인 한국에서는 경영권 유지에 대한 욕구가 강하게 작용했다. 기업집단은 다양한 업종의 유력기업이 주식을 상호 보유함으로써 주주안정화를 기본기능으로 성립한 집단이다. 역으로 주식시장이 기업통제시장으로서 충분히 기능하지 못하는 것도 기업 간의 주식 상호보유라고 하는 주식보유구조의 특질(높은 내부지분율)과 관련 있다. 즉 빠른 압축성장 과정에서 대기업의 대주주 소유지분은 크게 축소될 수밖에 없었고, 경영권의 안정성을 확보하기 위한 대응이 주식의 상호출자였다.

둘째, 높은 내부지분율을 가능케 한 계열사 간 순환출자는 자본 부족에 대한 대응물이기도 하였다. 즉 계열사 간 상호주식소유가 자본부족에 시달려 온 재벌들로 하여금 주식시장에서 자본을 조달하는 지렛대 역할을 하는 가공자본 창출을 제공했던 것이다. 내부자본의 부족을 고려할 때 이러한 상호출자의 가공자본 창출 기능은 재벌의 성장에 절대적인 역할을 수행했다. 예를 들어 4개의 계열사를 가지고 있는 어떤 재벌이 그 중 A 계열사가 20억 원의 내부 유보를 축적해 다른 계열사 B에게 출자했고, 또 B는 그것을 다른 계열사 C에, C는 다른 계열사 D에, 그리고 마지막으로 D는 A에 출자를 했다고 하면, 그룹 전체로 볼 때에는 장부가격으로 자본금이 100억 원이 증가한 셈이다. 이러한 증식이 장부상으로만 이루어진다면 실제 투자에 필요한 자본조달에 도움이 되지 못한다. 그러나 계열사들이 이 가공자본을 바탕으로 신주를 발행한다면 투자자금 자체도 증가할 수 있다는 것이 상호출자가 갖는 중요한 기능이다. 즉 모든 계열사들이 상호출자분의 두 배에 해당하는 유상증자를 실시하고 이를 주식시장에서 소화시켰다고 가정하면 자본금의 증가는 장부상 200억 원에 이르고 투자자금의 순증가분도 80억 원에 이른다. 물론 이런 투자자금이 증가할 수 있는가는 주식시장의 유동성에 달렸다. 만약 주식시장의 유동성이 충분하다면 재벌은 낮은 비용으로 자본을 동원할 수 있다는 점에서 주식시장에서의 자본동원에 적극적이게 된다.

영미의 학문적 입장은 한국과 같은 추격국 경제에서 공동출자가 선진국이 독점하고 있는 신규사업 분야 진출을 위한 유효한 자본조달, 위험 분산, 유치산업보호 수단이라는 측면을 간과하고 있다. 한국이 선진국이어서 이런 신사업 분야 진출과 추격이 필요 없다면 모를까, 그렇지 않은 상황에서 이 제도의 실과 득에 대한 균형적 고려가 필요하다. 개방된 세계화 환경일수록 상호출자의 이런 추격 도구로서의 이점은 더욱 중요하다. 미국에는 출자제한과 같은 제도는 없다. 그럼에도 기업들이 순환출자를 하지 않는 것은 별도 법인을 설립해 소수 지분을 인정할 경우, 이들의 주주 집단소송 때문에 사업하기가 힘들어서이다. 따라서 사내사업부로 하거나 1백% 지분 방식으로 한다. 즉 상호출자는 내부지배권의 안정과 더불어 증자와 차입 그리고 우량계열사의 지급보증으로 투자 확대로 이어져 재벌의 성장에 절대적인 역할을 수행하였다. 실제로 출자총액제한은 계열기업들이 신규사업에 진출하거나 기존사업에서 투자를 확대할 때 걸림돌로 작용하듯이 실제로 투자 위축과 경제성장 둔화의 큰 요인이 되고 있다. 기업의 〈부채/자본〉 비율이 1997년 396.3%에서 2002년 130%로 크게 감소했던 반면, 투자율 역시 크게 감소하였던 것이다.

셋째, 내부지분율을 통한 대주주의 존재는 자본의 공급 및 소유와 경영의 분리에서 파생되는 대리인비용을 경감하고 소액주주의 무임승차문제(free-rider problem)를 완화시키는 장점도 있다. 이 효과는 주식의 대량보유자가 기업경영이 효율적으로 이루어지는지를 감시하는 데서 나오는 이익이 크기 때문에 발생한다. 반면 소액주주들은 경영감시에 대한 비용을 자기가 전부 부담해야 하는데도 경영개선에서 돌아오는 반대급부는 자기의 지분만큼밖에 되지 않기 때문에 경영자 감시의 동기가 낮다.

▶▶▶ **유상증자**(有償增資, paid-in capital increase)

주주로부터 증자납입금을 직접 징수하는 증자로 무상교부와 구별된다. 유상증자의 형태에는 다음 3가지기 있다. ① 주주에게 신주인수권을 주어서, 이들로부터 신주주를 모집하는 주주할당방법, ② 회사의 임원·종업원·거래선 등 연고관계에 있는 자에게 신주인수권을 주어서 신주를 인수시키는 제 3 자 할당방법, ③ 신주인수권을 준다는 행위가 아니라 널리 일반으로부터 주주를 모집하는 방법 등이다.

▶▶▶ **무상교부**(無償交付, free issus)

상법상 준비금이나 재평가적립금의 자본전입에 있어서 신주를 무상으로 발행하여 전체 주주에게 그 지주 수에 비례하여 무상으로 교부하는 일이다. 이러한 주식을 무상주라고 하며, 주주는 신주발행에 관한 이사회의 결의가 있었을 때부터 신주에 관하여 주주가 된다(461조). 무상교부는 실질적으로는 주식의 분할과 같은 효과가 있다.

그러나 높은 내부지분율은 또한 여러 문제들을 갖고 있다. 첫째, 계열사 간 순환출자를 통해 만들어진 지분상의 지배력과 사실상의 지배력에 엄청난 괴리의 존재, 즉 재벌의 왜곡된 지배구조가 총수 1인의 '황제식 경영', 나아가 경영의 불투명성으로 이어질 수밖에 없다는 문제를 갖고 있다. '97년 위기'나 정경유착, 경제력집중 같은 정치 · 경제적 문제를 끊임없이 일으켜 온 것이다. 이보다 더 큰 문제는 비정상적 수단과 방법을 통한 경영권과 부의 대물림, 황제 지위의 세습에 있다. 대기업이 투자를 꺼리는 중요한 이유 중의 하나가 2세, 3세에게 경영권을 물려 주기 위해 '올인'하고 있기 때문이라는 지적도 나오는 실정이다.

둘째, 상호채무보증이나 상호출자를 통해 자원, 특히 금융자원을 독점함으로써 특히 중소기업의 발전을 가로막았다. 즉 한 계열사가 돈을 빌리면 다른 계열사가 보증 서 주고, 보증 선 계열사가 돈을 빌릴 때는 또 다른 계열사가 보증을 서 재벌들은 금융기관 돈을 끌어들였다. 이런 방식으로 확장을 거듭했던 것이다. 참고로 공정거래위에 따르면 1997년 4월 1일을 기준으로 30대 그룹의 상호채무보증 총액은 무려 64조 4천억 원에 달한다. 재벌들이 쓸어 가는 돈만큼 시중자금 사정은 마르게 되어 있고, 중소기업이 회사채를 발행하거나 제2금융권에서 대출 받기가 '하늘에 별따기'만큼이나 어려웠던 이유가 여기에 있다. 이러한 현실은 "한국에서 중소기업이 살아 남으려면 재벌 계열사가 되거나 협력사가 되는 방법밖에 없다"는 2006년 11월 권오승 공정거래위원장의 발언에서 보듯이 현재 진행형이다.

사실 재벌체제의 심화로 중소기업의 경영은 1990년대에 들어와 더욱 불안정하게 되었다. 중소기업의 매출액 대비 순이익률은 1994년 2.2%에서 95년 1.7%로 떨어져 대기업의 3.5%의 절반에도 못 미쳤다. 1995년에 부도를 낸 기업은 1만 4천개 사(社)로 94년의 1만 1,255개 사보다 2,737개 사, 24.3%나 늘어났다. 부도 증가로 중소기업 사장들이 잇따라 자살했다. 중소기업 경영불안정으로 신용보증기금과 기술신용보증기금이 부도 등의 이유로 지불능력을 상실한 중소기업들의 채무를 대신 갚아 주는 대위변제액이 1995년에 사상최고치인 8,500억 원에 달했다. 그런데 중소기업의 경영 불안정, 잦은 도산에는 납품대금의 6개월 어음 발행, 친인척 회사제품의 우선 구매 등 재벌의 지배와 횡포가 크게 작용했다. 예를 들어, 1995년 8월 9일 통상산업부와 중소기업협동조합중앙회가 공동으로 95년 상반기 도급거래실태를 조사한 결과를 보면, 대기업의 납품대금 결제는 어음지급이 73.1%(금액기준)로서 주종을 이뤘고 현금지급비율은 17.4%에 불과했다. 어음결제에서도 납품대금 지급이 법정기일인 60일 이내에 이뤄진 것이 52.6%에 불과했다. 특히, 한국 자동차 산업을 보면 재벌대기업인 완성차 조립기업의 하도급거래는 거래중단과 거래선 교체가 빈번하고 단기단속거래가 존속하고 있음이 확인된다(홍장표, 1996). 즉 한국 자동차 산업은 전속거래가 폐쇄적인데 비해 일본은 하나의 조립기업에만 납품하는 기업이 22.8%에 그쳐 개방적 전속거래를 보여주고 있다.

게다가 재벌과 중소기업 간의 격차 확대는 부품 소재산업의 발달을 가로막아 한국경제의 저효율 구조를 심화시켰다. 이것은 후발개도국과의 경쟁을 넘어서서 기술집약, 지식집약산업으로의 이행을 어렵게 함과 동시에 대만과 한국 간의 경제적 성취를 차이 나게 하는 주된 요인으로 작용하였다. 각국의 대기업의 양태를 보면 국가 간에 큰 차이가 없으며 국가경제 차원의 성장과 발전에는 각 국가의 경제사회적 여건에 따라 큰 차이를 보이는 중소기업들이 더 중요한 역할을 했다. 예를 들어, 독일과 이탈리아의 경우 중소기업에 도제제도를 도입하고 있어 상대기업의 모방을 어렵게 하고 미국은 소기업들의 유동금융시장 접근을 쉽게 해 이들 중소기업의 대외경쟁력을 높였고, 이런 중소기업의 경쟁력 향상이 국가경제 성장의 밑거름이 되었다는 것이다(The Economist, 1996. 8. 24).

실증연구에 의하면 성장률과 효율성의 측면에서 대기업보다 중소기업의 역할이 상대적으로 컸다. 다시 말해, 대기업보다 중소기업의 성장률이 높았고, 총요소생산성의 성장에의 기여율 역시 중소기업이 대기업보다 높았다. 예를 들어, 중소기업의 총요소생산성과 중간재생산성·산출량·노동생산성이 높은 상관관계를 보이는 반면, 자본생산성 및 자본집약도나 요소투입은 별로 관계가 없음이 확인된다. 다시 말해, 중소기업의 총요소생산성의 변화가 자본투입, 자본생산성, 그리고 자본집약도의 변화와 (상대적으로) 낮은 상관관계를 보이는 것은 노동 및

● [표 5-15] 한국 제조업의 기업규모에 따른 총요소생산성 증가율, 1976-91

	산출증가	노동투입	자본투입	중간재투입	생산성(기여율)
전 체	12.91	0.32	4.17	7.78	0.64(4.94)
대 기 업	11.30	0.03	3.86	6.92	0.49(4.37)
중소기업	15.67	0.75	4.67	9.20	1.05(6.71)
5-19인	17.95	1.34	4.83	9.53	2.25(12.52)
20-49인	18.84	1.33	4.77	10.91	1,83(9.72)
50-99인	16.13	0.76	4.81	9.82	0.74(4.61)
100-199인	14.14	0.28	4.45	8.62	0.79(5.59)
200-299인	12.52	0.30	4.42	7.29	0.51(4.07)

주: 1. 총요소생산성의 측정을 위해 중립적 기술진보와 특히 규모에 대한 보수불변 과 완전 경쟁적 시장조건을 가정하였다.
  2. 생산성의 기여율은 산출 증가에 대한 총요소생산성의 기여율(%)를 의미함.
자료: 梁炫奉, 1996, 「韓國 中小企業의 總要素生産性 變動에 관한 實證的 硏究」, 『經濟學硏究』, 제44집 1호, 한국경제학회, 45쪽.

중간재 투입에 비해 자본투입을 상대적으로 비효율적으로 활용해 왔기 때문이라 할 수 있다(梁炫奉, 1996). 이런 점에서 중소기업의 육성 문제는 약자보호의 측면보다 경제적 효율성이 높은 부문을 육성한다는 측면 ─ 예를 들어 총요소생산성 증가율을 활용해 정책자금 등의 수혜비율을 결정하는 차등지원방안 ─ 에서 접근해야 할 것이고, 이를 위해 노동집약 단순조립 생산방식에 의존하는 중소기업보다는 기술개발에 대한 투자가 높고 성장성이 높아 비교우위가 있는 중소기업을 중심으로 지원수단을 강구해 나가야 할 것이다.

요약하면, 재벌이 주도한 지난 시기의 한국경제의 고도성장 과정에서 자본투입의 증가율이 가장 높았음에도 불구하고 경제전체적으로 플러스(+)의 노동생산성과 마이너스(-)의 자본생산성, 특히 제조업분야에서 마이너스(-)의 총요소생산성을 보여주듯이 '저효율 경제구조'를 재생산시켰다.

이는 노동생산성과 자본생산성 모두 플러스(+)를 기록한 대만의 그것과 대비된다. 구체적으로 지난 1970-90년간 한국경제 전체적으로 노동생산성은 연평균 6-7%로 증가한 반면, 자본생산성은 연평균 약 3.4%씩 하락하였다(표학길 외, 1993).

이는 국제비교를 통해서도 확인된다. 미국의 자본생산성을 100으

[표 5-16] 1970-90년간 산업대분류별 요소생산성 증가율의 비교 (단위: %)

	I_1	I_2	I_3	I_4	I_5	I_6	I_7	I_8	I_9	I_{10}
노동생산성	3.58	1.08	4.10	9.39	2.95	-5.88	3.56	-0.90	-3.34	5.58
자본생산성	-7.48	-11.13	-1.82	5.14	-2.02	-4.71	2.84	-1.94	-5.86	-3.37
총요소생산성	-2.16	-3.57	1.07	6.39	1.17	-5.04	3.22	-1.68	-3.57	1.31

주: I_1 농림어업; I_2 광업; I_3 제조업; I_4 전기가스 · 수도업; I_5 건설업; I_6 도소매 · 음식숙박업; I_7 운수창고 · 통신업; I_8 금융보험 · 부동산 · 사업서비스업; I_9 사회 · 개인서비스업; I_{10} 전산업.

자료: 표학길 외, 1993, 『한국의 산업별 성장요인분석 및 생산성추계(1970-1990)』, 한국경제연구원, 65쪽.

로 할 때 한국경제 전체 및 제조업의 자본생산성은 1980년에 각각 89.7 과 62.4에서 1989년에는 86.6과 51.5로 떨어졌다(D. Pilat, 1994: 170). 이 는 고도성장에도 불구하고, 그리고 고도성장을 주도하였던 제조업 부 문에서 자본투입이 비효율적으로 활용되었음을 보여주는 것이다. 이와 같이, 지난 일세기 동안의 공업화가 정부와 재벌 주도에 의한 것이었다 는 점에서 한국경제의 저효율 구조의 책임은 일차적으로 이들의 몫일 수밖에 없다. 일반국민은 생산요소의 '대량동원(mass mobilization)'과 집중적 투입을 위해 최선의 뒷받침 —— 예를 들어, 장시간노동과 저임 금, 저곡가, 고저축 등 —— 을 제공했다는 점에서 한국경제의 성장에 확 실히 기여했다.

반면, 고도성장에도 불구하고 한국경제가 자본효율성이 낮고, 경 제성장에서 총요소생산성의 기여가 낮거나 없었다는 사실은 저효율의 문제가 소위 자본주의체제의 장점이라 불리는 '기업가정신'의 결여에 서 비롯되고 있음을 의미한다. 슘페터(J. Schumperter)의 표현대로 기업 가란 "생산요소를 전혀 새로운 조합으로 결합시킴으로써 신생산물을 만들던가 기존의 생산물을 보다 효율적으로 만드는 일을 하는 사람"이 다. 다시 말해, 신상품, 신생산방법, 신시장, 새로운 자원공급원을 발견 하기도 하고, 새로운 조직을 개발하기도 하는 그러한 활동을 슘페터는 혁신(innovation)이라고 부르고, 혁신을 하는 사람이 그가 말하는 기업 가이다(三嶋通夫, 1995: 67-68). 사실, 재벌지배 산업구조에서 기업가정 신과 창의성은 더 이상 기업의 경쟁조건이 아니다. 재벌에 속해 있다 는 사실만으로 인력·금융·토지 등 생산요소시장을 독과점하여 비재 벌 기업의 생산요소 취득비용을 높이고 상품거래에서는 배타적인 지위 를 확보하고 있기 때문이다. 이런 이유 때문에 자원이 기여도와 효율 성에 따라 배분되지 않고 기득권과 로비능력에 따라 배분되는 자원배 분의 왜곡이 재벌 중심의 경제구조에서 비롯되고 있다는 것을 많은 연 구들이 지적하고 있다. 그럼에도 불구하고, 전경련은 "시장경제와 자유기업주의 창달을 이념으로 민간주도 경제운용의 폭을 넓히는 데 진력해왔을 뿐 아니라 기업가정신이 발휘되는 활동의 장이었다"고 강변한다(전경련, 「민간의 자율과 창의 발현에 진력할 터-전경련 창립 35주년에 즈음하여-」"『경제포커스』, 제40호, 1996/9/1, 3쪽).

셋째, 높은 내부지분율의 더 큰 문제는 계열사 간 얽히고 보증이 되어 있어 돈 빌릴 때는 좋았지만 계열사 한 곳이 쓰러지면 재벌 전체가 무너져 버린다. 즉 우리 경제를 연환계(連環計)에 얽매이게 했다. 즉 증권거래소가 금융업을 제외한 30대 그룹 소속 상장계열사 158개를 대상으로 1996년 그룹 내 계열사 간의 매출과 매입 거래현황을 분석한 결과를 보면 매출액과 매입액의 합계 522조 2,074억 원 중 계열사 간 거래가 138조 1,072억 원으로 26.5%를 차지하는 것으로 밝혀졌다. 이 중 매출의 경우가 총매출액 279조 347억 원 중 26.4%, 그리고 매입의 경우 총매입액 243조 1,727억 원 중 26.5%가 계열사 간 거래였다. 또한, 이는 재벌들이 내부거래를 통해 특정 계열사에 비싸게 사 주고 싸게 팔아주는 '특정계열사 밀어주기'가 성행한다는 것을 의미한다. 이처럼 국내 재벌그룹 계열사들의 계열사 간 거래에 대한 지나친 의존은 한 개 계열사만 부실화돼도 그 여파가 전체 계열사에 파급될 가능성이 높다는 것을 의미하는 것으로서, 특히 경기침체가 장기화될 경우 연쇄 부실화 가능성이 높을 수밖에 없다.

이 밖에도 계열사 간 상호지급보증 문제로 알려진 대주주 경영의 자기거래(self-dealing)나 내부거래의 문제, 예컨대 비효율적인 계열기업에 대한 채무보증이나 상장계열사와 비상장계열사 간의 자기거래를 통해 상장기업의 외부주주들은 손해를 보고 비상장기업, 나아가 그룹 전체의 실질적 소유주인 대주주 경영자는 이득을 보는 문제가 발생하고 있다.

이는 기업집단에서 내부인과 외부인 간에 벌어지는 경제갈등의 정치적 표현인 재벌의 비민주성의 문제다. 내부인과 외부인 간에는 주식을 보유하는 목표가 다르다. 외부인은 기업집단 차원에서의 성장이나 수익에는 관심이 없다. 외부인은 자신이 보유하고 있는 회사만이 관심 대상인 반면, 내부인은 기업집단 전체에 관심을 둔다. 사업을 확장하려고 할 때 현재 수익성이 높은 기업을 통해 신규 사업을 보조하는 경우가 많다. 이 기업에 투자한 외부인이 반대할 수밖에 없는 요인이 여기에 있다.

[표 5-17]은 이 같은 내부인과 외부인 간 상충되는 이해관계를 나타내 본 것이다. 즉 기업집단을 통한 다각화를 하기 전에 기업 A가 존재한다 가정하자. 이 기업의 자본금은 100, 매출액 100, 수익 10에 수익률 10%다. 내부인 입장에서는 기업 A를 활용해 기업 B를 만드는 것이 바람직할 것이다. 두 기업을 합쳤을 때 자본금 150, 매출액 150, 수익 12로 다각화를 하기 이번보다 더 커지기 때문이다. 내부인 입장에서는 개별 기업의 수익률이나 기업집단의 평균수익률이 10%에서 8%로 하락한 것이 문제가 되지 않는다. 그러나 이것은 외부인 입장에서 볼 때 바람직하지 않다. A가 B를 지원하는 과정에서 자신이 주식을 보유하고 있는 기업 A의 수익이 8로 떨어졌고 그 결과 주식의 가치는 떨어졌기 때문이다. 외부인의 경우 비합리적 경영이라 주장할 수 있는 반면, 내부인의 입장에서는 기업집단의 평균 수익률을 떨어뜨리는 게 합리적

◑ [표 5-17] 내부인과 외부인 간의 이해 상충

	다각화 이전				다각화 이후			
	자본금	매출액	수익	수익률	자본금	매출액	수익	수익률
기업 A	100	100	10	10%	100	100	8	8%
기업 B	0	0	0	0%	50	50	4	8%
기업집단 (A+B)	100	100	10	10%	150	150	12	8%

자료: 신장섭(2005: 450, 표 14-3에서 재인용).

의사결정인 것이다(신장섭, 2005: 450-51).

　이와 같이 상호출자는 그룹을 경영의 단위로 삼고 기업의 투자를 촉진시킨 측면도 있었다. 그런데 '97년 위기' 이후 도입된 '글로벌 스탠다드(global standard, GS)', 이른바 주주 중시 경영, 경영 투명성, 재무 건전성 등의 환경에서는 출자총액제한제와 관계 없이도 상호출자는 어렵게 되었다. 이런 측면에서 이른바 글로벌 스탠다드가 기업의 투자를 가로막고 있다는 지적은 정당하다. 그룹 내 다른 계열사가 번 돈을 다른 계열사의 사업에 쏟아 붓는다면 이는 집단소송제감이 되거나 배임이 될 가능성이 높아졌기 때문이다.

　물론 내부거래를 개별 기업의 외부주주들 입장에서만 판단할 수는 없다. 그러나 예를 들어 재벌 오너가 계열사 혹은 그 자산을 친족들에게 낮은 가격으로 매각하거나 높은 가격으로 매입하는 사례가 공정거래위원회에 의해 종종 적발되곤 한다. 실제로 집단소송제도가 없는 한국에서 상호출자를 통해 오너-경영자는 사적 이득(대출, 상속, 판공비) 등을 누리고 있다. 따라서 원인적 처방은 이러한 사적 이득을 줄여 나가는 법적·제도적 개혁이다. 기업지배구조 이론에서도 대주주 존재에 따른 비용으로 다른 투자자, 경영자, 노동자에 대한 직접적인 재산권 침해는 물론, 기업의 이윤극대화가 아닌 개인적 이해 추구에 따라 발생하는 간접적인 재산권 침해, 대주주의 사익추구 행동이 다른 이해관계자에게 미치는 부정적 파급효과 등을 지적한다.

　그러나 재벌기업의 지배구조를 주주 중심으로만 바라볼 수는 없다. 그런데 현재 우리 사회에서의 재벌개혁에 대한 입장은 주주가치 이념에 기초한 (미국식) 독립기업화를 목표로 하고 있다. 앞에서도 지적했듯이 주주가치 이념은 기업에 대한 주식시장의 직접 통제가 핵심이다. 주식시장의 이념은 유동성, 환매성이 완벽하게 보장되는 완벽한 재산권(유가증권)의 확립이듯이 기업의 소유-지배 역시 재산권 시장에 의해 직접 관리·통제될 것을 요구하고, 그 결과로서 M&A 시장으로 표현된 기업지배권 시장의 발전은 절대적 요구사항이다. 따라서 기업집단의 존재는 기업지배권 시장의 이념(1주 1표 원리)에 근본적으로 배치된다. 예를 들어, 출자총액제한제의 구상이 대표적으로 '재벌그룹의 독립기업화' 작업으로 기업에 대한 주식시장의 직접 통제를 목표로 하는 기업지배권(적대적 M&A) 시장이론에 기초하고 있다.

이 이론에서 볼 때 (고수익 사업과 저수익 사업이 골고루 섞여 있는 다각화 기업집단인) 재벌그룹은 그룹의 내부통제(계열사 통제)를 이루어 냄으로써 (자본)시장에 의한 직접통제(직접적 기업통제)의 의미를 반감시키며, 또한 기업그룹은 내부 자본/자원 시장을 형성함으로써 시장(자본/노동/기술시장)의 의미를 반감시키기 때문에 바람직한 기업지배구조가 될 수 없다. 이런 차원에서 주주가치를 중시하는 기업지배권 시장이론은 지주회사화를 통한 재벌의 형태 전환에도 반대한다. 지주회사 역시 기업지배권 시장원리를 침해한다는 이유다.

주주가치 자본주의 이념에 대해 재벌들이 보이는 모습도 모순적이다. 주주가치의 실체가 사유재산권(주주권)의 신성함이라는 점에서, 재벌들은 국가 및 사회의 개입에 대항해 자신들의 재산권 보호를 위한 목적으로 이른바 오너의 주주권(재산권)을 적극 옹호하고 있으면서도 동시에 소액주주운동(=주주행동주의)같은 주주가치 이념의 확산을 경계하고 있다. 그럼에도 불구하고 기본적으로 재벌기업들은 '97년 위기' 이후 주주가치 자본주의(=증권시장 자본주의)의 지배, 확립이라는 새로운 환경에 적응하기 위해 경영의 최우선 목표로 주주가치 경영을 내걸면서 주가 및 (기관)투자자 관리(IR) 등에 적극 나서고 있다. 예를 들어, '97년 위기' 이후 해외금융자본의 요구에 따른 한국경제시스템의 개혁으로 경제의 중심축은 자본시장으로 이동하였고, 그 결과 단기 실적주의와 상시 주가관리가 뿌리를 내렸다. 이로 인해서 자금 사정이 괜찮은 기업들도 중장기 투자를 기피하는 현상이 발생하고 있다. 실증적으로도 자본시장과 기업의 경쟁력투자 간에 상충관계의 존재가 확인

되고 있다.[4)]

우량기업의 경우 기업 내부자금 순환에서 금융자산 운용이 큰 비중을 차지하고 있다는 것도 투자처를 못 찾고 있다는 의미이다. 실제로 현재 기관투자자들(펀드매니저들)은 기업(집단)을 최소 수익단위까지 해체할 것을 요구하고 있다. 즉 펀드매니저들은 높은 투자기준에 부응하는 고수익 사업부 및 제품조직만 남겨두고 역량을 집중하면서 저수익 사업부 및 제품조직은 매각·청산할 것을 요구(소위 핵심역량이론)하고 있는 실정이다.

이론적으로 다각경영과 독립경영 중 어느 것의 절대적 우월성을 주장할 수 없다. 한국의 경우 단위기업별로 독립 채산을 강조했으면 지금의 삼성전자나 현대조선, 현대자동차, SK텔레콤은 존재할 수 없었다는 점이다. 오늘날의 삼성전자가 있기까지는 삼성그룹 전체 차원의 '리스크 테이킹(Risk Taking)'이 있었기 때문에 가능했다. 즉 오늘날 삼성의 가장 큰 수익원은 반도체인데 반도체 사업을 성공시키기 위해 삼성전자뿐만 아니라 삼성그룹 전체가 위험을 떠안았다. 삼성전자의 역사를 보면 실제로 초기 5~6년 동안 막대한 적자가 났고 삼성그룹 전체가 1차 부도 위기에까지 몰리기도 했다. 즉 삼성반도체통신의 누적적자는 1982년 출범부터 1986년까지 약 2천억 원이었다. 1986년 삼성그룹 전체의 경상이익 1,200억 원을 훨씬 상회하는 액수다. 그렇지만 이 기업은 1980년대 내내 매출액의 50% 이상을 투자해 왔다(Y. R. Choi, 1996). 즉 삼성반도체가 독립기업이었다면 벌써 부도 처리되거나 투자를 중단했어야만 했다. 그룹 차원의 전략적 관심과 계열사들의 각종 지원으로 신규 사업을 끌고 갈 수 있었던 것이다.

이처럼 모든 것을 건 도전이 가능했던 것은 후발국의 경우 기업집

---

4) 예를 들어, 굿모닝신한증권이 2001년부터 2002년 9월말까지 시설투자를 공시한 코스닥기업 113개사를 대상으로 공시를 전후한 6개월간의 주가움직임을 분석한 결과 시설투자가 주가에 부담으로 작용한 것으로 나타났다(경향신문, 2003/4/29).

단의 장점에서 비롯한 측면이 있다. 그런 점에서 2003년의 SK글로벌 사태는 우리에게 시사하는 바가 많다. 기업 그룹을 보면 현금흐름이 좋은 기업과 좋지 않은 기업이 동시에 존재하기 마련이다. 기업그룹 차원에서는 현금흐름이 안 좋은 기업을 우량기업이 지원할 필요가 있으나 소액주주들은 반발하는 실정이다. 그러나 우량기업인 SK텔레콤은 SK 그룹 차원에서의 자금 지원 없이 존재할 수 없었다. 형평의 차원에서도 과거 혜택을 입은 SKT가 그룹의 다른 기업그룹 지원은 당연하다. 일부 외국인 대주주와 국내 소액주주, 그리고 일부 시민단체들이 SK글로벌에 대한 지원 반대, 독자 생존을 주장하고 있으나 독자 생존을 하지 못하여 부실화하면 많은 국내 금융기관들이 부실해지며 이 부담은 우리 국민들이 고스란히 지게 된다. 과거 성장 과정에서 SK글로벌의 지원을 받았던 SK 계열사들의 이익은 소수의 주주에게, 그리고 적지 않은 몫이 외국인들에게 넘어가고 부실해진 계열사들의 책임만 우리 국민들이 떠맡게 되는 것이다.

　　유럽 공동체 차원에서 실시한 기업 지배구조에 관한 가이드라인에 따르면 (우리와는 형식이 다르지만) 기업집단의 존재 가치를 인정한다. 즉 유럽도 기업집단 내 자회사 간 서로 도와주는 것은 정당하다고 판결하고 있다. 또한 장기적인 관점에서 기업을 도와주는 것이 역설적으로 주주의 권익을 지키는 것이기도 하다. 이는 유치산업 보호나 새 산업을 육성할 때 국민들이 비용을 부담하는 것에 비유될 수 있다. 예를 들어 철을 일본에서 싸게 구매할 수 있었음에도 불구하고 수입제한조치로 포항제철에서 비싼 가격에 구매를 강요받았다. 그 결과 포스코는 한국경제의 주축산업으로 성장하였다. 기업그룹도 마찬가지로 기업그룹 내 유치산업 보호를 위한 그룹의 역할이 필요한 것이다. 게다가 한국의 경우 외부 자본시장이 발달되지 않았기 때문에 재벌 내부에서 작동하는 내부 자본시장의 기능을 살릴 필요가 있고, 자금력 좋은 기업과 어려운 기업 간에 상호 부조할 수 있는 상생의 메커니즘을 대안 없이 파괴해서는 곤란하다.

이처럼 한국 재벌에 대한 일부 부정적 평가는 잘못된 기준에 의한 오해에서 비롯한다. 재벌의 대부분 특성들은 한국의 경제발전 과정의 산물이었고 국민경제와 기업의 압축성장이 보여주듯이 성장의 동력이기도 하였다. 그럼에도 불구하고 재벌의 성장이 국가에 의해 이루어진 국내외 자본차입에 대한 지급보증과 은행파산에 대한 구제신뢰라는 전사회적 지원시스템 속에서 가능하였을 뿐 아니라 여전히 재벌의 지배구조가 국민경제를 담보로 유지되고 있고 국민경제의 균형발전에 장애로 작용하고 있다는 점은 명백하다. 앞에서 살펴봤듯이 한국 재벌은 국민경제에서 차지하는 비중이 절대적이라는 점 이외에도 그 성장과정이 사회 많은 부문의 희생과 총력지원의 결과, 즉 위험공유시스템에 기초해 성장하였고, 그 속에서 유지되고 있다는 점에서 사실상 국민기업이다.

따라서 재벌문제의 본질에 접근하려면 재벌기업의 국민기업 내용을 현실화·제도화시켜야 한다. IMF 구제금융 기간 동안 재벌총수들에게 사재를 내 놓아 국민들에게 사죄하라는 '초법적'인 압박(?)이 가능했던 것은 국민정서 때문이었을 것이다. 법이 국민정서를 담아내지 못하는 현실을 반영하는데도 이 나라의 일부 엘리트들은 '법의 지배'를 들고 나온다. "시장경제는 자유롭고 공정한 경쟁의 틀에서 꽃을 피우며 그 틀은 확고한 게임의 룰, 즉 법의 지배에 의해 제대로 마련될 수 있다"는 이른바 '법치경제론'은 법이 한국의 경제환경, 즉 '한국형' 시장경제를 제대로 반영할 때 가능한 것이다. 예를 들어, 최근 기업호감도에 대한 대한상공회의소와 현대경제연구원이 조사한 결과는 오래 전에 한국경제학회에서 조사한 결과와 다름 없는 것으로 나타났다. 2006년 7월 발표한 조사 결과에 따르면 우리 국민의 기업에 대한 호감도는 48.7점에 불과했고, 또 국민 10명 중 4명은 기업활동의 우선순위로 부(富)의 사회 환원을 꼽았다.

다시 말해, 한국 재벌의 책임경영 문제는 총수 및 그 가족과 외부주주 간의 '한국적'인 '주인-대리인' 문제로서 효율성의 문제뿐 아니라 사회적 형평의 문제까지 포함한다. 기업 내부의 이해당사자 간의 관계뿐 아니라 노동자와 농민, 소비자, 정부, 하도급기업과의 관계까지 포괄하는 보다 넓은 의미에서 기업지배구조의 문제인 것이다. 이런 점에서 한국 재벌기업에서 '주인-대리인' 문제는 주주와 경영자 간의 문제라기보다 오히려 기업을 지배하고 있는 대주주경영자와 형식적 혹은 내용적으로 기업에 대한 일정한 지분을 갖고 있는 외부주주 및 일반국민사이에 발생하는 구체적 문제다. 이런 측면에서 한국의 노동자와 노동운동진영 역시 한국의 재벌이 국민기업 성격을 제대로 이해해야 한다.

한국 재벌의 경우 기업을 둘러싼 이해관계자의 범위가 또 하나의 기업집단을 이루는 유럽기업들과 비교해 훨씬 넓다는 것을 이해해야 한다. 유럽 기업집단들의 경우 기업주와 노동자가 주요 이해관계자라면 한국의 경우 압축성장의 탓으로 농민을 포함하여 전체 국민의 희생과 참여 속에서 기업과 국민경제가 성장하였다는 점에서 이해관계자 중 노동자가 차지하는 비중이 상대적으로 작은 편이다. 오히려 일반국민 모두가 기업의 이해관계자의 범주에 포함된다 할 수가 있다. 이런 인식 속에서 기업의 성과가 기업을 둘러싼 이해관계자 모두가 공유할 수 있다면 재벌에게 (경영 능력이 존재하는 한) 경영의 안정성 보장은 문제가 될 사항이 아닌 것이다. 이런 방향에서 우리 사회는 대타협이 필요하다. 예를 들어, 재벌에 대한 경영의 안정권 보장은 기업과 국민경제의 성장이라는 목표를 공유할 수 있다는 점에서 재벌과 국민경제 모두의 이익에 부합하는 측면이 있다.

최근 투자 부진을 담보로 재벌기업의 요구에 의해 출자총액제한제를 폐지하고 (환상형) 순환출자에 대한 규제가 제기되고 있다. 순환출자에는 환상형 순환출자와 비환상형순환출자가 있는데. 비환상형순환출자는 A사가 B사와 C사에 출자하고 B사는 D사와 E사에 출자하는 방식(피라미드식 출자)로 이 경우 최대주주가 A사의 지분만 대량 가지고 있으면 B, C, D, E사를 모두 지배할 수 있다. 반면, 환상형 순환출자는 A사가 B사를 지배하고 B사가 C사를 지배하고 C사는 다시 A사를 지배하는 것으로 예를 들어 기업주가 A사의 지분 30%를 소유하고 있는데 A-B-C 이렇게 지배하고 있는 상태에서 C사가 다시 A사의 지분을 21%정도 사들이면 기업주는 30%지분만으로 51%지분을 가진 것처럼 행사할 수 있다. 삼성의 경우 에버랜드가 삼성생명을 지배하고 삼성생명이 삼성전자를 지배하고 삼성전자는 삼성카드를 지배하고 삼성카드는 다시 에버랜드의 지분을 소유하고 있다. 따라서 이재용은 에버랜드 주식 25%만으로 삼성카드가 가지고 있는 에버랜드주식 25%를 자기마음대로 할 수 있다. 즉 25%만으로 50%를 행사하는 것이다.

공정위는 이런 문제를 막기 위해 환상형순환출자를 규제하겠다는 것이다. 그런데 앞에서 얘기했듯이 출자총액제한제도는 대규모 기업집단들이 환상형 순환출자나 비환상형 순환출자를 이용해 신규회사를 설립하거나 다른 기업을 인수하는 것을 방지하기 위해서 자산 6조원 이상의 그룹에 한해 순자산의 25% 이상을 타회사에 출자하지 못 하도록 한 것이다. 다시 말해, 자산 6조 원 이상인 기업집단에 속해 있는 회사는 순자산(자산에서 부채를 뺀 자본)의 25% 이상은 지배목적(경영권 인수목적)으로 다른 회사주식을 살 수 없고 설립도 할 수 없다.

그런데 순환출자 규제에 대한 논란이 재계 입장을 대변하는 측과 공정위를 비롯해 소위 재벌개혁을 주징하는 측 사이에 평행선을 보이고 있다. 대표적 쟁점이 경영권 위협이다. 예를 들어, 공정위는 순환출자 구조가 해소돼도 재벌그룹들의 내부지분율은 현재 40% 수준에서 38.5% 정도로 소폭 줄어들기 때문에 경영권이 위협받을 가능성은 크지 않다는 입장인 반면, 재계에서는 38.5%가 전체 재벌그룹의 평균일 뿐 개별기업, 특히 삼성그룹을 포함한 주요 그룹은 순환출자가 금지되

면 적대적 M&A 위협에 노출된다고 주장한다. 삼성그룹의 경우 집권
여당 내에서 제기되는 순환출자 금지방안, 즉 (기업들의 부담을 줄이기
위해 순환출자구조를 이루는 여러 개의 연결고리 중 가장 지분율이 낮은
고리 부분인) 최소지분 의결권을 제한할 경우 기존 대주주와 특수관계
인이 삼성전자에 행사할 수 있는 영향력의 척도인 내부지분율(2006년
11월초 기준)은 18.1%에서 12.2%까지 떨어지는데 삼성전자 지분 11.2%
를 보유하고 있는 미국 씨티은행이 다른 외국계 투자자와 연합해 공격
해 온다면 국내 시가총액 1위 기업 삼성전자의 경영권은 외국인의 손
으로 넘어가게 된다는 것이다.

순환출자 금지 방안으로 논의되는 다른 하나의 방안인 임의 선택
지분에 대한 의결권 제한이 도입되더라도 결과는 마찬가지라는 것이
다. 즉 삼성그룹이 삼성물산의 삼성전자 지분 대신 삼성SDI의 삼성물
산 지분을 털어내면 삼성물산의 내부지분율은 14.9%에서 6.9로 떨어
지게 되고, 이 경우 8.0%의 지분을 가진 플래티넘에셋매니지먼트에 삼
성물산 최대주주 자리가 넘어가게 되기 때문이다. 현대자동차의 경우
에도 전자의 방법(최소 지분 의결권 제한)이 도입될 경우 기존 대주주와
특수관계인이 현대자동차의 내부지분율 25.5%가 5.5%까지 떨어져
6.0%를 소유하고 있는 캐피털리서치&매니지먼트나 5.6%를 소유하고
있는 캐피털그룹인터내셔널보다 낮게 된다는 것이다. 이렇게 전자의
방법이 순환출자 금지의 방안으로 도입될 경우 두 그룹 이외에도 SK그
룹, 현대중공업그룹, 한솔그룹, 현대그룹이 경영권 위협에 처하게 된다
고 주장한다.

재벌에 대한 규제 철폐를 주장하는 이들은 순환출자의 부정적 측
면들을 외면하고 유럽의 일류기업들이 가족경영 기업이라는 주장 등을
하고 있으나 유럽의 일류기업들이 투명경영이나 국민경제에 대한 책임
을 통해 사회로부터 신뢰를 얻고 있다는 사실은 도외시하고 있다. 경
영권의 안정화를 위해 국민경제를 담보로 하고 있다면 국민경제에 대

한 책임을 다 해야 국민들에게 신뢰를 얻을 수 있는 것이다. 왜 재벌개혁을 요구하는 주장들이 국민들에게 일정한 공감을 갖고 있는지 생각해야 한다. 재벌의 혼자 힘으로 해결될 문제들은 아니지만 비정규직의 급증 등 고용의 질의 개선이나 중소기업의 문제 등을 비롯해 국민경제 전체의 문제로부터 한국의 재벌들은 자유롭지 못하다. 반면, 재벌개혁을 요구하는 진영 역시 출자총액제한제나 순환출자 규제 등이 재벌기업의 부정적 측면들을 해결하는 유일한 방법이 아니란 점을 인정할 필요가 있다.

　　재벌체제는 정경유착을 구조화시킴으로써 민주주의 진전을 지연시켰다. 사업 확장을 관철시키기 위해 재벌들은 새로운 사업의 인허가, 특혜적인 자금의 조달 등을 추구하고 이를 위해서 정치권력과 결탁했다. 재벌 체제 하에서는 총수의 비자금 조성 요구를 제어할 힘이 없었다. 1992년 대선 때 현대그룹 정주영 회장이 대선자금용 2천억 원을 비자금으로 조성한 것이 그 예이며, 노태우 비자금 사건 때 대부분의 재벌들이 관련된 것도 이를 말해 준다. 비자금 조성과 활용으로 계열사를 18개로 늘리고 한보철강 건설에 5조 원 이상의 부채를 끌어들인 한보그룹은 전형적 예라고 할 수 있다.

◆ 참고문헌

강용중, 1994, 「한국자본의 해외진출」, 『국제화와 한국사회』, 나남.

강철규·장석인, 1987, 『가공무역과 산업조직』, 산업연구원.

_____, 1995, 「재벌의 금리지대차 추구 추계」, 『민족경제론과 한국경제』, 창작
과비평사.

고유선, 1997, 「무역수지가 국내 산업 및 노동시장에 미치는 효과 분석」, 『대우
월간경제』, 대우경제연구소. 5월, 33-42쪽.

김　견, 1997, 「國家競爭力 提高와 科學技術政策의 課題」, 現代經濟社會硏究院
편, 『전환기 경제와 정책 과제』, 162-70쪽.

김광석, 2001, 『우리나라의 산업·무역정책 전개과정』, 세계경제연구원.

김광석·홍성덕, 1992, 『製造業의 總要素生産性 動向과 그 決定要因』, 한국개
발연구원 연구보고서, 92-06.

김대환, 1987, 「국제경제환경의 변화와 중화학공업화의 전개」, 『한국경제론』,
까치, 214-31쪽.

김범구, 1997, 「銀行 不實與信의 整理 方案」, 현대경제사회연구원 편, 『전환기
경제와 정책과제』, 84-94쪽.

김상대, 1995, 「대졸실업자 발생원인과 대책」, 『노동경제논집』 제17권 2호.

김상조, 1994, 「5대 및 10대 재벌의 차입금과 생산성의 최근 동향」, 『사회경제
평론』 제7집, 한울.

_____, 1995, 「시중은행의 소유경영구조 현황과 개편방향」, 『경제발전연구』 창
간호, 한국경제발전학회.

_____, 1996, 「재벌과 금융-재벌에 대한 금융기관의 감시감독기능 강화방안-」,
학술단체협의회, 『재벌과 언론』, 당대.

김용복, 1995, 「한국전자산업의 발전메카니즘에 관한 연구-전자기업군과 외국
자본의 관계를 중심으로-」, 서울대학교 박사학위논문, 1995.

김재원, 1995, 「인력수급불균형의 원인과 인력수급정책의 기본방향」, 『노동경

제논집』제 18권 1호.

김태동, 1990,「흑자전환 이후 한국무역구조는 변화하고 있는가」,『경제학연구』, 제38권 1호, 161–77쪽.

_____, 1995,「토지문제와 경제발전」,『한국경제: 쟁점과 전망』, 지식산업사.

김홍상, 1987,「8·15 이후 한국농업의 전개과정과 소작제」,『한국자본주의와 농업문제』, 아침.

김철환, 1995,「한국의 수출과 성장의 인과분석: 재조명」,『경제학연구』, 제43권 1호, 65–84쪽.

대한상공회의소, 1982,『한국경제 20년의 회고와 반성』.

박기성, 1994,「청년층 노동시장과 교육개혁」,『분기별 노동동향분석』, 한국노동연구원.

박영구, 1995,「중화학공업의 효율성에 관한 연구」,『경제학연구』, 제43권 1호, 103–24쪽.

_____, 2005,「구조변동과 중화학공업화」, 이대근 외,『새로운 한국경제발전사』, 나남출판.

박영수, 1991,「한국의 지하경제에 관한 연구」,『성곡논총』, 성곡학술문화재단, 제22집.

배진한, 1977,「농촌노동력유출과 노동시장」, 서울대 석사학위논문.

산업연구원, 1996.「한국의 R&D 투자보고서」.

서승환, 1996,「부동산의 거시경제적 역할」,『연세경제연구』, 제3권 2호.

신윤환, 1993,「한국인의 제3세계 투자」,『창작과 비평』, 가을호.

신장섭, 2005,「기업집단과 재벌정책」, 이대근 외,『새로운 한국경제발전사』, 나남출판.

梁炫奉, 1996,「韓國 中小企業의 總要素生産性 變動에 관한 實證的 研究」,『經濟學研究』, 제44집 1호, 한국경제학회.

오원철, 1996,『한국형 경제건설』, 기아경제연구소.

이대근, 1984,「차관경제의 전개」,『한국자본주의론』, 까치.

_____, 2003,『한국무역론(제2판)』, 법문사.

이상철, 2005,「수출주도공업화전략으로의 전환과 성고」, 이대근 외,『새로운 한국경제발전사』, 나남출판.

이재희, 1996, 「한국재벌의 지배구조 개편방안」, 『사회경제평론』 제 9 집.

이주호, 1993, 『청년층 고용문제와 고용 노동대책』, 한국개발연구원.

장상환, 1985, 「농지개혁과정에 관한 실증적 연구」, 『해방 전후사의 인식』 2, 한 길사.

_____, 1997, 「1990년대 한국자본주의의 구조변화」, 한국사회경제학회 발표 논문.

장시원, 1995, 「지주제 해체와 자작농체제 성립의 역사적 의의」, 『한국경제발 전의 회고와 전망』, 광복50주년기념학술대회, 한국경제학회·경제사학회 주관.

장지상, 1995, 「재벌의 소유집중과 다각화」, 『한국의 산업발전과 재벌』, 서울사 회경제연구소.

정장연, 1992. 「NICs현상과 한국자본주의」, 『창작과 비평』, 가을호.

정태인, 1995. 「글로벌라이제이션과 국민경제」, 『민족경제론과 한국경제』, 창 작과 비평사.

조석곤·오유석, 2004, 「압축성장을 위한 전제조건의 형성−1950년대 한국자본 주의 축적체제의 정비를 중심으로」, 『동향과 전망』.

차철호, 1995, [한국경제 공업화 발전전략의 변천과 산업구조의 재편성], 『한국 경제발전의 회고와 전망』, 광복50주년기념학술대회, 한국경제학회·경제 사학회 주관.

최 광, 1987, 『한국의 지하경제에 관한 연구』, 한국경제연구원.

崔培根, 1997a, 「韓國經濟成長의(義) 歷史的 認識: 生産力 性格과 內在的 視 角」, 『經濟史學』, 제22호.

_____, 1997b, 「한국의 공업화와 경제성장: 회고와 과제」, 최배근 외, 『한국경 제의 이해』.

_____, 2003, 『네트워크 사회의 경제학』, 한울아카데미.

최상오, 2005, 「외국원조와 수입대체공업화」, 이대근 외, 『새로운 한국경제발전 사』, 나남출판.

최용호·엄창옥, 1995, 「한국자본주의의 변화와 연속」, 『경제학연구』, 제43권 1

호, 143-69쪽.

한국산업은행, 1996. 『한국의 산업』(상, 하).

표학길 · 공병호 · 권호영 · 김은자, 1993, 『한국의 산업별 성장요인분석 및 생산성추계(1970-1990)』, 한국경제연구원.

홍성덕, 1994, 「韓國經濟의 成長要因分析(1963-92)」, 『한국개발연구』, 제16권, 제3호, 한국개발연구원, 147-78쪽.

홍영림, 1997, 「93년-96년 가구 교육비 지출규모 변화」, 『대우월간경제』, 대우경제연구소, 5월.

황병준, 1965, 『한국의 공업경제』, 고려대 아세아문제연구소.

홍덕률, 1996. 「재벌의 존재양태와 재벌개혁의 긴급성」, 『역사비평』 1996년 가을호.

홍현표, 1993, 「한국재벌의 소유집중-그 원인과 결과-」, 『경제학연구』, 제41권 1호, 239-63쪽.

三嶋通夫 지음, 이승무 옮김, 1995, 『사상으로서의 近代經濟學』, 비봉출판사.

Adelman, Irma, 1995, "Review of Korea's Social Development," in *The Korean Economy 1945-95: Performance and Vision for the 21st Century*, KDI.

Amsden, Alice H., 1990, "Third World Industrialization: 'Global Fordism' or a New Model?" *New Left Review*, No. 182, July/August, pp. 5-31.

_____, 1991, "Diffusion of Development: The Late-Industrializing Model and Greater East Asia," *American Economic Review*, Vol. 81 No. 2, May, pp. 282-86.

Arthur, Brian W., et al., 1997, *Lectures in Complex Systems*, 김웅철 옮김, 『복잡계 경제학 I』, 평범사.

Atkinson, Rainwater, and Smeeding, 1995, "Income Distribution in OECD Countries," *Social Policy Studies*, No. 18, OECD.

Auty, Richard M., 1994, "Industrial Policy Reform in Six Large Newly Industrializing Countries: The Resource Curse Thesis," *World*

Development, Vol. 22 No. 1, pp. 11-26.

Brown, H., et al., 1987(December), "Multicountry Tests of the Factor Abundance Theory," *American Economic Review.*

Campos, J. E. and Hilton L. Root, 1996, *The Key to the Asian Miracle: Making Shared Growth Credible*, The Brookings Institution.

Capra, Fritjof, 1988, *The Turning Point: Science, Society, and the Rising Culture*, Bantam Books.

Choi, Jeong Pyo, 1990, "Factor Demand and Production Technology in Korean and Taiwanese Manufacturing," in J. K. Kwon (ed.), *Korean Economic Development*, Greenwood Press.

Choi, Kwang, and Taewon Kwack, 1990, "Tax Policy and resource allocation in Korea," in J. K. Kwon (ed.), *Korean Economic Development.*

Kwon, Jene, and Hoon Paik, 1992, "Factor price distortions, resource allocation, and growth: A computable general equilibrium analysis," Mimeo, DeKalb: Northern Illinois University.

Choi, Young Rak 1996, *Dynamic Techno, The Management Capability: Case of Samsung Semiconductor Sector in Korea*, Brookfield.

Cole, David C., and Lary E. Westphal, 1975, "The Contribution of Exports to Employment in Korea," in W. Hong and A. O. Krueger, ed., *Trade and Development in Korea*, KDI.

Collins, S., and B. Bosworth, 1996, "Economic Growth in East Asia: Accumulation versus Assimilation," *Brookings Papers on Economic Activity*, 2: 135-91.

Cummings, B., 1987, "The Origins and Development of the Northeast Asian Political Economy: Industrial Sectors, Product Cycles and Political Consequences," in C. Deyo (ed.), *The Political Economy of the New Asian Industrialization*, Ithaca: Cornell University Press.

Demigruc-Kunt, A., and V. Maksiovic, 1996, "Stock market Development and Firm Financing Choices," *World Bank Economic Review*, Vol. 10 No. 2.

Denison, Edward F., and William K. Chung, 1976, "How Japan's Economy Grew So Fast," The Brookings Institution.

Denison, Edward F., 1985, "Trends in American Economic Growth, 1929–1982," The Brookings Institution.

Enos, J. L., and W. H. Park, 1988, *The Adoption and Diffusion of Imported Technology*, Croom Helm.

Feder, Gershon, 1982, "On Exports and Economic Growth," *Journal of Development Economics* Vol. 12, pp. 59–73.

Hamilton, Clive, 1986, *Capitalist Industrialization in Korea*, Westview Press.

Hong, Wontack, 1981, "Export Promotion and Employment Growth in South Korea," in A. O. Krueger, H. B. Lary, T. Mason, and N. Akrasanee, *Trade and Employment in Developing Countries*, Vol. 1, University of Chicago Press, pp. 341–91.

_____, 1989, "Factor Intensities of Korea's Domestic Demand, Production and Trade, 1960–1985," *International Economic Journal*, Summer, pp. 97–113.

_____, 1990, "Market distortions and polarization of trade patterns: Korean experience," in J. K. Kwon (ed.), *Korean Economic Development*.

Jwa, Seung Hee, 1996, "Globalization and New Industrial Organization: Implications for Structural Adjustment Policies," in T. Ito and A. O. Krueger, eds., *Regionalism vs. Multilateral Trade Arrangement*, NBER–East Asia Seminar on Economics, Vol. 6, National Bureau of Economic Research.

Khanna, Tarun, and Krishna Palepu, 1999, "The Right Way to Restructure Conglomerates in Emerging Markets," *Harvard Business Review*, (July–August).

Kim, D. H., 1985, "Rapid Economic Growth and National Economic Integration in Korea, 1963–78," D. Phil. Thesis in Economics, Oxford.

Kim, Kwang Suk, 1975, "Outward–Looking Industrialization Strategy: The Case of Korea," in W. Hong and A.O. Krueger (ed.), *Trade and Development in Korea*, KDI, pp. 19−45.

_____, and Michael Roemer, 1979, *Growth and Structural Transformation: Studies in the Modernization of the Republic of Korea, 1945−1975*, Cambridge.

Kim, Kwang Suk and Joon Kyung Park, 1985, *Sources of Economic Growth in Korea, 1963−1982*, KDI.

Kim, Joon−Kyoung, Sang Dal Shim, and Jun−Il Kim,, 1995, "The Role of Government in Promoting Industrialization and Human Capital Accumulation in Korea," in Takatoshi Ito and Anne O. Krueger, eds., *Growth Theories in Light of the East Asian Experience*, The University of Chicago Press.

Kohli, Atul, 1994, "Where Do High Growth Political Economies Come From? The Japanese Lineage of Korea's 'Development State'," *World Development*, Vol. 22 No. 9.

Krueger, Anne O., 1995, "Evaluation of Korean Industrial and Trade Policies," *The Korean Economy 1945-95: Performance and Vision for the 21st Century*, KDI.

Krugman, Paul, 1979, "Increasing Returns, Monopolistic Competition, and International Trade," *Journal of International Economy*, Vol. 9, pp. 469−79.

_____, 1994, "The Myth of Asia' s Miracle," *Foreign Affairs*, Vol. 3 No. 6 (November/December), pp. 62−78.

Kuznets, Simon, 1955, "Economic Growth and Income Inequality," *American Economic Review* Vol. 55, pp. 1−28.

_____, 1963, "Quantitative Aspects of the Economic Growth of Nations: The Distribution of Income by Size," *Economic Development and Cultural Change* Vol. 11, pp. 1−80.

_____, 1976, *Modern Economic Growth: Rate, Structure and Spread*, New Haven, CT: Yale University.

Kwon, Jene, 1994, "The East Asia Challenge to Neoclassical Orthodoxy," *World Development* Vol. 22, No. 4, pp. 635-44.

_____, and Martin Williams, 1982, "The Structure of Production in South Korea's Manufacturing Sector," *Journal of Development Economics*, Vol. 11, pp. 215-26.

_____, 1986, "Capital Utilization, Economies of Scale and Technical Change in the Growth of Total Productivity: An Explanation of South Korean Manufacturing Growth," *Journal of Development Economics*, Vol. 24, pp. 75-89.

_____, ed., 1990, *Korean Economic Development*, Greenwood Press.

_____, and Hoon Paik, 1992, "Factor price distortions, resource allocation, and growth: A computable general equilibrium analysis," Mimeo, DeKalb: Northern Illinois University.

Lazonick, William, 1995, "Cooperative employment relations and Japanese economic growth," in Schor and Jong-Il You, eds., *Capital, the State and Labour: A Global Perspective*, Edward Elgar.

Lee, Eddy, 1979, "Egalitarian Peasant Farming and Rural Development: The Case of South Korea," *World Development*, Vol. 7, pp. 493-517.

Lee, Jisoon, 1990, "Government Spending and Economic Growth," in J. K. Kwon(ed.), *Korean Economic Development*.

Lee, Jong-Chan, 1994, *The State and industry in South Korea: The limits of the authoritarian state*, Routledge.

Lucas, Robert E., Jr., 1988, "On the Mechanics of Economic Development," *Journal of Monetary Economics*, Vol. 22, pp. 3-42.

Mizoguchi, T., Do Hyung Kim, and Young Il Chung, 1976, "Overtime (sic) changes of the size-distribution of household income in Korea(1963-1971)," in *Papers and Proceedings on the Income Distribution in South Korea*, Hitotsubashi University.

Morrison, C. J., 1989(June), "Unraveling the Productivity Growth Slowdown in the U. S., Canada and Japan: The Effect of Subequilibrium, Scale Economies and Markups," Working Paper No. 2993, National Bureau of Economies Research.

Park, Seung-Rok, and Jene K. Kwon, 1995, "Rapid economic growth with increasing returns scale and little or no productivity growth," *Review of Economics and Statistics*, pp. 332-51.

Pilat, Dirk, 1994, *The Economics of Catch Up: The Experience of Japan and Korea*, Edward Elgar.

Rodrik, Dani, 1994(December), "Getting Interventions Right: How South Korea and Taiwan Grew Rich," NBER Working Paper No. 4964.

Romer, Paul M., 1986, "Increasing Returns and Long-Run Growth," *Journal of Political Economy*, Vol. 94, No. 5, pp. 1002-37.

Schumacher, Ernst F., 1975, *Small Is Beautiful: Economics as if People Mattered*, Harper Perennial.

Sengupta, Jati K., 1993, "Growth in NICs in Asia: Some Tests of New Growth Theory," *Journal of Development Studies*, Vol. 29 No. 2, January, pp. 342-57.

_____, 1991, "Rapid Growth in NICs in Asia: Tests of New Growth Theory for Korea," *Kyklos*, Vol. 44, pp. 561-79.

Song, Byung-Nak, 1990, *The Rise of the Korean Economy*, Oxford University Press.

Wade, R., 1998, "From Miracle to Cronyism; Explaining the Great Asian Slump", *Cambridge Journal of Economics*, Vol. 22, No. 6.

Wade, R. & Veneroso, 1998, "The Asian Crisis: the High debt Model vs the Wall Street-Treasury-IMF complex", *New Left Review*, Vol. 228.

World Bank, 1993, *The East Asian Miracle: Economic Growth and Public Policy*, Policy Research Report.

_____, 1994, *World Development Report* 1994, Oxford University Press.

Wright, Gavin, 1990(Sep), "The Origins of American Industrial Success, 1879-

1940," *American Economic Review*, Vol. 80, No. 4, pp. 651-68.

Yaghmaian, Behzad, 1995, "An Empirical Investigation of Exports, Development, and Growth in Develping Countries: Challenging the Neoclassical Theory of Export-Led Growth," *World Development*, Vol. 22, No. 12, pp. 1977-95.

Yoo, Jong Goo, 1990, "Income Distribution in Korea," in J. K. Kwon, eds., *Korean Economic Development*.

You, Jong-Il, 1995, "Changing capital-labour relations in South Korea," in Schor and Jong-Il You, eds., *Capital, the State and Labour: A Global Perspective*, Edward Elgar.

Young, Awlyn., 1995(Aug), "The Tyranny of Numbers: Confronting the Statistical Realities of the East Asian Growth Experience," *Quarterly Journal of Economics*, Vol. 110, pp. 641-80.

Zysman, John, 1983, *Governments, Markets and Growth: Financial System and the Politics of Industrial Change*, Cornell University Press.

제 **II** 편

식민지경제와 분단체제 그리고 북한경제의 비극

제Ⅱ편 식민지경제와 분단체제 그리고 북한경제의 비극

　　서구사회가 수백 년에 걸쳐 이룩한 산업화를 약 한 세대 만에 달성한 한국의 압축성장은 어떻게 가능하였는가? 이에 대해 일부에서는 해방 이후부터 개발독재기 사이 한국에서 산업화가 제대로 진행되지 못하였고, 20세기 이전 전통사회에서는 시장경제나 산업화에 대한 경험(자본주의맹아)이 확인되지 않기 때문에 한국의 압축성장의 뿌리는 식민지조선의 공업화에서 찾을 수밖에 없다고 주장한다. 따라서 제5장에서는 식민지조선의 공업화와 개발독재기 고도성장의 내용의 유사성과 차이를 살펴볼 것이다. 결론부터 말하면 식민지조선의 공업화와 개발독재기 고도성장은 외형적으로 유사성을 보임에도 불구하고 내용에 있어서 근본적 차이가 존재했다. 오히려 식민지조선의 공업화와 개발독재기의 고도성장이 보여주는 생산력 특성이 한국 전통사회에 그 뿌리를 두고 있음을 확인할 수 있다. 이를 제6장에서 살펴볼 것이다.

　　한편, 지금까지 민족분단은 주로 지정학정 원인에 돌리곤 하였던 반면, 그것의 사회경제적 배경에는 많은 고민을 해 오지 않았다. 이제 우리는 일본의 식민지 통치가 '개인주의와 공동체주의의 역동적 결합'으로 특징지어지는 한국의 고유한 역사발전 패턴에 어떻게 영향을 미쳤는가를 검토할 필요가 있다. 제Ⅲ편에서 보듯이 자연환경의 지역적 차이가 일제에 의해 조선이 합병되기 이전까지는 사회질서의 통합에 장애로 작용하지 않았으나, 식민지체제 속에서 그 차이는 지역적 불균등을 구조화하는 데 결정적 역할을 하였음을 제7장에서 살펴볼 것이다.

다시 말해, 일제에 의한 식민지조선에 자본주의의 이식은 19세기까지 조선농민이 지향해 온 '근대적 · 공동체적 사회질서'를 단절시켰고 그것은 미완의 해방과 더불어 한반도의 남쪽에 자본주의가 그리고 북쪽에 사회주의라는 대립적 냉전구조를 성립시키는 계기로 작용하였다(P. K. Choi, 1996). 이런 점에서 일제에 의한 조선의 식민지화는 민족분단에 근본적 원인으로 작용하고 있을 뿐 아니라 민족해방의 완결 작업은 19세기 말에 좌절된 '근대적 · 공동체적 사회질서'를 현대적 의미에서 완결시키는 작업이다. 여기서는 민족분단의 사회경제적 배경을 고찰함으로써 분단의 사회경제적 구조와 성격을 이해함과 더불어 통일의 방향에 대한 단서를 제공하고자 할 것이다.

해방 후 한반도 분단을 규정한 냉전질서와 더불어 한반도 북부지역의 평균주의적 특성은 북한 사회주의체제 성립의 배경으로 작용하였다. 사회주의체제의 자립경제 노선은 한반도 북부지역에 중화학공업을 중심으로 전개된 식민지공업화의 유산과 더불어 해방 후 북한에서 중공업 우선노선으로 나타났다. 그러나 북한의 중공업 우선노선은 협소한 내수시장, 지역경제와 잘 통합되지 않은 식민지 경제의 중화학공업 유산, 그리고 사회주의 국제분업의 범위에 한정된 개방이라는 구조적 제약을 가진 것이었다. 북한의 중공업 우선노선의 문제는 1950년대 중반부터 당내갈등과 권력투쟁으로 나타났고, 사회주의 국제분업 체계에서 이탈한 주체형 사회주의 공업화 방식으로 전환한다. 그러나 새로운 전략은 북한경제 위기의 원인이 된다. 제 8 장에서 이를 자세히 다룰 것이다.

제 6 장

식민지공업화의 환상
― 공유시스템의 파괴 ―

   식민지공업화는 보통 식민지 하 한국의 1930년대에 나타난 현저한 공업생산의 증대를 의미하여 왔다. 溝口敏行 梅村又次의 추계(1988)에 의하면 1911년의 한국의 국내총생산에 대한 광공업의 비율은 4.5%에 불과했으나 20년 후인 1931년에는 9.8%, 다시 7년 후인 1938년에는 18.7%로 증가하고 있다. 즉 조선병합 이후 20년간 5.3% 증가한 데 비해 1931년 이후 7년간에 8.9%가 증가한 것이다.

   또한, 『조선총독부통계연보』에 게재된 전 물자생산액 중 농업생산액과 공업생산액이 차지하는 비중을 보면, 전자가 1918년에 80%의 압도적 비중을 차지하였으나 1940년에는 43% 수준으로 하락하였던 반면, 공업생산액은 1918년 15%에서 1930년에는 26%, 1935년에 30%, 그리고 1940년에 41%까지 상승하였다.[1]

   식민지기 조선의 공업화 과정은 세 가지로 시기 구분할 수 있을 것 같다. 기점은 명확히 할 수 없지만 종점은 1936-37년경으로 이 시기에는 대중소비재에서 보여주듯이 조선 내 소비시장이 점차적으로 확장하였다. 이것은 1929년 공황으로부터의 회복에 의해 본격화되었지만

---

1) 이 통계의 공산액은 중간투입재에 의한 이중계산분이 상당히 포함되어 있으며, 또한 공장생산만이 아니라 가내공업 생산분도 포함하고 있다는 점에서 공업화를 과대평가할 위험성이 있다(丁振聲, 1995: 18).

그 이전부터 진행되어 온 움직임이었다.[2] 1930년대 일본으로부터의 공장진출에 의해 자극된 측면 —— 예컨대 면방직이나 유안(硫安) —— 도 있고, 또 이입품(移入品)에 의해 촉진된 경우 —— 예컨대 인견(人絹) —— 도 있다. 그러나 그 본질은 새로운 자본주의적 생산력에 의해 농촌지역을 포함한 조선 내부의 사회적 분업이 급속히 재편되고 그 과정에서 시장조건에 변화가 일어난 것에 의한 것이다.

이런 점에서 식민지공업화는 조선에 있어서 자본주의적 생산양식의 본원적 축적과 밀접한 관련을 맺고 있던 소농민경영의 두 가지 측면에서 파악되어야 한다. 하나는 1930년대 후반에 있어서도 지주제가 체제적으로 후퇴하고 있지 않듯이 의연히 지주제의 중압 하에 있던 농민경영의 존재라는 측면, 그리고 또 다른 하나는 상품경제의 진행이라는 측면이다. 즉 농민경영은 일부는 지주제를 통해(즉 소작료착취와 지주에 의한 그 판매), 또 일부는 직접 판매를 통해 일본 및 조선의 농산물 시장과의 결합을 강화하고 있었다.

또 그 상품화한 농업을 유지하기 위해서는 공업제품인 화학비료 등의 생산수단시장에의 의존을 강화시켜, 그들은 이미 농민경영의 재생산에 불가결한 것으로 되어 있다. 더욱이 농가의 노동력은 농촌 외의 노동시장과 결합(특히 젊은 노동력의 유출)하고 농촌의 대중소비재도 점차 가내공업으로부터 공장제공업이 제품으로 대체되고 있었다.

요약하면 강고한 지주제와 공업화에 연결된 상품경제화의 과정이 병존하고 있다는 사실이야말로 식민지 조선농업의 특징이었다. 농민 중 일부는 상품경제화의 진전에 적극적으로 대응하여 경영의 향상을 도모하는 층도 출현하는 반면, 하층으로부터의 이농, 본원적 축적의 과정도 급격하게 진행되었던 것이다. 즉 적어도 1930년대 후반 이후의

---

2) 橋谷 弘(1990)은 식민지조선 공업화의 성격이 1937년 중일전쟁 이후 변했다는 종래의 일반적 견해를 부정하고 공업화는 20년대 이후부터 일관된 것이었다고 주장했다.

식민지조선의 농업은 일본을 중심으로 하는 자본주의에 깊이 규정되어 있는 존재로 되어 있었다. 일본자본주의의 중화학공업화와 그것에 연계된 식민지조선에의 투자 및 식민지조선 내에서의 자본형성과 대량의 노동력의 임노동자화에 의해 식민지조선 내에서도 자본주의적 생산양식이 급속하게 전개하고 있었다.

그러면 식민지기의 조선에 있어서의 자본주의가 어느 정도의 비중을 가지고 있었는가를 보기 위해 산업별 생산액 비율을 보자. 하나의 견해는 1938년부터 식민지조선의 공산액(임산물, 수산물, 광산물, 공산물)이 농산액(농산물, 축산물)을 능가하기 시작한 것을 가지고 한국이 자본주의사회가 된 중요한 기준으로 삼았다(權寧旭, 1966: 51). 이 견해는 산업분류의 취급방법에 관해서도 비판을 받았으나, 그 이상으로 그와 같은 단순한 양적인 비중으로 사회의 성격을 파악할 수 있는가라고 하는 방법적 측면에 대하여 보다 많은 비판이 집중되었다(허수열, 1986: 45-50).

그러나 자본주의적 생산양식 자체가 사회에서 어느 정도의 비중을 점하고 있는가는 자본주의의 발달도를 확정함에 있어서도, 또 그 사회의 성격을 생각하는 데 있어서도 중요한 하나의 지표라고 생각한다. 앞의 논의에서 정정되어야 할 것은 성격이 서로 다른 산업의 생산액을 단순하게 비교한 것이다. 각 산업의 가장 정확한 비율은 잉여가치량의 비율이나, 이 잉여가치란 이념상의 것으로 실제로 산출할 수는 없다. 거기서 차선의 유사지표로서 부가가치액을 사용하는 것이 적당하다.

지금까지 식민지기 한국의 각 생산부문별 부가가치생산에 관해서는 두 개의 추계가 있다. 서상철(1978)의 추계와 그것을 개량한 溝口敏行 梅村又次(1988) 등의 추계가 그것이다. 전자의 연구는 시대를 거슬러 올라갈수록 원자료의 조사대상이 감소하고 있다는 사실을 경시했기 때문에 공업순생산을 과소평가하고 있다고 비판되고 있다. 다만, 후자의 추계도 1930년대의 후반에 관해서는 그렇게 차이가 없으므로

1939 · 40년의 추세는 대개 연결될 수 있다고 생각된다. 양 추계의 차이가 있음에도 불구하고 공업의 증가추세는 거의 일관해 있다. 즉 1910년대 초두는 공업자료의 결락(欠落)이 많다고 하더라도 1910년대 말부터 서서히 공업비중의 증가, 즉 공업화가 진행하고 있었음이 확인된다. 그리고 1920년대 후반부터 새로이 상승추세를 보이고, 대공황기에 조금 저하했으나, 그 후 더욱 상승속도를 높여 최후로 1930년대 말에 폭발적인 비율의 상승에 이르고 있다.

　문제는 식민지조선에서 1930년대 말에 공업생산의 부가가치가 농업생산의 그것의 1/2에 도달하고 있었다는 사실이다. 참고로 일본이 그 수준이 된 것은 러일전쟁 전후의 시기, 즉 소위 산업혁명의 종료기였다. 즉 조선이 일본경제에 병합된 후 사회구조가 크게 변해가는 과정에서 식민지조선 지역에서도 자본주의적 생산양식 혹은 공업부문이 상당한 위치, 즉 농업부문에 규정적인 영향을 줄 정도의 양적 비중을 차지하기에 이르렀던 것이다(安秉直 · 中村哲, 1993).

　한편, 1930년대 이전까지 식민지조선의 공업은 방적공업을 비롯한 일부의 경공업을 제외하고는 거의 원료가공적인 빈약한 공업상태를 벗어나지 못하고 있었고, 규모에 있어서도 사용노동자 50인 미만의 소규모공장이 전 공장 수의 약 95%를 차지하고 있었다. 즉 1911년에서 1932년까지 공장 수는 252에서 4,643으로 17배 이상의 증가를, 그리고 생산액도 같은 기간동안 19,639원에서 323,271원으로 약 16배의 증가를 보였다. 반면, 사용노동자의 수는 이 기간동안 14,575명에서 110,650명으로 약 7배의 증가만을 보였듯이 당시 식민지조선의 공업경영 규모의 영세성을 보여주고 있다. 구체적으로는 1931년 6월 말 현재 직공 수 10-50명의 소규모공장이 전 공장 수의 80.7%를 차지하고 있었고, 50-100명의 중규모공장이 10.9%, 그리고 100명 이상의 직공을 고용하고 있는 대규모공장은 8.4%에 불과하였다.

　그리고 소규모공장은 정미공장 · 착유(窄油)공장 · 시멘트가공공

[표 6-1] 당해년 가격에 의한 식민지조선의 물자순생산 (단위: 백만 원)

	溝口 추계		B/A(%)	徐相喆추계(%)
	일차산업(A)	이차산업(B)		
1914	384	26	6.7	5.4
15	345	39	11.2	9.1
16	420	46	11.0	9.2
17	584	56	9.7	9.3
18	937	81	8.7	9.9
19	1,127	92	8.2	10.8
1920	1,222	108	8.9	8.9
21	868	106	12.2	11.2
22	963	117	12.2	10.0
23	934	116	12.4	11.2
24	1,042	117	11.2	11.2
25	1,102	126	11.5	12.4
26	1,013	150	14.8	14.1
27	986	144	14.6	14.5
28	864	142	16.5	16.6
29	800	149	18.7	17.4
1930	584	135	23.2	19.1
31	552	122	22.0	17.3
32	662	149	22.5	18.4
33	718	184	25.6	20.1
34	794	218	27.4	22.3
35	985	294	29.8	27.6
36	1,034	363	35.1	34.4
37	1,398	467	33.4	31.5
38	1,367	547	40.0	40.6
39	–	–	–	52.7
40	–	–	–	48.4

자료: 溝口敏行 · 梅村又次(1988); Suh(1978).

장·양말공장 등 대개 원료가공업 또는 잡공업적 성격을 지닌 것으로서 이들의 생산액도 빈약한 것이었다. 또한, 대규모공장이라 할 만한 것으로는 철도국 및 전매국 등에 소속된 관영공장을 제외하면 제사 및 방직공장, 비료공장, 시멘트공장, 제철소 등 10여 개에 불과하였다.

그러나 1930년대에 들어오면서 일본자본의 급격한 조선 진출이 강행된다. 그 원인으로는 무엇보다 1929년의 세계대공황의 파급으로 해외시장에 대한 의존도가 높았던 일본 자본주의의 타격을 지적할 수 있다. 즉 일본자본은 대공황으로 인한 피해를 극복하기 위해 안전하고 고이윤을 보장할 수 있는 투자 영역의 개척이 당면문제였고, 저임금 및 장시간 노동, 그리고 풍부하고 저렴한 수력자원이 존재하는 식민지조선은 가장 적합한 투자시장이었던 것이다. 이는 1930년의 24,654천 원에서 1942년까지 445,422천 원으로 생산액이 약 17배가 증가한 광공업의 발달에서도 확인된다. 즉 광업자원의 개발은 특히 금광에 집중되어 있었는데, 이는 일본 자본주의가 전쟁에 필요한 석유·설철(屑鐵)·공작기계 등을 대량으로 수입·저장할 목적으로 그 구매수단인 금의 산출에 주력했기 때문이다.

그럼에도 불구하고 1930년 이래, 특히 1937년 중일전쟁이 발발하면서 일본자본의 적극적 진출로 식민지조선의 근대공업은 (적어도 외형적으로) 비약적인 발전을 경험하였다. 즉 일본경제가 전시경제체제로 돌입함에 따라 식민지조선은 각종 군수공업기지로 발전하기 시작했고, 특히 일본 내에서 산출되지 않는 특수자원의 개발과 더불어 식민지조선 내 군수공업은 급속도로 건설되었던 것이다. 즉 지하자원의 개발과 더불어 1937년을 전후로 금속·조선·철도차량·화약·인조섬유공업 등이 전력자원의 개발과 결부되어 식민지조선의 북부지역에 건설되었던 것이다. 1939년 말 현재 공업부문의 생산액비율은 방직공업이 13.0%, 금속공업이 9.0%, 기계기구공업이 4%, 요업공업이 3%, 화학공업이 34%, 제재 및 목재품공업이 1%, 인쇄 및 제본이 1%, 식품공업이

22%, 가스 및 전기업이 2.0%, 그리고 기타가 11%로서 화학공업이 식품공업을 능가하고 있다. 그러나 이것은 전쟁과 결부된 중화학공업, 특히 화학공업의 급속한 확충으로 가능한 것이었다. 즉 중화학공업은 경금속공업과 군수화학약품공업을 주된 내용으로 한 것으로 제강 및 제동 등의 기본적 야금업과 기계기구공업 등 기간공업의 발전은 빈약한 상태를 벗어나지 못했듯이 식민지조선의 생산재공업부문의 약점을 벗어나지 못하였다. 예를 들어, 공작기계·원동기·기관(汽罐) 등은 말할 것도 없고 제조가공용기계의 자급율조차도 1940년 현재 19.6%라는 빈약한 상태에 있었다.

한편, 일본과 비교할 때도 1940년 말 현재 일본은 공업구조에 있어서 금속공업이 22.5%, 기계기구공업이 22.0%로서 전 공업의 45%를 차지한 반면, 식민지조선은 1943년 말 현재 각각 14%와 6%로서 합계가 20%에 지나지 않았다. 또한, 이 기간에 건설되었던 군수공업의 대부분이 대규모공업으로서 종업원 수 200명 이상의 대공장 수의 비중은 전체 공장 수의 2%에 불과했지만 전체 종업원 수의 39.3%와 공업총생산액의 61.8%를 차지하였다.

제1절 식민지공업화와 한국의 경제성장

이와 같이 1930년대에 식민지조선의 공업이 상당히 급속하게 발전했다는 점은 명백하고 그 자체를 부정하는 견해는 없다. 그러나 그 공업화가 식민지 조선사회에 대하여 가진 의의에 대해서는 학계에 공통적인 인식은 존재하고 있지 않다. 그 중 유력한 견해로는 다음의 세 가지를 지적할 수 있다. 하나는 오래 전부터 있던 이른바 '식민지공업비지론(植民地工業飛地論)' —— 조선 내 공업제품은 모두 일본으로의 반출 —— 이라는 것이다(金哲, 1965).

이 견해에서는 식민지조선의 공업은 오직 일본경제와만 직결된 것으로 식민지조선 내 경제와의 관련은 오히려 희박하다고 보고 있다. 그리고 이것은 종속이론의 비접합(disarticulation)론과 통하는 바가 있다.

또 하나는 식민지공업화라는 사태를 오로지 일본의 군수공업화의 일환, 즉 식민지조선은 단순한 일본 공업의 최종소비제품의 시장으로만 파악하려는 것이다(小林英夫, 1990). 논자에 따라 강조점을 두는 방식에 차이가 있기는 하지만, '군수공업화＝전시동원'이라는 인식을 갖고 있어 이 공업화가 일시적 혹은 표면적인 것에 불과한 것으로 보고 있다.

세 번째 견해는 앞의 두 견해 모두 사회 전체의 동향에 관해 실증적 기초 위에서 전개되고 있지 않다고 비판하면서 해방 이후 한국의 급격한 자본주의공업화 과정을 식민지 시기에 이루어진 급격한 자본주의화 과정의 연장선으로 파악할 것을 제기하고 있다. 예를 들어, 中村哲(1991: 165-66)에 의하면 한국경제의 자립적인 자본주의로의 발전의 토대를 형성했던 것은 토지조사사업과 1920년대의 산미증식계획, 그리고 무엇보다 1930년대의 식민지공업화였다. 이 시나리오의 첫 번째 단계로, "종래의 연구에서는 토지조사사업에 대하여 일본인지주에 의한 토지수탈 및 식민지 권력에 의한 국유지 수탈이 강조되어 왔으나, 그 최대의 의의는 전근대적 토지소유관계를 폐지하고 근대적 토지소유를 만들어 내고 그것에 의하여 농촌에의 상품경제의 급격한 침투, 농민층 분해, 지주제의 발달, 과잉인구 저임금노동력 창출의 기반을 만들어 낸 것"이라 주장한다. 그리고 두 번째 단계로 산미증식계획은, "① 제1차 대전 후의 장기불황에 의한 일본의 과잉자본을 식민지 금융기관을 통해 식민지지주에 대부, ② 지주 또는 지주를 중심으로 하는 수리조합은 그 자금을 토지개량, 농업기술개량에 투자, ③ 그것에 의해 일본경제와 결합된 지주제가 발전하고 그 소작미가 대량으로 일본에 이출, ④ 여기서 지주는 단지 토지소유자일 뿐만 아니라 금융기관으로부터 융자를 받아 토지개량투자를 행하거나 소작인에게 비료를 대부한다거나 품종 개량을 비롯한 농업기술개량을 추진하는 농업자본가적 성격의 지주, ⑤ 이 새로운 농업기술은 상품경제적·다비(多肥)집약적 농업기술이며 식민지권력이 그것을 대규모로 조직적으로 식민지에 도입한 것, ⑥ 지주의 투자목적은 소작료의 인상에 의한 수익의 증가이며 따라서 소작인의 지위는 약화되고 그 경영은 약체화해가고, ⑦ 농민의 대량몰락에 의한 농촌과잉인구의 형성과 농촌으로부터 인구유출"을 가져왔다. 그 결과, "산미증식계획은 조선 내 공산품시장의 선행적인 확대와 농업잉여의 자본전화라는 두 가지 경로를 통해서 조선공업화를 위한 내재적인 기반을 형성한 것으로 이해"(金洛年, 1993: 63)한다.

마지막으로, 1929년 공황을 직접의 계기로 세계시장의 해체, 블록경제화에 대응하는 일본제국주의의 블록경제 형성의 일환으로 일본 독점자본의 조선 진출이 본격적으로 개시되었는데, 이 과정에서 식민지조선 경제는 보다 강력하게 일본경제에 종속하여 갔지만 단순히 1920년대까지의 종속경제가 보다 심화된 것이 아니라 식민지자본주의가 공업부문을 중심으로 급속하게 발전하였다. 즉, "종래의 연구에서는 이러한 점이 간과되어 일본 독점자본의 수탈과 전시통제에 의한 조선인자본의 몰락이 강조되어 왔으며, 일본 독점자본은 일본경제와 결합되어 있기 때문에 식민지조선 내에서는 그 연관 산업은 발전하지 않는다고 말하여졌으나, 단순히 그러한 것이 아니고 1930년대의 공업화는 확실히 일본 본국으로부터 진출하여 온 일본 독점자본을 중심으로는 하고 있으나, 그 진출에는 식민지조선 경제가 그것을 가능케 하였던 조건 — 앞에서 언급한 식민지적 원축(原蓄)의 진행에 더해 인프라스트럭처, 유통조직의 발달 및 관련된 부문의 최소한의 성립 등 — 이 필요함과 동시에, 진출 자체가 그러한 관련부문을 발달시키게 되었던 것이다."그 결과, "조선의 공업화는, 물론 일본 본국에의 경제적 종속을 심화시켰으나, 조선인자본의 형성 발전까지도 포함하는 조선경제 전체를

끌어 들이면서 진전된 것이고, 또 한 가지 중요한 점으로 이 시기에 근
대적 조선인 노동자계급이 본격적으로 형성된 일이었고 농촌으로부터
의 인구유출도 가속화되었다"(中村哲, 1991: 168-69). 그리하여 해방 이
후 한국의 급격한 자본주의공업화 과정을 식민지시기에 이루어진 급격
한 자본주의화 과정의 연장선으로 파악하는 것이다. 中村哲의 이러한
인식태도는 국내외 지지자들에 의해 식민지공업화론('개발 및 수탈'론)
으로 확대 재생산된다.

　　이처럼 이들은 1960년대 이후 한국의 급속한 경제발전의 성과에
주목하면서 선진국화를 전망하고 있는 한국의 경제발전이 어떻게 가능
할 수 있었는가 라는 질문을 던지고 그 해답을 찾기 위해 일본의 식민
지 지배를 재검토하고, 그 결과 "일제식민지 지배가 낳은 근대적 측면"
에 주목한다(安秉直, 1989; 安秉直·堀和生, 1993; 安秉直, 1993). 이
가설에 의하면, ① 자본부문에서 조선인 회사 공장은 (특히 1930년대
들어 일본으로부터의 투자가 증가하면서) 근대적 업종을 중심으로 다양
한 업종에 진출함으로써 변화하는 여건에 능동적으로 대응한 결과, 자
본형성의 중점이 은행 금융에서 공업으로 옮겨지고 농촌으로부터의 노
동력 유출과 자본에 의한 포섭이 급속하게 진행되었고, ② 노동력 부
문에서도 1930년대 공업화로 노동자가 양적으로 크게 성장하였으며,
1930년대 후반 교육향상과 노동경험 축적을 통하여 직공 등의 상용노
동자가 증대하고 기술 숙련노동자가 크게 증가함에 따라 '관리기술자
숙련공＝일본인 노동자,' '자유노동자 비숙련공＝조선인 노동자'라는
식민지적 고용구조가 변화를 보이면서 조선인 노동지기 질적 성장을
하였다는 것이다.

　　이들에 의하면, 1930년대 들어 일본으로부터의 투자가 증가하면서
자본형성의 중점이 은행·금융에서 공업으로 옮겨지고 농촌으로부터
의 노동력 유출과 자본에 의한 포섭이 급속하게 진행되었다. 예를 들
어, 식민지조선에 본점을 둔 회사자본의 추세를 가지고 식민지조선에

서의 자본형성 일반을 대표하는 것으로 보고 식민지조선에서의 산업별 자본구성을 검토하면, 은행금융의 비중 저하(44.6% → 22.0% → 7.4%)와 공업의 상승(14.2 % → 32.6 % → 50.7%, 광업을 포함하면 18.0% → 34.9% → 69.1%)이 지극히 대조적인 추세를 보이고 있고, 이는 당시의 자본형성이 공업부문을 중심으로 진행한 것이 명백하다는 것을 반영한다고 주장한다. 한편, 농림수산업의 비중은 하락(10.5% → 7.9% → 5.4%)하고 있지만 여전히 상당한 비중을 차지하고 있는데 이것은 식민지조선의 농업이 아직 높은 수익성을 가지고 있기 때문이다.

이들은 이러한 급속한 자본주의화를 반영하는 또 하나의 지표로 무역·공업 구성 및 소비시장의 변화를 지적한다. 1930년대 대일무역에서 무역액이 급신장하면서 수이출에서 공업제품의 비중이 상승하고, 공업제품의 수이입에서 소비재의 비중이 저하하고 생산재의 비중이 상승하며 수이출에서 원료재·중간제품 등의 생산재가 높은 비중을 차지한다. 그리고 공업생산에서 소비재의 비중이 줄어드는 반면 생산재의 비중이 상승하며, 식민지조선 사회 내부의 사회적 분업이 재편됨에 따라 소비시장이 급속도로 확대되고, 공업제품의 소비에서 소비재의 소비가 확대됨과 동시에 생산재의 소비는 더 빠르게 진행되었다.

첫째, 식료품과 생활재의 비중은 7할대로부터 5할대로 상대적 저하, 생산재는 1920년대 중반까지 점증하고 그 후 그 수준을 유지, 자본재는 제1차대전기에 일시적으로 급증하고 그 후에는 저하하다가 1930년대에 재상승 및 급증, 그리고 건설재는 1930년대 후반에 급증이 있었다.

둘째, 일본으로부터의 이출을 급속하게 신장하여 간 것의 중심은 원료재 및 중간제품이었던 반면, 일본으로의 이출이 급증하는 공업제품은 시기에 따라 업종에 변화는 있으나 생산재부문의 제품이라는 것이다.

셋째, 1920년대 이후 생산총액이 8배로 되는 과정에서 식료품과 생활재가 88.3%로부터 50.0%로 경향적으로 저하해 간 반면 생산재는

9.5%로부터 44.6%로 상승하였다.

넷째, 수출입액과 생산액을 조합한 부문별 소비액을 보면 소비 전체로서는 7.1배로 확대했으나, 부문별로 보면 건설재가 37배, 생산재가 21.9배, 자본재가 14.5배, 식료품이 5.0배, 생활재가 4.3배 확대되었다. 즉 소비수단의 소비의 확대를 훨씬 상회하는 생산수단의 소비증가가 진행되었다.

다섯째, 식민지조선 공업생산의 조선 내 자급률을 보면, 식료품은 9할 전후 자급하고 있는데 대해 자본재와 건설재는 아직 낮고 일본으로부터의 공급에 의존하고 있었다. 소비수단부문 내에서도 생활재를 최후까지 4-5할을 일본을 일본으로부터 이입하고 있었다. 그러나 생산재의 자급률은 최후로는 100%를 초과하였고 식민지조선으로부터의 생산재제품의 수·이출도 증가하고 있다. 특히 생산재부문 내에서 중요했던 화학·방직·금속의 어느 것이나 1930년대 후반에 자급률 100%를 초과하고 있다. 게다가 1930년대 후반 5개년간에 가장 중요한 화학부문에서 수·이출액은 수·이입액과 거의 균형을 이루었던 반면 수·이출액은 조선 내 생산액의 34.9%에 불과했듯이 식민지조선 내에서 생산한 생산재의 조선 내 소비에 급진전이 있었다.

요약하면 조선 공업제품의 실제 운동을 보면 첫째는 일본으로부터의 소비수단(특히 비식료품)과 생산수단의 유입증가, 둘째는 조선에 있어서의 공업제품 소비시장의 확대와 그것과 연관된 소비수단 및 생산수단(특히 생산재)의 생산 확대, 셋째는 조선의 생산증가에 의한 일본으로의 생산재의 공급증기, 그리고 이들 세 기지의 운동이 병행히고 중복되어 조선과 일본 사이에 그리고 조선지역의 내부에서도 산업연관, 즉 공업 면에서의 사회적 분업이 형성되어 갔다(安秉直·堀和生, 1993). 이와 같이 이들에 의하면 식민지조선은 단순한 일본공업의 최종소비제품의 시장이 아니고, 또 조선 내 공업의 제품을 모두 일본으로 반출한다고 하는 '비지'도 아니었다(安秉直 堀和生, 1993; 金洛年, 1993).

● [표 6-2] 대일무역의 업종별 구성과 무역수지　　　　　　　　(단위: %, 백만엔)

	이 출(%)					이 입(%)					이출-이입(백만엔)				
	1918	1925	1930	1935	1940	1918	1925	1930	1935	1940	1918	1925	1930	1935	1940
농 업	64.2	72.7	61.8	59.9	13.1	2.7	13.3	5.8	8.1	6.1	83	196	129	243	15
공 업	6.5	17.5	27.6	26.1	56.4	90.1	83.0	87.5	85.8	82.1	-84	-132	-169	-343	-672
방 직	0.6	9.5	11.5	5.6	10.6	34.1	33.3	25.0	21.3	14.4	-34	-45	-40	-89	-112
금 속	2.4	1.5	2.4	3.6	16.5	8.7	7.1	11.1	13.4	15.0	-6	-11	-24	-56	-78
기계기구	0.0	0.2	0.5	0.6	1.9	14.6	5.0	9.7	12.0	18.9	-15	-11	-25	-63	-225
화 학	1.9	3.1	7.8	12.4	19.1	9.7	14.8	18.1	17.3	12.9	-8	-24	-30	-35	-31
식료품	0.4	1.2	1.4	1.4	2.1	6.3	8.7	8.4	7.2	6.0	-6	-16	-19	-32	-64

자료: 金洛年(1993: 90, 127-31), 원자료: 朝鮮總督府, 『統計年報』, 『朝鮮貿易年表』.

● [표 6-3] 산업별 무역의존도의 추이　　　　　　　　　　　　　　　(단위: %)

	수 이 출					이 출				
	1918	1925	1930	1935	1940	1918	1925	1930	1935	1940
농 업	9.3	19.5	21.3	26.6	7.3	8.7	19.2	21.1	25.9	4.8
공 업	8.2	21.8	29.4	29.9	31.6	4.8	17.7	23.0	22.0	21.8
방 직	3.4	78.7	66.9	44.8	51.0	3.1	71.7	58.8	32.5	33.2
금 속	13.7	26.0	47.6	95.8	103.4	13.5	24.2	46.3	64.3	92.1
기계기구	0.0	19.7	16.9	55.5	66.3	0.0	12.7	12.7	23.3	17.9
화 학	34.3	29.7	55.6	44.5	24.6	17.7	22.9	43.6	40.1	19.8
식료품	2.1	7.0	9.1	7.2	8.9	1.2	3.7	4.1	3.9	4.0

	수 이 입					이 입				
	1918	1925	1930	1935	1940	1918	1925	1930	1935	1940
농 업	0.9	5.5	6.9	6.7	6.8	0.3	2.4	2.1	3.7	3.8
공 업	39.0	43.4	49.3	47.6	37.9	31.5	34.3	42.2	43.5	35.8
방 직	61.6	71.1	63.6	60.5	46.7	52.6	52.3	53.1	57.9	43.4
금 속	35.1	46.2	72.0	73.9	60.8	24.6	43.3	69.5	70.8	59.7
기계기구	86.9	71.1	74.9	85.8	77.0	72.4	62.8	64.6	80.3	74.7
화 학	53.0	52.6	59.3	44.0	22.6	33.6	37.6	46.8	35.6	18.8
식료품	16.4	19.3	24.5	19.5	17.4	21.1	16.2	20.5	18.6	17.3

주: 이출의존도≡(이출액/생산액)×100; 수이출의존도≡(수이출액/생산액)×100
　　수이입의존도≡(수이입액/생산액)×100; 수출(입)의존도≡수이출(입)의존도-이출(입)의존도
자료: 앞의 표와 동일.

● **[표 6-4]** 식민지조선의 무역구조

	수출액지수	총수출 중 일본의 비중	음 식 업	무 역 구 조 제 조 업		공업원료
				소비재	생산재	
1911-15	100	78	72	5	1	22
1916-20	456	83	68	5	1	26
1921-25	640	92	68	4	2	26
1926-29	735	91	67	6	2	25
1930-35	956	90	61	8	2	29
1936-38	1,688	84	49	15	3	32

	수입액지수	총수출 중 일본의 비중	음 식 업	무 역 구 조 제 조 업		공업원료
				소비재	생산재	
1911-15	100	62	19	47	13	21
1916-20	114	67	18	44	13	25
1921-25	215	66	22	41	13	24
1926-29	334	72	25	37	12	26
1930-35	433	83	17	40	13	30
1936-38	556	86	15	39	18	28

자료: Samuel Pao-San Ho, 1984, "Colonialism and Development: Korea, Taiwan, and Kwantung," in Ramon H. Myers and Mark R. Peattie (ed.), *The Japanese Colonial Empire 1895-1945*, p.196, Table 4에서 재인용.

　그 결과, 식민지기(1911-38년)의 경제성장률은 연평균 3.7%로서 해방 후(1953-90년)의 7.7%에 비해 약 1/2수준을 보이고 있다는 점에서 해방 후의 고도성장과 유사상(類似像)을 보인다는 것이다. 구체적으로 식민지기 경제성장을 국내총생산에 대한 지출항목별로 구분해 보면, 수출(및 수입)과 총자본형성의 증가가 매우 높아 전체 성장률의 두 배 또는 그 이상의 증가율을 보이는데, 이는 수출과 투자가 주도한 해방 후 한국경제성장의 특징과 유사하다는 점, 그 결과로 무역의존도가 식민지기에 15%(1911년)에서 65%(1938년)로 급증하였고, 이는 12%(1955년)에서 70% 전후까지 높아진 해방 후의 추세와 유사하다는 점을 지적한다. 사실, 1938-39년 기간 식민지조선과 같은 규모의 국가들의 평균 해외교역률이 0.24(A. Kohli, 1994: 1284)였던 반면, 식민지조선은 0.54로서 두 배 이상의 수출을 하였을 뿐 아니라, 이 중 제조업의 수출이 43%를 구성하고 있다(Sang-Chul Suh, 1978: 120-21). 무역 다음의 구성비의 증가를 보여 준 총고정자본형성 또한 1911년 5.1%에서 1938년 16.6%로 급증한 식민지기의 특징이 1955년 9.6%에서 1990년 34%로 급증한 해방 후에 그대로 확인되고 있고, 투자재원의 조달 면에서 해외저축에의 의존도가 높다는 사실도 해방 전과 해방 후 모두 유사하고, 그 결과로 수출(및 수입)과 총고정자본형성의 증가가 식민지기 경제성장에서 가장 커다란 기여를 하였다는 사실 등이 유사상을 확인할 수 있다는 것이다(安秉直 金洛年, 1995).

그런데 1947년 10월의 연합군 최고사령부(Supreme Commander for Allied Power's: SCAP)의 추산에 의하면, 1900-45년간 일본의 식민지조선 투자액은 약 80억 엔(5.3억 달러) 정도였다고 한다. 이 중 상당량은

[표 6-5] 국내총생산에 대한 지출항목별 연평균 증가율   (단위: %)

	총지출	민간소비	정부소비	총고정자본	수 출	수 입
1911-20	3.6	2.9	7.8	0.7	10.7	3.4
1920-30	2.2	2.4	4.9	10.2	7.4	11.1
1930-38	5.6	4.2	5.3	13.5	12.3	9.5
1953-60	3.8	5.1	0.8	10.3	6.7	0.7
1960-70	8.4	6.8	5.2	20.8	28.5	18.1
1970-80	8.1	6.6	6.6	13.1	20.6	14.9
1980-90	9.3	8.2	6.2	12.0	10.8	10.6
1911-38	3.7	3.1	6.0	6.0	9.9	8.0
1953-90	7.7	6.8	5.0	5.0	17.2	11.8

자료: 安秉直 · 金洛年, 1995, 「한국경제성장의 장기추세: 경제성장의 역사적 배경을 중심으로」, 『한국경제발전의 회고와 전망』, 광복50주년기념학술대회, 한국경제학회 · 경제사학회, 99쪽, 표1에서 재인용.

● [표 6-6] 식민지조선의 자본형성과 일본 및 대만과의 비교 (1934-36년 가격기준)

	건 축			시 설 재		
	한 국	대 만	일 본	한 국	대 만	일 본
성 장 률						
1913-22	2.3	11.3	6.1	14.4	15.2	12.0
1918-27	3.4	4.9	4.9	1.8	5.3	-13.9
1923-32	11.3	7.5	1.2	6.0	9.0	-0.4
1928-37	7.6	7.4	3.5	11.6	6.3	12.1
1911-38	5.7	6.6	3.1	8.9	6.4	2.8
총투자액(백만엔)	1,567	1,451	18,515	699	323	18,370
일인당연간투자	3.00	12.08	11.01	1.34	2.30	10.89
총자본형성 중 정부자본형성의 비중	1913-22		1923-33		1933-38	
대 만	37.0		27.9		30.0	
조 선	60.3		57.1		59.1	

자료: Mizoguchi Toshiyuki and Yamamoto Yuzo, 1984, "Capital Formation in Taiwan and Korea," in Ramon H. Myers and Mark R. Peattie, ed., *The Japanese Colonial Empire 1895-1945*, p. 415, Table 4, 5에서 재인용.

● [표 6-7] 산업별 국내총생산의 구성 및 연평균 증가율 (단위: %)

	구 성 비			연평균증가율		
	농림어업	광 공 업	서비스업	농림어업	광 공 업	서비스업
1911	65.2	4.5	30.3			
1920	66.2	6.9	32.7	4.4	9.2	2.9
1930	58.8	8.6	32.7	0.8	4.5	4.3
1938	49.0	16.6	34.4	2.5	13.9	5.6
1953	47.3	10.1	42.6			
1960	36.8	15.9	47.3	2.3	12.3	4.1
1970	26.7	22.5	50.8	4.5	15.8	9.5
1980	14.9	31.0	54.1	1.0	14.5	8.4
1990	9.1	29.6	61.3	2.9	11.4	9.4

자료: 安秉直·金洛年, 1995, 「한국경제성장의 장기추세: 경제성장의 역사적 배경을 중심으로」, 『한국경제발전의 회고와 전망』, 광복50주년기념학술대회, 한국경제학회·경제사학회, 100쪽, 표 3에서 재인용.

◢ **[표 6-8]** 식민지조선의 생산지수   (1925−29＝100)

	경제 전체		농 업		광 업		제 조 업	
	GDP	상품생산	부가가치	생 산	부가가치	생 산	부가가치	생 산
1910−14	48.12	6707	75.90	73.68	54.76	26.86	18.66	31.25
1915−19	60.25	83.27	91.88	87.72	91.67	61.35	42.63	66.71
1920−24	96.07	90.93	97.51	96.49	55.95	76.24	55.65	70.91
1925−29	100.00	100.00	100.00	100.00	100.00	100.00	100.00	100.00
1930−34	100.99	122.91	117.42	113.16	203.57	160.52	123.97	126.36
1935−39	122.46	142.49	113.79	127.19	572.62	467.28	244.34	269.19
	연평균성장률							
1912−27	5.32	2.70	1.85	2.06	4.11	7.46	11.84	5.69
1927−37	2.39	3.60	1.30	2.43	19.07	18.70	9.34	10.41
1912−37	4.15	3.06	1.63	2.21	8.84	11.82	10.83	7.81

자료: Samuel Pao-San Ho, 1984, "Colonialism and Development: Korea, Taiwan, and
Kwantung," in Ramon H. Myers and Mark R. Peattie (ed.), *The Japanese Colonial
Empire 1895-1945*, p. 387, Table 1에서 재인용.

◢ **[표 6-9]** 식민지조선의 제조업의 성장과 구성

	전 체	음 식	섬 유	목 재	화 학	비금속	금 속	기 계	기 타
생산성장률									
1913−27	5.99	6.68	5.92	14.23	7.82	15.15	5.08	6.49	1.18
1927−39	10.29	7.87	10.04	1.95	17.38	10.79	8.66	10.49	2.40
1913−39	8.12	7.27	7.96	7.91	12.50	12.95	6.85	8.47	1.79
생산구성									
1914−16	100%	35	13	1	12	3	16	2	18
1926−28	100%	43	14	3	16	3	7	3	10
1936−40	100%	27	18	2	30	3	11	3	6

자료: 앞의 표와 같은 자료의 p. 194, Table 3에서 재인용.

1930년대 이후 집중적으로 투하되었고, 일본의 식민지조선에 대한 투
자 증가가 식민지조선의 소득을 매우 빠른 속도로 증대시켜 갔을 것이

라는 점은 굳이 성장률을 계산해 보지 않아도 쉽게 짐작할 수 있다. 물론 조선인자본의 절대적 성장이 명백했음에도 불구하고 자본과 관련하여 창출된 국내총지출(Gross Domestic Expenditure) 중에서 조선인자본이 차지하는 비중이 증대되었다고는 할 수 없다(허수열, 1996: 2-5).

제 2 절 식민지공업화의 환상

이와 같이 중진자본주의론은 수탈론이 보지 못 했던 개발과 자본주의화라는 측면을 드러내 주었다. 그럼에도 불구하고, 1960, 70년대 경제성장의 배경을 1930년대의 식민지공업화와 자본주의화에서 찾으려고 하는 이들의 문제의식이 ("식민지기에 일어난 한국경제의 제 변화가 해방 후 한국경제 전개의 출발점이 되었음은 부정할 수 없다"는) 경로의존성과 연속성에 기초(김낙년, 2003)하고 있는 반면 식민지 하에서 개발과 성장이 해방 후 왜 단절되었는가를 설명하지 못할 뿐 아니라 개발독재기의 고도성장과의 차이를 외면하고 있다.

첫째, 식민지공업화의 성격은 식민지 종식과 더불어 식민지공업화의 허상이 드러난 데서도 확인된다. 매디슨(A. Maddison, 2001)의 추계에 의하면 1911년 조선의 1인당 국내총생산은 777달러였다. 일제시대에 절정에 도달했던 연도는 1937년으로서 1,482달러였지만 중일전쟁 이후 감소세로 돌아서 1944년 1,330달러로 줄었고 해방되던 해인 1945년에는 616달러로 급격히 위축됐다.

기간별로 보면 일인당 국내총생산은 1911-18년, 그리고 1932-37년에만 성장이 확인된다. 그리고 한국전쟁이 발발한 1950년에 770달러였다. 즉 조선의 일인당 국내총생산은 일제시대 이전으로 되돌아가 버렸다. 마찬가지로 1949년의 인구조사에 의하면 전체 유업자의 78.8%가 농업에 종사하고 있었는데 이 수준은 공업개발이 아직 본격화하지 않았던 1930년 무렵과 비슷한 것이었다.

그렇다면 일제시대 이루어진 개발과 성장은 도대체 무엇이었던 가? 즉 식민지공업화가 만들어 낸 개발의 결과물이 해방 후가 되면 마치 신기루처럼 사라져버리고 한국은 다시 세계에서 가장 가난한 농업국으로 하나가 되어버린 것일까? 무엇보다 식민지공업화가 외래자본에 의해 추진되다 보니까 그것의 수탈적 성격으로 공업화 방식이 민족 주체적으로 진행된 경우보다 훨씬 미흡했다는 점이다. 즉, 일본자본의 조선 진출에 의한 공업화가 총요소생산성(TFP)이나 자본생산성의 성장을 수반하지 않았다면, 외연적 성장전략에 기초한 민족 주체적 공업화가 식민지공업화보다 훨씬 낮은 결과를 가져올 것이라는 것은 쉽게 추론할 수 있다. 즉 한국 공업화의 역동성이 전통사회의 그것과 관련이 있다는 것은 식민지 권력이 없었다면 (심지어 해외자본의 도입과 직접투자를 포함하더라도) 당시의 현실적 상황에서는 외연적 성장 방식이 합리적 선택일 수밖에 없었다는 점을 강조하는 것이고, 따라서 식민지권력의 역할은 '개발'의 측면보다는 '침략과 수탈'의 측면이 강조될 수밖에 없다. 무엇보다, 식민지공업화는 높은 해외저축에의 의존도가 보여주듯이 식민지조선의 저렴한 노동력 및 에너지자원과 결합된 자본의 집중적 투입에 의해 이루어졌다는 점, 그리고 식민지 공업화에 대응한 조선인자본에 의한 기술혁신의 증거들이 발견되지 않을 뿐만 아니라 일본제국주의는 일본기술의 식민지조선에의 이전을 허용하지도 않았다는 점에서 총요소생산성의 성장을 기대하기는 어렵다.

식민지공업화의 결과를 민족주체적 공업화의 효과와 비교할 수 있는 또 하나의 방법은 식민지조선 경제와 선진 일본경제를 매개했던 해외부문이 식민지조선 경제의 성장에 어떠한 영향을 미쳤는가를 살펴보는 것이다. 주지하듯이, 식민지기 국내총생산의 연평균 증가율 3.7%(1911–38년)는 연평균 7.9%(1911–38년)로 증가한 총고정자본형

자료의 제약에도 불구하고 식민지조선의 경제성장에 있어서 일본자본의 역할을 추정해 보자. 자본스톡과 각 생산요소의 소득비중을 추정하기 어려워 총요소생산성을 직접 계산하는 대신 회귀분석을 통해 총요소생산성을 간접적으로 추정할 수 있다. 추정의 편의를 위해 총산출량 Y는 노동 L과 자본 K에 의해 이루어지고, 경쟁적인 시장조건과 일차동차성(CRS)을 가정하였다.

$$Y = Y(L, K, t) \tag{1}$$

여기서 t는 시간을 나타내고, 식 (1)을 전미분하여 정리하면 식 (2)를 얻을 수 있다.

$$\dot{Y}/Y = \alpha + \beta_0(I/Y) + \beta_1(\dot{L}/L) \tag{2}$$

여기서 $\alpha = \dfrac{\partial Y}{\partial t} * \dfrac{1}{Y}$ (TFP의 변화율)

$\beta_0 = Y_K \equiv (\partial Y/\partial K)$; $\beta_1 = Y_L * (L/Y)$ 　 단, $Y_L \equiv (\partial Y/\partial L)$

이제 溝口敏行 梅村又次(1988)가 추정해 놓은 총고정자본형성과 국내순생산을 투자와 총산출양의 대리변수(proxy variable)로, 그리고 조선총독부『통계연감』에 있는 조선인 총인구를 노동의 대리변수로 사용하여 총요소생산성(α)을 추정할 수 있다. 실증분석의 결과는 앞에서 예상했듯이 총요소생산성의 증가는 확인되지 않는다.

$$\dot{Y}/Y = -0.0091 + 0.3089(I/Y) + 1.4831(\dot{L}/L) \tag{3}$$
$$(0.0417) \quad (0.4725) \qquad (1.1488)$$

( )의 값은 각 계수의 표준편차　 $D.W = 2.767$

성, 연평균 10.7%(1914–40년)로 증가한 제조업 종업원 수, 그리고 연평균 10.1%(1911–38년)로 신장한 무역(수이출 13.7%와 수이입 8.0%)과 관련을 맺고 있다. 특히, 현저한 공업생산의 증대가 이루어진 1930년대

💧 [표 6-10] 식민지기 조선의 노동력 · 자본 · 국민순생산의 변화

국민순생산(1911-38)	2.7배
제조업 종업원(1914-40)	14.1배
광공업 주업자(1917-43)	4.8배
고정자 본형성(1911-38)	7.8배
수이출(1911-38)	31.8배
수이입(1911-38)	7.8배

주: 國民純生産, 固定資本形成, 輸移出과 輸移入은 溝口敏行 · 梅村又次(1988)에서 계산된 수치이고, 製造業從業員은 安秉直 · 金洛年(1995)에서 계산된 수치이고, 鑛工業主業者는 朝鮮總督府『統計年鑑』에서 계산된 수치임.

(1930-38년)에 국한해 보면 이러한 특징은 더욱 두드러진다. 이 기간 동안 연평균 4.9%로 국민순생산이 성장하기 위해 국내 총자본형성은 연평균 13.6%, 공장종업자는 연평균 13.1%(1932-38년), 수출과 수입은 각각 연평균 17.0%와 9.5%씩 증가해야 했다.

또한, 식민지기 조선의 경제성장은 요소투입과 해외수요의 증가에 의한 외연적 성장이었다. '신성장이론(New Growth Theory)'에 의하면, 국제적 경쟁환경에 놓여 있는 수출부문은 효율적인 경영기법 및 생산기술을 도입할 수 있고 노동력의 질을 높일 수 있는 훈련기회를 축적할 수 있다. 이는 자원을 비수출부문에서 수출부문으로 재배치시킬 뿐만 아니라 수출부문이 획득한 기술 및 경영의 혁신들(innovations)을 비수출부문에 확산시킴으로써 경제 전체에 생산성의 증가를 가져온다.

따라서 외연적 성장을 내용으로 하는 식민지공업화가 민족 주체적 공업화에 못지 않은 효과를 가져다 주었다면 일본경제와 결합되어 있는 해외부문의 성장이 식민지 조선경제의 성장에 긍정적 영향을 가져다 주었을 것을 예상할 수가 있다. 다시 말해, 선진 일본경제로부터 신기술 및 새로운 경영방식을 도입할 수 있는 수출부문의 성장이 식민지 조선의 비수출부문의 성장에 유익한 영향, 즉 외부성(externality) 효과

로 작용하였다면 수출의 증가는 경제 전체의 성장에 기여했을 것이다. 이는 일본과의 무역 확대가 식민지조선의 경제를 외형적으로 확장시킨 반면, 무역을 통해 선진경제로부터 유입이 예상되는 새로운 생산기술 및 경영의 도입, 그리고 노동력의 질을 개선시킬 수 있는 훈련을 축적할 기회가 되지는 못했음을 의미한다. 이는 해방 이후 한국의 경제성장에서 수출부문의 외부성 효과가 중요한 역할을 했을 뿐만 아니라, 수출부문의 비수출부문에 대한 외부성 효과가 그 반대의 경우보다 6.9배 (1964-83년)에서 3.2배(1969-86년) 정도 높았음이 추정(J. Sengupta, 1991: 564)되고 있는 것과 대조적이다. 예를 들어, 1967-86년(J. Sengupta, 1993: 349)과 1961-87년간(J. Sengupta, 1991: 566) 한국경제에서 수출의 외부성 효과를 추정한 결과를 보면 다음과 같다.

1967-86년 $\quad \hat{Y}/Y = -350.4 + 0.13 * (I/Y) + 0.03 * (\dot{L}/L) + 0.42 * (X/Y) * (\dot{X}/X)$

1961-87년 $\quad \dot{Y}/Y = -0.0002 + 0.0005 * (I/Y) + 0.0011 * (\dot{L}/L) + 0.2508 * (X/Y) \times (\dot{X}/X)$
$$\quad\quad\quad\; (-2.20) \quad (2.19) \quad\quad\quad (1.86) \quad\quad\quad (2.22)$$

( )의 값은 각 係數의 t 값 　　D.W = 1.50

　　1910-44년간 식민지조선의 무역수지 적자는 36억 엔, 소득수지 적자는 17억 엔, 서비스수지 적자는 2억 엔인 반면, 그것을 상쇄하는 자본수지 흑자는 38억 엔, 경상이전수지 흑자는 16억 엔, 금은수지 흑자는 11억 엔이고, 나머지 -10억 엔은 오차 및 누락이었다(김낙년, 2004). 즉 재화와 서비스 거래에서 대폭 적자를 보았던 반면, 금은의 순이출로 그 일부를 메우고 그 대부분은 자본 유입, 일본정부 자금, 민간 송금으로 메워졌다. 그리고 일본인이 투자수익·임금 등으로 얻은 소득이 상당액 유출되었다. 앞에서도 지적했듯이, 해방 후 1인당 생산이 식민지화되는 시점의 수준으로 떨어지고, 무역의존도도 그 이전의 수준으로 떨어질 정도로 해방 후 생산과 무역의 급격한 쇠퇴를 경험했다. 이는 식민지기 경제성장을 지원한 식민지기 역외 경제교류라는 것이 일본

기업이 주로 무역업을 담당하고 무역 확대를 주도한 제국내 무역에 불과한 것이었음을 의미한다.

다시 말해 식민지로 편입된 지역은 식민 모국과 주로 무역하여 다양한 국가와 무역하는 데에 따른 비교우위의 이점을 충분히 얻기 어렵고, 전략적 유치산업을 보호 · 육성할 수도 없고, 기술이전을 극대화하는 방향으로 역외투자를 유도하기도 어려운 것이다.

또한, 뒤에서 살펴보듯이, 식민지기 교육과 고용의 차별 등은 역외투자의 기술이전을 제약하였고, 일본 대자본이 진출하는 가운데 토착 중소기업에 대한 배려의 부재는 토착인의 기업 의욕을 억누르는 면도 있었다. 즉 식민지 아래서 학습이야 이루어지겠지만 따라잡기(catch-up)의 의욕이 저해되고 그 전략은 추진될 수 없었다. 해방 후 생산과 무역의 급감이 대다수 일본인 기업이 유실된 데서, 즉 식민지 공업생산의 현지화가 원활히 이루어지지 않은데서 비롯한 반면, 개발독재기 외국자본의 도입은 생산의 현지화라는 성과였던 것이다(이헌창, 2005: 162).

이와 같이 식민지 공업화는 해방 이후 민족 주체적으로 진행된 공업화나 경제성장과 마찬가지로 외연적 성장이라는 '외형상 유사성'에도 불구하고, 앞에서 살펴본 생산성이나 외부성 효과의 결여라는 내용적 한계 및 그것의 '수탈적 성격'으로 인해 '개발'의 측면, 즉 식민지 지배가 낳은 '근대적 측면'을 적극적으로 평가하기 어렵다는 결론이 나온다.

이를 분석하기 위해 식민지조선의 전체 경제를 수출과 비수출부문으로 분류하고, 수출부문이 비수출부문의 성장에 긍정적 영향을 주었는가를 추정해 보자. 즉 국민경제를 수출과 비수출부문으로 분류할 때, 총산출량 $Y(=X+N)$는 수출부문의 산출량 X와 비수출부문의 산출량 N으로 나누어지고, 여기서 수출부문에 사용된 노동력과 자본을 L_X와 K_X로, 그리고 L_N과 K_N은 비수출부문에 사용된 노동력과 자본으로 가정한다. 여기서 수출부문이 비수출부문의 성장에 긍정적 영향을 주는, 즉 외부성 효과가 존재하였다면, 각 부문의 한계요소생산성의 비율은 1과 다를 것이다.

$$N = N(L_N, K_N, X, t); \qquad X = X(L_X, K_X, t) \tag{4}$$

$$(X_K/N_K) = (X_L/N_L) = 1 + \delta \quad (\text{단, } \delta \neq 0) \tag{5}$$

이제 식 (4)를 시간(t)에 대해 전미분한 후 식 (5)를 이용하여 정리하면 식 (6)을 얻을 수 있다.

식 (6)은 경제성장률이 총요소생산성의 증가율과 요소축적의 기여분, 그리고 생산요소를 저생산성부문(비수출부문)에서 고생산성부문(수출부문)으로 이동시킴으로써 수반되는 이득으로 구성됨을 보여준다.[3] 수출부문의 비수출부문에 대한 외부성 효과, 특히 유익한 효과가 존재한다면 β_2는 正(+)의 값을 가질 것이다. 그러나, 앞의 추정에서 사용한 동일 자료를 이용해 추정한 결과(식 7)는 수출부문에 의한 외부성 효과(β_2)를 확인시켜 주지 못한다.

$$\dot{Y}/Y = \alpha + \beta_0(I/Y) + \beta_1(\dot{L}/L) + \beta_2(X/Y) * (\dot{X}/X) \tag{6}$$

여기서 $\alpha = \{(\partial N/\partial t) + (\partial X/\partial t)\} * (1/Y) = (\partial Y/\partial t) * (1/Y) = \text{TFP의 변화율}$

$\beta_0 = N_K$; $\beta_1 = N_L * (L/Y)$; $\beta_2 = \{\delta/(1+\delta) + N_X\}$ 단, $N_X \equiv (\partial N/\partial X)$

---

3) 자세한 것은 Gershon Feder(1982: 59–73)을 참조.

$$\dot{Y}/Y = -0.0091 + 0.3102 * (I/Y) + 1.4809 * (\dot{L}/L) - 0.0036 * (X/Y) * (\dot{X}/X) \cdots\cdots (7)$$
$$(0.0432) \quad (0.5043) \qquad (1.2052) \qquad\quad (0.3818)$$

(   )의 값은 각 계수의 표준편차   D.W = 2.767

게다가 식민지공업화를 민족별로 해석하면 민족 간 극단적으로 불평등한 생산수단의 소유관계가 존재했음을 확인할 수 있고, 이는 불평등한 소득분배로 이어졌고 그것은 다시 불평등한 소유관계를 악화시키는 과정을 재생산하였다. 예로 1942년의 경우 자신을 기준으로 했을 때 광공업부문의 회사자산의 95% 가량을 일본인이 차지하고 있었고, 조선인이 차지하는 비중은 5% 전후에 불과했다. 즉 일제시대, 특히 1930년대 이후 중화학공업을 중심으로 하는 공업화로 산업구조, 공업구조, 무역구조 등이 고도화되었으나 조선의 공업은 일본인공업이고, 따라서 산업구조, 공업구조, 무역구조의 고도화는 바로 일본인자본의 고도화와 다름없는 것이었다. 그리고 당시 최대의 산업이었던 농업부문에서도 정도는 다르지만 민족별로 극단적인 생산수단 소유관계의 불평등이 존재했다. 1941년의 경우 농업인구의 0.2%에 불과한 일본인들이 전체 논의 54%를 차지하고 있었다.

식민지조선 경제에서 농업이 개발되고 생산이 크게 증대되었음에도 불구하고 그 과정에서 일본인 수중으로 더 많은 토지가 집적되어 생산된 농산물 중에서 일본인이 차지하는 몫이 크게 늘었고 (인구증가와 더불어) 조선인 농민들의 1인당 소득은 오히려 크게 줄어들었다. 즉 식민지조선 경제의 놀라운 성장에도 불구하고 조선인들의 삶의 질은 개선되지 않았고, 또한 개선될 전망도 없었다는 점에서 불평등과 차별은 일시적인 현상이 아니라 식민지 경제체제의 구조적 문제였다(허수열, 2005).

이 밖에도 식민지공업화론은 식민지공업화기에 조선인에 대한 교육이 크게 확대, 즉 공업화로 노동자가 양적 질적으로 크게 성장하였다는 사실을 주장한다. 흔히, 동아시아 NICs의 경제발전의 요인으로 교육의 보급 및 확대가 중요시되고 있다는 점에서 물적 자원에 비해 인적자원의 역할은 크고 장기적일 수 있고, 해방 후 급속한 경제성장 과정에서도 인적자원의 절대적 역할은 주지하는 바이다. 그러나 이러한 인식은 사실에 있어서, 그리고 구조적 측면에서 과장되어 있다. 무엇보다, 서구와 달리 사회적 유동성이 매우 높은 사회였을 뿐 아니라 국가의 정책과제가 궁극적으로 지방관에게 부여되었던 한국 전통사회에서 '교육'은 지방수령을 고과하는 7사(事)중 3번째로 중요 임무였다는 점에서 인적자원의 축적에 있어서 문화적 배경을 간과해서는 안 될 것이다("守領七事 …… 農桑盛 戶口增 學校興 軍政修 賦役均 詞訟簡 姦猾息" 『경국대전(經國大典)』 1「吏典」考課).

이와 관련하여 조선이 일본에 병탄되기 직전에 조선에서는 이미 근대교육을 수행하기 위한 제 조건이 충분히 성숙되어 있었으며, 조선이 일제의 식민지가 되지 않았다 하더라도 자주적인 민족교육의 확충이 뒤따랐을 것이 분명하다는 지적이 있다(허수열, 1996: 14-21). 즉 조선총독부는 처음에는 조선인교육에 적극적으로 나설 생각이 없었지만 1905년경의 애국계몽운동 등에서 나타난 조선인들의 높은 교육열을 무시할 수 없었다. 1911년에 공포된 '(제1차) 조선교육령'에 의하면, 일제의 초기 교육정책은 기존의 민족교육운동을 탄압하는 한편 그것을 천황에 충량(忠良)한 황국신민교육으로 재편하여 일본국민으로서의 품성을 함양시기고 일본이를 보급하는 힌편, 민도(民度)에 맞는 보통교육 특히 실업교육에 중점을 두고 있었다.

그리고 3·1운동은 조선인의 근대교육관을 급변시켜 일제의 교육정책 기조를 바꾸어 놓았고, 그 결과 1920년대 전반에 학생 수가 급증하게 된다. 따라서 적어도 1933년에 이르기까지의 보통교육의 확대는 조선총독부의 의도에 의해 이루어진 것이기보다는 조선인들의 근대교육에 대한 보다 적극적인 요구가 그 배경이 되었다고 할 수 있다. 또한, 1933년 이후의 보통학교 학생 수와 고등교육기관 학생 수의 증가는 이 시기에 본격화된 광공업의 발전과 (준)전시체제에 따르는 황국신민의 육성이라는 일제의 교육방침의 변경과 1920년부터 초등교육기관의 학생 수 급증의 결과 고등교육기관에 대한 수요의 확대가 맞물려 있었다.

이와 같이 1930년대 중엽 이후의 고등교육기관의 학생 수의 증가는 이러한 조선인들의 대응을 토대로 하면서도 동시에 이 시기에 급속히 전개된 광공업부문으로부터의 고급노동력에 대한 수요의 증가가 원인이었다 할 수 있다. 조선인들의 높은 교육열은 입학경쟁률에서 잘 나타나고 있는데, 1933~34년을 경계로 더 높아졌다는 사실은 1920년대 중엽 이후 중등 이상의 교육기관의 입학정원이 상당히 늘어났음을 고려하면 조선인들의 교육에 대한 수요, 특히 실업교육에 대한 수요가 갈수록 치열해져 갔음을 의미한다. 즉, 일제 하에 형성된 조선인기능자의 경우 1930년대 후반에 본격적으로 증가하는데, 사실 기능자 양성을 위한 실업교육도 이미 구한국정부시대로부터 추진되고 있었다. 예를 들어, 수원농림학교 · 경성공립공업학교 · 경성공업전문학교 · 경성광업전문학교 등은 모두 1899년에 설립된 상공학교를 전신으로 하여 확대 발전된 것이었지만, 이 개편과정에서 원래 조선인학교였던 것이 일본인 위주의 학교로 전환되어 갔다. 오히려 조선인들의 실업교육에 대한 높은 열의와 이들 학교로부터의 조선인의 배제는 일제가 조선인에게는 고급기술이나 기능을 가르치려 하지 않으려는 의도가 있었음을 보여주고 있다. 따라서 1930년대 후반의 기능자 양성은 급박한 전시체제로 어쩔 수 없이 종래의 방침에서 일시적으로 후퇴한 것에 불과하였다. 이러한 조선인의 높은 교육열과 기능습득을 위한 적극적 노력은 3·1운동 이후 급증하기 시작한 조선인 유학생 수에서도 확인된다.

그러나 조선인들의 높은 교육열에도 불구하고 충분한 교육시설이 제공되지 않았고, 특히 기술계 고등교육 기회는 소수의 일본인에게 특혜적으로 제공되었다(허수열, 2005). 예를 들어, 정진성(丁振聲, 1995: 17-25)은 1928년의 조선인 전체 중 진학학생의 추정비율이 4%에 불과하였다는 이스털린(R. A. Easterlin, 1981)의 추정을 인용하면서 1930년대 이후 이루어진 교육의 확대는 기껏해야 초등수준에서의 확대로서 인적자원의 축적은 매우 한정적이었음을 지적하고 있다. 오히려 해방 후 정치적 독립과 정책이 뒤따르면서 '학습' 능력을 갖출 수 있는 기초교육을 받은 자가 대량으로 산출되었다는 점에서 식민지 공업화기는 인적자원 축적을 촉진시키기보다는 장애물이 되었을 가능성을 식민지 자본주의의 특수한 모순과 관련시켜 이해해야 할 것을 주장하고 있다. 예를 들어, 을종(乙種) 중학교 이하의 기능공교육에 있어서는 처음부터 조선인이 압도적인 비중을 차지하고 있었다. 갑종(甲種) 중학교인 실업학교의 경우도 처음에는 일본인의 비중이 높다가 1940년대에 들어와 양 민족이 비등해지는 경향을 보였으나, 전문학교와 대학의 학생 수에서는 일본인이 절대적 우세를 차지하였듯이 고급기술자에서 일본인의 우세를 유지하려는 총독부의 노동정책과 일정한 관계를 가지고 있었다. 게다가, 학교 이외에도 직업훈련소나 공장의 양성소를 통해 기술이 습득되었으나 이러한 직업교육의 성과는 매우 한정적이었고, 심지어 '양성령'에 의한 각 공장에서의 양성교육도 계획대로 이루어지지 않았다고 한다(宣在源, 1994/95: 32). 다시 말해, 각 기업의 숙련공 양성은 일본인에 대한 교육을 위주로 하는 것이었으며, 조선인이 거기에서 배제되었다고 할 수는 없으나 수적으로 아주 적었을 뿐 아니라 핵심적 기술에 접근하기 어려웠넌 섯으로 추찰(推察)하고 있다.

또한, 식민지시대에 형성된 인적자본은 개발에 의해 형성된 측면도 있지만 조선인들의 적극적인 자기개발 노력에 의해 이루어진 노력에 의해 이루어진 측면도 있을 뿐만 아니라 해방 전에 형성된 인적자본 중 상당수는 해방 후에 도태되었기 때문이다. 자기개발 노력과 관련하여 조선에서 기능자의 수가 본격적으로 증가하게 되는 시점은 대체로 1930년대 후반으로 추정되는데, 이 시기의 기능자 양성은 급박한 전시체제로 어쩔 수 없이 종래의 방침에서 일시적으로 후퇴한 것에 불과했고, 이러한 배경으로 기능자들의 질적 수준도 높지 않았다는 점이다. 1946년 11월 현재 남한에는 약 9천 명의 숙련노무자가 존재한 것으로 되어 있는데, 이들의 학력을 보면 소학졸이 거의 7할에 육박하고 중학졸 이상은 3할 남짓에 불과했다. 게다가 이들조차 조선총독부의 양성의지가 뚜렷했던 양성시설 배출 기능자보다는 자발적 노력에 의한 검정시험면허자가 훨씬 더 많았다는 점이다. 그나마 일제시대 형성된 조선인 기술자 및 기능자 중 거의 대부분은 기능자였고, 기술자의 성격을 보더라도 핵심기술은 일본인 기술자가 장악하고 조선인 기술자는 그들을 보조하는 식민지적 기술구조가 관철되었다.

이처럼 식민지체계는 조선인들의 인적자본 형성에도 매우 불리하게 작용하는 것이었고, 학력을 우선시하던 일제시대에 교육기회에 대한 차별은 바로 경제적 격차 및 사회적 차별의 확대를 의미하였다(허수열, 2005).

식민지공업화론은 역사개념의 측면에서도 문제를 갖고 있다. 식민지공업화의 논리는 기본적으로 재구성된 '단선론'(유럽 중심적 사고의 산물)의 연장선에 있다는 점, 그리고 무엇보다 한국 공업화의 역동성을 한국 전통사회의 내재적 역동성(생산력 특성)과 연결시키는 작업에 실패함으로써 '반(反)역사성(식민지성)과 근대성의 공존'이라는 구성의 모순을 극복하지 못하고 있다.

다음 편에서 살펴보겠지만, 전통사회 말기 인구압박이 수반한 농업의 집약화 및 농촌경제의 상품경제화는 한편으로는 가족농 체제의 안정과 정교화를, 그리고 다른 한편으로는 근대 시장경제사회에의 적응력을 형성시키는 계기가 되었다. 그 결과 생산성의 증대보다는 요소투입적 공업화에 의한 농촌의 과잉노동력의 흡수와 수요 — 특히 해외수요 — 의 확대가 경제진보를 위한 조건이었다. 예를 들어, 식민지공업화가 급속하게 전개되었던 시기에 있어서 조차도 지주제는 해체되지 않고 강고하게 존속하였고 식민지공업화도 농촌의 인구압박을 해소할 정도가 되지 못하였다.

가족노동이 완전 연소되지 않고 농업경영만으로 생계유지가 불가능한 경영층을 영세과소농이라 할 때, 1940년대 말까지 당시의 생산력 수준에 비추어 1정보 미만 경영층이 이에 해당하고 이들은 전 농가의 79%를 구성할 정도로 식민지공업화의 영향은 과대평가될 수 없다.

요약하면, 식민지공업화와 해방 후 한국의 급속한 경제성장 모두 요소의 집중적 투입과 대외지향적 성장전략으로부터 가능하였고, 이것이 한국사회의 잉여노동력을 흡수함으로써 실업을 제거시킬 수 있었다. 그런데 해외저축 및 해외원조가 한국 경제성장에서 수출의 역할을 기본적으로 변화시키지 않았다는 점에서 경제성장에서 자본 부족은 이차적 문제였다. 예를 들어, 1966년의 최대 성장률이 10.58%로 추정할 때 해외저축의 배제는 최대 성장률을 7.56%로, 그리고 해외저축과 해외원조의 배제는 최대성장률을 5.57%로 감소시킬 뿐 성장에서 수출의 역할은 변하지 않을 것이라는 연구가 이 사실을 뒷받침한다(C. Hamilton, 1986: 90).

제 7 장

분단의 기원
─ 식민지통치가 분단에 미친 사회경제적 영향 ─

제 1 절 식민지지주제가 분단에 미친 영향

1. 지리적 및 환경적 요인

일반적으로 농업의 지역성은 전통사회의 해체기에 있어서, 특히 농업이 지닌 특성(풍토적 조건의 영향)의 자기 전개과정에 의해 규정받고 형성된다. 따라서 농업의 지역성에 대한 해명은 근대사회로의 이행기에 있어서 그 사회가 나아갈 방향성을 규정하는 근저적 내용(根底的 內容)의 해명을 의미한다고 할 수 있다. 전근대 한국 농업사회에서 농업이 지닌 특성 ─ 풍토적 조건의 영향 ─ 에 의해 규정받은 농업의 지역성과 남·북부 간의 상이한 농업구조는 식민지기 초기인 합방 전후 시기에도 관찰되고 있다.

한반도의 전 면적은 약 8만 5,318평방리이고 산악면적은 전 면적의 약 75%나 된다. 한반도는 흔히 4부로 구분하는데 그것은 경상남북과 전라남북을 합해 남부라 하고 경기 강원 및 충청남북을 합해 중부라 하며 황해와 평안남북을 합해 서부라 하고 함경남북을 북부라 한다. 그러나 농업상으로 보면 남부와 중부 사이에 농업상 제 특징이 현저히 다를 것이 없다. 즉 농업의 특징상 차이로 한반도를 구분하면 남부와 중부를 합해 남부라 일컫고 서부와 북부를 합해 북부라 한다. 남부는 약 43,400평방리이고, 북부는 약 41,800평방리 정도이다.

한편, 지리적 위치와 환경조건으로 한반도의 북부는 대륙기후의 색채가 농후하고 남부 특히 연해안지방은 해양기후의 영향을 다량으로 받는다. 즉 반도의 기후배치를 보면, 연해안지방은 해양의 조류기온의 영향을 받고 내부지방은 대륙의 영향을 받는다. 그리하여, 남부에서는 전작이나 답작에 있어서 이모작이 가능하지만 북부에서는 이모작이 극히 위험하므로 일반적으로 실행되지 않는다. 예를 들어, 남북한의 접경지대인 경기나 강원 등지에서는 전작의 이모작을 하지만 추작물(秋作物)을 수확하기 전에 하작물(夏作物)을 파종치 아니하면 위험하므로 대맥(大麥)의 휴간(畦間)에 일찍 대두나 녹두 등의 작물을 파종하였다가 발아 성장할 때에 이르면 대맥을 예확(刈穫)하는 것을 보통 관찰할 수 있다. 이것은 곧 남·북부 접경지대에서 농업양태가 변화하여 가는 정도를 잘 표현한 것이다. 그리고 이러한 이모작은 기본적으로 인구압박으로 개별농민에게 허락되는 경지면적이 극히 협소한데 연유한다. 즉 한 토지를 가지고 1년간에 여러 작물을 여러 번 재배하는 것을 '토지이용빈도(cropping frequencies or cropping index)'라고 하고, 이 빈도의 크기는 토지이용 집약도를 나타내는데 남부와 북부의 지리적 및 환경적 차이는 남부지방의 토지이용빈도율을 북부지방보다 훨씬 크게 규정하였다. 즉 답의 토지이용빈도율을 보면 경기와 강원이 중간지대를 형성하고 남으로 가면 갈수록 빈도율은 증가되어 그 구분선은 대략 8도의 등온선과 합치되고 있다.

그 결과, 기본적으로 남부의 경우는 수전을 중심으로 높은 토시생산성에 의존하는 상대적으로 집약적인 농업을, 북부의 경우는 한전을 중심으로 경지규모에 의존하는 상대적으로 조방적 성격의 농업구조를 취했다. [표 7-1]의 제 항목 중에서 우선 수전비율을 보면, 남부 7도는 전국 평균을 넘어서고 있고, 북부 6도는 평균 이하임을 알 수 있다. 토지생산성을 나타내는 단위면적당 생산액의 경우도 남부는 평균보다 크

[표 7-1] 농업생산력 구성에 관한 기초통계 (단위: %, 엔, 정보, 두)

	전경지중 수전비율	이모작 비율	일호당 경지	단위면적 당생산액	일호당 인구수	호당 牛數	일인당 생산액	일호당 생산액
경기	52.54	2.0	1.17	50.96	4.53	0.29	13.16	59.63
충북	53.12	16.2	0.80	50.81	4.57	0.19	8.84	40.42
충남	70.96	14.7	1.05	67.86	4.52	0.15	15.69	70.95
전북	77.53	25.4	0.80	81.85	4.66	0.13	14.03	65.44
전남	50.86	22.3	0.86	69.30	4.85	0.21	12.36	59.91
	(63.72)		(0.79)	(73.98)	(4.94)		(11.78)	(58.24)
경북	57.53	31.0	0.68	97.42	4.58	0.35	14.41	65.92
경남	63.73	32.0	0.56	94.97	4.65	0.35	11.48	53.41
강원	22.57	0.7	1.10	38.50	4.56	0.46	9.31	42.44
황해	27.15	0.1	1.58	46.73	3.93	0.28	18.74	73.70
평남	15.01	0.2	1.78	31.52	4.52	0.27	12.39	56.00
평북	13.53	0.0	2.18	20.65	4.77	0.48	9.42	44.91
함남	13.78	0.1	1.67	30.76	5.11	1.12	10.05	51.37
함북	2.55	0.0	2.25	26.57	5.48	0.40	10.93	59.88
	40.07	11.1	1.27	54.45	4.67	0.36	12.37	52.61

주: 위 표는 『연보』의 1909~11년의 2개년 평균을 이용하여 만든 것이다. 표의 작성방식의 기본
적 틀과 곡물가격 등은 宮嶋博史(「'土地調査事業'の歷史的前提條件の形成」『朝鮮史硏究會論
文集』12, 1975)에 의존하고 있다. 단, 『연보』에 이모작 답에서의 맥곡 생산량이 도별로 나오
는 것은 1918년부터이므로 항목 중 이모작율은 1918~21의 3개년 평균치를 이용하여 맥류
의 총 생산액 중의 작물별(보리, 밀, 쌀보리) 구성비와 각 작물의 이모작율을 곱해서 얻어진
세 가지 수치를 더해서 구했다. 본고 대상 시기의 이모작답률(≡이모작답÷전체답면적)은 구
할 수 없어서 직접 비교할 수는 없지만 1914년과 1917년의 이모작답의 비율을 보면 각각
12.7%와 15.3%이고 1918년의 수치가 15.2%로 되어 있어서 커다란 차이는 없다. 따라서 여기
서 계산된 수치를 본고의 대상 시기에 적용하더라도 큰 무리가 없을 것으로 본다. 그리고 여
기서 농업인구는, 자료에 따르면, 취업인구가 아니라 농가인구로 되어 있다. 단위면적당 생
산액을 토지생산성 자료로 삼는 것은 통일적인 지표설정의 경우, 거의 불가피한 성격인 작물
가격의 환산에 따르는 문제를 제외하면 일반적으로 통용될 수 있다. 문제는 노동생산성 지표
로서 취업인구도 아닌 농가인구 1인당 생산액을 지표로 삼는 데는 적어도 농촌의 과잉인구문
제가 고려되어야 한다. 즉 농가인구를 사용하게 되면 토지생산성 지표와 비교하여 노동생산
성이 상대적으로 과소평가되기 쉽다. 더구나 지역 간의 과잉인구가 균일하지 않을 경우 위와
같은 지표로 지역 간 생력력 격차를 논하는 것은 더욱 어렵다고 여겨진다. 이상을 고려하여
농가1호당 생산액을 노동생산성 지표로 대체한 후 호당 인구수의 분포를 고려하면 과잉인구
의 문제가 어느 정도 완화될 수 있을 것이다. 게다가 호당생산액은 농가 일호의 농업조(粗)수
입을 의미하므로 지주-소작관계가 고려된다면 농업생산력을 농민의 경제생활과 관련시켜 파
악할 수 있다.

자료: 『統計年報』, 1909년과 1911년도판. 김영철, 1989, 「'합방' 전후의 조선의 농업구조」, 『경제
사학』 제13호, 표 2-1, 2-2에서 재인용.

🌑 **[표 7-2]** 도별 다양도지수

	전남	전북	경남	경북	충남	충북	경기	평남	평북	함남	함북	강원	황해	평균
다양도지수	4.73	2.21	3.19	4.32	2.62	4.51	3.48	6.59	6.03	7.63	5.00	6.81	5.72	5.03
답 비율(%)	51	71	61	49	66	45	52	17	19	12	5	25	24	34

주: 다양도지수는 예를 들어 A, B, C, D라는 작물이 있고, 각각의 생산액이 a, b, c, d 그리
고 총생산량이 f 라면 $[(a/f)^2 + (b/f)^2 + (c/f)^2 + (d/f)^2]^{-1}$로 나타낸다.
자료: 久間健一, 1935, 『朝鮮農業の近代的樣相』, 346面.

고 북부는 평균보다 낮다. 이것은 수전비율과 토지생산성 지표가 비례
적으로 분포하고 있음을 보여 주는 것이다. 다만 토지생산성 지표가
가장 높은 경북이 수전비율은 상대적으로 낮게 나타나고 있는 것이 예
외적이다. 이모작률(≡이모작생산액/전생산액) 또한 일관되게 토지생산
성 지표에 비례하고 있다. 물론, 수전과 한전에 의한 농법의 차이가 생
산력을 바로 규정하는 것은 아니었다. 한전의 의미는 단순히 수전을
보충하는 성격만으로 규정된 것이 아니라 농업생산력의 선진성을 실현
시키는 적극적인 역할로서의 의미도 지니고 있다. 예를 들어, 거의 전작

🌑 **[표 7-3]** 도별 군 평균 호당 경지면적의 분포

정보 도명	2.0 이상		1.0-2.0		0.5-1.0		0.5 이하		총 군 수
	군수	%	군수	%	군수	%	군수	%	
전북	1	3.6	9	32.1	13	46.4	5	17.9	28
전남			5	19.2	18	69.2	3	11.5	26
경북			2	4.9	32	78.0	7	17.1	41
경남			1	3.4	20	69.0	8	27.6	29
평북	9	42.9	12	57.1					21
평남	6	31.6	12	63.2	1	5.2			19
함북	8	72.7	3	27.3					11
함남	3	21.4	11	78.6					14

자료: [표 7-1]과 동일.

💿 **[표 7-4]** 한국의 토지이용빈도, 1930   (단위: %)

	경기	충북	충남	전북	전남	경북	경남	황해	강원	평남	평북	함남	함북	평균
답이용빈도	101	125	115	149	169	182	192	100	101	100	100	100	100	128
전이용빈도	105	185	178	163	146	183	208	131	132	124	121	113	119	139
전답이용빈도	103	154	142	156	157	182	184	115	112	112	110	107	109	134

주: 빈도 %는 작물재배면적을 실제경지면적으로 나누고 그것을 백으로 곱하여 산출한 것임.
자료: 李勳求, 1935, 『朝鮮農業論』, 漢城圖書株式會社, 210쪽, 제47표.

에 의존하고 있는 함북이 상당한 농업생산력 수준을 유지하고 있던 점을 고려해 본다면 더욱 그러하다(김영철, 1989). 북부조선지역이 남부지역에 비해 높은 '다양도지수(多樣度指數)'를 보이고 있는데, 이는 답의 비중이 적은 북부지역이 다각적 경영을 통해 적극적으로 대응하고 있음을 보여주는 것이다. 참고로 도별 다양도지수를 보면 [표 7-2]와 같다.

또한, 농가 1호당 축우보유 수를 보면 북부지방이 남부지방보다 많은데, 이것은 북부지방이 남부지방보다 산지가 많은 관계상 축우를 사육하기가 용이하기 때문이기도 하지만, 무엇보다 답작에 비해 상대적으로 낮은 토지생산성과 인구밀도를, 그리고 (농가생계를 위해) 상대적으로 높은 농민일인당 경지규모를 수반했던 전작지역에서 목축은 농업을 위한 주요한 비료공급원으로서 뿐만 아니라 보조노동력으로서 중요한 의미를 가지고 있었기 때문이다. 예를 들어, '합방' 전후 시기의 도별 군평균 호당 경지면적의 분포를 남선과 북선의 대표적 지역인 전라·경상도와 평안·함경도를 중심으로 살펴보면, 북부지방은 군 평균 호당 경지면적 중 2정보 이상이 전체의 40.0%를 차지하는 반면, 남부지방은 1정보 이하가 전체의 45.5%에 해당한다.

북부와 남부의 두 지역에서 상이하게 나타나고 있는 이러한 농업구조는 식민지조선에서도 기본적으로 관철되었다. 예를 들어, 1930년 답의 토지이용빈도율을 보면 경기와 강원이 101%로서 중간지대가 되는 것을 나타내고 있는 반면, 한국의 남극단지방인 경남은 208%라는 고

● **[표 7-5]** 농민경영의 지역별 경지면적의 분포, 1935년

	1.0정보 이상	0.3-1.0정보(A)	0.3정보 미만(B)	(A)＋(B)
전 남	27.0%	41.3%	30.1%	71.4%
전 북	19.0	42.6	38.3	80.9
경 남	26.0	37.0	37.0	84.0
경 북	20.7	42.2	31.1	73.3
충 남	32.7	32.6	34.7	67.3
충 북	33.1	34.1	32.8	66.9
평 균	27.3	39.1	33.6	72.7
경 기	38.3	36.2	25.5	61.7
강 원	46.4	33.0	20.6	53.7
황 해	51.8	31.2	17.0	48.2
평 균	45.3	33.9	21.1	54.7
평 남	61.3	29.8	8.9	38.7
평 북	61.5	23.5	15.0	38.5
함 남	66.3	23.7	10.2	33.7
함 북	71.4	23.7	4.9	28.6
평 균	64.3	24.9	10.8	35.6
전 국	39.4	34.8	25.8	60.6

자료: 久間健一, 1943, 『朝鮮農政의 課題』(동경: 成美當).

율을 보이는데 이것은 일부의 답이 이모작보다도 더 이용되고 있음을
의미한다. 또한, 1930년대 한국에 분포된 주요작물의 재배면적 비중에
서도 여전히 남부는 답작이 주가 되고 북부는 전작이 주가 되고 있음이
확인되고 있다. 이것과 관련하여 1930년의 농부 수 및 농가 수당 축우
보유수도 북부지방이 남부지방보다 많음이 확인된다. 또한, 1930년대
중반 농민경영의 영세성을 지역별로 보면 1정보 미만의 영세농가들이

북부는 35.6%에 불과한 반면 남부는 두 배가 넘는 72.7%에 달했다.

2. 식민지조선과 농업의 지역적 차이

　남부지역의 관개농업과 북부지역의 건식농법의 차이는 후자에 비교해 전자의 높은 토지생산성과 인구밀도, 그리고 1인당경지면적의 격차를 구조적으로 규정했다. 물론, 남부지역의 북부지역에 비해 높은 토지이용빈도율을 고려하면 그 격차는 축소되지만, 전통사회에서 이러한 차이는 관개농업의 높은 토지생산성을 상쇄할 정도가 되지 못하였다. 게다가 곡물유형의 유리함을 고려하면 그 격차는 다시 확대된다. 또한, 높은 1인당농업산출량은 소농경제의 상업화를 촉진시킨다.

　1인당농업산출량의 차이는 북부와 남부의 토지소유제에 영향을 미쳤다. 즉 생계수준을 초과하는 1인당농업산출량 및 자본축적을 가능케 하는 소농경제의 상업화는 부재지주에게 토지에 대한 투자를 유인할 것이다. 이러한 요인들이 북부지역에서 보다 남부지역에서 토지집중을 증대시켰다. 특히, 합병 이후 일제는 서구적 의미에서의 사적 토지소유와 소유관계의 개념을 조선에 적용함으로써 지주에게 배타적·절대적 소유권을 부여함으로써 식민지지주제의 정당성을 확립시켰다. 그 결과 지주-소작제는 마침내 식민지조선에서 안정적이며 합법적인 재생산체계로서 지배적 토지소유관계가 되었다. 무엇보다 중요한 것은, 식민지지주제가 지역적 불균등의 구조를 강화시킴으로써 남부와 북부에 상이한 사회경제구조 및 정치적 행위를 발생시켰다는 점이다.

● [표 7-6] 각도의 전경지중 논의 비율(1934-36년 평균치)　　　(단위: %)

전남	전북	경남	경북	충남	경기	충북	강원	황해	평남	평북	함남	함북
40	72	65	51	66	53	45	21	25	17	17	11	7

자료: 印貞植, 1940, 『朝鮮の農業地帶』, 生活社, 39-41面 참조.

202 제Ⅱ편 식민지경제와 분단체제 그리고 북한경제의 비극

즉 일제 하 토지소유의 집중을 보면 전작에서보다 답작에서 보다 심했다는 사실을 쉽게 확인할 수 있고, 따라서 토지집중은 전작이 많은 북부지방보다 답작이 많은 남부지방에 훨씬 심했던 현상이다. 이것은 남부와 북부 모두 수전을 중심으로 지주소작관계가 전개되고 있었던 사실에서도 확인된다. 조선사회에서도 이러한 토지집중은 지역적으로 편차를 보였지만, 국가에 의한 지주의 토지소유에 대한 일정한 제약이나 소유권 수준까지 발전한 농민의 경작권에 의해 어느 정도 상쇄되곤 하였다. 이런 관점에서 볼 때, 지주에게 배타적 소유권을 제공하였던 식민지지주제는 상대적으로 남부의 토지분배를 불평등하게 하였다. 뒤에서 살펴보듯이 노비제가 크게 발달하고 양반신분이 편중된 곳이 경기 이남지역이었던 반면 양반신분이 발달하지 못했던 이북지방, 특히 평안·함경도에서는 노비가 적었다.

마찬가지로, 식민지조선의 농업인구의 계급별 구성을 지역별로 보면 남부지방에는 소작농이 많고 북부지방은 자작농이 많았음이 확인된다. 특히, 자소작농 및 소작농을 합한 비율을 1928년의 조사에 의하면 북부지방(평안도·함경도)은 61%임에 비해 남부지방(경상도·전라도·

● **[표 7-7]** 남부와 북부의 영농자 유형별 평균비중 추이

	1930	1932	1935	1940	1941	1942
	남부의 대표적 지역(전북, 전남, 경북, 경남)					
순자작	14.8	14.6	15.6	15.7	15.6	15.0
순소작	50.7	56.0	53.1	53.8	54 4	54.6
피용자	–	–	5.5	4.9	4.2	4.4
	북부의 대표적 지역(평남, 평북, 함남, 함북)					
순자삭	30.2	26.6	30.4	30.7	31.0	30.4
순소작	40.3	47.4	39.0	41.6	41.7	41.6
피용자	–	–	1.1	0.9	0.9	1.0

자료: 조선총독부, 『統計年報』, 각 연도에서 계산된 수치임.

🌑 **[표 7-8]** 남부와 북부의 자작지 비중 추이 (단위: %)

	1915		1920		1925		1930		1935		1940		1941		1942	
	전	답	전	답	전	답	전	답	전	답	전	답	전	답	전	답
남부	53.3	37.1	53.1	36.6	55.0	35.6	49.2	38.8	49.0	32.1	49.6	32.5	49.7	32.6	49.5	32.7
북부	64.6	40.8	66.0	41.5	66.1	43.4	59.3	43.0	56.9	40.4	56.0	40.1	54.9	38.8	54.8	39.0

자료: 조선총독부, 『統計年報』, 각 연도에서 계산된 수치임.

충청도)은 84%를 보였다. 특히 전북평야지대에서는 1-2%의 지주가 94-97%의 자소작농 및 소작농을 지배하였다(久間健一, 1935: 242-43). 그 중 전북이 제일 큰 소작농 비율(순소작농이 약 70%)을 보이고 있다. 반면, 소작농 비율이 가장 낮은 함북과 함남은 기후가 한랭하고 또한 토양조건이 열악한데다가 수십 년을 두고 간도로 이주민이 많이 건너간 관계상 농업인구가 타도에 비해 비교적 희소한데도 연유하는 것 같다 (李勳求, 1935: 289). 이것은 남조선과 북조선의 자작지 비중 추이에서도 확인된다. 그리고 토지가 자작농 간에도 균등하게 분배되지 않았다고 가정하고 지니계수(Gini Coefficients)를 구해 보면 1920년에는 남부지역 의 평균값은 0.806인 반면 북부지역의 그것은 0.609였고, 1940년에는 남부지역과 북부지역이 각각 0.842와 0.720의 수치를 보이고 있다.

한편, 이러한 토지소유 구조의 차이는 두 지역에서 국가, 지배계 급, 농민들 간의 상호관계에 영향을 미쳤다. 북부에서는 많은 농민이 자작농이고 이들은 국가에 직접 조세를 납부했던 반면, 남부에서는 대 개의 소작농민들이 지주에게 소작료를 지불함으로써 간접적으로 국가 에 대한 조세를 납부했다. 즉 남부의 농민들은 수리통제나 토지소유관 계에서 북부의 농민들에 비해 지주계급들의 보다 용이한 간섭 범위에 놓여 있었다. 그 결과, 두 지역에서 농민공동체는 매우 상이한 구조를 형성하였는데 북부에서는 자작농을 중심으로 하는 농민공동체가 국가 의 요구에 대응하기 위해 조직화된 지도력을 발전시켰던 반면, 상대적으로 지역조직의 형성에 자극요인이 적었던 남부에서 촌락공동체는 주로 혈연조직의 범주에서 맴돌았을 뿐이다. 즉 북부에서 농민공동체 —— 예를 들어, 황두공동체 —— 는 농민의 집단행동을 제거하기 위한 식민지정책에도 불구하고 상당한 조직을 유지할 수 있었던 반면, 상대적으로 자작농의 몰락이 심하였던 남부에서 두레공동체는 식민지 말기로 접어들며 빠르게 붕괴되어 갔다. 따라서 농민들의 집단적 행동도 북부에서는 국가에 대항하여 공동체의 조세저항의 형태를 취한 반면 남부에서는 부재지주에 대항해 지대저항의 형태를 나타내곤 하였다.

예를 들어, 소작권의 이전문제와 고율의 소작료가 가장 중요한 원인이었던 소작쟁의의 건수를 보면 북부지역보다 남부지역에서 압도적으로 많았고,[1] 소작관계의 소송사건도 소작쟁의 발생건수와 정비례하고 있음이 확인된다.[2] 이것은 한마디로 북부지역은 자작농이 남부지역보다 우세하고 따라서 소작농이 적은 데에 기인한 것이었다.[3] 마찬가지로, 소작쟁의가 폭발적으로 증가했던 1930년대에도 서북지방보다 소작농이 압도적으로 많았던 삼남지방에 있어서 소작쟁의가 월등히 많았던 것이 확인된다.

그러나 1930년대의 소작쟁의는 1920년대처럼 구체적인 쟁의문제를 중심으로 어떤 지주나 사회적 사조와 행동으로 귀결되었던 것이 아니라 일본제국주의의 식민지 통치기구 전반을 파괴의 대상으로 폭력화하였던 '사회주의 경향화'를 보여주었다는 데 그 특징이 있다. 그런데 식민지 사회질서 자체를 부정했던 이러한 1930년대의 '적색농민조합운동'은 소작농의 비중이 우세하였던 삼남지방보다 함경남·북도를 중심으로 가장 격렬하게 전개되었다(嚴琦燮, 1992: 76-80). 예를 들어, 일제 하 농민운동에 대한 이준식의 연구에 의하면, 1920년대 초반 농민운

---

1) 조선총독부, 1940, 『朝鮮農地年報』, 제1집, 경성, 8-9.
2) 朝鮮農民社, 1932, 『農民』, 4월호, 16쪽.
3) 朝鮮總督府農林局 편, 1940, 『朝鮮小作年報』 제1집, 8-9쪽.

동이 활발하게 전개되던 농민운동이 그 이후 특히 남부조선(김해, 진주, 순천 등)을 중심으로 침체 상태에 빠진 것과는 대조적으로 함경남도 지방의 농민운동은 1920년대 초반의 짧은 시기를 제외하고는 대체로 사회주의에 바탕을 두고 토지혁명을 지향하는 농민적 개혁론이 주도하고 있었다(이준식, 1991).

게다가 일본인지주가 북부보다 비교적 남부에 조밀히 분포했다. 즉 일본인 농업자 중 소수를 제하고는 그 대다수는 대소를 막론하고 지주계급에 속했다. 예를 들어 1929년 백 정보 이상의 대지주 중 일본인(내지인)은 533인이고 조선인은 380인에 불과했다. 그럼에도 불구하고 '적색농민조합운동'이 북부지역을 중심으로 전개되었다는 점을 주목할 필요가 있다. 예를 들어, 1930년대 초 30정보 이상의 일본인 지주의 50.5%는 전남북 및 경남에 집중되어 있었고, 또한 앞 장에서 우리는 일제 하 지주제 전개에 있어서 대지주의 밀도가 높고 대지주에 의한 경지소유의 비중이 높은 전북·전남·경남·충남·경기지역과, 그와 반대로 대지주의 밀도가 낮고 경지소유의 비중도 낮은 함북·함남·경북·평북이라는 2개의 뚜렷한 지대로 구분되고 있음을 확인하였다.

물론, 추세적으로도 일본인 대지주가 한국인 대지주에 비해 압도적 우위를 확보해갔음이 확인된다(小早川九郞, 1944: 부록 제4표). 예를 들어, 100 정보 이상의 거대지주의 경우 한국인 수는 1921년 426 명에서 1935년 360 명으로 그 절대수가 감소한 데 비해 일본인 수는 같은 기간

[표 7-9] 도별 및 민족별 30정보 이상의 대지주 수

	경기	충북	충남	전북	전남	경북	경남	황해	평남	평북	강원	함남	함북	계
한국인	642	165	380	341	423	163	433	588	385	238	228	149	29	4,162
일본인	67	18	84	134	189	51	116	76	28	21	39	29	20	870

자료: 「조선일보」, 1933. 6. 24(총독부 조사자료).

동안 490명에서 545명으로 증대하였다. 그리고 20 정보 이상 100 정보 미만의 대지주의 경우에 있어서도 같은 기간 동안 한국인 수는 16,088명에서 14,188 명으로 역시 절대수가 감소하였는 데 반해, 일본인 수는 1,939 명에서 3,358 명으로 급증하였다. 즉 일본인 대지주는 답작평야지 대인 전남 전북 경남지방에 많았고 이것은 답작의 비옥한 곳일수록 일본인 대지주에 의한 토지겸병이 더욱 격렬하였음을 의미한다.

　　그러면 일본 대지주에 의한 토지겸병의 사회경제적 배경은 무엇이었던가? 그 중 한 가지 이유는 일제가 조선을 합병할 당시 조선 내 토지가격은 일본의 그것에 비해 극히 저렴하였을 뿐 아니라 토지수익률이 매우 높았기 때문에 일본 내 자본가의 한국에서의 토지매입을 유인하였다. 즉 동양척식회사를 필두로 하여 일본재벌을 중심으로 토지투자가 전개되었고, 지역적으로는 소위 '삼남지방'이 가장 많았다. 그 결과, 토지가격의 급등을 보게 되었을 뿐 아니라 원래부터 토지의 농민 간 분배가 불균등한 곳이 더 더욱 토지겸병이 급속도로 진전되었다. 특히, 수리조합구역지에서 토지집중과 한국의 중소농민의 몰락이 심하였다(李勳求, 1935: 267).

　　주지하듯이, 1920년대에서 1930년대에 걸쳐 총독부의 산업정책의 핵심을 이루었던 것은 '산미증식계획'이었는데, 동 계획에서 가장 중요한 사업이었던 토지개량사업의 대부분이 수리조합에 의해 담당되었고, 수리조합사업의 중심적 추진자가 일본인대지주였기 때문에 수리조합 지역 내에서 한국인의 토지상실과 일본인으로의 토지집중이 급속히 진행되었나. 주목할 특징은 일본인중심형의 소합이 전북과 경남이라는 특정지역에 집중되고 있는 반면 한국인중심형 조합은 대개 북부지방에 있어서 높았다(李榮薰·張矢遠·宮嶋博史·松本武祝, 1992). 즉 한국의 미곡생산과 토지수확량을 증가시키기 위해 지역의 수리조합들을 통해 수행된 토지개량사업은 과중한 수리조합비를 농민들에게 부담시킴으로써 한국인 중소토지 소유자를 몰락시키고 일본인 대지주에게 토지를 집중시켰다. 이러한 조건들을 전제로 할 때 남부지방이 높은 소작쟁의에도 불구하고 사회주의적 조직화가 그다지 성공적이지 못한 것은 우연의 일치라고 볼 수 없는 것 같다.

제2절 식민지공업화와 분단

사회경제구조의 지역적 편차는 '식민지공업화'에 의해서도 영향을 받았다. 일본 근대경제의 한국 침투와 더불어 한국의 공업부문은 빠르게 성장하였는데, 앞에서 보았듯이 학계 일부에서 식민지공업화를 해방 후 한국의 공업화 과정의 출발점으로 그 의미를 규정하려는 시도들이 활발하다. 예를 들어, 식민지공업화기를 '중진자본주의'(中村哲, 1991) 또는 '제4세대자본주의'(金泳鎬, 1993)의 시발점으로 위치시키는 이론적 작업들이 여기에 해당된다. 여기서는 식민지공업화가 식민지조선에 남겨 놓은 경제구조가 분단에 어떻게 작용하였는가와 해방 후 한국 자본주의 발전에 어떠한 의미를 갖는가를 검토하고자 한다.

흔히 식민지공업화는 식민지 하 한국의 1930년대에 나타난 현저한 공업생산의 증대를 의미하여 왔다. 앞에서 보았듯이, 식민지조선의 공업화 추세를 보면 적어도 외형적으로는 1910년대 말부터 서서히 공업의 비중이 증가하기 시작했고 1920년대 후반부터 새로이 상승추세를 보이다가 대공황기에 조금 저하했으나, 그 후 더욱 상승속도를 높여 최후로 1930년대 말에 폭발적인 비율의 상승을 하여 공업생산의 부가가치는 농업생산의 그것의 과반에 접근해가고 있었다.

그러나 식민지지주제의 발전과 더불어 조선의 공업화는 조선의 자급자족적 소규모 가내공업의 파괴 및 그로 인한 소농경영의 불안정성을 증대시킴으로써 토지에서 분리된 농민들은 저렴한 임금노동자 공급의 원천이 되거나 만주·간도·일본 등지로 이주하였다. 다른 한편, 일

[표 7-10]　남부와 북부의 공업 및 광업 생산액 추이　(단위: 천 엔)

	1915	1920	1925	1930	1935	1940
전 북	3,444.0	10,465.8	10,884.4	10,041.2	20,138.2	51,915.1
	4.4	–	24.7	420.9	3,7505	
전 남	4,670.5	17,367.2	26,481.6	21,620.5	34,261.2	91,420.1
	--	65.6	233.2	717.3	1,689.3	
경 북	5,171.7	23,715.1	37,726.6	35,704.4	48,236.2	98,312.1
	50.2	82.6	241.7	255.7	3,926.0	
경 남	6,894.4	21,783.3	29,284.9	34,012.9	73,992.8	160,975.1
	3.5	352.8	245.3	68.1	448.4	
소 계	20,180.6	73,331.3	104,377.5	101,379.0	176,628.4	402,623.2
	20,238.7	73,832.3	105,122.4	102,841.0	186,442.6	
평 북	3,161.9	14,945.2	15,575.6	29,602.7	54,502.3	162,926.8
	1,228.4	4,131.4	3,992.4	5,086.9	27,429.3	
평 북	3,161.9	14,945.2	15,575.6	13,482.4	20,281.0	63,622.8
	4,686.3	3,612.0	5,350.6	5,310.0	16,041.3	
함 남	3,458.6	9,985.4	12,331.0	16,867.2	120,002.0	435,293.5
	168.2	1,237.2	1,110.0	1,289.9	11,394.2	
함 북	1,296.0	4,843.7	6,328.6	7,306.7	31,089.3	176,347.9
	51.5	509.9	700.8	1,720.5	4,590.3	
소 계	11,877.2	49,248.3	69,894.6	67,259.0	225,874.6	838,191.0
	18,011.6	58,738.9	81,048.4	80,666.3	285,329.7	

주: 상단은 공업생산액이고 하단은 광업생산액.
자료: 朝鮮總督府, 『통계연보』, 각 연도판.

본제국주의의 정치적 보호와 더불어 이러한 유리한 노동력 조건은 일본인 투자자들에게 커다란 매력이었고, 그 결과 일본인 자본투자는 광범위한 분야에 걸쳐 이루어졌는데, 특히 1920년대 중엽부터 북부의 중화학공업 —— 예로서 1927년 함남지역의 노구치자본 —— 에의 투자는 노동력과 수력자원 및 에너지, 그리고 공업원료 등의 저렴한 공급에 기

● [표 7-11] 공업유형별 공업생산액 (단위: 천 엔)

	1931	1935	1938	1939	1940
	남부지역(상단은 전라·경상도만이고 하단은 남부 전체)				
금속 공업	1,082.0	2,167.9	2,793.8	5,076.9	6,900.7
	4,013.1	7,295.9	12,449.8	13,428.0	14,889.2
기계 기구	2,316.0	2,544.5	5,388.1	10,833.6	12,345.1
	8,224.4	7,968.0	18,595.0	38,095.2	55,384.2
요 업	1,626.9	3,551.8	4,473.5	7,151.5	9,652.3
	2,923.6	5,944.1	8,781.0	11,617.4	16,046.2
화학 공업	7,361.5	14,638.1	23,654.5	30,806.8	41,931.8
	18,287.8	28,057.3	50,116.1	70,085.7	83,275.9
가스전기업	2,781.7	3,445.1	--	--	--
	5,161.2	6,815.6	--	--	--
중화학공업소계	15,168.1	26,347.4	36,309.9	53,868.8	70,829.9
	38,610.1	56,080.9	89,941.9	133,226.3	240,425.4
방직 공업	23,864.0	39,730.5	67,564.5	79,734.5	96,789.9
	35,676.4	67,777.0	140,226.4	167,465.7	188,881.2
제재목제품	2,202.9	3,257.9	4,997.2	6,861.6	9,566.3
	3,983.2	6,039.6	9,906.7	13,336.9	17,598.7
인쇄제본업	1,027.3	1,521.2	2,645.9	2,854.4	3,434.0
	8,058.4	11,423.9	15,618.4	17,135.5	15,924.3
식료품공업	32,618.6	66,313.2	102,449.1	120,167.3	139,109.2
	54,353.6	109,606.7	171,522.0	201,929.5	236,151.5
기타 공업	26,497.9	39,880.5	52,656.7	59,404.8	82,894.2
	53,062.5	72,704.2	108,273.1	130,408.3	177,545.2
경공업소계	86,210.7	150,703.3	230,313.4	269,022.6	331,793.6
	155,134.1	267,551.4	445,546.6	530,275.9	636,100.9
총 계	101,378.8	177,050.4	266,623.3	322,891.4	402,623.5
	193,744.2	323,632.3	535,488.5	663,502.2	876,526.3
	북부지역(상단은 평안·함경도만이고 하단은 북부 전체)				
금속 공업	1,738.9	4,772.3	25,426.5	68,729.4	66,549.7
	2,027.4	19,703.1	78,417.2	122,664.5	114,779.9

	북부지역(상단은 평안·함경도만이고 하단은 북부 전체)				
기계 기구	1,337.2	2,809.1	6,394.1	13,300.8	18,941.0
	1,862.3	3,557.1	7,381.8	15,139.5	21,280.5
요 업	7,267.2	10,982.2	16,991.2	21,230.0	32,917.0
	7,536.2	11,618.9	27,073.1	31,720.6	45,607.8
화학 공업	18,194.8	101,202.4	267,601.3	383,089.9	512,015.3
	23,768.0	119,776.8	304,349.0	431,664.2	616,166.3
가스전기업	1,271.2	32,077.6	–	–	–
	1,271.2	33,008.0	–	–	–
중화공업소계	29,809.3	151,843.6	316,413.1	486,350.1	630,423.0
	36,465.1	187,663.9	417,221.1	601,188.8	797,834.5
방직 공업	7,722.9	11,000.7	16,679.7	25,305.4	34,735.6
	10,722.1	14,550.7	22,551.3	33,886.1	41,909.5
제재목제품	1,330.8	1,951.2	4,984.0	6,866.6	16,236.0
	1,562.9	2,426.0	5,762.7	7,724.3	17,429.2
인쇄제본업	518.8	1,168.9	1,404.1	1,924.1	2,856.6
	607.8	1,320.2	1,635.2	2,238.0	3,146.6
식료품공업	20,229.8	44,672.2	78,217.3	98,403.1	117,946.3
	27,869.3	59,813.6	102,895.1	126,423.2	153,176.5
기타 공업	7,647.5	15,258.1	38,023.2	43,896.2	51,917.9
	10,747.6	18,322.7	56,278.1	63,324.1	68,977.8
경공업소계	36,949.8	74,051.1	139,308.3	176,395.4	223,692.4
	51,509.7	96,433.2	189,122.4	233,595.7	284,639.6
총 계	66,759.1	225,894.7	455,721.4	662,745.5	854,115.4
	87,974.8	284,097.1	606,343.5	834,784.5	1,082,474.1

자료: 朝鮮總督府, 「통계연보」, 각 연도판.

인하였다.

　이러한 공업화로 한국인 임금노동자의 수는 빠르게 증가하여 1944년에는 2백만 명을 넘어섰다. 즉 공업화에 따른 노동력 수요 및 임금 증대는 소위 프롤레타리화 또는 도시화의 과정으로 알려진 농촌인구의 도시유입을 초래하였다. 물론, 도시화 과정은 자원의 이용가능성이나 생산물의 시장접근 가능성의 지역적 편차와 같은 많은 요인들에 영향 받을 수밖에 없지만, 농촌에서의 노동력 유출은 농업생산력이 가장 열악한 부분부터 진행될 것이다. 즉 농업생산력(농업생산성＝토지생산성 ×1인당경지규모)을 규정하는 두 가지 요소, 단위토지당 생산성이 동일하다면 농업생산성은 1인당경지규모의 크기에 비례할 것이고, 또한 1인당경지규모가 같은 조건에서는 상대적으로 단위경지당 수익이 높은 토지가 농업생산성이 높을 것이라는 점에서 북부지역의 빈농층부터 공업화에 필요한 노동력으로 유출될 가능성이 높다. 예를 들면, 1930년부터 1940년 사이에 농업인구의 비농업부문으로의 96만 2천 명의 인구유출이 있었지만, 그 중 41만 2천 명만이 비농업부문에 고용되었다. 즉 경기도를 제외한 남부지역의 비농업부문의 고용자는 7만 명의 감소를 경험하였던 반면, 북부지역은 34만 1천 명의 커다란 증가를 경험하는 지역적 편차를 보였다.

　1930년대 한국 전체의 노동력 구성의 변화를 보면, 1930년과 1940년 10년 사이에 한국인 농업유업자수가 96만 2천 명 감소하고 있고, 농가에 있어서 유업연령층의 자연증가를 감안하면 백만 명을 훨씬 상회하는 농업유업자가 이농하고 있는 것이다. 도별로 볼 때, 황해와 전남에서 수천 명씩 늘어난 것을 제외하면 모두 대폭 줄어들고 있다. 그 중 8개도에서는 농업유업자의 10% 이상이 줄고 있고 5개도에서는 20% 이상이 줄고 있다. 전체적으로는 12.6%가 감소하여 농업유업자 비율은 80.6%에서 74.8%로 하락했다. 그런데 농업종사자의 감소에 대응했을 비농업종사자는 10년간 41만 2천 명밖에 증가하고 있지 않다.

　한국인 남자에 대해서만 보면 10년간에 농업유업자는 47만 6천 명이 감소하고 비농업유업자는 64만 명이 늘고 있어 한국 내 산업 간 이동은 보다 현저하다(조선총독부, 『昭和5年朝鮮國勢調査報告』, 『昭和15年朝鮮國勢調査結果要約』). 그것은 이 기간 동안에 일본과 만주 등으로 막대한 인구가 유출 — 한 추계에 의하면 이동인구는 153만 5천 명, 그 중 유업자는 78만 7천 명에 불과 — 했기 때문이다. 그리고 이것은 이 농에서 시작된 노동력의 이동 및 재편성이 한국 내에서 완결되지 못하고 노동력 시장이라는 측면에서도 일본자본주의에 의한 포섭이 진행되고 있음을 보여주고 있다. 한국 내 비농업유업자의 증가는 경기와 함북이 10만 명을 넘고 있어 가장 많다. 황해·강원 이북의 각 도에서는 수만 명씩 증가하고 있지만, 남부 6개도에서는 비농업유업자 수가 1930년 수준을 겨우 유지하든가 혹은 감소하고 있다.

결과적으로 1940년의 한국인 비농업유업자 비율은 25.2%로 되지만 경기는 47.6%, 함북은 60.6%에 달하고 있다. 이와 같이, 도별 비농업인구 비율이 14.6–60.6%로 격차가 있다는 것 자체가 사회적 분업이 상당히 진전되고 있음을 말하는 것이라 할 수 있을 것이다. 이것은 지역별 농업생산력 및 지역별 공업화의 차별화를 의미하는 것이다.

1940년의 노동력의 양상을 보여주는 것으로서 피고용노동자에 대해 검토해 보자. 피고용자가 전 유업자 중 차지하는 비율은 24.8%인 반면, 같은 해 일본의 비율은 41.9%이기 때문에 한국은 일본에 비해 4할 정도 낮다고 할 수 있다. 그러나 여기에는 몇 가지 주목할 만한 특징이 있다. 첫째는 지방 간의 격차가 크다는 것이다. 함북의 56.0%로부터 황해의 14.9%까지 분포되고 있다.

둘째는 피고용노동자 중에서 농업노동자의 비율이 16.1%로 대단히 높다는 것이다. 이 점은 남부지방의 여러 도에서 상당히 높다는 것이다. 셋째는 비농업유업사 중에서 보면 피고용자의 비율이 상당히 높다는 것이다. 한국 전체로는 76.2%이고 일본의 70.7%를 상회하고 있다. 전 유업자에 대한 피고용노동자의 비율이 일본보다 상당히 낮음에도 불구하고 비농업유업자 중의 비율은 오히려 일본을 웃돌고 있다.

이 점은 이 시기의 한국노동력 구조를 파악함에 있어서 대단히 중요한 문제라고 생각한다. 또, 각 도마다 차이가 크고 전체적으로 남부

💿 **[표 7-12] 남부와 북부의 농업 및 광공업 종사자의 평균비중 추이**

	1909	1915	1920	1925	1930	1935	1939	1940	1941	1942
	남부조선지역(전북, 전남, 경북, 경남)									
농업	89.9	89.6	88.9	81.8	82.5	81.4	80.2	80.8	79.9	77.2
공업	0.8	1.1	1.6	2.0	2.0	1.7	2.2	2.1	3.0	3.5
	북부조선지역(평남, 평북, 함남, 함북)									
농업	91.8	87.5	85.7	81.1	77.7	72.8	66.6	62.8	59.4	56.3
공업	0.8	1.4	2.1	2.5	2.5	4.0	6.9	7.8	10.0	11.3

주: ① 1915년 농업의 종사자는 농업 및 어업 종사자를 포함한 수치임.
　② 농업 및 광공업 종사자의 평균비중은 전체 한국인 중 한국인 농업 및 광공업 종사자
　　의 비중임.
자료: 조선총독부, 『統計年報』, 각 연도에서 계산된 수치임.

와 북부가 대조적인 점이 많다는 것도 분명해졌다. 다음으로 노동력
이동 문제를 도별 인구유출입수에 의해 검토해 보면, 본적지 인구와 현
주지 인구의 차에 의해 산출한 한국인 인구이동 수는 삼남지역이 한결
같이 감소하고 있음에 비해 중북부지역은 유입초과가 많고, 특히 함북
의 24.2만 명과 경기의 19만 명이 두드러진다. 즉 조선 내 그것도 여러
도로부터 경기·함남·함북이라는 특정지역으로 인구이동이 진전되고
있었던 점이 분명해졌다.

　마지막으로 광공업과 토건업의 상황을 도별로 개관하면 공장의 경
우 공장 수·직공 수·생산액 모두 경기가 수위이고, 그 다음으로 생산
액에서는 함남·경남의 순서로 되어 있다. 공장직공 수에서도 북부의
여러 도가 남부의 여러 도보다 상대적으로 더 많지만 광산 및 토목건
축 노동자 수에서는 그보다도 훨씬 더 많다. 이 사실을 앞의 산업별 및
지역별 노동력 이동 상황과 아울러 생각하면 남부농촌으로부터 중북부
의 비농업 및 신흥공업지대로의 이동이 이 시기의 국내 인구이동의 주
류적인 현상이었다. 그리고 그 내실은 중부 경기도는 공장, 북부 제도
는 공장과 광산 및 토목업의 발전이 초래한 것이었음을 간파할 수 있

다(조선총독부, 1942,『朝鮮ニ於ケル工場數及職工數調』, 조선총독부, 1942, 『第一回朝鮮勞動技術統計調査結果報告』, 경성상공회의소,『統計年報』).

'상대생산성가설'에 의하면, 농업의 조건이 보다 불리하거나 덜 노동집약적인 지역에서 공업화를 먼저 경험할 가능성이 높을 뿐 아니라 공업화는 상대적으로 높은 임금을 가져온다(Goldin, C., and K. Sokoloff, 1984: 461-87). 그러므로 북부지역의 농업의 열악한 조건은 저렴한 노동력, 그리고 산악지대가 갖는 전력 및 공업원료의 독점적 이용 및 개발가능성이 한국 및 만주에 대한 비료공급의 독점을 노린 대규모 공장건설의 필요성과 결합되어 비옥한 토지로부터 농업의 이점을 가졌던 남부지역보다 한계농민들의 유출에 커다란 영향을 미쳤다고 할 수 있다.

특히, 1930년대부터 식민지조선의 공업화는 전기 · 화학공업을 중심으로 북부에 집중되었다. 남부의 중심지역인 전라 · 경상도와 북부의 중심지역인 평안 · 함경도의 공업과 광업생산액을 합친 광공업생산액을 보면 1931년부터 북부지역이 남부지역을 능가하였고, 공업생산액만을 비교해도 1935년부터 북부지역이 남부지역을 능가하였다. 그 결과, 저렴한 노동력을 이용하였던 식민지조선의 공업화는 북부조선의 영세농을 보다 많이 축소시켰을 뿐 아니라 영세농의 공업부문으로의 이동은 이들의 실질소득을 증가시키는 효과로 작용하였다.

다시 말해, 1920년대 초부터 1930년대 후반까지 식민지조선에서 부농 → 중농 → 빈농에의 전층적(全層的) 몰락이 급격히 진행되었음에도 불구하고 다른 한편 농민층분해의 내용이 지역적 치이를 보이고 있다는 점에 주목할 필요가 있다(姜泰勳, 1988: 153-218). 예를 들어, 합병 당시만 하더라도 남부와 북부지역 모두 전체 인구의 1% 미만이 광공업에 종사하였으나, 공업발전 패턴의 차이로 인해 1940년대 초까지 남부와 북부는 광공업 종사자가 각각 3.5%와 11.3%로 후자가 전자의 3배 이상이 되었다.

● **[표 7-13]** 1923-38년간 도별 공산물 생산액 (단위: 천 엔)

	전 남	전 북	경 남	경 북	충 남	충 북	경 기
1923	28,275.5	11,877.0	29,307.7	27,256.1	10,433.8	6,303.2	69,170.4
1938	59,978.6	33,693.5	108,536.8	65,179.3	17,552.4	11,480.9	239,831.8
증가	31,703.1	21,816.5	79,229.1	37,923.2	7,118.6	5,177.7	170,661.4
(배)	1.1	1.8	2.7	1.4	0.7	0.8	2.5
	강 원	황 해	평 남	평 북	함 남	함 북	
1923	11,524.6	20,796.1	28,038.5	13,198.1	10,348.2	6,459.2	
1938	32,221.4	118,400.7	88,745.6	38,282.4	252,559.1	76,134.2	
증가	20,696.8	97,604.6	60,707.1	25,084.3	242,210.9	69,675.0	
(배)	1.8	4.7	2.2	1.9	23.4	10.8	

자료: 朝鮮總督府, 『통계연보』, 1923, 1938년판.

게다가, 1920년대 초에 1정보 미만의 영세소농민층은 1923-38년 기간 동안 남부에서는 71.2%에서 78.5%로 증가한 반면, 북부에서는 42.2%에서 37.4%로 감소하였다. 특히, 새로운 공업지대로 등장한 함경남·북도에서는 각각 31.5%와 20.1%로 감소하였다. 이처럼 노동의 수요를 증대시키고 그 결과로서 한계농민을 감소시켰던 북부의 상대적 공업화가 이들 한계농민들의 실질소득을 증가시키는 효과를 가졌다. 물론, 이것은 농민층의 전층적 몰락 속에서 진행된 상대적 실질소득의 증가를 의미한다. 사실, 1930년대의 공장노동자의 실질임금은 다른 직종에 비해 명목임금이 상대적으로 경직적이기 때문에 물가상승과 더불어 하락하는 추세였고, 실질임금의 절대적 상승이 나타나는 경우는 숙련노동자에 한정된다(허수열, 1981).

예를 들어, 임금의 지역별 차이에 대한 한 조사에 의하면 노동시장은 "일용노동력의 지역 간 이동 등에도 불구하고 아직 정보의 독점과 비대칭성, 그리고 노동요소이동의 한계, 공동체 성격의 차이 등이 존재"하였을 뿐 아니라 지역별 일인당 임금을 보면, "조사기관·조사시기·조사지역의 차이가 보이지만 북으로 갈수록 노임이 높다는 공통점이 발견"된다. 그리고 "이는 일차적으로 경지면적이 넓고 인구가 적음으로써 노동수요와 공급의 불균형에 기인하는 북부지역적 특성에 기인하는 것"일 뿐 아니라 "공동체 유제가 강하고 계층갈등이 약했던 북부에 비해,「계획」집중으로 농가경제 몰락에 따른 노동력 공급의 확대가 나타났던 남부의 상태를 동시에 반영하는 것"이라고 주장한다(박영구, 1990). 또한, 인적자본이론(G. S. Becker, 1975)에 의하면 북부조선의 높은 실질소득은 높은 교육수준 뿐만 아니라 이 지역의 높은 교육열에 의해 설명이 가능할 것이다(이준식, 1991: 58-59).

북부의 높은 자작농 비중과 더불어 이러한 효과는 이 지역의 평균주의적(공동체주의적) 특성을 규정하였던 것 같다. 이와 관련된 또 하나의 지표로서 1-3 정보층의 농가비율은 북부조선에서의 공동체적 혹은 평균주의적 환경을 강화시킨다. 1920년대 초와 1930년 말 사이에 남부조선에서는 2.8%가 감소하였던 반면 북부조선에서는 12.1%나 크게 증가하였다. 이러한 요소들을 함께 결합시킬 때, 남부에 비해 낮은 소작쟁의에도 불구하고 북부농민이 혁명적 조직의 동원에 보다 쉽게 수용할 수 있었던 것을 이해할 수 있을 것이다. 즉 토지혁명이나 노농소비에트의 건설 등을 강령으로 한 부르주아민주주의혁명론, 즉 노농혁명을 실천에 옮기려 한 '적색농민운동'이 정평, 단천, 홍원, 영흥, 양산, 성진, 양양, 삼척, 영주, 영동, 북청, 명천 등 주로 함경남·북지방에서 활발히 전개되었고, 함경남북도의 경우 적색노조운동은 빈농을 중심으로 한 군내의 강력한 대중적 기반을 토대로 하여 전개되고 있었다는 사실(지수걸, 1988: 424)은 이러한 지역적 특성과 일치하고 있지 않는가?

제8장

북한의 주체형 사회주의공업화
― 자립경제론의 비자립성 ―

제1절 북한 사회주의 경제체제의 배경

앞에서 살펴보았듯이 식민지 지배는 한국 전통사회에서 동태적으로 결합되어 작용하였던 개체주의와 공동체주의라는 본래의 구성요소들이 균형적으로 발전하는 것을 허용하지 않았고, 이는 해방 후 한반도에서 분단체제를 형성시키는 내적 계기로 작용하였다. 즉 해방 후 한반도의 분단을 규정한 외적 계기인 냉전질서와 더불어 북부지역의 평균주의적 특성이 북한 사회주의체제 성립의 배경으로 작용하였다.

북한의 경제체제를 이해하기 위해서 북한의 개정헌법(1992년 4월 9일)을 보면, 제19조에서 "조선민주주의 인민공화국은 사회주의적 생산관계와 자립적 민족경제의 토대에 의거한다"고 규정하고 있고, 제26조에서 "조선민주주의 인민공화국에 마련된 자립적 민족경제는 인민의 행복한 사회주의 생활과 조국은 자주적 발전을 위한 튼튼한 밑천이다. 국가는 사회주의 자립적 민족경제의 주체화 현대화 과학화를 다그쳐 인민경제를 고도로 주체적인 경제로 만들어 완전한 사회주의 사회에 맞는 물질 기술적 토대를 쌓기 위하여 투쟁한다"고 규정하고 있다.

그리고, '자립적 민족경제'의 건설을 "나라를 부강하게 하고 인민 생활을 향상시키기에 필요한 중공업 및 경공업의 제품과 농산물을 기

본적으로 국내에서 생산 공급할 수 있도록 경제적 다방면적으로 발전
시켜 근대적 기술로 장비하고, 자기의 강고한 원료기지를 쌓아 올리는
것에 의하여 모든 부문이 유기적으로 연결된 하나의 총합적인 경제체
계를 확립하는 것"[1]으로 규정하고 있다.

　　이와 같이, 북한은 경제체제를 사회주의적으로 개조하여 이른바
"자력갱생의 원칙에 의하여 생산수단에 대한 국내수요를 자체적으로
충족시키고, 확대재생산의 물질적 조건을 자체 내부에서 해결하는 정
책을 세우고 있다." 물론, 이러한 정책기조는 북한뿐만 아니라 기왕의
다른 사회주의 국가에서도 볼 수 있는 것으로서 그것은 국제분업을 경
시하는 사회주의체제의 특징이라 할 수 있다.

　　사실, '자립적 민족경제론'은 일종의 '수입대체공업화' 체계에 비
유할 수 있다. 수입대체공업화 전략은 2차 세계대전 이후 신생 독립국
들이 근대화의 전략으로 취한 일반적 방식이었다. 즉 식민지 경험을
가진 신생국들의 입장에서 열강들에게 다시는 (경제적으로) 예속되는
일이 없도록 하기 위해서 생산재 생산부문의 건설 및 자립화를 시도하
였고 이는 자연스런 선택이었다. 흔히, 공업화는 경공업부문의 발전으
로부터 출발하여 자본축적과 경제구조의 개선에 따라 점차 중공업 쪽
으로 발전해 나가는 것이 대체적 경향이지만, 사적 부문이 충분히 발달
하지 않은 사회에서 국가 주도에 의한 중공업의 형성과 중공업의 성장
을 우선하는 전략도 많이 존재해 왔다. 예를 들어, '전후방 파급효과'
가 큰 중공업의 우선적 육성을 통해 중간재 생산 및 경공업의 발전과
소비재 공업의 발전을 도모하는, 즉 중화학공업의 우선적인 성장을 통
해 산업발전에 필요한 생산재와 자본재를 자급자족할 수 있는 기반을
조성할 수 있는 이점을 무시할 수 없기 때문이다.

　　특히, 북한의 경우 해방 후 국가가 주요 생산수단 및 자원과 자금

---

1) 김일성, "조선민주주의 인민공화국 정부의 당면과제에 관하여," 『김일성 저작
집』, 제 3 권.

을 직접 장악하고 있었다는 점, 그리고 중화학공업의 지역적 편중 및 자원분포 등의 조건으로 중공업 우선노선의 선택이 잘못되었다고 할 수는 없다. 예를 들어, 1940년 현재 조선에 본사를 둔 공업부문의 회사 중 자본금 100만 엔 이상의 민족별 자본의 구성을 보면 일본인 자본이 94%라는 압도적 지분을 차지하고 있었다. 이런 상황에서 식민지적 잔재를 청산하기 위해 토지개혁과 함께 중요 산업의 국유화가 시행되었다. 즉 1946년 3월 5일 토지개혁에 관한 법령을 공포·실시한 토지개혁의 결과 5정보 이상을 소유한 3만 호를 포함해 약 40만 호의 지주농가가 소유한 100만 정보의 토지가 빈농 44만 호를 포함해 총 72만 농가에게 분배됨으로써 북한의 농촌에서는 지주계급이 일소되고 농민적 토지소유가 성립되었다. 토지개혁과 더불어 북한에서는 1946년 8월 10일 '산업·교통·운수·통신·은행 등의 국유화에 관한 법령'이 공포되었고, 일본자본가가 소유하였던 기업체에 한정하였던 산업국유화법령에 따라 몰수된 기업소의 수는 모두 1,034개였고, 이 중 공업부문의 기업소가 82% 이상(850개, 중공업부문 553개와 경공업부문 297개)을 차지하였다(한림대학교 아시아문화연구소, 1994: 142).

여기에 더해 해방 이전의 식민지공업화 경험 속에서 중화학공업이 한국의 북부지역에 지역적으로 편중되었음을 지적할 수 있다. 예를 들어, 해방 직전(1944년) 북한의 공업총생산액 중 생산수단의 생산과 소비재의 생산이 차지하는 비중은 70.4% 대 29.6%를 보이고 있었다(김상학, 1957: 91). 또한, 전체 공업생산액에서 중화학공업 생산액이 차지하는 비중을 보면, 1940년 현재 조선의 북부지역이 73.7%를 보인 반면, 남부지역은 27.4%를 차지하고 있었다. 남부지역의 경우 서울을 포함한 경기도를 제외한 전라·경상도만을 살펴보면 이 비율은 17.6%로 더욱 하락한다. 특히, 금속과 화학부문은 북한이 생산액에서 전체의 90%와 82%를 차지하고 있었다. 전력 또한 북한에서 전체의 95.7%(8,254,410Kwh)가 생산되고 있었다(金甫瑛, 1996).

이것은 해방 전 제조업의 종사자 비중에서도 확인된다. 1942년 현재 평안도와 함경도를 중심으로 한 북부지역의 제조업 종사자와 농업 종사자의 비율이 각각 11.3%와 56.3%였던 반면, 전라도와 경상도를 중심으로 한 남부지역의 각 비율은 3.5%와 77.2%로 북부지역에 제조업이 편중되어 있음을 보여 주고 있다(朝鮮總督府, 각 연도; 조선은행, 1948). 다시 말해, 일제 말기 남한지역에는 남선·호남·경인·삼척공업지대가, 그리고 북한지역에는 서선·북선(西鮮 北鮮)공업지대의 형성이 뚜렷해지면서 한국은 38선을 경계로 하여 '남경북중(南經北重)'이라는 지역분업구조를 갖게 되었고, 이러한 배경이 자원분포와 결합[2]되어 해방 후 북한으로 하여금 '중공업우선'의 공업화 전략 선택을 용이하게 하였다.

따라서 오늘날의 북한경제난의 원인을 지적할 때 '중공업 우선노선' 그 자체가 문제되는 것은 아니다. 중공업 우선노선이 어떤 방식으로 이루어졌는가의 문제이다. 즉 해방 후 중화학공업이 북한에 집중되어 있었다 하더라도 자본과 기술의 축적이 낮은 상태에서 중공업과 경공업과 농업을 전부 국내에서 균형적으로 발전시켜 자립경제를 이룩하자는 것은 그것을 추진하기 위한 기계설비나 기술 및 원자재 등을 해외에서 수입해야 하고 그만큼 외화가 확보되어야 한다는 것을 의미한다(최배근, 1997a: 233-59). 게다가 중공업우선의 불균형정책은 공급측면에서는 중공업의 자본집약적 성격과 고비용생산체계, 그리고 자체 기술의 부족으로 지속적 보호가 요구된다(A. Kohli, 1994: 1292).

수요측면에서도 지역경제 및 다른 산업부문 긴의 낮은 연관성, 그리고 국제분업을 경시하는 사회주의 경제체제의 원리와 더불어 국제적

---

2) 북한에 매장되어 있는 것으로 밝혀진 광물자원은 400여종이고, 그 중 경제적 가치가 높은 광물자원만도 220여종에 이른다. 특히, 철광석(93.8%), 니켈(84.7%), 아연(100%), 석회석(98.5%), 마그네사이트(100%), 석탄(무연탄 89%와 유연탄 99.8%) 등 거의 전 광물에서 남한보다 절대적 우위를 차지하고 있다(黃義珏, 1996: 160-61; 통계청, 1996: 165-66).

[표 8-1] 북한경제의 연평균 성장률   (단위: %)

	GNP		GVIO		GVAO	
	계획	실제	계획	실제	계획	실제
1954-56	20.5	30.1	37.5	41.8	–	11.6
1957-60	17.1	20.9	21.1	36.6	–	8.8
1961-70	15.2	7.5	18.1	12.8	13.3	6.7
1971-76	10.3	8.2	14.0	16.3	–	–
1978-84	9.6	8.8	12.1	12.2	–	–

주: GVIO는 공업총생산액이고, GVAO는 농업총생산액을 지칭함; 1961-67년간 실제 성장
율은 8.6%이었고, 1968-70년간은 5.8%; 1978-81년간 실제성장율은 4.3%.

자료: Joseph S. Chung, 1983, "Economic Planning in North Korea," in *North Korea Today*,
edited by R.A. Scalpino and Jun-Yop Kim, Berkeley: Institute of East Asian Studies, p.
172; Joseph S. Chung, 1987, "North Korea's Economic Development and Capabilities,"
in *The Foreign Relations of North Korea*: *New* Perspectives, edited by Jae Kyu Park,
Byung Chul Koh and Tae-Hwan Kwak, Seoul: Kyongnam University Press, p. 112; 연하
청, 1988, 『남북한 비교연구』, 국토통일원, 76-78쪽.

수준에서 북한 중공업의 낮은 경쟁력으로 그 수요를 해외시장에 의존
하기도 어려웠다. 그 결과, 수입의존적 중공업의 건설에 필요한 관련
설비의 수입 증가를 충당할 외화 획득이 원조에 의해 뒷받침되지 않는
한 불가능하게 되었다. 이는 해외자본의 도입과 국민소득의 성장률, 특
히 공업총생산액의 성장률 간 비례관계에서 확인된다. 북한의 공식 발
표치에 기초한 공업총생산액의 연평균 증가율을 보면, 1957-60년간
36.6%, 1961-70년간 12.8%, 1971-76년간 16.3%, 그리고 1978-84년간
12.2%를 기록하고 있다. 반면, 외부사회로부터 북한에 유입된 자본액
은 1950년대는 연평균 15,121만 달러, 60년대는 3,741만 달러, 1970-76
년간은 연평균 30,709만 달러, 그리고 1978-84년간은 연평균 7,926만
달러를 기록하였다.
    1953-60년간 북한이 받은 원조총액 14억 3,350만 달러는 같은 기
간 국가예산세입의 37.1%에 해당하는 것으로 국민총생산에 대한 국가

예산수입의 비율을 50-60%로 가정할 때 외국원조는 국민총생산의 18.5-22.3%에 해당된다. 따라서 외국원조의 국민총생산에 대한 비율을 약 20%로 보고, 당시 남한의 평균자본계수 2.5를 적용하면 외국원조는 경제성장률에 연평균 8%를 기여한 것이 된다(전홍택·박진, 1995: 705).

이와 같이, 생산효율성이 낮고 내수가 제한된 해방 후의 경제적 조건을 고려할 때 북한경제의 '투입-산출' 관계에 중요한 변화가 생기려

[표 8-2] 권역별 무상원조 및 차관도입 실적 (단위: 만 달러)

	전체 합계			소 련			중 국		
	무상원조	차 관	합 계	무상원조	차 관	합 계	무상원조	차 관	합 계
1949이전	–	5,300	5,300		5,300	5,300	–	–	–
1950-60 연평균	127,800	37,492	166,336 15,121	51,475	19,850	71,325 6,484	33,600	17,250	50,850 1,861
1961-69 연평균	–	33,668	33,668 3,741	–	19,668	19,668 2,185	–	10,500	10,500 1,167
1970-76	–	214,960	214,960	–	90,600	90,600	–	160	160
1970			9,000			8,700			–
1971			26.700			25,000			–
1972			35,400			15,000			–
1973			48,400			10,900			–
1974			52,000			12,000			–
1975			42,900			18,600			–
1976			560			400			160
연평균			30,709 (12,966)						
1978-84 연평균	25,870	29,615	55,485 7,926	–	29,615	29,615	25,870	–	25,870

주: 1970-76년간 OECD로부터 124,200만 달러의 차관 도입이 있었고, 1970-76년간 연평 균 차관도입액 중 ( )의 수치는 OECD로부터의 도입액을 제외한 금액임.
자료: 국토통일원, 1986, 『북한경제통계집』.

면 요소투입과 지속적 확대재생산을 위한 수요의 확대(외연적 성장전략의 선택)이 불가피했다. 게다가, 새로운 투입요소의 공급을 내부적으로 해결하지 못하는 한 시장판로와 더불어 자원 및 자본공급은 외부세계에 의존할 수밖에 없었다. 즉 어떠한 방식으로든 자원 및 자본의 지속적 공급을 위한 개방전략이 불가피했다.

이처럼 해방 이후 남북한 경제 모두 개방체제로 갈 수밖에 없었다는 점에서 전통사회의 진화패턴과 맥을 같이 하였다. 그럼에도 불구하고 한편으로는 국제분업을 경시하는 사회주의체제의 특징으로, 그리고 다른 한편으로는 주체형 사회주의를 만들어 낸 정치적 환경으로 대내지향적 중공업우선의 발전전략이 기조를 이루게 된다. 그 결과, 사회주의 국제분업구조 조차 거부한 북한의 주체형 사회주의 공업화 전략은 북한 경제난의 근본적 원인으로서 '계획의 무정부성'(내부구조의 문제)과 '외연적 성장방식의 내부의존성'이라는 모순을 구조화시키게 된다 (최배근, 1997a).

제2절 사회주의 민족경제론과 주체형 사회주의 공업화론의 성립 배경

북한 당국의 공식발표에 의하면 해방과 분단의 혼란으로 1946년의 공업생산지수는 44년에 비해 71.7%나 감소하였다. 그러나 경제계획의 결과 1949년의 공업생산지수는 46년의 그것에 비해 3.4배(연평균 50%의 성장률)나 증대하면서 해방 전의 수준에 거의 도달하게 되었다. 물론, 이러한 빠른 성장은 소련의 경제 및 기술원조, 그리고 상대적으로 풍부한 전력과 비료공급에 기인하였다. 소련은 1946-49년까지 5억 4,600만 달러를 지원하였을 뿐만 아니라 기술진의 파견을 통해 북한의 경제복구건설에 결정적 역할을 수행하였다. 또한, 일제 하 북부지역의 식민지 공업화로 북한은 풍부한 전력과 화학비료를 확보할 수 있었다.

그러나 한국전쟁의 피해로 1953년의 공업과 농업 총생산은 49년에 비교해 각각 64%와 76% 수준으로 감소하였고, 국민소득(Net Material Products, NMP) 또한 전전의 70% 수준으로 하락하였다(고승효, 1993: 105; 소련과학아케데미 세계사회주의경제연구소, 1988: 42). 한국전쟁으로 8,700여 개의 공장과 기업소, 60만 호의 주택, 5천여 개의 학교, 37만 ha의 전답의 유실을 포함해 북한경제의 패해 총액은 당시 화폐가치로 4,200억 원에 달하였다(고승효, 1993: 104-106). 북한은 경제의 복구와 자립경제의 토대를 강화하기 위해 복구발전 3개년계획(1954-56년)과 제1차 5개년계획(1957-60년)을 실시하는데, 50년대 북한 경제정책의 특징은 중공업우선정책과 협동화운동을 통한 소농경제와 개인상공업의 사회주의적 개조, 그리고 대중동원을 통한 사회주의 노력경쟁운동의 추진으로 요약할 수 있다.

전후 북한경제가 빠르게 회복될 수 있었던 것은 무엇보다 소련 등 구사회주의권으로부터 제공된 막대한 경제 및 기술원조에 기인하였다. 다시 말해, 한국전쟁 직후의 국면에서 투자원천의 문제는 논란의 여지가 없었고, 대부분의 자금이 소련, 중국 등 소위 '형제국'들에서 제공되었다. 한국전쟁의 피해가 극심했을 뿐만 아니라 농업이 갖는 국내저축의 역할이 제한적이었기 때문에 전후 복구 건설과정에서 소련을 비롯한 사회주의 국가들의 원조가 차지하는 비중은 그만큼 중요했다.

대외원조가 국가예산 수입에서 차지하는 비중을 보면, 1954년에 34.0%, 55년에 21.7%, 56년에 16.5%, 57년에 12.2%, 58년에 4.2%, 59년에 2.7%를 구성하였다.[3] 대외원조 중 소련의 원조(무상 10억 루블)는 주로 "인민경제의 복구와 공업화의 토대로 되는 대공장을 신설하는 데

---

3) 1954-55년까지는 전석담(1960: 23)으로부터, 1957년과 58년의 자료는 국토통일원 편, 『최고인민회의 자료집 2』, 1988, 550-1쪽으로부터, 그리고 1959년의 자료는 김상학(1960: 29)에서 재인용된 것임.

충당"되었고, 중국의 원조(무상 8조 위안)는 "주로 인민생활 향상을 위해 사용되었다"(전석담, 1960: 17).

이와 같이, 북한의 초기 경제건설 및 공업화 과정에서 소련의 자금ㆍ기술ㆍ경제지식 등의 원조는 결정적이었고, 대소의존도를 심화시켰다. 예를 들어, 소련이 무상으로 제공한 10억 루블의 원조에 의해 복구 확장될 공장들로 김책제철소, 성진제강소, 남포제련소, 승호리세멘트공장, 수풍발전소, 평양방직공장 등이 있었고, 신설된 공장들로 평양건방직공장, 육류종합공장, 해어통조림공장, 염사공장, 염색공장 및 표백공장, 뜨락또르수리공장, 중앙라디오방송국 등이 있었다. 신설공장들의 대부분이 인민소비품과 관련된 공장들이었다. 이 밖에 무상원조로 양덕-천성 간 전기철도가 복구되었고 각종 기자재, 설비품, 원자재 등이 제공되었다(신상호, 1957: 16-17).[4]

이러한 소련의 원조 중에서 특히 기계설비 부문은 주목할 만하다. 1955년 1월 현재 공업부문에서 가동되는 기계설비대수 중 소련 및 기타 인민민주주의 국가들로부터 수입된 기계설비가 차지하는 비중은 매우 높아 공업기계에서의 이 비중은 대부분의 기계제작 공업기업소들에서 거의 90-98%에 달하였고, 대부분 주요 광산의 착암기에 대한 비중은 90% 이상을 차지하고 있었다(김상학, 1955: 69).

대소의존도의 심화는 기술전수와 기술자 파견에서도 확인된다. 소련이 제공한 10억 루블의 무상원조 중 6천만 루블이 제공된 흥남비료공장을 예로 들어보자. 소련은 흥남비료공장의 복구를 위해 각종 기계설비와 원자재를 보냈고, 기술설계문건을 작성해 주었으며, 전문기술에 따르는 기사와 기수들을 파견했다. 흥남비료공장에만 기술적 지원을 위해 53명의 기술자단이 파견되었다(리국순, 1960: 229). 이 밖에 경제

---

4) 또한, 김일성, "소련 중화인민공화국 및 인민민주주의 제국가들을 방문한 조선민주주의인민공화국 정부대표단의 사업경과보고(최고인민회의 제1기 제6차회의: 1953. 12. 20-12. 22)," 국토통일원, 『최고인민회의 자료집 I』, 620쪽 참조.

● **[표 8-3]** 3개년 계획기간중 국가기본건설자금 투자액 구성   (단위: 만 원, %)

	투자액수	구 성 비
국가기본건설투자총액	8,053,200	100
공업총액	3,994,800	49.5
중 공 업	3,239,700	40.2
경 공 업	755,100	9.3
농촌경리	744,300	9.2
운수 및 체신	1,056,400	13.1
상업 및 사회급양	98,400	2.1
교육 및 문화	476,400	5.9
과학 및 연구	33,800	0.4
보 건	114,100	1.4
주 택	968,300	12.2
공공경리	461,700	5.7
기 타	111,700	1.4

자료: 전석담, 1960, 「조선로동당의 령도 하에 전후 사회주의 건설에서 조선인민이 달성한 성과와 그 의의」, 과학원력사연구소 근세 및 최근세사 연구실 편, 『력사논문집 4: 사회주의 건설편』, 평양: 과학원 출판사, 21쪽.

기술 지식에 관해서도 '소련을 향하여 배우자'가 하나의 구호가 되어 1956년에 발간된 18종의 경제서적 중 반이 대부분 소련서적을 번역 출판한 것이었다(리론 경제부, 1957: 80). 이와 같이 경제건설 과정에서 소련의 경험이 제도적 원형으로 강조되고 교육되어졌다는 점에서 그 후 외교적 관계와는 별도로 북한의 사회주의공업화의 제도적 원형으로서 소련 경험은 중대한 영향력을 행사했다(김연철, 1996a: 60-61).

한편, 조선노동당 제1차 대표자회(1958. 3)에서 계획초안이 토의되고, 최고인민회의 제2기 3차 회의(1958. 6)에서 법령으로 채택된 제1차 5개년계획은 개시 시점이 1957년임에도 불구하고 계획안이 1958년이 되어서야 결정되었다. 그러나 제1차 5개년계획을 실천하기 위해서는 3개년계획보다 더 많은 자금의 조달이 필요하게 되었다. 그러나 사회주의국가들의 원조는 대폭 축소되었던 반면, 제한된 자원과 낮은 기술수준 하에서 북한의 선택은 자체적인 중공업 건설을 위해 그만큼 사회적 압력을 증대시킬 수밖에 없었고, 그것은 정치 사상의식의 강조에 의한 대중동원운동(대중적 혁신운동)의 추진으로 나타났다.

다시 말해, 축적자금의 상당부분을 차지했던 대외원조가 1950년대 말부터 급감하면서 축적자금의 내부동원('내부원천')이 강조되었고, 1956년 12월 11일의 전원회의에서는 "추가적 투자를 하지 않거나 극히 적게 하면서 더 많은 생산을 냄으로써 계획을 초과 완수할 것을 호소"함과 동시에 "당이 호소한 최대한의 증산과 절약을 완수하기 위한 생산예비를 최대한으로 적발 동원하는 것"이 과업으로 제시되었다(박삼윤, 1957: 41).

또한, 이 전원회의에서 김일성은 '사회주의 건설에서 혁명적 대고조를 일으키기 위하여'라는 제목의 연설에서 설비와 노력의 증가 없이 현존설비의 이용률 제고, 노동생산능률 제고, 내부원천의 동원, 절약제도의 강화 등을 강조했다(김덕호, 1960: 88). 그리고, 같은 해 12월 28일에 김일성은 강선제강소 현지지도에서 '내부예비를 최대한 동원하여 더 많은 강재를 생산하자'는 연설을 하였고, 이를 계기로 북한에서는 1940년대 후반의 개별적 차원에서의 혁신운동과 달리 집단적 혁신운동이 시작되었는데, 이른바 '천리마의 시대'에 접어든 것이다(金鍊鐵, 1996a: 206).

이와 같이, 막대한 자본과 생산설비 및 기술인력이 필요되는 중화학공업을 자체의 힘으로 건설하려 했던 것은 중화학공업의 우선적인 성장을 통해 산업발전에 필요한 생산재와 자본재를 자급자족할 수 있는 기반을 조성하고자 한 것이었으나, 자본공급과 노동생산성의 증가가 예상대로 이루어지지 않은 상태에서 천리마 운동방식(농업부문에서 청산리방법[5])과 공업부문에서 대안(大安)의 사업체계[6])같은 노동력 동원

---

5) 1960년 2월 김일성이 평남 강서군 청산리에 대한 현지지도에서 시작되었고 그

에 많은 부분을 의존할 수밖에 없었다.[7] 이러한 대중운동, 예를 들어 돌격식생산이나 공작기계새끼치기운동 등으로 생산의 초과달성이 강조되면서 경쟁이 촉발되었고, 그 결과 1차 5개년계획은 놀라운 성과를 이룰 수 있었다. 즉 북한 당국의 공식발표에 의하면, 북한은 국제공산주의운동의 동요 속에 나타난 위기를 대량생산운동의 전개로 벗어났고, 그 결과 5개년계획은 기계공업을 비롯한 중공업의 급성장(연평균 36.6%의 공업생산 성장률)으로 계획기간보다 1년 빨리 1960년 말에 달성되었다.

1950년대 후반 이후 강화된 국가통제정책은 농촌에서의 급속한 농

[표 8-4] 북한의 공업총생산 성장률 (전년대비 %)

	1957	1958	1959	1960	1961	1962	1963	1964	1965	1966	1967	1968	1969
성장률	44	42	53	7.4	14	17.9	8	17	14	?	17.0	15.0	?

주: 1960년의 성장률은 김일성의 4차 당대회 보고문 중 1957년에서 1960년 사이의 공업생산 연평균 증가속도가 36.6%라는 사실에서 역산한 수치임; ?는 발표하지 않았음.
자료: 「로동신문」의 연도별 중앙통계국 발표에 의해 작성.

후 북한경제관리의 기본이 되고 있는 것으로 그 구체적인 내용은 농업부문에 있어서 상급기관이 하급기관을 지도·감독하여 당의 지도노선을 관철하면서도 현지의 실정을 감안하여 자주적으로 문제해결을 시도하고, 아울러 농업생산활동에 있어서의 정치적·사상적 동기를 강화하도록 하는 것이다.

6) 농업에서 있어서의 '청산리방식'을 공업부문에 적용한 것이 이른바 '대안방식' 즉 '대안의 산업체계'로서, 이는 김일성이 1961년 12월 평남의 대안 전기공장 현지지도에서 제시하여 1967년 이후 전국적으로 확대된 것이다. 대안방식에 대해 개정헌법 제33조에서는 "국가는 생산자 대중의 집체적 힘에 의거하여 경제를 과학적으로 합리적으로 권리운영하는 사회주의 경제관리혓태인 대안의 사업체계와 농촌경리를 기업적 방법으로 지도하는 농업지도체계에 의하여 경제를 지도 관리한다"고 규정하고 있듯이, '대안방식'이란 당의 집단적 지도, 기업에 대한 당의 지배 강화, 경제적 동기보다 정치 사상적 동기의 강화, 그리고 중앙집권화된 계획적 관리 속에서 현지의 책임을 강조하는 집단주의적 방식이다.

7) 사실, 생산경쟁운동 같은 총동원운동이 1946년 11월 25일 북조선임시인민위원회 제3차 확대위원회에서 김일성이 호소한 '생산돌격운동'의 전개된 것(徐東晚, 1995: 181)이 사실이나, 대외원조의 감소로 외연적 성장을 자체적으로 할 수밖에 없는 조건에서 강행적 산업화는 이전의 것과 비교해 질적 차이를 가진다.

[표 8-5] 공업총생산액의 연평균 성장 속도 (단위: %)

	공업총생산액	생산수단생산	소비재생산
1954-56	41.7	59.4	28.0
1957-60	36.6	37.7	34.9

자료: 조선로동당출판사, 1964,『우리 당에 의한 속도와 균형문제의 창조적 해결』, 조선로동
당출판사, 101쪽.

[표 8-6] 공업총생산액 중 생산수단과 소비재 생산의 비중 (단위: %)

	1944	1949	1953	1954	1955	1956
생산수단의 생산	70.4	58.6	37.7	47.1	51.7	53.9
소비재의 생산	29.6	41.4	62.3	52.9	48.3	46.1

자료: 1944년은 김상학, 1957,「우리나라에서의 사회주의 공업화의 특징」,『근로자』제10호
(143), 91쪽; 1949-56년은 전석담, 1960,「조선로동당의 령도 하에 전후 사회주의 건
설에서 조선인민이 달성한 성과와 그 의의」, 과학원 력사연구소 근세 및 최근세사 연
구실 편,『력사논문집 4: 사회주의 건설편』, 평양: 과학원 출판사, 24쪽에서 재구성.

업집단화의 완성에서도 확인된다. 1953년 12월까지 전국 평균 1.2%에
불과하였던 '농업협동화'는 55년 12월까지도 49%로 절반에도 못 미쳤
으나, 그 후 빠르게 진전되어 58년 3월까지 98.6%에 달하였다(김한주,
1960: 104). 즉 1955년부터 중농층을 협동조합에 가입시키기 위해 개인
농에 대한 노골적인 차별정책을 적극적으로 활용하는 등 강행적 농업
집단화 추진은 농업생산을 1950년대 후반까지 전전의 수준으로 회복시
켰을 뿐 아니라 60년대 초까지 빠른 성장을 가능케 하였다. 그리고 이
러한 성장은 1953-58년간 논의 관개면적이 22만7천 정보에서 46만3천
정보로, 수리안전답이 52%에서 91%로,[8] 농업기계 작업소가 15개소에
서 70개소로, 보유트랙터 수가 4배, 화학비료의 공급량이 12배로 증가
한 것의 결과였다. 특히, 1959년에는 전년도에 비해 농기계작업소의 트

---

8) 북한은 3개년계획 기간에 농촌경리의 복구건설에 투자한 74억 4,300만 원 중
56%에 해당하는 42억원의 국가자금이 대규모 관개시설과 하천공사에 투입했다
(전석담, 1960: 27).

랙터가 약 3배, 그리고 기계작업이 약 22배 증가하였다(高瀨淨, 1988: 137-38).

그러나 농기계의 보급과 농장의 대형화가 보장되지 않는 조건에서 농업집단화는 많은 무리를 수반하고 있었다. 소련은 북한의 농업집단화 속도가 너무 빠르며 농기계 없이 어떻게 농업경영을 집단화할 수 있는가 등으로 북한의 정책을 비판하였다. 한편, 1958년 농업집단화가 완성되는 단계에서 농장당 평균규모가 전년도 대비 4배 이상 증가했고, 각 농장에 포함된 농가호수 역시 평균 64호에서 275호로 4배 이상 증가했으나, 농가호당 경지면적은 54년 이래 1.7-1.6 정보 수준을 유지하고 있듯이 농장의 대형화는 수반되지 않았다.

다시 말해, "깜빠니아(캠페인: 필자)식으로 진행"(김한주, 1960: 88)된 농업집단화 사업은 "조합조직의 자원성 원칙을 위반하고 아직 준비되지 못한 농민들을 무리하게 가입시키는 편향, 그리고 처음부터 높은 형태의 대규모적 조합만을 조직하려 하며 농업협동조합을 위한다 하여 개인농민들의 이익을 침범하는 경향"(전석담, 1960: 32) 등을 발생시켜 국가와 농민 간에 갈등(수매사업의 비협조, 가축도살, 태업, 배천(白川)바람 등)으로 나타났고, 국가는 이에 대해 공업부문과 마찬가지로 사상학습과 집중지도의 강화로 대응을 하였다.[9]

사실, 이러한 강행적 농업집단화의 추진은 공업부문과 마찬가지로

---

9) 북한의 농업통계는 다른 경제통계와 마찬가지로 신뢰성이 매우 낮을 뿐 아니라, 북한 당국조차 정보수집과정의 문제와 계획의 초과달성에 대한 부담 및 이미 달성된 수준보다 항상적으로 증가해야 하는 계획수치 달성에 대한 부담이 개입되어 정확한 자료를 확보하지 못하고 있다. 예를 들어, 김일성은 1955년 4월 전원회의에서 49년도의 북한의 알곡생산량은 279만 톤으로 외국에 10만 톤이나 수출했는데, 54의 경우에는 290만 톤(나중에는 280만 톤)이나 생산했고 중국에서 22만 톤의 식량을 수입했음에도 불구하고 식량부족을 느끼는 이유가 무엇인가를 물으며 허위보고의 심각성을 지적하였다(김일성, 1967: 556). 즉 정확한 정보에 기초해야 하는 계획경제가 역설적으로 계획화에 필요한 정보를 수집하지 못함으로써 발생하는 계획경제의 '내재적 불안정성' 혹은 '내부적 무정부성'은 농업집단화에 따른 능률의 저하 및 비효율성과 깊은 연관을 맺고 있다.

[표 8-7] 북한의 농업집단화

	협동 농장수	농가호수 (천 호)	협동농장경지 면적(천 정보)	농장당호수 (호)	농장당평균 규모(정보)	농가호당 면적(정보)
1953	806	12	11	14.9	13.6	0.9
1954	10,098	333	576	32.9	57.0	1.7
1955	12,132	511	885	42.1	72.9	1.7
1956	15,825	865	1,397	54.7	88.3	1.6
1957	16,032	1,025	1,687	63.9	105.0	1.6
1958	3,843	1,055	1,791	274.5	466.0	1.7
1959	3,739	1,102	1,790	294.6	466.2	1.6
1960	3,736	1,111	1,789	297.4	466.4	1.6

자료: 『朝鮮中央年鑑』(1953-64); 모악 샤무엘, 1974, *Economic Returns of National Economy of Democratic People's Republic of Korea*(1961), 「북한의 농업집단화 정책분석」, 『북한』.

[표 8-8] 북한의 알곡 생산량 추이 (단위: 천만 톤)

1946		1949	1953				1957	1961	1965
189.8		265.4	232.7				321.0	483.0	452.6
	1948	1949	1953	1954	1955	1956			
	273.6	279	238.6	229.1	241.0	295.9			
1975	1977	1978	1979	1982	1984				
770.0	850.0	787.0	900.0	950.0	1,000.0				

주: 북한의 알곡은 주민들의 식량, 집짐승 먹이 및 식료공업의 원료로 되는 낟알을 일컫고, 크게 논벼와 밭알곡으로 구분한다. 후자에는 조기작물인 밀·보리 · 귀밀 등과 만기작물인 강냉이 · 수수·조 · 기장·피 등 화본과물에 속하는 것, 콩과식물에 속하는 콩·팥·녹두 등과 그 밖에 메밀 및 기타가 포함된다 (사회과학원 경제연구소, 1988: 778-79).

자료: 상단은 연도별 김일성 신년사나 『조선중앙연감』 및 금일보고에 기초해 작성한 국토통일원, 『북한경제통계집』의 자료이고, 하단은 국립농업출판사(1957: 23)에서 지수로 발표한 것을 김일성이 1955년 4월 전원회의 연설에서 보고한 1949년도의 알곡생산 279만 톤에 기초해 계산한 수치임.

1956년을 전후로 한 북한의 탈소련화 및 소련을 비롯한 사회주의국가들로부터의 원조의 대폭 삭감, 그리고 그 결과로 주체형 자립적 민족경제 건설노선의 형성과 불가분의 관계를 맺고 있다. 즉 자력갱생의 원칙에 기초해 1957년부터 대대적으로 강조된 증산과 절약운동, 그리고 혁명적 군중노선에 기초한 천리마운동은 대외원조의 급감 속에서 자금문제 해결을 위한 축적자금의 내부동원 전략이었던 것이다. 게다가 '사회주의 원시축적론' [10]에 따라 공업화를 위한 노동력·자금·식량에 대한 국가통제력의 확보 — 예를 들어 식량과 원료의 강제매입이나 협상가격차 — 가 요구되었고, 이에 따라 농업집단화는 사회주의 공업화, 특히 북한의 특수한 상황의 산물로서 주체형 사회주의 공업화의 실현을 위한 수단으로서 규정되었다(金鍊鐵, 1996a: 81).

사실, 북한의 경우에 협상가격차는 해당되지 않는다는 것이 그들의 공식 입장이다. 그 근거로 가격정책의 측면에서 공산물 가격은 인하가 이루어진 반면 농산물 수매가격은 인상되었기 때문에 농민 측에 유리했다는 것이다. 그러나 노동생산성의 상승이 농업보다 공업 쪽이 훨씬 높기 때문에 협상가격차는 이전과 비교해 별로 변화가 없었거나 농산물에 불리하다는 비판을 한다. 그 근거로 1957년 7월 2일 과학원 경제법학연구소가 개최한 '우리나라에 있어서 가치법칙과 가치형성에 관한 토론회'에서 정태식 남춘화 등은 "수매가격을 가치 이하로 제정해야 할 필요성"과 "현물세를 통해 농업에서 조성된 순소득을 국가에 인입해야 한다"는 주장을 하였다(徐東晚, 1996: 16-18).

그리고 이것은 '농촌공업화'라는 발상과 깊은 관련을 가지고 있

---

10) 사회주의 원시축적에서 문제가 되는 것은 축적에 필요한 자금을 어디에서 얻을 것인가의 문제로서 대부분의 사회주의 국가들은 자본주의권의 포위 상황(국제분업의 불가능)과 공업의 미발전(농업 우위) 상태 때문에 자금원천을 비사회주의적 부문, 즉 농업에서 구할 수밖에 없었고, 또한 농업 및 경공업에 대한 투자로 인한 단기적 이익보다는 중공업 투자로 인한 장기적 이익이 훨씬 유리하다는 주장에 기초한다. 북한의 농업집단화가 공업발전을 위한 축적의 원천을 제공했는가의 문제에 대해서는 徐東晚(1996)을 참조.

다. 즉 농촌공업화를 축으로 하여 지방공업의 발흥을 역설하는 까닭이 여기에 있다. 농촌 전체를 유기적인 자연체계로서 재편성하고 그것에 필요한 공업화를 결합시켜 가고 그 과정에서 지방공업과 도시의 대공업이 유기적인 체계로 축조된다는 연관적 구상에 기초한다. 이러한 구상과 더불어 중공업 우선주의로 경공업 부문이 초기부터 지방공업에 배정되었고, 국가투자보다는 지방원료를 이용해 인민소비품의 생산을 추구하였다. 그 결과 소비품 생산에서 지방공업이 차지하는 비중은 1958년의 28%에서 60년에는 39%로 증가하였고(김상학, 1960: 26), 공업총생산액 중 지방공업이 차지하는 비중 역시 56년의 12.3%에서 60년에는 31.9%로 증가했다.

1958년 6월 전원회의를 계기로 본격적으로 강조된 지방공업의 활성화 정책은 불균등 발전전략을 정당화하기 위한 것으로 이해할 수도 있다. 즉 중공업우선정책으로 인해 낙후될 수밖에 없는 소비품을 지방차원에서 자체적으로 해결하라는 의미로서, 그리고 지방공업은 지방의 유휴자재와 노력 그리고 수공업적 방법에 의거하고 있으니 만큼 큰 투자가 요구되지 않았다(김덕진, 1958: 110). 당시 지방공업의 생산품목은 주로 유류·식료품·직물·제지·일용품 등 소비품 중심이었다. 각종 소비품은 지방산업 생산액의 약 80%를 차지했다. 1959년 지방공업의 생산액은 57년 경공업부문의 그것보다 2배에 해당하는 엄청난 것이었다(현호범, 1959: 32).

그러나 근본적으로 지방산업의 확대가 밑으로부터의 필요와 조건에 따라 이루어지기보다는 위로부터 지시되는 과정에서 다양한 문제점

● **[표 8-9]** 공업총생산액에서 지방공업이 차지하는 비중 (%)

	1949	1956	1957	1958	1959	1960
비 중	10.6	12.3	18.1	22.5	27.5	31.9

자료: 박룡성(1961: 47).

들이 발생했다. 예를 들어, 품질과 품종의 측면에서의 한계는 차치하더
라도 실적 위주의 문제가 똑같이 발생하였다. 게다가 1950년대부터 시
도된 탈소련화 과정과 사회주의 국제분업체계로부터의 이탈 및 주체형
민족경제 건설노선으로 중공업과 경공업부문의 불균등 발전전략은 더
욱 증폭되었다(金鍊鐵, 1996a: 77). 무엇보다, 북한의 지방공업은 인민
소비품 수요를 충족시킴으로써 중공업 건설을 촉진하는 데 목적이 있
었으나, 국가의 추가적 투자 없이 지방 자체의 원료·설비·노동력 등
만을 동원한 것이었기 때문에 지방공업 및 소비재 부문의 발전은 한계
를 가질 수밖에 없었다는 점에서 북한의 지방공업은 주체형 외연성장
방식의 전형을 이룬다고 할 수 있다.

한편, 도시와 농촌, 노동자계급과 농민의 차이를 없애는 것을 목표
로 하는 북한의 농촌관리체계는 농업과 농민문제, 즉 농촌문제를 최종
적으로 해소하기 위해서 농촌의 기술·문화·사상·혁명을 수행하고
나아가서 농민에 대한 노동자계급의 지도, 농업에 대한 공업의 원조,
농촌에 대한 도시의 지원, 도시와 농촌의 일층 유기적인 관련의 강화를
추구한다.[11] 즉 노동자계급과 농민의 계급 차이를 낳는 사회주의적 소
유의 두 가지 형태, 전인민적 소유와 집단적 소유의 차이를 해소하고
생산수단에 대한 단일한 전인민적 소유를 확립하는 것이고, 이 두 가지
소유의 관련은 곧 공업(전인민적 소유가 지배적 형태)과 농업(협동적 소
유가 지배적 형태)의 관련이기 때문에 양 부문 간 생산적 및 소비적 연
계를 강화해야 한다.

---

11) 김일성, 「우리나라에 있어서 사회주의적 농촌문제에 관한 테제」, 『김일성선집』,
　　제 2 권, 468쪽.

제3절　주체형 사회주의 공업화론의 도입: 개방의 거부와 북한경제 위기의 출발

한편, 1차 5개년계획이 대내외 정세의 긴장으로 1958년 3월에 이르러서야 공식적으로 채택되는 등 초기단계부터 차질이 발생했듯이, 계획의 대단한 성공[12]에도 불구하고 사회주의 국제분업으로부터의 이탈전략은 북한 사회주의 공업화 위기의 결정적 계기로 작용한다. 즉 생산재 부문을 국제분업에 의존하던 북한의 공업화에서 대외원조의 감소 및 국제적 분업의 약화는 곧 축적의 위기로 나타날 수밖에 없었고, 공업화에 요구되는 거액의 자금과 자재에 대한 내부동원(주체형 사회주의 공업화) 전략은 '계획경제 내 무정부성'이라는 구조적 역설을, 그리고 이러한 강행적 성장방식은 양적 성장의 성과들을 내용적으로 부정하는 외연적 성장의 모순을 만들어 냈다.

이런 점에서 1950년대 후반에 나타난 북한 사회주의 공업화의 위기가 인격화된 지배관계인 '수령제' 형성의 배경이 되었고, 이러한 수령제 하에서 사회경제적 위기를 돌파하기 위해 축적을 위해 소비를 희생시키고 동원을 위해 억압장치들의 강화를 통한 '강행적 공업화(forced industrialization)'를 추진하였다는 주장은 설득력이 있다(金鍊鐵, 1996a). 예를 들어, 기존 북한 연구의 대부분이 1956년 8월 종파사건을 단지 개인숭배 비판을 둘러싼 권력투쟁의 성격으로 해석하고 있으나, 그 기원으로는 1954-55년까지 전개된 중공업 우선노선을 둘러싼 당내 갈등을 지적할 수 있다.

주지하듯이, 전후 북한의 복구노선의 기본방향은 1953년 8월의 6차 전원회의에서 김일성이 보고한 중공업 우선노선에 입각해 있다. 그

---

12) 예를 들어, 1956년 기계설비의 국내자급률은 46.5%에 불과했으나, 1960년에는 90.6%로 증가하였다(정태식, 1964: 113).

러나 이 노선은 1953년 하반기 김일성의 소련 및 중국 방문을 거치면서 수정되고, 54년 3월 전원회의에서는 반중공업 노선을 지지하고 경공업 중시세력(박창옥, 최창익, 박의완, 윤공흠 김승화 등)이 전면에 등장한다. 북한의 초기 산업화에서 소련의 대외원조가 절대적 비중을 차지하였다는 점에서 이 조치는 경제원조를 소련의 의도대로 집행하기 위해 소련이 제기한 조건으로 추측된다(徐東晩, 1995: 361). 즉, 사회주의 국가들의 대외원조가 점차 줄어들고, 소련과의 갈등이 심화되는 시점에서 '자력갱생' 노선으로 전환하였던 것이다. 당시 소련은 북한의 사회주의 경제건설에 대하여 5개년계획이 단지 환상이며, 북한이 기계공업을 건설해서는 안 되고, 농업집단화 속도가 너무 빠르며, 농기계 없이 어떻게 농업경영을 집단화할 수 있는가 등으로 북한의 정책을 비판하였다.

이처럼 1954-55년의 공업건설에서의 선후차 문제를 둘러싼 당내 갈등은 56년 4월 제3차 당대회에서 "중공업의 우선적인 발전을 보장하면서 경공업과 농업을 동시적으로 발전시킨다"는 전후 경제발전의 총노선의 정식화로 중공업우선 노선을 명확히 드러냈다. 즉, '중공업의 우선적 발전의 필요성과 경공업과 농업의 동시적 발전'에서 후자의 부분은 투자의 우선순위를 둘러싼 당내 갈등과 소비의 희생에 대한 주민들의 불만을 반영한 정치적 의미로 볼 수 있다. 사실, 전체 공업투자액 중 중공업이 차지하는 몫은 1954-56년간 81.1%에서 1957-60년간 82.6%로 증가하고 있다(정태식, 1964: 144). "사상사업에서 교조주의와 형식주의를 퇴치하고 주체를 확립할 데 대하여"라는 '주체' 개념에 입각한 성책노신을 전파하는 사상적 준비작업이 집중적으로 이루어진 것도 1955년 12월 이후 1년여에 걸친 기간의 일이었고, 자력갱생의 원칙과 혁명적 군중노선을 관철하기 위한 '천리마운동'이 최초로 제시된 것도 56년 12월의 일이었다.

게다가 1960년대 들어 변화한 외부정세 1961년에 남한에서 강력한 반공정책을 표방한 5·16정권의 출현, 62년 미국의 쿠바해상 봉쇄,

64년 통킹만사건(북폭)을 계기로 월남전쟁의 격화, 65년의 한일협약의 체결과 일본의 군국주의 부활 조짐 등 —— 와 중(교조주의)·소(수정주의) 간의 대립이 표면화하여 쿠바 위기에 대한 소련의 허약한 대응을 본 북한이 중국에 기우는 자세를 보임으로써 소련으로부터의 군사적 지원이 감소하는 사태가 나타났다. 이에 따라 북한은 국방력 강화정책으로 전환(전인민의 무장화 및 전국토의 요새화 등 4대 군사노선의 결정)하였고, 그 결과 초래한 군사비의 과잉지출은 7개년계획의 수행에 심각한 자원제약적 상황을 조성했고 자원배분의 악화는 그 후 '강행적 산업화' 전략에 심대한 차질을 주었다.

사실, '경제건설과 국방건설의 병진노선'은 1962년 12월에 개최된 당중앙위원회 제4기 제5차 전원회의에서 처음 제기되었으나, 66년 10월 조선로동당 대표자회에서 이 노선을 철저히 관철시킬 것을 결정했듯이 '병진노선'은 66년 이후 경제계획에 집중적으로 반영된다. 예를 들어, 이러한 정책전환에 따라 전체 예산지출 면에서 국방비 부분이 차지하는 비중도 1960년과 61년에 각각 재정의 3.1%와 2.5%에 불과하던 것이 65년에는 약 8.0%로, 그리고 67년과 68년에는 30.4%와 32.4%까지 급증하였고, 이에 따라 예산지출에서 인민경제비가 차지하는 비중은 61년 73.0%에서 65년에 70.0%, 68년에는 48.9%, 70년에는 47.5%로 급감하였다.

구체적으로 보면, 경상가격 기준으로 보더라도 1960년대 중반 이후에 전체 재정지출 중 인민경제비가 차지하는 비중은 절대적·상대적으로 후퇴한 반면, 군사비는 급증하고 있음을 알 수가 있다. 그리고 세입의 대부분 —— 예를 들어, 1969년의 경우 98.2% —— 이 국가의 사회주의 경영과 국영기업의 '상납금'으로 채워지기 때문에 북한의 경우 국가재정은 직접적으로 그 해의 경제활동을 반영하는 것으로 볼 수 있다. 즉, 북한에서의 모든 투자계획은 국가에 의해서 수립되고 이에 필요한 자금도 국가재정으로부터 제공된다. 그러므로 모든 기업·공장·

● **[표 8-10]** 북한의 세입과 세출에서 나타난 예산과 결산의 차이(만 원)

	예　산		결　산	
	세　출	세　입	세　출	세　입
1961	233,679	235,955	233,800	240,000
62	281,072	281,695	272,876	289,636
63	298,573	299,602	301,821	314,412
64	343,482	343,482	341,824	349,878
65	372,172	372,127	357,384	347,603
66	375,276	375,278	357,140	367,150
67	396,444	396,444	394,825	410,005
68	523,440	523,440	481,684	531,903
69	599,542	599,542	504,857	531,008
70	618,662	618,662	600,269	623,220
71	727,727	727,727	630,168	635,735
72	737,480	737,480	738,861	743,030

주: 매해 재정보고에 의함.
자료: 高瀨淨 지음, 이남현 옮김, 1988, 『북한경제입문』, 청년사, 253쪽.

사업소·국영농장의 수입과 지출은 국가세입과 세출예산에 포함되어 왔다. 따라서 결산액이 당초 편성한 예산을 하회한다는 것은 예산화된 계획대로 경제성장이 진전되지 않았음을 말해 준다(高瀨淨, 1988: 252). 1960년대의 재정지출의 규모와 비중은 80년대 후반 이후 북한경제의 침체와 더불어 군사비의 정체와 대조를 이룬다.

　이와 같이, 1960년대 중반 이후 군사비 지출의 증가에 따른 투자재원의 전용으로 중화학공업의 건설 및 외연적 성장방식은 제약될 수밖에 없었고, 그 결과 60년대 후반, 특히 66년과 69년의 공업 총생산액은 전년도에 비해 감소하여 각각 −2.8%, −1.3%의 성장률을 보였고 제1차 7개년계획(1961-70)은 3년간 연장되었다(국토통일원, 1986: 327).[13] 즉 7개년계획은 크게 좌절하여 목표년도인 1967년에 목표를 달

13) 한 가지 주목할 사실은 7개년계획이 개시된 1961년부터 북한과 일본 간에 직접

성할 수 없어 3년간의 연장이 이루어져 실제로는 10개년계획이 되었다. 그 최대의 원인은 내부의 구조적 모순과 이를 가속화시킨 북한을 둘러싼 국제관계의 급격한 변화이다.

즉 주체형 사회주의 공업화가 갖는 문제점은 무엇보다 '계획의 무정부성'과 계획의 왜곡이 양적 성장의 성과들을 내용적으로 부정했다는 점이다. 예를 들어, 생산의 초과달성이 대중운동으로 강조되면서 간부들의 이기주의적 경쟁을 촉발시켰다. 즉 계획경제에서 기업의 운명 및 지배인의 지위상승 등은 계획의 초과달성을 위해 노동력과 자본을 얼마나 많이 확보하느냐에 달려 있다(J. Kornai, 1992: 140-45).

구체적으로 보면, 첫째로 개별공장들의 정보왜곡과 비축(hoarding) 현상을 지적할 수 있다. 즉 개별공장은 국가로부터 많은 물자를 보장받기 위해 자기가 갖고 있는 금속, 연료, 원자재 및 기타의 재고량을 축소 보고했던 반면, 자기의 사업 성적을 높이기 위해 생산량을 과장 보고했다(황도연, 1955: 22). 또한, 공장마다 필요 이상의 기자재들을 보유하고 있으면서도 공업 각 부문 간에 서로 활용할 것을 회피하는 경향들이 나타났는데, 이는 경제순환과정에서 기자재들이 생산과정에 투입되지 않고 있음을 의미한다. 이와 같이 지배인의 일차적 행위목표는 계획의 달성이고, 따라서 생산의 파동이라는 상황을 고려해 본위주의를 선택하는 것이다(金鍊鐵, 1996a: 124-31).

계획 실패의 또 다른 요인으로 계획지표의 왜곡을 지적할 수 있다. 그 이유는 각 공장들이 계획목표를 달성하기 위해서, 비용이 많이

무역이 개시되었다는 점이다. 즉 민간우호상사를 통한 무역확대와 '조·일무역회(朝日貿易會)'를 중심으로 한 대정부운동에 따라 '연불조건(延拂條件)'의 공여가 이루어졌음과 동시에 기술과 인사의 활발한 왕래, 그리고 기계 플랜트의 수출을 통해 실질적인 기술공여가 이루어졌다. 말하자면, 7개년계획에 대한 경제협력의 성격을 띤 것이었다. 이 시기에 행해진 연불허가는 1964년부터 강재, 산소분리기, 덤프트럭, 염비닐중합장치, 전력용콘덴사, 시멘트제조플랜트 등에서 이루어졌다. 사실, 1965-70년간 일본의 기계류 수출은 급증하였고, 특히 일반기계는 약 4배, 전기기계는 약 5배로 증가하였다(中嶋愼治, 1995).

들고 만들기 어려운 제품보다, 보다 만들기 쉬운 생산품에 집중하기 때문이다. 즉 생산의 양적 성장, 금액상 달성에만 치중하고 생산의 질적 성장과 품종별 달성에는 관심을 적게 돌려 결국 경제 전반의 계획적이고 균형적인 발전을 보장할 수 없게 된다(金鍊鐵, 1996a: 127-28).

게다가 전후 공장 내에서는 노동유동성과 노동력 부족 문제가 심각하게 제기되었다. 특히 노동력 부족은 전쟁의 결과 때문에 다른 사회주의 국가들보다 더욱 극심하게 나타났다. 한 예로, 흥남 비료공장의 경우 1950년 9월 전체 종업원의 약 60%를 넘는 2,422명이 전선에 동원되었다. 1951년 2월말 현재 종업원 수는 1,690명, 그 중 노동자는 1,389명밖에 안 되었다. 참고로 1949년에는 종업원 수 9,194명이었고 50년에는 9,683명이었다(리국순, 1960: 209, 218). 즉 전쟁 시기 많은 청장년층의 사망은 상당히 오랜 기간 노동력 부족 현상의 원인을 제공했다. 전쟁 시기 출생률이 낮았기 때문에 노동연령에 이른 사람들이 많지 않았고, 정전 후에 낳은 어린이들이 노동연령에 이르게 되기까지는 상당한 시간이 걸리기 때문이다. 김일성은 노동력의 부족이 "1974년에나 가서야 좀 풀리게 될 것"으로 예상했다.[14] 또한, 새로운 건설속도와 산업팽창에 따라 노동력 수요가 급증한데다 중공업부문의 팽창에 따라 청장년 노동력이 이 부문에 집중적으로 배치하기 위해 농촌노동력을 도시로 이동시키는 조치와 관리인력을 비롯한 비생산노동력을 줄일 필요성이 제기되었다(리석심, 1961: 49). 3개년계획 기간중 국가기구 정원을 15-20% 축소했고, 생산현장에서 비생산적 노동력을 대폭 축소하는 한편 노동자 사무원들의 부양가족을 광범위하게 인입하는 조치가 취해졌고, 이에 따라 농촌노동력을 그대로 두고서도 노동자 사무원을 57만4천 명으로부터 88만 명으로 40%나 증가했다고 한다(전석담,

---

14) 김일성, 「당 사업과 경제사업에서 풀어야 할 몇 가지 문제에 대하여: 조선로동당 중앙위원회 부장협의회에서 한 연설(1969년 2월 11일)」, 『김일성 저작집 23』, 342쪽.

1960: 22).

노동력 부족 문제는 무엇보다 계획체계가 발생시키는 개별기업의 노동력 비축 현상에 기인하였다. 계획경제에서 발생하는 생산의 비효율성으로 산출단위당 높은 노동소비 때문에, 생산스케줄의 불규칙성으로 관리자는 급한 시기의 목표달성을 위해, 그리고 낮은 기계화율로 항상적인 잉여노동력을 보유해야 할 필요성이 있었다. 즉 전쟁으로 인한 경제외적 상황이 노동력 부족을 심화시킨 상황적 조건이라 한다면, 이와 같은 개별공장의 선택은 노동력 부족을 심화시킨 구조적 원인으로 작용하였다. 즉 각 단체들에서는 기구정원을 될 수 있는 한 확장하려 하고 국가기구 정원 규율을 위반하며 정원초과나 유용의 현상이 발생했고(리주연, 1955: 78), 각 공장에서는 작업의 구체적 내용, 필요한 노동력 수, 소요되는 기능 정도, 노동력 조절배치에 필요한 기본적인 준비도 갖추지 않고 무계획적으로 노동력을 받아들이는 현상이 적지 않았다(김원봉, 1956: 45).

그 결과, 노동력의 순환과정에서 일단 병목이 발생하면 한쪽에서는 노동력이 없어서 생산을 못하고, 다른 쪽에서는 할 일이 없어 노는 현상이 동시적으로 발생한다. 즉 개별단위의 노동력 비축과 전체 경제에서의 항상적 노동력 부족이라는 '구조적 역설' ― 계획경제 내 노동력 배분의 실패 ― 이 발생한다. 여기에 빈번한 직장이동, 작업태만, 불합격품 생산의 증대, 노동규율의 약화 등이 생산능률을 저하시켰다.

이에 대한 대책으로 억압적 노동법을 통한 통제의 강화와 교양 및 설득을 위한 정치사업을 확대시켰다. 그러나, 예를 들어 노동시간의 손실은 부분적으로는 노동자 자신 때문에 발생하기도 하지만, 공급파동으로 인한 가동중단 등으로 생기는 노동시간의 손실은 노동현장의 조직체계가 비효율적이기 때문에 발생하는 경우이다. 한 예로, 1963년 평양전기공장에서 '생산에 이용되지 못한 노동시간'의 원인 중에서 자재부족으로 인한 것이 53.2%나 되고 있었다. 여기에 공구불충분(2.7%)이나 기술조건불비(4.0%) 등을 고려하면 공급조건의 불안정이 전체의 60%를 차지한다(김광동, 1991: 145). 즉 외부적 자원제약 상황이 노동 손실시간을 증가시킨 중요한 원인이었음을 알 수 있다(金鍊鐵, 1996a: 124-26).

마지막으로, 집단혁신운동 과정에서 강조된 혁신과 기적은 선택된 소수의 공장에 집중되거나 생산의 속도가 공장별 혹은 공장 내 생산공 정별로 차이를 가져와 전체 경제적으로는 병목의 심화를 가져왔다. 즉, 제한된 자재와 원료가 일정 시기에 집중 사용된다는 것은 다른 시기의 가동중단의 원인이 되었다. 1950년대 말에 실시된 '공장기계 새끼치기 운동'이나 '파고철 수집운동' 등이 바로 자원제약 상황, 즉 공장의 확 장속도에 비해 기계의 부족에 기인한 것이었고, 이 기계를 외부에서 구입할 자금이 부족했기 때문이다. 그 결과, 일시적 양의 증가는 가능 하였으나 질의 문제는 불량품의 재생산이 갖고 온 파급효과로서 잦은 가동중단을 낳는 원인을 제공했다(金鍊鐵, 1996a: 258-60). 예를 들어, 1959년 5월 당중앙위원회 상무위원회 확대회의에서 발기한 '공작기계 새끼치기운동'에 대해 김일성은 각 공장과 기업소에 있는 공작기계가 의무적으로 한대 이상의 공작기계를 새끼치게 함으로써 1년 내에 공작 기계의 보유대수를 배 이상으로 증대시킬 것을 결정했다.[15]

이와 같이, '속도의 가속화'와 '혁신적 기적'을 강요하는 강행적 공업화와 사회주의 국제분업체계로부터의 이탈전략은 공급체계의 불 안정성과 '체계내적 낭비'를 증대시켰고, 그로 인한 생산의 파동은 자 재나 노동력의 확보를 더욱 어렵게 하였다. 철저한 배급제 하에서 상 대적·절대적 물자 및 노동력의 부족상태는 공장의 '과학적 관리'와 공식적 규칙 및 절차보다는 공장 내 온정주의적 관행, 인격적 충성(지

---

15) 「로동신문」, 1959년 5월 8일자, '조선로동당 중앙위원회 상무위원회에서'; [로동 신문], 1959년 5월 12일자, '사설: 공작기계의 새끼치기 운동을 전 군중적으로 전 개하자'.

배)관계, '비공식적 흥정관계'를 주요 형태로 등장시킴으로써 '계획의 무정부성'을 심화시켰다(金鍊鐵, 1996a: 38-43).

요약하면, 한국전쟁을 겪은 1950년대 북한에서는 소련을 중심으로 사회주의 형제국들의 원조에 기초한 중공업(생산재 생산부문) 우선의 공업화를 추진하였고, 1958년까지는 농업협동화를 중심으로 사회주의의 제도적 완성을 보았다. 이러한 '해외의존적 요소투입성장' 전략은 미온적 개혁과 소비재부문의 수입대체를 시도한 남한에서보다 체계적이고 전면적인 제도적 개혁과 생산재 부문의 수입대체를 단행한 북한에서 보다 높은 생산력을 달성할 수 있었다. 즉 막대한 원조와 더불어 노동력과 유휴자본을 강제동원, 생산수단(자원·자본·노동)의 효과적인 동원을 통한 생산성 및 성장의 증대를 이루었다.

반면, 1960년대에 들어와 북한은 대내외적 환경의 변화로 주체형 외연적 성장전략으로 변화한다. 그러나 대중동원의 방법은 경제발전의 도약단계에서 효과적으로 작용하지만 대중동원의 방법으로 일정한 수준의 경제성장을 이룩한 폐쇄적인 사회주의 발전과정에서는 대량의 외자도입이 성공하기 힘들다는 사실을 드러낸다(김병노, 1992: 200). 북한이 대량의 서구자본과 기술도입에 의한 전략이 실패한 것과 달리, 대량의 외자 및 기술도입으로 급성장한 한국경제가 수출중심의 발전, 특히 공업화 위주의 수출주도형 발전을 추진하였다는 사실과 대비된다.

한편, 대내지향적 공업화 전략의 북한은 효율성을 높이기 위해 자체 기술개발에 많은 노력을 기울인 것으로 보인다. 즉 1960년대 이미 프레스, 대형트럭, 굴착기, 선박, 엔진 등을 독자적으로 생산했으며, 농업부문에서도 기술개발로 큰 성장을 가져왔다(김일평, 1987: 38-39). 주조에서의 새로운 방식, 밀폐 카바이트의 생산, 석탄절단의 진보적 방식, 높은 속도의 회전과정, 연료의 소비를 줄이고 강철의 질을 높이는 방법, 새로운 굴착방법, 효율적인 1천 톤의 자동식 하역 운송선 등 전통적인 기술을 좀더 나은 기술로 발전시키는 데 많은 노력을 기울였다(이

희상, 1987: 146).

그래서 1980년대 후반까지 중공업 분야에서 남한을 능가하고 있는 유일한 분야는 기계제작산업이며[16] 98%의 자급률을 보이고 있었다 (J. Halliday, 1987: 29-30). 또한, 1960년대 이래로 기술교육에 집중적으로 투자하여 70년에 이미 60만 명이 넘는 기술자가 양산되었고(김일평, 1987: 41), 기술전문교육기관의 육성에서도 90년대 이전까지는 북한이 남한보다 매우 앞서고 있었다(Eberstadt and Banister, 1990: 25; 경제기획원, 1989: 165). 즉 북한은 중화학공업화에 따른 기술인력을 확보하기 위해 기술자 및 기능공 양성에 주력해 왔으며, 1972년 이후에는 초급기능공의 공급 확대를 위해 각 군에 고등전문학교를 설치·운영하고 있다.

그리고 북한이 기술혁신을 이룩한 기계류는 컴퓨터 제어품목이나 반도체, 정밀기계류가 아니고 덩치가 큰 기계류라는 점에서 남한의 모방기술과는 차이가 있다. 폐쇄성이 가져다 주는 북한의 사회안정은 전통적 기술에 의존하면서 장기적이고 점진적인 기술개발을 가능케 하였다. 일정한 수준으로 축적된 기계공업에서 독자적인 기술개발은 주체적 발전에 자신감을 주는 한편 성공 가능성을 합리화시켜 준다. 1990년대 이래 북한이 직면하고 있는 경제침체의 문제점도 소비재기술의 부족으로 돌리고 합영사업으로 이 분야에서의 기술만 개발시키면 해결된다고 합리화시키고 있는 것이다.

반면, 모방의 과정을 통해 축적되는 기술은 응용기술과 재생기술로 남한의 경우 이러한 기술들은 전자 자동차 반도체 등의 대부분의 공업분야에서 고루 발달되었다. 또한, 북한과 비교했을 때 남한의 제품생산의 기술수준은 월등히 높다. 특히, 전자 소비제품을 생산하는 능력은 모방기술을 통해 놀라운 정도로 기술수준이 향상되었다. 그러나 기

---

16) National Unification Board, 1986, A *Comparative Study of North and South Korean Economies*, (Seoul: NUB).

술이 이전되고 축적되는 부분은 낮은 수준의 공업기술이고 제조기술보다는 조립이나 작동기술이기 때문에 높은 단계로의 기술발전은 이전된 기술을 기초로 독자적인 기술개발에 적극 투자해야 한다.

제 4 절 주체형 사회주의 공업화의 제도화 : 북한경제의 정체

1970년대 북한(공업화의 외연적 성장방식)에 매우 유리하게 전개되었던 국제정세 및 탈냉전의 기류에도 불구하고 66년도부터 나타나기 시작한 주체혁명노선의 제도화 경향은 48년 이래 북한사회를 지배해 왔던 '인민공화국 헌법'을 '사회주의 헌법'으로 개칭(1972년 12월 27일)함으로써 주체사상은 헌법규범화되었다. 이것은 '계획의 무정부성'을 초래한 집단주의적 규범원리, 즉 수령직할관리체제의 제도적 완성과 '북한식 자립경제노선'(주체형의 외연적 성장방식)의 강화를 의미한다. 여기서 자립적 민족경제는 "자립성과 주체성을 본성으로 하는 경제"로서 "생산의 인적 및 물적 요소들을 자체로 보장할 뿐 아니라 민족국가 내부에서 생산 소비적 연계가 완결되어 독자적으로 재생산을 실현하여 나가는 경제체계"인 동시에 "자기인민을 위해 복무하며 자기 나라의 자원과 자기 인민의 힘에 의거하여 발전하는 주체적인 경제"로 정의되고, 그 목적은 "어디까지나 자기 나라와 자기 인민의 수요를 충족시키는 것"으로 설정되며, 그 본질적인 내용은 "다방면적이고 종합적인 경제구조, 인민경제의 현대적 기술로의 장비, 자체의 튼튼한 원료 연료 기지, 자체의 유능한 민족 기술간부의 대부대" 등으로 이루어지는 것이다.

즉 한국의 경제성장에 놀란 북한은 1970년 11월 '로동당 제 5차대회'에서 채택한 6개년계획(1971-76)을 앞당겨 달성하기 위해 72년 2월부터 김정일의 진두지휘에 의한 3대 혁명소조의 파견이 행해져 '속도

전 · 전격전 · 섬멸전'의 기치 아래 1973-74년간 '현대적인 대야금기지
와 종합적인 대화학공업기지'의 건설이 강조되었다. 이는 기술혁명에
의한 질의 향상이라는 당초의 방침이 변경되어 '강행적 공업화' 전략에
의한 대규모 공장건설이라는 양의 확대를 의미하였다. 그 결과, 북한이
6개년계획을 1975년 9월에 1년 4개월 빨리 초과 달성되었다는 발표에
도 불구하고 그 후 북한경제는 커다란 혼미와 정체를 맞이할 수 밖에
없었다.[17] '계획의 무정부성'과 북한경제 실정에 안 맞는 대량의 플랜
트류 도입에 의한 대규모 공업기지의 건설에도 불구하고 북한경제 계
획은 실패할 수밖에 없었던 것이다.[18]

즉 1960년대 중반부터 경제성장이 둔화되기 시작했고, 그에 따라
기술개발과 선진설비의 도입을 통한 생산성 증가의 필요성이 제기되었
다. 그러나 소련과 중국의 원조 감소는 서방자본의 유치를 촉진하게
되었다. 즉 1977년까지 북한의 전체 차관 중 서방국가(OECD)들로부터
의 도입이 약 63%를 차지하듯이 서방국가들과의 경제관계를 확대시켰
다. 1970년대 초반부터 서구 선진국의 기술과 자본을 대량으로 도입한
결과 6개년계획의 공업총생산액은 목표를 초과 달성하였고, 이 기간의
연평균 성장률은 16.6%를 기록하였다.

그러나 수출부진, 보다 정확히 표현하면, 수출증대가 뒷받침될 수
없는 자력갱생전략으로 인한 외화부족으로 1970년대 중반 이래 서구
선진국에 대한 채무를 지불할 수 없게 되었으며, 그 결과 외채는 누적

---

17) 한 예로, 6개년계획이 기간 완료 전 초과 달성되었다고 발표했음에도 불구하고
새로운 계획이 1976년은 말할 것도 없이 신계획의 개시년인 77년이 되어도 발표
되지 않고 그 사이를 '미완수고지점령'을 위한 완충기로 잡고 2차 7개년계획이
78년부터 실시된 것으로 미루어 짐작할 수 있다. 즉 당시 계획완수의 선포 이면
에는 철강이나 시멘트 등과 같은 부문의 목표미달과 수송 및 국제수지상의 애로
발생이 자리잡고 있었다.

18) 대일무역에 있어서도 1970-75년간 수입액이 8배로 급증하였고, 특히 금속과 기
계류의 중화학공업의 수입액이 10배 이상 증가하였다. 그 결과, 60년대의 무역수
지에서 북한이 출초(出超)였으나 입초(入超) 상태로 변화했다(中嶋愼治, 1995에서
재인용).

되고 외채상환의 불이행에 따른 선진국으로부터의 추가적 기술과 자본재의 도입이 어렵게 되었다. 즉 1973년의 오일쇼크와 국제시장에서 북한 주력수출품인 원자재 가격의 급락, 그리고 과다한 기계설비와 자본재 수입으로 인한 무역적자의 확대와 채무불이행으로 70년대 중반 이래 서구 선진국과의 교역은 크게 위축되었다. 전체 무역량에서 대서방무역의 비중은 1970년의 19.0%에서 74년에는 40.8%로 증가하였으나, 그 이후 감소로 돌아서 76년에는 26.9%, 77년에는 21.3%를 차지하였다. 사실, 북한 무역은 1978년과 1979년을 제외한 전 기간을 통해 수입이 수출을 초과하는 무역적자를 경험해 왔고 그 결과 무역수지는 계속 악화되어 왔다.

이와 같이, 대외무역을 자급자족 경제건설을 위한 보조수단으로 간주하는 대내지향적 경제구조는 선진국으로부터 유입된 다량의 차관을 단시일 내에 지불할 수 있는 '구조적 유연성'이 부족했다. 여기에 설상가상으로 국내적으로는 가뭄이 겹쳐 경제침체와 함께 결국 지불정지[19]를 당하는 등 서구자본과 기술도입 전략은 실패하게 된다. 무엇보다, 일반적으로 중화학공업 우선건설이라는 경제개발 전략은 국내시장이 협소하고 경제규모가 작은 국가에서는 엄청난 자원의 낭비를 가져온다. 즉 많은 관련산업(부품공장)을 거느리는 중화학공업은 강한 '규모의 경제'라는 특성을 가지고 있으며, 내수가 부족한 상태에서 중화학공업의 자급자족 추진은 관련산업의 생산시설을 유휴상태에 놓이게 한다. 즉, 중공업우선 정책이 초래한 산업발전의 불균형으로 지역경제와의 통합성이 낮았을 뿐 아니라 자체의 기술과 원료에 의한 중공업 건설에 필요한 재원의 확보를 주민들의 소비지출 억제와 농업부문에 대한 강제저축으로 동원에 의존하다 보니 내수의 성장이 어려웠고 내

---

[19] 차관의 원리금 상환이 어려워진 북한은 1977년부터 원금의 상환을 중지했고, 1985년에는 이자의 상환도 중지했으며 이에 따라 86년에는 파산국 선언을 받게 되었다.

부축적에 한계를 가질 수밖에 없었다.

예를 들어, 북한농민들은 국영농장 또는 협동농장에 소속되어 있으며 국가소유인 국영농장의 이윤은 국가의 처분에 따라 이용되며 대부분은 중화학공업을 위한 투자 재원으로 돌려짐은 물론이다. 주민소득세를 철폐하였다고 선전하는 북한에서 농장에 소속된 토지를 소속농민들이 공동소유하는 협동농장의 소득은 소득세를 제외하고는 소속농민에게 분배해야 되지만 북한은 농장의 소득세 이외에도 다른 방법으로 농장의 소득을 강제 징수함으로써 농민의 분배몫을 수탈하고 있다.

강제저축의 방법으로는 ① 협동농장에서 구입하는 비료·농약·농업용 자재 등의 구입가격에는 거래세와 같은 거래수입금이 포함되어 있으므로 농장은 이들 자재를 생산가격보다 거래수입금만큼 비싸게 구입하고, ② 국가는 협동농장의 농산물에 대해 낮은 가격을 책정해 의무적으로 국가에 팔도록 강요하고 이를 높은 가격으로 도시지역에 판매함으로써 그 차액을 차지하고, ③ 국가는 반강제적으로 협동농장에 농기계를 사용하도록 하고 이의 사용료를 징수하고, ④ 협동농장의 부업 등에서 발생하는 소득에 대해 협동 단체 소득세의 형태로 일정 비율을 과세하였다. 또한, 주민의 소비지출을 억제하기 위해 화폐임금을 통제해 왔으며 실질구매력을 낮추어 소비지출을 억제하기 위한 방편으로 생활필수품은 배급제도를 통해 저렴하게 공급하고 이외의 소비재는 높은 가격을 책정하거나 공급하지 않으며, 동일 상품이라도 배급량을 초과하는 수량에 대해서는 또한 높은 가격을 책정하였다(최수영, 1992: 39-40).

또한, 자본축적의 결핍으로 투자자원의 부족과 기술혁신의 정체, 그리고 노후화된 생산시설을 대체할 자본재 도입의 어려움으로 북한상품의 품질은 국제규격에 미달하여 해외에서 경쟁력과 수요를 확보하기 어려워 자본주의국가, 특히 선진국에 수출이 어려웠다.[20] 반면, 비

---

20) 반면, 군수산업의 발달은 1970년대 후반부터 제3세계 국가들에 대한 무기수출로 만성적 외화부족을 타개하는 데 일정 기여를 하고 있다.

교적 수출이 용이한 소비재산업은 낙후되어 이의 수출을 통한 외화획
득도 부진할 수밖에 없었다.

게다가 군수산업과 연관된 중공업우선 정책의 결과 산업발전의 불
균형에 따른 문제가 심화되고, 특히 에너지 및 수송부문에서 만성적 애
로가 발생하였고, 기타 사회간접자본의 부족 또한 심각하였다. 그 결
과 자체의 원료, 기술 및 에너지원에 의존한 공업화를 더욱 강조하게
되었다. 에너지 자급자족정책의 결과 북한의 1차 에너지원에서 수입석
유가 차지하는 비중은 8% 정도밖에 되지 않으나(장영식, 1991: 71), 북
한의 총수입에서 차지하는 에너지(원유와 코우크스) 수입의 비중(국제
표준무역분류에 따른 광물성 연료의 수입비중)은 30% 정도를 차지하고
있다(최수영, 1992: 36).

이와 같이 사회주의권과 서방진영 어느 쪽으로부터도 해외자본의
도입이 어렵게 된 1970년대 말부터 북한경제[21]는 여전히 외연적 성장
방식을 추진할 수밖에 없는 조건 속에서 구조적인 부진의 늪으로 빠져
들기 시작했다. 사실, 국제적 분업을 경시한 자력갱생론은 초기(50년대
말)부터 내부에서 지적되었다. "생산재 부문들을 국제적 분업에 의거
하지 않고 자력의 힘으로 해결하려고 한다면, 막대한 자금과 자재가 장
기간에 걸쳐 투하되어야 할 것이며, 따라서 인민경제의 다른 부문들의
발전에 적지 않게 지장을 주게 될 것"이다(리명서, 1958: 134-35).

즉 수출부진과 외화부족 그리고 외채상환의 불이행으로 서방국가
들로부터 기술과 자본재의 도입이 어렵게 된 북한은 더욱 더 자체의
원료, 기술 및 에너지에 의존한 대내지향적 공업화를 강조·추진할 수

---

21) 사실, 북한에서 공표된 경제성과지표가 신뢰할 수 있다면 1970년대 중반까지 북
한경제는 눈부신 발전을 해 온 것임이 틀림없다. 그렇다 하더라도 북한의 경제는
1980년대에 들어서면서 성장의 둔화 내지는 심각한 불안정성을 노출하기 시작하
였다. 예를 들어, 1978년부터 시작된 제2차 7개년계획의 수행 실적은 1978, 79,
80, 82년의 공업총생산액 증가율이 발표된 반면, 1981, 83, 84년의 실적은 발표되
지 않았다.

밖에 없게 되었다. 그 결과 1977년 12월 최고인민회의 제6기 제1회 회의에서 결정된 제2차 7개년계획(1978-84)의 목표로 "인민경제의 주체화·현대화·과학화"를 내걸면서도, 다른 한편으로는 국내자원의 적극 개발 및 이용 등 자체의 힘에 의한 발전을 강조할 수밖에 없었던 것이다. 즉, '3대혁명 붉은기 쟁취운동'이나 '숨은 영웅 모범 따라 배우기 운동'(1979. 10) '80년대 속도창조운동'(1982. 7) '새로운 90년대 속도창조운동'(1990. 1) 등 공업화에 필요한 자금 및 기술인력을 자체적으로 해결하기 위한 혁명적 군중노선과 사상투쟁의 강조가 계속된 것이다.

이것은 1980년 10월 조선로동당 제6차 대회에서 "우리 혁명의 총적 임무"로 "온 사회의 주체사상화"를 규정한 데서 나타나듯이, 80년대 들어와서도 북한의 주체형 사회주의 공업화의 기본노선이 변함 없이 유지·관철됨을 의미하는 것이었다. 그 결과 2차 7개년계획의 부진은 예고된 것이었고, 매년 발표된 공업총생산액의 증가율이 1981년 및 83년과 84년에는 발표되지 않았고, 계획기간이 종료되어 그 달성 상황을 총괄하는 발표가 책임당국자의 공식적 보고가 아닌 중앙통계국의 발표에 관한 보도라는 형태로 1985년 2월에 갑작스럽게 이루어졌다. 북한의 발표에 의한 2차 7개년계획의 실적을 보면 공업총생산액의 연평균 증가율이 12.2%를 기록하는 등 계획의 목표는 대체로 달성된 것으로 보이나 계획목표와 실적이 거의 일치하고 있고 그 수준 또한 이전보다 상당히 낮다는 사실을 알 수가 있다. 무엇보다 소득증가에 대해 아무런 발표가 없었으며 '10대 전망품목' 중 전력 철강 비철금속의 3품목만이 목표달성이었기 때문이다.

이와 같이 2차 7개년계획으로도 계속되는 경제성장의 둔화를 탈피하지 못한 북한으로서는 대외신용도의 추락으로 불가능해진 차관 등 서방자본의 도입을 대신할 외국자본유치방안을 강구한다. 1984년 1월에 최고인민회의에서 '남북협력과 대외경제사업을 강화하여 무역을 더욱 발전시키기 위하여'라는 결정이 이루어졌고, 9월에는 전문 5장 26

개조로 구성된 '합작회사운영법(합영법)'을 채택하였는데, 이는 외국인의 직접투자를 통한 경제활성화와 수출산업의 육성에 그 목표가 있었던 것이다. 즉 더 이상 서구의 자본설비 도입과 무역관계의 확대가 불가능해진 상황에서 자본주의 기업의 북한진출 허용을 통해 경제를 활성화하고자 했던 것이다.

민간기업의 이윤추구가 허용되지 않는 북한에서 민간사업 주체를 인정하고 합작투자기업의 독립채산제 운용을 허용했다는 점에서 의의가 있고, 특히 재일조총련계 기업을 중심으로 이루어진 합영사업은 북한경제에 상당한 긍정적 영향을 미쳤다. 일반적으로 합영사업이 북한경제에 끼친 공헌으로 수출증대와 외화획득, 선진기술의 도입에 의한 국내기술의 향상, 합영제품의 공급에 의한 국민생활의 향상 등이 지적된다. 예를 들어, 합영법의 직접적 효과인지는 확실치 않지만 북한무역액은 1978년에 약 22.7억 달러, 84년에 약 26.0억 달러 정도였으나, 88년까지 약 48.9억 달러로 급증하였다. 그러나 그 후 사회주의권의 붕괴로 1990년에 48.5억 달러를 고비로 급감하여 92년에는 약 24.3억 달러, 95년에는 20.5억 달러를 달성하였다.

한편, 북한 전체무역액 중 일본은 1978년 약 2.0억 달러와 전체의 13.1%에서 84년에 약 4.1억 달러와 15.9%로 각각 증가하였고, 88년에 무역액은 약 5.6억 달러로 증가하였으나 그 비율은 오히려 11.4%로 감소하였다. 반면, 사회주의권 붕괴 이후 기간인 1990년에 일본의 무역액은 약 4.6억 달러와 전체의 9.6%를 차지하였고, 92년에는 약 4.8억 달러와 19.7%, 그리고 95년에는 약 5.9억 달러로 전체에서 29.0%를 차지하였다. 이와 같이, 사회주의권의 붕괴로 북한의 무역이 절대적으로 위축되었음에도 불구하고 북한의 일본에 대한 무역액은 상대적으로 타격이 없음을 지적할 수 있다. 이런 점에서 조총련계 상공인의 북한경제에 대한 공헌은 크다 할 수가 있다. 구체적으로 재일조총련계 기업이 북한에 어느 정도 투자를 행하는지에 대해 공식적 발표는 없기 때문에 명확치 않지만 조총련의 조사와 발표에 의하면 1992년 8월 말 현재 약 120건이 계약되고 그 중 약 70건, 1억 달러가 조업하고 있다고 한다. 합영기업의 업종과 품목도 거의 전 분야에 걸쳐 이루어졌다. 그 결과, 80년대 후반 이후 대일무역수지에서 일본측이 입초(入超)로 바뀌었는데, 그 주요 이유 중 하나로 재일조총련계 기업의 북한투자 급증[22]과 거기서 생산된 것의 일본에의 재수출이 지적되고 있다(中嶋愼治, 1995).

그럼에도 불구하고 합영기업의 북한경제에 끼친 효과는 몇 가지 문제들로 인해 그 효과가 제한적이었다. 첫째, 합영당사자인 외국기업에게 경영권을 주지 않는 등 합영기업을 철저하게 북한 당국의 관리 하에 두는 등 합영법 자체가 애매하고 제한적인 조항을 상당부분 포함하고 있었다.

둘째, 남한의 기업이나 개인은 합영당사자에서 제외하고 조총련계 상공인을 비롯해 해외거주 조선동포들에게 제한하였다.

셋째, 북한의 빈약한 내수시장과 열악한 투자환경, 그리고 경제관리체계의 경직성과 실추된 대외신용의 회복을 위한 노력의 부재 등을 지적할 수 있다. 무엇보다, 북한의 합영기업이 광범위한 외자를 도입하

---

22) 1984년 합영법을 제정했음에도 불구하고 합영사업이 북한 당국의 의도대로 진전되지 않자 김일성은 1986년 2월 28일('2.28 교시') 북한을 방문한 재일조총련계 한국인의 '조선상공련결성 40주년기념 감사단'에 대하여 재일조총련계 한국인인이 합영사업에 적극적으로 참가할 것을 독촉했다. 이에 대해 1986년 6월 '합영사업연구회'가 대판에 발족되었고, 8월에는 평양에서 '합영사업연구회'와 북한측의 합영사업준비위원회 간에 조·조총련(朝·朝總聯)합영사업을 통일적으로 담당할 '조선국제합영총회사'가 설립되었다. 이 총회사의 이사장에는 북한의 김복신 정무원부총리가, 부이사장에는 전성환 대외경제사업부부부장과 전인식 조총련부의장겸합영사업연구회회장이 각각 취임했듯이 양쪽 모두 거물들이 취임하고 있다. 그리고 이들은 모스크바에서 '조선인민공화국경공업제품전시회'를 개최하는 등 합영사업의 성과를 대외적으로 알렸다. 1989년 4월에는 합영사업의 발전을 위해 '조선합영은행'을 14개 해외은행과 협약을 맺어 해외로부터의 송금업무·환거래·국제결제업무 등을 행하였다. 1991년 4월 평양 문수로에 있는 청년극장에서 '조총련합영제품전시회'가 개최되어 합영사업의 성과를 소개하였는데 여기서는 북한에서 처음인 패션쇼가 개최되기도 하였다.

지 못하고 조·조총련사업이라는 한정된 대상에 머물렀다는 점이다. 그러나 조총련상공인은 화교와 달리 규모가 매우 작고 또 역사적 배경도 크게 다르다. 즉 '나진·선봉자유무역지대' 계획에 대해서 조총련 상공인들이 스스로를 화교자본으로 비교하여 그 개발에 일역을 담당하려 했으나 중소영세기업이 태반을 차지하고 있는 조총련상공인과 화교와는 비교도 안 된다. 그리하여 북한 당국도 조·조총련합영관계에서 탈피하여 보다 광범한 외자를 도입하지 않으면 경제의 재생이 불가능하다는 것을 인식하기 시작했고, '나진·선봉자유무역지대' 설치의 결정은 이러한 인식에서 나온 것이었다(中嶋愼治, 1995).

이와 같이 북한의 합영사업은 일본을 위시한 서방국가들과의 대외거래를 유인하지 못함으로써 커다란 효과를 보지 못했고, 이는 80년대 후반의 성장률의 계속적 둔화에서 확인된다.

한편, 이는 북한의 노동생산성이 1970년대 후반까지는 높은 성장률을 보이다가 그 이후로 증가세가 크게 둔화된 것에서도 확인할 수 있다. 특히, 1980년대 후반에는 노동생산성의 증가가 거의 정체상태에 빠져들었다. 국민총생산을 총자본스톡으로 나눈 자본생산성 또한 70년대 중반 이후 계속적인 감소를 보여주고 있다. 자본의 효율성을 나타내는 자본생산성이 70년대 중반까지 약간의 기복이 있었음에도 불구하고 평균적으로 안정적 수준을 보였던 반면, 70년대 중반 이후부터는 지속적으로 감소하고 있듯이 북한경제의 구조적 모순은 70년대 이후에 본격적으로 나타났다고 할 수가 있겠다. 이는 해외자본의 유입이 중단된 시점과 일치하는 것으로서 북한경제 역시 외연적 성장방식이 불가피했음을 의미하는 것이다.

저효율의 북한 경제구조는 북한의 식량난에 그대로 투영되어 있다. 예를 들어, 북한 식량난의 근본원인으로 지적되는 주체농법은 집단영농체제의 비효율성은 차지하고 한국 전통사회의 생산력 특성을 그대로 반영하고 있다. 즉 주체농법이 북한의 주식인 벼와 옥수수의 육종

● **[표 8-11]** 북한의 무역액   (단위: 천 달러)

	전 체		소 련		중 국		OCC		일 본	
	수출	수입	수출	수입	수출	수입	수출	수입	수출	수입
1946			5,777	4,155						
47			10,111	15,155						
48			25,333	31,289						
49			63,333	100,955						
50	45,500	80,402	43,000	76,266	2,500	4,136				
51	30,577	38,997	29,777	20,044	800	18,953				
52	30,818	67,062	29,000	43,511	1,818	23,551				
53	26,839	93,421	25,666	36,055	1,173	49,555		7,811		
54	29,364	120,573	27,000	20,020	2,364	87,681		12,872		
55	44,005	141,997	40,750	48,565	3,155	79,849	100	13,583		
56	61,634	168,932	51,200	59,208	6,118	68,002	3,827	41,584	461	108
57	89,408	140,972	62,550	66,973	17,736	40,150	7,262	30,812	1,823	2,343
58	93,633	147,955	47,111	63,799	38,918	52,514	5,834	29,239	1,753	2,332
59	112,253	221,612	51,555	81,521	40,864	77,979	15,758	54,144	698	3,114
60	146,852	156,580	74,666	43,388	48,155	74,140	16,028	31,527	2,809	2,037
61	148,984	191,929	79,110	84,699	48,282	70,202	15,750	20,663	3,615	5,432
62	163,737	208,745	88,221	88,732	49,218	88,473	20,149	24,873	4,140	5259
63	180,021	224,382	88,110	90,321	58,473	95,766	22,779	23,371	8,574	5,883
64	185,907	235,999	80,666	91,177	59,127	99,319	25,509	25,087	18,394	12,414
65	210,608	271,979	88,332	98,755	75,682	10,6711	25,724	26,890	13,385	18,158
66	230,485	273,200	92,332	94,110	80,418	126,236	27,354	21,741	20,631	5,519
67	249,735	291,684	107,999	121,365	75,445	103,004	29,201	35,150	26,916	7,007
68	250,113	359,211	120,888	189,443	41,700	73,909	39,038	45,421	30,940	22,824
69	289,498	419,479	126,554	221,709	40,855	51,931	54,927	52,778	29,262	26,577
70	362,274	433,806	135,888	252,997	49,273	66,968	68,413	54,462	31,288	25,681
71	329,285	642,756	135,776	403,452	65,827	103,752	56,054	70,214	27,341	31,560
72	419,419	752,737	154,885	333,847	107,845	180,884	68,388	83,017	34,828	102,787
73	508,285	990,850	181,051	334,665	107,636	239,305	78,592	84,224	65,638	109,638
74	713,651	1,425,682	196,780	282,429	133,000	267,619	120,573	109,338	98,979	277,100
75	825,299	1,273,101	209,871	284,836	179,827	312,466	96,554	152,776	59,078	197,689
76	582,701	995,710	157,444	265,253	131,855	275,000	69,502	125,679	65,115	105,662
77	753,793	876,709	222,417	246,020	133,827	249,887	69,702	95,527	60,562	137,589

78	1,198,482	1,075,304	294,901	284,228	203,300	253,770	132,135	107,107	97,166	201,682
79	1,491,404	145,779	391,020	395,259	300,191	348,711	144,232	136,373	138,210	312,222
80	1,627,063	1,824,058	437,986	487,779	275,764	411,653	156,176	159,549	163,678	411,736
81	1,131,147	1,574,411	346,976	424,413	214,735	336,568	119,473	127,449	126,797	320,095
82	1,288,872	1,592,689	499,637	482,064	278,067	311,178	118,903	127,713	138,204	344,478
83	1,138,981	1,474,840	438,568	388,348	231,895	301,574	111,250	125,244	114,681	359,785
84	1,185,073	1,413,342	453,056	470,571	246,453	251,439	115,204	133,640	132,016	280,189
85	1,221,674	1,785,632	484,261	865,172	241,822	260,445	144,746	135,848	162,994	271,789
86	1,355,531	2,101,588	639,981	1,186,195	254,003	276,481	138,075	126,944	157,474	202,360
87	1,484,679	2,576,479	683,041	1,393,459	217,400	307,957	140,309	154,593	219,739	235,113
88	1,792,140	3,093,282	881,540	1,909,182	212,300	379,700	76,100	70,900	293,300	262,700
89	1670300	2,852,900	892,600	1,643,900	166,700	398,500	85,400	94,000	267,500	215,800
90	2,036,300	2,812,100	1,236,600	1,636,900	117,700	397,900	58,000	55,000	271,200	193,700
91	890,100	1,608,800	170,900	160,100	79,400	581,500	25,400	57,000	250,200	246,300
92	818,900	1,606,700	67,700	229,500	139,400	593,900	25,300	17,500	231,400	245,600
94	839,244	1,268770	40,000	100,000	199,217	424,523	–	–	322,684	170,780
95	73,6008	1,315,913	15,518	67,893	63,606	486,187	–	–	339,680	254,957

주: 북한은 무역통계를 발표하지 않기 때문에 무역상대국의 통계로부터 추계하고 있고, 추
계기관마다 편차를 보인다.
자료: 1946-88년간은 Soo-Young Choi, 1991, "Foreign Trade of North Korea, 1946-1988:
Structure and Performance," Ph.D. Dissertation, Northeastern University, p. 312,
Table A.1 에서 재인용했고, 1989-92년간은 아시아경제연보, 『아시아동향연보』, 각년
도에서 작성한 中嶋愼治, 1995, 「日朝經濟關係の現狀と展望-日朝貿易朝·朝合幷事業
を中心に-」, 건국대 경제경영연구소, 『韓國과 日本企業의 對北韓동아시아 進出 戰略』
에서 재인용; 1994-95년은 현대사회경제연구원, 1996, 『統一經濟』, 제19호, 7월, 127
쪽에서 재인용.

수준을 세계적으로 끌어올렸음에도 불구하고, 그것의 주요 내용은 한
정된 토지에 수확량을 극대화시키기 위해 밀식재배와 다락밭 조성정책
인데, 동 정책은 기본적으로 경작지의 관리보수에 많은 노동력의 투입
을 요구하는 특성을 갖고 있고, 게다가 논밭 경작지에 토사가 유입되어
작물피해가 발생할 경우까지 고려하면 노동투입에 비례하여 수확의 증
대를 수반하지 못하고 있다. 이러한 특성은 1980년대 들어 전반적 산

● **[표 8-12]** 북한의 평균노동생산성의 추이(전년대비 증가율)

(단위: 1985년 불변가격 북한원, %)

1965	1,326.2	1974	2,743.6 (7.3)	1983	4,097.6 (4.6)
1966	1,346.1(1.5)	1975	2,516.9(−8.3)	1984	4,095.8(−0.0)
1967	1,492.5(10.9)	1976	3,005.8(19.4)	1985	4,400.2 (7.4)
1968	1,564.2(4.8)	1977	3,224.7 (7.3)	1986	4,419.2 (0.4)
1969	1,568.2(0.3)	1978	3,256.1 (1.0)	1987	4,603.9 (4.2)
1970	1,861.2(18.7)	1979	3,496.0 (7.4)	1988	4,755.8 (3.3)
1971	1,976.0(6.2)	1980	3,484.7(−0.3)	1989	4,820.3 (1.4)
1972	2,308.9(16.8)	1981	3,459.7(−0.7)	1990	4,869.5 (1.0)
1973	2,558.0(10.8)	1982	3,917.5(13.2)		

	노동생상성의 연평균증가율	
	북 한	남 한
제 1 차 7개년계획(1961~70)	7.22	
6년계획(1971~76)	8.50	4.80
제 2 차 7개년계획(1978~84)	3.66	5.30
제 3 차 7개년계획(1987~93)	2.46	6.27

주: 북한의 제 1 차 7개년계획은 1965~70년 기간이고, 완충기 1977년은 6개년계획에, 완
충기 1985~86년은 제 2 차 7개년계획에 포함되었고, 제 3 차 7개년계획은 1987~90년
의 연평균 증가율임. 6년계획은 완충기 1977년을 포함.
자료: 曺東昊, 1993, 「北韓의 勞動生産性과 適正賃金: 北韓勞動力의 質에 관한 考察」, 「韓國
開發研究」, 제15권 제 4 호, 한국개발연구원, 겨울, 57쪽.

업의 위축과 함께 유류 부족에 따라 관련 공장들의 가동률 하락으로
비료·농약·농기계 등 농자재의 부족현상을 초래하였고, 게다가 경화
부족으로 외국으로부터도 이들을 수입할 수 없게 되었다. 그 결과, 북
한의 곡물생산량은 90년도 이후에 급격히 감소하였고, 95년의 대홍수
피해는 최악의 상태를 만들어 냈다.

북한의 3차 7개년계획(1987~93) 역시 이전의 계획이 종료된 직후
부터가 아니라 2년간의 조정기를 경과한 다음인 87년부터 실시되었듯
이 계획의 책정에서부터 난항을 보였다는 것은 이미 당시의 북한경제

🌙 [표 8-13] 북한의 GNP, 자본, 자본생산성의 추이

	GNP (억북한원)	자 본 (억북한원)	자본생산성 (북한원)		GNP (억북한원)	자 본 (억북한원)	자본생산성 (북한원)
1965	57.2	94.1	0.608	78	216.1	451.5	0.479
66	59.8	101.0	0.592	79	239.9	522.2	0.459
67	68.3	110.1	0.620	80	244.1	598.2	0.408
68	73.8	121.6	0.607	81	253.8	678.5	0.374
69	76.2	135.0	0.564	82	296.7	767.1	0.387
70	93.1	152.0	0.613	83	320.5	864.1	0.371
71	101.8	167.4	0.608	84	330.6	967.7	0.342
72	122.5	186.0	0.659	85	366.9	1,079.9	0.340
73	139.8	211.1	0.662	86	383.5	1,199.6	0.320
74	158.2	241.4	0.655	87	408.3	1,326.9	0.308
75	150.4	282.1	0.533	88	433.8	1,461.9	0.297
76	186.0	331.2	0.562	89	452.3	1,603.6	0.282
77	206.7	388.1	0.533	90	470.0	1,751.2	0.268

주: 1. 자본은 인민경제비중 기본건설투자액을 사용; 2. 자본생산성은 GNP를 자본액으로 나눈 것임; 3. 1960-65년과 1971-76년의 12년간 기본건설투자액으로 나머지 기간은 추정한 것.
자료: [표 8-12]와 같음.

가 심각한 부진상태에 놓여 있었다는 사실을 시사하는 것이다. 3차 7개년계획의 성장목표는 국민소득 1.7배, 공업생산 1.9배, 농업생산 1.4배 등 계획사상 가장 낮은 수준으로 설정되었음에도 불구하고 계획기간 초반부터 '세계청년학생축전'의 준비 등으로 목표달성에 차질을 빚기 시작했고, 무엇보다 1990년 전후로 사회주의권의 붕괴[23]로 인해 북

---

23) 1990년 9월 북한은 돌연히 일본의 金丸信·田邊誠을 양 단장으로 한 자민당 사회당 양 대표단의 방북을 초청하여 9월 24일부터 28일까지 양 대표단이 방북했고, 거기서 김일성이 주최한 대환영회에서 일본측은 예상하지 못했던 조·일국교정상화 제안을 받게 된다. 이러한 변화의 배경에는 1990년 9월 2일 북한을 방문한 슈와르나제 구소련 외상이 소련의 대한국 국교수립의 의지 표명과 조·소간 무역의 근본적 개정에 대한 통고가 작용하였던 것이다. 즉 북한무역의 약 38%를 차지하였던 구소련의 붕괴로 소련이 석유 등 연료공급을 제한하기 시작했고 동시에 종래의 바터무역에서 경화무역으로의 전환을 요구함에 따라 북한의 경제는 중

● **[표 8-14]** 북한의 산업별 성장률과 산업구조　　　　(단위: %, 명목 GDP=100)

	산업별 성장률			산업구조		
	1993	1994	1995	1993	1994	1995
농림어업	−7.6	2.7	−10.5	27.9	29.5	27.6
광공업	−3.2	−4.2	−4.6	32.9	31.4	30.5
광 업	−7.2	−5.5	−2.3	8.2	7.8	8.0
제조업	−1.9	−3.8	−5.3	24.7	23.6	22.5
(경공업)	(5.0)	(−0.1)	(−4.0)	(6.8)	(7.0)	(6.8)
(중공업)	(−4.2)	(−5.2)	(−5.9)	(17.9)	(16.6)	(15.7)
전기가스수도	−8.7	4.2	0.1	4.8	4.8	4.8
건 설	−9.7	−26.9	−3.2	8.5	6.3	6.7
서비스	1.2	2.2	1.5	25.9	27.9	30.3
(정부)	(2.3)	(3.3)	(2.8)	(16.8)	(18.6)	(20.7)
(기타)	(−0.5)	(0.4)	(−0.7)	(9.0)	(9.3)	(9.6)
국내총생산	−4.2	−1.8	−4.6	100	100	100
국민총생산	−4.3	−1.7	−4.5			

자료: 한국은행, 1996, 「95년 북한 GDP 추정결과」.

한경제가 심각한 타격을 받음에 따라 계획목표의 달성은 불가능한 것으로 판명되었다.

　계획의 실적은 북한 발표에 의하면 기간중 공업생산이 연평균 5.6%씩 증가하여 1.5배로 성장한 것으로 나타나지만 1990년 들어서서 연속적으로 마이너스(−) 성장을 기록한 것을 고려하면 계획기간 중 오히려 북한으로서도 계획이 종료를 앞두고 이의 실패를 유례없이 인정하지 않을 수 없었던바 93년 12월에 로동당 중앙위원회 제6기 21차 전원회의를 통해 "국제적 정세변화와 나라에 조성된 첨예한 정세"로 인하여 계획의 목표가 달성되지 못했음을 밝히고, 앞으로 2−3년간을 '사회주의 경제건설의 완충기'로 설정하여 농업·경공업·무역 제일주의

대한 타격을 입게 되었다. 게다가 북한의 가장 가까운 우방이었던 중국이 92년에 남한과 대사를 교환하였고 몽고, 베트남이 그 뒤를 이었던 것이다.

의 새로운 경제전략을 추진할 것을 결정하였다.

예를 들어, 중공업 부문의 침체는 1993년에 0.75%의 GDP를 감소시켰고, 이는 93년 전체 GDP 감소의 17.9%를 차지하는 것이다. 이러한 북한의 경제난은 그 이후에도 악화되어 94년에는 중공업의 침체가 0.86%의 GDP 감소를 가져왔고, 이는 당해년도 GDP 감소의 48.0%에 해당하는 것이다. 그리고 1995년에도 중공업의 침체는 0.93%의 GDP를 감소시켰고, 이는 95년도 전체 GDP 감소의 20.1%를 차지하였다.

경공업과 중공업을 합친 제조업 전체를 고려하면 제조업의 침체가 1993년에는 0.47%의 GDP 감소를 가져왔고, 이는 전체 GDP 감소의 11.2%에 해당하는 것이었다.

1994년에는 제조업의 침체가 0.90%의 GDP 감소에 관련되어 있고, 이는 전체 GDP의 감소 중 49.8%를 구성한다. 그리고 1995년에는 제조업의 침체가 1.19%의 GDP를 감소시켰고, 이는 전체 GDP 감소 중 25.9%에 해당하는 것이었다.

그리고 한국은행의 추정에 의하면 1995년 현재 북한의 외채(118.3억 달러)는 명목GNP(223억 달러) 대비 53.0%에 이르고 있는 실정이다. 이는 남한의 17.4%의 3배에 해당하는 수준이다. 그리고 GNP 대비 총무역액의 비중으로 표현되는 북한의 무역의존도 역시 무역제일주의 표방에도 불구하고 1970년에 20.3%, 75년에 22.2%, 80년에 25.4%, 85년에 19.4%, 그리고 88년 25.4%를 정점으로 90년에는 20.1%, 그리고 95년에는 9.2%로 90년대 들어 급격히 감소하였다.[24]

---

24) 1996년의 경제성장률 역시 1995년에 비교해 3.7% 후퇴하였고, 대외거래 확대에 대한 커다란 기대에도 불구하고 무역액도 95년 20억 5천만 달러에서 1996년에는 19억 8천만 달러로 약간 감소하였다. 대외거래가 살아나지 못하는 상황에서 남북 간 교역액(승인 기준) 역시 1995년의 3억 982만 6천 달러(반출 7,375만 1천 달러와 반입 2억 3,607만 5천 달러)에서 96년에는 2억 4,411만 8천 달러(반출 6,167만 4천 달러와 반입 1억 8,244만 4천 달러)로 감소하였다. 산업별로 보더라도 쌀을 비롯해 농산물은 최악의 상황이었던 1995년에 비교해 더 이상 감소는 없으나 제조업에서는 경공업이나 중공업 모두 후퇴를 경험하였다. 한국은행, 1997. 7, 「96년 북한 GDP 추정 결과」.

◆ 참고문헌

姜正模, 1996, 「대외경제와 무역」, 북한경제 Forum 편, 『北韓經濟論 ― 理論과 實際 ― 』, 법문사.

姜泰勳, 1988, 「일제 하 조선의 농민층분해에 관한 연구」, 장시원 외, 『한국 근대농촌사회와 농민운동』.

高瀨淨 지음, 이남현 옮김, 1988, 『북한경제입문』, 청년사.

국립농업출판사, 1957, 『농업경제연구반 참고자료 I』, 평양: 국립농업출판사.

국토통일원, 1986, 『북한경제통계집(1946-1985)』, 국토통일원.

權寧旭, 1966, 「舊植民地經濟研究ノート」, 『歷史學研究』 310호.

김광동, 1991, 「북한의 공장 내 노동단체 활동과 노동동원」, 『북한연구』, 제 2 권 4호, 겨울호.

金洛年, 1993, 「日本の植民地投資と朝鮮經濟の展開」, 東京大 博士學位論文.

_____, 1993, 「日本의 資本輸出과 植民地 朝鮮의 工業化」, 『韓國經濟發展의 歷史的 認識』, 『經濟史學』, 제17호 별책.

_____, 『일제 하 한국경제』, 해남.

김덕진, 1958, 「경제건설에서의 우리당의 새로운 발기」, 『근로자』, 제 9 호(154).

김덕호, 1960, 「우리나라에서 집단적 혁신운동의 발생 발전」, 과학원 력사연구소 근세 및 최근세사 연구실, 『력사논문집 4: 사회주의 건설편』, 평양: 과학원출판사.

金炳魯, 1992, 「南北韓 社會經濟發展모델의 比較(II)」, 『북힌연구』, 제 3 권 제 2 호, 여름호.

金甫瑛, 1996, 「南北韓 分斷에 관한 경제사적 접근 ― 8·15直後 南北韓 경제관계의 단절과정을 중심으로 ― 」, 경제사학회, Working Paper 96-8.

김상학, 1957, 「우리나라에서의 사회주의 공업화의 특징」, 『근로자』, 제10호 (143).

_____, 1958, 「질의응답: 우리나라 산업에서 식민시적 편파성은 어떻게 나타나

는가」, 『근로자』, 제10호(131).

_____, 1960, 「사회주의 공업화를 위한 우리당의 경제정책」, 『근로자』, 제 1 호 (170).

金鍊鐵, 1996a, 「北韓의 産業化 過程과 工場管理의 政治(1953-70): '수령제' 政治體制의 社會經濟的 起源」, 성균관대학교 정치학과 박사학위논문.

_____, 1996b, 「북한의 경제개혁 전망: 사회적 압력과 정책선택의 딜레마」, Working Paper.

김영철, 1989, 「'합방' 전후의 조선의 농업구조」, 『經濟史學』, 제13호, 經濟史 學會.

金泳鎬, 1993, 「脫植民地化と第四世代資本主義」, 三谷太一郎 편저, 『近代日本 植民地: アジアの冷戰と脫植民地化』, 岩波書店.

_____, 1995, 「北韓經濟의 開放과 改革의 展望」, 『經濟學研究』 제43집 1호, 한 국경제학회.

김원봉, 1956, 「로력 문제의 옳은 해결은 금후 경제건설에서 가장 중요한 문제 의 하나이다」, 『경제건설』 제 6 호.

김일성, 1967, 「사회주의 혁명의 현 단계에 있어서 당 및 국가사업의 몇 가지 문제들에 대하여: 조선로동당 중앙위원회 전원회의에서 한 결론(1955년 4 월 4일)」, 『김일성저작선집 1』, 평양: 조선로동당출판사.

김일평, 1987, 『북한정치경제입문』, 한울.

金 哲, 1965, 『韓國の人口と經濟』, 岩波書店.

김한주, 1960, 『우리 나라에서 맑스―레닌주의 농업강령의 승리적 실현』, 평양: 조선로동당출판사.

리국순, 1960, "흥남비료공장 로동자들이 걸어 온 승리의 길," 과학원 역사연구 소 근세 및 최근세사 연구실 편, 『역사논문집 4: 사회주의 건설 편』, 평양: 과학원출판사.

리론경제부, 1957, 「경제서적 출판에 대한 몇 가지 의견」, 『경제건설』, 제 7 호.

리명서, 1958, 「중공업의 우선적 장성과 경공업 및 농업의 동시적 발전에 대한 우리 당의 경제정책」, 과학원 경제법학연구원, 『우리나라에서의 사회주의 경제건설』, 평양: 과학원출판사.

리석심, 1961, 「우리나라 경제발전의 높은 속도와 균형문제」, 『근로자』, 제11호 (192).

리주연, 1955, 「재정규률을 강화하자」, 『인민』, 제 3 호.

박룡성, 1961, 「우리 나라에서 지방공업의 발전」, 『경제지식』 제 6 호.

박삼윤, 1957, 「사회주의 공업화와 대중적 증산경쟁운동」, 『근로자』 제 3 호 (136).

박순성, 1997, 『나진-선봉지대 개발계획과 남북한 경제관계 전망』, 민족통일연구원, 통일정세분석 96-07, 민족통일연구원.

박영구, 1990, 「1930년대 미곡정책의 성격에 관한 연구」, 『경제사학』 제14호.

박 진, 1996, "국민소득과 재정," 북한경제 Forum 편, 『북한경제론』, 법문사.

배성준, 1995, 「1930년대 일제의 '조선공업화' 론 비판」, 『역사비평』, 역사문제연구소, 봄호.

사회과학원 경제연구소, 1970, 『경제사전 Ⅱ』, 이성과현실, 1988.

徐東晚, 1995, 「北朝鮮おげる社會主義體制の成立, 1945-61」, 東京大 博士學位論文.

＿＿＿, 1996, 「50년대 북한의 곡물 생산량 통계에 관한 연구: 농업으로부터의 경제잉여 추출과 관련하여」, 『통일경제』, 2월호.

宣在源, 1994/95, 「1920 30年代朝鮮の勞務管理體制-小野田セメント平壤工場と比較を中心に-」, 『社會經濟史學』, 제60권 제 5 호.

신상호, 1957, 「쏘련 인민의 고귀한 원조」, 『로동자』 제10호.

嚴琦燮, 1992, 『1920～30年代 勞動爭議史 硏究』, 한국연구원.

安秉直, 1990, 「植民地朝鮮의 雇傭構造에 관한 硏究 ― 1930년대의 工業化를 중심으로 ― 」, 安秉直·李大根·中村哲·梶村秀樹 編, 『近代朝鮮의 經濟構造』.

安秉直·堀和生, 1993a, [植民地朝鮮工業化의 歷史的 條件과 그 性格], 安秉直·中村哲 共編, 『近代朝鮮工業化의 硏究-1930~1945년』, 일조각.

＿＿＿, 1993, 「序文」, 『韓國經濟發展의 歷史的 認識』, 『經濟史學』 제17호 별책.

＿＿＿, 金洛年, 1995, 「한국경제성장의 장기추세: 경제성장의 역사적 배경을 중심으로」, 『한국경제빌진의 회고와 전망』, 광복50주년 기념 학술대회, 한

국경제학회 경제사학회.

安秉直·中村哲, 1993, 「총론」, 安秉直 中村哲 共編, 『近代朝鮮工業化의 研究』, 일조각.

연하청, 1988, 『남북한 비교연구』, 국토통일원.

이상만, 1996, 「북한경제의 역사적 배경」, 북한경제 Forum 편, 『북한경제론 ― 이론과 실제 ― 』.

李榮薰·張矢遠·宮嶋博史·松本武祝, 1992, 「식민지기 조선수리조합 전체상과 유형파악을 위하여」, 『近代朝鮮水利組合研究』, 제1장, 일조각.

이준식, 1991, 「일제 침략기 농민운동의 이념과 조직 ― 함경남도 평지대의 경우」, 연세대 대학원, 박사학위논문.

이헌창, 2005, 「개항기·식민지기 국제경제관계」, 이대근 외, 『새로운 한국경제 발전사』, 나남출판.

李勳求, 1935, 『朝鮮農業論』, 漢城圖書株式會社.

이희상, 1987, 「남북한의 경제대화 배경 및 전망」, 민병천 편, 『오늘의 남북한』, 고려원.

印貞植, 1940, 『朝鮮の農業地帶』, 生活社.

장시원, 1984, 「植民地下 朝鮮人大地主 範疇에 關한 研究], 『經濟史學』, 제7호.

장영식, 1991, 『북한의 에너지 수요와 공급』, 대외경제정책연구원.

全錫淡·李基洙·金漢周, 1937, 『일제 하의 조선사회경제사』, 조선금융조합연합회.

_____, 1960, "조선로동당의 령도 하에 전후 사회주의 건설에서 조선인민이 달성한 성과와 그 의의," 과학원 력사연구소 근세 및 최근세사 연구실 편, 『력사논문집 4: 사회주의 건설편』, 평양: 과학원출판사.

정문종, 1988, 「산미증식계획과 농업생산력정체에 관한 연구」, 장시원 외, 『한국 근대농촌사회와 농민운동』.

鄭在貞, 1990, 「朝鮮總督府 鐵道局의 雇用構造」, 安秉直·李大根·中村哲·梶村秀樹 編, 『近代朝鮮의 經濟構造』, 비봉출판사.

丁振聲, 1995, 「식민지 공업화와 그 유산」, 『한국경제발전의 회고와 전망』, 광복 50주년 기념 학술대회, 한국경제학회 경제사학회.

정태식, 1964,『우리 당에 의한 속도와 균형문제의 창조적 해결』, 조선로동당출판사.

曺東昊, 1993,「北韓의 勞動生産性과 適正賃金: 北韓勞動力의 質에 관한 考察」,『韓國開發硏究』, 제15권 제 4 호, 한국개발연구원, 겨울.

조선로동당, 1964,『우리 당에 의한 속도와 균형문제의 창조적 해결』, 조선로동당출판사.

朝鮮銀行, 1948,『朝鮮經濟年報』.

朝鮮總督府,『統計年鑑』, 각 연도.

지수걸, 1988,「식민지시대 농민운동연구의 현황과 과제」, 장시원 외,『한국 근대농촌사회와 농민운동』.

최배근, 1997a,「韓國經濟成長의 歷史的 認識: 生産力 性格과 內在的 視覺」,『經濟史學』 제22호. 1997.

_____, 1997b,「한국사에서 근대로의 이행의 특질과 공업화의 역사적 조건」, 최배근 외,『한국경제의 이해』.

_____, 1997c,「북한 사회주의공업화의 위기의 기원」,『동북아경제연구』, 제 8 호, 동북아경제학회, 233-59쪽.

_____, 1997d,「북한사회주의 공업화의 논리와 성격」, 최배근 외,『한국경제의 이해 ― 한국경제성장의 회고와 전망 ― 』.

최수영, 1992,「북한의 경제정책과 개발전략」,『북한연구』, 제 3 권 제 4 호, 겨울호.

최신림, 1995,「북한 경제의 현황과 남북한 경제통합의 전망」, Working Paper.

평화통일연구소, 1986,『북한개요』.

한림대학교 아시아문화연구소, 1994,『北韓經濟統計資料集(1946 · 1947 · 1948 년도)』, 자료총서 13.

허수열, 1981,「일제 하 실질임금(변동)추계」,『경제사학』 제 5 호.

_____, 1986,「한국근대사회의 구조와 성격」, 제29회 역사학대회 발표요지.

_____, 1996,「'개발과 수탈론' 비판」, Working Paper, 낙성대연구실.

_____, 2005,『개발 없는 개발』, 은행나무.

현대사회경제연구원, 1996,『統一經濟』, 제19호, 7월.

현호범, 1959, 「현 시기 지방산업의 의의와 그 발전을 위한 우리 당 정책의 정당성」, 『경제건설』, 제 2 호.

황도연, 1955, 「계산－통계 규률의 엄격한 준수는 인민경제 발전의 필수적 조건이다」, 『경제건설』, 제 6 호.

黃義珏, 1996, 「공업」, 북한경제 Forum 편, 『北韓經濟論－理論과 實際－』, 법문사.

橋谷弘, 1990, 「1930・40年代の朝鮮社會の性格をめくつて」, 『朝鮮史研究會論文集』, 27集.

久間健一, 1935, 『朝鮮農業の近代的樣相』.

_____, 1943, 『朝鮮農政의 課題』, 동경: 成美當; 溝口敏行・梅村又次 編, 1988, 『舊日本植民地經濟統計』, 東洋經濟新報社.

堀和生, 1983, "朝鮮にぉける普通銀行の成立と展開," 『社會經濟史學』 49권 1호.

宮嶋博史, 1993, 「동아시아에서의 近代的 土地變革－舊日本帝國의 支配地域을 中心으로－」, 『韓國經濟發展의 歷史的 認識』, 『經濟史學』 제17호 별책.

小林英夫, 1990, "近代동아시아史像再檢討," 『歷史評論』 482호.

小早川九郎, 1944, 「발달편」, 『朝鮮農業發達史』.

伊藤正直, 1973, 「1910～20年代にぉける日本金融構造その特質(2)」, 『社會科學研究』 30－6, 東大.

溝口敏行・梅村又次 編, 1988, 『舊日本植民地經濟統計』, 東洋經濟新報社.

中村哲 저1991, 『世界資本主義와 移行의 理論』, 安秉直 역, 비봉출판사.

中嶋愼治, 1995, 「日朝經濟關係の現況と展望－日朝貿易と朝・朝合併事業を中心に－」, 건국대 경제경영연구소 국제심포지움.

村上勝彦 外, 1984, 「植民地期朝鮮社會の經濟統計的研究」, 『東京經大學會誌』 136號, 1984.

Becker, G. S., 1975, *A Theoretical and Empirical Analysis with Special Reference to Education*, 2nd ed., National Bureau of Economic Research.

Choi, Soo-Young, 1991, "Foreign Trade of North Korea, 1946-1988: Structure and Performance," Ph.D. Dissertation, Northeastern University.

Chung, Joseph S., 1983, "Economic Planning in North Korea," in *North Korea Today*, edited by R.A. Scalpino and Jun-Yop Kim, Berkeley: Institute of East Asian Studies.

_____, 1987, "North Korea's Economic Development and Capabilities," in *The Foreign Relations of North Korea: New Perspectives*, edited by Jae Kyu Park, Byung Chul Koh and Tae-Hwan Kwak (Seoul: Kyongnam University Press).

Easterlin, R. A., 1981, "Why Isn't the Whole World Developed?" *Journal of Economic History*, Vol. 41.

Eberstadt, Nicholas, and Judith Banister, 1990, *North Korea: Population Trends and Prospects*, Washington, D.C.: U.S. Bureau of the Census.

Feder, Gershon, 1982, "On Exports and Economic Growth," *Journal of Development Economics*, Vol. 12, pp. 59-73.

Goldin, C. and K. Sokoloff, 1984, "The Relative Productivity Hypothesis of Industrialization: The American Case, 1820 to 1850," *Quarterly Journal of Economics*, August, pp. 461-87.

Halliday, Jon, 1987, "The Economies of North and South Korea," in Sullivan and Foss, *Two Koreas-One Future?*, Lanham, MD: University Press of America.

Hamilton, Clive, 1986, *Capitalist Industrialization in Korea*, Westview Press.

Ho, Samuel Pao-San, 1984, "Colonialism and Development: Korea, Taiwan, and Kwantung," in Ramon H. Myers and Mark R. Peattie (ed.), *The Japanese Colonial Empire 1895-1945*, pp. 347-98.

Jeffries, I., 1993, *Socialist Economies and the Transitions to the Market: A Guide*, London: Routledge Publishing Co.

Kohli, Atul, 1994, "Were Do High Growth Political Economies Come From? The Japanese Lineage of Korea's 'Developmental State'," *World*

Development, Vol. 22 No. 9.

Kornai, Janos, 1989, "The Hungarian Reform Process: Visions, Hopes, and Reality," Victor Nee and David Stark, ed., *Remaking the Economic Institution of Socialism: China and Eastern Europe*, California: Stanford University Press.

_____, 1992, *The Socialist System: The Political Economy of Communism*, Princeton: Princeton University Press, pp. 140–45.

Maddison, Angus, 2001, *The World Economy: Historical Statistics*, OECD Development Centre.

Myers, Ramon H., and Mark R. Peattie, ed., *The Japanese Colonial Empire 1895–1945*, Princeton University Press, 1984.

National Unification Board, 1986, *A Comparative Study of North and South Korean Economies*, Seoul: NUB.

Newcomb, William and John Merrill, 1996, "North Korea's Economic Opening," in the 6th International Symposium on the North Korean Economy, *A Globalization of the North Korean Economy*, 한국경제신문사 · 한국경제연구원.

Sengupta, Jati K., 1991, "Rapid Growth in NICs in Asia: Tests of New Growth Theory for Korea," *Kyklos*, Vol. 44.

_____, 1993, "Growth in NICs in Asia: Some Tests of New Growth Theory," *Journal of Development Studies*, Vol. 29 No. 2, January.

Stark, David, 1989, "Coexisting Organizational Forms in Hungary's Emerging Mixed Economy," Victor Nee and David Stark, ed., *Remaking the Economic Institution of Socialism: China and Eastern Europe*.

Suh, Sang–Chul, 1978, *Growth and Structural Changes in the Korean Economy 1910–1940*, Harvard University Press.

Toshiyuki, Mizoguchi, and Yamamoto Yuzo, 1984, "Capital Formation in Taiwan and Korea," in Ramon H. Myers and Mark R. Peattie, eds., *The Japanese Colonial Empire 1895–1945*, pp. 399–419.

Turk, Lynn J., 1996, "The Strategy Approach of North Korea Integrating into the World Economy," in the 6th International Symposium on the North Korean Economy, *A Globalization of the North Korean Economy*, 한국경제신문사 · 한국경제연구원.

제 **III** 편

한국 경제성장의
역사적 배경

제Ⅲ편 한국 경제성장의 역사적 배경

　　한국 고도성장의 경험은 전통사회의 경제적 특징들과 놀라울 정도로 유사성을 보여 준다. 외연적 성장, 국가의 적극적 역할, 공유시스템, 그리고 시장친화적 경제진화 패턴 등이 그것들이다. 그리고 전통사회의 공유시스템은 사적 요소의 성장이 시스템에 위협이 되지 않는 범위에서 용인되었다. 그러나 공유시스템이 더 이상 작동할 수 없을 정도로 사적 요소가 팽창되자 사회질서의 위기로 이어졌고, 이러한 내부의 위기는 스스로 선택한 개방이 아닌 강요된 개방, 즉 외압과 맞물리면서 조선을 식민지로 전락시켰던 것이다. 이는 제Ⅳ편에서 살펴보겠지만 '61년 체제' – '87년 체제' – '97년 위기'와 '97년 체제'의 성립으로 이어지는 현대사와 유사성을 보여 주는 것이다. 제Ⅲ편에서는 개발독재의 공유시스템의 역사적 배경으로 전통사회의 경제적 특징들을 살펴볼 것이다.

제 9 장

한국 전통사회의 생산력 특성

제1절 영국에서 근대의 생산력 특성 : 도시와 농촌의 대립적 발전

역사적으로 영국에서 봉건제 사회의 발전 그 자체는 근대자본주의 사회의 성립과정이었다. 그러므로 봉건제는 후자로의 역사적 발전을 전제할 때 비로소 살아 있는 역사개념이 된다. 이러한 역사과정을 압축적으로 표현한 것이 '본원적 축적(本源的 蓄積)'의 과정이다. 중세 말 영국의 봉건적 토지소유관계는 농민경영지에서의 생산력 발전과 영주 직영지의 축소로 인해 양적으로는 농민보유지의 확대, 그리고 질적으로는 사실상의 농민적 토지소유가 성립되었다.

다시 말해, 배타적·절대적 성격의 사적 소유가 성립하고 〈자본-임노동〉관계를 만들어 낸 시장경제 사회에서 '자본주의적 산업화'가 가능하다면, 바로 농민적 토지소유의 성립은 자본축적의 전제조건 중 하나인 사적 소유의 성립을 의미하면서도 동시에 생산수단의 사적 소유의 광범위한 존재를 의미하기 때문에 자본축적을 위한 또 하나의 조건인 임금노동자의 창출에는 장애로 작용한다. 이것이 18세기 영국에서 하나의 중요한 사회적 계급으로서 독립자영농민층인 요맨리(yeomanry)의 소멸이 갖는 역사적 의미이다(W. Lazonick, 1974: 35).

따라서 사적 소유 및 시장경제의 성립, 그리고 농민적 토지소유의 소멸과 임금노동자의 창출을 가능케 한 구조적 특성이야말로 자신의 태내에서 자본주의를 만들어 낸 봉건제의 개념이 될 것이다. 즉 농업공동체에서 각 공동체가 갖는 사유의 요소와 집단적 요소의 관계를 규정한 것은 각 공동체의 역사적 환경이었고, 이런 점에서 게르만적 유산과 고전고대적 유산을 역사적으로 종합한 서구 봉건제는 두 생산양식의 기본 성격이 기저(基底)를 형성하고 있다. 즉 "공동체 안에 내포되고 있는 공유적(공동적) 계기와 사유적(사적) 계기는 각각 공동체의 죽음과 재생 또는 공동체의 퇴화와 변혁에 대하여 포지티브하게도 네가티브하게도 작용할 수 있다는 것을 의미"(박현채, 1984: 56–57)하기 때문에 시민사회의 파악은 봉건제를 탄생시킨 두 생산양식의 공동체 기본구조에서 출발해야 할 것이다.

　서구봉건제의 두 뿌리를 형성하는 고전고대적 생산양식과 게르만적 생산양식은 공동체 규제의 편차에도 불구하고 기본적으로 "사적 소유에 의한 소경영의 생산양식"이 그 사회의 물적 토대를 이루었듯이 서구사회는 사유적 계기가 중심이 된 '개체적 사회질서'였다. 이러한 특징은 '자본주의적 산업화' 및 '자본주의적 시민사회'를 성립시킨 서구 봉건제사회의 생산력 및 계급구조와 밀접히 관련되어 있다(최배근, 1993).

　이것은 역사 구체적(歷史 具體的)으로 첫째로 중세 서유럽의 건조곡물 농업경영체계(dry-grain farming system)라는 농업생산력 조건이 만들어 낸 낮은 토지생산성과 인구밀도[1], 둘째로 여기에서 비롯된 자연경제에 기초하고 '농노'라는 부자유민이 존재한 촌락 장원의 영역 대(對) 상품경제 및 자유시민으로 구성된 '자치코뮌'식 도시영역(P. Anderson, 1978: 150)의 대립, 그리고 마지막으로 "통치권의 봉건적 세

---

1) 다음의 글들을 참조. Slicher van Bath, B. H.(1963: 18, 172–77); George Duby(1968: 29); W. M. S. Russell(1967: 96, 179); F. Bray(1983: 5–9); E. L. Jones(1993: 8).

분화"(원심력) 대 "봉건적 잉여수탈체계의 정치적 축적(구심력, 즉 절대왕정 성립)의 경향성"(R. Brenner, 1982), 혹은 "내포적 지역자치 권력망 대 기독교로 대표되는 외연적 규범조절장치"의 상호작용[2](M. Mann, 1989: 10-12)의 결과가 자본주의의 출현이었다.

아민(S. Amin: 1980, 1985, 1989)의 표현으로 두 번째 조건을 다시 기술하면, 서유럽 봉건제가 자본주의를 처음 만들어 낼 수 있었던 요인은 역설적이지만 "서유럽형 공납제의 원시성과 불완전성"이 만들어 낸 상대적 자율성의 중세 유럽도시라는 '역사적 이점'(유연성)이었다. 즉 중세도시는 정치 · 사회 · 문화적으로 도시의 시민들에 의해서 지배되었고, 도시에는 농노들이 존재하지 않았을 뿐만 아니라 시민들은 상대적으로 평등하였다. 그 결과 도시는 농촌과 비교해 상대적으로 경제적 평등이 확보되고 강제노동이 배제되었기 때문에 경제적 유동성이 높았다. 그리하여 이것은 장기적으로 도시부문이 농촌의 잉여노동력을 흡인해 낼 수 있는 원동력이 되었다(최배근, 1993).

다른 한편, 낮은 토지생산성과 인구밀도를 규정한 농업생산력 조건은 서유럽사회의 기술진보패턴, 즉 '생산효율성(productive efficiency)'을 관건으로 하는 '내포적 기술(intensive technology)'에 기초한 공업화를 가능케 하였다. 만(M. Mann, 1988: 7-8)의 정의에 따르면, 내포적 기술은 "투입요소의 생산성을 증가 또는 극대화시키기 위해 적은 양의 투입요소를 집약적으로 사용하는 능력"으로 여기서는 '생산의 효율성'이 관건이 된다. 경제 이론적으로 말하면 생산곡선 자체의 상방 이동을 의미한다. 그리고 유럽농업의 생산성을 증가시켰던 내포적 기술의 대표적 발명들로서 6세기 이후 수력의 확산, 7세기 이후 북서유럽에서 중쟁기의 확산, 8세기 이후 삼포제의 확산, 그리고 9세기 이후

---

2) 즉, 다른 문명과 구별되며 중세유럽 문명의 진실한 독자성으로 지적되는 '끊임없는 불안정성'으로 발생할 수 있는 무정부상태가 서유럽에서는 '기독교'에 의해 조정될 수 있었다는 것이다.

● **[표 9-1]** 영국 공업화 초기의 농업의 총요소생산성 (연평균 변화율)

1790-1815	1816-46	1847-70
+0.2	+0.3	+0.5

자료: C.H. Feinstein(1981: 192).

● **[표 9-2]** 영국 공업화 초기의 국민소득, 총투입요소, 총요소생산성의 연평균
　　　　　 성장률과 총요소생산성의 기여도, 1710-1830

	국민소득	총투입요소	총요소생산성(기여분)
1710-40	0.6	0.36	0.24(40.0)
1740-80	1.0	0.70	0.30(30.0)
1780-1800	2.0	1.20	0.80(40.0)
1801-1830	2.7	1.40	1.30(48.2)

자료: 1710-1800년까지는 N. C. R. Crafts(1981: 8), 1801-30년까지는 C. H. Feinstein(1981: 140).

말굽의 확산을 비롯한 농업에서 말의 사용을 가능케 해 준 발명들이 지적된다. 사실, 서구의 경제성과에서 총요소생산성의 역할은 공업화 초기과정에서 농업 및 비농업부문에서 빼놓을 수 없는 부분을 차지하고 있다.

이처럼 농업에 있어서 노동절약적 기계화를 통한 농업의 노동생산성 발전과 자치도시에서의 상품경제의 지속적 발전은 자본주의적 산업화에 필요한 농민층분해를 가능케 한 주요 요인이었다. 자본주의 발전 초기단계에 더욱 악화된 노동력 부족의 문제는 노동력에 대한 농업과 제조업 간에 심한 경쟁을 야기시켰고, 대개 경쟁력에서 우위를 점했던 후자의 승리로 끝났다(E. Boserup, 1981: 99). 그 결과 유럽사회는 16세기 초부터 19세기 초까지 평균적으로 도시화율이 두 배로 증대하였고 (Jan de Vries, 1984: 39), 특히 자본주의적 산업화가 가장 먼저 진행된 영국이 다른 유럽사회들보다 도시화나 농업생산성에서 훨씬 빠른 성장을 보여 주었다(E. A. Wrigley, 1987: 157-93).

반면, 한 추정(K. Chao, 1987: 60)에 의하면 중국의 도시화율은 기원전 300년경 14.3%에서 기원 후 2년에는 17.2% 그리고 1220년 남송시대에 21%까지 증대했으나, 14세기 이후 하락하기 시작하여 1820년까지 6.9%로 하락하였다. 이러한 규모의 도시화율은 그 후 증대(1893년 7.7%, 1930년 10.0%)하기 시작했으나 중국혁명으로 새로운 오늘의 중국이 건설되는 1949년까지 10.6% 수준에 불과하였다.

그러나 역사적으로나 경제 이론적으로 사적 소유의 진전과 상품화폐경제의 발전이 반드시 자본주의적 산업화의 조건이 되지는 않는다. 이러한 차이는 변형된 토다로(M. Todaro: 1969) 모델로 쉽게 이해되는데, 이에 의하면 농업부문으로부터 도시부문으로의 노동력 유출은 도시부문의 절대 규모, 그리고 양 부문의 '상대생산성'의 격차[3]에 의해 결정된다. 그리고 여기서 상대생산성의 격차는 농업생산력의 조건이 불리할수록 도시부문이 노동력의 경쟁에서 유리, 즉 건조곡물농업경영의 낮은 토지생산성이 공업화에 유리한 것을 의미한다. 여기에 더해, 농업부문으로부터 독립적인 상품화폐경제 영역의 존재를 가능케 한 중세유럽의 자치도시의 존재가 상품화폐경제의 지속적 발전을 가능케 하였다. 이 모델에 따르면 자율적으로 성장할 수 있었던 서유럽의 자치도시와 불리한 농업 조건의 결합이 도시화와 자본주의적 산업화를 가능케 하였음을 알 수가 있다.

한편, 변형된 토다로의 모델 속에는 농촌인구가 도시부문으로 이주하지 않을 가능성이 존재한다. 결론부터 말하면, 한국 전통시대 말기 상품경제의 발전은 농민적 토지소유를 해체시키고 자본주의적 산업화에 필요한 임금노동자를 창출시켰던 영국의 경험과 달리, 역으로 가족농의 안정과 소농경제의 강화 그리고 농촌(수)공업화를 수반하였다. 이는 전자가 도시와 농촌의 대립 속에서 대도시 중심의 공업화를 통해

---

3) 상대생산성 가설을 미국 초기 공업화의 지역적 차이에 적용한 글로 Goldin and Sokoloff(1984: 461 87)를 참조.

[표 9-3] 유럽 각국의 도시인구와 도시화율, 1500-1800   (단위: 천 명, %)

지 역	1500	1550	1600	1650	1700	1750	1800
영 국	80	112	255	495	718	1,021	1,870
	(3.1)	(3.5)	(5.8)	(8.8)	(13.3)	(16.7)	(20.3)
독 일	385	534	662	528	714	956	1,353
	(3.2)	(3.8)	(4.1)	(4.4)	(4.8)	(5.6)	(5.5)
프 랑 스	688	814	1,114	1,438	1,747	1,970	2,382
	(4.2)	(4.3)	(5.9)	(7.2)	(9.2)	(9.1)	(8.8)
이탈리아 북부	638	711	897	614	778	924	1,032
		(15.1)	(16.6)	(14.3)	(13.6)	(14.2)	(14.3)
이탈리아 중부	287	286	362	384	399	448	499
		(11.4)	(12.5)	(14.2)	(14.3)	(14.5)	(13.6)
이탈리아 남부	377	501	714	579	584	787	1,074
		(11.9)	(14.9)	(13.5)	(12.2)	(13.8)	(15.3)
스 페 인	414	639	923	672	673	767	1,165
	(6.1)	(8.6)	(11.4)	(9.5)	(9.0)	(8.6)	(11.1)
포루투갈	30	138	155	199	230	209	252
	(3.0)	(11.5)	(14.1)	(16.6)	(11.5)	(9.1)	(8.7)
네 덜 란 드	150	191	364	603	639	580	604
	(15.8)	(15.3)	(24.3)	(31.7)	(33.6)	(30.5)	(28.8)
벨 지 움	295	375	301	415	486	432	548
	(21.1)	(22.7)	(18.8)	(20.8)	(23.9)	(19.6)	(18.9)
스칸디나비아	13	13	26	63	115	167	228
	(0.9)	(0.8)	(1.4)	(2.4)	(4.0)	(4.6)	(4.6)
스코틀랜드	13	13	30	35	53	119	276
	(1.6)	(1.4)	(3.0)	(3.5)	(5.3)	(9.2)	(17.3)
아 일 랜 드	0	0	0	17	96	161	369
	(0)	(0)	(0)	(0.9)	(3.4)	(5.0)	(7.0)
폴 란 드	0	10	15	20	15	36	103
	(0)	(0.3)	(0.4)	(0.7)	(0.5)	(1.0)	(2.5)
유럽 전체	3,441	4,416	5,933	6,184	7,465	8,933	12,218
	(5.6)	(6.3)	(7.6)	(8.3)	(9.2)	(9.5)	(10.0)

자료: Jan de Vries(1984: 30, 39, Tables 3.2, 3.7).

시장경제화의 길로 나아간 것이라면, 후자는 농촌과 도시가 상호 보완적 관계 속에 농촌 주변의 중소도시 중심의 공업화를 통해 시장경제화의 길의 가능성을 보여 주었음을 의미한다. 지금부터 이를 구체적으로 살펴볼 것이다.

L과 L_M과 L_R을 각각 한 사회 전체의 노동력, 비농업(도시)부문의 노동력, 농업부문의 노동력이라 하고, W_M과 W_R을 도시부문과 농업부문에서의 노동력 한 단위의 소득이라 정의하자. 이제 농업부문에는 실업자가 존재하지 않는다고 가정하면 $(L-L_R-L_M)$은 비농업(도시)부문의 실업의 규모가 된다. 그리하여 다음의 관계가 가능하다. 이 경우 각 부문의 노동력 배분, 즉 농업부문에서 비농업부문으로의 인구이동은 도시부문의 절대적 규모(필요조건)와 농업부문과 도시부문의 예상소득의 격차(충분조건)에 따라 결정될 것이다.

$$W_R=\frac{L_M}{(L-L_R)}\cdot W_M \rightarrow L_R=L-\frac{W_M}{W_R}\cdot L_M \rightarrow \therefore \triangle L_R=-\frac{W_M}{W_R}\cdot \triangle L_M$$

제 2 절 한국 전통사회의 농업생산력 특성 : 공유시스템의 물적 기초

고고학적 발굴성과를 통해 우리는 청동기시대인 무문토기시대에는 잡곡재배를 중심으로 한 북부지방과는 달리 한반도 남부 연안지방에서는 벼농사가 중점적으로 행해졌다는 사실을 추측할 수 있다. 한국의 도작(稻作)이 중국의 화북 및 화남지방에서부터 전파되었을 것으로 보는 지배적 견해에 의하면 우리의 도작은 중국 고대의 수도작법(水稻作法)과 유사했다고 추정된다. 고대 화북지방의 농법은 1년 휴한의 직파법(直播法)을 전제로 한 원시적 도작기술이었다. 당시의 도작기술은 『사기(史記)』의 「화식열전(貨殖列傳)」에 기재된 "화경수누(火耕水耨)"라 표현이 있듯이 파종에서 수확에 이르기까지 논에 물을 담아두어 제초까지 하였기 때문에 관개와 배수는 중요하였다. 우리의 경우에도 『삼국사기(三國史記)』「백제본기(百濟本紀)」의 "多婁王六年(33) 二月 令國南州郡 始作稻田於南澤"이라는 내용이 있고, 4세기에는 서해안지역의 벽골지(碧骨池: 김제)나 의림지(義林池: 제천) 등의 대규모 관개시설이 축조되기 시작했다.

물은 인간에게 높은 토지생산성과 편리한 교통수단을 제공하였다. 즉 수도작 관개농업은 전통적 농업기술의 조건 하에서 (서)유럽의 건조곡물 농업경영에 비교해 상대적으로 높은 토지생산성과 인구밀도를 달성할 수 있었다(F. Bray, 1986: 9-15). 그러나 수도작 농업에 있어서 물의 중요성에도 불구하고 우기(雨期)의 하천의 범람 및 홍수로 인한 재난의 방지를 위해, 그리고 건기(乾期)의 한발(旱魃)은 인공관개시설을 통해 급수의 조절을 요구하였다. 그리하여 치수(治水)는 역대왕조의 주요 사업일 수밖에 없었다. 이처럼 수도작 농업에 요구되는 대규모 수리사업은 경제활동에 있어서 국가의 역할을 불가피하게 하였고 협업을 중요한 사회조직 문화로 만들었다. 국가의 역할에 대해서는 다음 장에서 살펴볼 것이다.

한국 전통사회의 농업생산력에 영향을 준 요인으로 농업기술과 농업도구의 진화 과정을 간단히 기술하면 다음과 같다. 첫째, 농업기술은 파종법(播種法)과 시비법(施肥法)으로 나누어 살펴볼 수 있다. 작물의 파종방법을 어떻게 혹은 작물의 파종위치를 어디에 선택하느냐에 따라 수확량이나 노동력의 증감에 영향에 미친다. 수전농업에서 파종법은 조선 전기에는 직파법이 지배적이었는데 조선 후기로 내려오면서 이앙법(移秧法)이 지배적 위치를 점하였다. 이앙법은 수확량의 증가와 노동력의 절약이라는 결과를 가져와 조선 후기 사회에 일정한 영향을 미쳤으나 노동력의 절약이 지니는 의미에 대해서는 견해가 일치하지 않고 있다. 그런데 뒤에서 자세히 살펴보겠지만, 이앙법의 보급이 노동생산성 향상(金容燮, 1964)이나 토지생산성의 증가(宮嶋博史, 1981)를 가져와 광작(廣作) 현상 혹은 광농(廣農)경영의 일반화를 가져왔다는 주장이 있으나 실증적으로 조선 후기 광작이나 광농경영의 증가는 확인되지 않는다(李榮薰, 1988: 435-539 참조). 즉 변형된 토다로의 모델에서 보듯이 노동력 절약이나 토지생산성의 증가가 영국의 길을 의미하지 않기 때문이다.

한편, 한전농업에서는 파종법의 이행보다는 작부방식에서 조선 전기의 1년 1작에서 조선 후기에는 2년3작 내지 2년4작의 윤작체계가 정착함에 따라 토지생산성이 증가하였다. 즉 파종법과 관련하여 조선 전기에는 작물을 밭이랑에 파종하여 재배하는 농종법(壟種法)이 일반적이었는데 조선 후기 특히 18,19세기로 오면서 밭고랑에 파종하는 견종법(畎種法)이 지배적이었다는 주장(金容燮, 1969)과 맥(麥)은 작물의 속성상 건조와 추위에 약하여 도랑에 파종하여 재배하고 속(粟)·두(豆)는 습기를 싫어하고 건조한 상태를 좋아하기 때문에 이랑(壟)에 재배하는 것이 일반적으로 조선 전기부터 이 같은 방법이 시행되었고 조선 후기에도 변화가 없었다는 주장(閔成基(1980, 1982)이 대립되고 있다.

또한, 농업을 계속 영위하기 위해서는 지력의 유지가 제일 중요하다. 지력이 유지되지 않고서는 작물을 재배할 수 없기 때문이다. 조선 시기 시비법의 발전과정을 보면, 조선 후기로 갈수록 비료 종류가 다양화해지고 이에 따라 기비법(基肥法)에서 추비법(追肥法)으로 전화해 갔다. 각종 농서들, 즉 『농사직설(農事直說)』, 『농가월령(農家月令)』, 『증보산림경제(增補山林經濟)』, 『천일록(千日錄)』 등에 의하면 15세기에는 화분(火糞)·초분(草糞)·묘분(苗糞)을 비롯한 분회(糞灰)·구분(廏糞) 생초분(生草糞)·인축분(人畜糞)·객토분(客土糞) 등 기본 비료가 갖추어졌고, 17세기에는 인분(人糞)의 이용이 다양화되면서 이것을 원료로 조비(造肥)가 늘어났고 18세기에는 추비농법이 전개되고 조비와 시비법이 다양화되었다. 그런데 이는 토지의 이용도가 높아진 데 따른 결과였다.

실제로 18세기 전반 이후에는 근경법(根耕法: 그루갈이), 간종법(間種法), 수전종맥법(水田種麥法) 등 보다 고도의 윤작체제가 보편화되어 연간 농경지 이용률이 150%에 달하였다.

둘째, 인간이 동물과 구별되게 된 것은 손을 사용하면서였고, 손의 연장으로써 도구를 사용하면서 생산력은 발전하였고 따라서 농경도구는 사회적 생산력을 측정하는 지표의 하나가 되었다. 우리 전통사회의 농구는 땅을 파고 갈거나 뒤엎는 데 쓰는 경기구(耕起具)와 곡물을 수확하거나 베는 데 사용한 수확구(收穫具)가 있으며 곡물을 가공하여 먹을 수 있게 만드는 조리구(調理具) 등으로 분류할 수 있다. 조선시기의 농구의 발전방향에 대해서는 아직 이의가 존재하고 있지만[4] 조선 전기에서 후기로 내려오면서 농구가 용도에 따라 분화되어 종류가 풍부해졌다.

한편, 농업생산성이란 단위노동시간당 생산되는 생산물의 양을 가리키는 노동생산성으로 구체화되고, 이는 다시 농민 1인당 혹은 가구당 경지면적과 토지생산성의 두 부분으로 구분할 수 있다.

$$농업생산성(\frac{총산출량}{노동력}) = 일인당경지면적(\frac{경작지}{노동력}) \times 토지생산성(\frac{총산출량}{경작지})$$

따라서 전통사회에서 사회적·기술적 조건에 현저한 차이가 없는 한 자연조건의 차이를 반영하는 토지생산성은 농업생산력 수준을 결정하는 주요 요소라 할 수 있겠다. 다른 한편, 1인당경지면적은 절대적 규모의 측면과 더불어 상대적 규모를 고려해야 한다. 즉, 농지는 경지

---

4) 조선 전기 농구체계와 농작업에 대한 평가는 축력보다 인력에 의한 농구가 중요했고 따라서 대농적 경영으로부터 조선 독자의 소가족 경영방법을 확립시킬 것을 목적으로 했다는 宮嶋博史(1977)의 견해와, 축력농구가 기본적이었고 인력농구는 보조수단이었기에 농작업은 15인 전후의 단순협업단계의 노동조직이 동원된 대농법이라는 李鎬澈(1986)의 견해로 대립되고 있다.

면적(cultivated area)과 파종면적(sown area)으로 구분된다. 고대로 올라가면 갈수록 농업생산기술이 원시적이었기 때문에 휴경제가 성행했고 이러한 조건에서는 경지면적보다 파종면적이 적을 수밖에 없다. 반면, 인구증가와 농업기술의 진보에 따라 휴경지가 소멸되고 풍부한 노동력과 진전된 시비기술을 이용해 1년2작이나 1년3작의 복종제도(multiple cropping system)가 시행되는 경우에는 파종면적이 경지면적보다 크다. 예를 들어, 앞에서 지적했듯이, 농경지 이용률이 150%를 가정할 때 실제 경작결수는 소유결수의 1.5배가 되는 것이다.

자료의 한계로 정확히 파악할 수는 없으나 고려 및 조선시대의 농업생산력 추정을 시도한 시계열 분석(李鎬澈, 1986: 742-51)에 의하면 조선 초에는 노동생산성이 토지생산성을 능가했으나 일인당 경지면적을 빠르게 하락시켰던 인구증가로 16세기 중엽 이래 후자가 전자를 앞서기 시작했다.

한편, 17세기 이후 토지생산성의 현저한 증가가 있었음에도 불구하고 인구압박은 조선왕조 말까지 노동생산성을 조선 전기의 수준을 뛰어넘지 못하게 하였다. 이러한 생산성 내용의 변화는 인구 대 경작면적 비율의 변화를 반영하는 것이었다.

고대에서부터 점차 상승하여 고려 전기에 가장 높은 위치를 차지

● **[표 9-4]** 한국 전통사회의 농업생산력 추이[a]

	992-1301	1391	1432	1444	1543	17C 前	18c 前	18c 後	19c 前
실제경작면적	185.9		41.6		25.7	19.0	17.8	17.4	17.5
토지생산성	3.4[b]	20.0		21.1		15.9	25.3	26.6	30.1
노동생산성	115.7[c]		117.1		100.0	55.8	83.0	85.0	97.2

주: a 실제 경작면적은 자연호당 실제 경작면적이고 토지생산성은 미작생산에 한정한 것으로서 1단보당 수량(收量, 斗)이고 노동생산성은 1543년=100으로 한 자연호당 수량의 지수(%)로 추정된 것. b. 992년도의 수치. c. 992~1301년간의 수치.
자료: 李鎬澈(1986: 742-51, 표1, 2, 3).

● [표 9-5] 전국 각 군의 농업생산력 구조(1910-12)

토지생산성에 의한 구분 (전국 평균=100)	郡 數	토지생산성	노동생산성	1인당 경지면적
200-	1	16.669 圓	16.155 圓	0.969 段步
180-200	3	14.226	16.807	1.187
160-180	5	12.438	17.789	1.432
140-160	23	11.111	14.609	1.320
120-140	31	9.751	14.355	1.475
100-120	55	8.146	14.378	1.769
80-100	42	6.811	14.461	2.123
60-80	37	5.285	11.653	2.218
40-60	34	4.008	11.655	2.927
20-40	1	4.008	11.806	4.542
0-20	1	1.178	5.550	4.711

주: (1) 강원·평안·함경도는 제외; (2) 각 작물의 1910년 전국 평균가격은 다음과 같다 (출처: 『朝鮮農務彙報』, 1912). 米(石) 9.67圓, 大麥(석) 3.10원, 小麥(석) 5.61원, 裸麥(석) 4.11원, 대두(석) 4.95원, 소두(석) 6.20원, 粟(석) 4.70원, 稗(석) 2.76원, 黍(석) 3.94원, 蜀黍·玉蜀黍(석) 3.72원, 棉(관) 0.78원, 대마(관) 1.21원, 저마(관) 0.96원, 연초(관) 0.70원, 荏(석) 6.98원).

자료: 李榮薰(1988: 557)에서 재인용.

하였던 실제 경작면적지수는 근대에 이를수록 점차 하락하였다. 토지에 비해 인구가 극히 희소하여 호당(戸當) 및 구당(口當) 경작면적을 무한정 높일 수 있었던 시기에는 농업도구의 혁신을 비롯해 노동생산성이 크게 증대되었으나 실제경작면적지수가 하락함에 따라 노동절약적 혁신보다는 노동력의 집중투입 및 토지이용의 효율성을 극대화시키는 방향으로 생산성의 변화를 경험하였던 것이다.

조선 후기의 농업생산력 특징은 1910-12년까지 『조선총독부통계연보(朝鮮總督府統計年報)』에 나온 전국 각군 — 강원도·평안도·함경도를 제외한 경기도(양주군 제외)·경상남북도(울릉군 제외)·전라남북도(진산·정읍·고부군 제외)·충청남북도·황해도의 233개 군 — 에 대한 농업통계를 기초로 한 횡단면 분석에도 잘 나타나고 있다(李榮薰, 1988: 557-58). 이 분석에 의하면 노동생산성의 상승에 따라 1인당 경지면적은 거의 일관된 추세로 감소하고 있고, 이 같은 현상은 소규모 경작이 대규모 경작보다 토지생산성에서나 노동생산성에서 우위를 점하고 있었기 때문이다.

이와 같이 농업생산력에서 나타나는 조선 후기의 특징은 집약적 농법의 발전, 그리고 이에 따른 조방적 구조의 상층농의 해체로 압축지울 수 있다. 즉 고도의 집약도와 그에 따른 고생산성을 실현하는 농민경영은 영세규모의 하층농이었으며, 그들은 대규모 경영의 조방적인 상층농보다 생산력적으로 우위에 있었던 것이다. 그리고 이는 토지생산성의 상승, 곧 집약적 농법의 발전이 단순히 노동남비적(勞動濫費的) 혹은 지력 약탈적 방식에 의해서가 아니라 노동수단과 노동대상의 개선을 동반하면서 추진되고 있음을 의미한다. 예를 들어, 앞에서 기술한 조선 후기의 농우 보급의 확대와 그에 따른 다량의 퇴구비(堆廏肥) 제조, 쟁기를 비롯한 주요 농구의 개량 등을 지적할 수 있다.

후술하듯이 조선 후기 농민경영의 영세균등화 추세는 바로 이러한 생산력 기초에서 가능했던 것으로, 조선왕조 말기에 이르기까지 소경영의 해체가 불가능했다는 점에서 영국에서 경험한 '자본주의적 농민층분해'는 불가능했음을 의미한다. 오히려 조선왕조 말기의 인구압박과 경지규모의 축소는 단위토지당 노동의 다량 투입에 기초한 농업의 집약화와 상업화를 수반하였고, 그 결과 조선왕조 말기 시장경제의 확대는 가족농경영을 소멸시키기보다는 오히려 정교화시키고 강화시켰다. 이런 점에서 농민적 토지소유를 해체시키고 자본주의적 산업화에 필요한 임금노동자를 창출시켰던 영국의 시장경제와 달리, 조선에서는 시장경제가 확대되면 될수록 가족농경영의 안정이 증대되는 '보완재' 적 관계를 형성하였다(崔培根, 1997: 202-203). 이에 대해서는 뒤에서 자세히 다루고자 한다.

제10장

한국 전통사회에서 국가 성격과 농업정책

제 1 절 국가의 성격 : 공유시스템의 관리자

수도작농업에 요구되는 대규모 수리사업은 개별농민은 물론이거니와 촌락과 같은 현실의 소공동체만으로써도 불가능한 것으로 '총괄적 통일체' 혹은 중앙정부의 일이었다. 또한 관개농경은 물의 주요 공급을 효과적으로 다루는 데 의존하고 물의 대량집중 경향으로 물의 효율적 제어는 대량노동의 사용이 필요할 뿐만 아니라 대량노동의 통일적 지도가 요구되었다. 이처럼 '대규모의 협업'을 필요로 하는 자연적 조건으로 한국 전통사회는 "공유적 계기의 사회질서"를 성립시켰다.

그러나 이러한 '총괄적 통일체'는 지금까지, 특히 서양학자들에 의해 '전제군주(專制君主: despot)', 즉 전체 토지의 최상급소유자로서 경제적 지배자일 뿐 아니라 정치적 지배자로 이해되었다. 예를 들어, 자연지리적 조건을 동양사회의 특수성에 관련시킨 맑스(K. Marx, 1964: 70, 83)의 '총체적 노예제'론이나 비트포겔(K. Wittfogel, 1981: 64)의 '동양적 전제군주'론 등이 그것들이다. 여기서 중앙정부는 토지소유권을 포함한 모든 사회적 특권을 독점한 존재로, 따라서 강인한 국가권력과 국가적 토지소유는 사적 소유의 결여와 개개인의 공동체에 대한 비자립성으로 등식화되어 동양사회의 정체성 혹은 후진성의 요인으로 간주되곤 하였다.

▶▶▶ 총체적 노예제론

이 가설에 따르면 동양 사회의 상부에서는 동양적 전제가 유위변천(有
爲變遷)을 거듭해도 하부에서는 잠을 자는 것 같은 정지상태에 머물 수
있었던 것이다. 그러나 이러한 **정지 상태**에서 잉여노동은 부단히 관개·
치수·운하·교통·기타의 제반시설 및 전제군주의 인적 존엄성을 과시
하는 거대영조물의 조축(造築)과 사제·생활·사치를 위한 공동노동에 동
원되고 잉여생산물은 재정지변(財政支辨)을 위한 공납으로 제공되어야 했
다. 그리하여 중앙정부의 **일인 공공사업이 정체의 한 원인**으로 설명되는
것이며, 이를 위한 잉여노동의 착출은 가혹해야만 했기 때문이다(崔鍾軾,
1978: 47-49, 강조는 필자).

▶▶▶ 동양적 전제군주론

여러 동양적 사회에서 가장 특징적으로 나타난 공통적 요소는 그 정치
적 권위의 전제적 힘이었다. 물론 유럽에서도 폭군적인 정부가 없지 않았
다. 자본주의질서의 등장은 절대주의국가의 등장과 시기를 같이 했다. 그
러나 비판적인 관찰자들은 **동방 절대주의가 확실히 서방의 그것보다 한
층 포괄적이고 더욱 압제적이었음**을 알고 있었다. 그들에게는 **동양적 전
제가 총체적 권력의 가장 가혹한 형태**였다. …… 역사는 많은 수력사회에
대단히 활동적인 사유재산이 존재했다는 것을 보여주고 있음에도 불구하
고 재산보유자가 재산보유자로 조직화되지 않아 정치적으로 무력했기 때
문에 전제정권에 대한 위협요소가 되지 못했다는 것도 말해주고 있다(강
조는 필자).

그러나 결론부터 말하면 이 견해들은 한국 전통사회의 역사발전
이 갖는 역동성을 간과하고 있다. 무엇보다, 국가권력의 성격을 단순
히 〈지배-예속〉관계의 영속을 위한 기관이라고 규정지을 수는 없는
반면, 국가가 갖는 공동체적이며 공공적인 성격(谷川道雄, 1976)을 〈지
배-예속〉관계를 매개하는 측면과 상호보완적으로 파악할 필요가 있기
때문이다. 즉 국가의 계급적 지배의 관철은 사회의 공공기능을 수행하

면서 실현되었다. 예를 들어, 국가에 의해 징발되고 편성된 역역(力役)·병역 노동은 직접적인 농민경영의 재생산에 필요한 노동부분을 초과하여 지출되는 것이고 그 경우에 이는 잉여노동이다. 그런데 노동을 구체적으로 사용하는 측면에서 보면, 그것은 일반적인 생산조건들의 재생산을 위한 노동이며, 이러한 일반적 생산 제 조건을 공통의 기초로 향유하는 공동단체 — 최고의 것으로는 국가 — 를 재생산하기 위해 사회적으로 유용한 필요노동이다. 그러므로 역역·병역으로 편성·결합된 노동이 본래의 사회적 유용성에 입각해서 생산적으로 소비되면 그것은 명확하게 소농민경영의 안정적 재생산을 위한 일반적 생산의 조건들을 창조하고 재생산하며, 사회적 결합 노동의 관리·편성을 내용으로 하는 공동업무의 주체인 관료나 황제의 정치권력에 정당성을 부여한다.

예를 들어, 전통사회에서 농민의 신역(身役)은 군역과 요역(徭役)으로 구분되었는데, 농민요역을 보면 태조(太祖) 집권 이래 궁궐조영, 산릉축조, 산성조축 및 제방조축에 막대한 민정(民丁)이 동원되었다.

이처럼 조선왕조의 집권 초기에는 집권체제를 강화하기 위해 도성 및 산성 수축 등 각종 역사가 연속 계획되어 막대한 인원이 동원되었고, 15세기 후반 이후에는 각종 개간 작업에 따른 하천수리나 제방수축 및 미간지의 개간에 많은 인력이 동원되었다.

한편, 사회적으로 편성·결합된 노동이 관료나 황제에 의해 궁전·정원·묘지의 조성과 같은 비생산적이고 사치스런 방식으로 소비된다면, 그것은 본래의 사회적 유용성을 잃고 농민의 잉여노동 수탈로 전화될 것이다. 물론, 궁전과 묘지의 조성이 공동체의 재생산을 위하여 큰 의의를 갖는 경우도 있다. 이들의 조성에 필요한 노동이 잉여노동 수탈인가 아닌가는 그 노동 혹은 생산물의 사회적 유용성 기능에 따라 다른 현상의 형태를 취한다. 그리고 잉여노동 수탈이 일정한 한도를 넘을 때 그것은 농업노동의 수행을 곤란하게 할 뿐만 아니라 사회 자

체의 재생산까지도 곤란하여 결국은 왕족이나 국가 자체의 해체까지도
초래했다.

조세의 경우도 역역(力役)·병역 노동과 마찬가지이다. 한국 전통
사회에서 전통적 조세는 공동체 재생산을 위한 사회적 필요노동 부분
을 포함하는 동시에 그것을 초과하는 지대, 즉 농민적 잉여의 수탈까지
도 포함하고 있다고 간주할 수 있다(渡邊信一郎, 1983).

둘째, 한국 전통사회에서 정치권력의 구심력(중앙집권적 관료제)의
경향이 그들의 농업생산력 조건에서 비롯되었듯이, 국가는 농업생산력
의 발전 및 소농민경영의 안정성 확대에 절대적으로 기여하였다. 예를
들어, '총체적 노예제론'에서 말하는 관개·치수 등의 수리사업 및 운
하·교통시설은 농업생산력 정체의 요인이기보다 발전을 위한 경제기
반(infrastructure)으로 작용하였다. 이 외에도 국가는 신간토지에 대한
세금 감면의 특전 부여에 의한 간전(墾田) 사업의 유인, 이모작 도입과
같은 농업경영방식의 개선, 그리고 농서간행을 통한 농업정보의 보급
등 농업발전에 있어서 절대적 역할을 수행하였다. 이것에 대해서는 국
가의 농업정책에서 자세히 살펴보기로 한다.

이와 같이 국가는 농업생산력 발전에 결정적 역할을 수행하였고
농업생산력의 발전은 '소농민경영의 자립성'의 신장과 '농민의 자주
성'의 확대, 즉 사유적 요소를 성장시켰다. 이는 영국의 경험과 달리
사적 요소의 성장(개인주의)과 공유적 계기(공동체주의)의 역설적 결합
("a paradoxical combination of individualism and communalism"; F. Bray,
1986: 7)을 의미한다. 다시 말해, 사유적 요소의 확대가 농민 자주성을
증진시킴으로써 공유적 계기를 밑으로부터 강화시키며 재생산시켰다
(최배근, 1993). 예를 들어, 상층농의 해체와 하층경영의 성장으로 특징
지어지는 조선 후기 농민경영의 분화, 경작농민들(作人)의 사회적 지위
의 상승, 전주(田主)의 토지소유권의 약화와 경작농민의 소유권의 성장,
생산과정에 있어서의 개별적 성격의 강화와 사적 소유의 관념의 강화,

그리고 국가 제약의 약화를 지적할 수 있다.

셋째, 중앙집권적 국가체제는 사족신분의 원심력적 지향을 상대적으로 제한하거나 배제시켰다(박영은, 1993, 151-52). 그 결과 국가는 지배계급의 지나친 지대수탈을 제어할 수 있었고, 농민과 지배계급 간의 갈등을 완화 내지 중재하는 데 효율적 역할을 수행하였다.

예를 들어, 과전법은 고려 말의 사전에서처럼 약탈적인 수취를 금함으로써 농민의 토지경영을 보호하였다("田主奪佃客所耕田 一負至五負 笞二十 每五負加一等 罪至杖八十 職牒不收 一結以上 其丁許人遞收"『고려사(高麗史)』卷78 [食貨志] 1 田制 科田法). 실제로 과전법의 최대 의의로서 사전 속에 토지를 탈점당하고 예농적 존재로 편입되어 있던 다수의 농민이 원래의 신분을 되찾고 자영농으로 환원된 점이 지적되고 있다("刊曹都官朴信等上言 …… 恭惟展下 憫前朝田制之亂 遂革私田 以定經罪 公私田籍 盡行燒穀 更定法制 名給公文 田有定限 國有成法 故豪强絶兼竝之 志 親寂無爭訟之"『太祖實錄』卷 11, 4年 正月 丙子).

이러한 국가의 역할은 조선 후기의 병작제가 강화된 상황에서도 일정하게 관철되었다. 즉 지주가 작인으로부터 소작료를 수취함에 있어서 요구되는 경제외적 강제가 사회적으로 공인된 일정한 형태로 체계적으로 정비된 바가 없었기 때문에 작인이 소작료를 거납(拒納)할 경우 지주가 취할 수 있는 수단은 기본적으로 국가권력에 의존해야 했던 반면, 국가는 그 본질에 있어서 지주권력이 아니었기 때문에 지주의 이해를 전적으로 대변하기보다는 지주나 작인 모두를 국가통치의 대상인 공민(公民)으로 두고 상호간의 이해관계를 조정하였다(安秉直, 1992: 7-8). 예를 들어, 『烏山文牒』(精神文化研究所藏 藏書閣圖書 2-3364) 중 "新昌居呂世章與京居李奉化奴二江堵地相訴事論報"에는 서울에 거주하는 양반전주 李奉化(慶尙道 奉化의 수령을 역임한 양반 李氏家)와 그의 토지를 경작하는 충청도 신창에 거주하는 상민(常民) 呂世章을 비롯한 수명의 작인 사이에 도지(堵地) 수취를 둘러싸고 소송이 제기되고 있음을 볼 수 있다.

작인들은 재해가 들어 수확이 전무하므로 도지를 지불할 수 없다고 버티고 있었으며, 전주 李奉化는 이에 맞서 그의 위세와 권력을 동원하여 강징(强徵)코자 하였다. 그러나 신창의 수령은 작인들의 입장을 변호하고 이봉화가(李奉化家)의 노자(奴子: 舍音)를 축출하고 있었던 것이다. 즉, 국가는 단순히 항상 지배계급인 대토지소유자의 지배를 위한 결집형태나 기구로만 간주될 수 있는 것이 아니라 사회적 갈등과 모순을 조정하고 생산조건을 정비함으로써 그 사회의 전규모적 재생산을 보장하는 정치기구이기도 하였다.

또한, 과전법에서는 당년의 풍흉에 따라 조율을 감하여 주는 세칙을 규정하고 있는데, 기후 불순으로 손실이 생기면 거기에 따라 조율을 감하여 주었다. 손실의 정도는 10분으로 나누고 손(損) 1분이면 조율을 1분 감하여 주고, 2분 손이면 2분을 감하여 주며, 이렇게 순차로 감하여 주다가 손 8분이면 전액을 면제하였다. 그리고 풍흉에 따른 조율의 조정은 관리를 파견하여 현지를 일일이 답사케 하여 결정하였다. 그러나 이 답험법(踏驗法)은 실제에 있어서 공정을 기하기 어려웠는데, 파견된 관리는 지방향리와 결탁하여 정실에 치우쳐 공정한 판단을 하지 못하는 경우가 분쟁의 소지가 되었고, 기술적으로나 사무적으로도 검사가 번잡하여 실시에 곤란이 따랐다.

이를 대체한 것이 공법(貢法)이었다. 공법은 전국 각 도의 토지를 토질의 비옥도와 수년간의 수확량을 감안하여 3등급으로 나누고, 경상·전라·충청도를 상등도(上等道), 경기·강원·황해도를 중등도, 평안·함경도를 하등도로 정하고 각 도의 토지를 각 주·군의 위치에 따라 다시 상진·중진·하진으로 나눔으로서 전국의 토지를 다음과 같이 27등급으로 분류하여 그 등급에 따라 세율을 정하는 것이다.

이 공법은 세종 20년(1438년)에 경상·전라도의 일부에서 시험적으로 실시하여 보았으나 어려운 점이 발생하여 전면적인 실시는 유보되었고, 그 후 세종 25년에 전제상정소(田制詳定所)를 설치하고 답험법과 공법의 장단점을 비교케 하여 다음해 11월에 전분연분법(田分年分法)을 도입한 새 공법을 공포·실시하였다. 즉 전분을 토지의 비옥도에 따라 6등급으로 나누고 연분은 그해의 풍흉에 따라 10등분하여 조세율을 정하였다. 그리고 각 등급의 토지를 측량함에 있어서 양척(量尺)의 길이를 달리하는 수등이척제(隨等異尺制)를 채택하였다. 이 결부제(結負制)에서는 토지의 등급에 따라 조세율을 달리 정하는 것이 아니라 토지의 등급에 따라 1결의 실지 면적에 차등을 주는 것이다(『世宗實錄』, 세종 26년, 11월 戊子).

이처럼 조선 초 세종년간의 공법(貢法) 개정과 국용전(國用田) 체제의 확립, 그리고 그 연장선 상에서 17세기의 대동법(大同法)의 시행 등과 같은 제도적 개혁 과정도 사실 국가기구에 기생하면서 일반농민을 지배하고 있던 각종 중간권력층을 제거하는 공통의 효과를 지니고 있었다. 즉, 한편으로는 국가의 토지지배체제의 강화 속에서 역설적으로 농민적 토지소유가 보호되고 나아가 그 발전이 촉진되는 효과도 있었던 것이다.

실제로 전통시대 왕조역사는 왕조 안정과 자영농 규모 간의 상관관계를 보여준다. 예를 들어, 다음의 문헌들은 조선 전기와 후기의 유전자(有田者) 비율을 보여준다. ① "我國壤地編小 無田之民 幾戶十分之三 有田者有故而不能耕種 則隣里族親竝耕而分 乃民間常事也"(『世宗實錄』卷11, 4年 正月 丙子). ② "見戶之中 有田自耕者 十無一二,"(朴趾源,『限民名田議』). ③ "今計湖南之民 大約百戶 則援人田 而收其租者 不過五戶 其自耕其田者 二十有五 其耕人田 而 輸之租者 七十,"(丁若鏞,『與猶堂全書』第1集, 文, 卷9). 즉 강인한 국가권력은 "국가의 물질적 토대(조세)를 제공하는 자유토지보유농의 강인한 존재를 전제"로 하였다(C. Wickham, 1985).

사실, 강인한 국가권력은 소농경제와 이해를 같이 하고 있다. 그것은 ① 소농체제가 대규모 군대를 구성할 수 있는 가장 좋은 원천이라는 인식, ② 소농민들은 관료대지주보다 집권적 국가권력에 덜 위협적 이라는 점, ③ 소농경제와 균분상속제와 높은 인구밀도 간의 연관성이 있다는 인식에 기초하고 있다(P. Huang, 1990: 326).

요약하면, 국가의 인적 및 물적 토대는 자유농민과 그들의 경작지 였던 반면, 관료집단 혹은 귀족집단의 인적 및 물적 토대는 예속농민과 자신의 사유지였다. 그런데 전체 농민과 경지는 일정하기 때문에 자유 농민과 예속농민의 규모 사이에, 그리고 자유농민의 경작지 규모와 관 료집단의 사유지 규모 사이에는 역의 관계가 존재할 수밖에 없다. 즉 관료집단은 중앙정부의 대리인이자 동시에 중앙정부의 권력에 기초해 자신의 이해를 증대시킨다는 점에서 상호의존적 관계이지만 관료집단 의 지나친 이해의 증대는 중앙정부의 토대를 약화시키기 때문에 상호 갈등 관계이기도 하다. 일반 농민과 중앙정부의 관계 역시 마찬가지 다. 자신에 대한 관료집단의 지배는 궁극적으로 국가권력으로부터 나 온다는 점에서 국가와 일반 농민의 관계는 대립적이지만, 일반 농민의 안정성 확보가 강력한 국가권력의 전제조건이었기에 관료집단의 지나 친 수탈을 억제했던 국가는 일반 농민과 동반자 관계이기도 하였다. 이처럼 3자 간의 갈등과 보완관계의 균형에 기초한 중앙집권적 관료제 는 "서유럽형 공납제의 원시성과 불완전성"에 대비될 정도로 안정성을 확보하고 있었다.

제 2 절 농업정책

조신왕조의 농업정책의 기본목표를 구체적으로 보면 농업생산력 을 높여 조세원을 확대시킴으로써 국가의 재정적 기반을 확고히 구축 하는 데 있었다. 이러한 기본목표에 따라 농지개간정책, 농업생산력증 진정책, 농업기술보급정책 등익 하부정책목표들이 설정되었다. 그리고 이러한 하부농업정책을 수행할 수 있도록 하는 관사(官司: 勸農機構)들로서 호조와 그 부속기관인 판적사(版籍司: 호구, 토지, 조세, 부역, 공물, 권농, 손실답험損失踏驗, 진휼賑恤 등의 일을 맡은 호조의 한 분장分掌)에서는 '사농(司農)'을, 그리고 지방 행정기구에서는 '권농(勸農)'을 담당하고 있었다.

먼저 권농의 실시는 지방 행정기구 중에서도 군현이 그 중심이 되었으며, 특히 '기향 기면민(其鄉 其面民)' 중에서 임명된 권농관은 실제 농정 현장에서 많은 역할을 담당하였다. 권농은 수령의 임무 중에서도 제1위를 차지하였다("守領七事 …… 農桑盛 戶口增 學校興 軍政修 賦役均 詞訟簡 姦猾息."『경국대전(經國大典)』1「吏典」考課). 또한, 특수한 권농기구로서는 '적전(藉田: 天子親耕之田)'을 운영하는 전농사(典農司)가 있었다. 이는 국왕이 친히 경작(親耕藉田)함으로써 중농·권농의 뜻을 보인다는 이념적 의미뿐만 아니라 '적전'에서 농사시험을 행함으로써 품종을 개량해 나가려는 뜻도 있었던 것이다(金容燮, 1984: 107).

1. 농지개간정책

농지개간은 국가가 조세수입을 늘리고 인구증가에 따른 토지부족을 해결하기 위해 항상 취해 온 정책이었다. 농지개간정책은 대체로 조세감면, 한진전(閑陳田) 급여, 과전(科田) 지급, 사민(徙民)정책, 둔전(屯田) 설치, 농우책(農牛策) 등의 여러 수단과 방법으로 추진되었고, 그 결과 많은 간전결수를 확보할 수 있었다. 예를 들어, 조선 전기만 약 163만-171만 결이 확보되었고, 조선 후기에도 인구의 격감과 경지의 황폐화를 초래하였던 임진왜란 이후 대대적 개간사업이 전개되었다. 즉 난 전후를 통해 전지는 약 150만 결에서(『증보문헌비고(增補文獻備考)』권141, 田賦考1) 30만여 결로 축소되었고(『宣祖實錄』宣祖 34年 辛丑 8月 戊寅), 개간사업의 결과 17세기 후반에는 전쟁 이전의 수준을 회복하였다. 농지개간정책의 대표적 예는 조선 전기 이래 국가적 규모의 권농정책에 의해 장려된 진전(陳田)의 개간이며, 이 같은 국가의 정책으로 시기결(時起結)의 규모를 최대한으로 확장할 수 있었다. 즉 조선왕조 초기의 진전개간은 국가에 의한 토지지급, 즉 수조지분급과 일정한 상관관계를 지니고 있었고, 진전 개간과 국가의 토지지배의 이러한 관계는 개간이 대규모 장려되면서 수조지분급의 내용으로 각종 궁방전(宮房田)과 아문둔전(衙門屯田)이 창설되어 갔던 17세기의 사정에서도 마찬가지로 확인된다. 이와 같이 진전 개간이라는 국가적 권농정책은 수조지분급의 형태로 구체화되는 토지에 대한 국가지배력의 다른 한편의 표현이기도 하였다(李景植, 1973).

신전개발의 장려책으로 가장 먼저 생각한 것은 신간지에 대해 일정 기간동안 면조(免租) 혹은 면세(免稅) 조치였다. 예를 들어, ① "乞依六典初墾收租之法 初年全除 次年減半 三年三分之一 四年四分之一 至五年全收"(『太宗實錄』 卷34 太宗 17年 9月); ② "我太祖創業之初 廬民食之不裕 許令新墾之地 初年全除 次年減半 三年全收 載諸六田 實爲良法"(『太宗實錄』 卷36 太宗 18年 7月). 그리고 면조연한(免租年限)은 농지개간의 필요성이 절실해짐에 따라 연장되곤 하였다. 예를 들어, ③ "二年蠲稅 三年減半 四年全收"(『世宗實錄』 권50 世宗 12年 12月); ④ "初年二年全免其稅 三年四年半納其租 五年之後 乃收其全租"(『文宗實錄』 권10 文宗 元年 11月). 임진왜란 이후에도 진전의 개간이나 신전의 개발이나 모두 3년간의 면세가 행해졌고 이후로는 진전과 일반 평지의 개간에는 수기수세(隨起收稅)가 행해지고 다만 해택지(海澤地)의 경우에만 여전히 3년 면세의 혜택이 주어지고 있었다(李景植, 1973). 게다가 변경수어(邊境守禦)에 관련되는 특수지역에 대해서는 파격적인 조치도 취했다("限十年復戶[1] 免租 『世宗實錄』 권45 世宗 11年 8月).

농지개간정책과 더불어 개간이 가능한 공한지(空閑地: 閑田)를 지

---

1) 復戶는 조선조 때 특정 대상자에게 요역과 전세 이외의 잡부금을 면제하던 일을 말함.

방관으로 하여금 토지 없는 빈궁무고자(貧窮無告者)나 백정, 노비 등에게 급여하여 이를 개간하고 안업(安業)케 하려는 정책이 시도되었다(『世宗實錄』卷52 世宗 13年 4月). 당시 정부의 농지개발정책은 매우 적극적이어서 유력자들이 다점전지(多占田地)하고 노동력이 부족하여 호상진황(互相陳慌: 歲易)하는 사례가 있을 때면 관권으로 개입해 강제적으로 개간 경작케 할 정도였다. 또한, 무전농민(無田農民)에게 그 농지를 분급함으로써 농지도 개간하고 농민경제도 안정시키는 방법을 취하기도 하였다(『世宗實錄』권22 世宗 5年 10月).

한편, 국가적인 사업으로 수리시설을 하여 진전의 간전화가 이루어질 경우에는 이를 무전농민에게 균등히 나누어 주기도 하였다. 이른바 '고부눌제(高阜訥堤)'를 축조한 후 그 제하(堤下) 만여 결의 신간농지에서 정전지법(井田之法)을 시행했다는 것이 그 예다(『世宗實錄』卷3 世宗 元年 2月). 물론, 이러한 정부의 무전민에 대한 한진전(閑陳田) 급여정책과 별도로 부유한 양반사대부들이 한지(閑地)나 해택지(海澤地)를 다점하고 이를 개간해 자가 소유의 노비들과 많은 유·이민(流·移民) 무전농민을 모아 이들을 집단적으로 사역함으로써 광대한 농지를 개간하기도 하였다.

셋째, 과전은 본래 국가가 관료의 봉사에 대한 대가로, 즉 세록(世祿)의 뜻으로 지급한 것이었다. 그런데 이들 과전은 수조권만이 분급되는 것으로서 일반적으로는 간전(墾田)·실전(實田)을 지급하는 것이 원칙이지만 그 일부를 공한전(空閑田)으로 지급하는 경우도 있었다. 즉 과전이 공한전과 더불어 분급되는 것은 농지개발과 깊은 관련을 맺고 있다는 사실이다. 이는 무엇보다 관료층에게 지급할 간전의 절대수가 부족한 데서 연유하기도 하지만 그 밖에도 신전(新田)을 개간하려는 정부의 농업정책에서도 비롯되었다. 그러므로 공한전을 분급받은 관료층은 개간을 통해 수조하는 수밖에 없었다. 이와 같이 국가로서는 농지개발의 주체를 불문하고 일단 간전을 크게 증대시키는 것이 가장 중요한 과제라고 생각하였다.

넷째, 농지개간을 위한 정부정책으로 사민(徙民)정책을 주목할 필요가 있다. 본래 사민정책은 북변방어의 군사적 목적에서 비롯되었다. 그러나 이러한 북변방어는 북도지방 및 전체 민호(民戶)의 충실을 전제로만 성취될 수 있기 때문에 이를 위해 농업생산의 발전이 반드시 수반될 수밖에 없었다. 또한 사민정책의 실시는 민심의 이탈을 초래할 수도 있기 때문에 신중할 수밖에 없었다. 즉, 평안·황해·강원 3도에는 노동력이 부족하므로 하삼도에서 '모민(募民)'을 할 때 여기에 응한 자가 양인이었다면 사관직(土官職)을 주기도 하였다. 또한 천인이었다 해도 '면천영량(免賤永良)'의 특혜를 주었을 뿐만 아니라 10여 년이란 파격적인 '면천복호(免賤復戶)'의 조치가 취해지고 농량(農糧·농우·농구 등의 지원이 뒤따랐다("國家以八道爲一家 而平安黃海江原三道 人物凋殘 …… 予欲募民移居三道 若有能應募者 良識賤良十年復戶優給土田 撫育倍他"『世祖實錄』권18 世祖 5年 12月). 요컨대 이들 사료들은 남부지방은 노동력이 많은 데 비해 토지는 적고 북부지방은 토지는 많지만 노동력이 절대 부족했으므로 남부지방의 상대적 과잉노동력을 북부지방으로 이동시켜 국가와 농민을 모두 부유케 하자는 의도를 내포하고 있었던 것이다(金容燮, 1984: 123).

다섯째, 조선시대 둔전(屯田)은 변경방수군(邊境防成軍의) 군자조달을 목적으로 설치된 토지였으나, 이같은 둔전의 설치는 예로부터 농지개간의 한 방법으로 널리 이용되는 정책이었다. 여섯째, 농지개간에는 다수의 노동력과 축력이 반드시 필요한 반면 상대적으로 농업노동력이 부족하였던 당시에 축력의 대규모적 동원이 필수적이었다. 그러므로 정부의 농지개간지원정책 중에는 '농우관급(農牛官給)'이란 내용이 반드시 수반되지 않으면 안 되었다. 특히 소를 거의 소유하진 못했던 당시 빈농층의 경우에는 정부에서 관우(官牛)를 마련하여 이들에게 지급하기도 하였으며, 그것이 여의치 않았을 때는 '매우(買牛)'해서까지 이를 지원하는 경우도 있었다. 그리고 그것마저 불가능할 때는 개간지에 본래부터 살고 있던 농민(元居)들의 소를 이용하도록 주선하기도 하였다. 농우 이외에도 국가는 개간에 직접 소요되는 종자나 농구 등을 다방면으로 조력하였다.

마지막으로, 개간은 지방관의 치적을 고과하는 중요한 사항이 되었는데, 개간을 성공적으로 추진한 지방관에게는 승직(陞職)·중상(重賞)의 혜택이 내려졌다. 물론 개간을 위해 주어진 이러한 많은 혜택이 조선 후기에는 권세가들에게 토지집중을 초래하였다. 즉 권세가들의 개간에는 면세혜택 이외에 추가적인 특혜들이 베풀어졌다. 경작농민들에게 군역(軍役)·환곡(還穀) 등 제반 역(役)을 면제해 줌으로써 농민의 투탁(投託)을 유인하였고 그 결과 소수에게로의 토지집중 경향을 촉진시켰다.

2. 농업생산력 증진정책

농업생산력의 증진을 위해 농법(농사기술)의 개발을 위주로 한 관개시설의 확충, 시비법·파종법·경법(耕法) 등의 농업기술개선책과 그러한 개선을 전제로 한 세역전(歲易田)의 상경전화(常耕田化) 등이 존재하였다. 특히, 수전(水田)을 널리 개발하기 위해서는 수리시설을 갖추는 일이 가장 시급했고 당시 수리시설로는 제언(堤堰)과 천방(川防)이 그 중심이었다. 즉 제언축조사업은 수만 명씩이나 되는 민정(民丁)을 징발 사역하는 정부차원의 대규모 사업으로 진행되었기 때문에 '수령칠사(守令七事)' 중에서도 중요한 문제였다. 한편, 제언을 축조함으로써 수몰되는 농지에 대해서는 제하(堤下)의 진지(陳地) 및 기경전(起耕田)과 바꾸어 주기도 하였다. 수리시설의 확충과 더불어 수전개발도 더욱 촉진되었다.

또한, 농지이용방식의 고도화 효율화를 위해서는 무엇보다 세역전의 불역상경화(不易常耕化)가 전제되지 않으면 안 되었고, 세역전의 불역상경화 정책은 수세(收稅)의 증대나 무전농민의 해소책도 될 수 있기 때문에 국가에 의해 적극적으로 추진되었다. 세역전의 상경화를 위해서는 첫째로 농지의 상경화를 전제로 권농정책을 펴고 매년 세를 부과하였고, 둘째로 그 농지의 상경화가 가능하도록 농법을 계몽하였다. 특히 후자를 위해 당시 관행되고 있던 농법 중 가장 우수한 농업기술을 수집한 뒤 이를 농서로 편찬하여 보급시켰다.

3. 농서보급정책

새로운 농작물이나 농업기술을 널리 보급시켜 농업생산력을 증진시키기 위해 지방관(勸農官) 및 농업경영자에 대한 농업기술교육을 시행하였다. 그리고 가장 중요한 방법으로 농서의 편찬 및 보급이었다. 농서보급정책은 중국농서의 수집 보급을 통해 중국 농업의 선진농법을 흡수하는 것과 우리나라 농업 선진지역의 관행기술을 수집한 농서를 편찬 보급하는 것이었다.

조선시대의 대표적 농서들로는 1429년(세종 11년)에 세종이 총제(總制) 정초(鄭招) 등에 명해 편찬한 한국 최초의 관찬농서(官撰農書)인 『농사직설(農事直說)』을 시작으로 하여 姜希孟의 『금양잡록(衿陽雜錄)』과 『사시찬요초(四時纂要抄)』 등이 조선 전기의 농서들이고, 조선 후기에는 『농가월령가(農家月令〈歌〉)』를 비롯하여 申洬의 『농가집성(農家集成)』, 洪萬選의 『산림경제(山林經濟)』, 柳重臨의 『증보산림경제(增補山林經濟)』, 朴趾源의 『과농소초(課農小抄)』, 禹夏永의 『천일록(千一錄)』, 徐浩修의 『해동농서(海東農書)』, 徐有榘의 『임원경제지(林園經濟志)』, 李祐珪의 『잠상제요(蠶桑提要)』 등이 있다. 물론, 많은 중국농서들 또한 소개되었다.

제11장

한국 전통사회의 토지소유관계
— 다층적 소유제와 지식경제사회에서 함의 —

제1절 토지소유관계에 대한 논쟁과 소유 형태의 다양성

전통사회의 기본산업은 농업이므로 토지가 기본적 생산수단이며 부의 포괄적 기반이 되고 따라서 토지의 소유 여부는 사회계급을 구분하는 지표가 되기 때문에 전통사회의 구조를 설명하는 중요한 문제의 하나는 토지소유를 둘러싼 인간 간의 관계인 토지제도이다. 즉 토지제도는 토지지배관계를 규정한 것으로 이에 대한 이해는 전통사회의 계급관계와 신분제를 규명하는 틀이 된다.

한편, 우리나라 전통시대의 토지소유관계에 대하여 그동안 많은 연구가 축적되어 왔으나, 기본적으로 국유론과 사유론을 대립시키는 이분법적 시각을 벗어나지 못하고 있다. 그 중 중요한 몇 가지를 소개하면 다음과 같다. 첫째는 시대구분의 관념이나 사회구성적 시각이 전혀 결여된 채 통시대적으로 토지의 국가소유를 주장하는 견해인 단순한 토지국유론인 '공전론(公田論)'이다. 즉 원시적·공동체적 토지소유가 국가성립 이후에도 그대로 유지되어 '공동체=국가'가 토지를 소유하는 것으로 이해하는 견해이다. 토지국유의 근거로는 사적 소유권의 결여 또는 국가의 토지로 파악한 공전의 존재에서 찾고 있다.

결론적으로, 공전론은 전통시대 한국의 토지소유제도의 발전을 무시한 정체론으로 일제의 식민통치정책을 근대화정책으로 합리화하는 식민정책 미화론에서 비롯된다. 즉 20세기 초 일본 사가들은 조선의 후진적 문화를 문명화시킨다는 근거로 일본의 조선식민화를 합리화시켰을 뿐 아니라, 나아가 보다 구체적으로는 조선에는 사적 소유제가 존재하지 않기에 1910년대의 악명 높은 토지조사등록사업을 '근대적' 소유제를 확립하기 위한 것으로 정당화시켰다.

　　둘째는 한국 전통사회의 성격을 봉건제로 이해하고 그 물질적 토대를 토지국유제에서 구하는 '봉건적 토지국유론'이다.[1] 여기서는 논자에 따라 집권성을 비롯한 여러 가지 '아시아적 특성'을 강조하거나 정체론적 경향을 부분적으로 보이기도 하지만, 토지국유 및 사적 토지소유의 결여를 봉건제의 한 유형인 집권적 봉건제의 물질적 기초로 삼고 있다는 점에서는 정체론과 차별성을 나타내며 보편성의 특수적 관철을 주장한다. 물론, 부분적으로는 토지국유제에서의 사적 소유의 발전도 인정되고 있는데 이것에 대한 성격은 정리되어 있지 못한 실정이다.

　　셋째는 한국 전통사회의 성격을 봉건제로 보고 그 물질적 토대를 토지사유제에서 구하는 '봉건적 토지사유론'이다.[2] 봉건적 토지국유론이 아시아적 특성 및 정체적 경향을 완전히 탈피하지 못한 것과는 달리 내재적 발전법칙을 추구하여 한국사의 주체적 발전을 강조하는 점이 특징이다. 그러나 봉건제의 성격에 대해서는 그것을 (서)유럽의 분권적 봉건제와 대비되는 집권적 봉건제로 이해하는 것이 우세하며 그 경우 그것을 아시아적 특수성으로 이해하기보다는 내재적 발전론의 입장에서 보편성의 구체적 관철로 이해하는 것이 일반석이다. 그리고 봉건제의

---

1) 여기에 속하는 학자로는 白南雲(『조선봉건사회경제사』, 1937); 朴克采(「조선봉건사회의 정체적 본질」, 1946); 全錫淡(『조선경제사』, 1949); 金錫亨(「조선 중세의 봉건적 토지소유관계에 대하여」, 1957); 林時亨(『조선토지제도사』, 1960); 趙璣濬(「이조토지제도의 고찰」, 1954); 金玉根(『한국토지제도사연구』, 1980) 등이 있다.

2) 여기에 속하는 학자로는 金容燮(『조선후기농업사연구』, 1970); 李景植(『조선 후기 토지제도연구』, 1986); 許宗浩(『주선봉건말기의 소작제 연구』, 1965) 등이 있다.

물질적 기초인 사적 토지소유관계의 내용에 대해서는 소유권에 입각한 지주전호제(地主佃戶制)와 수조권(收租權)에 입각한 전주전객제(田主佃客制)의 병존 및 지주전호제의 우세화 과정으로 이해하거나 지주적·사적 토지소유가 지배적인 것으로 이해한다.

즉 대토지소유자들은 토지가 부족하거나 없는 소농민들에게 토지를 빌려 주어 경작하였는데 이러한 토지소유자(田主)와 경작농민 간의 관계를 일반적으로 '지주전호제' 또는 줄여서 '지주제'라 한다. 반면, 지주제에 포섭되지 않는 광범위한 소토지소유농민이 존재하였고, 이들의 토지소유는 국가에 의해 강한 제약을 받았다. 이처럼 국가·지배층과 소토지소유농민 간에 수조권을 기초로 형성되는 관계를 '전주전객제'라 한다. '봉건적 토지사유론'에 의하면 봉건사회의 발전과정에서 서로 조화·대립하고 있던 소유권·지주전호제와 수조권·전주전객제 양자 가운데, 후자는 점차 약화·소멸의 과정을 겪었으며, 반대로 전자는 점차 발전·확대의 과정을 겪었고, 그 결과 임진왜란 무렵에는 토지지배관계에서는 전자만이 남게 되었다(한국역사연구회, 1992: 186).

넷째는 한국 중세사회의 성격을 대체로 아시아적 생산양식의 사회 혹은 국가적(아시아적) 봉건사회로 이해하고 그 지배적 생산관계를 국가 – 농민의 관계 혹은 국가 – 지주 – 농민의 관계로 파악하는 '국가적(아시아적) 토지소유론'이다.[3] 전자는 아시아적 봉건제를 봉건제의 한 유형으로 파악한 점에서 봉건적 토지국유론과 동일하지만 아시아적 봉건제를 동양적 변형, 아시아적 특성으로 이해함으로써 정체론에 빠져 있다. 반면, 후자는 대체적으로 나카무라(中村哲)의 이론을 한국사에 적용하여 조선사회의 기본적 소유구조는 국가 – 지주 – 소작의 중층적 구조로 파악하고 조선 후기 18, 19세기에 들어와 소농민경영의 안정성을 토

---

3) 여기에 속하는 학자로는 전자의 경우 李北滿(『이조사회경제사연구』, 1948)과 李清源(「조선에 있어서 봉건적 구성의 성립과정」, 1938) 등이 있고, 후자의 경우 安秉珆(『조선사회의 구조와 일본제국주의』, 1977); 宮嶋博史(「조선사연구와 소유론」, 1984); 李榮薰(『조선 후기 사회경제사』, 1988) 등이 있다.

대로 비로소 지주제가 지배적인 생산양식으로 발전했다고 주장하는 점
에서 아시아적 특성과 내재적 발전론을 결합한 인상을 준다. 그러나 후
자 역시 조선 후기에 나타나는 지주제를 '중간적 지주제'로 파악함으로
써 한국 전통사회의 내재적 발전의 독자성을 간과하고 종래의 단선적
역사발전론에 중간과정을 확대시킨 '재구성된 단선론'에 불과하다. 그
리하여, 특히 후자는 최근 사회주의체제의 몰락 속에서 소위 '개발 및
수탈론'과 '중진자본주의론'으로 확장되어 봉건적 토지사유론과 전통
적 제국주의론 양자에 대한 적극적 공세를 전개하고 있다.

　이와 같이, 일세기 가깝게 한국 전통사회의 토지소유관계의 성격에
대한 논의를 전개시켰음에도 불구하고 한국 전통사회의 구성과 토지소
유관계를 해명하는 데 성공을 거두지 못하고 있는데 그것은 근본적으로
우리역사를 이해하는 준거로서 서구사회의 역사적 경험을 인식의 바탕
으로 삼고 있기 때문이다. 즉 논의의 차이에도 불구하고 이러한 논의들
은 기본적으로 두 가지 개념, 즉 '아시아적 특성'과 '봉건제' 개념을 극
복하지 못하고 있다. 아시아적 특성이나 봉건제의 개념은 그것이 맑스
주의적 관점이던 비맑스주의적 관점이던 '서구사회의 역사경험＝보편
성' 그리고 '비서구사회의 역사경험 ＝ 보편성의 특수적 관철'이라는
유럽 중심적 편견에 기초하고 있기 때문이다. 예를 들어, 아시아 전통사
회에 대한 맑스(K. Marx, 1981: 927)의 이해는 이러한 편견을 잘 보여주
고 있다.

　"직접생산자가 자신의 생계수단의 생산에 필요한 생산수단과 노동조건
의 점유자로 나타나는 모든 전자본주의적 사회형태에서 소유관계는 동시
에 직접적 지배와 예속의 관계로 나타날 수밖에 없고, 따라서 직접생산자
는 부자유인으로 존재할 수밖에 없다...
　이러한 조건 하에서 명목상의 토지소유자를 위한 잉여노동은 경제외적
강제(extra-economic compulsion) —— 그것의 형태에 관계없이 —— 에 의

해서만 수취될 수 있다 ……

그러므로 인신적 종속관계, 즉 정도의 차이는 있을지라도 신분적 부자유가 필요하고 그리하여 토지의 부속물로서 토지에 긴박되었다. **동양에서처럼 국가를 제외한 사적 토지소유자가 존재하지 않는 경우에는 …… 지대와 조세가 일치한다.** 이러한 조건하 에서 종속관계는 정치적으로나 경제적으로나 모든 것이 국가에 부속되는 형태 이상의 것을 소유할 필요가 없다. 여기에서 국가는 최상위의 지주이다. 그리고 통치권은 전국적 규모에서 집중된 토지소유이기 때문에 설사 토지에 대한 사적·공동체적 점유, 그리고 토지에 대한 용익권(用益權)은 있을지라도 어떠한 사적 토지소유도 존재하지 않는다."(강조 필자)

즉 "국가적 토지소유와 국가권력의 강인성＝사적 소유의 결여와 개개인의 공동체에 대한 비자립성"의 인식이 그 기저를 이루고 있다. 그러나 서구사회의 동양사회의 토지제도에 대한 이분법적 인식의 발로인 토지국유제 (아니 보다 정확히 표현한다면 극단적 사적 소유라는 점에서 '토지왕유제') 개념으로는 한국 전통사회의 토지소유의 성격을 정확히 파악할 수 없다.

다시 말해, 종래 한국 전통사회에서 토지소유의 개념 역시 서유럽, 특히 영국 역사 속에서 사적 소유가 '봉(封)'과 '공유지'를 대체했기 때문에 배타적 사적소유를 '진보의 지표'로 삼는 서구 역사경험의 절대화·일반화 작업에 의해 올바른 이미지를 확보하지 못하였다. 그리하여 많은 한국사가들은 공업화 및 급속한 경제발전을 수행하기 위해서, 그리고 때로는 심리적 열등감에서 자유롭기 위해서 일본과 서구의 영향이 있기 전에 조선에서도 '자본주의 맹아'가 존재했음을 입증해야만 했고, 이것이 한국사가들로 하여금 우리의 과거 속에서 사적 소유나 사적 토지소유제를 찾도록 압박하였던 정서적 추진력이다(J.B. Palais, 1982-83: 73).

그러나, 결론부터 말하면 한국 전통사회에서 토지소유는 "국가에 의한 제약의 범주 내에 있는" 사적 소유의 발전을 특징으로 한다. 예를 들어, 丁若鏞(1762-1836)이 호남지방의 조세 부조리를 지적하며 언급한 조선 본래의 토지소유 개념은 조선사회의 토지소유 성격을 잘 보여준다.

"臣竊觀湖南之俗 租與種子皆佃夫出之 臣以爲此俗當禁也...臣請厥其本而言之 臣嘗謂田有二主 其一王者也 其二佃夫也. 詩云普天之下莫非王土 王者其主也. 詩云雨我公田 遂及我私 佃夫其主也. 二者之外 又誰敢主者哉. 今也 富疆之民 兼竝唯意 王稅之外 私輸其租 於是 田有三主也...私門輸租 雖一粒半菽 猶爲無義 況我東立制 因循狢俗 縣官之稅 大約二十取一仁於三代之法 遠矣何及私門之租 什取其五哉. 民困國貧 上下匱竭 皆此故也 ……"

"신이 가만히 살펴보건대 호남의 습속은 조세와 씨앗을 모두 농민이 부담하는데 이 습속은 마땅히 금지해야 된다고 생각합니다 …… 신의 소견으로 그 근본을 거슬러서 말씀드리겠습니다. 신이 일찍이 생각하건대 전토에는 주인이 둘이 있으니 그 하나는 왕이고 둘째는 농민입니다. 시경에 이르기를 온 천하가 왕의 땅이 아닌 것이 없다고 하였으니 왕이 그 주인이요, 시경에 또 이르기를 우리 공전에 비가 내려서 마침내 우리 사전에까지 미친다고 하였으니 농민이 그 주인입니다. 임금과 농민 이외에 또 누가 감히 주인이 되겠습니까. 지금 부강한 백성이 겸병하기를 마음대로 하여 왕세 외에 사사로이 그 조세를 받으니, 이에 전토에는 주인이 셋이 있는 것입니다 …… 사가에 조세를 바치는 것은 비록 한 톨의 쌀과 반쪽의 콩이라도 오히려 불의가 되는 것인데, 더구나 우리나라의 제도는 예맥의 습속을 그대로 따라서 현관의 세는 대략 1/20을 취하였으니 삼대의 법보다 훨씬 더 어질지만 어찌하여 사가의 조세는 10에서 그 5를 받는단 말입니까. 백성이 곤궁하고 국가가 쇠약하여 상하 모두가 궁핍한 것은 모두 이 때문입니다."('擬嚴禁湖南諸邑佃夫收租之俗子'『丁茶山全書』,「詩文集」, 文, 第一集, 卷九)

그리고 이러한 특징은 '외연적 기술과 힘'의 체계에 기초한 사회질서의 산물이기도 하다. 또한, 이것은 토지관계의 개념화에서 중요한 여할을 하였던 촌락공동체의 특성에서도 발견된다. 즉 촌락공동체는 국가의 정치적 통제의 최하위의 단위이기도 하면서, 동시에 국가권력의 침입에 저항할 수 있는 보호 장치막이기도 하였다. 즉 촌락공동체는 국가의 직접통제로부터 개개인을 보호할 뿐 아니라 공공선 혹은 공공재에 개인의 권리를 복속시켰듯이 배타적 성격의 사적 소유는 처음부터 제한되었다(J.B. Palais, 1982–83: 74–75).

요약하면, 높은 인구밀도와 토지생산성을 특징으로 하는 한국 전통사회의 역사적 특성에 있어서 국가의 적극적 역할만큼 토지소유관계에서 국가 규정성은 존재할 수밖에 없는 것이고, 이것은 서유럽의 봉건적 토지소유관계가 권력의 사적 분할과 관련을 맺고 있는 것과 동일한 이치이다. 다시 말해, 집약농법이라 하더라도 노동력 부족과 효율성이 관건이 된 북서유럽에서 발전한 사적 소유와 유휴노동력의 대량 존재 및 '대량조정(massive coordination)'이 관건(M. Mann, 1989: 7)인 농업사회에서 발전한 사적 소유 간의 차이인 것이다. 즉 유럽 농업사회가 적어도 15세기 중엽 이전까지는 외연적 방식의 농업사회보다 뒤쳐졌듯이, 후자의 우위성을 가져다 준 외연적 방식의 관건인 '대량조정'의 능력은 국가규정성을 수반하였고 이것이 서유럽과 같은 배타적 사적 소유의 발전을 허용치 않았던 것이다(최배근, 1997: 206).

시장이론에 따르면 공유는 비극으로 결과한다(공동지의 비극). 그런데 이는 공유가 경쟁의 원리 위에서 작동하기 때문이다. 공유 형태의 재산권체계가 보다 합리적 결과를 만들어 낼 수 있는데, 이를 위해서는 협력의 원리가 작동할 때 가능하다. 이와 관련하여 중국 경제의 고도성장의 주역 중 하나인 향진(鄕鎭)기업의 경제적 성과는 협력과 문화적 규범의 중요성을 잘 보여 준다. 흔히, 서구형의 시장경제에 익숙한 사람들에게는 '재산권이 불명확하고 지역정부와 분리되지 않았다는 것'을 중국 향진기업의 문제점으로 지적한다. 그런데 실증연구를 보면, 향진기업의 성장률이나 생산성은 국영기업보다 훨씬 높고 사기업과도 차이가 나지 않으며 오히려 사기업보다 기술적 효율성이 높은 것으로 보고하고 있다.

경제학의 재산권 이론은 재산권이 명확히 규정되지 않을 경우 효율성이 담보되지 않는다고 주장한다(예를 들어, A. Alchain and H. Demsetz, 1972, 참조). 하지만 집체소유(공동소유제)가 생산효율성과 부합하지 않는다는 이른바 '표준적' 재산권 이론의 주장과 달리, 많은 연구자들은 사실상 중국의 기층정부가 소유하는 향진기업들의 '모호한 소유권'이 생산효율성에 심각한 문제를 제기하고 있지 않음을 보여 준다. 그 근거로 정교한 사적 소유권을 불필요하게 하는 '협조문화'의 존재를 지적한다(M. Weitzman and Chengang Xu, 1994). 즉 향진기업의 제도적 특성은 지속적인 관계로 묶여 있는 공동체 구성원 간에 암묵적 계약을 통한 협조를 이용하여 독립적인 법체계의 부재 속에서 공동체의 장기 거주민 간의 최적의 소득공유 형식을 창출한 데 있다(V. Nee, 1992).

이처럼 문화의 차이는 사물을 바라보는 관점의 차이를 만들고 이는 사람들의 행태나 사회조직이나 제도 등에 영향을 미친다. 예를 들어, 미국 미시간 대학의 한 실험 결과에 따르면 동양인과 서양인은 사물을 보는 시각이 다른데 서양인은 사물에 초점을 맞추고 동양인은 전체 맥락을 보는 경향이 있는데 이는 문화의 차이에서 비롯된다고 분석했다. 흔히 유럽과 달리 한국이나 동아시아 미작(米作)사회는 '경쟁'과 '사유'보다는 '협업'과 '공유'의 전통이 강한 사회로 인식되고 있다. 그러나 유럽의 전통사회에서도 협력과 공유가 결합된 경우를 찾을 수 있다. 중세 유럽의 농업경영방식은 (쟁기와 연축 등) 생산도구의 공동 확보와 (파종부터 수확 과정까지의) 공동작업을 수행한 관습적 공동경작체제에 기초하였을 뿐 아니라, 중세 장원에는 영지 내 모든 구성원이 공동권을 행사하고 있던 촌락 주변의 목초지·삼림·황무지 등 '공동지(common field)'가 존재하였는데 공동작업과 생산도구의 공동 확보 그리고 공동지 제도는 토지의 생산성을 극대화하기 위한 제도였음이 입증되고 있다(S. Fenoaltea, 1991).

재산권의 변화를 사회적 필요에 비해 자원의 희소성이 증가할 때 발생하는, 즉 요소의 상대가격 체계의 변화로 설명하는 이들에 따르면 서유럽사회에서 봉건제가 성립하는 10세기 경에 토지는 노동력에 비해 상대적으로 풍부하였기 때문에 토지 사용에 대한 배타적 권리를 고안할 필요가 없었다는 것이다(D.C. North and R.P. Thomas, 1973: 19-20).

이와 같이, "국가규정성과 성장하는 사적 소유의 동태적 결합"을 특징으로 한 한국 전통사회에 내재하는 토지소유의 독자적인 역사적 특성을 무시한 결과, 즉 생산력의 차이에서 비롯된 다양한 사적 소유의 존재와 발전의 가능성을 미리 배제하고 배타적·절대적인 성격의 사적 소유만이 유일한 '근대(성)'이자 '진보의 지표'로 파악한 결과, '조선토지조사사업'의 근대성을 기본적으로 인정할 수밖에 없었던 것이다.

제 2 절 고려 및 조선사회의 토지제도

고려는 창건 이후 현종 원년(976년)에 전제개편을 단행하여 전시과(田柴科)를 창설하고 집권국가로서의 전제체계를 확립하였다. 고려의 전제에 의하면 토지를 공전(公田)과 사전(私田)으로 구별하였고, 이 구분의 기준은 전조(田租)의 수조권(收租權)에 있었다. 즉 수조권이 국가에 귀속되어 있는 토지는 공전이라 하고 사전은 국가로부터 일정 면적의 토지를 지급받아 그 토지의 수조권이 지급받은 개인 또는 기관에 귀속되어 있는 토지를 말한다. 그러나 공전이나 사전의 최종 처분 관리의 기능 내지 권한은 국가가 보유하고 있었다.

이와 같이 수조권을 기준으로 공전과 사전으로 구분하는 반면 토지의 점유권 내지 경작권을 가진 농민의 토지를 민전이라 하고 농민경작권은 세습적이었을 뿐 아니라 사전에 있어서도 수조권자가 자의로 경작농민의 경작권을 박탈할 수 없었다. 따라서 민전은 넓은 의미에서 공전

과 사전의 구별 없이 경작권을 가진 모든 농민의 토지를 포함하는 것이
고, 좁은 의미에서는 국가로부터 지급받아 경작하는 농민의 토지 또는
농민이 이미 점유한 토지로서 국가로부터 경작권을 인정받고 조세를 직
접 국가에 납부하는 토지인 것이다.

　　한편, 전시과의 규정에 따르면 급전(給田)과 토지수조권을 관료의
품계에 따라 차등 있게 분급되었다. 즉 전시과체제 아래서 사전은 그 소
유자의 사회적 신분이나 지위에 따라 여러 가지로 구분되어 편성되어
있었으며, 각 종목의 토지에 대한 수조율도 이라든가 1/10 따위로 서로
다르게 적용되고 있었다. 이와 같이, 토지를 매개로 하여 직역을 배열하
고 신분을 유지해 가게 하는 것이 전시과체제의 기본특징의 하나였고,
사전 또한 사실상 민유지이지만 국가에 의한 제약이라는 범주 내에 있
는 민전이었다.

　　또한, 전시과체제에서 전정(田丁)은 '체립(遞立)' 혹은 '연립(連立)'
되고 있었다. 체립이나 연립의 내용은 "전정을 매개로 하여 전정의 피
지급층이 연결·체대(遞代)"되고 있음을 뜻하는 것이었다(武田幸男,
1971: 20). 그것은 곧 전정을 매개로 하여 직역을 연립시킨다는 것, 그
래서 전정과 그에 대응하는 직역이 사실상 세습되고 있었다는 것을 뜻
한다. 전정연립의 범위는 학설에 따라 다양하지만 적어도 전체 토지 중
가장 큰 비중을 차지하던 군인전에 '전정연립의 원칙'이 적용되었다는
사실은 명백하다.

　　요약하면, 전시과체제의 특징으로 첫째, 지배계층의 모든 인간집단
과 모든 지배기구에 대해 분급수조지가 절급되고 있었다는 사실, 둘째,
토지가 그 소유자의 사회적 신분이나 지위에 밀접하게 결부되어 여러
가지로 소속과 과등(科等)을 달리하여 편성되어 있었으며 따라서 수조율
도 다르게 규정되어 있었다는 사실, 셋째, 전시과에서 가장 큰 비중을
차지하던 군인전이 전정연립의 원칙 아래 운용되고 있었다는 사실이다.
그것은 고려 토지제에서 극히 큰 비중의 토지가 분급수조지로 설정되어

있었으며 토지가 신분과 직역에 밀접히 결부되어 있었고 거기에 강력히 예속되어 있었다는 사실을 의미한다.

한편, 종래 민전 성격에 대한 논의는 고려시대 토지제도가 국유제인가 사유제인가와 관련해서 전개되었다. 그러나 한마디로 민전은 "국가에 의한 제약이라는 아시아적 범주"내의 사실상의 농민소유지였다. 예를 들어, 과전법에서 분급수조지인 사전에 대해서도 사전주(私田主)는 경작민을 함부로 축출하거나 교체할 수 없도록 했다(『고려사(高麗史)』「식화지(食貨志)」). 그리하여 이러한 이원성(二元性)은 국가가 자신의 통제력을 상실한 고려 중엽 이후에는 배타적 형태의 사적 소유로 나타날 수밖에 없었던 것이다. 즉 고려 후기로 오면서 전시과 체제가 무너지고 이른바 사전 – 농장이 발달하게 되는데 거기에 따라 전시과에 설정되어 있던 신분과 직역에 의한 토지의 예속성이 점차로 분해되어 갔다는 사실을 주목할 필요가 있다. 예를 들어, "「辛禑 14年 7月」諫官李行等又上疏曰 … 惟我祖宗立法之意 盖欲諸君兩府以下至于軍士 皆受國田 仰事俯育 無至失所 今也法廢 田無限制 老婦幼子篤疾廢疾之徒 不出其門 持其祖父文券 坐食國田 至百千結者有之 雖使官司 至公明決何有一毫之補於軍國哉"(『高麗史』卷78「食貨志」田制 祿科田). 즉 고려 후기 사전 소유권의 성장은 전법(田法)이 폐(廢)하여지면서 일어난 일이었다.

전시과가 제대로 운용되었을 때는 제군(諸君)·양부(兩府) 이하 군사(軍士)에 이르기까지 모두 국전(國田)을 받아 분급수조지제(分給收租地制)가 운용되었는데 전법(田法)이 폐(廢)하여지면서 사전의 확대와 그 소유권의 성장이 일어났다.

전법(田法)의 폐지는 현실적으로는 권력과 유리되어 있는 노부(老婦)·유자(幼子)·독질(篤疾)·폐질자(廢疾者)까지 그 조상 전래의 전권(田卷)을 가지고서 천결(千結)·백결(百結)의 사전을 좌식(坐食)하고 있었다. 그리고 세습되어 온 전권(田卷)이 사전에 대한 소유권을 명백히 보장하여 주는 것이므로 비록 국가기관이 지극히 공명하게 결송(決訟)을 한다 하더라도 그 소유권을 어떻게 할 수 없는 것이었다.

그러나 여기서 지칭하는 '사전(私田)'은 고려 전기 전시과 체제 하에서의 사전을 의미하는 것이 아니다. 형식적으로는 같지만 내용상으로는 고려 전기의 사전이 토지에 대한 수조권을 국가가 어느 특정의 사인(私人)에게 절급(折給)하였다는 뜻으로 쓰이는 분급수조지라면 고려 후기 혁파의 대상이었던 사전은 수조권을 근거로 팽창되어간 소유권에 입각한 토지지배의 형태로서 사전이었고, 따라서 후자는 불수조(不輸租)의 특권을 자행함으로써 사회질서를 파괴하는 토지의 유형이었다. 주지하듯이 고려 초 전시과나 조선 초 과전법의 기본이념은 왕토·왕민(王土·王民) 사상에 근거하고 있었다. 즉 모든 토지는 국왕의 소유이며 국왕은 이를 농민으로 하여금 경작케 하고 세곡을 수납하여 국가재정을 운용케 된다. 국가가 왕실 및 국가 관료에게 농민으로부터의 전조(田租)의 일부를 직접 수납할 수 있는 권한을 이양함을 내용으로 하는 토지분급은 재정운용의 한 방편에 불과했다.

따라서 고려 말기의 이러한 사전이나 농장의 발달은 사패(賜牌)·탈점(奪占)·겸병·개간·기진·매득·장리(長利) 등의 경로를 통해 전개되었다. 그렇다면 어떠한 토지가 사전-농장 속에 포섭되어 갔는가 살펴보자. 사전의 첫 번째 사례로 "남의 토지를 탈점한 것이 산야에 널려 있고 남의 노비를 탈점하여 천백(千百)의 무리를 이루었으며, 육침(陸寢)·고궁(庫宮)·주현(州縣)·역전(驛田)을 점거하지 않은 것이 없으며 배주(背主)의 노비와 도부(逃賦)의 백성을 끌어모아 연수(淵藪)와 같이 하였다"("「林堅味」專權自恣 賣官鬻爵 奪人士田 籠山絡野 奪人奴婢 千百爲群 以至陸寢庫宮州縣津驛之田 靡不據占 背主之隷 逃賦之民 聚如淵藪 廉使守令莫敢徵發"『고려사(高麗史)』권126「林堅味列傳」)는 기록을 지적할 수 있다.

두 번째 사례로는 여러 공·사전을 "호세가에서 거의 탈점하여 (반환하라는) 판결이 내려도 그대로 거집(據執)하여 양민을 노비로 모인(冒

認)하고 주(州)·현(縣)·역리(驛吏)·관노(官奴)·도역자(徒役者)를 모두 누은(漏隱)시켜 농장을 크게 설치함으로써 백성을 병들게 하고 국가를 가난하게 한다"("[恭愍王 15年 辛]旽 請置田民辨整都監 自爲判事 榜諭中外 曰 比來 紀綱大壞 貪墨成風 宗廟學校倉庫寺社祿轉軍須田 及國人世業田民 豪强之家 奪占幾盡 或已決仍執 或認民爲隷 州縣驛吏官奴百姓之逃役者皆漏 隱 大置農場 病民瘠國"『고려사(高麗史)』권132「신돈열전(辛旽列傳)」)는 기록이 있다. 다시 말해, 공민을 공적(公籍)에서 은루(隱漏)시켜 농장의 사민(私民)으로 확보해 놓고 노예처럼 사역했던 농장의 토지지배관계는 바로 수조권이 아닌 소유권에 입각한 토지지배의 성격이었다. 농장의 포괄된 토지와 거기에 영점(影占)되어 있는 농민에 대해 국가권력의 간섭을 배제하면서 독점적으로 지배할 수 있었던 것은 그 토지가 배타적인 사적 소유권에 의해 지배되고 있었기 때문이다.

물론, 사전의 확대 현상은 권간(權奸)들의 탈점이나 겸병에 의한 것 이외에 일반적인 토지소유권의 성장에 의해서도 진행되었다. 그러한 성장은 국가의 법제로써도 중단시킬 수 없는, 기본적으로 경제적 유인에 따라 전개되는 현상이었던 것이다. 즉 탈점이라든가 겸병을 통하지 아니하고서도 세력이 강하고 형세가 넉넉한 자의 소유권에 입각한 토지지배관계의 확대는 기본적으로 진전되고 있었다("民之所耕 則聽其自墾自占 而官不之治 力多者墾之廣 勢强者占之多 而弱者又從强有力者 借之耕 分其所 出之半"『삼봉집(三峯集)』권7,「조선경국전(朝鮮經國典)」賦典 經理). 그것은 경제적인 유인에 따라 전개되는 일반적인 토지소유권의 성장 현상이었다.

단지, 고려 후기에 물의를 일으키고 크게 문제시되었던 것은 그러한 일반적인 소유지가 아니라 주로 탈점이나 겸병 따위의 경제외적 강제를 통해 확대된 것이며 따라서 그 집적의 규모 또한 거대하게 확대되어 갈 수밖에 없었다. 이것은 고려 후반에 전래된 중국의 남송(南宋) 수전농법(水田農法)을 정점으로 한 농업생산력의 발전에 기초하고 있었다.

이것은 직영지 경영에서 전호제 경영으로의 당시 사전의 경영형태의 전
환 경향에서도 입증된다. 예를 들어, 고려 후기에 겸병을 통해 대토지를
집적한 전주가 안좌불경(安坐不耕)하면서 용전인(傭田人)을 역사(役使)하
여 그로부터 태반의 조를 받는다("自田制之壞 豪强得以兼幷 而富者田連阡
陌 貧者無立錐之地 借耕富人之田 終歲勤苦 而食反不足 富者安坐不耕 役使
傭田之人 而食太半之入"『삼봉집(三峯集)』권7,「朝鮮經國典」賦典 經理)는
것은 기본적으로 병작제 경영형태를 말한 것이다. 즉 호강(豪强)이 겸병
하여 차지한 대토지를 빈민에게 '차경(借耕)'시키고 있었다고 기술하고
있듯이, 겸병을 통해 확대된 사전에서의 생산관계는 기본적으로 차경의
형태였다.

　　이와 같이 고려 후기의 호세가가 겸병해간 사전 일반에 있어서 전
호제 경영형태를 취하고 있었고 그 전호(佃戶)로부터 전조(田租)를 수취
하는 것이 기본적 생산관계였다. 물론, 이러한 병작제가 가능했던 것은
이 기간에 전래된 중국의 남송 수전농법의 선진적인 농업생산력이 그
기초를 제공했기 때문이다. 즉 휴한에서 연작으로의 농업생산력 발전은
또한 직접생산자 농민경영의 구조, 사회적 존재형태에 있어서 커다란
변화, 즉 농민경영의 소농민경영으로의 일반적 성립을 수반했다. 그리
고 이러한 발전의 담당 주체는 흔히 조선 건국의 중심세력으로 일컬어
지는 재지(在地)의 신흥사족층이었다.

　　그러나, 이러한 사전은 분명히 불법적 형태였기 때문에 고려 후기
에 혁파의 대상이 되었다. 즉 사전이 수조권을 옹유(擁有)하여 불수조
(不輸租)의 특권을 자행함으로써 국가 지배질서를 파괴한 결과였고, 점
차 여타 각 종목의 토지에 대한 탈점과 겸병을 자행한 근거와 기지로 활
용되었기 때문이었다. 예를 들어, 권세가들은 각 주현의 교활한 이민을
매개로 하여 "兩班軍人家田營業田"의 수조권을 집적하고 있었다("明宗
十八年 三月下制 凡州縣 各有京外兩班軍人家田營業田 乃有姦點 吏民欲托權
要 妄稱閑地 記付其家 有權勢者 又稱爲我家田 要取公牒 卽遣使喚 通書屬托

其州員僚 不避干請 差人徵取 一畝之徵 乃至二三 民不堪苦 赴訴無處"(『고려사(高麗史)』 권78, 「食貨志」 1 田制 田柴科). 그러나 그 가운데 양반전과 군인전이라는 전시과에서의 분급수조지가 들어 있었음은 부연할 필요가 없으니, 곧 그것이 지방관을 통해 조의 수취가 행하여진 토지종목임이 분명하기 때문이다.

이 사료는 무인정권의 혼란기에 권세가가 주현의 향리를 매개로 하여 양반전이나 군인전 따위의 분급수조지에 대한 수조권을 탈취해 가고 있었다는 사실을 전하는 것으로 해석된다. 그러므로 고려 후기의 사전은 이같이 수조권의 탈점을 통해 확대되어 간 경우가 상당히 많았을 것으로 생각된다.

이와 같이 고려 후기에 사전의 확대는 국가 지배질서의 존속을 위협하는 만성적 기본요인이었기 때문에 공권력 행사에 의한 사전 억제는 필수불가결의 요청이었다. 그러나 1269년(元宗 10년), 1288년(충렬왕 14년)과 1301년(동 27년), 1352년(공민왕 1년), 1381년(우왕 7년), 1388년(우왕 14년)의 '전민변정도감(田民辨正都監)'의 반복적 설치에도 불구하고 사전의 확대가 중단될 수 없었던 것은 이러한 변정사업이 일시적이며 미봉적이었기 때문이었다.

이러한 사전 확대의 폐해는 1388년 위화도 회군을 계기로 정권을 잡은 개혁파에 의한 전제개혁을 통해서만 해결될 수 있었다. 조준의 1차 상소에서 제기된 사전개혁의 기본 취지는 사전을 개혁하여 전국 토지를 국가수조지로 편성하고 직역에 따른 여러 명목의 분급수조지제를 설정하는 것, 즉 토지공유제의 회복이었다. 그리하여 우왕을 제거하고 창왕을 옹립한 개혁파는 기사양전(己巳量田)을 통해 사전개혁을 단행하나 이러한 개혁이 원만하게 진행될 수는 없었다. 사전의 소유자였던 권문세족들은 "사전의 조(租)를 전부 공수(公收)한다면 조신(朝臣)들이 반드시 간식(艱食)하게 될 것이 근심"("[昌王卽位年; 1388] 八月敎 私田之租 一皆公收 則朝臣必患艱食 姑令半收其租 以充國用"(『고려사(高麗史)』 권78

「食貨志」1 田制 祿科田)이라는 이유를 내세워 '사전조반수(私田租半收)의 교명(敎命)'을 얻어내 반격한다.[4]

권문세족의 사전 보전을 위한 책동과 이에 대한 개혁파의 공전화 단행은 1390년(공양왕 2년) 말까지 전국 토지를 일단 국가수조지로 편성했고 다음 해 5월에는 그동안 추진해 온 전제개혁의 내용을 과전법으로 공포하여 시행을 본다. 즉 1391년에 이태조의 뜻에 따라 함경도를 제외한 전국에 걸쳐서 제1차 토지측량, 즉 양전(量田)을 실시한 결과 실전(實田) 623,097결, 황원전(荒遠田) 175,030결, 합계 798,127결의 토지를 확정하고 전적(田籍)에 등록하는 동시에 과전법을 공포하고 왕실 관료 국가기관 등에 대해 등록된 토지 중에 소정의 토지를 지급하였는데 왕실 및 관료에 대한 과전은 경기도 내의 토지로 분급하되, 18과로 구분하여 제1과에 150결로부터 제18과에 10결의 비율로 지급하였고, 병사에 대해서는 경기도 이외의 토지를 군전(軍田)으로 지급했으며, 각종 국가기관에 대해서는 소요경비를 충당하기 위한 공해전(公廨田)이 지급되었다.

과전법은 기본적으로 토지의 지급방법이나 지급내용에 있어서 고려의 전시과와 크게 다를 바가 없었지만 몇 가지 특징을 갖는다.

첫째, 과전법은 사전에 대한 국가통제를 강화한다는 취지에서 과전과 공신전의 지급영역을 경기도에 한정시켰다. 그러나 과전 부족으로 태종 17년(1417년)에 가서는 충청도 전라도 경상도에까지 확대되었다.

둘째, 고려 전시과체제의 녹전(綠田)은 세습을 인정하지 않고 관료의 현직과 결부하여 지급되고 관직을 떠나면 지급받은 절반만을 보유하며 사망 시에는 그 전부를 국가에 반환하는 것을 원칙으로 하였던 반면, 과전법에서는 당초부터 세습이 인정되었다는 차이를 갖고 있다.

셋째, 과전법의 사전에 대해서는 조세가 부과되었다는 점, 즉 조세

---

4) 사전개혁에 대해 당시 시중(侍中)이었던 李穡을 비롯해 李琳·禹玄寶·邊安烈·權近 등 권문세족이 반대하였고, 개혁파 鄭道傳 등이 찬성했고 鄭夢周는 중립을 지켰다.

의 징수권을 가지고 있는 수전자는 농민으로부터 수납한 조세 중에 일부를 전세로 국가에 납부할 의무를 가졌다.

과전법의 성립에서 나타난 토지지배관계의 기본방향은 전국의 토지를 일단 국가수조지로 편성한 위에 그 수조권을 국가재정의 용도에 따라 각처에 분속시키고 다시 관인을 비롯한 직역자에게도 그것을 절급한다는 것이었다. 본래 철저한 토지국유의 원칙을 실현한다는 방향에서 추진되었던 조준의 1차 상소가 원칙 그대로 실현되지는 못하였으나 과전법 시행의 결과 국가수조지의 확대 및 개인수조지의 축소라는 현실을 초래하였다.

이 사실은 전시과의 분급수조지제와는 크게 달라진 점이었다. 즉 고려 때 사전을 외방(外方)에 설치한 결과 겸병의 폐단이 있었기 때문에 과전법에서는 외방에서의 사전의 무절제한 팽창을 막으려고 과전 절급을 경기지역에 한정했던 '사전경기(私田京畿)의 원칙'은 수조권에 입각한 지배관계를 크게 위축시켰고, 그것은 곧 토지와 인간과의 법제적인 결부관계를 크게 제한한 일이었다. 전정연립제가 규정되지 않았다는 사실이 이를 반영한다. 그리고 그것은 소유권 중심의 토지지배의 길을 더욱 크게 열어놓는 결과를 가져왔다.

과전법이 분급수조지를 축소해 간 것은 형식상으로는 고려 후기에 범람하던 사전을 억제한다는 원칙에서 취해진 조처였지만, 그 이면에는 생산력의 발전에 따른 토지소유권의 성장이 이루어지고 거기에 따라 토지의 소유권자가 법제상으로 규정된 수조권을 점차 배제하면서 국가를 직접 상대하는 존재로 성장하고 있었다는 사실에서 발생한 일이었다.

즉 노동과 토지라는 본원적 생산요소 가운데서 토지의 생산력이 향상됨에 따라 그러한 토지에 노동을 투여함으로써 이루어지는 농민경제가 비록 상대적으로나마 점차 자기완결적 체계를 더 확실히 가질 수 있게 되는 것이었으며, 그것은 곧 생산과정에 있어서의 개별적 성격이 점차 강화되고 소유관념이 강화되어 간다는 사실을 뜻하는 것이었다. 각

국가기관에 분속시켜 운영하던 국가수조지도 세종 때의 국용전제(國用田制) —— 1444년 世宗 26년에 전분육등(田分六等)과 연분구등(年分九等)에 의거한 전국 통일의 새로운 수세법 —— 의 시행에 따라 보편적인 국가수조지로 통일적으로 파악하게 되었다는 사실, 그리고 과전과 같은 기본적인 분급수조지가 여러 차례에 걸친 개정 끝에 결국은 소멸하게 되었다는 사실도 그 같은 대세의 반영에서 취해진 일이었다.

과전(科田)은 일단 지급되면 세습화되어 국가에 환수되는 일이 없었고 과전을 지급받은 신임관료들은 증가하여 과전으로 지급할 토지는 절대적으로 부족하였고, 그 결과 세조 12년(1466년)에 직전제(職田制)가 도입되었다(『世祖實錄』, 世祖 12년 甲子). 이 직전제에서는 현직관료에게만 지급하기로 한 것인데, 여기서는 토지를 직접 지급하는 것이 아니라 그 토지에서 수조되는 조곡(租穀)을 지급하였다. 이와 같이 직전제는 지급할 토지 결수는 정해져 있어도 수급자가 그 토지에서 직접 세곡을 수납하는 것이 아니라 정부에서 조곡을 수납한 뒤 이를 수급자에게 현물로 지급했던 것이다(『경국대전(經國大典)』「호전(戶典)」 "諸田").

다시 말해, 직전제에서는 조곡을 관수관급하는 것으로서 현물을 지급한다는 점에서는 녹봉과 같았다. 그러나 과전의 세습화 문제로 도입된 직전제도 기본적으로 국가재정이 곤란하면 유지될 수 없는 것이었다. 명종 11년(1556년)에 "백관(百官)의 직전이 이미 폐(廢)되었다"(『明宗實錄』, 明宗 11년 6월 丙申)는 기록으로 보아 직전제는 그 이전에 이미 유명무실해진 것 같다.

그러나 생산력의 일정한 발전에도 불구하고 과전법 하에서는 모든 토지를 국가수조지로 편성시켜 이를 각 국가기관에 분속시켜 운용했고 관인과 직역인에게도 응분의 수조권을 위임하여 수식(收食)케 하였다는 점에서 현실적인 토지지배관계는 중앙집권적인 국가권력에 의해 규정된 것이었다. 요컨대, 사적 요소의 성장 속에서 공유적 계기는 재생산되었고, 이는 지접생산자의 자립성 및 자주성의 신장 속에서 공동체적 사회질서가 재생산된 것을 의미한다. 바로 과전법의 의의가 사전 속에 토지를 탈점당하고 예농적 존재로 편입되어 있던 다수의 농민을 원래의 신분과 자영농의 존재로 복귀시킨 것이 아닌가? '국용전제'가 할거적인 분속수조지제(分屬收租地制)를 지양하고 보편적인 국가수조지제로 전향시켰듯이 이 시기 토지지배관계는 수조권적인 것에서 소유권적인 것으로 변화하고 있었다. 사실 이것은 토지생산력의 발전으로 토지지배의 기축(基軸)이 보다 더 소유권적인 유형으로 이행되었던 고려 후기의 연장인 것이다. 즉 소유권적인 토지지배는 원리적으로 그 위에 어떠한 사적인 지배관계의 중간개입을 요하지 않은 채 국가의 공권력을 직접 상대하는 것이었으며, 또 거기서는 대세 상 휴한농법의 극복이라는 농업생산력의 상대적 발전을 기초로 하는 소경영의 전개에 따라 매매 따위를 통한 그 자체의 분화가 필연적이었다. 과전법에서 규정된 바 있는 분급수조지의 '천매(擅賣)·천여(擅與)'의 금지규정이 불과 30년 만인 1424(세종 6년) 3월에 해제되어 버린 배경도 여기에 있었다.

즉 민전처분권은 고려 전기의 전시과체제 하에서 엄중한 제한을 받았고 고려 후기부터 제한된 범위에서나마 인정받기 시작했었다. 그러던 민전처분권이 조선 초 과전법 체제에서 다시 일시적으로 금지되었다가 오래가지 못하고 세종 6년(1423년)에 민전매매가 공인되었다는 것은 농업생산력 발전 및 자립적 소농민경영의 확립에 따른 국가의 토지지배력의 약화와 농민의 토지소유권의 성장을 반영하는 것이다.

사실, 소농민경영의 일정한 몰락을 야기할 수밖에 없는 토지매매의 승인 조치는 토지에 대한 국가의 관리체계와 농민생활의 경제적 안정에 대한 국가의 책임, 즉 국가가 갖는 공동체적이며 공공적인 성격의 약화를 의미한다. 농촌의 촌락공동체 내부에 있어서 공동체에 의한 균전적(均田的) 토지배분 뿐만 아니라 국가에 의한 토지배분 원리가 더 이상 작동할 수 없음을 의미한다. 가장 중요한 요인은 경지면적의 증가가 인구증가를 따르지 못했기 때문이었다. 한 추정에 의하면 13세기부터 15

세기 초 사이에 호당(戶當) 혹은 인구당 실제경작면적은 급속이 감소하였다(李鎬澈, 1986: 742–45). 고대에서부터 점차 상승하여 고려 전기에 가장 높은 위치를 차지하였던 실제 경작면적지수는 그 후 점차 하락해 갔고 14세기를 전후로 하여 급감하였던 것이다. 이와 같이 경지압박으로 국가가 더 이상 농민에게 안정적인 토지공급을 수행할 수 없게 되자 사전에 대한 국가통제를 강화하고자 했던 과전법은 더 이상 유지될 수 없게 되었고 이에 따라 시장에 의한 조절이 확대된 것이다.

국전제 내용의 변화는 인민의 호칭 변화에서도 발견된다. 세종년간 까지 국가는 일반 인민을 '전객(佃客)'이라 공식 규정하고 있었다. 일반 인민은 '나라의 땅＝국전(國田)'을 '전(佃)＝차경(借耕)'하는 객(客)이라는 뜻이다. 그러나 국가를 주(主), 인민을 객(客)으로 설정한 조선 초기의 전객 규정은 이미 세종년간에 토지의 매매가 인정됨에 따라 공문화되고 있었다. 그 대안으로 세조년간에 제정되고 경국대전에 실리어 금석지전(金石之典)으로 내려 온 것이 일반 인민은 국전을 차경하는 농부라는 뜻의 '전부(佃夫)' 규정이다. 여기에는 인민의 '사실상의 사유'를 국가가 승인하고 있는 관계가 내포되고 있다(李榮薰, 1994a: 61). 이런 점에서 "전부는 국전제적 이념과 농민의 사실상의 토지사유가 적절히 구조화된 조선의 국제(國制) 그것의 역사적 소산"(李榮薰, 1994b: 97)으로 "국가 제약의 범주 내에 있는 민전"과 맥을 같이 하고 있다.

이와 같이, 과전법 체계가 전국 토지의 대부분을 일반 국가수조지로 편성시켰음에도 불구하고 토지지배관계의 원리에 있어서 매매나 증여가 자유로운 상황에서 소농민경영의 전개와 함께 전호제로의 전개 또한 필지(必至)의 일이었다. 즉 조선 전기의 자영농은 그 소경영의 전개 과정에서 전호화의 길을 걷고 있었고, 그 다른 한편에서는 토지집적화의 길이 전개되고 있었다. 이제 그 집적화의 과정을 간단히 살펴보자.

과전법이 고려 말의 사전을 혁파함으로써 권문세족들의 일시적이며 불법적으로 집적한 토지를 분해하게는 되었지만 그것이 토지소유권 일반에 변동을 초래하지는 못했다. 즉 기록들에서 보듯이 조선 초기에도 유세한 자의 소유지는 대토지의 경우라도 그대로 온존되고 있었다("權勢之家 廣占田園"『太祖實錄』권15, 7年 12月 甲辰; "幾之地 多達官別業"『太宗實錄』권28, 14年 8月 甲辰; "下三道 土沃物阜 朝士之農莊蒼赤 過半焉"『世宗實錄』권124, 31年 4月 癸丑).

또한, 조선 초기에도 중앙으로 진출한 현직의 관인은 말할 것도 없고 지방 거주의 품관·향리에 이르기까지 유세한 자의 농장이 광범하게 존속하고 있었고, 유망민(流亡民)을 받아들여 병작을 주고 수확의 반을 거두어 들였다("品官鄕吏 廣占土田 招納流亡 竝作半收"『太宗實錄』권12, 6年 11月 乙卯). 조선 전기의 유세가(有勢家)들은 원래 많은 토지를 소유하고 있었을 뿐 아니라 또한 더 많은 소유지를 집적해 가고 있었는데, 앞에서도 얘기했듯이 한 방법이 전대(前代) 이래 토지집적의 큰 수단의 하나였던 개간이었다.

조선 전기 국가의 정책에 다라 개간과 사민사업이 활발히 전개되어 16세기에 이르면 하삼도(下三道) 연해지역의 개간은 이미 끝난 정도였고, 북쪽으로는 평안도의 연안지역까지 진척되고 있었다. 그러나 개간은 많은 인력과 물력을 소요하는 일이었고 현지의 민력(民力)을 동원할 수 있는 길은 그 지방관의 관권밖에 없었으며 지방관을 움직인 자가 유세한 중앙관인이었다. 즉 권세가들이 개간·거점하고 약자가 이들을 쫓아 차경하여 그 소출(所出)의 절반을 나누었다(『삼봉집(三峯集)』권7, 「조선경국전(朝鮮經國典)」 賦典 經理).

물론, 자기 농장의 획득이나 토지의 집적에 관권을 발동한다는 것이 부정이었음은 말할 것도 없거니와 자기 농장이 있는 곳에는 수령으로도 나가지 못함이 법례("[尹]坦 若於光州有田莊 則宜換他邑 …… 尹坦自言本州有農莊 故命改之"『成宗實錄』권138, 13年 2月 丁未)였으나, 지방관이라도 유세한 관인이면 관권을 직간접으로 발동하여 집적화의 길로 나아갔다. 그러나 관권을 발동할 수 있는 관인들에게 독점적으로 열려 있는 집적화의 현상은 어디까지나 소농민에 대한 침해를 바탕으로 전개되고 있었다. 그리하여 16세기의 관인층은 연해지(沿海地)뿐만이 아니라 제언·천방 같은 전통적 수리시설이나 노전(蘆田)·어전(漁箭)·시장(柴場)같은 전통적인 공동지로서 널리 개방적으로 이용되어 온 것까지 독점함으로써 소농민경영을 몰락시키면서 자신의 토지집적을 추구하고 있었다.

조선 전기의 지주층이 토지를 집적하는 방법으로 또한 장리(長利)를 이용하였다. 즉 15, 16세기를 통해 장리는 보편적으로 활용되는 토지집적의 길이었으며, 그것은 원래 고리대인데다가 법령을 어기고 실제로는 이식(利息)이 원곡(元穀)을 초과하면서 증식하고 있었다. 그리고 장리를 통한 토지집적은 형식상으로는 매매의 성격으로 진행되고 있었으나, 그 매매는 순전히 경제적 관계로 이루어지는 것이 아니었고 경제외적 중압에서 사실상 면제된 특권층의 가혹한 수탈이며 모리행위로 자행되고 있었다. 즉 장리는 그 자체 직접 경제외적 강제의 성격을 띠고 있었다고 할 수 없겠지만 그러한 강제를 배경으로 하여 운용되고 있었던 것이며, 그래서 그것은 소농민의 재생산활동을 구조적으로 규정하고 또 그것을 지배층에게 예속시키는 하나의 항구적인 요인으로 작용하였다. 이것은 권세를 이용한 직접 침점(侵占)이 토지집적의 주요한 유형이었다는 점에서도 확인된다. 이와 같이, 이 시기 소농민의 토지상실이란 그들 소경영이 가지는 경제적인 관계에서 진행되는 현상이었다기보다는 주로 경제외적 중압으로 인하여 야기되는 현상이었고, 이것은 소농민의 사회경제적 자립도가 극히 저조했음을 반영한다.

한편, 토지집적의 주체도 왕실·종친·재상·관인층·토호·사노(私奴)에 이르기까지 실로 다양하였다. 예를 들어, 충청도 진천(鎭川) 거주의 사노 임복(林福)은 8천여 석(石)의 사곡(私穀)을 가진 부호였는데 그 중의 3천 석을 납속(納粟)하여 그의 자(子) 4인 모두 종량된 사례(『成宗實錄』권181, 16年 8月 乙未)가 있으며, 또 전라도 남평(南平) 거주의 사노 가동(家同)도 2천석을 납속한 사례가 있었다(『成宗實錄』권182, 16年 8月 戊申). 이와 같이, 토지집적의 계층이 다양했기에 토지소유의 역사적 성격과 소위 일컬어지는 지주의 성격을 한마디로 규정짓기 어렵다. 전주(田主)의 성격에 대해서는 다음 절에서 다룰 것이다.

조선 후기 토지소유의 집중 경향은 더욱 가속화되었다. 임진왜란 이후 한편으로는 농업생산력의 발전으로, 다른 한편으로는 중앙권력의 권위 상실로 사적 토지소유의 성장과 토지소유의 확대가 전개되었다. 임진왜란은 인구를 격감시키고 경지를 크게 황폐화시켰다. 당시의 기록에 의하면 난전(亂前)의 전국의 경지는 약 150만여 결이었으나(『증보문헌비고(增補文獻備考)』, 권141, 田賦考1) 난 직후인 1601년에는 약 30만여결에 불과했다(『宣祖實錄』, 宣祖 34年 辛丑 8月1 戊寅41). 경지의 이 같은 대대적인 황폐화는 일반농민뿐만 아니라 토지집적자들에게도 큰 타격을 가하였다. 예를 들어, 난전의 "士族只有田庄 民皆無之 皆竝耕而食"의 상황이 "亂後人皆自耕"으로 변한 것이다(『宣祖實錄』, 宣祖 34年 辛丑 8月1 戊寅41). 그리고 이러한 상황은 17세기 초반까지 기본적으로 유지되고 있었다("今則毋論土豪 凡厥小民 亦皆廣置田土 而所獲 比平時半減,"『仁祖實錄』仁祖 12年 甲戌 潤8月 庚戌).

그러나 난에 의해 황폐된 경지가 다시 개간되기 시작했고, 그 결과 1640년 경에는 난 이전과 거의 비슷한 수준으로 회복되었고("田野之闢 與壬辰以前 幾乎相同,"『仁祖實錄』仁祖 24年 8月 乙丑), 1650년 경에는 간전이 일증(日增)하여 이전에 불식(不食)하던 땅이 모두 경작되지 않은 것이 없었고("墾田日增 舊所不食之地 無不盡闢,"『孝宗實錄』孝宗 5年 甲午 10月 壬寅), 1688년 경에는 촌토척지(寸土尺地)가 모두 이미 기경(起耕)되어 실로 일무(一畝)의 한광지(閑曠地)도 없었듯이("山峽之間 海澤之濱 寸土尺地 皆已起耕 實畝一畝閑曠之地,"『비변사등록(備邊司謄錄)』肅宗 14年 戊辰 4月 14日) 개간은 이미 완료되고 나아가 난전의 수준을 넘어섰던 것 같다.

이러한 개간과정에서 사적 지주의 성장이 급속히 전개되었다. 당초 자작농의 형태로 개간지에 정착한 소농민경영은 특별한 경우를 제외하고는 이들의 개간지 대부분이 척박지로서 소농민경영의 성공적 정착이 힘들었기 때문에 이들은 비교적 신속한 분해의 와중에서 차지농으로 몰락해 버렸다. 예를 들어, 1690년 인천부에 영종진이 설치되고 진(鎭)의 수용(需用)을 위해 주변 도서의 목장을 파(罷)하고 개간이 추진되었고, 진의 병민(兵民)들이 개간지에 정착하였으나 2년 후의 한 보고에 의하면 개간지는 경외사부(京外士夫)들의 농장으로 화해버렸다("永宗所在 司僕牧場 曾前啓請革罷 募民耕作者 專爲本鎭兵民 而近聞京外士夫 多占農場 本鎭兵民 則不得蒙利云,"『비변사등록(備邊司謄錄)』肅宗 18年 壬辰 11月 25日).

또한, 1711년 강화도의 인정(仁政)·길상(吉祥)·불은(佛恩)의 3개 면 목장의 개간지에도 당초 입접한 농민들이 환곡의 부담에 못 이겨 절수지(折收地)를 팔고 철가도주(撤家逃走)하였고, 뒤를 이어 절수지를 매입한 소유주들이 등장하였다. 게다가 양반사대부는 일반양민의 개간 혜택 이외에 사실상의 추가특혜를 입었을 뿐만 아니라 사역시킬 수 있는 예속노동 노비를 보유하고 있었고, 이러한 혜택이 주어진 곳은 농민들의 투탁의 대상이 되어 지주로의 토지집중경향을 촉진시켰다.

토지집중 경향은 개간지에서 뿐만 아니라 기간지(旣墾地)에서도 전개되었고 오히려 후자가 토지집중의 본류를 형성했던 것 같다. 일반토지에 있어서 토지집중은 국가나 집적자의 과중한 수탈의 직접적 결과이기도 하지만, 보다 근원적으로는 17세기 후반 이후 초기적인 발전을 본 화폐경제의 농촌 확대에도 원인이 있다. 화폐경제는 농민경영을 고리대적 상인 집적자의 수탈 하에 종속시켰기 때문이다.

예를 들어, 18세기 초 한 기사에 의하면 "부요(富饒)한 자가 자대전곡(子貸錢穀)을 다적(多積)하여 빈개지류(貧丐之類)에 산급(散給)하고 전도문권(田土文券)으로 진당을 잡는데 이식(利息)이 날로 늘어 갚을 수가 없음에 이르러 그 전당문권을 매매하여 그 전토를 탈취하고 말았다" ("富饒者 多積子貸錢穀 散給貧丐之類 以田土文券 爲其典當 爲利息日滋 無 以準償 以其所典當者 仍惑賣買 奪其田土,"『肅宗實錄』肅宗 35年 乙丑 6月 庚巳).

18세기 말도 양상은 마찬가지여서 부강한 자들이 토지를 겸병할 수 고도 필요 없이 가만히 앉아 있기만 하면 토지를 팔려고 하는 자들이 나 날이 찾아와 토지를 팔고 기꺼이 그의 작인(作人)이 되고자 한다는 것이 다("彼豪富兼并者 亦非能勤賣貧人之田 而一朝盡有之也 自藉其富強之資 安坐而無爲 則四隣之願鬻者 自持其券 而日朝於富室之門矣…彼富室者 勉强厚其價 而益來之 旣有之矣 仍令佃作 ……"『연암집(燕巖集)』,「과농 소초(課農小抄)」限民名田議).

이와 같이 화폐경제의 발달이 가져온 토지시장의 성립에 대응하여 상인자본의 일정한 축적이 토지소유로 전화할 수 있었기 때문에 상인에 의한 토지겸병이 조선 후기 사회질서의 문란과 더불어 농민의 몰락과 토지집중을 가속화시켰다. 한 예로, [표 11-1]은 1825년과 1858년 사이 에 황해도 해주군 화양방(花陽坊)에 있는 내수사(內需司) 보(洑)의 몽리 민답(蒙利民畓)에 있어서 토지집적을 보여 주고 있는데, 1825년에는 100 두락 이상의 소유자가 1명으로서 전 경지의 11.4%를 보유하고 있는 데 비해 1858년에는 5명으로서 전 경지의 49.7%를 점하고 있는 반면, 20- 30두락의 중농층이 급속히 몰락하고 있음을 볼 수 있다. 요컨대 19세기 전반 이곳에 있어서 급속도로 토지가 집적되고 있었으며 이에 따라 많 은 농민이 작인화되어 갔다.

그 결과 전부(佃夫) 규정도 17세기 중엽 이후 부정되어 갔다. 정부 의 법령에서조차 전부는 그저 농부됨을 의미하는 전부(田夫)라는 말과 혼용되고 있었으며, 나아가 민간의 병작제 하의 작인을 가리키는 말로 그 뜻이 바뀌고 있었다. 1720년의 경자양전(庚子量田)에 이르러서는 양 전사목(量田事目; 규칙)에서 전부(佃夫)를 전주(田主)라고까지 표현하게

[표 11-1] 황해도 해주군 內需司狀 畓內 소유분화의 추이   (단위: 斗落)

	1825		1858	
	인원(%)	면적(%)	인원(%)	면적(%)
100두락↑	1 (1.5)	153 (11.4)	5 (8.4)	776.5 (49.7)
40-100	7 (10.4)	444 (33.0)	3 (5.1)	181 (11.6)
30-40	2 (3.0)	66 (4.9)	4 (6.8)	139.5 (8.9)
20-30	14 (20.9)	329.5 (24.5)	4 (6.8)	101.5 (6.5)
10-20	15 (22.4)	208 (15.5)	16 (27.1)	234.8 (15.0)
0-10	28 (41.8)	144.8 (10.7)	27 (45.8)	129.5 (8.3)
계	67(100.0)	1345.3(100.0)	59(100.0)	1562.8(100.0)

자료: 道光五年乙酉二月日淑善宮改踏驗收稅成册
    咸豊八年九月日內需司海州花陽坊五里正用坪狀畓糧案成册(이상 『黃海道庄土文積』(奎
    19303) 第21, 册 所收).

되었다. 실제로 양안에 '주(主)' 규정이 등장한 것은 17세기 후반부터로 추정된다. 반면, 전객(佃客) 내지 전부(佃夫) 규정이 작용하고 있던 조선 전기의 양안에서 일반 인민을 가리켜 어떤 형태로든 '주(主)'라고 칭한 일은 없었다. 다시 말해, 17세기는 정치 사회 경제의 여러 분야에서 괄목할 만한 발전과 변화가 있었던 시대이고, 잘 알려진 대로 농업생산력과 시장경제가 크게 발전하고 있었다.

또한 17세기는 소유권 분쟁이 가장 격심했던 기간이기도 하였다. 궁방전(宮房田)과 아문둔전(衙門屯田)의 절수에 따른 분쟁뿐만이 아니라 구래 양반-노비 간에 소유권 귀속이 에매히던 토지들에서 광범위힌 민간분쟁이 있었다. 즉 노비제의 해체에 따라 사적 토지소유의 발전단계에 큰 진전이 있었고, 양안에 기주(起主) 규정의 성립은 이 같은 시대적 상황을 배경으로 하고 있었다. 그것은 기존의 전부체제에 대한 부정형태이며, 이 기간 국가의 토지지배가 현저히 약화되고 있는 역사과정을 대변하고 있다. 물론 기주 규정의 성립이라 하더라도 그에 따라 전통적인 국전의 원리 그 자체가 완전히 부정되지는 않고 있었다. 이 점은 동 규정이 성립한 지역적 범위의 한계에서도 확인되고 있다(李榮薰, 1994a: 61-67).

제 3 절   조선 후기의 병작제의 성격

조선사회에서의 토지소유를 봉건적 토지소유로 파악하는 근거로 조선 후기 병작제(이를 학계에서는 지주-소작관계로 부르고 있음)에 대한 평가이다. 병작제라는 것은 "舊俗耕于他人田者 謂之幷作 蓋以主與客各收其半"(『星湖僿說』 上) 또는 "竝作之規 收穫後 爲分其半 田主納其稅 作者無所與"(『備邊司謄錄』 英祖 16年 潤6月 25日)이라 하듯이 작인(作人)이 전주(田主)의 땅을 빌어 경작한 후 수확의 반을 전주에게 납부하는 토지를 둘러싼 착취관계이다. 즉 병작제에서 전주는 종자를 지급하고 국가에 대한 제반 부세(賦稅)를 담당하는 대신, 작인은 수확의 반을 전주에게 지대로 지급하였다. 이처럼 전주와 작인 양자가 힘을 합하여 농사를 짓는다는 의미에서 병작제라는 말이 생겨났다고 보인다(李榮薰, 1995: 240). 즉 조선의 병작제에서 차지농에 대한 일반적 호칭은 '작인(作人)'이었다. 한편, 조선의 호(戶)는 어디까지나 국가적 제수취와 관련해서 다양한 구조로 편제된 농민의 존재형태를 가리키는 의미였기 때문에 전호라는 '호(戶)'류의 호칭이 병작제 하의 작인을 가리키는 용어로 일반화할 수 없던 사정, 즉 사적 계약관계로서의 병작제와 호로 실현되는 국가적 수취관계 양자가 전혀 상이한 역사적 두 범주였던 원인이 있었다.

다시 말해, 한국의 근대역사학이 자주적으로 창흥되지 못하고 식민지기 일본인들에 의해 출발했던 것이 조선의 전부(佃夫) 내지 전호(佃戶)에 깃든 그 고유한 역사적 의미를 지금까지 애매하게 만든 기본원인이 되고 있다. 오늘날 흔히 부르고 있는 '지주'와 '소작'이란 말이 조선시대에 실재했던 것은 결코 아니다. 식민지기 일본인 관리나 학자들이 조선 병작제의 〈전주 - 작인〉을 가리켜 일본식의 〈지주 - 소작〉으로 바꾸어 불렀던 것이다.

식민지기 초기 '소작인'이란 조선어로 번역되는 배려가 있기도 하였지만, 그런 가운데 조선인 스스로도 소작인이란 말에 익숙해져 버렸다. 한편, '지주'라는 말의 경우, 조선시대에 없었던 것은 아니나, 그 뜻은 전혀 별개의 것으로서 그것은 주로 사족들이 애용한 말로서 '지방관 수령'을 가리키는 뜻이었다. 이렇게 고유한 역사적 용어가 상실되고 또 전혀 다른 뜻으로 전용되는 가운데, 중국사에서 소작인에 해당하는 '전호'라는 말이 수입되어 이제 소작인으로 불리기 시작한 조선사의 '작인'에 대한 또 하나의 호칭으로 자리 잡았다(李榮薰, 1994b: 77-127).

이처럼 전주가 수취하는 반수소작료는 작인이 생산한 잉여가치의 대부분이며 그 본질에 있어서 잉여가치의 일반적 통례적 형태인 봉건지대로 파악한다. 경우에 따라 반수소작료는 작인의 필요노동 부분도 잠식하는 가혹한 것이었다. 예를 들어, 1799년 공주의 유학(幼學) 임박유(林博儒)는 비록 8구(口)의 상농가(上農家)가 부자에게 차전(借田)하더라도 신고(辛苦)하여 생산한 곡식이 필경 모두 부자의 창고에 들어가고 밭에서 쟁기를 잡고 씨를 뿌린 농부는 굶주림을 면할 수 없다고 지적하고 있다("雖使八口之上農家 借田於富人 而畢竟辛苦之粒 盡輸於富人之庫 殆朱夫子 所謂富人 其賦 太半者也 壟上扶犁之兒 不免手種而腹飢 則此正無恒心而無恒産者也,"『일성록(日星錄)』正祖 23年 2月 11日).

병작제는 고려 말기에서 조선 초기에 설치는 기간에 성립하였다고 추정하고 있다. 이 기간에 있어서 농업생산력의 발전은 종전에 볼 수 없었던 정도로 뚜렷한 바가 있었는데 병작제의 성립은 이 같은 생산력의 발전이 그 기초가 되었다고 보여진다. 즉 고려 말 이른바 '세역(歲易)'으로 불리는 정기적 휴한이 극복되고 연작농법(連作農法)이 성립하였다는 사실에 기초하고 있다. 연작농법의 성립에는 분회(糞灰)를 중축으로 하는 시비법의 보급이 큰 역할을 하였다. 조선적 특질의 예부농법(刈敷農法)의 확립은 이렇게 여말선초의 일이라고 볼 수 있는데, 이 기간에 전래된 중국의 남송 수전농법(水田農法)이 큰 영향을 준 것 같다. 한편, 휴한에서 연작으로의 농업생산력 발전은 직접생산자 농민경영의 구조 및 사회적 존재형태에 있어서 커다란 변화, 즉 농민경영의 소농민경영으로의 일반적 성립을 수반했다. 앞에서 기술했듯이, 이 같은 발전의 담당 주체는 흔히 조선 건국의 중심세력으로 일컬어지는 재지의 신흥사족층이었는데 그들은 이미 그 자신 중소지주층이었던바 병작제라는 새로운 생산관계에 뿌리를 두고 있는 존재였다.

그러나 '병작'이란 용어가 고려시대에는 보이지 않고 있다가 조선 초기부터 나타나고 있다는 사실은 병작제의 본격적 성립 시기가 14세기 후반 이후였음을 의미하고 있다. 사실, 조선 국가는 당초 이 병작제를 불법적인 것으로 금지하고 있었다. 단지, 질병자나 홀애비 및 과부, 또는 노비가 없는 양반과 같은 자경이 불가능한 경우에 불가피한 것으로 인정되고 있었다. 그 결과 병작제의 보급은 15세기까지 제한될 수밖에 없었고, 16세기 이후에야 급속히 확대되었다.

다시 말해, 생산력 발전에 따라 자립적 소농민경영의 성립이 확대되었음에도 불구하고 병작제가 조선 초부터 광범위하게 성립했다는 사실은 확인할 수 없다. 대개 병작제에 대한 기록은 조선 후기에서 집중적으로 확인되고 있다. 예를 들어, 연암 박지원(朴趾源)이 1798년 당시 군수로 재직하던 충청도 면천군(沔川郡)의 전결 및 호구상황과 전제개혁에 관해 기술한 '한민명전의(限民名田議)'에 "見戶之中 有田自耕者 十無一二"라고 했듯이 타인의 토지를 경작하는 작인이 농민경영의 지배적 형태였음을 알 수가 있다. 또한 19세기 초엽의 전라도 지방의 상황을 기술한 정약용(丁若鏞)에 의하면 전체 농민 중에 자작농은 25%에 불과했고 차경자(借耕者)가 70%였다("今計湖南之民 大約百戶 則援人田 而收其租者 不過五戶 其自耕其田者 二十有五 其耕人田 而輪之租者 七十,"『여유당전서

(與猶堂全書)』第1集 文 권9).

반면, 조선 전기에는 무전자(無田者)는 30% 정도에 불과했던 것 같다("我國壤地編小 無田之民 幾戶十分之三 有田者有故而不能耕種 則隣里族親竝耕而分 乃民間常事也"『世宗實錄』권11 4年 正月 丙子). 즉 16세기 말 이후의 잇다른 전란에 의해 인구가 감소하고 토지가 황폐해짐에 따라 반전되어 상당수의 자작농이 경지의 재개발과정에서 창출되었으나, 18세기 이후 상품경제의 발전에 따라 농민경영이 분화되는 상황에서 병작제는 확대되었다. 물론, 전주계급을 대표하는 소위 대지주의 중심은 여전히 양반신분의 관료계급이었다. 그들은 국가적 수취체제에 기생하면서 그것을 축재의 기초고 삼고 있었던 것이다.

그럼에도 불구하고, 조선 후기에 광범위하게 성립했던 병작제를 봉건적 생산관계로 확정한다면 무엇보다 경제적 토대에 있어서 봉건적 토지소유의 일반적 성립이 왜 상부구조에서의 봉건, 즉 권력의 사적 분할을 성립시키지 못했는가의 의문이 제기된다. 즉 조선사회에 있어서 병작제의 형식으로 봉건적 토지소유가 하부구조에 있어서 보편적으로 성립하고 있었다는 사실과 다른 한편 여전히 비봉건적인 강인한 국가권력이 국가형태의 기본을 이루었다는 사실과 상호 모순되기 때문이다. 상부구조의 이러한 성격으로 전주가 작인으로부터 지대를 수취함에 있어서 요구되는 경제외적 강제가 사회적으로 공인된 일정한 형태로 체계적으로 정비된 적이 없었다. 그리하여, 앞에서 기술했듯이 작인이 지대를 거납(拒納)할 경우 전주가 취할 수 있는 수단은 기본적으로 국가권력에 의존할 수밖에 없었고, 국가는 그 본질에 있어서 전주권력이 아니었다.

병작제의 이러한 한계는 전주–작인의 재생산구조의 불안정성에서도 확인되는데, 전주–작인관계의 불안정성은 작인의 소농민경영으로서의 불안정성과 개별 전주의 토지소유의 재생산구조의 취약성 모두에서 기인하였다. 예를 들어, 호부인(豪富人)들이 토지를 무제한으로 겸병해가는 현실에 대한 해결책으로 '한전제(限田制)'를 주장한 연암 박지원은 '한민명전의(限民名田議)'에서 "신이 오랜 세월 동안 여러 사람들의 수세대를 살펴보건대 그 능히 부조(父祖)의 전업(田業)을 보수하여 다른 사람에게 팔지 않는 자는 열에 다섯 정도이고 그 매년 조금씩 토지를 쪼개어 파는 자가 열에 일곱, 여덟은 항상 되니 그 잉여를 축적하여 토지를 익점(益占)하는 자의 수를 가히 알만 하다"고 기술하고 있다("以臣犬馬之齒 亦嘗觀人數代矣 其能保守父祖之田業 而不賣於人者 十居其五 其歲歲割土者 十常七八 則其畜剩餘 以益占者數 可知矣"『연암집(燕巖集)』, 限民名田議). 여기에는 토지겸병의 현실과 얼핏 보기에 모순되는 지적, 즉 조상으로부터 물려받은 토지를 제대로 유지해가는 자가 그리 많지 않음을 말하고 있다.

이와 같이, 병작제의 한계가 경제외적 강제가 공권력 형태로까지 발전할 수 있는 내적 계기의 결여에 연유한 반면, 역으로 중앙정부의 권위가 상실되었을 경우에 경제외적 강제에 기초한 토지집적이 급증할 수 있음 또한 주목할 필요가 있다. 앞에서 거론했듯이 소수에 의한 토지집적과 소농민의 토지 상실은 경제적 관계에서 진행된 현상이기보다는 주로 경제외적 중압으로 인해 야기되었다는 점에서 병작제의 성격은 정치질서에 의해 규정되었다고 할 수 있다.

예를 들어, 1901년 광무양안(光武量案)의 자료를 이용해 정리한 충청남도 2개 군의 토지소유 현황을 살펴보자(李榮薰, 1988). [표 11-2]의 석성군(石城郡) 병촌면(瓶村面: 현재의 논산군 성동면 병촌리)은 금강유역의 평야지대이다. 병촌면은 낮은 야산 기슭에 위치하여 남으로 수전평야를 마주하고 있다. 평야가 다한 곳에 금강이 흐르고 있는데, 강을 건너면 바로 거기가 유명한 은진군(恩津郡)의 강경포(江景浦)이다. 이곳은 잘 알려져 있듯이 조선 후기 유수한 대장의 하나인 강경장시가 개설된 곳이다. 이렇게 상품경제의 발전을 직접 배경에 둔 평야지대이어서인지 병촌면에는 병작제가 여타 지방에 비해 상대적으로 발전하여 있었다. 전주들의 중심은 19세기 세도정치에 참여한 풍양조씨(豊讓趙氏) 가문으

🌑 **[표 11-2]** 병촌면 양안상의 토지소유 분화상황   (단위: 結-負-束)

	原　　戸		挾　　戸		無家屋經營者		無家屋非經營者	
	인원	면적	인원	면적	인원	면적	인원	면적
5結〜	3	44-60-2			3	33-95-8	1	7-29-0
2〜5	4	14-34-7			10	32-12-8	5	16-09-1
1〜2	14	23-19-3			5	7-63-3	3	5-29-7
75〜100負	9	7-60-4			2	1-86-6	6	5-03-5
50〜75	16	10-28-1	3	1-86-2	16	9-56-8	6	3-84-1
25〜50	22	7-82-6	9	2-83-2	33	11-92-2	16	5-89-0
0〜25	34	3-21-7	15	1-63-6	65	6-72-9	15	1-96-3
0	[78]	0	[56]	0				
평균소유	1-08-9		23-4		77-5		87-3	

주: 垈田은 소유지에 포함되지 않았음. 때문에 소유규모가 0인 경우, 즉 [ ]는 垈田, 家屋
만을 보유한 사람이다.
자료: 李榮薰(1988: 356).

로 이루어져 있었다.

그런데, [표 11-2]에서 보듯이 원호(原戸)의 토지소유는 111결7부
(41.7%), 협호(挾戸)의 토지소유는 6결33부(2.4%), 무가옥경영자의 토지
소유는 103결80부4속(38.9%)으로서 협호에 비할 때 원호의 토지소유는
압도적으로 우월하다. 무가옥경영자의 소유를 해체하여 양자와 결합시
키더라도 원호의 압도적인 우월성은 변함이 없고, 오히려 무가옥경영자
가 원호와 결합될 가능성이 더 크다고 봄이 좋으므로 원호의 우월성은
한층 강화된다. 또한, 토시소유자 총 315명 중 2결 이상의 26명(8.2%)이
전토지의 55.7%를 점하고 25부 미만의 영세소유자 129명(41.0%)이
5.1%의 토지밖에 점하고 있지 못한 극심한 분화상태를 보여주고 있다.
전경지에서 소작지로 대여된 곳은 160여결로서 약 60%를 점하고 있다.

반면, [표 11-3]의 정산군(定山郡) 대박면(大朴面: 현재의 청양군 정
산면 대박리)은 산곡지대이다. 정산군 전체가 그러하다. 가령, 청양군(舊

[표 11-3] 대박면 양안상의 토지소유 분화상황 (단위: 結-負-束)

	原 戸		挾 戸		無家屋經營者		無家屋非經營者	
	인원	면적	인원	면적	인원	면적	인원	면적
1結～	7	10-08-4			4	4-43-6	1	4-72-6
75～100負	9	7-70-2	2	1-69-6	3	2-65-0	1	82-8
50～75	16	9-70-6	3	1-81-6	10	6-03-7	1	59-9
25～50	54	19-25-5	18	6-22-7	18	6-38-3	10	3-06-1
0～25	77	8-84-5	47	4-47-2	134	13-54-8	76	9-07-9
0	[47]	0	[52]	0				
평균소유	34-1		20-3		19-7		24-7	

주: 垈田은 소유지에 포함되지 않았음. 때문에 소유규모가 0인 경우, 즉 [ ]는 垈田, 家屋
만을 보유 한 사람이다.
자료: 李榮薰(1988: 368).

정산군) 전체의 경지가 지금의 논산군 성동면 앞의 광활한 평야 하나의
넓이도 못된다. 그 가운데 대박면이 더욱 그러하였다. 이 면은 삼면이
산으로 막히고 한쪽 협간으로만 외지와 연결되는 궁벽한 곳이다. 이름
있는 양반이나 성씨도 없었다. 동면인(同面人)으로서 볼만한 전주는 존
재하지 않았으며 인근 공주에 사는 김용진(金容鎭)이란 자가 4결여를 보
유한 부재지주로서 행세하고 있을 정도였다. 농민경영의 다수는 자작농
으로 존재했으며 경영규모는 병촌면에 비해 영세한 것이었다.

대박면의 원호의 토지소유와 협호의 토지소유는 각각 55결59부2속
(45.8%)과 14결21부1속(11.7%), 그리고 각각의 평균소유는 34부1속과
20부3속이다. 여기서도 협호에 대한 원호의 우월성은 확인된다. 그러나
앞의 병촌면 협호들이 토지소유에서 거의 배제되고 있음에 비해 여기서
는 상대적으로 협호의 상대적 소유자로서의 성격이 강하다. 원호는 평
균소유가 협호의 1.5배 정도인, 상대적으로 우월한 위치에 있을 뿐이다.
무가옥경영자 169명 중 타면인은 22명(4결여)이다. 나머지 본면인(本面
人)의 소유를 해체하여 원호와 협호에 배분하면 원호의 협호에 대한 우

월성은 강화되겠지만 동시에 협호의 토지소유자로서의 성격도 강화될
것이다. 협호의 이러한 성격은 동면(同面)에서 병작제가 발달되어 있지
못한 사정의 한 표현이다. 본면인으로서 최대 토지소유자는 2결82부8속
의 우성하(禹聖河)란 자인데 그의 대여지는 84부2속에 불과하여 지주라
고 평가하기는 어려운 경우이다. 면내 전토지에서 소작지로 대여되고
있는 것은 약 28결(23%)에 불과하며, 이 중 부재지주(무가옥비경영자)의
18여결을 제하면 본면인의 대여지는 10결 정도에 불과하다. 그것도 지
주의 위치에서 대여된 것은 전술한 최대소유자 우성하가 지주가 아니었
음에서 쉽게 짐작된다.

　이와 같이 조선 후기 사회에서 병작제의 일반적 성격이 보편적으로
확인되지는 않으며 병작제는 경제외적 중압이 존재할 가능성이 있는 곳
에서 특히 발전하는 것을 보여 주고 있다. 역으로, 경제외적 중압이 결
여되어 있는 곳에서 상대적으로 소농민의 토지소유자로서의 성격이 강

● **[그림 11-1]** 20세기 초 병촌면과 대박면의 토지분배에 대한 로렌즈곡선

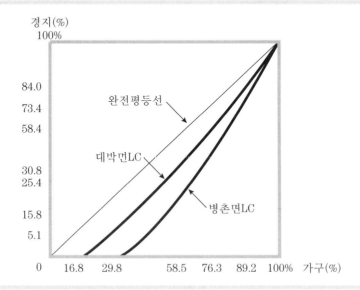

하게 나타나고 있다. 다시 말해, 경제외적 중압이 결여되어 있는 곳에서 상대적으로 균등한 소농민경영의 존재가 확인되고 있고, 이것은 [그림 11-1]의 로렌즈곡선(Lorenz Curve)에 의해서도 설명된다.

　즉 대박면 농민경영의 다수는 그 신분 내지 경영구조에 있어서 비교적 균등한 소농민경영으로 존재하였다. 농민경영 간에 어떠한 규정적 의미의 경제적 착취관계는 존재하지 않았다. 여기서 협호는 소유나 경영에 있어서 상대적으로 열등한 위치에 있었던 소경영이라는 의미였다. 주호-협호관계에서 협호를 예속노동으로 구사할 만한 주호경영이 상대적으로 부재했으므로 상호간에 강한 예속성도 찾을 수 없을 것이다. 그러나 한 가지 주목할 것은, 농민경영 간에 규정적 의미의 경제적 착취관계의 부재에도 불구하고 현실적으로 주호-협호관계가 성립해 있듯이 조선 후기 사회에서 공유적 계기는 상대적 평등을 내용으로 하고 있다.

　경제외적 강제의 존재와 소농민경영의 안정성은 지역적 차이에서도 확인된다. 즉 대한제국 농상공부가 조사한 농가경제상태의 표본조사에 의해 조선왕조 말기의 소작농민의 1년간 수지상황을 나타낸 [표 11-4]에서 보듯이 경기도·충청도·경상도·황해도 등 상대적으로 병작제가 발달한 중부와 남부지역이 적자를 크게 보인 반면, 평안도와 함경도 등 북부지역은 적자를 면하고 있다. 이는 조선왕조 말기의 민란과 농민전쟁이 하삼도 지역에 집중된 것과 무관치 않은 것 같다. 일반적으로 농업의 지역성은 전통사회의 해체기에 있어서, 특히 농업이 지닌 특성(풍토적 조건의 영향)의 자기 전개과정에 의해 규정받고 형성된다. 따라서 농업의 지역성에 대한 해명은 근대사회로의 이행기에 있어서 그 사회가 나아갈 방향성을 규정하는 근저적(根底的) 내용의 해명을 의미한다고 할 수 있다. 지역적으로 보면, 남부지역의 관개농업이 북부지역의 건식농법에 비교해 높은 토지생산성과 인구밀도, 그리고 일인당 경지면적의 격차를 구조적으로 규정했고, 1인당농업산출량의 차이는 다시 북부와 남부조선의 토지소유제에 영향을 미쳤다.

● **[표 11-4]** 소작농민 일년간 수지계산(1906년경)

지 명	경지면적	가 족	수입(圓)	지출(圓)	수지(圓)
경기도 수원군 북부면 동촌	답 6반 전 1반	4인	71.900	72.900	-1.000
충청남도 공주군 남부면 단미리	답 4반 전 2반 8문 자작전 1반 6무	4인	154.450 33.000	172.280	-17.830
전북 전주군 동면	답 5반 전 2반 자작전 1반 6무	4인	173.312 60.000	199.063	-25.751
경남 진주군 대안면 삼동	답 4반 전 2반 8무	4인	106.500 31.230	107.850	-1.350
강원도 춘천군 남부내면 하퇴계리	전 1정 6반 자작전 8반	4인	22.900 4.000	32.690	-9.790
황해도 해주군 월곡면 상촌동	답 7반 전 1정 8반 산림 6반	6인	67.310	84.400	-17.090
평남 강서군 대평신동	답 2반 전 1정 8반	5인	80.550	76.400	4.150
평북 의주부	답 2반 전 2정 3반	6인	147.470 6.000	143.400	4.040
함남 함흥군 남면 용흥리	답 5반 전 3반 3무	6인	79.875 21.000	76.010	3.865

자료:『小作農民ニ關スル調査』, 4쪽의 2. 愼鏞廈(1987: 180)에서 재인용.

예를 들어, 생계수준을 초과하는 1인당농업산출량 및 자본축적을 가능케 하는 소농경제의 상업화는 부재지주에게 토지에 대한 투자를 유인할 것이다. 이러한 요인들이 북부조선지역에서 보다 남부조선지역에서 토지집중을 증대시켰고, 토지소유구조의 차이는 두 지역에서 국가·지배계급·농민들 간의 상호관계에 영향을 미쳤다. 즉 북부조선에서는 많은 농민이 자작농이고 이들은 국가에 직접 조세를 납부했던 반면, 남부조선에서는 대개의 작인들이 전주에게 지대를 지불함으로써 간접적으로 국가에 대한 조세를 납부했을 뿐이다.

따라서, 남부조선의 농민들은 토지소유관계에서 북부조선의 농민들에 비해 토지소유계급들의 보다 용이한 간섭 범위에 놓여 있었다. 그 결과, 두 지역에서 농민공동체는 매우 상이한 구조를 형성하였는데, 북부에서는 자작농을 중심으로 하는 농민공동체가 국가의 요구에 대응하기 위해 조직화된 지도력을 발전시켰던 반면, 상대적으로 지역조직의 형성에 자극요인이 적었던 남부조선에서 촌락공동체는 주로 혈연조직의 범주에서 맴돌았을 뿐이다.

이와 같이, 경제외적 중압이 결여되어 있는 곳에서 균등한 소농민경영의 존재가 확인되는 것은 병작제의 한계가 국가규정성에서 비롯됨을 의미하는 것이다. 한편, 토지소유관계에 있어서 국가규정성이 한국 전통사회의 생산력 특성에서 비롯되었듯이, 생산력의 진화패턴 역시 공유적 계기의 조선사회 특성을 보여 준다. 지금까지의 실증연구에 의하면, 17세기 이래 조선 후기 전 기간에 걸친 농민경영의 분화의 기본추세는 상층경영이 해체되고 대신 중·하층이 성장하는 영세균등화의 방향이었다. 상층농의 경지보유 규모가 작아지고 중·하층과의 상대적 차이가 해소되어가는, 즉 농민경영의 영세균등화 현상은 무엇보다 소규모 집약적 소경영이 상층농의 조방적 농업경영보다 생산력에서 우위에 있었기 때문이었다(李榮薰, 1988: 555-57).

이처럼 소경영의 확대재생산 경향에서 확인되는 공유적 계기의 구조적 특성은 조선 후기 병작제 하에서의 농민소유권인 소작권의 성격에서도 확인된다. 15, 6세기에 비교해 병작제가 일반화된 18, 9세기에는 작인의 사회적 지위의 상승과 함께 차지에 대한 '관습상의 경작권' 혹은 '영소작권'이 형성되었다(허종호, 1965). 그러나 전주의 토지소유권이 지대 징수권으로 구현되는 전통사회에 도지권(賭地權)이 소작료율을 절하시킬 수 있는 권리였다는 사실은 그것이 단순히 차지권(借地權)으로서의 영소작권이라기보다는 전주의 토지소유권에 밑으로부터 제한을

가하면서 스스로 토지소유에 참여하여 일종의 소유권으로서 성장한 것
이라 할 수 있다.

　　즉 이것은 차경지(借耕地)에 대한 단순한 차지권 이상의 지배권을
의미하는 것으로서 전주의 토지소유권에 제한을 가하여 그것을 불안전
한 것으로 만들면서 밑으로부터 토지소유권에 참여하여 토지소유를 다
원화시켰다. 매매가격을 기준으로 작인의 소유권을 추정한 한 보고에
의하면, 전주소유권의 약 1/2, 전토지소유권의 약 1/3 정도로 성장하였
으며 여기에 보통차지에서 볼 수 있는 바와 같은 경작에 관한 관습적 권
리까지 합하여 보면 작인은 자기의 차지에 대하여 매우 강대한 지배권
을 행사하였다. 병작권의 매매는 반드시 '문기(文記)'를 작성하여 이루
어졌으며 그 매매가격은 조선왕조 말기에는 그 최고가격이 지가의 50%
까지 달하기도 하였다(신용하, 1987).

　　그리고 이러한 차지권의 토지소유권 수준으로의 발전은 [그림 9-1]
에서 병촌면의 로렌즈곡선이 좌상향함을 의미, 즉 토지분배의 불평등을
축소시키는 방향으로 작용하였음을 함축한다. 이와 같이 생산력 발전에
따른 사적 요소의 성장의 산물인 조선 후기의 병작제는 토지집중이라는
측면에서는 공유적 관계를 축소시키는 방향으로 작용하였지만, 직접생
산자(특히 노비)의 사회경제적 지위의 확대 및 경작농민의 사용권의 양
적·질적 성장이라는 측면에서는 토지집중의 부정적 효과를 어느 정도
상쇄시킴으로써 공유적 관계를 재생산시켰다.

　　요약하면, 생산력의 발전과 사적 요소의 성장에도 불구하고 한국
전통사회의 생산력 특성과 국가규정성이 (서)유럽과 같은 배타적 성격
에서의 사적 소유의 일반적 성립을 허용치 않았던 것이다. 즉, 생산력의
발전에 따라 생산과정에 있어서의 개별적 성격의 강화와 사적 소유의
관념의 강화, 그리고 (경지/노동력) 비율의 감소는 토지와 인간과의 법
제적인 결부관계 및 국가제약을 크게 약화시켰다. 그럼에도 불구하고
국가의 규정성이 소멸된 것은 아니었다. 이와 관련하여, 전근대적 토지

소유의 구조와 그 내재적 자기전개 과정의 결실이 가장 농축적으로 응결되어 있는 대한제국기의 광무양전을 주목할 필요가 있다.

제4절 대한제국기에 나타난 개항기 토지소유관계의 성격: 공유시스템의 제도적 존속

대한제국기의 광무양전은 비록 중도에서 포기되는 비운을 맞고 있었지만, 조선국가가 시행했던 마지막 양전으로서 조선사회 전양전사(全量田史)의 결산형태에 해당하고 있다. 주지하듯이, 지난 70년대 중엽에 이미 '광무개혁(光武改革)'의 성격에 대한 한 차례의 논쟁이 있었다. 이 논쟁의 한편에서는 근대적 개혁으로서의 의의를 적극 평가하고 있었던 반면, 다른 한편에서는 오히려 대한제국의 '수구고식적(守舊姑息的) 반동성'을 강조하였다.

이 논쟁을 간단히 요약하면 다음과 같다. 주지하듯이, 종래 학계에서는 일찍이 '경영형부농'론을 근거로 하여 18세기 이후 조선 후기 사회의 전개과정을 근대자본주의로의 이행기로, 그리고 이행 과정에서 제기되는 근대적 개혁과 개혁 주체의 형성 시기로 파악하였다(金容燮, 1970). 이 견해에 의하면, 18세기 이후 근대적 개혁과 관련하여 상이한 두 가지 주체와 개혁노선이 상호 대항적으로 형성되고 있었으며, 18세기 이후 조선 후기 사회의 제 변화와 발전은 이와 상호 관련적으로 그 역사적 의미가 규정되고 있다(金容燮, 1988).

한편의 개혁노선은 기존의 지배계급인 양반·관료·지주의 이해관계에 입각한 것으로서 기존의 봉건적 토지소유인 지주제의 개혁이 아니라, 농민들의 강한 불만의 대상이었기에 체제의 불안요인이었던 국가적 부세제도의 개선을 지향하는 이른바 '균세론(均稅論)'적인 지주적 개혁노선이었다. 다른 한편의 개혁노선은 피지배계급인 소작빈농의 이해관계에 입각하여 기존의 봉건적 · 지주적 토지소유의 폐기를 지향하는 이른바 '균산론(均産論)'적인 농민적 개혁노선이었다.

그런데 균산을 지향한 농민적 개혁노선은 19세기 이후의 민란과 그 결산형태인 1894년 동학농민혁명으로 구체화하고 있었으며, 동학농민혁명의 좌절과 함께 근대적 개혁주체로서의 그 역사적 역할을 마감하게 된다. 반면, 균세를 지향한 지주적 개혁노선이 1894년 이후 지배적 개혁노선으로 자리잡게 되었는데, 이른바 대한제국기의 '광무개혁'이 그 구체적 결실이다. 광무개혁의 중심은 광무양전과 지계(地契) 발급이라 할 수 있는데, 이들 개혁은 그 역사적 의의가 당시의 지배적인 지주적 토지소유를 근대적 토지소유로 법인(法認)하고 그에 상응하는 증명제도의 시행을 지향한 근대적 개혁으로 평가되고 있음은 주지하는 그대로이다. 다시 말해, 광무양전은 "구래의 토지소유관계나 지주, 소작제를 중심한 농업체제를 그대로 유지하고 이를 새로운 근대사회 자본주의체제에 적응시키려 한 것"(金容燮, 1984: 384)이었다.

그런데 이러한 '광무개혁' 론에 대해 여러 문제점이 제기되었다.

첫째, 광무정권은 독립협회를 강제적으로 해산시킨 친러수구파의 정권으로서 일반 인민의 민주주의적 정치참여를 법제적으로 배제하면서 왕권의 성격을 강화하는 일련의 제 정책을 특징으로 하고 있었다. 따라서 광무양전은 이와 같은 광무정권의 성격이 일반 인민의 민주주의적 개혁의 요구와 대항적으로 확정된 이후에야 그 올바른 실현이 가능했다는 것이다(신용하, 1976; 신용하, 1978).

둘째, 지배계급에 의한 국가적 수취제도의 개혁이 어떠한 이론적 · 역사적 관련에서 근대적 개혁으로 평가될 수 있겠는가? 즉 토지개혁을 내용으로 하는 균산론은 결과적으로 균세론을 지향할 수밖에 없기에 균세론적 개혁과 균산론적 개혁이 상이한 개혁노선으로 구분하는 것은 불가능하고, 기본적으로 광무양전은 구래의 양전사업의 본질을 충실히 계승하고 있었다는 점에서 문자 그대로 충실한 '구본(舊本)'이있다(金鴻

植, 1990).

셋째, 이론적, 개념적으로 현실의 토지소유관계 그 자체에 하등의
변혁적 재편을 가하지 않은 근대적=부르주아적 개혁("토지개혁 없는 부
르주아 혁명")이 역사에서 과연 존재할 수 있는 것인지에 대해 의문을
제기한다(이영훈, 1990).

또한, 광무개혁론을 계승하는 이들에게 '토지조사사업'은 당시의
사적 토지소유관계에 대해 그것을 해체하거나 재편하는 등의 변혁적 작
용을 전혀 가하지 않은 것으로, 따라서 '토지조사사업'에서 소유권 사정
의 구체적 상황은 이처럼 현실적으로 성립하고 있던 사적 토지소유를 있
는 그대로의 모습대로 근대법적 형식으로 수용하려 했던 '기술적 공정'
이상의 것이 아닌 것으로 간주되었다(裵英淳, 1988: 146). 예를 들어, 결
수연명부(結數連名簿)는 지주 중심으로 토지를 파악한 것이었음에도 불
구하고 징세장부라기보다 토지대장의 성격을 지니고 있는 것으로 인식
되었기 때문에 결수연명부의 작성은 '토지조사사업'의 예비조사의 최종
결과였다. 이와 같이 이들은 토지조사사업에 의해 이루어진 토지제도의
근대화가 그 이전 시기부터의 꾸준한 변화 과정의 종착역임을 주장한다.

여기서 한 걸음 더 나아가 근대적 토지소유의 확립을 아예 광무양
전의 시점에서 찾아야 한다는 논의까지 제출되었다. 한국역사연구회의
토지대장연구반(이영학, 1995)은 5년여의 작업 끝에 내 놓은 『대한제국
의 토지조사사업』에서 광무양전사업을 "사업의 질적 내용, 즉 근대법적
토지소유권제와 지세제도의 확립을 목표로 그 실질을 장부상에 담아 갔
다는 점에서 일제의 것과는 별 차이를 보이지 않는" '토지조사사업'이
라고 부르면서, 종래의 연구들이 소홀히 취급한 관계(官契) 발급은 일종
의 소유권 사정(査定) 절차였으며 그것에 지가(地價)를 기입함으로써 근
대적 지세제도의 발판을 마련하였다고 보고 있다. 이와 같이, 이들은 광
무양전의 지계(地契)사업을 근대적 토지제도 수립의 출발로 위치짓는다.
즉 관계(官契)는 소유권에 대한 국가의 법적 공증이었으며, 이것은 국가

가 개별 토지소유권에 대하여 관리권을 확보하는 국가의 토지지배방식이었다. 즉, 관계(官契)에 지가를 기재하게 함으로써 지가에 근거한 지세제도를 확정하였다는 것이다.

이와 같이, 광무개혁론자들에게 양전이란 비록 미흡한 점이 있지만 당시의 사적 토지소유를 양안이란 형식으로 조사·법인하였던 일종의 토지조사사업이고 그런 의미에서 양안은 여러 결함에도 불구하고 근대적 의미의 토지대장과 유사한 성질의 것으로 평가한다.

그러나 앞의 문제점 지적과 마찬가지로 이에 대해서도 다음의 문제들이 지적된다.

첫째, 근거 없이 광무양안에 실지조사부(實地調査簿)의 성격을 부여(광무양전의 근대성을 주장)함으로써 구양안과 광무양안 간에 질적 차별성을 부여하고 있다.

둘째, 양안 상의 시주(時主)가 대록(代錄) 등의 형태로 기재되었다는 점은 양안이 토지소유자 확인과 무관하다는 증거는 될지언정 양안이 등기부 역할을 했다는 증거가 될 수 없음에도 불구하고 현실의 소유관계가 양안에 반영되고 있다고 주장하고 있다.

셋째, 소유권자를 사정하는 근대적인 토지조사사업으로 간주하고 있는 관계 발급이 외국인의 토지 침탈을 방지하겠다는 의도에서 진행된 관계 발급과 어떠한 연관이 있는지 설명되지 않고 있다.

넷째, 양전과 지계사업을 통해 근대적 토지소유가 확립되었다고 하는데 여기서 근대적 토지소유를 어떤 의미로 사용하고 있는지 불분명하고, 이들이 말하는 근대적 토지소유가 기왕에 존재한 사적 토지소유권을 법인(法認)하는 절차상의 문제에 지나지 않는다면 근대적 토지소유의 실질 내용은 양전사업 이전에 성립된 것이 된다. 마지막으로, 이들은 대한제국기의 양전과 지계사업에서도 일제의 토지조사사업처럼 같은 명칭을 사용하고 있듯이 두 사업을 추진한 정권의 계급적 기반이 다름에도 불구하고 두 사업을 동일 범주에 넣고 있다(趙錫坤, 1995b: 283-86).

그러나 광무개혁론의 더 큰 문제는 "국가규정성과 성장하는 사적 소유의 동태적 결합"을 특징으로 한 한국 전통사회에 내재하는 토지소유의 독자적인 역사적 특성을 무시한 점이다. 다시 말해, 생산력의 차이에서 비롯된 다양한 사적 소유의 존재와 발전의 가능성을 미리 배제하고 '배타적 형태의 사적 소유'만이 유일한 '근대(성)'이자 '진보'의 지표로 파악한 문제를 갖고 있다. 그 결과, '조선토지조사사업'의 근대성을 기본적으로 인정할 수밖에 없는 '이론적 빈곤'이 "근대성을 도입했던 일본제국주의를 미화할 우려"와 결합되어 『대한제국의 토지조사사업』을 출산시켰다. 이는 일지일주(一地一主)적 소유관계만을 근대적 소유제로 받아들임으로써 일제에 의한 '토지조사사업'은 대한제국기의 근대적 토지제도를 이어받은 것으로 파악(이영학, 1995: 26-27)하기 때문이다.

한편, 양전을 어디까지나 조선 국가가 그의 수조대상지를 조사·확정함을 본래적인 목적으로 하는 것으로 이해하면서도 광무양안 중에 두락(斗落) 표시가 도입된 점에 주목하여 광무양안과 구양안의 차이가 있음을 부각시켜 이 변화를 결부제에서 두락제(斗落制)로의 이행으로 요약하고, 따라서 광무양안은 사적 토지소유의 발달에 따라 "수세권 분여에 기초한 수조권적 토지지배의 최종적 소멸이라는 사태를 반영"하는 것으로 해석하는 견해가 있다(宮嶋博史, 1990). 이들은 양안에서 토지대장으로의 변화가 일거에 달성되지는 않았으며, 조선 사회의 내재적 발전을 반영한 광무양안, 그리고 토지대장과 근접한 성격을 가진 결수연명부 등의 중간단계를 거쳐 이루어졌다고 보고 있다(宮嶋博史, 1991: 270). 이처럼 이들은 구양안의 단계와 토지대장의 중간단계로 광무양안과 결수연명부를 파악할 뿐만 아니라 한걸음 더 나아가 총독부의 '조선토지조사사업'을 조선 사회의 내재적 발전을 반영한 것으로 결론짓고 있다. 이처럼 결수연명부의 '토지대장'적 성격을 지나치게 강조하고 있는 기존 논의와 달리, 결수연명부는 토지대장과 구별되는, 즉 조선시대 양전

이나 양안으로부터 이어받은 것으로 과세를 위한 기초장부라는 점이
다.[5] 즉 토지대장이 지세부과를 위한 기초자료이면서 동시에 소유권 증
명을 위한 기초자료로 사용되었기 때문에 토지대장에 기재된 소유자는
반드시 실제 소유자가 기록될 필요가 있었던 반면, 양안 상의 소유자는
반드시 실제 소유자가 아니었다. 이것은 양안을 소유권증명장부로 보기
곤란하다는 것을 의미하고, 조선시대의 토지제도 하에서는 (서구적 의미
에서) 토지의 소유권을 증명할 수 있는 장부가 없었음을 의미한다. 국가
의 입장에서 볼 때, 그러한 장부를 갖출 필요가 없었기 때문이기도 하다
(趙錫坤, 1995a: 135-36). 여기서 우리는 결수연명부를 토지대장에 근접
한 장부로 파악하는 앞의 주장(裵英淳, 1988)과 같은 주장으로 연결되는
것을 주목할 필요가 있다.

　　그러나 이들의 인식 역시 근대적 토지소유를 "소유권 그 자체의 절
대성을 보장하는 형식적 제도상의 범주"(金鴻植, 1997: 21)로 규정함으
로써 '토지조사사업'은 조선양전사(朝鮮量田史)에서 미완으로 남겨진
과제를 해결했다고 주장한다. 이는 기본적으로 권력의 사적 분할과 토지
의 사적 소유에 기초한 (서)유럽 봉건제 사회와 달리 "농민적 토지소유
위에 국가적 소유의 중첩"(宮嶋博史, 1984)을 역사적 특질로 한 한국 전
통사회의 토지소유관계가 어떻게 서유럽과 동일한 유형의 '근대' — 배
타적·절대적 성격의 사적 소유 — 를 지향할 수 있는가 하는 논리적 허
점을 보여 준다.

---

5) 우선 형식면에서 결수연명부가 사람 중심으로 토지를 배열하였다면, 토시대상은
토지를 중심으로 소유자의 변화를 기록한 장부라는 점에서 큰 차이를 보이고 있
고, 형식상의 차이를 넘어서는 본질적 차이는 결수연명부가 여전히 결부제에 기
초한 장부였다는 것이다. 즉 양안, 행심, 깃기 등에 체현되어 있는 조선 시대 토
지 파악의 원리가 결수연명부에도 여전히 영향을 미치고 있었다. 게다가 "실제소
유자를 기록하라는 일제의 훈령에도 불구하고 여전히 소유자가 아닌 경작자의 명
의로 결수연명부가 작성된 점, 이름의 한자 사용에 있어 음을 좇아 간편한 한자
를 사용한 점, 또 전과 대지를 구별하는 관념이 아직 확고하게 장부상에서 표현
되고 있지 않은 점 등은 과거 양전방식의 유제로 볼 만한 것이었다."

지금까지 살펴보았듯이 대한제국기 토지소유의 성격과 관련하여 몇 가지 중요한 사실들을 정리할 수 있다.

첫째, 양안[이] 지세부과를 위한 장부였고, 그렇다고 해서 반드시 실제 소유자를 정확하게 파악하지 않을 필요는 없는 것이었음에도 불구하고, 양안에 실제 소유자가 기록되지 않은 것은 당시 토지제도 아래서 실제 소유자를 구태여 파악할 필요가 없었기 때문일 가능성이 높다. 즉 조선 후기에 이르면 사적 토지소유권이 상당 정도 발달했음에도 불구하고, 토지소유권을 공증하는 제도가 없었던 것은 그러한 토지의 사적 소유가 조선왕조의 통치체계와 이질적인 것이었기 때문이었다(趙錫坤, 1995: 136).

둘째, 광무양안에서 쟁점이 되고 있는 두락제 도입과 지계발급제에 대해 살펴보자. 1894년 농민전쟁 이후 농촌사회 및 농업문제를 해결하기 위해 새로운 전제개혁론과 양전론을 제기한 해학(海鶴) 이기(李沂)는 결부제를 그대로 유지하면서 결부제를 보완하는 방법을 강구하였는데, 즉 두락을 도입해서 결부법과 병용함으로써 결부법에서 오는 폐단을 방지할 수 있을 것으로 생각했다. 즉 결부법도 원칙적으로 토지를 객관적으로 측량하는 데 목표를 두고 있었으나, 토품(土品)을 기준으로 할 때 임의적일 수밖에 없는 측면이 있었다. 게다가 동일지역에서도 토지가격이 커다란 차이를 보이고 있기 때문에 토지가격의 차이를 고려할 필요가 있었다. 그리고 소유권 이전에 대해 토지소유자가 모두 관의 입안(立案)을 발급받도록 함으로써 국가가 전국의 토지를 엄격하게 관리할 것을 주장했다. 게다가 농촌 현실에서 작인의 처지를 고려하여 국가가 전주를 통제하는 방법으로서 병작제 내에서 지대의 인하와 조세 수취를 연관("民出九之一 官取十八之一也")시켰고, 장기적으로는 사전을 사들여서 모든 토지를 공전화[6]하는 방식으로 토지개혁을 구상하였다.[7] 이와

---

6) 즉 "若擧此井制 講而明之 變而通之 隨時制宜之爲也"라 하였으며, 특히 "蓋井田法必不可行者 反私爲公 異抑奪人口多少 不與田土相敵 則分田收田 實無其策"이라

같이 두락제의 도입은 결부제의 폐단을 시정하고 국가의 토지관리 강화를 통해 토지제도와 농민문제의 해결을 추구하기 위한 것이었다.

　　양전 또한 전주의 토지겸병과 과도한 수탈로 인해 발생된 농민들의 몰락을 방지하기 위함에서였다. 경작농민의 보호정책은 양전과정에서 양안에 시작(時作)을 등재함으로써 일부 반영되었으나 실제 아무런 정책적 뒷받침이 없이 사장되었다. 예를 들어, 양전균세(量田均稅)를 통해 실질적으로 토지분배의 효과를 거둘 수 있는 방법을 강구하였는데, "其法要在改定田制 而罷結負諦改之法 行方田頃畝之制"라 하여 종래 폐단이 많이 발생한 결부제를 폐지하고 새로운 양전방식으로 '방전경무지제(方田頃畝之制)'[8]를 채택할 것을 주장하였다(왕현종, 1995: 46에서 재인용). 예를 들어, 유학자 俞鎭億은 토지 측량 시 서울을 중심으로 8도로 확대시키고 4방의 표준으로 삼으며 일정한 토지를 구획하여 객관적인 면적을 측량하기 위해 돈대(墩臺)를 쌓는 방식을 주장하였다. 즉 매 300보(步)마다 1방(方)을 설정하여 사방에 4개의 돈(墩)을 세우고 9방을 1정(井)으로 삼는 것으로 결국 1정의 한 변 길이를 900보로 만들어 주위와 내부에 16개의 돈을 쌓는 방식이다. 그리고 이러한 방식으로 어린도(魚鱗圖, 토지의 모양을 그림으로 나타내어 면적, 세액, 소유자의 이름을 적었는데 지형의 구분이 물고기의 비늘과 비슷한 데서 나온 이름)를 작성하면서 망척(網尺)의 방식을 이용하여 내부에 있는 모든 토지를 빠짐없이 기록한다는 것이다(왕현종, 1995: 46에서 재인용).

　　양전의 새로운 방식으로서 어린도(魚鱗圖)의 작성 및 두락제의 도입 역시 국가의 재정확충과 관련을 맺고 있었다. 조선 말기에 전정(田政) 문란의 심각성이 극에 달하면서 양전을 통해 조세수입 및 국고 증대의 필요성이 제기되었던 것이다. 예를 들어, '양전조례(量田條例)'를 헌의

고 하듯이 인구와 토지에 상관없이 무조건 사적 토지를 공전으로 분배하는 방식은 문제가 있다고 파악하고 있다(왕현종, 1995: 46에서 재인용).

7) 『海鶴遺書』 권 1, 「田制妄言」, "急務八制議," 왕현종(1995: 44-46)에서 재인용

8) 경무제는 100보를 1무(畝)로 하고 100무를 1경(頃)으로 하는 양전방식.

(獻議)하여 양전사업에서 실시된 양전원칙의 기초를 만든 한성 우체사 주사(主事) 吳炳日은 전부(田賦)의 균제(均制)가 국가의 중요한 정치라는 의식 하에 지금 경자양전(庚子量田) 이래 양전이 실시되지 않아서 토지가 없어도 세를 내거나 토지가 있어도 세를 내지 않는 등의 폐단이 발생하는 등 국가재정의 중요한 원천인 결세의 확대를 위하여 시기전답(時起田畓)의 은누결(隱漏結)을 조사하고 결총(結總)을 증대시키기 위해 양전을 조속히 실시할 것을 주장하였다(왕현종, 1995: 59-64에서 재인용).

또한, 아산 지역에서 행해진 양전의 결과를 보면 양전사업의 목적 중 하나인 수세지의 확충이 명백히 확인되고 있다. 양전 이후 파악된 총 결수 3,399결 1부 1속은 이전에 파악된 구결총에 비해 10결 정도 줄어든 것이나, 진결(陳結)을 제외한 실전답(實田畓)은 3,382여결로서 당시의 수세결(收稅結)에 비해 857결 정도 더 많이 파악해 냈다. 다른 지역 역시 종래의 결총과 비교하여 결총의 증가분을 비교하여 표기하였듯이 국가는 각 지방의 지세 총액인 결총의 확보에 큰 관심을 기울였다. 그리고 새로운 결총을 찾아내기 위해서는 토지측량 과정에서 객관적인 토지면적을 파악할 필요가 있었던 것이다. 예를 들어, 『세종실록지리지(世宗實錄地理誌)』에서 확인되는 15세기기 초엽의 충남 연기(燕岐)의 결총은 2,916결 정도였고 이것은 조선 전 시기에 걸쳐 기본적으로 동일하였으나, 광무양전에 의한 결총은 1,888결 정도로 기존에 결총에 비교해 약 1,000결 정도 감소되었다. 감소의 기본 이유는 진전이 양전의 대상에서 제외되었기 때문이다.

18세기 이후 진·잡탈결(陳·雜頉結)이 일관되게 증가하면서 결세의 실질적인 크기를 이야기하는 시기결(時起結)이 지속적으로 감소하였다. 그런데, 1894년의 갑오개혁에 따른 면세지승총(免稅地陞總)으로 1895년의 시기결이 1871년의 그것보다 207결 정도 증가하였다. 물론, 진·잡탈결의 증가에 의한 18세기 이후의 시기결의 지속적인 감소는 토지에 대한 국가지배력의 이완 내지 해체를 의미한다. 시기결의 크기로 나타나는 국가에 대한 결세부담이 절대적으로 감소하고 있음이 그 직접적인 지표이기 때문이다(李榮薰, 1990b).

한편, 토지매매에 대한 관의 입안제도 역시 법전에서 19세기 말까지 적어도 형식적으로는 유효하게 존속하였고, 그런 점에서 지계를 발급하는 제도 자체는 토지상품화의 진전 속에서 사기·위매(僞賣)의 폐단을 막음으로써 인민의 소유권을 보호하겠다는 기본취지를 갖고 있었다. 예를 들어, 1900년 11월 중추원 의관 安鍾悳은 관계발급의 필요성을 주장하면서 법전 상『대전회통(大典會通)』「호전(戸典)」"매매한조(賣買限條)"에 이미 규정된 입안제도에 의해 관계발급이 명시되어 왔으나 실제로는 실시되지 못하고 있는데, 이러한 관행을 방치하는 한 사적 토지소유권의 불안정한 상태를 시정할 수 없으며, 당시 민간에서 행해지는 매매관행에서는 토지매매 문권(文券)의 규제가 없어 전매 시 근거가 될 수 없으며, 위권(僞券)과 도매(盜賣)뿐만 아니라 누적(漏籍)·허호(虛戸)의 폐단을 지적하였다.

또한, 1901년 10월 12일 중추원 의관 金重煥은 이미 전국적인 토지의 대부분이 사유로 된 상황에서 관계를 발급하지 않아서 소위 권계(券契)의 위조나 도매(盜賣)로 인한 폐단이 많이 발생한다는 점을 지적하면서 '田土官契之法'의 시행을 촉구하였다.『비서원일기(秘書院日記)』광무 5년 9월 1일(양 10월 12일) 중추원(中樞院) 의관(議官) 金重煥 소(疎) 참조(왕현종, 1995: 96, 99 재인용). 지계아문의 관계발급과 관련하여 최종적으로 수정 보완된 개정령에서도 모든 부동산의 거래상 나타나는 여러 폐단을 세서할 필요가 주요하게 시적되었나. 또한, 관세세도의 실시 배경에서 빼 놓을 수 없는 것으로 국내의 토지소유권이 외국자본으로 이전되고 있는 현실에 대한 대책이 필요하다는 점이 중요하게 작용하였다.

외국인이 부동산 소유자가 될 수 없는 상황에서 일본인을 중심으로 이루어진 잠매(潛賣)를 막을 제도적 장치(반역죄로 처벌)의 필요가 관계발급규정에 반영되었다. 또한, 국가의 토지관리 강화를 위해 외국인의 불법적인 토지매득 부분에 대해서는 환매처분을 종용하였고, 이후로는 외국인의 내지 주거 및 토지매매를 엄격이 금지하였던 것이다(최원규, 1995: 270-71에서 재인용).

게다가 관계제도가 실시된다면 이에 따른 이익으로 토지에는 은결(隱結)이 없어지고 민호(民戶)에는 누호(漏戶)가 발생하지 않으며 관계발행에 따른 수입으로 세입이 증가할 것을 예상하였다("夫如是則 一國之田土民戶 不待量籍 而先可瞭然矣 此法一行 其利有三 田無隱結 民無漏戶 歲入加增也…"安鍾悳, 『석하집(石荷集)』, 9권 잡저(雜著) 중추원건의(中樞院建議), 『비서원일기(秘書院日記)』 광무 4년 9월 11일(양 11월 2일) 중추원의장(中樞院議長) 金嘉鎭 언사소(言事疏) 참조. 왕현종, 1995: 96-97에서 재인용). 사실, 1902년 2월 전의관(前議官) 孫貞鉉은 중추원에 건의한 헌의서(獻議書: "今之急務 一則量地 一則地契 量地所以正土品 地契所以防奸爲現方地契實施則 量務尤不可停止也")에서 이미 110군의 양전을 통해 8만 결이 증결되었으며, 양전비용을 제외해도 4배의 이익을 낼 수 있다고 하였다(『조회원본(照會原本)』(규 17234) 참조).

그리고 무엇보다 '시주(時主)' 규정에서 보듯이 지계 상에서 인민의 소유권에 대한 법적 지위가 임시적 내지 한시적 존재로 규정하였듯이 지계의 발급제도를 (서구형의) 근대적 법제의 기준으로 삼을 수 없다. 광무양전은 1899년 6월에 충남 아산군에서 출발하였고, 당시 양전에 종사한 양무위원은 李鍾大, 李沂, 李喬赫, 宋遠燮의 4인이다. 이 중 李沂가 양전을 담당한 지역에서만 토지소유자를 '시주(時主),' 경작자(흔히 소작농)를 '시작(時作)'이라 하고 있고, 나머지 담당 구역에서는 진전(陳田)을 제외하고는 대부분의 경우 전주-작인이 적용되었다. 이러한 '주(主)' 규정의 혼란은 1901년 10월의 지계아문(地契衙門)의 규정에 의해 시주 규정이 확립되면서 해결되었다. 즉 지계아문은 토지소유자에게 지계를 발급하는 정책에 따라 설립된 기관인데 지계 상에서 소유자를 어떠한 법적 지위로 규정할 것인가가 불가피하게 제기되었고 토지소유자

를 '시주'라 규정하였던 것이다. 그 이후 지계아문에 의해 작성된 양안
에서는 일률적으로 시주 규정이 채택되었고 당초와 같은 혼란은 전혀
발생하지 않았다.

시주의 뜻에 대해서는 일치되고 있지 않지만 李沂가 농민을 '시점
(時占)'이라 부르자고 제안("凡田皆王田也 私主 不可謂之田主 改名之曰 時
占": 모든 전지는 왕전이니 사사(私私) 주인을 전주라 할 수 없으므로 시점
이라 부르는 것이다)한 정약용(丁若鏞)의 정전제론에서 영향을 받았다는
주장(金容燮, 1984b: 234)을 전제로 하여 '시(時)'를 '한시적' 혹은 '임
시적'의 뜻으로, 그리고 '본(本)'의 '대(對)'로서 "제한된 권리 상태"로
이해(李榮薰, 1994)하는 견해가 옳은 것 같다. 즉 대한제국까지 "일반 인
민의 권리는 최종수준에서의 국가적 토지지배('왕전〈王田〉'의 원리) 하
에서 여전히 제한적인 것으로 규정"되고 있었다는 얘기가 된다. 물론,
광무양전에서 '시주'라는 특별한 형태로 전국적 범위에서 일률적으로
'주' 규정을 성립시켰다는 점은 건국 이래의 국제(國制)의 기본원리인
전부(佃夫)체제가 크게 부정되고 있었음을 의미할 뿐 아니라 일반 인민
의 '사실상의 사유'의 지속적 발전의 결과물이라는 측면도 있다.

이와 같이 전안(田案)이나 지계 발급 모두 국가가 전국 토지관리의
강화를 통해 국가재정의 확보는 물론이거니와 토지집중을 제한하고 경
작농민의 농업경영을 보장하기 위한 제반 방안을 마련하는 데 기본취지
를 갖고 있었던 것이다. 예를 들어, 俞鎭億의 '전안식(田案式)'에서는
경작농민의 보호를 위하여 "半公半私之法"에 따라 2/10를 세로 수취케
하여 농민으로 하여금 1/10은 지세(조세, 왕세)로, 나머지 1/10은 지대
(賭租, 田主)를 내게 하였다. 이는 토지를 몰수하지 않으면서도 경작농민
에 대한 전주의 과도한 도조 징수를 통제함으로써 균산(均産)을 이룰 수
있었기 때문이다. 사실, 광무양전사업 이전에도 향촌사회에서의 사적
소유권은 명확하였다. 광무양안사업 및 국가적 법인이 부국강병과 민생
안정을 위한 사회개혁의 차원에서 수행된 것이라면 종래 양전사업의 기

본취지와 다를 바가 없는 것이다.

다시 말해, "국전(國田)을 전작(田作)한다는 이념과 제도가 전제된 위에, 토지에 대한 세습적인 경식(耕食), 현실적인 지배를 통해 확보되는 인민의 사실상의 소유권은 오히려 국가의 토지지배, 그 [부세] 수취의 안정적 기반을 제공한다. 그런 관계로 국가는 이미 『경국대전(經國大典)』에서 토지매매를 공인하였으며, 또한 부강배(富强輩)가 인민의 토지를 횡탈하는 행위에 대해서는 소민(小民) 보호의 관점에서 강하게 통제하였으니 국가는 인민의 사실상의 소유권을 승인하였을 뿐 아니라 그것을 지지하였다고 말할 수 있다"(이영훈, 1997: 96~97). 그렇다면 일반 소민과 국가의 이해가 부합하는 '국가적 법인'(지계발급)의 의미란 한국 전통사회의 장기적 진화과정에서 소멸되지 않은 '공동체 정신'(the spirit of communality: F. Bray, 1986: 170)의 정책적 발현이라 할 수 있지 않는가? 단지, 일반 인민의 자립성 및 자주성의 신장 속에서 국가와 일반 인민 간의 관계에 성격 변화가 수반되었던 것이다.

18세기 이후 국가의 '생산적 기능'이 미미해지면서 국가의 전통적인 토지지배력 및 인신지배력의 약화처럼 국가의 권위는 쇠퇴하는 반면, 농민적 생산력의 발전 및 농민적 토지소유의 성장을 보여 준다. 예를 들어, 19세기 후반의 급격한 호총의 감소는 동 시기에 구총(口總)은 오히려 증대하고 있는 모습을 볼 수 있듯이 인구의 감소추세를 의미할 수는 없기 때문에 호총의 크기로 결정되는 국가에 대한 호역(戶役)의 감소로 이해할 수 있다.

이러한 변화는 임술민란(1862)의 직접적 성과인 동포제(洞布制)의 공인과 그의 뒤를 이은 대원군의 호포제의 실시와 밀접한 관련이 있다고 생각한다. 호포제의 실시 이전에 있어서 국가의 호역과 신역(身役)의 파악은 어디까지나 전통적인 개별 인신의 지배방식을 원칙으로 하였고, 그와 같은 지배방식은 동시에 신분적 차별을 내포하고 있었다. 즉 종전의 호총은 양반신분을 주요 내용으로 하는 각종 제역호(除役戶)를 포함하고 있었으며 이에는 모든 인신을 국가가 남김없이 파악한다는 그 지배의 상징적인 의미가 내포되어 있었다.

그런데 호포제의 실시는 이 같은 의미의 호총을 무의미한 것으로 만들었다. 호총의 실제의 의미는 촌락공동체가 부담할 호역의 총량적 크기만의 것으로 축소되었고, 이러한 의미의 변화는 당연히 호총을 각종 제역호를 제외한 수준으로 감소시키고 있었다.

19세기 후반에 일반적으로 전개되었던 각 지역에서의 호총의 감소는 그 실제의 의미가 이와 같은 것이었다. 말하자면, '유신즉유역(有身則有役)'·'유호즉유공물(有戶則有貢物)'이라는 조선 국가의 전통적인 인신지배의 원리가 19세기 후반에 부정되고 있었던 것이다. 중요한 점은 국가에 의한 개별 인신지배의 약화가 '인신지배＝국역체제'와 상호규정으로 재생산되고 있던 전통적 신분제의 부정 속에 수반되고 있었다는 사실이다(李榮薰, 1990b). 오히려 양안에 자신의 이름이 등록되는 것을 회피하고, 토지소유권에 대한 국가적 확인 작업인 광무양전에는 적극적으로 협조하지 않은 반면, 지주납세의 원칙과 종래 지세제도보다 높은 세율을 요구한 일제의 토지조사사업에서 적극적으로 대응하였던 중간적 지배계급의 존재형태를 이해할 수 있지 않은가? 주지하듯이 광무양전은 시작되어 5년을 끈 것도 이례적이지만, 도중에 중단됨으로서 실패했는데 일단 착수된 양안이 무효로 되고 있었음은 조선양전사에서 전례가 없는 특이한 일이다.

제12장

한국 전통사회에서의 시장경제의 성격
— 시장친화적 경제진화의 길 —

　　전통사회의 경제체제는 대개 농업과 수공업이 결합된 자급자족의 경제체제이다. 이러한 전근대 경제체제의 변질 및 붕괴는 생산력의 발전에 의존한다. 생산력 발전에 따른 노동의 사회적 분업은 먼저 농업과 수공업의 분리로부터 시작되고, 다음에는 각 산업 내부의 전업화(專業化) 경향을 나타낸다. 영국의 경험을 보면, 생산력 발전으로 소생산자의 수중에 일정량의 잉여가 남을 수 있게 되고, 이것이 시장에서 판매될 때 비로소 종래의 궁박(窮迫)판매나 조세납부를 위한 상품교환이 아닌 본래적 의미의 상품교환이 성립된다. 상품교환이 항상적·주기적으로 진전되는 가운데 시장을 위한 생산이 하나의 우클라드로 생성되는 생산양식상의 변화가 나타난다. 즉, 종래의 사용가치를 위한 생산에서 교환가치를 위한 시장생산으로 발전되어 가는 것이다.

　　사실, 산업사회 이전에 농업의 제 관계가 사회관계 일반의 기초였다는 점에서 농업 제 관계의 변혁은 시장경제사회 형성의 전제였고, 다른 한편 농업생산성의 상승으로 시작된 '농업혁명'은 인구증가와 도시화를 진전시켰다는 점에서 산업혁명의 전제조건으로서 의의를 갖는다. 즉, (서)유럽에서 1800년 이전에 생활물자의 대부분을 공급한 중심산업은 농업이었다는 점에서 농업사회에서의 인구순환과 산업혁명을 연결짓는 조건이 농업혁명의 본질이다. 예를 들어, 초기공업화를 주도한 영국의 인구를 보면 잉글랜드가 성립한 11세기 말경에 약 2백만에서 13세기 말과 14세기 초 사이에 약 5백만까지 증가하였으나, 그 후 14세기 말까지 인구는 급감하여 16세기가 시작될 무렵에는 260만 명(웨일즈 포함) 정도에 불과하였다. 그러나 이로부터 잉글랜드와 웨일즈의 인구는 1600년에는 440만 명, 1700년에는 540만 명, 그리고 1800년까지는 920만 명으로 증가하여 3세기 동안 영국의 인구는 3.5배 이상으로 증가하였다.

그리고 이러한 인구의 급증은 단기적으로 농민들의 평균 경지의 감소 및 물가상승 등 경제상황을 악화시켰지만, 장기적으로는 농업생산의 다양화 및 기술혁신을 통해(Boserupian Causality), 그리고 시장(수요)의 확대와 분업의 발전을 통해 생산성을 향상시켰다. 이러한 농업생산력의 증대는 식량의 자급자족과 수출증대를 통해 공업화에 필요한 외화의 절약 및 획득, 그리고 농촌의 잉여노동력을 도시노동력으로 공급할 수 있게 하였다. 또한, 농업소득과 농가소득의 증대는 농업에서의 자본축적을 촉진시켜 산업자본으로 전환시켰을 뿐 아니라, 공업제품에 대한 구매력을 증가시켜 공업생산을 자극하였다. 도시화의 발전과 도시산업부문에의 고용의 증가를 통해 자본주의적 산업화가 가능하였던 것이다. 다시 말해, 도시 산업부문의 빠른 성장은 기본적으로 농촌인구의 유출로 가능하였기 때문이다. 영국 농촌에서 도시로의 이주는 1751-1780년간 매 10년마다 평균 약 2만 5천명에서 1781-90년간은 7만 8천 명, 1801-10년간은 13만 8천 명, 1811-20년간은 21만 4천 명, 그리고 1820년대 10년간은 26만 7천 명으로 빠르게 증가하였다.[1]

한편, 한국 전통사회에서 시장의 영역은 항상 존재해 왔지만 조선후기에 접어들면서 그 양상과 성격은 크게 변하였다. 조선왕조의 기본적 상업정책은 흔히 '억압정책'으로 묘사되곤 하였으나 이는 한국 전

---

1) *The Cambridge Economic History of Europe*, 1965, Cambridge University Press, vol.7, p. 141 ; P. Deane and W. A. Cole, 1962, *British Economic Growth, 1688-1959* Cambridge University Press, p. 143, Table 31.

통사회에서의 상업 및 시장경제가 갖는 성격을 올바로 보여 주고 있지 못하다. 한 사회에서의 상업정책은 전체 경제의 안정과 발전을 도모하는 연장선에서 결정되기 때문이다. 분명히 고려시대와 조선왕조 초기의 상업활동을 비교해 보면 후자가 침체기라 할 수가 있다. 도시상업은 시전(市廛)상업의 범위 내에서 한정되었고, 지방의 행상(行商)활동은 행상제도에 의해 규제되었고, 민간인에 의한 외국무역은 민간인의 외국진출 금지로 봉쇄되었다.

그런데 상업계 및 시장경제는 16세기경부터 변화를 보이기 시작하였으니 난전(亂廛)이나 사상도고(私商都賈) 같은 신흥사상인층(新興私商人層)의 성장이나 농촌사회에서의 장시의 발전 등이 그것들이다. 이러한 변화들은 양 난을 겪고 난 후인 17세기 후반기에 이르러 더욱 확대되었다. 장시들의 상권이 점차 확대되고 국내시장이 형성되면서 금속화폐의 유통도 뒷받침되고, 민간인에 의한 외국무역도 발달하기 시작하였다. 이와 더불어 실학계나 북학파를 중심으로 사상적 측면에서도 새로운 혁신의 흐름이 불기 시작하였다.

이처럼 조선 후기는 전통사회의 기본틀에 커다란 변화가 나타나기 시작했다는 점에서 전통사회의 해체기로 규정할 수 있으나 그 해체의 성격이나 방향은 영국의 그것과는 상이한 성격을 보여 주었다. 전술했듯이 시장경제의 발달을 둘러싼 제 조건들의 형태가 그러하였고, 대안의 사회질서를 추구한 사상계의 흐름 또한 다른 모습을 보여 주고 있기 때문이다. 예를 들어, 조선 후기 상업 및 시장경제의 발달은 역설적으로 농업생산성과 도시화율의 정체 속에서 전개되었다. 즉 적어도 15세기 이전의 시장영역은 농업생산성의 발전에 의해 수반된 것이었던 반면, 조선 후기에 경험한 시장영역의 발전은 그 역동성에도 불구하고 노동생산성을 정체시킨 인구압박 속에서 이루어진 것이었다. 농업의 집약화 속에서 단위노동력당 곡물산출량(농업생산성)의 감소는 농촌부문의 잉여곡물률을 떨어뜨렸고, 이는 전체 도시 거주자의 감소 및 총인구 중 도시인구의 상대적 비중을 하락시켰다. 그러나 대도시의 상대적 위축이 도시화의 정체를 가져왔음에도 불구하고 지방 중소도시의 활발한 전개 속에서 시장경제 및 비농업 부문은 독자적인 발전패턴을 보여주었다. 실학자들의 상업문제에 대한 관심 또한 토지문제 및 조세문제(국가재정)의 연장선에서 이루어진 것이었다. 또한 영국 자본주의 발전이 영리를 위한 합리적 행동에 우호적 입장을 취한 청교도주의와 달리 18세기 조선의 실학자들은 독립자영농민에 기초한 건강한 농업사회의 육성에 초점을 맞춘 제도개혁을 추구하였고, 특히 제조업과 해외무역의 성장에 특별한 관심을 보였던 북학파들의 인식도 기본적으로 동일선상에 놓여 있었다.

제 1 절 조선 후기 시장경제 발전의 제 계기

1. 조선 후기 농업생산력의 성격

조선 후기 농업생산력의 변화에 있어서 주목되는 것은 수전농업에 있어서 이앙법(移秧法)이 출현하고 그에 따른 수전이모작(水田二毛作)의 보급이다. 17세기 전반이라 추정되는 이앙법의 급속한 보급의 원인은 양 난 등에 의해 인구가 격감되고 농업노동력이 부족한 데 기인하였다. 즉 중경제초(中耕除草) 노동을 대폭 감축하는 이앙법이 농업노동력의 부족에 대한 유효한 대책으로 채택되었다.

그러나 보다 중요한 것은 16세기 이후 산방(山坊: 보(洑)) 관개의 발달에 따른 수리사정의 호전이 이앙법 보급에 크게 기여했다(이태진, 1981). 다음으로는 시비법의 발전을 들 수 있다. 1655년 『농가집성(農家集成)』은 『농사직설(農事直說)』에 비해 조도이앙기조(早稻移秧基條)에는 제와 인분을 회합한 분회(糞灰)나 호마각(胡麻殼)을 재료로 한 구비

(廏肥) 등이 거름으로 소개되고 있고, 다년앙기(多年秧基)냐 초작앙기 (初作秧基)냐에 따른 시비량의 차이에 대해서도 배려하고 있듯이 시비 법의 발전이 있었고 이에 따라 높은 생산성을 실현하게 되었다.

이앙법의 농업생산력 증대 효과는 무엇보다 중경제초노동의 대폭 적인 감소에 따른 노동생산성의 상승에 있었다. 직파법은 적어도 4-5 차의 중경제초가 필수적이었으나 이앙법의 경우는 그것이 2-3차이면 족하였다("蓋付種 則必四耘五耘 而坊能食實 移秧 則不過二三耘 可收全功" 『비변사등록(備邊司謄錄)』憲宗 4年 11月 20日). 또한, 이앙법은 토지수 확을 배증시키는 효과도 있었다("付種則生穀小 而注秧則生穀倍"『일성 록(日省錄)』正祖 23年 3月 19日). 앙기(秧基)와 본전(本田)의 이토(二土) 의 지력(地力)으로 묘(苗)를 기를 수 있고 또 이앙과정에서 불량한 묘를 제거할 수 있기 때문이다.

더구나 이앙법은 하계(夏季) 중경제초노동을 절감함으로써 농민경 영에 있어서 노동력의 배분을 재조정함으로써 농업생산에 있어서 근원 적 변화를 동반하였다. 즉 절약된 노동력이 주곡작(主穀作)에서 여타의 작물재배에 돌려짐으로써 보다 다각적인 기반 위에 농가경영을 안정시 킬 수 있었다. 이에 따라 다량의 중경노동(中耕勞動)을 요하는 면작(綿 作)이 17세기 이후 특히 발전하였는데 이는 농민생활에 있어서 의료(衣 料)의 자급을 안정적으로 보장할 뿐 아니라 면작이나 직물수공업에 있 어서 상품생산의 전개를 전망케 하였다. 『세종실록지리지(世宗實錄地 理誌)』(1432)에서 확인되는 면작지역은 전국 335개의 군현 중 42군현에 불과하였고 지배적 의류품도 마직(麻織)이었으나, 15세기 후반 이후 면 작은 기후조건으로 불가능한 함경도를 제외한 전국으로 확대되었다(李 鎬澈, 1986: 537).

그럼에도 불구하고 면작은 원래 기후나 토양조건에 민감하기 때문 에 면작의 발전은 당연히 지역 내 또는 지역 간의 상품생산과 교환의 확대를 의미한다. 그 결과, 면포는 농촌시장에서 가장 널리 교역되는 상품이었고, 19세기 전반의『임원경제지(林園經濟誌)』에 따르면 면포가 거래되는 농촌시장은 전국적으로 258개의 군현으로 주곡인 쌀이 거래되던 농촌시장이 253개의 군현이었던 것에 비교된다(金容燮, 1970: 157, 163). 이와 같이, 이앙법의 효과는 보다 다각적인 기반 위에서 집약경영(集約經營)을 가능케 함으로써 소농경영을 안정화시킨 데 그 의의를 찾을 수 있다.

　　조선 후기 농업생산력의 또 하나의 큰 발전은 수전이모작의 보급인데, 이는 물론 이앙법에 따른 부수효과이기도 하다. 종래　직파법 하에서는 (陰)2-3월 경에 파종이 이루어지므로 (陰)4-5월 경에 추수되는 추곡(秋穀)의 재배가 불가능하였으나 이앙법 하에서는 맥(麥)의 추수 이후 이앙이 이루어지므로 수전이모작이 가능하였다. 수전이모작은 18세기 초엽의『산림경제(山林經濟)』에 처음으로 등장하는데, 기후적 제약으로 금강이남 지역에 한해 보급되었다. 이모작의 생산성 증대효과는 당연하고 증산된 맥곡(麥穀)이 절량기(絶糧期)에 있어서 곡도(穀道)를 잇는 유일한 방편이라는 점에서 하층농민경영의 안정화에 있어서 그 의의가 지대하였다.

　　한편, 한전(旱田)에 있어서 농업생산력의 발전은 18세기 중반의 일로서 맥견종법(麥畎種法)과 2년 3작의 다모작법의 확립이었다. 즉 15세기 전반의 대표적 농서인『농사직설(農事直說)』에서 보여주듯이 조선 전기의 전작농법(田作農法)은 기본적으로 1년 1작이었다. 즉 '속(粟)-맥(麥)-두(豆)'의 윤작체계를 갖는 2년 3작이 15세기 전반의『농사직설(農事直說)』에서도 그 기술적 기초가 원리적으로 확보되고 있었지만, 이것이 일반화되기에는 여러 생산요소의 제약이 존재하였다. 즉 2년 3작을 위해서는 무엇보다 지력소모의 보충과 관련하여 시비의 해결, 속과 같은 건조작물과 맥과 같은 습윤작물을 동일 경지에 재배하기 위해 심경(深耕)의 효과, 그리고 이러한 효과를 창출하기 위해 다량의 농우와 그에 소요되는 사료 및 철제 농구가 전제된다(宮嶋博史, 1980; 李榮

[표 12-1] 전국 각도별 전지(田地) 이용률, 1918년 (단위: %)

경기 142	충북 136	충남 154	전북 135	전남 112	경북 139	경남 143
황해 121	강원 116	평남 112	평북 114	함남 112	함북 112	전국 122

자료:『조선충독부통계연보(朝鮮總督府統計年報)』, 1918.

薰, 1995: 224). 이처럼 조선 후기까지의 전작농법 발전의 기본내용은 휴한농법의 완전한 극복과 더불어 2년 3작의 달성에 있었다.

이러한 수전과 한전에 있어서 농업생산력 발전은 농구개량, 농우 보급의 확대 및 시비법의 발달 등과 같은 생산력 제 요소의 발전에 기초하고 있었고, 특히 시비법의 발달이 두드러졌다. 그러나 당시의 시비는 기본적으로 아직 예부(刈敷)농법 단계로서 비료의 채취에 다량의 노동력의 투입을 요구하였다. 이와 같이 조선 후기의 인구성장은 농업에 있어서 집약적 농업기술의 확대를 가져왔다. 일반적으로 농업기술의 혁신에는 두 가지 유형이 존재하였는데, 그 하나가 노동절약적인 것이고, 다른 하나는 노동이용적인 것이다. 후자가 종종 농업경영의 집약화(intensification of farming)로 불리는 것이다.

〈농업에 있어서 기술혁신의 두 가지 유형〉

아래 그림들은 생산함수 이동의 상이한 유형을 보여준다. 노동절약적 기술도입의 효과를 보여주는 왼쪽의 그림에서 생산함수 S는 위로 이동(S')하는 반면, 집약적 농업경영의 혁신의 효과를 보여주는 우측의 그림에서 생산함수 S는 우측으로 이동(S'')하고 있다.

바서럽(E. Boserup, 1965)이 지적했듯이 위 두 유형의 혁신은 세 가지 점에서 중요한 차이를 가지고 있다. 첫째, 노동절약적 기술혁신은 단위노동력당 수확(APL)을 증가시키는 경향이 있는 반면에 새로운 노동력을 소비하는 기술 하에서 노동력의 추가적 투입은 반대의 경향을

● **[그림 12-1]** 농업기술혁신의 유형

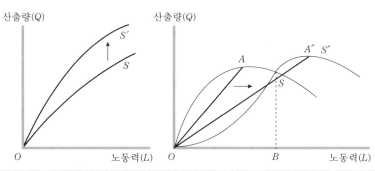

보인다. 즉 그림 (나)는 노동소비적 혁신이 도입된 이후 단위노동력당 수확(AP_L)의 감소를 보이지만 총수입(TP_L)은 증대시킬 수 있다. 예를 들어, 점 A''는 이전보다 더 많은 노동력을 흡수함으로써 점 A에 비해 높은 수확을 제공하고 있다.

둘째, 노동소비적 혁신이 작용할 경우 추가적 노동력의 투입으로 하락하는 단위노동력당 수확(AP_L)을 상쇄할 정도로 총산출량이 증대하기 위해서는 일정 규모(점 B) 이상의 노동력 투입에서나 가능하다. 점 B 이전에서는 평균생산량과 총산출량 모두 S의 경우보다 S''에서 낮다. 반면, 점 B 이후에서는 S의 경우보다 S''에서 평균생산량이 여전히 낮지만 총산출량은 보다 크게 된다.

셋째, 대개 노동절약적 도구와 신기술의 도입은 발명과 공학적 숙련의 축적이라는 장기적인 과정을 수반한다. 이와는 대조적으로 집약적인 농업기술은 상대적으로 손쉽게 경험할 수 있는데, 때때로 농업의 집약화는 기존의 장비들을 상이한 방식으로 사용하거나 기존의 곡물들을 재배열함으로써 가능하기 때문이다. 예를 들어, 두 개의 작물을 재배하는 것이 가능한 지역에서 이모작은 단순히 하나의 작물재배에 필요한 동일한 경영을 반복하면 되기 때문이다. 따라서 노동절약적 방안의 이점은 확실하고 직접적이기 때문에 즉각적으로 적용되고 합리적 비용으로 이용가능하자마자 광범위하게 확산되는 반면, 노동소비적 기술들은 광범위하게 도입되기 전에 먼저 높은 인구밀도를 갖는 일부 지역에서 시도된다.

2. 금속화폐의 보급

18세기 이후 동전이 본격적으로 유통되기 시작한 것은 1678년(숙종 4년)의 상평통보(常平通寶)의 발행부터이다. 그 이전까지는 상목(常木) 등과 같은 물품화폐가 주요 유통수단이었고 은화도 유통되었으나 그 양이 많지 않았다. 즉 17세기 중반 이전까지는 지배적으로 물물교환의 단계였다. 즉 조선시대 약 200여년간은 주화의 통용이 없었고 미(米)와 포(布)가 현물화폐로 교환을 매개하였다. 태조 연간에 조선통보(朝鮮通寶)를 주조했다는 기록, 태종 원년(1401)에 사섬사(司贍寺)에서 저화(楮貨)를 인조하여 통용했다는 기록이 있듯이 정부가 화폐주조를 전혀 시도한 바가 없었던 것은 아니나 일반이 즐겨 사용한 것은 아니었다.

저화는 태종 이후에도 여러 차례 인조되었으며 『경국대전(經國大典)』에는 국폐(國弊)로 기록되어 있으나 『속대전(續大典)』에는 저화가 폐지되어 있는 것으로 보아 조선 중엽에는 이미 자취를 감추고 만 것 같다. 이와 같이 조선 초기의 국가의 주화정책이 좋은 성과를 거두지 못하고 실패로 돌아간 원인을 보면, 첫째로는 일반인들의 주화에 대한 이해 부족, 둘째로는 지불수단으로 화폐를 이용하면서 공과징수에서는 배제한 국가 정책의 문제, 셋째로는 주화 및 저화의 소재의 효용성 결여, 넷째로는 주화 및 발행량이 절대 부족하였다.

이러한 사정으로 조선 초기에는 실물경제가 교환계를 지배하였고, 임진왜란 중 명(明)의 군대가 들어와 은자(銀子)를 사용함에 따라 은자가 상인 간에 보급되어 교환을 매개했으며 은자는 실가와 일치하여 유통범위가 점차 확대되어 갔다. 즉, 은자의 사용이 보급됨에 따라 정부는 은광 개발에 힘쓰는 한편 화폐주조의 논의도 일어나게 되었다(조기준, 1994: 267-69).

그러나 농업생산력의 발전은 사회적 총잉여의 증가를 필연적으로 동반했고 그에 따라 본격적인 금속화폐의 유통을 요구하였다. 상평통보는 중앙 각 관서와 각 감영에 의해 주전(鑄錢)되었는데 불법적인 사주(私鑄)도 성했지만 가혹한 처벌이 있었으므로 어디까지나 제한적이었던 것 같다. 그런데 원료인 동전 등은 채굴에 한계가 있어서 일본으로부터 수입에 의존하였고, 당시 일본과의 무역은 동래 왜관(倭館)에서 월 6회의 개시(開市)로 이루어지고 있었고, 여기서 동(銅)·철(鐵) 등의 원료가 수입되다. 1678-79년에 주조된 상평통보의 양은 26만-40만 냥으로 추정되고 있는데, 초기에는 동전이 전국적으로 유통되지 않았지만 18세기에 들어서면 경제생활의 모든 국면에서 동전이 일상적으로 필요하게 되었다.

금속화폐의 이 같은 유통 상황은 농업생산력의 발전, 그에 따른 상품교환관계의 확대 등의 귀결이었으나 주전에 따른 이익이 주전을 촉진시키기도 하였다. 다시 말해, 주전은 주조(鑄造)관청에 커다란 이익을 가져다 주었고 주조의 이익은 원료비와 거의 같은 정도였다. 이 같은 상태에서 동전은 필요 이상으로 가주(加鑄)되거나 또 악주(惡鑄)되는 경향이 있었다. 한편 금속화폐의 유통은 농촌고리대의 발전도 촉진하였다. 고리대에 의해 이른바 부익부빈익빈 현상이 조장되고 하층농민경영의 몰락이 초래되고 있었다. 즉 금속화폐의 유통은 고리대자본의 발전과 농민경영의 피폐를 수반하기도 하였다. 그것은 아직 농민적 상품경제의 성립이 확고하지 못한 상태에서 위로부터 국가의 주도 하에 금속화폐의 유통이 강제된 데 따른 결과였다. 그 결과 18세기에 들어와서는 금속화폐의 유통을 제한코자 하는 이른바 폐전론(廢錢論)이 대두하였고 상당한 위력을 발휘하였다. 한 예로, 1724년에 등극한 영조(英祖)도 폐전론자였고 그리하여 18세기 초 이래 1731년까지 동전의 주조는 정지상태에 있었다. 이것은 이미 정착하기 시작한 상업의 발전에 일정한 정체현상을 강요하였고, 또 전황(錢荒) 현상은 부족한 화폐를 소수 부상대고(富商大賈)에게 집중시키는 경향을 보였다. 이에 따라 부상대고들의 고리대활동이 강화되고 농민몰락이 수반되었다(元裕漢, 1976).

그러나 1731(영조 7)년 이후 동전은 필요에 따라 다시 주조되기 시작하였다. 이 사실은 화폐유통으로 표현되는 상품교환관계, 즉 사회적 분업관계의 확대가 이미 거역할 수 없는 방향으로 농촌경제를 재편성하고 있었음을 의미한다. 그렇지만 18세기에 걸쳐 국가의 화폐공급은 여전히 소극적이었고 전황은 기본적으로 해결되지 않았다. 국가의 소극적인 광업정책은 국내동광의 개발을 억제하여 원료인 동광석을 일본으로부터 수입케 하였고 그것은 원료의 만성적인 공급부족을 의미하였다. 그러나 19세기부터 사정은 변화하였다. 국내에서 유수한 동광인 갑산광점(甲山鑛店)이 개발되면서 원료의 공급난이 해소되었고 민간도 참여하면서 주조문제는 기본적으로 해결되었다. 이것은 17세기 말부터 18세기 초 이래 단초적인 성립을 본 상품화폐경제가 국가의 반동적인 억압 하에서 꾸준히 성장되어 19세기에 들어오면서 이미 종전과 질적으로 구분되는 새로운 단계로 진입하였음을 의미하였다.

3. 수취관계의 변화

국가의 농민수탈에 있어서 가장 큰 변화는 1608-1708년에 걸쳐 1세기간 점진적으로 시행돼 온 '대동법(大同法)'이다. 대동법은 국가가 수용하는 제 물품을 공물의 형태로 농민호(農民戶)로부터 직접 수취하던 관계를 미(米)·포(布)로 통일하여 수취하게 된 수탈관계에서의 변혁이었다.

공물은 군현을 단위로 하여 작성된 공안(貢案)에 의해 지역의 특산물을 중심으로 일정한 양이 부과되었다. 공안의 작성에는 지역의 전결(田結)의 다과가 참작되었다.

그렇지만 한번 작성된 공안은 장기부동성을 특징으로 하고 있었기 때문에 그 결과 부과된 공물이 지역의 특산물과 괴리되거나 혹은 전결의 변화에 다른 지역 간 부담의 불공평 상태가 초래하였다. 그 때문에 농민들의 공물의 부담을 이행하기 위해선 지역의 농산물을 판매하여 요구되는 특산물을 타처에서 구입하지 않을 수 없었고 또는 상인들에게 그러한 행위를 위임하는 방납(防納)에 의존하지 않을 수 없었다.

이 사실은 농민경영이 국가적 수취체계에 기생하고 있는, 즉 "산업자본에 역사적으로 선행하는 것으로 단지 상품경제(商品經濟)의 존재만을 전제로 하여 싸게 사서 비싸게 파는 부등가교환(상인자본·고리대자본)을 통하여 이윤을 취득하는" 전기적 상인(前期的 商人)들에 의해 막대한 농민적 잉여가 수탈되지 않을 수 없었던 것을 의미했다. 사실 농민의 실질부담의 크기는 극도에 달하였다.

즉, 중앙정부는 농민이 경작하는 토지에 대해 전조(田租)를 부과하는 외에 각 민호(民戶)에 공물을 부담시키고 있었다. 그러나 공물의 징수는 품목, 수량의 분정(分定) 등 그 징수방법의 불합리에서 오는 폐단이 컸으며 따라서 농민들에게 있어서는 전조에 못지 않은 큰 부담이 되고 있었다. 공물은 상공(常貢)과 별공(別貢)으로 나누어져 있었고, 전자는 농민이 생산하는 일반 품목이 요구되었으며, 후자는 특수한 생산물에 대하여 그때그때 수시로 징수하였다(『太祖實錄』, 권2, 태조 원년 10월 庚申條). 공물은 왕실, 중앙 및 지방관서에서 소요되는 물품을 농민으로부터 직접 징수·충당하려는 것이므로 중앙집권체제가 강화되면

될수록, 그리고 국가의 규모가 커지면 커질수록 그 품목도 다양화되고 수량도 증대되는 것이다. 예를 들어, 『세종실록지리지(世宗實錄地理志)』에 기록된 공물의 품목을 보면 1,730여종에 달하여 사실상 농민 생산의 전 품목에 미치고 있음을 볼 수 있다(『世宗實錄』, 권148-155, 地理志).

한편, 공물제로 인한 농민의 과중한 부담은 농민경제의 안정 및 발달에 커다란 장애요인이 되었다. 그 결과 조선왕조는 태조 원년에 공부상정도감(貢賦詳定都監)이라는 관서를 설치하고 공물의 품목, 수량을 합리적으로 분정하고 수납의 방법도 개선하여 업무를 조직적으로 수행토록 하였다.

공물상정도감은 국가에서 1년간 필요로 하는 공물의 각종 품목 명세서(貢案)를 작성하고 이를 각 도 및 읍에 하달하여 백성으로부터 징수 상납케 한 것이다. 그러나 때로는 지방사정에 어두워 생산되지 않는 품목이나, 생산되더라도 과다하게 분정되는 경우도 있었다. 게다가 공물 징수가 그 품목에 따라 품질과 수량을 엄격히 검사한 후에 합격품에 한하여 수납하게 되었으므로 공리(貢吏)의 농간이 그치지 않았다. 그리하여 공물의 대납제 혹은 청부제가 성행하였고, 사주인(私主人)·경주인(京主人)·각사(各司)·이노(吏奴) 등이 대납 및 청부 업무를 수행하였다. 사주인이란 수도에서 숙식업 등 상업에 종사하는 상인의 한 사람으로서 자기 출신 지방관의 출장 시에 숙식을 제공하거나 지방에서 상납하는 세공품을 보관하는 업무 등을 담당하고 있었고, 경주인은 중앙과 지방관청의 연락 사무를 맡아보는 향리이다. 이들은 자기 출신 지방의 각종 공물이 기일 내에 상납되지 않으면 이를 대납하고 뒤에 납공자로부터 대가를 받아왔던 것인데, 이들이 공물 대납의 청부업자로 변신하게 된 것이다. 이러한 청부업자들이 지방농민들의 공물을 대납하고 뒤에 받아들이는 대가는 실지 공물가의 수배에 달하고 있었기에 그 폐해는 컸던 것이다. 이러한 공물 청부를 방납(防納)이라 하며, 방납의 폐해가 날로 심하여 갔으므로 이를 개선할 방책으로 채택한 것이 대동법이었다(조기준, 1994: 210–11).

대동법은 선조(宣祖) 41(1608)년에 경기도에서 실시하기 시작하여 그 후 전국적으로 확대 실시하였다. 공물 대신 미곡으로 수납하는 공물제 개혁이 논의된 것이 이 때에 비로소 일어난 것은 아니다. 예를 들어, 선조 초년에 이율곡은 『동호문답(東湖問答)』에서 공물수미법(貢物收米法)을 상주한 바 있었고, 선조 27년(1594)에는 정부 측에서도 당시 영의정이었던 유성룡의 건의로 이를 시행한 적도 있었다. 분정과 수납 절차의 공정성 결여, 방납의 폐해 등으로 공물제 개혁 논의는 항상 있었고, 이에 따라 신진사림파 관료들은 공물제를 폐하고 토지로부터 미곡으로 수납하자는 개혁론을 주장하였던 것이다.

일부 지방에 한정되긴 하였지만 농민들이 사사로이 계(契, 私大同)를 조직하여 각 가호(家戶)로부터 미곡을 수납하여 공물을 매입·상납한 경우도 있었다. 물론, 공물수미법에 대한 발대론도 적지 않았다. 당시 각 지방에서는 시장경제가 충분히 발달하고 있지 못하여 정부는 미곡으로써 필요한 공물의 품목과 수량을 조달하기 어렵다는 점을 들었고, 또 당시 운송수단이 너무 부족했기 때문에 수납해들인 미곡을 이송함에 있어 운반수단이 부족하다는 점들도 반대 이유로 지적되었다. 그러나 조선 중기로 들어오면서 시장경제는 어느 정도 발달하였고 운송수단도 개선되었으며, 특히 수도의 주변에서는 물화의 유통이 빈번하여 정부는 필요물자를 시장에서 매입 충당할 수 있을 정도로 상업이 발달하였다. 그럼에도 불구하고 공물수미법을 반대하고 있던 사람들은 당시 공물제에서 이득을 보고 있던 세력층들이며 그들은 방납자들과 결탁하여 사리를 취하고 있던 원로 보수정신(保守廷臣)들이었다. 이러한 찬반양론 때문에 지역에 따라 실시가 늦어져 숙종 연간에 이르러야 전국적인 실시를 보게 되었다(조기준, 1994: 212–15).

대동법은 무엇보다 국가적 상품경제의 굴레로부터 농민경영을 크게 해방시켰다는 점에서, 그리하여 농민적 상품경제의 발전을 위한 일정한 가능성을 부여하였다는 점에서 그 의의를 찾을 수 있다.

첫째, 대동법에 의해 농민경영의 부담이 경감되었다. 1결당 미(米) 12두(斗)로 정해진 대동미는 종전의 공물부담보다 가벼운 것이었다.

둘째, 대동법의 시행은 그 자체 국가의 전통적인 토지지배력의 일정한 쇠퇴를 동반하였다. 즉 대동미는 전·답을 불문하고 모든 토지에 대해 일률적으로 쌀 12두로 수취된 것이기에 전의 부담이 상대적으로 가중된 상태를 의미하고 있다. 그렇지만 대동법 자체가 농민부담의 가중된 상태를 의미하지 않는 이상 이 규정의 진정한 의미는 국가의 토지지배력의 쇠퇴를 의미하는 것이었다. 대동법 완성된 직후 1720년에 전국적인 양전(庚子量田)이 있은 뒤 다시는 그와 같은 양전이 왕조 말까지 시행되지 못한 것도 이것을 입증하고 있다.

셋째, 이에 따라 결세는 중앙이 지방군현에 부과하는 재정적 조세 총량 혹은 군현의 수령이 이를 각 촌락에 배분하는 공동납의 과표와 같은 성질로 변했고 이 과정에서 최말단 징세단위로서 개별촌락의 공동체적 기능이 강화되었다.

이와 관련하여 1744년 『속대전(續大典)』 '수세조(收稅條)'에 농촌 징세제도로서 작부제(作夫制)에 대한 규정이 마련되었다. 즉 여기서는 종전 『경국대전(經國大典)』 '요역조(徭役條)'의 "凡八結出一夫"의 규정에 의해 획일적인 크기에 따라 행해지던 작부제가 부정되고 오로지 농민들의 소거촌락(所居村落)의 크기에 따라 다양하게 규모가 조정되는 작부제가 권장되고 있다. 하나의 촌락공동체로서 자연촌의 뚜렷한 성장이 이같은 수취제도 상의 변화를 초래하였고, 국가의 토지지배도 이같은 공동체를 단위로 하여 간접적으로 관철되게 되었으며 촌락 내에서 어떠한 징세과정이 수행되는지 국가가 간섭할 바가 아니었다.

대동법과 아울러 국가와 농민 간의 수탈관계에 있어서 또 하나의 커다란 변화가 군역제(軍役制)라는 개별인신지배관계에서 나타났다. 조선 초기에는 고려조의 예를 따라 양민 남자 16세부터 60세에 이르는 자는 모두 군적을 가지고 국가의 필요에 의하여 현역에 복무시키기로 하였으며, 이 경우에 현역에 복무하지 않는 비번자로 하여금 군역복무자의 토지를 경작하여 그의 가족을 부양하도록 했다. 이것을 군보(軍保)라 칭하였다. 군보는 당초에는 현역자 1명에 대해 비번자 2명으로 1보를 조직하였다. 이 군보제도는 그 후 군역복무자의 토지를 경작하던 제도를 변경하여 중종(中宗) 10년(1516년)에 정부는 비번자에게 일률적으로 포(布) 2필(匹)을 부과케 하여 이를 군비로 보충했으니 일종의 공물세, 혹은 병역세 — 이를 군보포(軍保布)라 칭함 — 가 된 것이다. 그후 현역병으로서 귀휴(歸休)를 원하는 자에게는 한 사람에게 포 2필의 납부로 이를 허가했고 국가에서는 이로써 대역자(代役者)를 고용했고, 또한 국가는 군비조달방법으로 불필요한 영(營)의 병력을 감원하고 감원되어 귀환하는 병사로부터 보포를 징수하기도 하였다. 예를 들어, 선조 27년(1593년)의 병제개혁과 더불어 국가에서는 오위(五衛)의 병을 해산하고 신병을 모집하고 군보를 증설하여 군비보충을 도모했다(조기준, 1994: 217-18).

그러나 군역은 각종 부역과 더불어 농업생산력의 저하와 농민 몰락의 주요 요인으로 지적되면서 영조 26년(1750년)에는 균역청(均役廳)을 실시하고 양인 농민의 정포(丁布) 액수를 2필에서 1필로 감액하였다. 대신 16세에서 60세에 이르는 노비 중 노(奴)에게 포 2필과 비(婢)에는 1필 반을 부과하는 노비신공(奴婢身貢)을 새로이 창설했다. 이른바 '균역법(均役法)'으로 균역법의 제정은 농민부담의 경감을 의미할 뿐 아니라 농민적 직포업에 대해 일정한 정도의 시장을 열어 주는 효과를 가져왔다. 군역제에 있어서 의미 있는 변화는 1711년에 마련된 '이정제(里定制)'였다. 이정제는 군정(軍丁)의 도고(逃故)가 발생하면 반드시 본리(本里)에서 그 대립군정(代立軍丁)을 충정하는 제도이다. 이 것은 군정의 수괄을 확실히 하기 위한 국가의 효율적인 수탈책으로 일치적 의미를 가진다.

그러나 군역제에 있어서 최말단의 자연촌이 공동체적 부담의 주체로서 국가에 의해 간주되고 있음을 주목할 필요가 있다. 즉 조선 후기의 자연촌은 조선 전기의 산촌을 내용으로 하는 행정=지역촌의 해체에 따른 역사적 산물로 이해할 수 있다. 이는 촌락을 매개로 하여 스스로를 자립시켜 온 소농민경영의 발전의 소산으로 해석할 수 있다. 그들은 공동체적 부담의 형식을 국가에 강제하고 있었다. 이것은 18세기 초 결세의 공동납화(共同納化) 현상이 인신지배의 군역제에 있어서는 그것이 동포(洞布: 이포〈里布〉)의 형태로 관철되고 있는 것이다. 즉 1711년의 '이정제'는 외형적으로 개별인신지배의 원칙이 고수되고 있으나 실제에 있어서는 이와는 무관하게 동포(이포)의 형식을 통한 농민의 공동납이 강화되고 있었고, 18세기 말-19세기 초가 되면 대개 전국적 범위로 정착되고 있었고 茶山이 『목민심서(牧民心書)』에서 소개하는 '군포계(軍布契)'가 그 좋은 예이다.

요컨대 그것은 국가의 전통적인 인신지배력을 공동체적 대응에 의해 약화시키고 있음에 본질적 의의가 있다. 이 같은 공동체의 동포(이포)는 1862년 임술(壬戌)민란을 계기로 설치된 '삼정이정청(三政釐正廳)'에 의해 최초로 공인받게 되며, 나아가 곧이어 등장한 대원군의 호포계(戶布契) 실시로 체제적으로 정착하였다. 즉 국가의 토지 및 인신에 대한 개별적인 지배체제가 붕괴되고 공동체를 단위로 하는 간접적 지배가 실현되었다는 것은 확실히 소농경영의 자립성을 강화하는 데 있어서 유리한 조치였다.

제 2 절 상품시장의 발전

고려시대와 비교해 커다란 차이가 없었던 조선 전기의 상업구조를 보면 수도에는 시전가(市廛街)가 건설되고 그 밖에 조석(朝夕)으로 개시되는 시장이 있었으며, 지방에는 향시(鄕市)가 개설되어 백성들이 서로 자가생산물을 교환하여 왔으며, 대외무역은 국가 독점무역으로서 정부로부터 특허를 받은 관상(官商)들에 의해 운영되고 있었다. 그러나 조선 후기에 들어서면서 상업 발달의 기틀이 마련되며 시장경제가 활발하게 전개되었다. 농업의 다각화로 생산물 종류가 다양화하였으며 이러한 생산물이 시장에 대량으로 반출되었던 것이다. 특히 당시의 농촌에서는 잠업(蠶業)과 면화생산이 성행하여 이를 소재로 한 농촌의 가내수공업이 발달하였고 그 제품은 상품화되었다. 앞에서 지적한 대동법의 실시도 이러한 농촌생산물의 다양화 및 상품화를 전제로 한 것이었고, 대동법의 실시는 다시 시장경제를 더욱 촉진시켰던 것이다.

『만기요람(萬機要覽)』이 편찬된 시기인 19세기 초기에 전국적으로 공인된 시장만도 1,060여개 시(市)가 있었고 그 밖에 실학자들이 우려하면서 호칭한 공시(空市) 및 허시(虛市) 등 공인되지 않은 향시가 도처에서 개시되었다. 특히 지방도읍의 주변 농민들이 시장판매를 목적으로 다양한 농산물을 생산하였고, 시장 및 상업의 발달에 따라 많은 농민들이 상업 활동에 종사하게 되었다. 그리하여 18세기에는 지방향시를 순회하는 보부상이 급증하였으며, 수도 및 지방도읍에서는 난전(亂廛)이 성행하여 특권시전상인과의 갈등이 빈번하였다. 신해통공(辛亥通共) 조치는 18세기 말의 시장경제의 발달을 잘 반영해 주는 것이다. 게다가 대외무역이 활발해지면서 국내의 상업발달을 크게 자극하였다.

1. 도시시장

도시시장은 원래 시전인(市廛人)과 공인(貢人)이란 2대 어용특권상인에 의해 주도되었다. 시전인은 국가수용의 물품을 조달하는 국역부담의 대가로 시민의 상품수요를 독점적으로 장악하였으며 그로써 전기적 상업이윤을 취하고 있다. 그들은 도시 내외에서 자신과 동종의 물품을 취급하는 상인은 불법적인 난전(亂廛)이라 규정하고 그것을 금할 수 있는 소위 '금난전권(禁亂廛權)'을 보유하였다. 공인은 호조·선혜청·각사 등에 공물을 납입하고 공가(貢價)를 지급받는 상인이다. 공가는 시가보다 높았는데 그 대가로 그들은 응변(應辨: 과거 때 비용을 부담하는 것), 장빙(藏氷), 기타 잡역 등의 국역부담을 지었다.

시전의 특권은 17세기에 생겼을 것이라 추정한다. 이 기간에 실시된 대동법으로 인해 국가는 수용물자의 일부분을 시정에서 구입케 되었다. 국가는 구입의 대가로 약간의 대가를 지불했지만 그것은 형식적인 것에 불과했고 시전인에게는 물품의 조달은 납세에 가까운 성격이었다. 시전의 특권, 즉 금난전권은 시전의 이와 같은 국역부담의 대상(代價)으로 주어진 것이다. 모든 시전은 경시서(京市署)에 등록해야 했고, 난전은 등록된 시전이 아니면서 90여종에 달하는 시전의 물종을 함부로 취급하는 상인을 가리킨다.

시전이 부담하는 국역의 주종은 세폐(歲幣)·방물(方物)·별무(別貿)였다. 세폐는 국가에 대한 정기적인 공물봉납(貢物捧納)으로서 면포 등 14종이었고 방물은 중국에 파견되는 사신이 휴대하는 물품봉납으로서 저포 등 15종이 있었고, 별무는 세폐·방물의 원공(元貢)의 부족량의 봉납이고 정기적인 것과 부정기적인 것이 있었다. 각 시전은 도중(都中)이란 길드적 조직을 구성하고 있었다. 경시서로부터 국역부담이 하달되면 각 전의 상인들은 도중을 통해 공동으로 그것을 이행하였다.

그런데 18세기에 들어오면 특권적인 시전상업체계에 균열이 생긴다. 이른바 사상들이 대두하면서 시전의 특권을 잠식해 갔다. 즉 상품경제의 발전의 결과 전국적 범위에서 정기적인 지방시장이 성립되었고 이에 따라 사상이 등장하였다. 난전은 항상 불법적 상태로 머물지 않았고 신전(新廛)으로 등록되어 합법화되어 갔는데 18세기 초 신전의 창설은 매우 활발하였다. 이에 구전과 신전 간의 상권의 쟁탈을 위한 분쟁이 치열히 전개되었고, 이 같은 난전과 시전 혹은 신전과 구전의 분쟁은 본질적으로 도시인구의 증가, 그에 따른 상품수요의 증대와 다종 다양한 상품의 출현 등 전체적으로 시장경제의 진전에 따른 결과였다. 그러나 새롭게 등장한 신흥상인, 곧 사상들도 아직 지방의 권력과 결탁 되어 있다는 점에서 그 전기적 성격을 탈피하지 못하였다.

공인의 경우에도 비슷한 양상이 전개되었다. 대동법 시행과 함께 이전부터 존재해 온 각 기관의 공물주인 또는 경주인들은 공인으로 지 정되어 각 기관에 전속되었다. 이들은 국가가 수요하는 제 물품을 납 상하고 공가를 지불받았다. 이들 역시 '계'라는 조합의 형태를 취하고 있었다. 공물의 조달에는 원공과 별무라는 두 가지 방식이 있다. 원공 은 대동법 창설 당시의 것으로서 매년 공인의 상납량과 그에 대한 공 가가 '공물정안(貢物定案)'에 항정(恒定)되어 있었다. 원공가는 증가되 는 경향이 있었는데 이는 정부 각사가 수요하는 물종이 증가하여 '공 물정안'에 원공으로 '가정(加定)'되었기 때문이다. '가정'에 따른 추가 적인 원공가는 대동미 가운데 지방관부에 남겨진 것의 중앙상납에 의 해 충당되었다. 그리고 원공가는 공물 시가의 10배 정도에 달하는 것 으로서 매우 후한 형편이었고 대신 공인은 전술한대로 응판 · 장빙 · 요 역 등의 국역을 담당하였다.

공안에 있지 않은 물종은 별무의 형태로 조달되었다. 별무가는 원 공가보다 2.5-4배 정도 낮은 수준에서 책정되었다. 전 공가에서 별무 가 차지하는 비중은 10% 정도였다. 그러나 별무의 비중은 증대하는 경 향을 보였고 그것은 공가부담을 회피하기 위해 원공의 '가정'을 억제 하고 별무를 확대코자 한 정부의 노력 때문이었다. 재정이 궁핍해짐에 따라 공가지출을 억제하려는 정부의 의도는 사무(私貿: 직무〈直貿〉)의 확대로 나타났다. 그것은 공인 자체를 부정하고 정부 및 각 기관에서 필요로 하는 물자를 직접 시전이나 사상에게서 구입함을 말한다.

별무나 사무가 증가하게 된 요인은 직접적으로는 정부의 공물수요 의 증대와 그에 따른 재정궁핍화의 소산이지만, 한편으로는 그와 같은 변화 자체를 가능케 한 객관적 조건이 있었다. 그것은 특혜적인 우가(優價)의 공가지급과 그에 따른 국역수취라는 상품경제의 전통적 기반이 붕괴되고 그에 대신해 새로운 기반의 사적 상품경제가 발전하고 그것을 내용으로 하는 도시시장이 확대되었던 사실을 말한다. 국가재정은 스스로 하나의 사적 상품수요자로서의 성격을 강화시켰던 것이다. 때문에 공물의 별무 및 사무화 경향의 이면에는 이를 담당해 온 신흥상인층의 존재가 상정될 수 있다. 그들은 원공상인들과 대항관계 속에서 그들의 세력을 신장하고 있었다.

이들에 의해 추진된 또 하나의 현상이 외방공물(外方貢物)의 작공화(作貢化)이다. 대동법이 실시된 이후에도 이른바 '토공유제(土貢遺制)'에 기초해 현물납의 공물이나 진상은 완전히 폐지되지 않았고, 작공은 지방감영의 공인을 두어 납상하는 영공화(營貢化)와 중앙각사가 공인을 두는 경공화(京貢化)의 두 가지가 있었으며, 또 영공이 경공화되는 경향도 있었다. 외방공물이 작공화되는 것은 그것이 원공이든 별무든 시가보다 높은 공가를 지급받음으로써 커다란 상업이윤이 보장되었기 때문이고 이는 도시시장의 확대에 따른 상인층의 성장이 국가적 수취체계를 그들의 이해관계에 맞추어 재편성해가는 모습이다. 그러나 이들 신공물의 창설자 역시 신전과 같이 권력과의 결탁을 배제하고 있지 않다는 점에서 여전히 전기적 한계를 지니고 있었다.

이들 신흥상인들을 주축으로 한 도시시장 확대의 결정적 계기는 1791년의 '신해통공(辛亥通共)'에 의해 주어졌다. 이는 시전 가운데 육의전에게만 금난전권을 제한적으로 인정하고 나머지 시전에 대해서는 일반 사상과 같이 통공발매(通共發賣)케 한 조치이다. 이 '신해통공'은 사상들의 실력 앞에 정부가 양보했다는 점에서 획기적 사건이다. 이 같은 과정에서 19세기 이후 시전에 대한 사상의 우위는 결정적으로 되어 갔는데 그것은 동시에 새로운 분업관련의 도시시장이 일층 확대되고 있음을 의미하였다.

2. 지방시장

조선 후기 지방의 상업은 행정관부의 소재지의 귀착지인 연안포구, 그리고 내륙에서는 교통이 편리한 물화집적지에서 발생한 향시를 거점으로 이루어졌다. 역대 도관부였던 수원, 원주, 충주, 공주, 경주, 상주, 안동, 대구, 전주, 해주, 평양, 함흥 등의 도읍과 부산, 하단포, 마산, 목포, 부안, 군산, 인천, 해주, 진남포, 용암포, 의주, 울산, 성진, 웅기, 청진 등의 연안포구들은 중요한 교역지였고, 그 밖에 물화생산지이며 교통의 중심지인 경기도 광주 사평장(沙坪場), 안성 읍내장, 교하(交河) 태륙장(泰陸場), 충청도 은진 강경장, 목산(穆山) 덕평장, 강원도의 평창 대화장(大化場), 황해도 토산(兎山) 비천장(飛川場), 황주 읍내장, 봉산 은파장, 전라도의 전주 읍내장, 남원 읍내장, 경상도의 창원 마산포장, 평안도의 박천 진두장(津頭場), 함경도의 덕원 원산장은 대시장에 속한다고 전한다(『만기요람(萬機要覽)』, [財用編] 5, 各 廛條, 鄉市 참조).

지방장시의 형성은 전기적 상인의 지배 하에서 농민적 잉여가 농민 상호간에 교환을 가능케 할 만큼 증대하였음을 의미한다. 조선 초기의 장시 형성은 늘 국가의 억제 대상이 되어 왔는데 특히 수도 서울을 둘러싼 경기지방에서의 통제가 한층 강하였다. 국가가 경시전(京市廛)에 대해서는 보호정책을 실시하면서도 지방 향시의 발달은 오히려 억제한 것은 전자가 국가의 이해와 일치되었으나 후자는 국가의 이해와는 합치되는 면이 적었기 때문이다.

장시가 국가의 억제에도 불구하고 급속히 발전한 것은 17세기말-18세기 초의 일이다(한상권, 1981). 조선왕조 후기에 와서 정부의 재정이 시장에 크게 의존하면서부터 억압정책이 완화되었다. 지방 도읍의 관청수요는 각 관아에 소속되어 있던 수공업자의 생산물 또는 농민의 헌물공납에 의존하였으나, 조선 후기에 와서는 시장을 통한 교환에 의

하여 충족되었다. 이처럼 시장에 의존하는 수요 충족이 확대되면서 각 도읍이 상업도시로 발전할 가능성이 커가고 있었던 것이다. 또한, 지방 관청의 수요충족이 시장에 의존하는 부분이 커짐에 따라 각 도읍의 주변으로부터 각종 농업생산물이 반입되었고, 이를 계기로 읍내에는 비농업인구가 증가하였고 상품교환이 활발해지면서 행정도읍내의 시장경제는 활기를 띠게 되었다.

그러나 무엇보다 조선 후기의 지방상업의 발달은 17세기 이후 조선에 있어서 인구증가(이수건, 1971; 권태환 · 신용하, 1977; 김재진, 1967; 한영우, 1977; 이호철 · 이영구, 1988)에 기인하였다. 현재까지 연구를 볼 때 조선 후기 인구 전체의 규모를 정확히 추정하는 것은 어려우나 18세기까지는 인구가 증가하였다는 사실과 19세기 들어 인구가 다시 감소했을 가능성이 높다는 사실이다. 그리고 18세기의 인구증가가 중단되게 된 이유로 출산율의 감소보다는 사망률의 증가에서 비롯한 것이라는 사실이다(박희진 · 차명수, 2004: 27). 인구증가는 한편에서 농업생산력의 증대를, 그리고 다른 한편으로 국가와 농민 모두로 하여금 새로운 경작지의 확보나 토지생산성의 증대를 강제하였다. 그러나 농업생산력은 인구압력을 해결할 만큼 충분히 증대하지 못하였다. 그 결과 경지압박 하에서 농민경영과 생계의 안정성 확보를 위한 집약경영과 상품생산에의 적극적 참여를 유인하였다. 이에 대해서는 뒤에서 자세히 언급하고자 한다.

이와 같이 대동법 실시와 숙종대의 화폐정책에서 자극받아 상업이 비약적인 발전을 하였고, 18세기 후기에는 이미 전국적인 상업망이 형성되었다. 다시 말해, 장시 상호간의 연관성이 초기에는 대단히 희박하였으나 18세기에 들어와 상호간의 연관성이 높아져 상설시장권화가 이루어졌다. 이 같은 발전은 지역 내에 있어서 각 장시를 순력(巡歷)하는 지방소상인들이 중심이 된 유통망의 형성 뿐 아니라 그 사실 자체가 의미하는 바 지역내적 · 사회적 분업관계의 확충을 보여주는 것이다.

📍 **[표 12-2]** 조선시대 호(戶)·구(口)의 추이

연 도	호	구
1432	207,561	702,870(丁)
1461	700,000	4,000,000
1543	836,669	4,162,121
1639	441,827	1,521,165
1663	809,365	2,851,165
1750	1,783,044	7,328,867
1814	1,637,108	7,903,167
1850	1,529,356	6,470,730
1904	1,419,899	5,928,802

자료: 李榮薰(1995)에서 재인용.

📍 **[표 12-3]** 조선시대의 인구 추정   (단위: 만명)

	김재진	한영우	권태환·신용하	이호철·이영구
1392				750
1400		449	573	
1426	383		636	
1519	410	721	1,047	
1590		958	1,404	1,100
1690	695		1,603	
1789	940		1,830	
1876				1,600

자료: 金載珍(1967); 權泰煥·愼鋪廈(1977); 韓永愚(1977); 이호철·이영구(1988).

조선 초기에 지방 향시는 지방의 물화의 유통량에 따라 5일장, 10일장, 15일장, 극히 예외이긴 하지만 한 달에 한번 열리는 향시도 있었다. 그러나 17세기 이후 향시의 절대다수는 5일장으로 개시되고 있었으며 지방마다 개시일을 달리 함으로써 상인들은 지방 개시장을 순회하면서 물화유통을 담당할 수 있었다. 그리고 향시에서는 초기에 주변 농민의

자가생산물, 미곡, 각종 포류, 가축, 도자기, 농기구 등이 상호 교환되고
있었으나 조선 후기에 들어와서는 농민의 생산물도 다양화했고 지방시
장을 순회하는 전문적인 행상들이 각 지방에서 거래되는 각종 물품을
가지고 왔다.

또한, 1770-1830년에 있어서 전국 장시의 총수는 1,060여 곳 전후
로서 거의 변함이 없지만 개별 장시는 정태적 상태에 있지 않고 활발
한 부침현상을 보이고 있었다. 이러한 장시의 소멸과 신설은 전체적으
로 보아 장시 상호간의 연계, 곧 지역의 유통망을 보다 강화하면서 다
른 한편 그 과정에서 이른바 대장(大場)의 형성을 가능케 했다. 『만기
요람(萬機要覽)』에 소개하는 전국의 대장(大場)은 행정중심지나 교통요
지 등을 중심으로 발달하고 있었으며 인근 소장(小場)과 유기적 관련
하에서 시장경제의 중심지로 되고 있었다. 그리고 이들 대장은 그 자
체가 하나의 상설시장으로까지 발전하고 있었다. 게다가 서울의 시전
에서 취급되는 물종이 장시에서 거래되고 있었다("名雖一月六次 而實則
積 置各廛物種於村中 日日買賣"『비변사등록(備邊司謄錄)』英祖 30年 正
月 16日). 즉, 서울로의 물화의 유입을 중간에서 차단하고 있는 셈인데,
이렇듯이 장시는 본질적으로 시전체계 또는 그것으로 대표되는 국가적
상품경제와의 대항관계 속에서 그것을 극복하면서 성장하고 있었다.
그것은 동시에 이 장시에 기초를 둔 신흥상인, 이른바 사상의 성장과정
이기도 했다.

3. 상업루트

도시시장이나 지방장시를 중심으로 하는 지역단위의 상품시장의
발전은 나아가 지역 간의 상품유통루트를 확립하기에 이른다. 18세기
전반의 『택리지(擇里志)』에 기술된 세 가지 루트는 다음과 같다.

첫째, 해상루트로서 경상도 동해지방에서 강원도의 영동지방과 함

경도를 잇는 동해루트이다. 여기서는 경상도의 면포와 함경도의 인삼·담배 등이 주요 유통물산이었다. 원산이 이 루트의 중요한 거점을 형성하고 있었다. 원산에는 어염·해채·세포·삼·재목 등이 생산 집결되었으며, 이에 강원·황해·평안도뿐 아니라 서울의 상인들이 모여 대도회(大都會)를 이루었다. 그리고 원산으로 모여드는 상인의 대부분은 육로를 이용하였다. 그리하여 서울 근교의 사상들은 직접 산지 원산으로 가서 어물을 매점함으로써 특권적 시전상업체계에 타격을 가할 수 있었다. 이와 같이 원산은 상품유통의 해상루트와 육상루트의 교차점으로서 번영을 누릴 수 있었고, 원산의 이 같은 조건이 개항기에 있어서 원산상인들이 객주상회사(客主商會社) 조직을 통해 외상(外商)에 맞서 가장 강력히 저항했던 물질적 기초가 되었다.

둘째, 해상루트로서 경상도 남해에서 출발하여 서울 혹은 개성에 이르는 남·서해루트를 들 수 있다. 이 루트의 중간 중간에는 마산·해남·강진·나주·영광·강경·남포·아산·연안·백천 등의 상업중심지가 배치되어 있었다. 마산에는 마산장이란 대장이 형성되어 있었고, 해남과 강진은 제주도에서 나오는 뱃길의 입구가 되어 말·소·피혁·진주·조개·자개·굴·대나무 등을 매매하는 이익이 있었고, 나주의 경우에는 영산강과 바다를 거쳐 수송되는 물자가 모여드는 이익이 있었고, 영광엔 조창(漕倉)이 설치되어 있어서 세미(稅米)가 집결되었고, 은진의 강경은 삼남 최대의 강경장시로 유명하고 강경장시는 금강을 오르내리면서 이산(尼山)·석성(石城)·연산(連山)·서천(舒川)·한산(韓山)·임천(林川)을 그 배후지로 두고 있었기에 한산과 임천의 특산물로서 모시(苧)의 생산은 널리 아려진 대로다. 남포(濫浦)는 토지가 극히 기름지고 서쪽으로 대해에 임하여 어염 등의 이익이 있다고 하였고, 아산은 조운(漕運)하는 조창(漕倉)이 설치되어 있고 그 배후에는 유기수공업의 중심지인 안성이 있었다. 이 루트의 최북단은 무역으로 많은 이익을 보았던 황해도 연안과 백천으로서 이곳 상인들은 내륙을 횡단하여 원산까지 왕복하였기에 해상루트와 내륙루트가 교차하는 또 하나의 유통거점이 되고 있었다.

이와 같이 남·서해루트는 그 배후에 풍부한 상품경제를 둔 여러 중간거점으로 연결된 조선 후기 최대의 상업루트였고, 이 루트의 종착지는 물론 당시 최대의 소비도시인 서울이었다.

셋째, 해상루트와는 별개로 하운(河運)을 이용하는 내륙루트를 중요시하지 않을 수 없다. 낙동강루트는 서쪽으로는 진주까지 그리고 북쪽으로는 상주까지 거슬러 올라갔다. 남쪽의 어염과 내륙의 곡물이 주요 교역품이었다. 한강루트는 최대 소비도시이자 서남해상루트의 집결지인 서울을 출발점으로 하는 만큼 내륙루트는 청풍·여주·원주·충주로 연결되는 남한강루트, 춘천·낭천으로 향하는 북한강루트, 그리고 연천으로 향하는 루트 세 갈래가 있다.

이상은 18세기 지리서인 『택리지(擇里志)』를 중심으로 살펴본 것으로 요약하면, 해상루트로서 동해루트와 남·서해루트, 그리고 내륙루트로서 상주와 충주에 의해 연결되는 낙동강루트와 남한강루트로 이루어진 내륙루트의 3대 루트가 18세기 전반에 이미 형성된 전국적 상업루트의 중추신경을 이루고 있었다. 각 루트의 중간 중간에는 수많은 상업중심지가 배치되고 있었고 이들은 강운(江運)과 해운(海運)을 통해 배후지의 상품경제를 3대 루트에 연결시켜 전국적 유통망을 형성하였다. 그러나 각 지역의 상품경제의 실상과 각 상업루트를 통해 이동하는 상품구조를 분명히 할 수 없었다는 점, 그리고 지역의 분업관계 및 대청·대일의 대외무역과의 관련성이 해명되지 않고 있다.

제 3 절 상업자본의 발달

상품경제의 발전, 상품시장 및 상업루트의 형성은 상업자본의 축적을 가능케 하였다. 그러나 상업자본의 축적 그 자체가 바로 자본주의적 발전을 의미하는 것은 아니다. 상업이 어느 정도까지 낡은 생산양식의 분해를 이룩하는가는 먼저 그 생산양식의 견고함과 내부편성에 의존한다. 게다가 상업 발달의 계기가 소농경제의 필요에 의해서 주어졌던 한국 전통사회에서는 더욱 그러하다. 다시 말해, 낡은 생산양식 대신에 어떠한 새로운 생산양식이 생겨나는가는 상업에 의해서가 아니라 낡은 생산양식 그 자체의 성격에 의해 결정될 수밖에 없는 것이다(K. Marx, 1981: 440-55).

상인자본의 발전을 그 양적인 규모에서 추적하는 것은 자료가 결여된 상황에서 기대하기 힘들다. 여기서는 전통적인, 곧 국가적 분업체계에 입각한 특권적 어용상인과 구별되는 유형의 상인, 곧 사상(私商), 그리고 도고(都賈)체제의 주체였던 여객주인(旅客主人)을 중심으로 상인자본을 살펴보고자 한다.

사상에 관한 정의는 그 비특권성 여부가 아니라 그들의 존립기반인 상품경제의 성격과 관련하여 이루어져야 한다. 즉 사상은 "어용상업체계에 격렬히 투쟁하였던 개인 내지 그룹, 혹은 사상체계라 이름할 수 있는 것에서 비교적 그 성격이 불분명한 상인까지 포함하여, 새로운 경제적 동향, 상품화폐경제의 발전적 변화에 적극적으로 대응한 상인"(安秉珆, 1975: 148)으로 정의할 수 있다. 즉 전통적 시전체제 혹은 '노인(路引)'에 의해 통제되던 지방행상과는 달리, 실은 그와는 많이 중첩되면서 변모하는 도시시장과 지방시장, 그리고 이들을 상호 연결하는 유통루트의 성립에 그 존재기반을 두고 있는 신흥상인을 사상이라 할 수 있다.

사상은 흔히 선상(船商)과 육상(陸商)으로 구분된다. 선상은 바다나 강을 무대로 하여 앞서 고찰한 바대로 해상과 강상루트를 이용하여 성장한 상인들이다. 가장 대표적인 선상이 경강상인이고 이들의 자본집적 방식은 선박을 이용한 곡물임운(穀物賃運)이었다. 특히, 이들의 가장 중요한 영업이 정부의 세곡(稅穀), 즉 세미(稅米)의 운송에 기반하고 있었

고, 이 밖에 양반층의 소작료를 임운하는 것이었다. 세미의 중앙으로의
운송, 곧 조운(漕運)은 원래 국가의 조운제도에 의해 국가소유의 조선
(漕船)과 병선(兵船)이 주로 담당하였으나 사실 국초부터 상당히 많은 사
선(私船)이 동원되어 왔다. 예를 들어, 1412년(태종 12년)에 전라도의 1
년 세곡 7만석 중 5만석은 병선으로, 나머지 2만석은 사선으로 운반할
것을 건의한 기록이 있다(『太宗實錄』 권5, 태종 3년 6월 辛亥條). 조운이
사선에 의해 이루어질 때 사선은 일정한 운임을 받았다.

　사선에 의한 조운은 조선 후기가 되면 한층 발달하고, 대부분 사선
은 경강의 사선이었다. 그 원인으로는 첫째, 세곡운반권을 일방적으로
박탈할 수 없을 만큼 이미 경강상인의 상인으로서의 위치와 대정부관계
가 확고했고, 둘째, 경강상인이 세곡운반을 폐업할 경우 서울에 거주하
는 지주들의 소작료를 운반할 길이 끊어지기 때문이고, 셋째, 정부가 경
강상인의 세곡운반제도를 폐지하고 조운제도를 실시하는 경우 조운선
을 확보하기 어려웠던 때문이다.

　경강상인들은 정상적 운임에만 만족하지 않았다. 그들은 전근대적
상인의 모습 그대로 갖은 부정수단을 통해 운송과정에서 수입을 최대로
확보하였다. 예를 들어, 운반곡에다가 일정 양의 물을 타서 곡물을 불게
함으로써 그만한 양을 횡령하는 '화수(和水)', 운반곡의 일부를 착복 도
망하는 '윤식(倫食)', 대부분의 운반곡을 도중에 미리 하륙한 후 약간의
운반곡과 함께 배를 고의로 침몰시키는 '고취(故取)' 등이 있었다.

　화수(和水)의 예로는 1732년(영조 8년)의 한 기록에 의하면 해주소
미(海州小米) 700석을 도사공(都沙工) 朴胃泰가 거느리는 3쌍의 배로 운
반하였는데, 배가 한강에 도착하였을 때 경강인 鄭壽江이 마중 와서 전
자와 짜고 검사용의 100석을 제외한 나머지 곡석에는 매석(每石)에 물
한 병 반의 비율로 탔다가 탄로 난 일이 있다(『비변사등록(備邊司謄錄)』
권 91, 英祖 8年 4月 23日條; 姜萬吉, 1993: 62에서 재인용). 윤식(倫食)의
예로는 1721년(景宗 원년)에 경강선인(京江船人) 張信民, 申海明 등이 선

혜청(宣惠廳)에 납부할 한산군(韓山郡) 대동미(大同米) 300석을 운반하면서 그 중 32석을 착복하고 도망하였다(『승정원일기(承政院日記)』 532册, 景宗 원년 7월 17일조: 姜萬吉, 1993: 63에서 재인용). 특히 '고취(故取)'의 경우 해당 연안읍의 주민이 바다에서 건져진 열악한 극열미(極劣米)를 가져가는 대신 일정한 비율의 정상미를 부담해야 했던 만큼 민폐가 되어 국가가 엄격한 형률(刑律)로 금지하였으나 상인들은 대관료와 결탁해 수시로 불법을 자행했다.

    이 문제로 가장 피해가 컸던 서해안 일대의 실정을 1725년(영조 1년)의 태안(泰安) 유학(幼學) 金積의 상소를 통해 보면, 당시 정부의 가장 중요한 재정원인 삼남지방의 세곡은 대부분 소위 '경강모리지배(京江謀利之輩)'에 의하여 운반되었는데, 이들은 세곡의 대부분을 미리 횡령하고 난 후 약간의 잔여곡을 실은 선박을 얕은 물에서 고의로 침몰시킴으로써 횡령을 엄폐(掩蔽)하고, 또 세곡운반선이 침몰하는 경우 그 증열미(拯劣米)는 지방민이 정상미와 교환케 한 정부 방침을 기화로 하여 그 교환비율을 날조(捏造)함으로써 다시 이득을 취하였고, 이 때문에 일반백성과 정부가 많은 해를 입었다(『승정원일기(承政院日記)』 588册, 英祖 원년 3월 11일條; 姜萬吉, 1993: 63에서 재인용). 게다가 재경지주들로의 소작료 운송도 경강상인들에게 적지 않은 운임수입을 안겨다 주었다.

    그러나 경강상인의 자본축적의 본래 영역은 그들의 선상활동의 중심인 미곡공급에 있었다. 18세기 후반 서울의 인구는 대개 20만 명 안팎이었는데[2] 이들의 연간 미곡소비는 100만 석 정도였다. 그런데 정부 지출미가 모두 20만 석 미만이며 재경지주들이 지방농장에서 수취해 오는 추수곡이 또 20만 석 미만 정도였다. 때문에 서울인구의 정상적 미곡소비를 위해선 매년 60만 석 정도가 별도로 서울로 유입되지 않으면 안

---

2) 조선시대 한성의 인구는 1428년 103,328명, 1648년(인조) 95,569명, 1669년(현종) 194,030명, 1717년(숙종) 238,119명, 1729년(영조) 186,305명, 1777년(정조) 197,957명, 1807년(순조) 204,886명, 1864년(고종) 202,639명이었다.

되었다("左承旨柳義養曰 都下人民 今爲二十萬餘石 而日計二升則一年當食
百萬石米 而目今地部所管諸倉 及他餘公家所出米穀 零零注合 終不滿二十萬
石 私家穀物 則士大夫 富少貧多 家家所謂秋收之輸入城中者 都不滿二十萬餘
石米矣"『승정원일기(承政院日記)』正祖 9年 9月條). 따라서 경강상인들은
미곡상으로서 직접 선박을 이용하여 지방의 산지에서 미곡을 구입하여
경강으로 운수하였다.

한편, 서울로 매집되는 미곡의 상당부분은 이미 활발한 성장을 보
이고 있던 지방선상들에 의해서도 운송되었는데, 이들은 서울의 고미가
와 그에 따른 상업이윤을 노려 산지의 미곡을 서울로 운송하여 경강상
인들에게 곡물을 매도하였다. 이때 경강상인들은 선상으로서가 아니라
이른바 강상상업(江上商業)의 주체로서 강주인·주인 등 일종의 여객주
인으로 변신하였다. 그들은 지방선상들이 운송해 온 강상미를 매점하는
도고활동을 벌였는데 이것은 일종의 독점적 특권인 주인권에 입각하고
있었다. 이들의 강상미 매점은 서울의 미가를 좌지우지하였다. 즉 이들
의 활동은 그들이 전국의 지방적 격차를 신속히 파악할 만큼 상품의 유
통망을 형성·지배하고 있었다는 사실뿐 아니라 곡물을 장기간 매점하
고 유지할 만큼의 대량의 상업자본을 보유했다는 것을 의미했다.

거대한 상업자본을 축적한 경강상인들은 스스로 지주로 변신하기
도 하였다. 이와 같이 경강상인의 실체는 강상에서 도고를 영위하는 이
들 강주인이나 선주인에서 찾아야 할 것이다. 17, 8세기에 경강선인이
삼남지방의 정부 세곡 및 관료층의 소작료 운반을 통해 성장해갔지만
조선왕조 말기에 접어들면서 세곡이나 소작료의 금납화, 그리고 무엇보
다 곡물생산성의 정체로 지방에서 생산되는 곡물의 서울에의 운반량이
점차 감소된 것으로 생각되고, 이는 왕조 말기의 도시화율 정체와 밀접
한 관련을 맺고 있다.

경강상인이 취급한 물종은 미곡에 그치지 않았다. 미곡에 이어 어
염·재목·시목(柴木) 등도 주요한 물종이었다. 예를 들어, 『비변사등록

(備邊司謄錄)』(60冊)은 1710년(肅宗 36)에 용산에 거주하는 경강상인 한금(汗金)과 구가금(九加金) 등이 소금(鹽) 구입 차 평안도 지방으로 가던 중 황해도 장산고(長山串)에서 태풍을 만나 중국까지 표류한 일을 기록하고 있다. 또한, 원래 한강변에는 어물전, 염전, 미전 등이 왕조 전기부터 생겨나고 있었는데, 이들은 독자적으로 설립된 시전도 있었지만 성 내의 소위 본전(本廛)과 깊은 관계를 가지고, 혹은 그 분전(分廛)과 같은 성격으로, 혹은 그것에 납세 등 조건으로 예속된 것이었으며, 이와 같은 경강연변의 시전과 선상에 종사하는 경강상인과의 관계 역시 본래는 대단히 밀접한 것이었다(姜萬吉, 1993: 72).

이들 물종들 역시 경강상인이 산지로 왕래하면서 직접 매집하는 형태와 강상에서 도고형태로 취리(取利)하는 형태가 있었다. 경강상인의 도고상업은 특히 미곡상 부분에서 크게 발달하였는데, 지방에 농장을 가지고 소작료를 현물로 받는 일부 관료귀족층의 경우를 제외한 대다수 서울시민의 양곡은 서울 근교의 농촌에서 유입되는 미곡도 있지만, 그 대부분은 정부가 공인에게 지급하는 공미(貢米)와 경강상인이 지방에서 구입해 온 소위 강상미(江上米)였다. 이 중 공미는 공인을 거쳐서 시전으로 들어갔다가 일반 수요자에게 판매되었고, 강상미 역시 선상과 강상의 미곡상을 미전(米廛)으로, 그리고 다시 수요자에게 공급되었다. 따라서 자금사정이 우세한 상인들이 이 두 계통의 미곡을 매점하면 서울시내의 곡가는 크게 변하였다(姜萬吉, 1993: 75-76).

경강상인과 시전과의 관계는 경강도 시전이 행사하는 금난전권의 범위 안에 있었기 때문에 초기에는 전자가 후자에 종속되어 있었으나 전자의 실력이 성장함에 따라 동요·재편되었다. 경강상인들의 시전에 대한 저항, 즉 난전활동은 이미 18세기 초반부터 활발히 전개되고 있었다. 이러한 대항관계는 18세기 후반이 될수록 한층 가열되고 있었고, 그 과정에서 시전의 특권이 조금씩 부정되어 갔다.

그러나 동시에 사상이 지닌 전근대적 성격의 한계의 표현인 사상의

시전체제로의 편성과 승격도 진행되어 가고 있었다. 이런 점에서 육의
전을 제외한 시전에 대해서 금난전권을 인정치 않고 대신 시전과 같은
종류의 물화의 거래에 대해 수세권을 공인했던 1791년의 '신해통공'은
사상들의 실력 앞에 정부가 양보한 획기적 사건이다. 19세기에 들어서
면 사상의 승리와 시전의 약화는 더욱 결정적으로 된다. 물론 선상의 성
장은 경강상인의 성장으로만 파악해서는 안 된다. 당시의 상업루트로
연결되어 있던 유명한 포구에는 지방선상이 별도로 발전하고 있었다.

선상과 함께 육상 또한 사상이었다고 할 수 있다. 육로를 이용하면
서 주로 지방장시를 순력하는 육상에는 여러 가지 상인이 있었다. 농한
기를 이용하여 잠시 행상에 종사하여 생계보충을 기하는 빈농 출신의
영세소상인으로부터 대규모 상단(商團)을 조직하고 전국적 상업망을 형
성하면서 나아가 외국무역을 독점적으로 장악했던 대상인도 있었다. 여
기서는 육상으로서 대표적 존재인 개성상인에 대해 고찰하고자 한다.

개성상인(松商)은 고려 이래 매우 강인한 전통적 상업조직을 유지
하였으며 그것을 기반으로 상권을 확장해 갔다. 개성에 시전이 설치된
것은 고려 태조 왕건이 그곳을 수도로 정한 때부터였다. 당시 개성시전
의 규모는 알 수 없지만 13세기 초에 개성의 대시(大市)를 개조했다는
기록(『고려사세가(高麗史世家)』 권 21, 熙宗 4년 秋 7월 丁未條)이 있고,
이 기록을 통해 조선시대 서울의 시전과 유사한 구조를 갖고 있었음을
유추할 수 있다. 예를 들어, 조선시대 서울의 육의전과 비교되는 사대전
(四大廛)이 있었다. 또한, 개성의 일반 시전을 포함해 사대전도 조선시
대 서울의 육의전 및 기타 시전과 마찬가지로 관부에 대해 일정한 부담
을 지고 대신 그것으로부터 금난전권과 같은 특권과 관전대하(官錢貸下)
와 같은 특혜를 받고 있었다(姜萬吉, 1993: 98-100).

송상들은 특수한 상업조직을 갖고 있었다. 즉 그들은 개성에 본점
을 둔 채 외방에 차인(差人)들을 파견하여 그곳에 이른바 송방(松房)이라
불리는 일종의 지점을 차려놓고 그 지방의 생산품을 매점하거나 타지방

의 물품을 판매하였다. 李漑은 『성호사설(星湖僿說)』(人事門 生財條)에서 개성인이 상업에 많이 투신하게 된 원인으로서 첫째는 지리적으로 서울과 가까우면서 서쪽으로 중국무역과 연결될 수 있었던 점, 둘째로 조선왕조 건국 후 개성인들이 이에 불복하여 국가도 이들을 등용하지 않았고 이 때문에 그곳 사대부의 후예들이 학문을 버리고 상업에 종사한 점 등을 지적하고 있다.

송상의 취급 물종은 극히 다양하였으나 대표적인 것으로서 인삼과 포물류(布物類)를 들 수 있다. 인삼은 국내에서 수요가 컸음은 물론이고 중국이나 일본 등지에서 중요한 수출품이었기 때문에 상업자본 축적에 있어서 각별한 의미를 가지고 있었다. 인삼은 국내 수요가 높았을 뿐만 아니라 중국과 일본 등지에의 중요한 수출품이었기 때문에 사적 매매에 대한 정부의 통제에도 불구하고 개성상인들은 인삼의 사상에 적극 참여하여 큰 상리(商利)를 획득하였다(姜萬吉, 1993: 109). 포물(布物)교역 또한 함경도와 평안도 지방을 중심으로 이루어졌지만 경기지방이나 멀리는 경상도 경주지방까지 교역범위에 포함되어 있었다.

국내 최대생산품이었던 포물로는 개성상인의 도고상업의 대상품이었다. 이들의 포물교역은 자신들의 송방조직을 바탕으로 하였으며 그 범위는 전국적이었다. 이 외에도 송상의 도고활동은 양대(凉臺: 갓)교역에도 활발히 참여하였는데 양대는 목마장으로 유명한 제주도에서 많이 생산되었고 그것이 육지로 반출되는 입구는 해남과 강진이었다. 송상은 여기서 양대를 매점하고 그것을 전국 각지로 전매하였는데 그 때문에 서울의 양대전이 상품을 입수하지 못할 형편에 빠졌다. 양대가 제주도에서 육지로 반출될 때 주로 강진과 해남 등지를 거쳤기에 이곳이 양대의 집산지가 되었는데 이곳에서 중간상인에 의해 서울의 양대전으로 전매되었다. 19세기 초엽에 이르러 개성상인들이 이곳에 진출하여 제주도에서 건너오는 양대를 매점하여 전국의 각 도시에 직접 전매함으로써 서울의 양대전이 상품을 구하지 못하는 실정이었다(『비변사등록(備邊司

謄錄)』 215冊, 純祖 27년 1월 13일조).

특히, 송상의 활동은 대청·대일의 무역분야에서 두드러졌는데 자신의 전국적 상업망을 이용하여 대외무역을 실질적으로 장악하였다. 대중국무역은 국초에는 조공무역의 형태로 이루어져 민간참여는 배제되다가 16세기 말경부터 개시무역이 열렸는데 '중강개시(中江開市)'가 그 것이다. 조선에서 명으로 가는 사신은 연 3회로 새해를 축하하는 하정(賀正), 왕의 생일을 경축하는 성절(聖節), 동짓달에 중국으로 보내던 사신인 동지사(冬至使)의 명목으로 정규적인 사행이 있었고 그 밖에 양국 간에 경하사가 있으면 그때마다 진하(陳賀, 새해나 중국 임금의 생일 등에 중국으로 사신을 보내 축하하는 일), 주청(奏請), 진향(進香, 왕위를 계승하는 사람과 그 배우자가 죽었을 때에 종척〈宗戚〉이 빈전〈殯殿〉 또는 빈궁〈殯宮〉에 향을 올리며 제사를 지내던 일) 등 사신의 파견이 있었다.

이러한 사신들은 명나라에 각종 물화를 조공품으로 헌납하고 귀국시에 답례품으로 명에서 생산되는 각종 물품을 받아 왔다. 당시 이러한 수신사의 내왕으로 이루어지는 물화교환은 조공무역으로 불려지고 있었다. 이러한 조공무역은 부등가교역이었으며 명에서는 특정한 물화의 헌납을 요구해 왔고 거기에 대한 답례품은 우리가 원하는 품목이나 수량에 미치지 못하는 때도 있었다.

조공품으로는 금, 은, 백면주(白綿紬, 흰명주), 세저(細苧, 세모시), 포, 피물, 황모필(黃毛筆, 족제비의 꼬리털로 맨 붓), 서적, 도자기, 약재 등이었고, 이에 대한 답례품으로는 기라(綺羅, 곱고 아름다운 비단), 서적, 도자기, 약재 등이었다. 청으로 들어가는 조선 사절이 육로를 통하여 북경에 입성하게 되면서부터 양국의 국경지대에서는 호시(互市)가 열리게 되었다.

조선시대 대청의 무역에서 이루어진 호시로는 중강개시와 북관개시(北關開市)가 있었다. 중강개시는 의주 건너편의 압록강 하류의 난자도(중강)에서 열렸고 이 중강개시가 양국 간의 공인 하에 이루어진 것은

조선 인조 24년(1646년)이었다. 그러나 이 중강에서 교역이 처음 이루어
진 것은 임진란 때의 일이었다. 당시 전쟁물자 조달이 필요하게 되어 양
국 간의 합의하에 교역이 이루어지고 있었으나, 이 개시는 폐해가 있어
폐시되었다. 그 후 다시 시장이 재개된 것은 인조대였다. 이 중강개시는
책문후시가 성행하게 되는 17세기 중엽까지 조중무역의 거점이 되었다.
이 중강개시는 처음에는 양국 정부의 대리상에 의한 공무역이었고 사상
에 의한 상거래는 금지되고 있었다. 그리고 이 지점에서의 개시가 물화
교역의 유일한 길이었기고 많은 물화가 거래될 수밖에 없었으므로 양국
으로부터의 민간 상인의 잠행이 없을 수 없었다. 그리하여 17세기에 들
어와서 중강개시는 대성시를 이루었다. 중강개시는 매년 2월과 9월에
연 2회 열렸고 처음에는 양국 관리의 감시 하에 교역되어 교역품 및 수
량도 제한되어 있었으나 후에는 양국 관리의 감시도 완화되고 무역량도
증가했다.

　　여기에서 거래된 물품은 조선 초기 사행무역에서와 같이 정부에서
필요한 물품에만 한정된 것이 아니라 민간 상인들이 국내 각 도읍 및 향
시에서 판매할 수 있는 민수품도 대량으로 교역되고 있었다.

　　한편, 북관호시로서는 회령, 경원 개시가 있었다. 전자는 인조 6년
(1628년)에 시작되어 정기적으로 특정구역 내에 매년 10월에 상호교역
이 이루어졌고, 그 후 교역이 활발해짐에 따라 연 2회로 개시가 허락되
었다. 반면, 후자는 청조의 요청으로 시작되어 처음에는 2년에 한번씩
열리는 격년 개시장이었다. 이 회령과 경원에서 열리는 개시는 우리나
라 북관지방과 만주와의 물화교역이었으므로 개시장에는 수천 명에 이
르는 민간인이 모여 들었다. 이들은 개시 수일 전부터 이곳에 대기하고
있었으며 개시 후에도 여러 날 유숙하고 있어 혼잡을 이룰 만큼 이 회령
과 경원의 개시는 대성황이었다(조기준, 1994: 234–38).

　　1700년에는 중강개시가 폐지되고 사행(使行)과 관련된 '책문후시
(柵門後市)'가 발달하였다. 책문후시란 청국으로의 사행단에 상인들이

동행하여 관문인 책문에서 보통 1년에 4-5차례 청상과 교역이 이루어진 것을 말하는데, 한차례 교역에 은 10여만 냥분이 거래될 정도로 규모는 엄청났다. 대청무역에 있어서 주요 수출품은 인삼·피물(皮物)·지류(紙類) 등이었다. 송상은 이들 물종에 대한 도고활동을 통해 독점적 지위를 확보하였다. 18세기에 들어와 대청무역은 조선측으로는 만성적인 적자상태에 있었다. 청상(淸商)에 대한 조선상인의 채무가 조선사신이 청국에 갈 때 종종 문제로 제기되었음이 그 단편적 예이다. 때문에 조선은 대청무역에 있어서 주요 결제수단인 은의 부족에 항상 시달리고 있었던 것이다. 이 은은 곧 대일무역의 흑자로 구득(求得)되었다.

대일무역은 동래의 왜관에서 공무역의 형태로 이루어졌는데 그 주요 담당자는 동래의 래상(萊商)이었다. 일본과의 무역은 순조롭게 진행되지 못하였다. 고려 말기 이래 왜관의 출몰로 일본과의 수교는 단절되어 있었으므로 양국과의 사행무역도 두절되었다. 이태조의 유화정책으로 재개되었던 조선과 일본과의 교역은 임진왜란으로 단절되었다가 일본의 덕천막부(德川幕府)가 등장한 이후인 광해군 원년(1609년)에 기유조약(己酉條約)이 성립되면서 다시 재개되었다. 이 때 일본상인과의 교역은 부산포의 초량왜관(草梁倭館)에 한정되어 있어서 양국 간의 교역이 활발하게 전개되지는 못하였다.

대일무역은 일본측이 조선에서 산출되는 미곡과 면포 등의 포류와 인삼 및 피물을 절실히 요망하였고, 일본상인들은 이 교역에서 막대한 이득을 볼 수 있어 일본이 적극적으로 교역에 나서고 있었으나 조선측으로 보면 일본 생산품이 별로 소용되지 못하여 적극적인 교역을 원치 않고 있었다. 그리하여 대마도와 교역에 있어서도 일본측이 세견선의 증가를 요청하였고 조선정부는 그 수를 항상 줄이려고 하였으며, 또 상인들의 내왕에 있어서도 일본의 잠상이 다수 내항하였으나 조선측으로부터의 적극적인 출항무역은 없었던 것이다(조기준, 1994: 238-40). 그러나 송상이라 하더라도 독자적인 상인세력으로서 존재했던 것은 아니고 실제로는 원래 송상이거나 혹은 그 차인의 경우가 많았다. 가령 1738년 동래의 수상(首商) 김찬흥(金贊興)은 송상이었음이 밝혀져 있다("本府旣稅之蔘 出付松都商金贊興 使之被執於倭館 潛自區處云云…且贊興者是固萊府首商 而萊商盡是松都之人 元無他道他邑之種"『승정원일기(承政院日記)』英祖 14年 7月 18日). 대일무역은 그 자체로서 고립된 것이 아니라 대청무역과 밀접한 관계를 맺고 있었으며 그러한 관계가 송상 주도 하에 유지되었다.

개항기에 들어와 불평등조약에 입각한 외상(外商)의 내지행상(內地行商)이 진전되면서도 송상이 지배하는 경기 이북지방엔 외상이 좀처럼 진입할 수 없었던 사정, 나아가 국권이 패망한 이후에도 상당 기간에 걸쳐 그들은 독자적 상업세력으로서 존속할 수 있었던 것(李炳天, 1985)은 모두 이전 국내 행상 및 대외무역을 통해 거대한 규모로 축적된 송상의 상업자본의 위력이었다고 생각된다.

시전체제뿐 아니라 일반 사상에게 있어서도 상업활동의 기본형태는 도고(都賈)였다고 할 수 있다. 도고란 "所謂都庫(賈) 都聚物貨 專其利孔"(『비변사등록(備邊司謄錄)』英祖 40年 甲申 10月 26日)이라 하듯이 매점매석을 통한 독점적 이윤을 획득하는 상업활동이다. 그것은 본질적으로 전기적 상업자본의 존재양식에 속하는 것이다. 새로운 상인으로서 사상이라 하더라도 전기적 상인의 범주를 벗어난 것은 아니었다. 도고는 "凡係買賣者 皆有都庫(賈)"(『비변사등록(備邊司謄錄)』英祖 44年 戊子 2月 5日)하듯이 거래되는 모든 물종에 걸치고 있었다. 시전도 도고의 담당자였지만 아무래도 도고의 본격적 주체는 사상들이었다. 사상의 도고활동은 시전체제를 억압하고 그것을 새로운 유통체제 가운데로 편입시키고 있었다. 이 같은 변화를 가져온 도고체제의 주체는 사상 일반이라기보다는 그 일 구성원인 여객주인이었다는 점에서 여객주인이야말로 사상의 주축이었고 사상에 의한 상인자본의 축적도 기실은 여객주인이 주체가 되고 있었다. 그 완성된 형태에 있어서 여객주인은 상품거래의 독점적 주관자로서 일반 소상인을 지배·수탈하는 존재였다(李炳天, 1983).

여객주인은 표현 그대로 여객에 대한 주인으로서 여객이 위탁하는 상품매매의 중개를 중심으로 하여 그와 관련된 숙박·운송·보관 나아가서는 금융업까지 수행한 존재였다. 여객주인(이하 객주)의 이러한 다양한 역할은 근대사회와 같이 상인기능이 전문화되지 못한 전근대의 상업발전단계에서 나타나는 현상으로 이해된다. 객주의 중심업무는 상품매매의 중개업에 있었고, 그 대가로 통상 거래액의 1/10 정도인 구문(口文)을 수취하고 있었다. 객주는 나아가 그 자신 거래의 직접적 당사자로서 상인이기도 했다. 즉 객주는 특수한 상인의 일종이라 할 수 있다.

객주의 발생은 지역적으로 다양한 양상을 보이고 있다. 경강에서 객주의 존재는 이미 17세기 중엽 이전부터 확인되고 있다. 객주의 초기 발생형태는 여객과의 사적 관계를 통하여 그 자신 주인이 되고자 하는 자가 몇몇의 소수의 여객에 대해 자신을 주인으로 삼도록 일정한 대가를 지불하고 매득한 경제적 권리로서 발생한 것이었다. 객주–여객과의 관계의 발생은 객주측으로는 구문의 수입이 목적이었겠지만 보다 근본적인 원인은 여객측에 있었다. 경강에서 여객으로는 궁방과 세가의 호자배(好子輩)들의 침탈에 있었다고 하겠다. 금난전권에 의한 시전의 침탈도 한 가지 요인이었다. 침탈로부터 자신을 보호하기 위해 그들은 자신을 제삼자에게 의탁하였던 것이다. 세곡 운송의 경우, 침탈로 인해 세곡에 결축(缺縮)이 발생했을 때 그것을 보충하기 위해 자신을 주인에게 방매하는 경우도 있었다.

여객의 자기방매(自己放賣) 가격은 여객 수나 방매 원인에 따라 다르겠지만 가령 2명의 여객일 경우 40~50냥 정도였기 때문에 주인권을 구매한 객주라 하더라도 반드시 대자본의 소유자는 아니었고 소자본의 소유자라 해도 쉽게 객주가 될 수 있었다. 그리고 초기 객주로서는 양반 사대부 같은 상층 세력자는 보이지 않고 한량(閑良)·군관(軍官)의 역을

지는 양인상층의 신분의 자가 다수였다. 경우에 따라서는 노비신분도 객주권을 취득할 수 있었다. 즉 초기 객주–여객 간의 관계는 일정한 대금의 수수로서 자기방매의 형식으로 이루어진 경제적 관계로서의 성격이 강하였다.

경강뿐 아니라 외방에 있어서 상업루트의 요소요소에도 객주가 존재하였다. 장시나 포구가 그런 곳인데 포구객주가 외방의 객주로서 전형적 존재였다. 포구객주의 성립은 경강객주와는 달리 지방관의 강력한 개입이 작용하곤 했다. 예를 들어, 순천부(順天府) 용두면(龍頭面) 신성촌(新成村)의 경우에는 포구가 신설되자 다수의 주인이 자생적으로 생겨났고 주인권을 다투자 지방관이 개입하여 18명의 주인들에게 각각 전관지역(專管地域)을 정해 주어 각 주인은 자기 전관지역에서 출발한 상선에 대해 주인권을 행사할 수 있었다. 대부분의 경우 포구객주들은 지방관에 대해 일정 크기의 납세 부담을 지고 있었다. 지방관의 주인에 대한 침탈은 나아가 주인권을 재확인하고 그것을 안정적으로 유지하는 데 대한 권력기관의 보증을 의미하는 것이었다. 이런 점에서 객주도 권력기생적이란 전기적 상인의 속성을 벗어나지 못했던 것이다.

여객의 주인권은 18세기 후반, 특히 19세기 초반부터 급격히 발전하고 있었다. 경강객주의 경우 18세기 후반이 되면 전관지역주인권(專管地域主人權)이 생겨나고 있었다. 이 같은 전관지역주인권의 발생은 객주의 여객에 대한 지배체제가 한층 강화되었음을 의미하고 있다. 즉 종전의 객주–여객의 개별적 관계가 양적으로 집적된 형태라고 할 수 없을 만큼 객주의 여객에 대한 지배권이 강화된 상태임을 의미하므로 그 성립에 있어서 경제외적 계기의 작용을 충분히 상정할 수 있다. 그리고 지역주인권의 성립과 함께 물종별주인권(物種別主人權)의 분화도 발생하고 있었다.

객주주인권의 소수에의 집중과 더불어 객주 신분이 특권적 지배신분을 가진 자에게로 이동하고 있었다는 사실이다. 경강의 객주권을 소유한 자의 신분이 특권적 소수계층으로 상승하고 있는 과정은 시전체제의 붕괴과정과 상응하고 있듯이, 객주는 한편에서 상품경제발전의 소산으로서 진보적 성격을 띠면서도 다른 한편으로는 그 특권적 성격의 강화와 더불어 일반 소상인이나 직접생산자에 대한 전기적 수탈을 강화하는 모순된 성격의 존재였다. 경강객주에서 나타난 이 같은 변화·발전은 지방의 포구객주에게 있어서도 마찬가지로 나타나고 있었다. 즉 이 경우에도 궁방·아문에 의한 주인권의 침탈·매득 또는 수세 등의 현상이 유명한 포구에 있어서는 거의 보편적으로 나타나고 있음을 볼 수 있다.

또한, 19세기 이후 경강·포구객주를 물론하고 그들 상인자본의 규모는 대형화되어 갔다. 주인권의 가격이 급등하고 있음이 한 가지 예다. 동시에 권력과 결탁한 중간수탈자로서의 전기적 성격도 강화되고 있었다. 그들에 의한 전기적 독점체제의 강화는 상품화폐경제의 추가적 발전의 장애가 되고 있었다.

제4절 경제 제 부문에 있어서 시장경제의 심화

지금까지 우리는 16세기 이래 상품경제가 추세적으로 확대되고 상품경제의 발전이 금속화폐의 보급과 수취관계의 변화를 야기시킴으로써 역으로 시장경제 발전의 계기가 되었음을 살펴보았다. 그러나 시장경제의 발전은 단순히 부세(賦稅)의 수탈과 소작료의 착취관계에만 변화를 야기시킨 것이 아니다. 시장경제의 발전은 종래 정부가 독점하고 있었던 광산업에서는 부역제도를 붕괴시킴으로써 민영광산업의 발전을 촉진시켰으며, 다른 한편 수공업에 있어서는 관영수공업을 해체시킴으로써 민영수공업의 발전을 촉진시켰던 것이다.

그러나 상품생산의 발전은 일정한 한계 내의 것이었다. 첫째, 사회적 분업의 발전수준이 그다지 높지 못했다. 1910년에 실시된 최초의 간이직업조사의 결과는 당시 총 2,894천여 호 가운데 농업이 2,433여호

(84%), 상업이 179천여호(6%), 광공업이 24천여호(0.9%)로 나타났다.[3] 마찬가지로, 인구동향에 있어서도 도시인구의 뚜렷한 증가가 보이지 않으며 새로운 상업도시의 형성이 보이지 않는다. 1876년 개항 이전에 인구 5천 이상의 도시에 거주하는 인구는 총인구의 3% 정도에 불과하였다(李憲昶, 1993). 둘째, 이 시기의 상품경제는 농민적 상품경제의 전개를 전제로 하면서도 국가적·지주적 상품경제가 지배적이었다. 그 결과 직접생산자 수중에 경제적 잉여가 축적되기에는 매우 어려웠다. 셋째, 이 시기에 있어서 국가적 토지소유가 약화되어 가고는 있었지만 아직도 붕괴단계에 들어선 것은 아니라는 점이다. 따라서 새로이 전개되는 일부의 상품생산은 무거운 조세부담을 지지 않을 수 없었다. 그리고 국가적 토지소유를 약화시킨 추진세력은 지주적 토지소유였으며 그 결과 지주적 토지소유가 강화되고 있었다.

1. 농업에 있어서 상품생산

가. 이앙법의 보급과 가족농경영의 강화

앞에서 기술했듯이, 이앙법의 노동력 절감효과는 다각적 농업경영을 가능케 하였다. 예를 들어, ① "付種 則必四耘五耘 而方可食實 移秧 卽不過兩耘 可收全功 故農民之懶於服力者 一以移秧爲業"(『純祖實錄』純祖 15年 3月), ② "移秧功力 比播種 減五之四"(『성호사설(星浩僿說)』上 本政書), ③ "富民 務其兼竝貪於多作 小而三四石 大而六七石 一時注秧 以省功力 一時移種 以除其勞"(『正祖實錄』止祖 22年 11月). 한편, 이러한 이앙법의 노동력 절감효과로 광작(廣作) 또는 광농(廣農)을 가능케 했다는 문제이다. 그리고 광농의 주체로는 현재 두 견해로 구분되고 있는데 하나는 자작상층농을 포함하는 자소작상층농이 광농의 담당자였다는 주장, 그리고 다른 하나는 자작상농층을 포함하는 자작겸지주중에 광농

---

3) 內部警務局 編纂, 1910, 『민적통계표(民籍統計表)』, 1쪽.

의 담당자가 있다는 주장이다.

그러나 광농 일반의 발전전망을 위해서는 국가에 대한 전세 부담, 지대율의 동향, 광농을 위한 농업기술적 조건, 그리고 노비 등 예속노동의 보유 정도를 살펴보아야 할 것이다.

첫째, 조선 후기 대동법과 균역법의 실시 및 환곡의 부담 등으로 토지의 국역부담은 증가하는 경향이 있었고 또 이 부담은 전주에게가 아니라 경작자에 지워지고 있었다. 즉 경작자의 전세(환곡 포함)가 점점 무거워졌으므로 이것은 광농의 발전전망을 어둡게 하는 것이다. 그리하여 19세기 초에 丁若鏞은 "농업은 천하에서 지극히 이익이 없는 것으로 근래에는 전역(田役)이 날마다 무겁게 됨으로써 광작은 날마다 쇠퇴하고 있으며 반드시 원포(園圃)로서 생계를 보충하여야 겨우 생활할 수 있다.

진귀한 과수를 심은 것을 원(園)이라고 하고 좋은 소채를 심은 것을 포(圃)라고 하는데 가식을 도모할 뿐 아니라 팔아서 돈을 장만할 수도 있는 것이다. 통읍(通邑)·대도(大都)의 주변에서는 진과(珍果) 10주에 매년 돈 50 꿰미를 얻을 수 있고 좋은 소채수휴에 매년 돈 20 꿰미를 얻을 수 있을 것이다. 만약 뽕나무 40·50주를 심어서 양잠 5, 6간을 치면 역시 돈 30 꿰미가 된다. 매년 돈 100 꿰미를 얻으면 족히 추위와 허기를 면할 수 있으니 이것은 빈사가 마땅히 알아야 할 바이다"("農者天下之拙利也 兼之 近世田役日重 廣作彌令凋敗 須補之以爲園圃 庶其焉 樹之珍果 謂之園 藝之佳蔬 謂之圃 不唯家食是圖 將粥之爲貨 通邑大都之側 珍果十株 歲可得五十串 佳蔬數畦 歲可得二十串 若兼種桑四五十株 養蠶五六間 亦三十串之物也 得每年百串 足以救飢寒 此貧士所宜知也"『여유당전서(與猶當全書)』一, 375쪽). 이와 같이 조선 후기 농서의 저자들은 일반적으로 광농에 대해 부정적 태도를 보이고 있다.

둘째, 조선 후기 병작에 있어서나 도지(賭地)에 있어서나 지대율의 추이에는 큰 변동이 없으며 화폐지대도 도입되고 있으나 대금납에 불과했듯이 지대율은 저하하는 경향을 보이지 않고 있다. 오히려 사적 토지소유가 강화되고 국가적 토지소유가 약화되는 과정에서 종래 궁방전 및 둔전 등 국가기관의 소유지에서는 도지제가 병작제로 전환되려는 움직임을 보이고 있다.

셋째, 광농은 수리의 일정한 발전을 전제로 이앙법이 보급되고 중경제초작업에 투입되는 노동력이 대폭 절감되어 한 농가의 최대경작면적이 확대됨으로써 출현했던 것이다. 예를 들어, 우하영(禹夏永)은 『천일록(千一錄)』의 「어초문답(魚樵問答)」에서 광작에 대해서 다음과 같이 기술하고 있다. "이른바 광작이라는 것은 그 경작하는 면적이 넓기 때문에 지력을 배양하고 시비를 하는 데 힘쓸 수 없다. 다만 갈고 김매는 시늉만 내어 요행을 바라는데 풍년이 들어도 그 수확이 인공(人功)을 다하는 것에 미치지 못함은 물론, 하물며 일단 흉년이 들면 천경(淺耕)을 하고 시비를 제대로 하지 않았기 때문에 재해를 입음이 이미 심하고 수확은 더욱 감소한다. 또 갈고 거름 주는 일을 근면히 하지 않기 때문에 비옥했던 토지가 점차 척박한 토지로 되고 만다"("所謂廣作者 由其所作之廣 故不能效力於活畦糞田之功 但自依樣耕助 以冀僥倖 有秋雖值豊穰 所穫已不及於極値人功者 況一或值兼 則以其淺耕不糞之故 而被災旣酷 所穫已尤減 又因不勤於耕糞之功 黃壤亦埴之沃土肥田 漸成瘠地").

이처럼 당시 농서 저자들이 한 결같이 광작 혹은 광농을 위험한 농법으로 본 것은 보(洑)의 보급만으로써는 아직도 수리시설이 한발을 극복하기에는 불충분하고, 또 농업생산력을 향상시키기 위해서는 예컨대 이앙법의 보급에 의해 중경제초노동이 경감되더라도 광작경영이 가능하기 위해서는 그 이외의 작업(경기 · 파종 · 시비 · 수확 · 조정)에서도 농시에 노동생산성이 향상되어야 했기 때문이다(宮嶋博史, 1977: 65). 즉 이앙법의 보급에 의한 노동력의 절감만으로는 광농의 조건이 성립했다고 볼 수 없는 것이다.

넷째, 다수의 예속노동을 보유하고 있는 전주의 경우 비록 광농을 한다 하더라도 예속노동의 사역이라는 특수조건에 의한 것이며 농업경

[표 12-4] 경상도 尙州牧 丹東面의 계층분화 추이 (1634-1720)

(단위: 名, 結-負-束, %)

	1634년		1720년	
	인수(%)	결부(%)	인수(%)	결부(%)
5결 ↑	1 (0.2)	6-06-7 (2.2)	1 (0.1)	5-05-2 (1.8)
2-5	22 (4.7)	56-17-9 (19.9)	8 (1.2)	20-91-3 (7.5)
1-2	73 (15.6)	99-61-1 (35.3)	55 (8.1)	78-25-2 (28.2)
75-100부	28 (6.0)	23-60-1 (8.4)	48 (7.0)	41-50-9 (14.9)
50-75	60 (12.8)	36-85-3 (13.1)	57 (8.4)	34-90-3 (12.6)
25-50	107 (22.9)	38-17-8 (13.5)	149 (21.9)	53-26-7 (19.2)
0-25	176 (37.7)	21-58-0 (7.6)	363 (53.3)	43-91-2 (15.8)
합 계	467(100.0)	282-06-9(100.0)	681(100.0)	277-80-8(100.0)

자료: 『尙州牧庚子改量田案』(奎14954).

[표 12-5] 17세기 말 · 18세기 초 남해군 용궁장토 내 경영분화상황

(단위: 結-負-束)

	1681				1720			
	人員	同上%	面 積	同上%	人員	同上%	面 積	同上%
2결 ↑	10	3.8	23-77-0	17.1	7	1.8	23-73-2	16.8
1-2	32	12.1	44-54-8	32.0	24	6.3	31-69-6	22.5
75-100부	23	8.7	19-81-7	14.2	26	6.9	22-61-1	16.0
50-75	25	9.4	15-64-8	11.1	26	6.9	15-91-7	11.3
25-50	65	24.5	22-58-9	16.2	59	15.6	21-35-3	15.2
0-25	110	41.5	12-89-2	9.3	237	62.5	25-72-4	18.2
합 계	265	100.0	139-26-4	100.0	379	100.0	141-03-3	100.0

자료: 李榮薰(1988: 532, 표 12).

영의 일반적 발전경향을 나타내는 것이 아니다. 19세기 중엽 광농의 동
향을 나타내는 아래 표들에서 보듯이 1결 이상의 경작자를 광농으로 볼
때 광농의 수는 줄어들고 있다. 특히 개항 이후에도 이러한 경향에 변화
가 없었다는 점을 주목할 만하다.

● **[표 12-6]** 전라도 순창군 명례궁장토 내 경영분화상황과 추이 (단위: 結−負−束)

	1631				1887			
	人員	同上%	面　積	同上%	人員	同上%	面　積	同上%
3결↑	3	3.6	11−65−5	34.4	0	0	0	0
1−3	4	4.9	5−20−5	15.4	7	4.5	10−24−6	21.9
75−100부	6	7.3	4−96−9	14.7	3	1.9	2−69−7	5.8
50−75	5	6.1	2−76−6	8.2	13	8.5	8−52−4	18.2
25−50	10	12.2	3−43−0	10.1	40	26.0	14−33−0	30.6
0−25	54	65.9	5−81−1	17.2	91	59.1	11−00−7	23.5
합　계	82	100.0	33−83−6	100.0	154	100.0	46−80−4	100.0

자료: 李榮薰(1988: 544, 표 22).

● **[표 12-7]** 황해도 평산부 총리영둔전 내 경영분화추이　(단위: 結−負−束)

	1824				1896			
	人員	同上%	面　積	同上%	人員	同上%	面　積	同上%
1결↑	2	3.3	3−08−3	19.6	0	0	0	0
70−100부	1	1.6	70−1	4.5	0	0	0	0
60−70	2	3.2	1−35−5	8.6	1	1.2	60−0	5.3
50−60	3	4.8	1−57−8	10.0	0	0	0	0
40−50	3	4.8	1−29−4	8.2	3	3.6	1−24−2	10.9
30−40	3	4.8	1−08−5	6.9	7	8.4	2−26−7	19.9
20−30	12	19.4	3−11−1	19.8	7	8.4	1−63−6	14.4
10−20	17	27.4	2−33−8	14.8	31	37.3	4−24−0	37.2
0−10	19	30.6	1−20−5	7.6	34	41.0	1−41−5	12.4
합　계	62	100.0	15−75−0	100.0	83	100.0	11−40−0	100.0

자료: 李榮薰(1988: 551, 표 27).

　　이상과 같이 곡물생산에 있어서의 선진적 농가경영의 발전방향은 고용노동에 의한 대규모의 농업경영에의 발전이 아니고 부분적으로 타인노동도 고용하면서 가족노동을 중심으로 하는 집약적 농업경영이었

[표 12-8] 김해 내수사장토 면별(面別) 경영분화 추이 (단위: 結-負-束)

		進禮				駕洛·活川			
		인원	同上%	耕地合	同上%	인원	同上%	耕地合	同上%
1	1結~	8	5.3	13-70-5	28.2	4	2.0	5-68-8	12.9
7	75~100負	5	3.3	3-87-2	8.0	8	4.0	6-72-0	15.3
9	50~75	14	9.4	8-79-8	18.1	12	6.0	7-08-1	16.1
0	25~50	33	22.0	11-78-9	24.3	31	15.4	10-48-4	23.9
	0~25	90	60.0	10-42-6	21.4	146	72.6	13-97-5	31.8
	계	150	100.0	48-59-0	100.0	201	100.0	43-94-8	100.0
1	1結~	5	2.7	6-28-9	13.3	0	0	0	0
8	75~100負	3	1.6	2-54-9	5.4	0	0	0	0
9	50~75	10	5.5	6-45-1	13.6	6	2.6	3-48-3	8.3
0	25~50	51	27.9	18-24-4	38.5	58	24.7	20-86-4	49.8
	0~25	114	62.3	13-88-4	29.2	171	72.7	17-58-4	41.9
	계	183	100.0	47-41-7	100.0	235	100.0	41-93-1	100.0
1	1結~	3	1.3	3-62-4	7.4	1	0.4	1-34-50	3.1
9	75~100負	3	1.3	2-46-9	5.1	0	0	0	0
0	50~75	8	3.5	4-70-1	9.7	9	3.5	5-09-7	11.7
4	25~50	53	23.1	18-04-2	37.1	50	19.3	17-26-4	39.7
	0~25	162	70.8	19-84-1	40.7	199	76.8	19-83-2	45.5
	계	229	100.0	48-67-7	100.0	59	100.0	43-53-8	100.0

자료: 李榮薰(1988: 462, 표 8).

다고 할 수 있다. 이앙법이 직파법에 비해 단위노동력당 그리고 단위토지당 생산성을 증가시키는 효과가 있었지만, 보다 중요한 효과는 앞 절에서 기술했듯이 농가의 생산과정 또는 노동력의 배분구조를 재편하는 장기적 효과를 가졌다.

직파법의 경우, 기경·파종·중경(中耕) 과정이 모두 전작의 제작물과 중복되었기 때문에 노동력의 보유 규모가 제한적인 하층소농이 일정 규모 이상의 답작과 전작을 결합시키는 데에는 많은 어려움이 따랐

💿 **[표 12-9]** 남해군 용궁장토 내 경영분화 추이, 1845-1905 (단위: 結-負-束)

	1845		1856	1860	1864	1868	1881	1905	
	인원 (%)	면적 (%)	인원 (%)	인원 (%)	인원 (%)	인원 (%)	인원 (%)	인원 (%)	면적 (%)
2結~	8 (0.8)	4-62-3 (5.4)	2 (0.8)	1 (0.4)	1 (0.3)	1 (0.3)	1 (0.3)	0 (0)	0 (0)
1~2	13 (5.3)	17-06-1 (19.9)	12 (4.9)	10 (4.2)	11 (3.7)	8 (2.7)	9 (3.1)	5 (1.3)	6-18-2 (7.2)
75~100 負	9 (3.7)	8-13-6 (9.5)	7 (2.9)	9 (3.8)	6 (2.0)	8 (2.7)	11 (3.8)	5 (1.3)	4-43-4 (5.2)
50~75	22 (8.9)	13-26-2 (9.5)	21 (8.6)	25 (10.5)	26 (8.8)	32 (10.7)	25 (8.7)	18 (4.5)	11-08-6 (12.9)
25~50	78 (31.7)	27-27-2 (31.9)	76 (31.1)	78 (32.6)	81 (27.4)	73 (10.7)	25 (24.3)	97 (4.5)	33-30-8 (38.8)
0~25	122 (31.7)	15-23-1 (17.8)	126 (51.7)	116 (48.5)	171 (57.8)	178 (59.3)	158 (55.2)	274 (68.6)	30-89-1 (35.9)
계	246 (100)	85-58-5 (100)	244 (100)	239 (100)	296 (100)	300 (100)	399 (100)	399 (100)	85-90-1 (100)

자료: 李榮薰(1988: 520, 표 7).

다고 생각된다. 반면, 이앙법은 기경 · 파종 · 중경 과정이 전작과 시기적으로 상이하므로 농가의 노동력 배분을 시기적으로 분산시키는 효과가 있기 때문에 소규모 노동력밖에 없는 농가라도 일정 규모의 답작과 전작을 보다 안정적으로 결합시킬 수 있게 된다. 이앙법의 이러한 효과는 논에서의 이모작 가능과 더불어 하층농가의 안정적 재생산에 기여함으로써 소농경영의 안정화 추세를 성립시킨다(李榮薰, 1995: 222-23).

나. 농업의 상업화

상품경제의 발전은 기본적으로는 사회적 분업에 기초한 상품생산에 의해 제약된다. 그러나 이 시기의 상품경제는 본래 상품으로서 생산되지 않는 조세수입 및 소작료 수입이 시장에 투입되어 상품으로서 유통되고 있었기 때문에 상품유통 상황을 반영하고 있다고는 볼 수 없다. 그럼에도 불구하고 상품생산 상황을 고찰하기 위해 그 전제조건이 되는 상품유통 상황을 잠시 살펴보는 것이 유익할 것이다.

이 시기에 있어서 농산물의 상품생산은 곡물생산에 있어서나 상품작물의 생산에 있어서나 일반적으로 이루어지고 있었다. 그러나 상품생산은 곡물생산에 있어서보다도 상품작물의 생산에 있어서 활발히 이루어지고 있었다. 즉 미곡은 그 상품화에 비해 상품생산은 크게 진전되지 못하였던 것 같다. 미곡의 상품생산에 관한 기록은 좀처럼 찾기 힘들다. 그것은 미곡의 상품생산이 이미 깊이 발전되어 구태여 강조할 필요가 없어서 그랬다기보다 오히려 상품생산으로서는 수지가 맞지 않았기 때문이었던 것 같다. 즉 자료에 의하면, 비교적 큰 지방도시에서도 아직 정주미곡상인이 제대로 형성되어 있지 않았으며 장시에 출하되는 상품은 대개 미곡이나 농민의 궁박판매(窮迫販賣)였다. 물론, 미곡은 빈민들만 판매하는 것은 아니었다. 부농이나 지주들도 미곡을 판매하였으며 이들은 매점매석하기도 하고 장리라는 고리대도 하였다. 따라서 이 시기 미곡시장은 계절적 · 지역적으로 시가의 격차가 심한 전근대적 시장이었으며 18세기 후반기에 접어들어서는 지역적 자급자족을 유지하기 위해 지역 간의 미곡유통이 통제되기도 하였다.

그런데 미곡의 상품생산이 크게 진전되지 못한 이유는 곡물생산보다도 상품작물의 생산이 수익성이 높았기 때문이다. 예를 들어, "且大城名都人多 地浹之處 則其所資利之方 自有許多般 水田種稻十斗之地 種芹二斗 則可侔麥十斗之利 故近年以來 都下民人之馱芬芹蔬而轉販於府內者 相續於道路 大抵以治圃種芹而爲業者 田不過十餘斗 畓不過三四斗 可爲五六口之生業 種麥種稻而爲業者 田爲數日耕 畓爲十餘斗 尙難四五口之食" 禹夏永, 『관수만록(觀水漫錄)』 經稅勤農之策. (大城 · 名都의 인구는 많고 경지는 적은 곳이면 자리(資利)의 방법이 허다하다. 수전 10두락에

미나리 2두락을 심으면 수도전 10두락의 이익을 얻을 수 있고 맥전 10두락에 소채 2두락을 심으면 맥전 10두락의 이익을 얻을 수 있기 때문에 민인 중에서 미나리와 소채를 심어서 부내(府內)에 파는 자는 도로에 이어져 있다. 대개 미나리를 재배하여 생업으로 삼는 자는 전이 10두락에 불과하고 답이 3, 4두락에 불과해도 5, 6구의 생업이 될 수 있으나 맥류와 벼를 농사짓는 자는 전이 수일경(數日耕)이요 답이 10여 두락이 되어도 4, 5구의 식량에 어려움을 겪는다).

또한, "京城內外 通邑大都 葱田 · 蒜田 · 菘田 · 瓜田 十畝之地 散錢數萬〈十畝者水田四斗落也 萬錢爲百兩〉西路烟田 · 北路麻田 · 韓山之苧麻田 · 康津之甘藷田 · 黃州之地黃田 皆視水田上上之等 其利十倍 近年以來 人蔘又皆田種 論其贏羨或相千萬 此不可以田等言也 雖以恒種者言之 紅花大靑其利甚饒〈南方川穹紫草 亦或有田種〉不唯木棉之田 利倍於五穀也"丁若鏞, 『여유당전서(與猶堂全書)』五 150쪽. (경성 내외나 통읍대도에서는 파밭, 마늘밭, 배추밭, 오이밭은 10무의 땅에서 수만 전을 벌 수 있다.〈10무는 수전 4두락이요 만전은 100량이다〉서로의 담배밭, 북로의 삼밭, 한산의 모시밭, 전주의 생강밭, 강진의 고구마밭, 황주의 지황전은 모두 수전 상상전에 비해 그 이익이 10배나 된다. 근년 이래 인삼 또한 밭에 심는데 그 수익은 천만이니 이것은 전등(田等)으로 말할 수 없다. 비록 항상 심는 것으로 말하더라도 잇꽃과 쪽은 그 이익이 아주 많으니〈남방에서는 천궁, 자초도 또한 밭에 심는 자가 있다〉, 목면전만이 오곡의 2배가 되는 것이 아니다).

물론, 상품작물의 재배노 그 시징조건의 차이에 따라 한결 같지가 않았다. 즉 상품작물은 그 시장적 조건과 관련하여 소채류와 같이 큰 도시 근방에서나 재배될 수 있는 것과 목면이나 인삼과 같이 전국 어디서나 재배될 수 있는 것이 있었다. 지방적 특산물은 시장적 조건에 제약되어 그러하였다기보다 아직도 그 재배가 여러 가지 이유로 지역적 편재성을 면치 못했다는 것을 말해 준다.

　농민의 가내수공업 중 가장 발달한 업종으로 직포업(織布業)을 들 수 있는데, 특히 면포는 19세기 초에 있어서 곡물보다 많은 장시의 상품으로서 등장하고 있었다. 때문에 면포의 원료인 면화는 이미 전국적으로 재배되고 있었으리라는 것은 쉽게 짐작할 수 있다. 예를 들어, 정약용도 앞의 자료에서 지적했듯이 목면을 지방적 특산물로 취급하지 않고 있다. 즉 일반 상품작물은 그 수익이 곡물보다 5배 내지 10배라고 지적하면서 목면만이 그 수익이 오곡에 비해 두 배가 되는 것이 아니라고 했을 때 목면은 아직 상품작물의 성격을 갖고 있으면서도 이미 전국적으로는 그 재배가 보급되어 그 수익성이 다른 상품작물보다 낮음을 지적하고 있는 것이다.

　목면은 이미 19세기 초에는 일반농가에서 자가소비용으로 널리 재배되고 있었을 뿐 아니라 군포(軍布)의 수납을 위해서도 재배하지 않으면 안 되었고, 곡물생산으로서는 부족한 생계를 보충하기 위해서도 재배하지 않으면 안 되었다. 그러나 목면의 재배가 단순히 자급자족이나 생계보충의 수단에만 머물지 않았다. 18세기 말의 저작인『북학의(北學議)』에서 암시하고 있듯이 당시 이미 목면을 널리 재배하는 농가가 있었던 것 같고, 18세기 후반 이후 대농가에서 그 수익성이 높았기 때문에 목면을 대량으로 재배하는 농가가 있었음에 틀림없다.

　그러나 18세기 말 이후에는 독립소상품생산으로 전개되었던 면직물업이 자본제적 상품생산으로 발전할 가능성에 대해서는 회의적이다. 즉 주요한 세공(稅貢)의 대상물이자 대외무역품이기도 하였던 마포(麻布, 마직물)와 저포(苧布, 모시) 또한 농촌 직포업에서 크게 발달하였다. 사실 면포생산이 성행하기 이전에는 마포와 저포가 정부요원에 대한 현품지급의 대상이었고, 특히 세저포(細苧布)는 대외무역품으로서 주요한 위치를 차지하고 있었다.

　마포의 원료인 대마는 기후에 크게 영향 받지 않아 전국적으로 재배되고 있었으나, 품질 좋은 저포생산의 원료인 저마는 기후가 따뜻한

지방에서만 성장하는 것으로서 중남부 지방에서 저포생산이 크게 성행
하였다. 『증보동국여지승람(增補東國與地勝覽)』에 의하면 대마 생산지로
화해도 14개 군과 읍, 함경도 22개 군과 읍, 평안도 40개 군과 읍을 지
적하고 있는 반면, 경기 이남에는 겨우 10개 읍을 들고 있다. 이에 반해
저마는 전국 생산지 33개 군과 읍 중 26개 군과 읍이 충청도 및 전라도
에 집중되고 있었다. 한편, 견직업도 우리나라에서 오랜 역사를 갖는 수
공업부문이었으나 고려나 조선시대에 들어와서는 농민수공업으로서 두
드러진 발전을 이룩하지 못했다. 즉 조선시대에도 신분제가 엄격하여
일반 백성의 고급견직물 착용은 엄금하였으므로 견직업이 농민수공업
으로서 발달할 기회를 갖지 못하였다. 정부도 고급견직물을 대외무역에
의존하거나 왕실과 귀족들의 의료품으로서 관영수공업에서 생산을 충
족하였다.

한편, 17세기에 들어 과도한 채취로 산삼이 희귀해지자 재배되기
시작한 인삼은 18세기 말 내지 19세기 초가 되면 거의 재배에 의해 생
산된 가삼(家蔘)이었다. 자연삼이든 재배삼이든 어느 경우이건 국내외
상업계의 가장 중요한 상품 중 하나였고 개성상인이 가장 대규모적인
삼상(蔘商)이었다. 또한 개성 같은 곳에서는 대규모 재배도 행하여졌는
데 그것은 18세기말 내지 19세기 초에 들어와 인삼에 대한 국내 및 해
외수요가 격증했기 때문이었다. 인삼의 해외수요는 대청무역과 왜관무
역이었는데 대청무역이 압도적 비중을 차지하고 있었다.

17세기 초에 도입된 연초(煙草) 또한 17세기 말까지 자가소비용으
로 조금씩 재배된 데 불과했으나 18세기 중엽에는 이미 중요한 상품작
물로 등장하고 서울과 지방시전에는 연초전(煙草廛)이 출현하였다. 연초
소비의 전국적 확대는 연초의 전국적 생산을 배경으로 하고 있었다. 18
세기 전반기에 밭에서 재배되던 연초는 18세기 말이 되면 대량재배 농
가도 출현하였다(李永鶴, 1990). 그러나 연초의 주산지가 논보다 밭이
많은 산간지방인 것을 미루어 대규모 재배라고 하더라도 생계보충수단

에 불과했던 것 같다.

다. 다각경영과 상업적 농업의 성격

조선 후기 농업에 있어서의 상품생산은 곡물재배에 있어서보다도 상품작물재배에 있어서 보다 진전되었다. 그것은 곡물시장의 발전정도가 상품작물의 그것보다 낮아서 그러했던 것이 아니고 그 수익성에 있어서 후자가 전자보다 높았기 때문이었다. 앞에서 기술했듯이, 상품작물이라고 하더라도 그 수익성이 곡물에 비해 두 배라고 표현되고 있으나 소채나 아직도 지방적 특산물에 머물러 있는 상품작물은 그 수익성이 곡물에 비해 5배 내지 10배라고 하였다(丁若鏞, 『여유당전서(與猶堂全書)』). 그러한 사실은 다른 각도에서 보면 목면과 연초를 제외한 상품작물은 아직도 그 보급이 초기단계에 머물러 있었다는 것을 말해 주는 것이라 할 수 있겠다. 총괄적으로 말한다면 목면을 제외한 경제작물의 재배는 18세기 중엽 이후 상품경제의 발전에 따라 나타난 새로운 사회현상이라 할 수 있을 것이다.

상품작물의 재배는 곡물재배를 위주로 하는 일반농가의 다각경영의 일환으로서 이루어지고 있었다. 상업이 고도로 발전한 도시주변에서는 인삼과 같이 영리를 위해 전업적으로 대규모경영을 한다든지, 다른 상품작물을 토지가 없거나 적은 빈농이 생계를 위해 그것만을 재배하는 겨우도 없었던 것은 아니었으나 사회적 분업의 발전정도가 낮은 당시에 특정작물의 재배에 전업한다는 것은 일반적으로 어려운 일이었다. 따라서 당시의 농서의 저자들은 한 결같이 농업의 다각경영을 권하고 있다. 예를 들어, 정약용은 『여유당전서(與猶堂全書)』에서 상품작물이 곡물경작을 위주로 하는 농가의 생계보충수단이라는 것을 명확히 지적하고 있지 않는가? 즉 조선 후기의 상업적 농업의 출현 및 상품경제의 성격은 여러 논자들이 주장하는 "자본가적 차지농과 비슷한 경영형부농"이나 "자본주의적 기업농을 지향하는 서민지주"의 연장선상에 있는 '자본주

의 맹아'는 아니었다. 그렇다면 조선 후기 전개된 상업적 농업의 성격
을 살펴보자.

앞에서 지적했듯이 17세기 이후 인구증가는 한편에서 농업생산력
의 증대를, 그리고 다른 한편에서 국가와 농민 모두로 하여금 새로운 경
작지의 확보나 토지생산성의 증대를 강제하였다(韓榮國, 1991: 8-9). 그
러나 경지 확대의 제한 속에서 인구증가와 지배계급의 민전침탈은 농민
1인당 경지규모를 축소시켰고, 농업생산력의 증대는 인구압력을 해결할
만큼 충분치 못하였다. 예를 들어, 일정한 면적의 경지에 존재한 농민경
영의 수를 19세기에 걸쳐 조사하면, 대부분의 사례에서 증대하고 있음
을 알 수 있다. 마찬가지 현상으로서 하나의 단위 필지가 둘 이상으로
분할되는 '필지분할' 현상이, 특히 19세기 후반에 심하게 확인되고 있
다(李榮薰, 1988: 479-82, 541-43). 대체적으로 조선왕조 5세기 동안 약
2.3배의 인구증가가 있었던 반면, 미경지(未耕地)와 진지(陳地)를 제외한
실경지(實耕地)는 약 1.5배의 증대가 이루어졌다(李榮薰, 1995: 215-21).
그 결과, 토지에 비교해 상대적으로 노동력이 풍부한 농민은 생계의 안
정을 확보하기 위해 다량의 노동력을 사용하는 다노(多勞) · 다비(多
肥) · 다각(多角)의 집약경영을 전개시켰다. 이 당시의 비료생산기술 역
시 다량의 노동력 투입에 기초한 예부농법의 단계를 벗어나지 못했기
때문에 다각경영의 일환으로 전개된 상업작물의 재배도 노동집약적이
었다.

앞에서 보았듯이, 농촌사회에서 쌀과 콩 등 곡물과 면포 · 마포 등
의류 다음으로 필수적인 기호품이었던 연초의 재배는 때때로 곡물보다
이로운 것으로 인식되었다. 예를 들어, "[1725년; 영조 원년] 전만호(前
萬戶) · 이태배(李泰培)가 상소하기를 (중략) 이것[남초; 필자]은 밤낮으
로 항상 피우니 곡물과 다름이 없습니다. 남초를 매매하는 이익은 곡식
을 파는 것보다 훨씬 큽니다. 남초는 심는 땅이 반드시 비옥해야 무성해
지니 팔도의 비옥한 많은 땅이 남초전으로 들어갑니다"(『承政院日記』

[표 12-10] 1년간 1단보당 한전 작물의 재배에 필요한 인력 (단위: 人)

	충북 淸州	경북 靑松	전북 礪山	강원 金城	함남 咸興	평 균
煙 草	49.7	62.0	31.0	28.2	29.6	40.1
他作物	15.3	22.0	5.0	13.1	16.2	14.3

자료:『韓國煙草調査書』, 李永鶴(1985: 210)에서 재인용.

601책, 英祖 元年 9月 24日 前萬戶 李泰培疏). 또한, "(상략) 崇禎之世 始 來中國 (중략) 計其出來於東方 盡不過百餘年之久耳 到今則人無不嗜 (중 략) 種草之田 利於種穀 賣草之廛 多於賣貨 (하략)"(『笑庵集』 국립 조 46- 가 133, 淡巴菰說). 이것은 면화에도 적용된다. "금산, 옥천, 양산, 이산 사람들은 밭이 적기 때문에 전적으로 면화재배를 생업으로 하고 있는 데, 면화를 판매하여 얻는 이득은 대단히 비옥한 밭의 생산에 맞는다" (『澤里志』).

그러나 상업작물 재배의 이로움은 어디까지나 단위경지당 총소득 의 측면이지 노동생산성의 우위를 말하는 것은 아니었다. 연초는 재배 전 기간에 드는 노력의 양도 많았지만 이식과 수확에 일시적으로 많은 노동력을 필요로 하였고, 한번 재배하면 지력이 많이 손실되어 비료비 용이 타작물보다 많이 소요되었다.

양잠의 경우도 마찬가지이다(金惠水, 1989: 47-48). 단위 양잠에 어 느 정도의 노동이 필요한가를 1930년대 초 일본 병고현(兵庫縣) 양잠노 동조합연합회의 조사를 빌려 살펴보면,[4] 춘잠(春蠶)의 경우 노동자 1인 이 40일 동안 645 몬(匁)의 고치를 생산해 낼 수 있다는 것이다. 즉 고치 1관(貫)을 생산하려면[5] 40일 동안 1.55 인의 노동력이 필요하였다(陸芝

---

4) 조선의 양잠노동력 조사에 대한 직접 자료가 없기 때문에 상황이 비슷한 일본의 것을 사용하였다.

5) 『조선농림축잠대감(朝鮮農林畜蠶大鑑)』, 450쪽; 『朝鮮ノ繭』 참조. 잠종 1몬이면 고치 4斗(3관 333몬)를 얻을 수 있다. 1926년 당시 양잠가 1호당 고치생산고는 4 두 내지 6두 정도가 보통이었다고 한다.

修, 1940: 6). 이를 도작(稻作)노동과 비교해 보면 양잠의 노동집약적 특성을 잘 알 수 있다. 즉 도작의 경우 반당 노동일수가 개량도작법은 1인당 170.47 시간이 요구되며, 재래도작법의 경우는 1인당 104.70 시간이 요구되었다(久間健一, 1943: 354-55). 탁무성의 발표에 의하면 전조선, 단보당 평균 노동일수는 1인당 17.1 일이었다(印貞植, 1943: 97). 그러나 양잠의 경우 상전(桑田) 1단보당 수균고(收菌高)를 보면 1926년 경우 6관 정도의 고치를 생산했다. 그렇다면 상전 1단보당 요구되는 노동일수는 9.3인이 40일동안 노동해야 한다는 결론이 나온다. 이는 극도의 노동집약도이다.

그럼에도 불구하고 연초재배업이나 양잠업이 발전할 수 있었던 것은 인구압력과 비농업부문의 상대적 저발전으로 인한 기회비용이 영(0)에 가까운 잉여노동력의 존재 때문이었다. 이것은 기본적으로 서구사회와 달리 중앙집권적 군현제 하에서 자치도시를 구조적으로 기대할 수 없었기 때문이다. 예를 들어, 조선은 왕조말까지 자신의 지배체제의 유지를 위해서 "농가경영의 원활한 재생산을 보장"하는 데 초점을 맞추었던 중농억상책 내지 "소극적 장시대책"을 유지하였다. 즉 "장시가 농민의 재생산에 필요하고 특히 구황에 긴요하다는 인식이 일반적으로 확산되어 있어서 장시를 제한적으로 허용하고 신설만을 억제하자는 것이 대세"였고, "농업인구의 감소와 농업의 소홀, 도적의 흥행, 물가의 등귀…, 상인에 의한 농민의 수탈과 농민의 낭비"가 장시의 폐단 요인으로 지적되었다. 그리고 18세기 이후 "장시 개설의 억제책이 점점 완화된 것은 무본억말책(務本抑末策)이 쇠퇴한 것이 아니라, 단순상품생산자로 성장하는 농민의 재생산을 위한 무본책의 변형"이었고, 이러한 "국가의 무본억말책[이] 계속 완화되었다고 하더라도 개항 직전까지도 소멸되지는 않았다"(李憲昶, 1991).

이처럼 국가의 기본임무는 경세제민, 경제적으로는 농가경영의 원활한 재생산과 인민의 기초적인 소비생활을 지원하고 보장하는 것이었기 때문에 농본주의와 권농정책을 추진하였다. 그러나 부세의 경감책이나 권농정책만으로 농가경영의 재생산과 인민의 기초적 경제생활을 보장할 수 없었기에 국가는 환곡을 방출하고 진휼을 담당하였고, 여기에 국가의 재분배기능의 보완책으로 상업정책에 대한 인식이 놓여 있었던 것이다. 즉 국가의 기본임무는 경세제민(經世濟民), 경제적으로는 농가경영의 원활한 재생산과 인민의 기초적인 소비생활을 지원하고 보장하는 것이었기 때문에 농본주의와 권농정책을 추진하였다. 그러나 부세의 경감책이나 권농정책만으로 농가경영의 재생산과 인민의 기초적 경제생활을 보장할 수 없었기에 국가는 환곡(還穀)을 방출하고 진휼(賑恤)을 담당하였고, 여기에 국가의 재분배기능의 보완책으로 상업정책에 대한 인식이 놓여 있었다.

또한, 지금까지 연구가 조선 후기까지 상품화폐관계의 발전과 상업자본의 축적이 실패한 요인으로 상인의 권력에의 종속성을 지적(李炳天, 1983: 98-164; 高東煥, 1985: 235-305)하듯이, 중앙정부의 직접적인 정치적 통제 하에 있었던 한국 중세도시들은 도시적 매뉴팩처를 위한 생산의 중심지로 변화할 수가 없었다. 즉 조선 후기의 시장은 아직 자율적인 경제영역으로 성장하지 못했으며 국가적 재분배를 보완하는 위치에 있었다. 국가적 재분배체계 내에 있는 정부의 곡물창고(환곡)는 빈민에 대한 구휼장치이면서 동시에 시장의 가격조절기능을 갖는 것이기도 하였다.

그 결과, 도시는 한성을 중심으로 발전할 수밖에 없었다. 물론, 이것이 도시와 상업의 발전을 부정하는 것은 아니다. 단지, 서구 중세 자치도시와는 다른 성격과 방향에서 도시와 상업의 발전이 전개된 것뿐이다. 예를 들어, 1520년에 런던의 인구 5만5천 명에 비교해 한성의 인구는 세종10(1428)년에 10만3천 명을 넘어섰고, 그 후 굴곡은 있었지만 숙종43(1717)년에는 약 23만8천 명까지 도달하였다. 조선시대 초기의 높은 도시인구가 농업생산성과 곡물잉여의 증가로 설명될 수 있는 반면,

17, 8세기의 도시인구 성장은 전국적인 인구의 증가로 농촌에서 영세농과 무전농민을 증가시켜 토지로부터 배제된 농민의 도시유출이 주요 요인이었다(金容燮, 1971: 140).

그러나 그 후 한성의 인구는 19세기 후반까지 약 200년 동안 18만 명에서 20만 명을 전후하는 선에서 정체하였다(孫禎睦, 1993: 34-36). 이와 같은 17세기 후반 이래 2세기에 걸친 도시인구의 정체는 앞에서 지적한 자치도시의 결여와 집약적 소농경영의 성장과 관련을 맺고 있다. 즉 인구압력과 농촌의 잉여노동력을 흡인해 낼 수 있는 도시부문이 결여된 상황에서 농업생산력의 발전은 노동집약적 소농경영 및 농가부업과 상업작물 재배를 증가시키는 방향으로 전개되었다. 그 결과, 한편으로는 농민소득의 증가와 소농경영의 안정성을 증대시켰지만, 다른 한편으로는 단위노동력당 농업생산의 감소 및 도시화의 정체를 수반하였다. 그리하여 구한말까지 조선인의 사회적 분업을 살펴보면, 전국적으로 공업호는 1% 미만에 불과하였고 상업호의 대부분을 구성한 영세상인은 "농사의 여가에 잡화를 행상하는" 반농반상(半農半商)이었다.

이와 같이 조선 후기 상품화폐경제의 발전은 사회적으로는 새로운 생산조직을 창출시키지 못하고 기존의 소농경영을 강화시켰다는 점에서 서구에서처럼 봉건제를 해체시키고 자본주의를 창출시켰던 '자본주의 맹아'는 아니었다.[6] 다시 말해, 소농경영을 강화시킨 조선왕조 말기의 농업의 집약화와 상업화는 그것이 생산성 향상보다는 요소투입과 시장(수요)에 의해 뒷받침되었다는 점에서 여전히 '외연적 기술(extensive technology)' 체계에 기초한 '성장'이었고, 중세 이래 서구의 '내포적 기술' 체계에 기초한 '발전'과는 구분된다(최배근, 1997). 이처럼 독자적 구조 속에서 발전하던 상품화폐관계적 요소를 자본주의적 맹아로 등식

---

6) 황(P.C.C. Huang, 1990)은 이것을 '내권적 성장(Involutionary Growth)' 혹은 '발전 없는 성장(Growth without Development)'이라 주장한다. 또한, 황(1991)은 중국 사회의 진화를 종래의 유럽 중심적 모델 — 그것이 스미스적이던 맑스적이던 — 에 의해서 설명되지 않는다는 점에서 '패러다임의 위기'를 주장한다.

화하는 것이야말로 몰역사적이며 '부조적(浮彫的) 수법'이고, 한국 중세
사회의 기본구조나 해체방향의 독자성, 즉 "근대적 변혁이 갖는 고유한
방향성"을 과소평가하는 것이다.

　이러한 차이는 조선 후기 사회개혁가들의 현실인식과 주장에서도
확인된다. 서구의 자본주의 발전이 영리를 위한 합리적 행동에 우호적
입장을 취한 청교도주의와 관련을 맺고 있다면, 18세기 조선의 실학자
들은 독립자영농민에 기초한 건강한 농업사회의 육성에 초점을 맞춘 제
도개혁 —— 예를 들어, 정약용의 여전제나 이익의 균전제 등 —— 을 추
구하였고, 특히 북학파들은 해외무역의 성장에 특별한 관심을 보였다
("我國 國小而民貧 今耕田疾作 用其賢才 通商惠工 盡國中之利 猶患不足 又
必通遠方之物而後 貨財殖焉 百用生焉. 夫百車之載 不及一船 陸行千里 不如
舟行萬里之爲便利也 故通商者 又必以水路爲貴 我國 三面環海 西距登萊 直
線六白餘里 南海之南 則吳頭 · 楚尾之相望也...故知今之衣綿布 · 書白紙而不
足者 一通舶則被綺紈 · 書竹紙而有餘矣. 向者倭之未通中國也 款我而貿絲于
燕 我人得以媒其利 倭知其不甚利也 直通中國而後已. 異國之交市者 至三十
餘國"『북학의(北學議)』, 「통강남 · 절강상박의(通江南 浙江商舶議)」).

　요약하면, 조선 후기 이래 인구증가는 생존에 필요한 것 이상의 잉
여생산물을 꾸준히 감소시켰고, 그에 따라 일인당 수입과 수요는 감소
하였다. 이런 상황에서 『우서(迂書)』의 저자인 柳壽垣은 상공업자에 대
한 금고법(禁錮法)의 폐지를 통해 비생산계층인 양반층을 상업에 종사케
하여 활로를 개척케 하라는 주장을 펼친 것이다. 이러한 사고는 후기 실
학파로 불리는 북학파에 속하는 사상가들에게서 더욱 확연해진다. 柳壽
垣보다 약 반세기 뒤에 산 『허생전(許生傳)』의 저자인 朴趾源(1733-
1805)이나 朴齊家(1750-1805?)가 대표적 경우에 해당된다. 이는 조선
후기의 계층고정화 경향 속에서 양반계층의 규모가 급증[7]하였던 반면에

---

7) 조선 후기에는 인구의 자연증가와 빈번한 과거 및 매관매작 등으로 양반계층의
　수가 급증하였다.

관직 공급은 한정되어 있었기 때문에 이들의 빈곤한 생활은 국가적 난 문제(難問題)로 등장하였고, 이에 따라 이들의 생계안정을 도모할 수밖에 없었다("崇尙門閥 故四民之業不分 四民之業不分 故賣買不盛", 『우서(迂書)』第7). 한편, 노동력의 가치 하락 속에서 자원과 자본은 더욱 희소해져 농민과 상인을 위한 합리적 선택은 노동력의 절감보다는 오히려 자원을 절약하고 자본을 고정시키는 방향으로 진행되었다. 이러한 조건에서 전통시대 말기 경제의 '투입–산출'관계에 중요한 변화가 생기려면 어떤 방식이든 자원제한의 문제와 국내시장수요의 부족이라는 지속적인 문제를 해결하는 것이었다. 그런데 문제해결이 '내부적으로 생성된 힘'에 의해 추진되지 못하는 한 '투입–산출'관계의 중요한 변화를 위한 요소공급과 시장판로를 외부세계에 의존할 수밖에 없었다.

그리고 상품경제의 발전이 소농경영을 해체시켰던 서유럽의 경험과 달리, 역으로 소농경제와 상품경제의 결합, 즉 후자가 확대되면 될수록 전자의 안정이 증대되는 '보완재'적 관계를 형성하였던 조선왕조 사회에서 소농민들은 상품경제에 높은 경험을 가지고 있었을 뿐 아니라, 풍부한 잉여노동력을 보유하고 있는 소농경제의 확대재생산을 위해서는 유휴노동력을 흡수할 수 있는 농촌공업화와 상업(특히 무역)의 확대가 요구되었다는 점에서 서유럽의 '근대'와 결합될 수 있었고 근대의 공통분모를 가진다.

그러나 기본적으로 개항 이전까지 한국은 관리무역체제를 고수하였다(이헌창, 2005). 중국과의 무역은 조공체제 내에서 이루어졌고, 일본과의 무역은 교린관계를 유지하고 왜구를 막기 위한 목적에 강한 영향을 받았다. 정부는 민간인의 해상 진출을 허용하지 않은 점에서 해금정책을 고수하였고, 구미인의 통상요구를 거부한 점에서 쇄국정책을 시행하였다. 한국이 교역에 유리한 지리적 환경에 위치하였음에도 무역을 활성화하지 못한 주된 이유는 이러한 무역정책에서 구할 수 있다. 결국 개혁의 실패는 19세기 전통경제의 장기침체의 원인이 된다(이대근 외,

2005). 즉 인구 증가에 따른 땔감의 수요의 증가 등에서 비롯한 산림의 황폐, 그리고 산림황폐화로 인한 자연재해는 수리관개시설의 후진성 및 지력고갈에 비해 불충분한 시비 공급 등과 결합되어 19세기 말 미곡의 토지생산성은 17세기 말 수준의 1/3로 하락하였다. 여기에 농업소득의 저하를 보완할 수 있는, 예컨대 임노동의 기회가 많지 않았고, 물가 역시 상승하는 상황에서 실질임금은 19세기 중엽부터 하락하였다. 즉 18세기 초까지는 인구가 급증하고 국가적 차원에서의 재분배의 강화가 필요해지면서 환곡(還穀) 비축량이 18세기 초의 5백만 석에서 중엽의 천만 석으로 증가하였고 그로 인해 물가는 완만한 상승에 그칠 수 있었다. 이 때까지는 국가의 재분배체계가 잘 유지되었던 것이다(박기주, 2005). 그러나 19세기 특히 19세기 중엽 이후의 상황은 전통적인 재분배체제를 작동 불능 상태로 몰아 넣었고 결국 외부로부터의 충격에 의해 타율적인 체제 이행의 길을 걷게 된 것이다.

한국 전통사회의 시장경제의 성격과 경제진화 패턴을 경제이론으로 설명해 보자(K. Chao, 1987 참조). 논의의 전개를 간단히 하기 위해 농촌부문에서 하나의 동질적 생산물을 획득하기 위해 두 개의 동질적 생산요소, 토지와 노동을 사용한다고 하자. 그리고 두 개의 생산요소는 두 유형의 집단, 토지 소유자와 비소유자에게 소유되어 있고, 생산요소의 시장은 경쟁적임을 가정할 때 3개의 동일한 유형의 생산기술함수(CRS)를 가정할 수 있다. 다시 말해, 임노동(full-time workers)을 고용하는 직영의 경우 $F_1(L_1, H_1)$, 정액지대를 받고 차지되는 경우 $F_2(L_2, H_2)$, 그리고 분익소작의 경우 $F_3(L_3, H_3)$를 생각할 수 있다.

여기서 L_1은 임금노동력, L_2는 정액지대를 받는 소작지에 투입된 노동량, 그리고 L_3는 정률지대를 받는 소작지에 투입된 노동량이다. H_1은 토지소유자에 의해 경영되는 경지, H_2는 정액지대의 소작인이 차지한 경지, H_3는 정률지대의 소작인이 차지한 경지이다. 또한, w는 임금률,

r은 무(畝)당 정액지대, s는 분익소작인과 지주의 분배 비율이다. 이 때 일반균형조건으로 다음이 성립한다.

$$\frac{\partial F_1}{\partial L_1} = \frac{\partial F_2}{\partial L_2} = \frac{\partial F_3}{\partial L_3} = w, \text{ 그리고 } \frac{\partial F_1}{\partial H_1} = \frac{\partial F_2}{\partial H_2} = \frac{\partial F_3}{\partial H_3} = r$$

이제 인구밀도의 증가와 이로 인한 노동의 한계생산물의 하락으로 농업생산은 단위 토지당 보다 많은 노동력을 흡수하기 위해 노동집약적 기술을 도입하는 경향을 갖는다. 노동의 한계생산물이 생계수준을 초과하는 한 균형조건은 성립하지만, 인구가 계속 증가하여 전자가 후자의 수준을 밑돌게 되면 임금수준이 생계수준을 구성하는 임노동의 고용은 멈추게 되고, 따라서 다음의 조건이 성립한다.[8]

$$\frac{\partial F_1}{\partial L_1} = w_S; \text{ 그리고 } \frac{\partial F_2}{\partial L_2} = \frac{\partial F_3}{\partial L_3} < w_S$$

여기서 w_s는 생계임금을 의미한다. 그리고 이는 임노동의 고용에 의한 직영보다 소작을 주는 것이 토지소유주에게 보다 유리함을 의미한다. 따라서 직영으로부터 소작경영으로의 점차적 이동을 예상할 수 있다.

$$\frac{\partial F_1}{\partial H_1} < \frac{\partial F_2}{\partial H_2} = \frac{\partial F_3}{\partial H_3} = r$$

인구밀도의 증가는 동시에 정액소작제와 정률소작제 간의 선택에도 영향을 미친다. 1인당 경지규모가 감소함에 따라 경작자들은 보다 노동집약적 농업경영을 선택하게 되고, 이에 따라 분익소작제는 거래비용(transaction costs)을 증가시킨다. 예를 들어, 다각경영, 추가재배,

---

8) 고로 농업에 있어서 노동의 한계생산물이 생계비용과 같아지게 하는 '잉여인구(surplus population, 소위 엘빈의 '고도균형함정')'에 대한 고려는 생계수준을 초과하는 한계생산물을 가진 사람들의 잉여생산물이 생계수준에 못 미치는 한계생산물을 획득하고 있는 사람들에게 이전되는 재분배 메커니즘이 존재할 때만이 가능하다. 중국 전통사회에서 이런 의미의 '잉여인구'가 존재할 수 있었던 이유들로 가족제도와 빈번한 농민반란, 특히 전자를 지적한다. 즉 산업혁명 이전의 유럽사회와 달리 중국 전통사회는 잉여노동력을 흡수할 수 있는 탄력성을 가졌던 것이다(K. Chao, 1987: 6~10).

부수적 수확 등이 지주와 소작인 간에 분배의 어려움을 야기시킬 것이고, 무엇보다 경지당 투입노동력의 증가는 지주로 하여금 경작농민들을 계약대로 수행하게 하기 위한 감독비용(supervisor costs)을 증가시킬 것이다. 그 결과 지주는 자율적인 노동활동의 인센티브를 가진 정액제를 분익소작제보다 선호하게 되었다.

이제 경제활동에 있어서 비농업부문을 포함하여 고려하자. 예를 들어, 자본소유자는 농업경영 이외에도 임노동자를 사용하는 공장제 수공업, 혹은 농촌의 부업활동에 자본의 공급을 통해 선대제(先貸制, putting-out system) 경영을 할 수 있다. 이 경우 추가적인 두 개의 생산함수, 즉 농가부업의 경우에 대해서 $F_4(L_4, H_4)$와 임노동을 고용한 공장제 수공업의 경우에 대해 $F_5(L_5, H_5)$를 생각할 수 있다. 여기서 H_4와 H_5는 두 생산활동에 투입된 자본량으로 토지로 측정된 것이고, 또한 토지와 자본은 상호 교환 가능한 것으로 가정한다. 따라서 제도적 제약을 배제하면 자원소유자의 수익극대화 조건은 다음과 같다.

$$\frac{\partial F_1}{\partial L_1} = \frac{\partial F_2}{\partial L_2} = \frac{\partial F_3}{\partial L_3} = \frac{\partial F_4}{\partial L_4} = \frac{\partial F_5}{\partial L_5} = w,$$

그리고 $\dfrac{\partial F_1}{\partial H_1} = \dfrac{\partial F_2}{\partial H_2} = \dfrac{\partial F_3}{\partial H_3} = \dfrac{\partial F_4}{\partial H_4} = \dfrac{\partial F_5}{\partial H_5} = r$

경작자나 지주나 부재지주 모두 경쟁적인 요소시장에서 자신이 소유한 자원을 이용해 수익을 극대화할 것이다. 그러나 자유로운 선택을 제약하는 요인들이 존재한다. 예를 들어, 농업생산은 계절적 제약을 가지고 있고, 농한기의 유휴노동력은 F_4에는 흡수될 수 있지만 F_5에는 투입될 수 없다. 세계 모든 지역에서 산업화 이전 시기에 농촌의 부업에 대해 오랜 역사를 갖는 이유가 여기에 있다. 이 밖의 제약요인들로 거래비용이나 규모의 경제 또한 생각할 수 있다. 이제 앞에서처럼 한국 전통사회가 직면했던 인구밀도의 증가를 고려하자. 다시 말해, 노동의 한계생산물(MP_L)이 생계수준 이하로 하락할 정도로 인구가 증가하게 되면 생계비용은 경영형농업이나 공장제 수공업의 경우 임금의 하한선을 구성한다.

$$\frac{\partial F_1}{\partial L_1} = \frac{\partial F_5}{\partial L_5} = w_S; \text{ 그리고 } \frac{\partial F_2}{\partial L_2} = \frac{\partial F_3}{\partial L_3} = \frac{\partial F_4}{\partial L_4} < w_S$$

이와 같이 농가의 수입을 보조하기 위해 농가의 유휴노동력이 투입됨에 따라 가족농이나 가족노동력에 기초해 수행되는 농가부업 등의 경우 노동의 한계생산물은 생계수준 이하로 하락하게 되고, 이는 다음의 결과를 수반한다.

$$\frac{\partial F_1}{\partial H_1} = \frac{\partial F_5}{\partial H_5} < \frac{\partial F_2}{\partial H_2} = \frac{\partial F_3}{\partial H_3} = \frac{\partial F_4}{\partial H_4}$$

다시 말해, 자본소유자는 토지를 소작을 주거나 자본을 선대제하의 농가노동력에게 제공하는 것이 경영형농업이나 공장제 수공업을 경영하는 것보다 수익을 얻을 수 있음을 의미한다. 그 결과, 경영형농업과 공장제 수공업은 소멸하게 될 것이다. 이와 같이, 풍부한 유휴노동력의 존재는 산업화 이전의 틀 속에서는 새로운 기술을 가장 역동적이며 동시에 효과적으로 만들어 낼 수 있는 생산제도의 발전을 좌절시키는 경향을 보여 준다. 또한, 풍부한 노동력의 존재는 해외로부터 선진기술의 수입에도 장애로 작용한다.

이를 〈그림 12-2〉를 통해 설명해 보자. 아래 그림에서는 일정한 경지를 소유하는 농민을 고려한다. 가로축은 농업생산(A)과 부업(B)에 배분되는 농가 전체 노동력의 양을 나타내는 것이고, 세로축 또한 농업생산(VMP_a)과 농가부업(VMP_b)에 투입된 노동의 한계생산물가치를 표시한다. 예를 들어 VMP_{a1}은 농업생산에서 감소하는 한계생산물을 보여주고, 계절적 제약으로 점 C에서 수직선이 된다. 따라서 CB는 농한기에 이용 가능한 노동력을 나타내고, 이는 CF만큼의 수입을 가져다 주는 부업생산에 투입된다. 이제 인구밀도가 증가함에 따라 농가의 평균 경지규모는 감소하고, 이는 농업생산의 한계생산물곡선이 $VMPa_1$에서

[그림 12-2] 농가의 노동력 배분

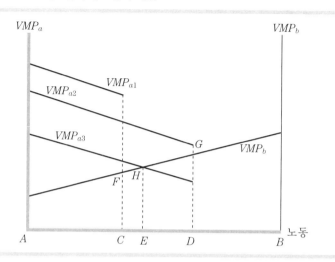

$VMPa_2$, $VMPa_3$로의 하향이동을 의미한다. 이는 동시에 농업의 집약화를 초래하고, 이에 따라 경작기간 또한 점 D(물리적 제약점)까지 확장될 수 있다고 가정하자. 이와 같이 인구압력이 점증함에 따라 두 유형의 가족농생산의 선 HE에서 동일한 한계생산물을 갖게 된다.

이것이 소위 "비농업생산의 가정화 및 농촌화(the domestication and ruralization of nonfarm goods production)"로 불리는 현상이다. 따라서 농촌수공업의 확장의 주요 장애는 농가의 자본 부족이 아니라 시장의 문제인 것이다. 시장문제가 해결되지 않는 한 농가는 비농업생산물을 자신의 소비부분 이상 생산할 필요가 없게 되고, 시장의 확대를 통해서만이 잉여노동력을 흡수하고 확대재생산을 이룰 수 있었다. 이런 점에서 18, 9세기 조선사회에 외적인 수요자극은 절대적이었고, 또한 해외교역은 공급을 촉진시킬 요소를 제공할 수 있었기 때문이다. 이런 점에서 시장질서를 지향하는 한국 특유의 지방공업화는 세계자본주의와 주체적으로 결합할 수 있었던 것이다.

2. 광업에 있어서 상품생산

조선 후기 시장경제의 발전에 따라 금·은·동의 사회적 수요가 급속히 증대하였다. 이들에 대한 수요가 급속히 증대하였던 것은 대청무역의 급속한 발전에 의한 금·은 수요의 증대와 동전 주조 및 유기수공업 원료로서의 동 수요의 증대에 기인한 것이었다. 뿐만 아니라 조선 후기에는 사대부 및 지주를 비롯한 부유층의 소비생활이 윤택해지고 사치풍조가 만연하게 된 것도 광산물에 대한 수요 증대의 중대한 원인이었다.

이 시기 조선의 대청상품은 조선지(朝鮮紙) 및 인삼에 불과하였으므로 그 수출가액으로는 도저히 청국상품의 수입가액을 청산할 수 없었다. 그 때문에 막대한 금·은이 매년 중국으로 수출되었는데 18세기에 들어와 대청무역이 발전할수록 금·은의 수요는 증가되어 갔던 것이다. 따라서 금·은의 가치는 상승하게 되어 원래 금·은대 동전의 비가(比價)는 1:4였으나 19세기 초에는 이미 그것이 1:40-50이 되었다. 이와 같은 금·은 가치의 상승은 자연히 금·은 광업의 발전을 촉진시켰다.

동에 대한 수요는 17세기 말 이후 동전의 주조사업이 대대적으로 진행되고 18세기 말 이후 유기수공업이 발전함으로써 크게 증대되었다. 종래 동은 주로 왜관무역을 통해 일본에서 공급되었으나 18세기 중엽 이후에는 국내의 동광산이 급속히 발전하여 19세기 초에는 이미 동의 자급이 가능하게 되었다. 동의 경우는 일상생활에서 그 수요가 더욱 긴요했는데 주화를 만들고 용기를 제조하는 데 힘입지 않음이 없다("至於銅 則需用於世 尤緊且廣 鼓鑄錢貨 吹練器用 無不爲資 且烏銅白銅鍮錫之類 皆以紅銅點化者也"『일성록(日省錄)』正祖 10年 1月 20日).

이처럼 금, 은, 동의 수요 증대는 조선의 광업에 영향을 미쳤다. 조선 초기에서 중기까지 광업은 기본적으로 국가에 의해 독점되고 있었고, 광산물의 유통마저 국가가 엄격히 통제하고 있었다. 국가에 의한 광산물의 개발은 인민의 부역노동에 의거하고 있었다. 국가는 광산물이 필요할 때마다 수시로 중앙의 경차관(敬差官) 또는 채은관(採銀官)을 광산소재지의 지방에 파견하여 시굴케 하고 광맥의 풍잔(豐殘)에 따라 공납량을 결정하여 그 지방의 수령으로 하여금 매년 채굴하여 그 공물을 상납토록 하였다. 이때 사역되는 채광노동력은 물론 그 지방 인민의 부역노동이었는데 부역노동은 대개 1년에 농한기의 40-50일간의 노동이었다. 이러한 부역노동은 농민에게 매우 무거운 부담이었다. 때문에 정부는 농민에 대해 요역과 잡역을 면제해 주기도 하고 때로는 공물의 일부까지 면제해 주기도 하였다.

그러나 이러한 대상조치(代償措置)만으로는 농민의 가혹한 부역부담을 충분히 보상해 주지 못했다. 그러므로 광산지역의 주민은 일반적으로 유망하는 것이 보통이었고 수령은 어떻게 하든 공납의 부담으로부터 해방되려고 노력하였다. 그 결과 때때로 정부가 특별한 조치를 취하지 않는 한 이미 개발된 광산의 수는 줄어들고 새로운 광산은 개발되지 않는 경향을 보였다. 정부는 이러한 난관을 타개하기 위해 조선중기에 공납량을 채우고 남는 광맥에 대해 민간의 사채(私採)를 허용하기도 하였으나 정부의 광산개발은 여의치 못하였다. 또한, 정부는 광산을 기본적으로 인민의 부역노동에 의존하였지만 광산개발에 적지 않은 재정지출을 피할 수 없었다.

이러한 사정과 더불어 17세기 이래 상품경제의 발전은 광산물의 수요를 증대시켜 광산업의 민영을 위한 조건들이 구비되고 있었다. 정부는 이제 스스로 광산개발보다는 민영에 맡기고 일정 세금을 징수하는 것이 유리하다 판단했고 이에 취해진 조치가 '설점수세제(設店收稅制)'다. 이 제도는 1651년 은광업에 처음 실시되었고 그 의의로는 첫째로 국가통제가 여전히 존재하였지만 일부 광산업의 민영이 가능해졌고, 둘째로 인민은 강제적 요역노동에 동원되는 대신 자기의 자유로운 의사에 따라 광산노동자가 되고 정부에 대해서는 요역면제 대신 일정 세금, 즉

1년에 은 5전을 부담하면 되었다는 것이다.

그러나 설점수세제가 실시되었다 해서 '영업의 자유'를 가진 민영 광업이 출현했던 것도 아니고 자유로운 임노동이 출현했던 것도 아니다. 설점수세는 시기에 따라 그 제도가 채은관제(採銀官制)·별장제(別將制)·수령수세제(守令收稅制)로 그 내용이 변하면서 광산업에 대한 관권의 개입이 약화되고 있기는 하였지만, 광산노동자인 연군(鉛軍)에 대해서는 요역을 면제하는 대신 세금을 징수한다고 하더라도 일일이 그 인신을 파악하는 것을 원칙으로 하였다. 즉 종래의 신역(身役)의 원칙은 그냥 유지되었다.

물주제는 수령수세제보다 훨씬 앞서서 발전해 왔다. 채은관제나 별장제 하에서 원칙적으로 사채나 영문(營門) 및 군현 등 지방정부의 관채도 허용되지 않았으므로 물주들은 수령과 결탁해 잠채를 행해 왔다. 이 잠채에서는 정부에서 광산경영에 관비를 지출하는 것이 아니었으므로 물주가 없으면 광산개발은 사실상 불가능했다. 이와 같이 물주제는 수령수세제가 존재했기 때문에 물주제를 기반으로 하는 수령수세제가 쉽게 시행될 수 있었던 것이다.

금점(金店)에서의 물주제의 성장은 은점(銀店)에 있어서 보다 한층 뚜렷하였다. 전자는 대개 사금광이었으므로 원래 별장제 하에서도 정부가 광산개발의 부담을 질 필요가 없었고 물주가 개발한 금광에 별장을 파견하여 수세하면 그뿐이었다. 이 경우 별장과 물주는 대개 동일인이었기 때문에 금점의 별장, 차인은 물주인 경우가 많았다. 그리고 또 사금광은 수령과 결탁하여 잠채하기도 쉬웠다. 이 때문에 금광업에서는 이미 수령수세제 이전에 물주제가 활발히 발전하였던 것이다. 이리하여 18세기 말 내지 19세기 초에는 이제 이미 물주가 광산경영을 담당하고 있었던 것이다.

물주제의 내용은 다음과 같다. 첫째, 물주는 설점(設店)의 허가를 받고 연군들에게 세금을 징수하여 납부할 의무를 가진다. 물주가 되고

자 하는 자는 우선 광맥을 조사하여 호조에 보고하면 호조는 관리를 파견하여 조사한 후 물주에게 허가서인 '관문(關文)'을 지급한다. 수령수세제 하에서 법적으로 수세의 임무는 수령에게 있으나 수령이 연군들에게 일일이 수세하는 것이 실제로 불가능하여 물주가 실제상의 수세책임을 져야 했다. 둘째, 물주는 광산의 개발비와 운영비를 선대해야 했다. 광산의 개발 및 운영의 실제 담당자는 물주가 아니고 혈주(穴主)나 덕대(德大)였지만 어디까지나 이들은 광산기술자에 불과했으므로 광산자금은 물주가 부담해야 했다. 셋째, 물주는 자금을 선대하는 대신 생산물의 대부분을 차지하였다. 물주–혈주·덕대–연군 간의 생산물 분배 비율은 일정치 않았다.

광산노동자에 대한 임금지불방식을 보면 첫째는 혈주나 덕주가 노동자들에게 숙사·신발·음식을 제공하고 일정 기간을 한정적으로 광물을 채굴케 하여 그것으로 노임을 대신케 하는 경우, 둘째는 물주–혈주·덕대–연군 간에 일정 비율로 생산물을 분배하는 경우, 셋째는 혈주나 덕대가 노동자에게 임금을 지불하는 경우가 있었다. 이들 중 18세기 말 내지 19세기 초에는 두 번째 경우가 일반적이었던 것 같다.

물주의 선대자금은 고리대금과는 달라서 광산경영이 실패했을 경우 혈주·덕대가 선대자금을 반환할 의무가 없었기 때문에 생산과정을 장악하고 있는 혈주나 덕대를 물주가 어떻게 장악하느냐는 중요한 문제였고, 그리하여 물주는 자신이 믿을 수 있는 친지나 동향인 중에서 이들을 선정하기 마련이었다. 이와 같이 물주제는 매우 불안정한 광업경영형태였고 물주가 생산과정까지 완전히 장악하든지 혈주나 덕대가 경영자로 성장하여 물주를 단순한 대금업자의 위치에 서게 하기까지의 과도기적 경영형태라고 할 수 있을 것이다.

은광에서의 혈주와 금광에서의 덕대가 19세기에는 덕대로 통칭되고 있었으므로 18세기 중엽 이후에는 실제의 광업경영은 덕대제경영이라고 해도 좋을 것이다. 덕대제 하의 노동조직을 보면, 덕대–변수(邊

手)-연군으로 되어 있다. 덕대는 최고의 관리책임자로서 수명 혹은 수십 명의 변수를 거느리며 변수는 15-20명의 노동자를 거느리고 작업한다. 그러나 광산경영에서는 관과 물주 간, 또 물주와 노동자 간에 비정상적 착취관계가 형성되어 있었는데, 예를 들어 원정세액(元定稅額) 외에 모세(募稅)·토세(土稅)·전세(廛稅)라는 것이 있어서 지방정부 혹은 차인에게 납부하지 않으면 안 되었던 것이다.

3. 수공업에 있어서 상품생산

조선 전기에 수공업은 관영수공업, 독립수공업 및 가내수공업으로 구성되어 있었다. 가장 실태가 명확한 것이 관영수공업인데, 이는 독립수공업자를 장인으로 등록, 그 부역노동으로 운영되었으며 독립수공업자는 관청에 번상(番上)하지 않는 기간에 자기의 영업에 종사하였던 것 같다. 당시에는 장시가 발달되지 않았기 때문에 이들은 주로 주문생산을 행했던 것 같다. 그리고 가내수공업은 마직(麻織) 및 생사(生絲) 등 주로 직물업이었으나 아직도 면화재배가 일반적으로 보급되지 않아 농가경제에서 중요한 위치를 점하지 않았던 것 같다.

또한, 수공업에 종사하는 장인들은 원래 천민으로서 국가의 강력한 예속 하에 있었다. 즉 이들은 국가에 등록되어 일정한 세금을 부담하였을 뿐만 아니라 부역노동에 징발되어 관청에 나가 공역(公役)에 종사해야 했다. 조선 전기의 관영수공업은 약간의 예외를 제외하면 그 작업기술이 아직도 분업적 협업의 단계에 이르지 못하고 있었던 것 같다.

그러나 조선 후기에 들어오면, 관영수공업은 크게 해체되고 종래 독립수공업에 속해 있던 어떤 수공업부문은 시장을 위한 상품생산을 영위하게 된다. 다시 말해, 17세기 이후 시장경제가 광범히 전개되면서 관영수공업체제는 많은 변화를 겪는다. 이미 18세기에 들어오면 수공업 및 광업에 전업하는 점촌(店村)이 전국 각지에 형성되고 이에 따라 관영수공업은 해체단계에 들어선다(관영수공업의 민영화 경향).

　사실 관영수공업의 해체는 이미 16세기에 공장(工匠)들에게 부역노동을 강제하는 대신 장포(場布)를 징수함으로써 그 단서를 보였다. 국가가 공장에게 장포를 징수할 수밖에 없었던 것은 장인들의 도망 때문이었다. 즉 장포의 수입으로서 사공(私工)을 임용하여 관영수공업을 계속하였으나 시장경제가 급속히 발전하면서 그것의 비효율성이 드러났기 때문이다.

　관영수공업의 해체현상은 그 운영 면에서도 뚜렷이 나타났다. 18세가 중엽 이후의 관영수공업은 민영적 성격을 드러내었다. 관영수공업으로서 그 규모가 가장 컸던 분원(分院, 사용원〈司饔院〉의 자기제조소)과 조지서(造紙署)에 있어서는 18세기 중엽 이후 이미 그 운영자금으로서 상품자본이 침투하고 있었다. 특히 제지업은 삼남지방의 자연산 닥나무(楮)를 원료로 하여 농촌수공업으로 일찍부터 발달하여 왔다. 농민들은 농가에서 필요한 각종 지물(紙物)을 생산하여 향시 및 지방도읍에서 판매하였다. 즉 상업자본은 이들 변수들에게 자금을 선대함으로써 선대제(putting-out system)의 방법으로 수공업자를 지배하고 있었던 것이다. 즉 이 시기의 관영수공업은 정부에 생산물을 수납하는 일보다 물주인 상인들을 위한 상품생산에 힘쓰고 있었다. 이와 같이 18세기 이후 분원이나 조지서는 상인적 매뉴팩처로 발전한 것같이 보이나 어디까지나 정부가 소유한 관영수공업이었다. 그 때문에 상인이 변수의 자리를 차지하고 생산과정을 장악하는 것을 누차 혁파할 수 있었다는 사정을 감안하면 분원이나 조지서에서의 물주 출현을 자본주의적 생산관계로 볼 수 없는 것이다.[9]

---

9) 그러나 어떻게 장악하고 있었는지 현재의 연구수준으로 단정하기 어렵고, 이 시기의 야철수공업이 계절적 생산을 하고 있었는지 농업으로부터 완전히 벗어난 전업적 경영이었는지 아직 밝혀지지 않고 있다. 이런 점에서 유기공업 또한 마찬가지이다. 유기의 사용은 그 역사가 매우 오래되나, 일반서민의 일상생활용품으로 보급된 것은 18세기 말 내지 19세기 초인 것 같다. 19세기 후반에는 대규모 유

사실, 인구압박과 면화재배가 전국적으로 보급되면서 수공업은 농가경제에서 중요한 위치를 차지하기 시작하였다. 다시 말해, 인구압박과 가구당 농업경영 규모의 축소, 그리고 생계위협에 대한 농가의 대응은 농가 유휴노동력의 투입과 토지 효율의 극대화를 통한 농가수입의 극대화였다. 앞에서 지적했듯이 구체적으로 농가는 농업의 상업화 및 농가부업의 증대를 통해 대응하였다. 그 결과 노동의 한계생산물(MP_L)이 생계수준 이하로 하락할 정도로 인구의 증가 속에서 생계비용(임금의 하한선)을 보장해 주어야 하는 공장제 수공업은 가족노동력에 기초한 농가부업에 자리를 내 주게 된다. 따라서 자본부족은 조선 후기 수공업 발전의 장애가 아니었고, 보다 선결적인 사항은 시장의 확대였다. 시장문제가 해결되지 않는 한 농가는 수공업제품을 자신의 소비부분 이상 생산할 필요가 없었고, 시장의 확대를 통해서만이 농가의 잉여노동력을 흡수하고 확대재생산을 이룰 수 있었다. 시장의 존재가 전제된 가운데 자본의 확보는 성장을 가속화시킬 수 있었던 것이다.

제 5 절 불평등조약체제와 개항기의 사회경제: 공유시스템의 해체 속의 개방

개항기에 대한 학문적 관심은 이 시기가 전통사회의 진화가 결산을 이룬 시기로서 전통사회가 지향한 '근대'의 성격을 이해하는 자료로서 의미를 가질 뿐만 아니라 자신의 독자적 방식으로 진화해 오고 있던 한국의 사회와 경제가 외압(impact)에 의해 일정한 변용(變容)을 경험하였던 시기이기 때문이다. 특히, 청일전쟁 이후 조선을 둘러싼 국제정세는

기공장이 많이 존재하였는데 비교적 규모가 큰 유기수공업의 소유자는 상인이거나 지주였다고 한다. 이러한 대수공업을 자본제적 생산양식인 매뉴팩처라고 하며 소수공업은 선대제에 의해 전자에 예속되었다고 하나 이러한 수공업이 자본제적인 것인지에 대해서는 현재까지 많은 이견이 제기되고 있다.

급변하고 있었다. 중국이 패퇴하고 일본이 진입하였으나 곧 이은 삼국 간섭으로 제동이 걸리고 있었고, 러시아의 진출이 상대적으로 활발하였다. 그래서 러일전쟁 이전까지 조선을 둘러싼 국제적 역학관계는 일종의 균형상태에 있었다고 할 수 있다. 식민지화의 위기를 목전에 두고 있던 조선 사회로서는 이 시기가 위기 극복의 마지막 기회였으며, 객관적으로 정치·경제 및 제 부문에서의 과감한 근대적 개혁이 요구되고 있었다.

이런 점에서 대한제국기는 한국에 있어서의 근대사회로의 이행과정과 그 특수성을 규정할 역사적 요인이 가장 농축적으로 응결되어 있는 시기였다. 즉, 대한제국에 대한 역사적 평가는 대한제국의 정치적·경제적 제 정책이 당시 객관적으로 요구되고 있던 근대적 개혁에 얼마나 부응하는 것인가에 초점이 맞추어질 필요가 있다.

대한제국 말기 국운이 거의 기울어가던 시기에 당시 한성에 거주하는 상인들을 중심으로 한성상업회의소가 설립되었다. 한성상업회의소의 최대의 당면과제는 1905년 봄에 일어난 금융공황으로부터 커다란 타격을 받은 민족상계(民族商界)를 구제하는 일이었다. 한말에 설립된 초기의 은행은 대체로 다음의 두 가지 업무를 목표로 하였다. 첫째는 정부 및 황실 재산의 보관과 이에 대한 금융 조달이고, 둘째는 인반 민간인을 상대로 하는 환전 및 자금융통이었다. 현존하는 한국의 은행 중 가장 오래된 은행이자, 종종 한국에서 창립된 민족계 은행의 선구라 불리는 은행이 한성은행(漢城銀行; 현 조흥은행의 전신으로 1897년 광무 원년 2월에 창립)과 대한천일은행(大韓天一銀行; 현 상업은행의 전신으로 1899년 광무 3년 1월에 설립)이다. 상인자본이 귀족 및 관료의 협조로 창설된 한성은행과 대한천일은행 모두 1905년의 금융공황을 당하여 폐점의 위기에 있다가 정부의 대하금(貸下金)으로 겨우 명맥을 유지하게 되었으나 이후로 이 두 은행은 일제보호정치 하에 통감부의 심한 간섭을 벗어날 수 없었다. 한말의 경제적 처지를 (1905년의 대공황기를 맞아 자금난에 빠진 한국

상업계를 구제하고자 당시 한국인 상업회의소의 신상(紳商)들에 의해 발의되어 다음 해 8월 8일에 창립한) 한일은행의 발기취지문을 통해 살펴보자. "我國經濟界 恐慌 이래로 玆의 歷歲를 經하였으되 更히 適確한 融通의 余를 구하기 불능하며 反히 日日月月히 金融壓迫의 상태에 在하니 苦此 현상을 방임하고 惟其政府의 시설에 의뢰할진대 我國經界는 更히 다대한 변동을 遭遇하야 擧民이 파산할 境에 瀕하리니 是等大悲慘의 事를 예방하고 更進하야 我商工業의 改善發達을 計圖하는 목적으로서 京城紳商 趙秉澤, 鄭東植, 孫錫基, 趙彰漢 등 數十의 諸氏가 發起하야 旣爲 發起人의 擔當株數를 확정하고 不日內로 발기인가를 신청한다."(皇城新聞, 光武 10년(1906) 5월 5일)

당시의 금융공황으로 시전상인들은 폐문·도산하는 자가 속출하게 되었다. 그리하여 시전상인들은 종로의 지전도가에 회집하고 정부에 그 구제책을 호소하는 한편 차제에 강력한 민족상단체를 결성하고 날로 가중되는 일본의 내정간섭에 대항해야 한다는 논의가 높아져 갔다. 그 결과, 그 해 7월에 설립된 한성조선인상업회의소는 우선 대표를 의정부와 탁지부에 파송하고 실업계 유력자의 연대책임으로 구제금 300만 원을 정부에서 대하(貸下)해 줄 것을 요구했다. 이에 대해 황제는 좌시어(左侍御) 崔翼軫을 차송(差送)하여 상계의 실황을 조사케 한 후 하사금 35만 원을 전달했다. 그러나 이 35만 원은 당시 일인재정고문인 메카타(目賀田)가 간섭하여 그 중 5만 원만 전달하고 11만 원은 보류하고 말았다(조기준, 1994: 391–411 참조). 한국 상공인들이 당시의 상황을 어떻게 인식하고 있었는가를 한성조선인상업회의소의 기관지인 『상공월보(商工月報)』의 창간호(1909년(隆熙 3) 11월 25일) 기사를 통해 살펴보자.

"세계는 이미 지방적 시대가 거(去)하고 세계적 시대가 래(來)하였으며 무력적 경쟁시대를 과(過)하고 평화적 경쟁시대로 입(入)하였도다. 그리하여 국세(局勢)의 변동은 더욱 격렬하고 실력의 각투(角鬪)는 더욱 더욱 맹

폭(猛爆)하도다...중략(中略)...멸국(滅國)의 신법(新法)은 병전(兵戰)이 아
니라 상전(商戰)이요, 흥방(興邦)의 비결은 양군(養軍)이 아니라 양부(養
富)임을 여(余)로 교(敎)하지 아니하면 수(誰)에 위(諉)하며 그리하여 천혜
(天惠)가 여하(如何)히 지리(地理)가 여하(如何)히 대(大)하며 처지가 여하
(如何)히 의(宜)하야 십분가위(十分可爲)할 소능(素能)이 필구(畢具)한 것을
설시(說示)하여 써 이래(伊來)에 가장 암흑(暗黑)하였던 자기 처(處)를 자
영(自營)케 하고 아울러 세계가 아(我)를 귀(貴)하지 아니하는 동시에 아
(我)도 또한 세계를 이(離)치 못할 것을 논명(論明)하야 써 분발유위(奮發
有爲)하야 세계의 최신최대(最新最大)한 활동대상(活動臺上) 경쟁국중(競
爭國中)에 영형아(寧馨兒)가 되게 하기를 여(余)로 도(導)치 아니하면 수
(誰)에 위(諉)하리오. 요컨대 아(我)의 금일(今日)이 유(有)함은 타(他)가
아니라 자기의 지위를 자각하지 못한 고(故)요, 자각하지 못함은 이에 대
한 지식이 무(無)한 고(故)요, 지식이 무(無)함은 교도(敎導)하는 자(者)가
무(無)한 고(故)로 차시(此時)에 본보(本報)에 출(出)함이 어찌 우연(偶然)
함이리오."

1. 불평등조약체제와 식민지적 무역체제의 확립

조선은 1876년 일본과의 강화도조약 체결을 통해 강제적으로 개항
되었다. 개항은 구미자본주의의 산업혁명이 만들어 낸 자본주의 세계시
장에 조선사회가 강제적으로 편입된 것을 의미한다. 즉 개항을 결정적
인 분기점으로 하여 자생적＝내재적 발전과정을 걷고 있던 구래의 조선
사회는 이제 근대 세계사적인 국제적 계기와의 상호관련 속에서 전개될
수밖에 없었다.

여기서 조선이 동아시아에서 중국과 일본이 개항되고 난 이후 1870
년대 중엽까지도 구미자본주의에 의해 개항되지 않고 있다가 마침내
1876년 일본에 개항되었다는 사실에서 우리는 먼저 개항 당시의 국제적
조건에 주목할 필요가 있다. 이것은 당시 서구 자본주의제국의 조선에

대한 관심과 조선을 둘러싼 청국 및 일본의 정치적 상황에 의해 설명될 수 있을 것 같다.

강화도조약의 체결 이전에 프랑스와 미국은 병인양요(丙寅洋擾, 1866) 및 신미양요(辛未洋擾, 1871)를 도발하였다. 그러나 병인양요는 통상을 목적으로 한 것이 아니라 천주교도의 탄압에 대한 항의로서 발생한 것으로 본국 정부의 정책적 차원에서 추진된 것이 아니었으며 신미양요는 미국 정부의 차원에서 수행되었지만 미국의 조선에 대한 요구도 일차적으로는 난파선의 보호에 있었고 조선 자체에 대한 무역시장으로서의 기대는 부차적이었다.

영국의 경우도 조선에 대한 최대의 관심은 러시아의 남하정책이 청국 및 일본에서의 영국의 기존이익을 저해할 우려가 있다는 데에 한정되는 소극적인 것이었다.[10] 전체적으로 볼 때 이들 구미열강의 관심은 시장가치의 면에서 극동의 중심적인 위치에 있었던 청국에 있었으며 조선은 그들의 적극적인 관심과 열의를 불러일으킬 만한 가치가 없다고 인식되고 있다.[11]

---

10) 영국의 Broughton 해군제독이 이끄는 태평양 탐험선이 동래 용당포에 표착한 것은 정조 21년(1797)이었고, 그 후 순조 16년(1816)에도 마량진에 군함이 나타났으나 이때까지는 대개가 표류했거나 탐험이 목적이었다. 영국이 한국과의 통상목적으로 조선에 처음 도래한 것은 순조 32년(1832)이었고 그 후 여러 차례 조선의 연해에 나타나 통상을 요청했으나 성과를 거두지 못하였다.

11) 여기에 대한 대표적 주창자인 梶村秀樹(1981)의 견해를 요약·소개한다. "세계자본주의 형성 과정이란 먼저 비자본주의 세계에 속한 한 나라가 기존의 자본주의 세계 측에서 가해 오는 경제적·정치적·군사적 '임팩트(외압)'에 대응해 가면서 자율적으로 변혁을 성취, 자본주의 세계측에 가담해 가는 연쇄반응적인 과정이다. 한편, 외압을 가하는 측의 발전단계에 따라 크게 원시적 축적단계형의 외압, 산업자본단계형의 외압, 독점자본단계형의 외압으로 구분할 수 있다. 원시적 축적단계형의 외압은 일반적으로 생산력이 낮은 단계이기 때문에 외압을 받는 측의 경제구조에 표면적인 타격을 주는 데 그치는데, 부분적으로는 이 단계 특유의 노골적인 폭력적 약탈과 파괴라는 형태를 취하여 그것을 당하는 측에 산업자본단계 이상으로 파멸적인 타격을 가한다. 그러나 같은 시기라 해도 자본주의 세계가 이미 중층구조를 이루고 있을 경우, 어느 나라가 직접적으로 외압을 가하는가에 따라서 외압의 질과 양도 달라진다...즉 후발자본주의 발전의 측에서 보면 그가 받는 외압은 같은 시기에서 조차 각각 완전히 달라질 수도 있다. 따라

이와 같이 19세기 초 서구 제국은 해외진출에 있어서 인도·중국·동남아시아 지역에 많은 관심을 가지고 있었고, 조선에 대한 진출은 본국정부의 깊은 관심사가 되어 있지 않았다. 1830-40년대는 서구국가들이 산업혁명을 맞이하고 있는 때이며, 당시의 해외진출은 자국의 산업혁명을 위한 자본조달이 주목적이었다. 당시 그들의 해외에서의 가장 큰 관심은 귀금속과 자원이었다. 이 시기에 조선에 진출한 서구상인들

서 기존의 [동질의 외압＋이질적 역사전개 → 이질의 내적 전제조건]이라는 논리의 오류는 선험적으로 '동질의 외압'을 설정한 데서 비롯한다. 이런 점에서 후발자본주의 발전의 성공 여부에 결정적인 조건이 되는 외압이란 구체적으로는 다름 아닌 결정적 정치변혁의 시기에 가해지는 정치·군사적 외압의 강도이다. ... 이 가설을 동아시아에 적용해 보면, 조선·중국·일본 삼국은 봉건국가로서의 상부구조의 형태는 달랐지만 그 틀 내에서 상품경제가 전개된 정도는 대동소이했다고 할 수 있다. 그러나 조선의 개국이 가장 늦어졌던 것은 조선측에 특별히 내적인 원인이 있어서가 아니라 구미자본주의 측이 그 국내적 요구에 따른 이해판단에 기초하여 삼국 문호개방의 순서와 강도를 결정했기 때문이다. 조선의 개국 후 변혁과정에 직접 밖으로부터 압박을 가한 측이 다름 아닌 일본과 중국이었다는 사실이다. 그것은 독점단계로 접근해 가고 있는 구미자본주의국을 배경으로 한 원시적 축적단계형의 외압이었다. 변혁도상의 조선은 말하자면 이중의 외압에 직면하였으며 이것은 일본과 중국이 직면했던 외압과 질적·양적으로 근본적인 차이가 있다. 구체적으로 경제면에서 일본과 중국 양국이 그 시기에 조선에서 쟁탈전을 벌인 것은 영국 면포의 중개무역권과 부등가교환에 의한 금 획득이었고, 또 급속한 국내경제 변동과정에 수반된 제 모순의 배출구를 만드는 것에 있었다는 것이 위의 내용이지만, 조선 측에서 볼 때 보다 중대한 것은 중국과 일본 양국이 처음부터 경제적 측면보다도 정치·군사적 측면을 중심으로 하는 압박을 강하게 가해 원시적 축적단계형 외압 특유의 노골적인 폭력성을 띠고 있었다는 점이다. 더구나 그 성격은 중·일 자체가 구미자본주의국에 의해 압박받고 있었던 만큼 더 배가되었다. 이렇게 되어 조선은 일본이나 중국과 마찬가지로 변혁의 내부조건을 가지고 있었으면서도 양국에 비해 훨씬 강하고 복잡한 성격의 외압에 직면하여 마침내 1894년 후발자본주의 발전의 가능성을 밖으로부터 파괴당했던 것이다. 반면, 중국과 일본이 직면하였던 외압은 공통적으로 산업자본단계를 걷고 있던 구미자본주의국에 의한 것이었다 ... 즉 산업자본단계형의 외압은 일반적으로 산업자본의 시장 및 원료 획득이라는 요구에 크게 좌우된다고 할 수 있는데 이런 관점에서 영·불은 중국시장의 광대함을 중시했던 것이고 그렇기 때문에 중국에 대해 보다 일찍부터 보다 강한 정치·군사적 압박을 가했던 것이다. 그 결과, 제국주의체제 하에서 식민지·종속국으로 편입되었으나 완전히 식민지화되지는 않았다. 식민지와 소위 반식민지 상태는 종종 완전히 같은 것처럼 생각되고 있지만 민족자본의 축적이란 면에서도 민족운동의 면에서도 후자편이 그런대로 유리한 조건인 것이다."

은 조선의 금광과 기타 자원을 조사하는 데 주력하였다. 귀금속 및 자원이란 조건에서 본다면 조선은 다른 동남아지역에 비해 매력적인 존재는 아니었다. 이러한 국제정세 속에서 조선 정부는 1870년대 초에 이르기까지 쇄국정책을 견지할 수 있었던 것이다(조기준, 1994: 324-25).

러시아는 1860년 청·러북경조약에 의해 연해주지방을 획득함으로써 동아시아 진출의 거점을 확보하였으며, 이에 따라 조선과도 국경을 접하게 되었으나 1861년 러시아의 대마도 점령 기도가 영국의 간섭으로 저지된 후 영국과 프랑스 등 열강의 견제로 러시아의 대조선정책은 극도로 신중하고 자제하는 방향으로 선회되었다.[12]

한편, 청국은 1842년 강제개항 이후 계속되는 서구열강과의 긴장관계로 인해 사실상 일본의 조선침략을 저지할 수 있는 여력을 갖지 못했고 게다가 러시아와의 적대적 관계로 반로연일책(反露聯日策)에 의존하고 있었을 뿐 아니라 조선에 대한 인식은 전통적인 속방관념을 탈피하지 못하고 있었다.

그러나 명치유신 이후의 일본은 유신변혁에 따른 몰락계층(특히 사족층)과 자유민권파의 반정부운동을 무마해야 하는 문제와 명치유신 이후에도 일본은 사실상 구미열강에 종속되어 있었기 때문에 신정권의 위신을 강화·유지하는 문제를 과제로 안고 있었다. 그리고 일본 공업화의 후진성을 조선과 중국대륙의 희생으로써 타개하려고 하였다. 그런 까닭에 일본 자본주의는 처음부터 군사적 성격을 띠게 되었고, 그에 따라 급속한 군수공업의 확립과 원료, 특히 철광의 확보를 꾀했을 뿐 아니라 저곡가정책에 의한 국내산업의 육성을 위해 광대한 식량공급의 원천을 확보해야만 했다.[13]

---

12) 러시아 상선이 조선에 나타난 것은 철종 5년(1845)이었고, 조선과의 통상을 요청한 것은 고종 2년(1865)이었다. 러시아는 조선과 국경을 접해 있는 관계로 함경북도 경흥지방에는 러시아인이 자주 나타나 지방민과 밀무역을 해 왔으나 정상적인 통상관계는 맺지 못하고 있었다. 고종 4년(1867)에는 러시아 상인이 다시 경흥에 와서 양국 간 정상교역을 요청했으나 거절당했다.

그리하여 일본정부는 한편으로 국제적 지위향상을 통하여 구미제
국과의 외교정책면에서 그들의 현안문제였던 법권(法權)과 세권(稅權)의
회복을 꾀하려 하고 있었고, 다른 한편 당시의 내정문제를 외교문제로
전환시킴으로써 정국의 안정을 도모하였고, 그것은 청일수호조규의 체
결(1871), 대만침략(1874), 그리고 뒤이은 강화도사건의 도발(1875) 및
강화도조약의 강제(1876)로 나타났다.[14] 이와 같이 구미열강의 조선에
대한 소극정책 및 상호견제와 더불어 청국의 조선에 대한 인식의 상황
이 일본이 조선을 개항시킬 수 있었던 국제적 조건이었고, 그 결과 조선
은 구미열강과 일본으로부터 이중적 외압을 받는 상태에 빠지게 되었다.

강화도조약의 체결은 조선이 반식민지로 전락하는 제일보였으며
세계자본주의시장에 편입되는 제일보였다. 즉 강화도조약은 종래 조선
에 대한 종주권을 주장해 온 청국이 조일(朝日) 양국 간의 교섭에 간
섭하는 것을 배제하기 위해 일본에 대한 조선의 평등한 지위를 규정
(제1조)하고 있었지만 그 실질적 내용은 불평등성[15]과 침략성을 명백히
표현하고 있다. 첫째, 1876년 2월 27일에 체결된 '조일수호조약(朝日修
好條約)' 제11관(款)의 규정에 의해 동년 8월 24일 '수호조약부록(修好

---

13) 서구의 여러 나라보다 조선에 대한 관심이 직접적이며 매력적이었던 일본의 경
   우 위로부터 계획·수행된 근대개혁을 위해 막대한 정부지출이 요구되었던 반면
   덕천막부(德川幕府)의 말기까지 일부지역에서 상인자본이 어느 정도 축적되었을
   뿐 자본가적 기업이 자주적으로 발전하게끔 자본축적이 진행되지는 못하였다.
   게다가 일본이 근대산업을 육성하기 시작한 시기에는 거의 외국자본에도 의존할
   수 없는 실정이었다.
14) 한 예로, 1873년의 '정한론쟁(征韓論爭)'은 본질적으로 국내정치의 주도권을 둘
   러싼 권력투쟁으로서 조선침략의 시기에 관한 대립이 있었을 뿐, '정한파(征韓
   派)'든 '비정한파(非征韓派)'든 모두 조선침략의 필요성을 전제하고 있었다는 점
   에서 동일하였다.
15) 그 하나의 예로 '조일수호조규' 제10조에서는 "일본국 인민이 조선국 지정의
   각 항구에 거주중 범죄를 저질러 조선국 인민과 관련되는 사건은 모두 일본국 관
   원이 심의할 것이고, 조선국 인민이 범죄를 저질러 일본국 인민과 관련되는 사건
   은 모두 조선국 관원이 심의할 것"이라는 피고주의에 입각한 치외법권을 규정하
   였는데, 조선측은 이러한 사법주권의 상실규정을 공정하다고 하면서 무조건적으
   로 동의하였다.

條約附錄)'과 함께 체결된 것이 이른바 '조일무역규칙(朝日貿易規則)'인
바 이 규칙의 체결과정에서 조선은 근대국가의 2대주권의 하나인 관세
권을 상실하였다. 즉 '조일무역규칙'[16]에는 관세규정이 결여되어 있었
을 뿐 아니라 내국통과세의 불징수 및 무역에 대한 관의 불간섭 등을 내
용으로 하는 궁본소일(宮本小一)과 조연희(趙演熙)간의 각서가 맺어졌다.

일본측의 宮本은 조선측의 조 강수관(趙 講修官)의 무지몽매를 이용
해 근대관세사상 그 유례를 찾아볼 수 없는 무관세무역규칙을 창조했을
뿐 아니라 게다가 내국통과세의 부과징수권마저 박탈하였는데도 불구
하고[17] 조선의 조 강수관은 기만적인 일본측의 농락을 오히려 큰 은혜
로 착각하였다.[18] 사실 최초 일본측이 협상에 대비하여 수입품에 대한
5%의 종가세안을 가지고 있었음에도 불구하고 무관세가 용인된 것은
관세에 대한 조선측의 완전한 무지 때문이었다. 이처럼 한국의 근대무
역은 일본과의 무관세무역으로부터 출발하여 그 후 1883년 11월 3일에
이르러 새로운 '조일통상장정(朝日通商章程)'과 그 부록 '별표 해관세칙
(別表 海關稅則)' 등이 발효될 때까지 무관세무역시대가 7, 8년 동안 지
속되어 한일무역은 일본의 내국무역과 동일한 성격을 갖았다.[19]

---

16) 동 무역규칙의 내용은 제1칙에서는 입항수속, 제2-3칙에서는 수입화물의 통관
   및 검사, 제4-5칙에서는 출항수속, 제6 칙에서는 미곡수출입의 인정, 제7칙에
   서는 항세, 제8칙에서는 일본선박의 고용문제, 제9칙에서는 밀수자에 대한 치
   외법권 문제, 제10칙에서는 아편의 금수 등에 대해 규정하였고, 마지막으로 제
   11칙에서는 동 규칙의 개정에 대해 규정하였다.
17) 구미선진제국에 의해 한 발 앞서 개국한 청국이나 일본의 경우에는 그것이 비록
   저율이기는 했으나 관세권을 완전한 형태로 박탈당한 일은 없었으며 더욱이 내
   국통과세의 경우 구미제국의 묵인 하에 청국은 이금(厘金), 일본은 무역오리금
   (貿易五厘金)이라는 명목으로 자신의 부과징수권만은 유지하였다.
18) "奉覆者 貴示兩冊子 其一新立通商規則 務歸寬裕 官吏之營私討索 商譯之專利權
   西 一切革除 及人民賣買 不要每回照數 貨物出入 特許數年免稅也...各件一一照領
   益歎貴意務在交便 兩國民人纖悉具備 惟當依此施行 永遵章程 玆庸舊覆 敬冀照亮"
   『日本外交文書』 第9卷, 283-85쪽에 수록.
19) 곧 무관세무역의 약탈성을 실감한 정부당국자들은 관세권 회복의 시도로서 개
   항장인 부산에 해관을 설치하고 대일무역에 종사하는 조선 상인에게 일정률의
   세금을 부과징수하기로 일방적으로 결정(1878년 9월 6일) 실시(동년 9월 28일)하

게다가 "일본국 인민은 일본국의 화폐로서 조선국 인민소유물과 교환할 수 있고, 조선국 인민은 교환한 일본화폐로 일본국에서 산출된 화물을 매득할 수 있다"고 규정한 부록 제7조는 화폐주권의 탈취를 의미하였고, 이것에 의해 일상(日商)은 자국에서와 다름 없는 원활한 상행위가 가능하게 되었을 뿐 아니라, 한전비가(韓錢比價)의 조작에 의해 투기적 축적을 도모하였다. 또한 한전사용 및 운수의 자유로운 보장은 양화가 일본으로 반출되고 일본으로부터 대량의 악화·위조화가 반입되는 것을 가능케 했다. 그 결과, 이 시기는 1883년 말부터 1884년 전반기 사이에 한·청간 '육로통상장정(陸路通商章程)'이 체결되기 전까지 일본상인만이 조선의 대외무역을 거의 독점하고 있었다.[20]

[표 12-11]에서 보듯이 개항 전야의 조일무역(왜관무역)은 조선측의 근소한 출초(出超)무역이었으나 대체적으로 보면 무역수지가 균형을 이루고 있었으며 매년의 무역규모도 큰 변동 없이 안정적이었고 또 비교적 호혜평등의 조건 하에서 양국의 필요품이 자연스럽게 교환되었다.[21] 반면, 개항 후 굴욕적이며 약탈적인 무관세무역의 일본 독점기에는 1877년 7월 1일–1878년 6월 30일까지와 1883년도의 무역수지를 제외하면 모두 흑자를 기록한 것으로 나타나 있다.

였다. 물론, 이 때의 과세제도는 대일무역부문에 종사하는 본국 상인에 한하여 그 수출입화물에 대해 소정의 세금을 부과징수한다는 것이 그 골자로 되어 있으므로 조계무역(租界貿易: 거류지무역)의 특성으로 미루어 볼 때 엄밀한 의미의 관세라고는 볼 수 없고 무역품에 대한 내국통과세 혹은 일종의 무역거래세의 성격을 띤 것이었다. 그러나 이것조차 "해관설치로 조선상인의 왕래가 적어져 부산의 상업은 쇠퇴해졌고 이로 인해 일본상인은 모두 실업상태에 빠졌다"는 항의와 뒤이은 무력위협으로 3개월 뒤인 동년 12월 26일에 폐관되고 말았다.

20) 1882–3년경부터 제2의 개국조약을 체결함으로써 소수의 재류자를 중심으로 한 대외무역이 부분적으로 이루어지고 있었지만 초창기의 거류자는 그들의 대부분이 기독교의 선교사가 아니면 철도 및 광산 등의 이권탐색자였고 순수한 의미의 무역업자는 거의 없었다.

21) 개항기 무역구조에 대해서 崔泰鎬(1991) 참조.

● **[표 12-11]** 개항 직전 및 무관세시대의 대일무역액 (단위: 円)

	개항 직전				무관세 시대		
	수입액	수출액	무역수지		수입액	수출액	무역수지
1873	52,382	59,664	7,282	1877	228,554	119,538	△109,016
1874	55,935	57,522	1,587	1878	142,618	154,707	12,089
1875	59,787	68,930	9,143	1879	566,953	677,061	110,108
1876	82,572	81,374	△1,198	1880	978,013	1,373,671	395,658
				1881	1,764,007	1,886,292	122,285
				1882	1,385,577	1,802,979	417,402
				1883	2,013,040	1,759,429	△253,611

주: 1877년은 1877년 7월부터 1878년 6월까지이고, 1878년은 1878년 7월부터 그 해 12월
까지의 무역액임.

자료: 崔泰鎬(1991: 197, 200)에서 재인용.

그러나 이는 주로 [표 12-12]의 수출상품구조 분석에서 보듯이 다
량의 금은 수출에 기인한 결과였고, 따라서 금은의 수출실적을 제외하
면 매년의 조일무역수지는 조선측의 적지 않은 무역적자는 당시의 국제
지불수단이었던 금은의 유출에 의해 메워주었으므로 당시의 조일무역
은 일본의 본원적 축적에 크게 기여하였다. 즉 당시의 대일수출품은 농
축산품이 주류를 이루고 있었는데 이들의 수출만으로는 일본의 중개무
역품인 영국산 목면제품의 대가지불이 불충분할 경우에는 금은 등 국제
지불수단으로 이를 보충하는 형태를 띠고 있었다. 수출 농축산품의 주
축인 미곡의 대일수출은 전적으로 풍흉에 좌우되기 때문에 수출실적은
그 기복이 매우 심했고 그 결과 미곡수출과 금은의 수출실적은 대체로
역함수관계를 보여 주고 있다.

이러한 곡-면(穀-綿) 교환체제 하의 조일무역은 양국 경제에 상반
된 영향을 미쳤다. 값싼 조선미의 대량유출은 그것이 곧 초기적 이식단
계에 있던 일본의 산업자본 형성과정에서 저임금노동의 공급을 가능케
함으로써 일본경제발전에 크게 기여한 반면, 아직도 전근대사회에서 벗

[표 12-12] 무관세시대의 수출상품구조 (단위: 円)

	1881	1882	1883	계
수출총액	1,886,292	1,802,979	1,759,429	5,448,700
金銀	510,629	550,383	696,236	1,757,248
米	380,340	20,951	35,209	436,500
大豆	196,694	311,324	293,949	801,967
牛皮	330,436	291,731	270,491	892,658
기타	468,193	628,590	463,544	1,560,327
수입상품				
日本産品	169,090	63,667	792,058	1,024,815
동	81,910	30,402	614,906	727,218
견직물	54,475	19,353	13,630	87,458
기타	32,705	13,912	163,522	210,139
歐美産品	1,594,917	1,321,910	1,220,982	4,137,809
金巾	888,008	910,630	539,665	2,338,303
寒冷紗	498,710	270,365	325,946	1,095,021
粱粉	73,230	74,584	46,804	194,618
석유	3,807	315	2,639	6,761
기타	131,162	66,016	305,928	503,106

주: 생금건(生金巾) 혹은 생목(生木)은 공장제 공업제품으로서 가장 기본적인 평직직포(平
織織布)로서 당목 혹은 옥양목이라고도 불림; 한냉사(寒冷紗)는 얇고 거친 여름용 기
계제 면포를 일컬음.
자료: 崔泰鎬(1991: 202-203)에서 재인용.

어나지 못하고 있던 조선의 사회경제에 대해서는 충격적인 악영향을 끼
쳤다. 즉 미곡의 대량유출로 국내의 미곡가격과 일반물가가 폭등하게
됨으로써 사회적 불안이 날로 팽배해 갔고, 또한 수입품의 주종을 이룬
근대목면제품은 조선농촌의 화폐경제화를 촉진시키면서 전통적인 토포
(土布) 산업의 발전기반을 파괴시켜 나갔다. 이것은 조선의 소농경제가
지향한 농촌공업화라는 내재적 공업화의 가능성을 붕괴시켰을 뿐 아니
라 소농경영의 안정성과 농민의 생계를 위협함으로써 '이중경제(dual
economy)'의 창출 및 식민지공업화의 출발이 된다.

조선의 대외무역은 1883-4년경부터 새로운 전기를 맞이하게 되었다. 즉 1876년 강화조약을 거쳐 1882년 임오군란을 지난 이후부터 적극적으로 청국의 세력에 대항할 수 있는 세력을 조선에 부식하기 시작하여 1884년의 갑신정변 이후에는 이미 이 땅에서 청국과 대등한 지위를 차지하고 있었다. 그러나 한편으로는 '조일통상장정'의 발효로 (아직도 저율의 협정관세 압박을 면치는 못했으나) 개항 직후 7, 8년간의 무관세무역이 종식되었고, 다른 한편으로 개항 직후에 통상과 외교 면에서 대한정책에 소극적인 자세를 취해 왔던 청국이 임오군란과 갑신정변 등을 계기로 하여 대한정책에 적극성을 띠게 됨으로써 청국 상인의 대한진출이 본격화되어 일본상인과 더불어 치열한 대한무역경쟁을 전개하였다.

1879년을 전후로 조선 정부의 대외관계에는 중대한 인식의 전환이 있었고 그것은 한편으로는 조선측 통상장정초안을 작성하여 조일통상장정의 개정교섭에 주체적으로 대처하고 '양이(洋夷)'인 미국에 대해 개국정책을 추진하여 마침내 조미조약이 체결(1882년 5월)하였다. 그러나 이러한 조선 정부의 대외정책은 일정한 한계를 지닌 것이었다. 즉 임오군란의 진압과정에서의 청국의 무력개입은 조선 정부의 자주적 대외관계 형성의 노력을 좌절시키면서 굴욕적인 '조청상민수륙무역장정(朝淸商民水陸貿易章程)'의 체결(1882년 8월 23일)로 귀결되었다. 예를 들어, 장정의 서문에는 조미조약 본문에는 넣지 못했던 속방 규정을 명시하였으며, 제8조에는 장정 개정 시에는 북양대신과 조선 국왕이 협의하여 청국황제의 칙지를 받도록 규정하고 있고, 제22조는 "중국인이 원고가 되고 조선인이 피고가 된 경우에는 반드시 피고를 중국 상무위원에게 넘겨 주고 합동취조 및 법에 따라 심판을 한다"고 규정함으로써 피고주의에 입각하고 있는 치외법권이 여기서는 그 범위를 넘어서고 있다.

이 외에도 중국 상민이 조선의 양화진·한양에 들어가 점포를 개설할 수 있게 하고 내지통상권을 허용한 장정 제44조는 대단한 특권이었다. 이러한 불평등조약을 담고 있는 조청장정은 그 자체만으로 그치지

● **[표 12-13]** 청·일의 대한수출액 비교 (단위: 달러)

	청의 대한수출액(A)	일본의 대한수출액(B)	B/(A+B)
1885	313,343	1,377,392	0.81
1886	455,015	2,604,353	0.83
1887	743,661	2,080,787	0.74
1888	860,328	2,196,115	0.72
1889	1,101,585	2,299,118	0.68
1890	1,660,075	3,086,897	0.68
1891	2,148,294	3,226,468	0.60
1892	2,105,555	2,555,675	0.55

자료: 全錫淡·李基洙·金漢周(1947: 18).

않고 조영조약의 비준에 중대한 악영향을 미침으로써 불평등조약체제의 확립에 결정적으로 중요한 계기가 되었다. 그리하여 [표 12-13]에서 보듯이 청일전쟁 직전에 있어서 청국의 대한수출액은 일본의 그것에 거의 접근하고 있었다.

또한, 이 때부터 조선은 이른바 제2의 개국으로서 구미제국과도 우호통상조약을 체결하고 전 세계를 상대로 하여 문호를 개방하였다. 그러나 구미제국의 대한 진출은 아직 초보적인 시발단계(始發段階)를 벗어나지 못했으므로 당시의 조선 무역은 결국 청일(淸日) 양국과의 무역으로 집약되고 있었다. 이 시기에도 청국은 물론 일본의 대한무역도 아직 중개무역 형태를 크게 벗어나지 못하고 있었으며, 그 결과로서 구미제국의 대한 진출은 소극적이었다. 그것은 청일 양국의 대한 무역이 구미상품의 중개무역 형태를 근간으로 하고 있어 구미제국으로서는 구태여 대한 무역에 직접 진출할 필요가 없었기 때문이다.

1885년부터 1894년에 이르는 10년 동안에 청일 양국으로부터의 수입실적은 다 같이 착실한 증가추세를 보였지만, 특히 대청수입이 급증했고 그에 따라 조선시장에서 차지하는 청국의 점유율도 1885년에 18%

에 불과하던 것이 매년 증가하여 청일전쟁 직전인 1893년에는 50%를 차지함으로써 일본의 시장점유율과 동일한 수준이 되었다. 특히 1890년 대에 이르러서는 대청수입실적이 급증하고 있었는데, 이는 청국 정부측 의 한국에 대한 상권(商權) 확대책에 힘입어 인천항과 원산항을 중심으로 한 청상의 대한진출이 격증한 결과였다. 청국의 대조선무역이 급진 적으로 신장하게 된 이유 중 주요 요인을 요약하면 다음과 같다:

첫째, 조선에 대한 정치적 영향력으로 임오군란과 갑신정변을 거치는 동안 조선에 대한 청국의 정치적 영향력은 강화된 데 반하여 일본의 그것은 상대적으로 약화되었다.

둘째, 청국측의 의도적인 대한상권확대책으로 1980년대에 들어오면서 청국의 내우외환이 어느 정도 진정되어 갔으며, 또한 임오군란 및 갑신정변 이후부터 조선 정부에 대한 청국의 발언권이 강화되어 가자 이를 기화로 삼아 청국은 상병정책(商兵政策) 및 밀수방조정책 등 수단과 방법을 가리지 않고 대한상권 확대에 광분하였다. 이에 청국상인의 대조선진출은 적극화되었으며 그에 따라 청국의 대한무역은 급신장해 갔다.

셋째, 중개무역의 여건으로서 당시의 청국상인은 중개무역이라는 입지적 여건 면에서 볼 때 일본 상인의 그것보다 유리한 입장에 있었다. 즉 청국상인의 대한수출품은 융단 등의 견직물과 약간의 약재등도 있었지만 이를 제외한다면 그 대부분이 상해를 통해 수입된 영국산 목면제품이었는데 이를 일본 상인보다 유리한 가격조건으로 구입해서 조선 시장에로 재수출할 수 있었기 때문이다.

그런데 1880년대 청국의 대조선무역이 급신장했음에도 불구하고 일본과 청국의 대조선무역성격을 살펴보면 양국의 경제발전단계가 상이했음을 알 수 있다. 즉 청국의 대한무역은 시종일관 대폭적인 무역흑자를 실현하면서 수출일변도의 무역에 치우쳐 있었지만, 이는 다름 아닌 청국의 대조선무역이 아직도 외국상품, 특히 영국상품의 중계무역의 성격을 그대로 유지해가고 있었다는 사실을 반영한다.

반면, 1880년대 말까지 대폭적인 무역흑자를 실현하던 일본의 대조선무역은 1890년대에 들어오면서부터는 대조선수입무역이 급증함으로써 무역수지의 균형을 이루었다. 그럼에도 불구하고, 이는 1890년대를 전환점으로 하여 산업자본주의단계로 진입하고 있던 일본 경제의 질적 변화를 반영한 것이었다. 즉 일본은 공업화의 진전에 따라 조선을 자국 생산품의 판매시장은 물론, 공업원료 및 식량 등의 공급기지로 활용하지 않을 수 없게 되었다.

그 결과, 일본의 대한무역은 종전과 같은 중개무역의 형태로부터 탈피하여 자국 생산품에 기반을 둔 대외무역형태에로 점차 전환되어 가는 한편, 공업원료 및 식량 등의 해외의존도가 높아져감에 따라 대한수입무역도 증대되어 갔다. 그러므로 일본은 조선에서 청국을 몰아내고 조선시장을 독점코자 했던 것인데, 이것이 정치적으로는 일본의 조선에 대한 정치적 진출로 나타났고, 이와 같은 청국과의 정치적 및 경제적 대립이 갑오농민봉기를 계기로 하여 폭발되고 말았으니 이것이 곧 조선의 운명을 좌우한 청일전쟁이었다. 전쟁중 조선의 외무대신 김윤식(金允植)과 일본공사 大鳥圭介 사이에 조인된 '잠정합동조관(暫定合同條款)'은 조선의 내정개혁과 일본에 의한 철도 및 전화의 지배권, 그리고 개항 등을 주요 내용으로 하는 것으로 이는 단순히 상품시장에 대한 욕구를 넘어서 조선에 대한 정치적 및 군사적 지배권을 예약한 것이었다. 하관조약 이후 삼국간섭에 의해 일본은 조선에 대한 지배권의 일부분을 거세당하였으나, 러시아를 포함해 구미열강의 조선 진출에 대한 기회균등 주장으로 조선은 이들의 이권쟁탈 무대가 되었고 조선은 자체의 독자성을 완전히 상실하고 말았다(崔虎鎭, 1988: 211–12).

예를 들어, 청일전쟁 후 조러무역도 커다란 증대가 있었는데 러시아령 연해주를 통해 이루어진 조러무역이 공인된 것은 1888년에 체결된 조러조약이 공포된 이후부터이다. 이 조약에 의해 제일 먼저 조러무역에 진출한 상사는 세버리요프 회사였고, 러시아의 상선이 조선의 여러 항에 기항하여 무역량이 증대됨에 따라 러시아 정부는 1894년부터 무역 관을 조선에 배치했고 조선 정부에서는 육지무역을 관장하기 위해 관리 관을 경원(慶源)에 상주시켰다. 특히 1896년 고종의 아관파천 후 조선조 정에 대한 러시아의 세력이 커짐에 따라 러시아의 조선 진출이 현저히 증가했다. 또한 조러무역에서 주목할 점은 정규무역보다 금지항을 왕래 하는 사무역 부분이다.

조러무역조약은 조선상인에 대해서는 아무런 제한 규정이 없었기 때문에 조선상인들은 수시로 연해주를 항해하면서 물화의 교역이 빈번 히 이루어졌다. 물론, 육로에 의한 한러무역도 빈번하였다. 교역물품을 보면 조선에서 연해주로 수출하는 상품으로는 소 · 말 · 연맥(燕麥) · 속 · 대두 · 연초 등의 농산물과 어류 · 어란 · 해삼 · 해(蟹, 게) · 곤포(昆 布) 등의 해산물이었고, 수입하는 상품은 면직물 · 철제기물 · 수피 · 석 유 · 납촉 · 바늘 · 성냥 등의 잡류였다. 그리고 수출보다 수입이 많아 무 역적자를 보였다. 물론, 이는 사무역을 제외한 것이다(조기준, 1993: 355-56).

예를 들어, 1894-95년의 전쟁 시기 이후 일본 면제품의 수입규모 는 새로운 단계에 접어들었는데, 전쟁 이후 1897년까지는 백목면이, 그 이후에는 면사가 주된 비중을 차지하였으며, 시팅이 최우위를 차지하게 되는 것은 러일전쟁 이후인 1908년경의 일이었다. 이러한 조선의 대일 면제품수입형태는 중국과는 반대로 항상 면포수입액이 면사수입액을 초과하는 '면포수입주도형'의 득징을 시니고 있었다.

또한, 조선시장의 지배를 둘러싸고 일본제품과 영국제품 간에는 중 요한 차이가 있었는데, 일본제 면포의 경우는 하급품 시팅의 비율이 높 고 생금건(生金巾)이나 쇄금건(碎金巾) 등 고급품 비율이 낮았다. 이러한 사정 때문에 영국제품은 전체적으로는 일본제품에 의해 구축당하는 경 향에 있으면서도 여전히 조선시장에서 독자적인 세력을 유지할 수 있었

● **[표 12-14]** 1885-92년 대일수입에서 점하는 일본산품비중

	대일수입액(A)	일본산품(B)	B/A
1885	461.819円	234,405円	51%
1886	829,366	701,204	85
1887	551,907	360,611	65
1888	707,175	559,358	79
1889	1,092,996	887,099	81
1890	1,250,713	1,021,855	82
1891	1,466,039	1,267,275	86
1892	1,410,699	1,229,820	87

자료: 彭澤周, 『明治初期の日韓淸關係硏究』, 298面, 第13表.

다. 그러나 전체적으로는 일본제 소건목면(小巾木棉)과 시팅의 진출은 토포와의 치열한 경쟁을 통해 토포시장을 탈취, 조선면업의 발전을 정면에서 저지하는 역할을 하였다[22](村上勝彦, 1984: 28).

한편, 조선의 수출상품구조를 보면 미 · 대두 · 우피의 3개 품목의 수출실적이 전체 수출실적에서 80% 내외의 비중을 차지하는 등 총수출액에서 농산물의 비중은 청일전쟁 이후 90%대를 상회하였다. 특히, 쌀과 콩 등 곡물의 수출실적이 전체 수출액 중 70-80% 내외의 비중을 차지하는 곡물 중심의 '모노컬처적' 수출구조를 특징으로 하고 있다. 게다가 1890년대부터 일본의 산업자본주의가 점차 본궤도에 오르게 되자 이를 반영해서 조선의 대일 미곡수출은 본격화되기 시작하였다. 즉

22) 쇄금건(碎金巾)＝와이셔츠지(shirting); 일본목면(日本木棉) 혹은 小幅(巾)木棉＝조선 · 중국 · 일본의 전통적인 직조기 또는 그 개량직조기로 짠 전통적인 규모의 가내공업 내지 매뉴팩처 제품의 총칭하며 소건이라 한 것은 옥양목(1反의 폭은 38인치) 등에 비해 그 폭이 1/2 또는 그 이하이기 때문이다; 시팅(sheeting)＝생목과 같은 방법으로 제직되지만 보다 굵은 원사를 사용하여 두껍게 짜인다. 겉보기는 성기지만 질기고 방한이 되는 면에서는 생목보다 우수하고 품질이 토포에 가깝다. 조포(粗布), 미제옥양목(美製玉洋木), 광목(廣木)이라고도 함. 한편, 1894년 이전까지는 하층민은 주로 재래토포를, 상층민은 비단을 사용하였고, 옥양목 및 한냉사는 주로 중간층(하급관료층, 도시의 중인층과 상인층, 지방관청의 서리층, 농촌의 신흥상인과 지주 · 부농층)에서 사용되었다고 한다.

● [표 12-15] 곡·면 무역구조 (단위: 천 원)

	수출총액	미곡(%)	대두(%)	수입총액	면제품(%)	무역수지
1878	181	51 (28)	25 (14)	245	168 (69)	−64
1879	612	359 (59)	99 (16)	567	477 (84)	45
1880	1,256	730 (58)	119 (9)	978	768 (79)	278
1881	2,230	381 (17)	197 (9)	1,874	147 (8)	356
1882	1,769	21 (1)	311 (18)	1,562	179 (11)	207
1883	1,656	46 (3)	294 (18)	2,178	913 (42)	−522
1884	884	−	101 (11)	794	498 (63)	90
1885	388	16 (4)	29 (7)	1,672	1,122 (67)	−1,284
1886	504	12 (2)	52 (10)	2,474	1,306 (53)	−1,970
1887	805	90 (11)	335 (42)	2,815	1,894 (67)	−2,010
1888	867	22 (3)	472 (54)	3,046	1,962 (64)	−2,179
1889	1,233	78 (6)	645 (52)	3,378	1,709 (51)	−2,144
1890	3,550	2,038 (57)	1,005 (28)	4,728	2,675 (57)	−1,177
1891	3,366	1,820 (54)	914 (27)	5,256	2,875 (55)	−1,890
1892	2,444	999 (41)	798 (33)	4,598	2,185 (47)	−2,155
1893	1,698	367 (22)	628 (37)	3,880	1,733 (42)	−2,183
1894	2,311	979 (42)	507 (22)	5,832	2,495 (43)	−3,521
1895	2,482	739 (30)	924 (37)	8,088	4,714 (58)	−5,606
1896	4,729	2,509 (53)	1,277 (27)	6,531	3,479 (53)	−1,802
1897	8,974	5,557 (62)	1,710 (19)	10,068	5,273 (52)	−1,094
1898	5,709	2,759 (48)	1,124 (20)	11,825	5,185 (45)	−6,116
1899	4,998	1,418 (28)	1,975 (40)	10,308	5,384 (52)	−5,310
1900	9,440	3,626 (38)	2,369 (25)	11,014	5,765 (52)	−1,574
1901	8,462	4,195 (50)	1,881 (22)	14,822	6,183 (44)	−6,360
1902	8,317	3,525 (42)	1,736 (21)	13,657	5,561 (40)	−5,340
1903	9,478	4,225 (45)	1,529 (16)	18,375	6,009 (33)	−8,897
1904	6,394	1,301 (19)	2,400 (35)	27,034	8,457 (31)	−20,100

자료: 梶村秀樹, 『李祖末期朝鮮의 纖維製品의 生産 및 流通狀況』
　　　吉野 誠, 1975, 「朝鮮開國後の穀物輸入について」, 『朝鮮史研究會論文集』, 12.

1880년대까지만 해도 흉작 시에는 미곡의 수출량이 격감되는 것이 일반적인 현상이었으나 1894년 청일전쟁 시에는 대흉작이었음에도 불구하고 미곡의 대일수출은 격감되지 않았는데 이는 곧 조선이 일본자본주의의 식량공급기지에로 서서히 재편성되어가고 있었음을 의미하는 것이라 하겠다.

예를 들어, [표 12-15]는 전체 수출실적 총액에서 미·대두 등 곡물의 수출실적 비중과 전체 수입실적 중 금건과 한냉사 등 근대목면제품의 비중을 보면 후자를 구입하기 위해 곡물의 궁박(窮迫)상품화를 강요당한 결과였음을 알 수 있고, 또 이들 수출입상품의 근대무역이 진전되어 감에 따라 조선의 토포산업은 역사적인 천적을 맞이하게 되어 몰락과정을 밟게 되었다.

한편, 청일전쟁 이후 한일합병에 이르기까지 시기에는 조선무역에서 차지하는 청국의 비중이 크게 감축되었던 반면, 일본의 그것은 압도적으로 확대되어 갔다. 표가 보여주듯이 1895-1909년 사이에는 쌀과 콩 등 곡물의 대일수출의 급증한 결과로 일반 생산품(금을 제외한 일반 화물)의 수출실적이 6.5배 격증하였고, 일반 생산품의 수입실적도 약 5배의 증가를 보였다. 물론, 수출입무역이 급증한 것은 주로 대일무역의 급증에 기인한 결과였고 이것은 일본 자본주의의 발전, 특히 러일전쟁 이후부터는 부분적으로 일본의 공업구조가 중공업화를 지향하고 있었기 때문이다. 즉 당시의 일본국 내에서는 인구의 도시집중화 및 그에 따른 식량의 만성적인 부족화 현상, 그리고 일본 정부의 의도적인 저임금 정책 등으로 말미암아 일본은 대략 러일전쟁 전후기부터 식량의 만성적인 수입국으로 전환되어 감으로써 조선의 대일 곡물수출은 급증하게 되었고, 또한 일본 산업자본주의의 확립과정에서 주도산업의 역할을 담당한 목면공업의 발전은 일본의 무역형태를 종래의 중개무역으로부터 완전히 탈피케 하여 자국산 목면제품을 중심으로 한 직접무역형태를 취함으로써 조선의 대일수입은 급증세를 보이기 시작하였다.

● [표 12-16] 무역추이와 무역수지   (단위: 엔)

	수 출		일반상품수입	일반무역수지	전체무역수지
	일반상품	금수출			
1895	2,481,808	1,352,929	8,088,213	−5,606,405	−4,253,476
1896	4,728,700	1,390,412	6,531,324	−1,802,624	−412,212
1897	8,973,895	2,034,079	10,067,974	−1,093,619	940,460
1898	5,709,489	2,034,079	11,817,562	−6,108,073	−3,732,348
1899	4,997,845	2,933,382	10,228,636	−5,230,791	−2,297,409
1900	9,439,967	3,633,050	10,940,460	−1,500,493	2,132,557
1901	8,461,949	4,993,351	14,696,470	−6,234,521	−1,241,170
1902	8,317,070	5,064,106	13,541,409	−5,224,339	−160,233
1903	9,477,603	5,456,397	18,219,183	−8,741,580	−3,285,183
1904	6,933,504	5,009,596	26,805,380	−19,871,876	−14,862,280
1905	6,904,301	5,206,805	31,959,582	−25,055,281	−19,848,476
1906	8,902,387	4,666,130	30,291,445	−21,389,058	−16,772,928
1907	16,973,574	4,617,950	41,387,540	−24,413,966	−19,796,016
1908	14,113,310	4,771,226	41,025,523	−26,912,213	−22,140,987
1909	16,248,888	6,112,676	39,782,756	−23,533,868	−17,421,192

자료: 崔泰鎬(1991: 233)에서 재인용.

　　그러나 대일무역을 중심으로 한 조선의 무역확대는 방대한 무역수
지적자를 수반하며 진전되었다. 그리고 이 시기에도 무역적자는 주로
금의 반출에 의해 메워지고 있었지만 이전 시기와 달리 공식적인 금의
반출액 만으로는 무역적자가 크게 줄어들지 않았다. 그 결과, 금의 반출
액만으로 메입지지 못한 나머지의 무역적자는 금의 밀반출 및 인삼의
밀반출 등의 방식으로 메워지거나 또는 무역잉여의 국내토지투자, 즉
무역잉여에 의한 한국민의 토지점탈 등에 활용되기도 하였다(조기준,
1973: 245-46). 반면, 조선 정부는 이에 대해 근원적으로 대처하려는 정
책적 의지는 보이지 않고 오직 식량부족과 그에 따른 국내물가의 앙등
으로 인한 민심동요에만 집착하여 안이한 방곡령(防穀令)의 발포 등에

[표 12-17] 한국 시장에서의 일본의 수출액 및 비중 (단위: 円, %)

	수 출 액	수출비중	수 입 액	수입비중
1895	2,336,427	95.4	5,838,739	72.2
1896	4,396,346	92.9	4,294,055	66.7
1897	8,090,039	90.2	6,432,060	63.9
1898	4,522,963	79.2	6,777,171	57.3
1899	4,205,383	73.6	6,658,200	65.1
1900	7,232,416	76.6	8,241,296	75.3
1901	7,402,116	87.5	9,051,881	61.6
1902	6,549,646	78.7	8,689,220	64.2
1903	7,599,624	80.2	11,554,969	63.4
1904	5,697,371	82.2	19,007,287	70.9
1905	5,389,914	78.1	23,561,899	73.7
1906	5,389,914	81.3	23,266,234	76.8
1907	12,948,247	76.3	28,293,381	68.4
1908	10,963,353	77.7	24,040,465	58.6
1909	12,158,885	74.8	28,192,533	70.9

자료: 崔泰鎬(1991: 235)에서 재인용.

의지함으로써 조일 간의 외교적 분쟁만을 빈발시켰다.

또한, 동 기간 동안 전체 수출입 중에서 대일수출과 대일수입은 각각 74-95%와 57-77%를 차지하였다. 이것은 한국에 대한 일본의 정치적 영향력의 신장 및 일본 자본주의의 발전 등에 기인한 반면, 청일전쟁 이전에 조선 시장에서 일본과 대등한 시장점유율을 보였던 청국의 비중은 노일전쟁 이후에 와서 그 비중이 10%의 수준으로 하락하였다. 즉 러일전쟁 전후기 경부터는 구미제국이 대조선무역에 적극적으로 참여함으로써 그들의 대한무역실적이 급증세를 보여, 특히 영국과 미국의 비중이 청국의 그것을 각각 능가하는 실적을 보였다.

조선경제의 일본 자본주의의 재생산구조 내 편입은 수출입상품구조에서도 확인될 수 있다.

첫째로 수입상품구조를 보면, 구미산품을 대표하는 생금건의 수입 실적은 절대액에서나 상대적 비중에서 감소추세를 보인 반면, 일본산 방적계의 수입실적은 크게 증가하였다. 또한, 이 시기에 수입된 영국산 생금건은 그 대부분이 청상에 의해 수입된 반면, 일본상인은 자국산 면 직물과 방적사 등의 수입에만 전력을 기울였다는 점에서 적어도 일본의 대한무역형태만은 거의 완전한 형태로 종래의 중개무역에서 벗어나고 있었다.

둘째로 수출상품구조를 보면, 청일전쟁 이후 쌀과 콩 등 곡물류의 수출실적이 급증세를 보임으로써 단연 제1의 수출품목으로 자리를 굳혀 갔으며 수출총액에서 차지한 이들 곡물류의 수출실적비중은 대체로 60-70%의 수준을 차지하고 있었다. 이처럼 곡물류의 수출실적이 절대 적인 비중을 차지하게 되었다는 사실은 일본의 산업자본주의가 확립되 어감에 따라 한국이 일본자본주의의 값싼 식량공급기지로 재편성되어 가고 있었음을 말해 주는 것이라 하겠다. 이와 같이, 곡-면 교역체제가 한층 더 선명하게 정착화되는 가운데 조선의 광산물과 생면(生綿) 등의 공업원료가 대일수출품으로 등장하게 되는 등 조선의 대일무역은 식민 지형 무역구조의 성격을 선명하게 나타냄으로써 조선 경제는 일본 자본 주의의 재생산구조로 편입되어가고 있었다.

2. 개항기 식민지적 무역체제가 농가경영과 토지소유관계에 미친 영향

한마디로 개항기(1876-1910) 농촌경제의 기본동향은 시장경제의 발달이 궁박판매에 몰린 농민들로부터 농민적 잉여를 착출하고 그 결과 농민일반의 몰락 및 광범한 빈잔농(貧殘農)의 퇴적이 일극(一極)에서 진 행되면서 다른 일극에서는 제국주의 자본과의 관련 위에서 또 그것에 의해 지지되면서 고리대적 상인자본이 광범히 성장하고 나아가 그 전화 형태인 (반〈半〉식민지적) 지주제의 형성과 발전이었다. 즉 개항과 함께

자본주의 세계체제에 포섭된 조선사회는 그 장기적 전망에 있어서 스스
로를 자본주의에 적합한 형태로 재편·변환시키지 않으면 안 되었다.

근대경제의 기본적 특성의 하나는 시장경제의 보편화다. 그에 대응
하여 농가경영은 상품시장과의 관련성이 심화되고 상품생산자로서의 성
격도 강화된다. 그런 점에서 농가경영과 상품시장의 관련성을 구체적으
로 파악한 것은 근대경제의 성립과정을 이해하는 데에, 나아가 그 과정
에서의 농가경영의 성격 변화를 이해하는 데에 필수 불가결한 것이다.

그러나 앞에서 기술했듯이 자본주의적 세계시장에 강제적으로 편
입되기 이전의 조선의 시장경제는 자신의 생산력 특성으로 농업에서의
상품생산의 발전 및 농촌부문과 도시부문의 보완적 결합을 특징으로 하
고 있었다. 이러한 특징들이 자본주의적 세계경제에 포섭된 이래 어떻
게 질적 변모를 겪었는가를 파악하기 위해 당시 상품을 생산·소비하는
기본단위인 농가경영이 시장경제에 어떠한 방식으로 어느 정도 편입되
었는가를 살펴볼 필요가 있다.

1910년도 『조선총독부통계연보(朝鮮總督府統計年報)』에 의한 한국
인의 직업분포를 보면, 농업호·상업호·공업호의 비중은 각각 92.6%,
4.0%, 0.6%를 차지하고 있었다. 농가는 식생활에 필요한 어염(魚鹽)이
나 마포(麻布), 농기구, 식기 등을 구입해야만 했고, 이러한 소비지출과
아울러 금납화한 조세를 납부해야만 했으므로 쌀을 중심으로 하는 농작
물·축산물·임산물 등을 판매할 필요가 있었다. 즉 상품유통은 농가생
활에 불가결한 구성요소가 되어 있었다. 당시 농가수입의 8할 이상을
차지하는 농작물의 전반적인 상품화율은 '상품화가능잉여'[23]가 모두 상
품화가 된다고 가정할 때 3할 정도였을 것으로 추정된다(李憲昶, 1990:
177-253).

---

23) 여기서 상품화가능잉여란 소비를 하고도 남는 것이 있는, 그러한 사전적인 개념
이 아니라 사후적으로 생산으로부터 소비를 뺀 것으로서 상품화되었을 가능성이
있는 것이다. 따라서 빈농의 궁박(窮迫)판매도 포함한다.

그리고 농가수입 중 축산물의 상품화율은 이보다 다소 높았을 것으로, 그리고 임산물의 그것은 다소 낮았을 것으로 추측된다. 또한 노임(勞賃) 중 현금의 비중이 3할 정도로 추정되며 대금이자는 주로 현금이었다는 점들을 고려할 때 농가수입 중 화폐수입의 비율을 평균 2-3할로 잡을 수 있다. 그런데 상품화폐경제의 편입 정도에 있어서 계층별 격차는 컸다. 상층에 속하는 농가일수록 환금성이 뛰어난 작물을 보다 중시했고 하층에 속하는 농가일수록 자급하기 위한 작물을 상대적으로 중시했다. 계층별로 농작물수입의 격차가 현저했을 뿐만 아니라 그 상품화율의 격차도 커서 지주의 경우 6할에 접근했고, 부농의 경우 4할, 중농과 빈농의 경우 2할 내외였다.

농작물 생산이나 그 화폐수입에서 미곡은 결정적인 의의를 가졌다. 계층이 상승할수록 미작에 대한 의존도가 높아져서 농가수입의 8할 정도를 차지하는 농작물수입 중 미작수입의 비중이 빈농층과 중농층으로부터 부농층으로, 다시 지주층으로 상승할수록 1할 이상 상승하여 빈농층의 경우 3할 정도임에 반하여 지주층의 경우 6할 정도였다. 농작물잉여 중 미곡의 비율은 지주층과 부농층은 7할 정도이고 중농층과 빈농층은 5할 내외였다. 계층을 막론하고 미곡이 농가의 화폐수입 중에서 결정적인 의의를 가졌음을 알 수 있다.

농작물 다음으로 중요한 축산의 경우에도 소를 소유한 지주층과 부농층의 우위가 두드러졌다. 화폐지출에서도 예를 들어 어육비·피복비·가구비·농구비 등에서 계층별 격차가 현저하였던 것으로 판단된다. 특히, 피복비의 경우 중·빈농층은 대개 자급하였음에 반해, 지주층과 부농층은 수입품과 고가품을 상당액 구입하였다. 특히 빈농층의 수입에서 가공농산물이나 임산물의 비중이 상대적으로 컸다. 결론적으로, 농가의 압도적 다수를 차지하는 중농층과 빈농층은 총수입의 8할 정도인 농작물 수입이 백원 내외이고 그 상품화율이 2-3할에 그친 것으로 보아 단순상품생산자적인 성격과 소농경제의 구조가 여전히 강인하게 작동하였음을 알 수 있다.

이제 이러한 농민층의 상품화폐경제와의 관련성이 어떠한 사회적 분업의 토대 위에 존립하였던가를 살펴보자. 그것은 크게 농촌 내 분업과 농촌 외부와의 분업으로 구분해 볼 수 있다. 전자는 농가 간의 분업, 농업노동자의 상품구입 및 농가와 수공업자 간의 분업으로 구성된다. 그중 농가 간의 분업이 중심을 이루었다. 농작물을 시장에 주로 공급하는 층은 지주층과 부농층이었고, 그것을 주로 구입하는 층은 중농층과 빈농층이었다. 지주층도 잡곡을 상당량 구입함이 주목된다. 빈농층과 중농층이 농작물을 구입할 수 있는 중요한 원천은 과잉노동력을 활용하여 획득한 임산물과 농산가공물의 판매수입 및 지주층과 부농층으로부터 획득한 노임 수입이었다. 답작지대와 전작지대 간의 잉여와 비자급분의 구성의 차이가 컸고 연초의 경우처럼 산지와 비산지 간의 분업도 일정하게 전개되었던 것으로 보아 지역적 분업도 활발했던 것 같다.

한편, 농촌의 수공업자가 공급하는 주된 상품은 가구류 농구류 모자류 — 관(冠), 탕건(宕巾), 망건(網巾) — 등이었다. 그런데 농가와 수공업자 간의 분업이 활발하지는 않았다. 농가는 가구류를 자급하는 부분이 많고 화폐로 구입하는 것은 소량이며 농구에 대한 화폐지출도 소액이었다. 또한, 관·탕건·망건·화(靴) 등을 구입하는 층은 부유한 농민에 한정되어 있었다. 농촌의 전업적 수공업자는 소수이며 전반적으로 영세했고, 농민이 수요하는 중심적 공산품인 의류는 가내수공업으로서 생산되거나 외국으로부터 수입되었던 것이다.

농가의 농촌 외부와의 분업은 어촌과의 분업, 도시와의 분업 및 외국과의 분업으로 나누어 볼 수 있다. 농작물의 잉여의 절반 정도가 농촌 외부로 공급된 것으로 추정된다. 그 중 어촌 도시 및 외국의 비중이 어떠하였는가를 개략적으로나마 추정하면 다음과 같다. 1909–11년 농작물의 연평균 수출액은 1,115만 원인데 농작물 총생산액을 3억 원 정도로 잡고 농작물의 수출은 생산의 4%에 다소 미달한다. 그렇다면 농작물

의 상품화율이 3할에 다소 미달하였을 것이므로 수출은 농작물 잉여의
1할을 넉넉히 넘었을 것이다. 쌀 생산량의 5% 정도, 콩 생산량의 2할
정도가 수출되고 그 밖에 면화, 밀 등이 얼마간 수출된 것을 감안하여
농가의 농작물 수출액을 계산하여 보면 4원 남짓이었고, 농작물 잉여
36원의 1할을 넘었다.

1910년경 인구 5천 명 이상 도시의 총인구는 외국인을 포함하여 70
여만 명이었다. 1910년경 서울인구는 28만 명이었고 서울로 이입된 미
곡은 쌀로 환산하여 48만석이었다.[24] 서울주민의 구매력이 다른 도시보
다 월등하였을 것이므로 인구 5천 명 이상의 도시로의 쌀의 이입(移入)
량은 서울의 이입량의 두 배정도, 백만 석 전후로 잡을 수 있다. 도시
주민의 7할 정도가 비농민이라고 보면 도시시장의 쌀의 판매량이 수출
량보다 훨씬 많았을 것이다. 그렇다면 도시시장으로 공급되는 농작물
잉여의 비율은 수출의 경우보다는 높아서 2할 정도였으리라고 추정된
다. 1911년도 『조선총독부통계연보(朝鮮總督府統計年報)』에 의하면 일
본인을 포함하여 수산업에 종사하는 사업자는 33,702호 99,621명이었고
겸업자는 54,167호 175,405명이었다. 수산업종사자로 보아 어촌으로 공
급되는 것은 농작물의 잉여의 1할에도 미달하였음이 분명하다.

다음으로 농가의 지출을 보자. 어촌으로부터 공급받는 소금과 어류
는 1인당 연간 1원에 다소 미달했던 것 같은데 외국으로부터 수입하는
의복·소금·석유·성냥 등은 1원을 넘었다. 도시로부터는 농구·가
구·모자 등이 공급되기는 했지만 그에 대한 지출은 미약했다. 당시 도
시수공업이 발달하지 못했고 도시의 구매력은 조세·지대 및 상업이윤
에서 비롯되었다. 농가의 화폐지출은 농작물·수입품·수산물·수공업
제품 순이었다.

이상을 요약하면 다음의 두 가지를 지적할 수 있다. 첫째, 농촌 내

---

24) 朝鮮總督府, 『京城商工業調査』(1913), 126-27쪽.

분업은 압도적으로 농가 간의 분업이었고 수공업자와 농가의 분업은 활발하지 않았다. 이처럼 농촌의 농가경영은 사회적 분업의 확대를 수반하지 않았다. 둘째, 농가의 잉여로 보나 화폐지출로 보나 외국무역이 이 시기 시장경제의 성장을 주도하는 요인임을 확인할 수 있었다. 외국무역의 확대는 농가의 미곡·콩 등의 상품생산을 확대시켰고 섬유제품 등을 생산하는 가내수공업을 해체시켰고, 식물성기름을 석유로 바꾸었던 것이다.

물론, 그렇다고 농가가 생산한 잉여의 압도적인 부분이 국내에서 수요되었음을 간과하는 것은 아니다. 그러나 전반적으로 국제분업 관련의 확대는 조선 소농경제의 생산력구조를 왜곡시키고 가내수공업의 농촌공업으로의 발전 가능성을 저지함으로써 농민경제력의 향상과 농촌시장의 발달을 제약하는 중요한 요인으로 작용하였다. 즉, 국제분업 관련의 급속한 확대로 상품시장은 성장하였으나 이중경제구조를 만들어 내고 있었다. 또한, 국제분업 관련의 확대는 시장구조의 왜곡을 가져왔고, 이러한 왜곡은 개항기에 있어서 준비되고 있었다. 개항기에 가내수공업이 농촌공업으로 발전하기 위한 기반이 와해되었던 것은 농가소득의 향상과 농촌시장의 발전을 가로막는 중요한 요인이었다. 게다가 국제무역을 위한 상품유통이 점점 일본상인에 장악당하면서 장시를 경유하지 않게 되어 제국주의 지배가 시장구조 및 사회구조의 근대적 변혁의 전망을 봉쇄하였던 것이다. 즉 개항과 더불어 국제무역이 이루어지는 유통경제 상의 시장이 현저하게 성장하였고, 특히 철도운송에 의한 전통적 수륙운송의 압도는 상권의 재편을 초래했다.

인견마배(人肩馬背)와 전통적 선박에 의한 운송은 한국 상인의 지배력이 강하였고 식민지 권력에 의해 관리된 철도운송은 일본 상인의 지배력이 강하였다. 일본 상인은 러일전쟁 후 철도역을 중심으로 하여 정주상업을 발전시키면서 내륙의 상품유통을 본격적으로 장악하기 시작했다. 게다가 일본인 정주상업이 철도연선(鐵道沿線) 시장의 상권을 장악하면서 장시를 통하지 않는 상품유통이 발생하였다. 일본 상인이 장시를 경유하지 않고 철도로 이출한 만큼 한국의 상인과 농민이 전적으로 의존한 장시의 상품유통이 감소하는 것이다. 그 결과, 식민지 지배하에 이르러서도 한편으로는 국제무역과 일본인 소비생활을 위한 근대적 시장조직이 이식·발전하여 갔음에도 불구하고, 다른 한편으로는 직접 교환적 시장이 구태의연하게 그 일반민중에 대한 상거래상의 지위를 파악하고 있었고 이들 정기시에 대신할 상설소매점의 진보가 매우 지지부진하여 조선의 대부분인 농촌은 오늘날도 지난날과 같이 정기시의 세력권 내에 머무르고 있었다.

한편, 상품시장의 성장은 상인자본을 성장시키기 마련이다. 개항에 따른 조선의 대일무역은 종래의 전통적인 제한무역을 벗어나 급속도로 증대해 갔다. 즉 개항장을 기점으로 하는 수출입 상품유통체계를 형성시켰으며, 이것은 곧 국내 상품유통체계에 기반을 두고 있던 상인들 중에서 수출입 상품유통을 담당하는 상인을 출현시켰다. 상인들은 소농경제와 발전하는 도시의 자본주의 간에 주요 연관자로서 기능했다. 그들은 산업을 위한 농촌의 원료와 값싼 노동력의 구매자로서, 산업생산물의 배급자로서, 산업의 새로운 투입물과 기술의 통로로서, 그리고 때로는 제 산업에 투자자로서 다양하게 기능하였다. 특히, 제 산업을 위한 구매대리인으로서의 역할 속에서 상인들은 매매가격 간의 차액에 기초한 수수료로부터 이익을 보는 중간자로서 기능했다는 점에서 '수탈자'였고 소농경제는 고리대와 같은 정도의 수탈을 허용했다. 물론, 그렇다고 상업화에 있어서 그들의 역할을 모두 부정하는 것은 아니다.

구체적으로 보면 개항 후 7, 8년간 조선의 객주와 여객은 전통적인 상업망을 통해 외래품의 판매와 지방물화의 수집을 통해 부를 축적하였다. 그러나 1883년에 체결된 조영통상조약(제4조 제6항)을 계기로 외국상인의 지방행상이 본격적으로 허용되면서 외국상인들, 특히 청상(淸商)과 일상(日商)은 조선인 객주와 여각을 상대로 무역하기보다는 직접 조선인 거간을 고용하여 조선 고객과 직접 거래하는 한편, 지방 소읍에 진출하여 상품판매와 물화 수집을 함으로써 보다 많은 이득을 얻게 되었고, 이에 따라 그나마 수입상품의 국내 판매와 수집을 전담하고 있던 객주·여각 및 보부상은 청상과 일상의 지방 진출로 상권에 큰 타격을 받게 되었다(조기준, 1994: 348-49).

또한, 상인들의 두 번째 주요 연관 기능, 즉 산업의 상품배분자로서 상인들은 일본산 직물을 거의 배타적으로 취급했다는 점에서 그들의 기능은 기생적이었다. 게다가 그들은 새로운 방법으로 생산과정에 참가하였는데, 즉 '선대제(先貸制, putting-out system)'에서 농민들은 약정된 양의 직포(織布)를 인도할 것을 약속하고 일정 양의 방사(紡絲)를 상인들과 계약하였다. 이러한 방법은 소농의 잉여노동을 이용한다는 점에서 방직공을 고용하는 것보다 수익적이었기 때문이다.

다시 말해, 선대제에 의한 상인자본의 성공은 농촌 내 존재하는 값싼 유휴노동력에 기초한 것이었다. 이와 같이 소농경제가 산업과 관련된 곳에서 상인은 이중적 역할을 수행하였다. 한편으로 시장발전과 상품유통 그리고 신기술 및 심지어 산업자본의 공급을 도왔지만, 자본 및 기술에 대해서 뿐만 아니라 상품의 중간매개자로서 수탈적 기능을 간과할 수 없다. 즉 기본적으로 상품생산의 발전을 위한 투자에서가 아니라 주로 고리대자본의 성격을 보여 주었다.

만약, 고전모델들 — 그것이 스미스(Smith)적이던 맑스(Marx)적이던 — 이 강조하는 것처럼 상인들이 산업자본가가 되기 위해 상품의 유통역할을 계속했다면 역사는 이들의 역할을 확실히 착취적 측면보다 발전에 기여한 측면을 강조할 것이다. 그러나 이들의 역할은 일본자본주의와 확대재생산의 기회를 차단당한 소농경제를 잇는 중개자의 역할에 거의 제한되었다는 점에서 적어도 조선농민의 관점에서는 발전의 기여자로서보다는 기생적이었고 매판적인 측면을 강조 안 할 수가 없다.

이와 같이 개항과 함께 개시된 대외무역은 그 자체 상품화폐경제의 즉각적 확대를 의미하는 것이었다. 그리고 이에 대해 능동적으로 대응할 수 있었던 계층은 일반농민이라기보다는 지대를 잉여미로 비축하고 있었던 지주계급이었다(安秉直, 1985). 예를 들어, 대일본 미곡수출과 그에 따른 미가의 상승은 지주계급의 화폐수입의 증대를 무난히 보증하였고, 또 증대된 화폐수입은 보통의 경우 지주지의 확대로 연결되었다. 이 같은 개항의 직접적 효과는 민감한 것이었는데, 그것은 개항장의 수가 확대되면서 개항장의 배후지에 위치하고 있던 정체상태의 지주가 갑자기 성장과정에 들어서고 있는 기존의 몇 가지 연구사례에서 잘 드러나고 있다.

그러나 지주제의 성장과 관련하여 개항의 의미는 보다 포괄적이다. 외국산 면포의 유입, 특히 청일전쟁 이후 본격화된 일본산 면포의 유입 효과는 1910년까지의 짧은 기간 동안 재래의 토포산업을 거의 붕괴시킬 만큼 급격한 것이었다. 토포의 거의 대부분이 가내부업의 형태로 생산되었음을 고려하면 외래 면포의 유입에 따른 시장경제의 발전은 놀랄 만한 것이었다. 이 새로운 시장관계의 주역은 그 발생이 자생적이 아닌 만큼 일반 농민으로 될 수는 없었고 수입품 판매에 종사한 상인들이었다. 그 결과 이 새로운 사회적 분업관계 속에서 상인에 의한 농민적 잉여의 구조적 수탈이 이루어지고 그에 따른 농민층의 전반적 몰락과 토지방출은 농민층의 대극(對極)에 상인적 지주계급을 성립시켰다.

이 새로운 지주계급은 그 성립의 계기가 밖으로부터 주어진 것, 다시 말해, 외래선진자본주의의 후진적 조선농촌에 대한 지배에 대응한 것이라는 점에서 개항 이전의 전통적 토지소유계급과는 또한 구분되며 이런 의미에서 반(半)식민지적이다. 이것은 개항기에 있어서 모든 토지소유계급이 성장한 것이 아닐 뿐 아니라, 다수의 지주는 침체 혹은 몰락 과정에 있었다는 점에서도 확인된다. 그 같은 다양성은 한편으로는 개항의 영향이 차별적으로 나타날 수밖에 없는 지역적 차이 ― 개항장의 배후지와 비배후지의 차이 ― 에서 일차적으로 발생하며, 다른 한편에서는 개항의 영향을 능동적으로 수용할 수 있는 지주 개인의 능력의 차이 및 그것을 규정하는 전통적 신분관계 등에 의해서도 발생할 수 있다. 예를 들어, 반식민지적 지주계급의 성장에 있어서 그 직접적 요인이 된 것은 미곡을 중심으로 하는 곡물의 대일본 수출로서 미곡의 대일본 수출은 1890년 이후 급격히 증가하여 1907-1909년에 연평균 65만 석의 수출고에 달했고(吉野誠, 1975), 이는 당시 국내 미곡총생산 약 1000만 석 정도(村上勝彦 外, 1984)의 6.5%의 비중이었다.

그러나 이 정도의 비중의 미곡수출에 의해 미곡의 생산과정 자체가 재편되었다고 생각할 수는 없고, 재편이 이루어진 것은 주로 이미 개항 이전부터 성립하고 있던 미곡상품의 유통과정과 거기서의 상권의 방향이었을 것이다. 즉 유통과정이 '개항장객주-중간상인-내지객주-지방 소상인'의 형태로 재편될 때 그것이 내지농촌의 지주들에게 그들의 존재조건에서의 심각한 변화를 의미하였다고 볼 수는 없다. 다만, 이 같은 유통과정의 재편과는 무관할 수 있었던 개항장이 직접적 배후지에 위치한 소수의 지주들은 미가의 상승에 대응하여 개항장으로 미곡을 직접 운송하면서 큰 이득을 얻을 수 있었고 반식민지적 지주로 성장해 갔다.

그런데 이 경우에도 이 같은 가격상승과 그에 따른 유통과정에서의 즉각적 대응만으로는 성장의 일정한 한계가 불가피했고, 본격적인 성장을 위해서는 생산과정 그 자체에 구조적 재편이 필수적으로 요구된다. 즉 시장경쟁력이 높은 양질의 미곡을 확보하기 위해 작인들에게 우량품종의 재배를 강제하거나 적기의 수확 및 적당한 건조·조제를 감독할 필요가 있고, 나아가 정미가공업을 생산과정에 도입함으로써 출하미곡의 가치를 드높이거나 자금의 여력을 확보하여 미가동향에 적극적으로 대처할 필요가 있기 때문이다. 개항기에 있어서 그와 같은 변화를 적극적으로 수행한 지주는 소수였고 이는 식민지시대 조선의 '신흥지주'들에게서 확인되고 있다(河合和男, 1979).

개항기 반식민지적 지주제의 일정한 성장에도 불구하고 이것이 개항기 지주제의 일반적 동향이 될 수는 없고, 오히려 더 일반적 동향으로 존재한 정체 혹은 쇠퇴 과정에 있는 다수의 지주에 주목할 필요가 있다. 즉 조선 후기와 식민지시대의 중간과도기로서 개항기 '지주제'의 정체의 현상파악과 더불어 그 구조적 원인을 구명하는 작업은 이후 토지조사사업이 지니는 역사적 의미의 확정에 필요한 전제가 되는 것이다.

여기서 지주제 정체의 현상파악과 더불어 그 구조적 원인은 지주제의 운영 및 수취구조 상의 특징과 그에 대항적인 소작농민의 동향 가운데서 찾을 필요가 있고 그 사례로서 1888-1907년간의 명례궁 방전의 경우를 살펴볼 수 있다(李榮薰, 1985: 361-429 참조). 지주제의 운영은 지대의 수취를 목적으로 하고 있으므로 지대수입의 동향에 대한 전체적 고찰은 이 시기 지주제 운영의 동향, 요컨대 지주제가 성장·발전하고 있었던가 아니면 정체·쇠퇴하고 있었던가 등의 구체적 실상을 알려 준다. 명례궁 방전의 시계열자료를 통해 본 지대수입의 동향을 요약하면, 첫째로 보아 지대수입의 규모가 불안정하여 상하의 진폭이 컸고, 둘째로 전체적으로 보아 지대수입의 규모가 감소되는 추세에 있었다. 특히, 지대수입의 감소추세를 보면 지대수입이 약 20년의 비교적 단기간에 이렇듯 확실한 모습으로 감소되고 있는데 이는 경제적 토대에서 뿐만 아니라 정치·문화·사상 등의 사회적 제 수준에서 격동의 변화를 겪고 있던 개항기에서의 고유한 현상으로 생각된다.

이런 의미에서 이 같은 추세는 명례궁 사례와 비슷한 유형의 경거양반(京居兩班) 부재지주의 지방 장토(庄土)에서 공통된 현상이었다. 이와 같이, 지주제는 자체의 취약성으로 전통적인 국가의 토지지배력을 완전히 해체하는 데 끝내 실패하였을 뿐 아니라, 역으로 그것에 의해 제약되면서 자신의 위기상황의 한 요인으로 용인하고 있었다. 이 같은 명례궁의 구조와 특질은 명례궁과 같은 반열에 있는 양반 부재지주의 경우 통상적인 현상이었고, 조선 후기 이래 발전한 사적 지주제 중 중요한 한 형태를 이들 부재지주에서 찾을 수 있다는 점에서 명례궁의 경우는 지주제의 일반적 동향으로 간주될 수 있다.

이와 같이 위기에 처한 부재지주제야말로 토지조사사업의 가장 중요한 한 가지 전제조건이었다. 즉 토지조사사업의 역사적 의미는 이처럼 위기에 처한 지주들의 토지를 전면적으로, 그리고 배타적 토지소유로 승인함으로써 지주제를 체제적 생산관계로 확립시킨 데에 있기 때문이다.[25] 다시 말해, '토지조사사업'에 의해 확립된 새로운 지세제도에서 세율은 지역 간·지역 내 통일되었을 뿐 아니라 지세율을 대폭 낮추었다. 예를 들어, 명례궁의 경우 결세가 지대수입의 평균 25%였던 반면, 토지조사사업에서는 지대수입의 8% 정도에 불과했다. 이와 같이 개항기 지주제는 토지조사사업을 계기로 하여 체제적으로 성립하고 해방후 농지개혁에 의해 일단 체제적으로 해체되었다는 점에서 기생적이었고 반식민지적 지주제였다.

한편, 이러한 기생적 지주제가 위기에 처해 있다고 해서 그것이 곧바로 농민적 발전을 의미하지는 않았다. 전체적으로 보아 작인들의 소작지 보유에서의 분화상황은 전층적(全層的) 하강분화의 양상을 강하게 들어내고 있었다. 즉 조선 후기 전체에 걸친 농민분화의 장기 추세인 상층농의 몰락과 그에 따른 영세균등화는 개항기에 걸쳐서도 재확인되고 있다.

---

25) 여기서 지주제가 '체제적으로 성립' 하였다는 것은 "지주계급이 자기에 조응하는 생산력적 기반을 획득하고, 또 지주제적 착취기구(소작료의 안정적 취득)를 완성시키며, 나아가서 이러한 기반 위에서 지주계급이 정치적으로도 하나의 계급으로서 자기를 구성한 국면"을 의미한다(中村政則, 1972: 6). 일제 하의 지주제는 1910년대의 토지조사사업에 의한 사적 토지소유권의 법인과 통감부시대 이래의 지주적 농정의 전개를 통해 식민지적 조건 속에서 지주제로 그 질적 성격이 확립되었으며, 이러한 의미에서 일제 하의 지주제는 1905-10년 이래의 식민지적·지주적 농업 및 토지정책에 의해 체제적으로 성립하였다고 볼 수 있을 것이다.

제 6 절 전통사회의 신분제의 특징과 근대적 사회변혁의 성격 : 공민의 길

1. 전통사회의 신분제의 성격

한국 전통사회의 신분제를 논할 때 조선사회를 양천제(良賤制)로 파악하는 입장과 양반지배신분설로 크게 대별되어 논쟁[26]되어 왔으나 신라사회에서 고려사회, 그리고 고려사회에서 조선사회로 발전해 오는 과정에서 신분제의 내용에 분명한 변화를 확인할 수 있다. 신라 사회는 골품제에 기초한 세습귀족이 지배하는 사회였던 반면, 고려 사회는 비록 광범한 지방호족 세력들의 지지에 기반을 두고 있었지만 과거제와 군현제에 기초한 사회로서 골품제사회에 비교해 비노비자 간의 신분적 간격이 현격히 축소되었다(劉承源, 1988: 117). 즉 고려 중앙정부의 지속적인 지방통제력 강화 정책에 의해 지방호족의 후예인 향리층의 세력이 약화되어 신분적 지위가 저하되었던 반면, 적어도 12세기 후반 이래 향·소·부곡(鄕·所·部曲)같은 특수 행정구역이 군현으로 승격되거나 군현에 편입되어 향·소·부곡민이 신분적으로 군현인과 동질화되었다.[27]

한편, 고려시대 대몽항쟁기 이후를 한국 농업기술 발달의 전환기로 규정하는 것이 일반적 견해이다. 즉 여말·선초에 중국의 선진적 농업기술인 강남농법의 효과적 보급으로 농업기술의 획기적 발전이 이루어졌고 이러한 발전에 직극직 역할을 수행한 시방 중소지수 줄신의 신흥사대부 세력이 새로운 지배층으로 대두하였고, 이에 따라 성리학이 지배이념으로 도입되었다.

---

26) 대표적 예가 李成茂(1980)와 韓永愚(1983)의 논쟁이다.

27) 고려 말에 이르러 향역(鄕役)은 하나의 잡색역(雜色役)으로 전락하여 피역(避役)이 심각한 문제로 대두되고 정부에서는 향역부담자의 확보를 위해서 과거 특히 잡과 응시를 제한하는 조치를 강구하였다(유승원, 1988: 107).

또한, 새로운 농업기술의 성과에 기초해 사회 전체의 경제력이 향상됨에 따라 자영농 성장의 중요한 토대가 마련되었고, 조선왕조는 국역체계를 강화하여 그 의무대상으로 양인 확보정책을 강력하게 펼칠 수 있었다(李泰鎭, 1986: 102, 107). 예를 들어, 조선 초기에 노비세습제를 강화하여 혈통에 의한 세습이 강요되면서도 국가는 적극적인 변정사업(辨整事業)에 의해 본래 양인이었다가 노비가 된 자나 양천의 피가 섞인 자는 상당수 양인으로 환원시켰다(한영우, 1983: 399). 그 결과, 중앙집권의 강화를 위한 관료제 및 지주-전호제가 발달하고 신분제에 변화를 초래하였다. 즉 불안정한 소농경영의 수탈이라는 착취기반의 불확실성 때문에 대토지소유는 그 자체만으로 독자의 개별적 권력기구 — 예를 들어 봉건영주제 — 를 창출할 수 없었고 집권적 국가권력 하에서 사대부 양반계급이 결속할 기반이 되는 과거제도를 요구하지만 동시에 그것은 그들의 소유권이 국가권력에 의해 스스로 제약당하는 것을 의미했다.

이와 같이 여말선초에 세습귀족제의 소멸, 그리고 고려 후기에 비노비자의 등질화의 진전과 더불어 성립된 조선 초 양천 신분제사회에서의 사대부 성격은 서구 중세사회의 봉건귀족과는 분명히 다른 성격을 포함하고 있다. 조선 초 지배층으로서 사대부는 비세습신분인 유동적 집단으로서 서구 중세의 지배계급과는 달리 직접생산자인 농민층에 대한 직접적·물리적 지배력을 확보하지 못하였고 단지 국가라는 통일권력을 매개로 간접적 지배를 도모하였던 지주층이었다. 즉 조선 초 신분제 사회는 법률적으로 양인 일반에 대한 보편적 권리를 인정함과 동시에 세습귀족의 존재를 부인함으로써 중앙집권제를 확립하려는 군주의 이해관계, 그리고 고려 후기 농업생산력의 발전으로 일정한 경제력을 구비한 중소지주층인 사대부가 경제력을 통해 자신의 사회적 지배력 확보라는 이해관계가 결합된 것이다.

한편, 농업생산력의 발전은 자영농 성장의 중요한 토대가 되어 양인은 국가의 국역의무 대상이 될 수 있었던 반면, "국역(國役)은 양인이

공민(公民)으로서 국가에 대하여 부담하는 의무인 동시에, 공민으로서
국정에 참여할 수 있는 권리의 대가"(한영우, 1983: 393)였기 때문에 법
제적인 측면에서 양인은 원칙적으로 입사(入仕)가 가능하였고 입사와 승
진에 있어서도 품계의 제한을 두지 않음으로써 일반 양인들의 이익이
확대되었다. 예를 들어, "檢律‧算員本是良人職 無限品 安得不與 士類
班之"(『成宗實錄』 卷82 成宗 8年 7月 壬午條). "旣爲平民卽 科擧仕路 無
所不通"(『光海君日記』 卷80 光海君 6年 7月 丙寅條). 즉 조선 전기에 있어
서 제도적인 임용상의 차등은 오직 신분적인 하자나 출신에 의해서만
설치될 수 있었다.

이러한 신분이동의 개방성이 조선 전기의 정치적 안정과 사회적 결
속을 가져온 기본적인 조건의 하나였다. 이러한 조선사회 신분 양천제
의 합리성과 개방성이 조선 후기에 이르러 계층 고정화 현상이 심화됨
에 따라 손상되지만 양천제의 법제적 기본틀은 존속되었다. 그럼에도
불구하고 조선사회의 신분제는 양인과 천인을 구분짓는 형식적 불평등
이 존재했을 뿐만 아니라, 경제력이 열악한 일반 양인과 사대부 간에 실
질적 불평등을 그 문제로 갖고 있었다(유승원, 1988: 165). 조선 후기 신
분고정화가 심화됨에 따라 조선 신분제사회의 허구성은 더 이상 잠복될
수 없었다.

한편, 우리학계의 지배적 가설인 '지주적 봉건제론'[28]에서는 양반
이 일반적인 지주계급으로 설정되고, 평민과 노비를 일괄적으로 지대제
공자인 자립적 소농경영의 농민으로 그 반대편에 위치지운다. 그러나
이 가설은 실세적으로 평민이나 노비를 포함한 지주신분의 다양성,[29]

---

28) 한국 중세사회(특히 16세기 이후)의 지배적 토지소유관계는 기본적으로 "대토지
소유자와 경작 농민 사이의 관계"를 기초로 하는 지주전호제로서 "그 본질이 대
토지소유자에 의한 소경영농민의 지배라는 점에서 봉건적 토지소유이다"(한국역
사연구회, 1992: 185).

29) 이런 점에서 金容燮의 (양반농가를 능가하는 평‧천 양계급 중의) '경영형부농'
은 "계층적으로는 이조 말기에 발견되는 일시적 존재보다는 오히려 장기적 존재
였다"(안병태, 1982: 86).

일반 농민경영과 구분될 바 없는 정도의 양반지주토지의 영세성과 분산성, 그리고 '경제외적 강제력'과 토지소유가 일치하지 않는 조선 지주제의 비봉건성을 간과하고 있다.

또한, 이들은 노비를 노비소작농 ─ '봉건적 농노' ─ 로 정의[30]하고 따라서 조선 후기 노비신분의 해체[31]는 농노의 해방이며 봉건적 토지소유의 붕괴 과정이라고 주장하나, 조선시대 노비의 소유범위[32]나 자기완결적 의미에서 권력적 존재이지 못했던 조선양반들의 비봉건성과 그로 인한 외방노비(外方奴婢)의 독립적 성격을 고려할 때 이들을 농노로 규정하기가 어렵다. 외거노비(外居奴婢)의 대표적 경우인 외방노비는 주가 토지의 소유와 경영에서 분리된 독립적 소유와 경영을 이룩하였고, 재산권의 주체로서 자신의 가사·토지, 나아가 노비조차 소유하였다. 또한, 이들이 양반권력과 밀접히 관련되어 있었던 반면, 그것의 제한성으로 양반의 외거노비의 보존은 불안정하였다(李榮薰, 1987: 139, 168). 또한, 학계가 일반적으로 동의를 하는 새로운 사실 하나가 납공(納貢)노비의 존재다(全炯澤, 1989; 池承鐘, 1995; 安承俊, 1990; 朴魯昱, 1990; 宋洙煥, 1990; 李榮薰, 1987, 1989). 납공노비는 주인에게 연간 정액의 신공(身貢)을 공납할 의무만 진 노비로서 주인의 토지 경작과는 무관하게 자신의 가옥·가족·재산=토지를 소유한 자들이다. 신공은 노(奴)일 경우 연간 면포 2필, 비(婢)일 경우 1.5필이었다.

종래 외거노비의 성립 기원이 1405년 태종이 사원노비 약 8만을 공

---

30) 예를 들어, 金錫亨(1957: 74)은 외거노비의 대다수가 주가의 소유농지를 경작하며 자신의 경리를 보유한 독립적인 농민경영자였고, 이들이 전체 노비 가운데 절대적으로 우세를 점하였기 때문에 일반적으로 노비는 농노라고 한다.

31) 노비는 조선 초기 인구의 약 1/4에서 16세기까지 40% 이상으로 증가하다가 16세기 말부터 해체되기 시작하여 19세기 말까지는 거의 소멸되었다. 노비의 증가 이유로는 노비인구의 자연적 증가, 양천교혼(良賤交婚)의 성행, 그리고 과중한 국역 수탈로 양인이 노비로 몰락하는 경우 등을 거론할 수 있다.

32) "1570년 산음장적(山陰帳籍)에 따르면 양반의 64%, 양인의 18%, 노비의 14%가 노비를 보유하고 있다"(崔在錫, 1974: 144).

노비로 몰수하고 각 기관에 분속시켰던 데에 있다고 지적(林英正, 1973) 되어 왔다. 그러나 실은 고려 말기의 사원노비가 이미 납공노비였다. 그 들이 태종에 의해 공노비로 바뀌고 또 양반관료에게도 분급되면서 조선 고유의 사적 납공노비가 성립하였다. 이미 1419년에 '公·사노비의 공 (貢)'에 관한 언급(『世宗實錄』 원년 10월 乙未)이 실록에 보이니, 늦어도 그 즈음까지 사노비의 일 형태로서 납공노비의 범주는 확립되었다고 하 겠다.

이와 같이, 노비의 존재형태를 솔거노비와 외거노비로 구분하는 방 식은 더 이상 유효하지 않다. 고문서를 통해 확인되는 구분 방식은 주가 (主家)의 노비에 대한 수취=지배형태를 기준으로 '입역(立役)'·'앙역 (仰役)'·'사환(使喚)' 등과 같이 노동력을 직접 부리는 경우와 '납공(納 貢)'·'수공(收貢)'처럼 신공을 거두는 경우로 나타남이 통상적이다. 경 우에 따라 노비의 거주를 기준으로 '가내노비'와 '외방노비' 등으로 나 누기도 하였지만, 그 경제적 내용이 당대인의 의식에서 노비의 입역과 납공으로 명확히 구분되어 있음에 유의할 필요가 있다. 입역의 종류는 가사노동·농경·직포 등 실로 다양하였는데, 멀리 떨어진 농장·별업 (別業)에 거주한 노비도 농경이나 관리에 종사한 이상 입역노비였으니, 입역노비의 거주가 반드시 주가나 부근으로 제한되지 않음을 알 수 있다.

반면 납공노비의 거주는 보통 외방이지만, 주가와 동리(同里)에 거 주한 존재도 없지 않다. 양자는 서로 교류될 수 있어, 주가의 처분에 따 라 입역노비가 납공노비로, 또는 그 반대로 바뀔 수도 있었다. 노비주들 이 작성한 수공기(收貢記)에는 반역(半役)·반공(半貢)의 존재도 보이지 만 그리 일반적이지 않았다. 이상과 같이 사노비의 존재형태가 입역노 비와 납공노비로 구분됨은 공노비를 포함한 노비 일반에 적용되는 바이 다. 실은 공노비가 선상(選上)=입역(立役)과 납공의 두 존재로 구분됨은 법전에서부터 이미 분명하여 널리 알려져 온 사실이었다.

무엇보다 법률적으로, 일반양인과 천인은 사환권(仕宦權)의 유무에

서 뚜렷한 차이를 보이고 있고, 사환권은 관인이 될 수 있는 자격, 즉
국정참여의 자격으로서 일종의 공민권적 성격을 띠고 있다고 가정할 때
양인은 사환권을 지닌 공민권보유자, 그리고 노비는 사환권이 없는 공
민권상실자라 할 수 있다(劉承源, 1988: 59)는 점에서 노비는 노예[33]나
농노와의 차별성을 갖는다. 이러한 조선시대 노비의 경제적 계급적 성
격과 더불어 또 다른 다수의 직접생산자층인 양인 소농을 고려할 때 적
어도 조선시대의 농민을 서구봉건제의 농노와 동일시 할 수 없는 결론
이 나온다.

　참고로 조선 초기 공·사전 전토지의 농민은 국가를 주로 농민을 객
으로 두는 과전법의 국전제 이념에 의해 전객으로 불리고 있었다. 그러
나 과전법의 전객 규정은 지나치게 과격하여 비현실적이었다(李榮薰,
1994: 77-127). 과전법 개혁은 고려 말의 팽대한 불수조지 사전을 모두
국가수조지로 편입하고 수조지의 분급과 수조량을 합리적으로 조정한
데 그 본질이 있다. 국전제 이념은 어디까지나 이 같은 수조권 차원에서
관철된 것에 불과하다. 과전법은 일반 민인의 사실상의 토지사유를 대
상으로 한 것이 아니었으며, 더구나 그 소유관계를 혁명적으로 재편성
한 것은 결코 아니었다. 그럼에도 마치 토지사유의 수준까지를 제약하
는 의미와 형식의 주-객제(主-客制)가 도입된 것은 이념과 현실 간의
일정한 모순을 처음부터 내포한 것이었다.

　이 같은 모순으로 세종년간에 걸쳐 전객칭(佃客稱)은 점차 폐기되고

---

33) 金錫亨(1957: 64)은 솔거노비(率居奴婢)가 자신의 경리를 보유치 못하고 주가의
　가족구성의 최하층 일원으로 포섭되어 있고 자신의 생사여탈이 주가의 임의에 맡
　겨져 있다는 점에서 '노예'로 규정한다. 그러나 이것은 단지 형태상의 유사성을
　기준으로 한 몰역사적 시각이다. 서구역사 속에서 노예제는 정복전쟁을 통한 노
　예공급이 체제적 기본과제였다. 즉 "전쟁은 모든 것을 포괄하는 가장 중요한 과
　제였으며 가장 중요한 공동체의 노동이었고, 생존을 위한 객관적 조건의 획득이
　나 그러한 획득물을 보호하고 영속시키기 위해 또한 요구되었다"(K. Marx, 1964:
　71). 그리하여 로마 오현제시대에 이루어진 전쟁 종식이 노예공급의 중요한 원천
　을 고갈시켰고, 이러한 노예제의 약화가 고대산업을 더욱 원시적 농업으로 후퇴
　시켰다는 것은 잘 알려진 사실이다(F.W. Walbank, 1969: 48-49).

있었다. 그 대안으로『경국대전(經國大典)』「호전(戶典)」의 전부(佃夫) 규정이 제정되고 있었으며, 이후 18세기 중엽의『속대전(續大典)』에 이르기까지 국가가 그의 농민의 법적 사회경제적 지위를 규정했던 공식 용어로서 사용되고 있었다. 따라서 이 전부 규정은 국가가 한편으로는 과전법 이래의 국전제 이념을 계승하면서 다른 한편으로는 농민의 사실상의 토지사유를 승인하였던 관계의 소산이었다. 여기에 조선 후기 이래 사적 토지소유의 발전은 전부를 사적 차지관계인 병작제 하의 '작인(作人)'을 지칭하는 용례로 반전시켰다. 그러나 다산(茶山)의 정전제(丁田制)론을 비롯한 토지개혁론에서 확인되듯이 전부의 기본취지는 국제로서의 전부 그것과 동일한 것이었으며, 나아가 사민체제(四民體制)로 대표되는 국가적 분업체제 가운데서의 농민을 가리키는 의미였다.

　　조선시대의 노비제는 15-17세기에 절정에 달했다. 예를 들어, 지나친 과장이긴 하지만 1478년 深源은 "지금 제민(齊民) 중에 사천(私賤)이 8, 9나 되고 양민은 겨우 1, 2에 불과하다"(『成宗實錄』9년 4월 己亥)하였고, 또한 동시대 成俔은 "우리나라 인물 가운데 노비가 거반"(成俔,『용제총화(慵齋叢話)』권9)이라 하였다. 보다 구체적으로 1484년 韓明澮는 당시 공노비가 총 45만여인데 그 가운데 10만 정도가 도망중이라 하였다. 또 그는 당시 도망중인 공·사노비가 무려 100만이라고 추정하였다(『成宗實錄』15년 8월 丁巳, 9월 壬寅, 癸丑). 현대 인구학이 당시의 인구를 900만 정도(權泰煥·愼鏞廈, 1977: 李英九·李鎬澈, 1988)로 보고 있으므로, 이러한 정보를 합하면 총인구에서 실존 공·사노비의 비중은 4할로 계산된다. 1609년 위산부(蔚山府, 울산) 7개 리의 호적에서는 노비 비중이 33.7%로 추정(韓榮國, 1977, 1978)되고, 똑같은 방식으로 1690년 대구지방의 노비 비중은 30% 정도로 추정된다(四方博, 1938). 이처럼 15-17세기에 있어서 노비인구는 적게 잡아 3할, 많게는 4할 정도 되었다고 생각한다.

　　고려 말기 이래 압량위천(壓良爲賤)이 성행하였고, 조선왕조의 개창

자들 또한 그에 관한 개혁에서는 실패하였다. 실패의 원인이자 조선 노비제의 역사적 성격을 규정한 요인으로는 첫째로 군현제와 지방통치체제의 개편과 정비에 따른 향·소·부곡의 소멸과 임내(任內)의 직촌화(直村化), 둘째로 토지의 사적 지배권의 발달에 따른 재지사족의 광범한 존재, 셋째로 유불(儒佛)교체에 따른 재지세력의 불교적인 시설과 기반의 인수, 넷째로 북로(北虜)·남왜(南倭)와 기타 전란·기근으로 인한 유이민의 대량 발생,[34] 다섯째로 새 선진농법의 수용에 따른 재지사족들에 의한 임내 또는 외곽지대에 대한 활발한 지역개발을 지적한다(李樹健, 1979, 1981, 1984). 이 같은 방향의 인구이동은 16세기에도 지속되었는데, 1561년 강원도 평창군수 楊士彦이 동군의 인구가 500호에서 40호로, 경지가 800결에서 100결로 줄었다고 상소(『明宗實錄』16년 2월 丁未)한 것이 그 대표적 사례이다. 반면 전라·경상을 중심으로 한 남부지방은 이러한 노동력=노비의 유입됨에 따라 '개발의 시대'를 맞고 있었다(李泰鎭, 1981; 宮嶋博史, 1995).

　　그 밖의 요인으로 고려 이래의 재인(才人)·화척(禾尺)의 농민화, 그리고 세조(世祖)의 호구제 개혁 및 뒤이은 보법(保法) 개혁을 지적한다. 첫째, 재인이나 화척들은 유기(柳器)나 피물업(皮物業)에 종사한 자들인데, 국가의 호적에 등록되지 못한 이류(異類)로서 집단적 이동성이 강한 자들이었다. 상황에 따라서는 왕조에 반하는 군사적 행동도 불사하였으니, 고려 말 왜구의 침입에 편승하기도 했다. 조선 초기 세종년간 이들을 모두 쇄출(刷出)하여 각 촌에 분속, 이동을 금지하고 농업에 종사케 하면서 '신백정'이라 불렀다. 지방에 따라서 그 수가 평민의 1/3 또는 1/4이나 되었다(『成宗實錄』4년 12월 甲戌)고 하니, 원래 결코 적지 않은 비중이었음을 알 수 있다. 이들 신백정이 농민으로 정착, 자립하는 과정은 결코 순탄하지 않았으며, 상당수가 노비로 빠져들었다고 짐

---

34) 대량의 유이민이 이동한 방향은 황해도·강원도를 포함한 북부에서 남부로였다(李樹健, 1974).

작된다.[35]

둘째, 15-16세기 인구의 3-4할로 노비가 증대하게 된 가장 중요한 계기로 세조(世祖)의 호구제 개혁 및 뒤이은 보법(保法) 개혁, 그리고 개혁에 의해 타격을 입은 하층 양인의 몰락을 지적할 수 있다(李榮薰, 1997). 양인 농민의 존재형태에서의 변화, 곧 노비로의 신분 전환을 상징하는 현상이 양천교혼(良賤交婚)이다. 고려에서는 국가에 의해 엄히 제한되었던 이 현상이 조선에서는 사실상 방치되었다. 조선 초기 태종 등의 군왕이 이를 제한하려고 시도하였지만, 관료들의 비첩(婢妾) 소생에 대한 종량(從良)의 길을 일부 마련한 것 이외에는 별무 성과였다.

15-16세기 경북지방의 양반가 분재기에서 확인되는 노비 결혼에서 교혼율은 거의 절반으로 확인된다(李榮薰, 1987). 1609년 울산부 호적에 확인한 것도 대체로 그 정도인데, 가장 주인의 통제가 심하였던 솔거노(率居奴)의 경우는 74%나 되었다. 이른바 '일천칙천(一賤則賤)'의 원리에 의해 교혼의 소생들이 죄다 노비 신분으로 됨에 따라 그 수가 기하급수적으로 증가하였다. 이러한 조선의 노비법제의 정비는 고려 불교의 평등원리에서 조선 유교의 불평등원리로의 전환(周藤吉之, 1939)에서 비롯된 것이기도 하다. 조선의 노비법제와 실태는, 특히 주인의 자의적인 사형·남형(私刑·濫刑) 하에서 노비의 생명이 보장되지 못했던 극도로 열악한 무권리 상태에 잘 나타난다(李成茂, 1987; 池承鐘, 1995). 노비관에 대해 잠시 언급하면, 노비를 왕조의 반역자로 간주하는 정치적·군사적 의미는 간혹 전대에 관한 역사적 서술에서나 보일 뿐, 조선 당대인의 의식과는 거의 무관하였다. 노비로 말미암아 풍교(風敎)가 서고 예의가 행해진다는 것이 당대인의 노비관이었다. 주-노(主-奴) 관계를 부-

---

35) 최근 발견된 1528년 安東 府北 周村 戶籍(단편)에서는 호적상의 82명 가운데 9명이 신백정이었다(李榮薰·安承俊, 1996). 그 가운데 7명은 여전히 신백정의 가계를 잇고 있지만, 2명의 신백정의 여(女)는 이미 노(奴)의 처로 된 신세이다. 17세기 호적에 신백정의 존재가 전무하듯이 이들은 머지않아 소멸될 운명이었다. 그 소멸의 한편의 방향이 노비와의 혼효(混淆)였음을 이 단편적 사례가 전하고 있다.

자(父-子) 또는 군-신(君-臣)의 강상(綱常)으로 고정하고 그 상태를 사회적으로 재생산해 가는 이데올로기가 확립된 것도 노비제 전성기의 상징 가운데 하나이다.

한편, 노비는 그 분포에 있어서 지역적으로 차이를 보인다. 노비가 많은 곳은 경기 이남지역이었던 반면에 양반신분이 발달하지 못했던 이북지방, 특히 평안·함경도에서는 노비가 적었다. 예를 들어, 16세기 말 평안도 모면(某面)의 행심책(行審冊, 일부)에서 확인되는 노비 비중은 91명 중 14명, 15.4%였다(李榮薰, 1995). 앞의 울산부에 비교해 절반 이하의 수준이다. 게다가 국가도 국방상의 이유로 노비주의 노비 지배를 자주 규제하였다. 남부와 북부에서 농민의 존재형태가 변화, 발전한 방향이 크게 달랐을 리는 없겠으나 남부에서 노비제가 보다 발달했다면 그 같은 차이를 낳은 기본 요인으로서 남부에 편중된 양반신분에 주목하지 않을 수 없다. 즉 남부의 노비가 인구의 3~4할이나 될 정도로 많았던 것과 고려 후기 이래 남에서 양반신분이 발달한 사실은 서로 밀접한 관련을 맺고 있다. 조선 노비제의 역사적 성격을 평가함에 있어서 이 같은 지역적 편차에서 오는 시사가 여러 모로 중요하다. 또한, 15-17세기가 노비제 전성기임을 보이는 또 하나의 현상으로서 노비주의 노비보유 규모가 전후 시대에 비해 일층 컸다는 사실을 들 수 있다. 그러한 가운데 농촌 곳곳에서 양반 사족이 발달하였다. 이들 양반가는 몇 차례의 분할=균분상속에도 불구하고 대체로 동일한 노비 규모를 유지하거나 심지어 확대하기도 하였으니, 16세기 말까지 노비인구가 급속히 증가하고 있었음을 보이는 현상이다.

노비의 가격이 상승한 것도 전성기의 일양상이다. 고려 성종(成宗) 년간에 공정(公定)된 노비의 가격을 소개하였는데, 그 가격은 고려말기까지 국가에 의해 준수되고 있었다(『고려사(高麗史)』 권 39 형법 2 노비 공양왕 4년). 그런데 실제로는 우마(牛馬)와 교환되어 말 1필에 노비 2, 3구였다는 기록(『고려사(高麗史)』, 공양왕 3년)도 있으니 노비의 실질 가치를 그 정도로 추정할 수 있다. 그런데 조선『경국대전(經國大典)』(「형전(刑典)」, 私賤;「호전(戶典)」, 國幣)에서 정해진 16-50세의 노비 가격은 차별 없이 저화(楮貨) 4천 장(15세 이하와 51세 이상은 저화 3천 장)이었는데, 이는 미 20석(1석=20두) 또는 면포 40필의 가치에 해당한다. 당시 말 1필의 가격이 숫말 면포 40필, 암말 30필, 또는 상등마 40필, 하등마 30필이었다(李正守, 1996: 64). 노비의 가치가 말 가치보다 같거나 다소 높다고 하겠는데, 고려 말기에 비한다면 2-3배의 가치 상승이 있었던 셈이다. 또한, 16세기 이후의 노비매매 문기가 다수 수록되어 있는 『경북지방고문서집성(慶北地方古文書集成)』(李樹健 編, 1981)을 통해 16세기에 걸쳐 대체로 이 같은 비가(比價)가 유지되고 있음을 볼 수 있다. 임진왜란 기간에 가격이 크게 폭락하였다가 난 이후 곧바로 정상을 회복하였다. 그러다가 1626년이 되면 19세의 노(奴) 1구의 상대가치가 2배 이상 상승한 것이 보인다(『경북지방고문서집성(慶北地方古文書集成)』, 1981: 601~602). 이로부터 노비의 재산으로서의 가치가 장기적으로 상승하고 있었음을 알 수 있다.

2. 공민의 역사적 성격: 시민과의 차이를 중심으로

서구역사에서 오랫동안 중심개념이던 시민사회는 근대자본주의 출발과 더불어 그 탄력성을 극대화시킨다. 따라서 자본주의사회의 토대로서 시민사회를 파악하고, 나아가 그 시민사회를 서구사의 오랜 축적의 소산으로 확인할 때 '자본주의적 시민사회'와 '시민사회적 공동체론'의 결합의 원리는 발견될 것이다. 이런 점에서 자본주의적 시민사회의 성격을 올바르게 이해하기 위해서는 그것을 잉태한 서구 중세 봉건제사회에 대한 이해가 절대적이다. 즉 봉건제적 규제 하에서 농민이 경지규모나 노동력을 증가시키는 것은 어렵기 때문에 농업에 있어서 효율성이 높은 대규모 농업경영을 위해서는 토지의 사적 소유제로의 이행이 요구되었고, 상품경제의 자유로운 발전을 위해 봉건제적 구속은 질곡으로 작용하였다. 이런 점에서 부르주아계급의 사상과 지도를 받아 부르주아 계급과 농민층의 연합에 의해 봉건제적 특권의 폐지와 신분해방을 표방한 시민혁명은 본질적으로 상품경제의 자유로운 발전을 위한 정치적 자유와 경제적 자유의 요구로 나타날 수밖에 없었다.[36] 이와 같이 유럽봉건제는 자신의 생산력적 조건으로 인해 자유로운 임금노동자의 형성이 가능하였고, 이런 점에서 자본주의는 경제외적 강제의 소멸을 그 특징으로 하였다. 또한, "경제외적 강제의 소멸(정치적 자유원칙)과 경제적 자유주의는 노동이 자본으로부터 상대적으로 자율적일 수 있는 사회적 관계 및 한 계급에 의해 독점되지 않는, 즉 '계급으로부터 해방된 상부구조'를 성립시킨다. 이러한 '노동의 상대적 자율성'은 노동이 자본으로 전화할 수 있는 가능성을 부여하듯이 자본주의사회의 계급구조를 개방적으로 만든다"(최배근, 1993b). '자율적인 사회정치적 공간으로서의 시민사회' 논의는 바로 이러한 자본주의의 역사적 성격에서 비롯된다.

한편, 앞에서 우리는 생산력과 변혁운동의 성격으로부터 자본주의적 산업화나 시민사회의 변혁적 토대를 한국 중세사회에서 구조적으로 발견할 수 없었다. 그렇다면 한국 중세사회의 성격은 어떻게 규정해야 하는가? 한국 전근대사회의 농업생산력 환경은 한편으로는 높은 토지생산성의 이점을 가져다준 반면, 다른 한편에서는 생산력의 한계 때문에 '공동체적 사회질서'를 구성할 수밖에 없었다(박영은, 1993: 151-52). 그 결과로 성립된 중앙집권적 국가체제는 사족신분의 원심력적 지향(국가권력에 자립성)을 제한하거나 배제시켰고, 이것은 공동체에서 집단적 요소가 사유의 요소를 극복한, 즉 '공유적 계기가 중심이 된 공동체적 사회질서'의 성립을 의미하였다. 그러나 국가의 권력에 대한 독점적 지

---

36) "정치적 자유원칙이 실제적으로 경제적 자유주의에 대한 필요와 동시에 표출되었다는 것은 주목할 만한 우연의 일치였다." Michel Beaud, 1983, *A History of Capitalism 1500~1980*, translated by T. Dickman and A. Lefebure (Monthly Review Press), p. 35.

위가 보여주듯이 이 공동체적 사회질서는 생산력에서는 소농민경영의 불안정성을, 그리고 정치적으로는 개별농민의 공동체에 대한 비자립성에 기초했다는 점에서 '신분제에 기초한 타율적 공동체'였다.

　이러한 공동체적 사회질서를 특징으로 하는 우리 사회의 발전은 한편으로는 직접생산자들의 사회적 지위의 평준화 경향인 '수평적 등질화'를 확대하고, 다른 한편으로는 직접생산자와 지배계급간의 간격의 축소를 지향하는 '수직적 등질화'의 확대에 의해 공동체의 타율성을 극복해 나가는 과정이었다. 예를 들어, 신라사회는 골품제에 기초한 세습귀족이 지배하는 사회였고, 고려사회 역시 광범한 지방호족 세력들의 지지에 기반을 두고 있었기 때문에 광범한 음서의 시행이나 평민의 사환권 행사가 현실적.제도적으로 어려웠다. 그러나 후자는 과거제와 군현제의 도입이 이루어졌다는 점에서 골품제사회에 비교해 비노비자 간의 신분적 간격이 현격히 축소된 사회였다. 또한, 고려 중앙정부의 지속적인 지방통제력 강화 정책에 의해 지방호족의 후예인 향리층의 세력이 약화되어 신분적 지위가 저하되었던 반면, 적어도 12세기 후반까지 향.소.부곡 같은 특수 행정구역이 군현으로 승격되거나 군현에 편입되어 향.소.부곡민이 신분적으로 군현인과 동질화되었다.

　그리하여, 나말 여초의 세습귀족제의 소멸, 그리고 고려 후기의 비노비자의 등질화의 진전 속에 성립된 조선 초 양천제는 신분제사회의 마지막 보루였다. 법률적으로 공민이었던 조선사회 일반 양인의 사회적 성격은 "조선의 신분제가 대국가관계에서 결정되는 직역과 상호 규정적인 관계에 있었"(이영훈, 1988: 38-39)기 때문에 그들의 직역 성격에 잘 나타나고 있다. 즉 조선에 있어서 "국역은 양인이 공민으로서 국가에 대하여 부담하는 의무인 동시에, 공민으로서 국정에 참여할 수 있는 권리의 대가"(한영우, 1983: 393)였기 때문에 법제적인 측면에서 양인은 원칙적으로 입사(入仕)가 가능하였을 뿐만 아니라 승진에 있어서도 품계의 제한을 두지 않았고,[37] 제도적인 임용상의 차등은 오직 신분적인 하자나 출신에 의해서만 설치될 수 있었다(유승원, 1988: 155).

그러나 조선 초 신분제 사회가 법률적으로 양인 일반에 대한 보편적 권리를 인정함과 동시에 세습귀족의 존재를 부인한 신분제의 합리성과 개방성에도 불구하고, 고려후기 농업생산력의 발전으로 일정한 경제력을 구비한 중소지주층인 사대부가 경제력을 통해 자신의 사회적 지배력을 확보하기 위해서는 "노비제의 존속＝천인 신분의 유지"가 절대적으로 요구되었다(유승원, 1988: 155-56). 이와 같이 조선의 신분제사회는 양인과 천인을 구분 짓는 형식적 불평등이 존재하였을 뿐만 아니라, 경제력이 열악한 일반 양인과 사대부 간의 실질적 불평등을 그 문제로 갖고 있었다(유승원, 1988: 165). 조선 신분제 사회의 이러한 한계는 조선 후반 이래 더 이상 잠복될 수 없었다. 앞에서 지적했듯이, 양반의 농업경영에 대한 집약적 소경영의 생산력적 우위의 결과로 조선후기 농민경영 분화의 기본추세는 비소농적 범주인 상층농의 해체와 영세균등화로 특징져지는데, 이것은 노비나 고공 등이 주체인 비자립적 소경영의 성장과 해방을 의미하였다. 즉 '신분제에 기초한 공동체적 사회질서'의 경제적 토대의 붕괴 과정이었다.

3. 조선 후기 근대적 사회변혁의 성격

지금까지 우리는 조선사회의 (농업생산력 조건과 관련된) 사회 계급구조 및 정치체제, 그리고 (가족농경영을 정교화시킨) 상품경제의 성격들이 자본주의적 산업화를 결과한 서구의 그것들과는 상이함을 살펴보았다. 그리고 이러한 독자성은 상층경영의 해체와 중·하층이 성장하는 영세균등화의 방향을 특징으로 하는 농민층분해의 성격에도 그대로 반

---

37) 예를 들어, (1)〈成宗實錄〉卷 82 成宗 8年 7月 壬午條, "...檢律.算員本是良人職 無限品 安得不與 士類班之"(2)〈光海君日記〉券80 光海君 6年 7月 丙寅條, "旣爲平民卽 科擧.仕路 無所不通."

영되었다. 즉 상대적으로 규모가 큰 필지가 분할되는 현상은 단위토지당 노동의 다투(多投)를 초래하는 집약적 농법의 발전을 의미하고, 이것은 동시에 자립적 소농경영의 안정적 구조를 확립시킬 수 있는 생산력 기초가 강화됨을 의미하였다. 또한, 비소농적 범주인 상층농의 해체는 그들 농업경영의 조방적 성격, 즉 생산력 측면에서 소규모 집약적 소경영보다 열위에 기인한 것으로서 경지규모의 균질화(均質化)뿐만 아니라, 비자립적 소경영을 본질로 하는 노비나 고공(雇工) 등의 하층경영의 성장과정임을 지적도 하였다. 그리고 이러한 추세는 농촌의 잉여노동력을 유인해 낼 수 있는 도시부문의 결여와 함께 '자본주의적 산업화'에 필요한 임금노동자의 형성을 가로막았다는 점에서 '비자본주의적 농민층 분해'라고 할 수가 있겠다.

그러나, 한국 전통사회는 다른 차원에서 17, 8세기 이래 높은 수준의 시장경제의 발전을 경험하였다. 이는 인구압박 및 경지압박 속에서 생계위협에 대한 농민의 적극적 대응의 산물이었고, 농업의 상업화와 농촌에서의 비농업활동이 증대할수록 가족농은 안정되었기 때문에 시장경제의 발전이 자본주의 산업화에 필요한 임금노동자를 창출시킨 (서)유럽의 방식과 상이한 공업화를 예상할 수 있었다.

이는 한국 전통시대의 시장경제의 발전이 지방도시의 발전과 결합되었던 데서도 확인된다. 17세기 후반 이래 약 200년간 한성 인구가 20만명을 전후하는 선에서 정체하였던 반면, 18세기를 전후로 지방도시는 양적 확장 및 질적 발전을 경험하였다(손정목, 1993: 32). 그리고 이러한 전통사회 말기의 농촌주변의 중소도시를 중심으로 하는 시장경제의 발전은 국가의 토지지배력 및 인신지배력의 해체 속에서 진행되었다. 사실, 지방공업화 및 지역경제의 활성화는 지방자치의 필수요건이라는 점에서 지방을 중심으로 하는 시장경제의 발전은 18세기 이후 국가의 토지지배력 및 인신지배력의 해체와 더불어 서구의 대의민주제와는 '또 다른 민주주의'의 전망을 가늠케 하였다.

주지하듯이, 17세기 1세기간 점진적으로 시행돼 온 대동법은 국가적 상품경제의 굴레로부터 농민경영을 크게 해방시킴으로써 농민적 상품경제의 발전을 위한 일정한 가능성을 부여하였고, 국가의 전통적인 토지지배력의 일정한 쇠퇴를 동반하였다. 대동법이 완성된 직후 1720년에 전국적인 양전(庚子量田)이 있은 뒤 다시는 그와 같은 양전이 왕조 말까지 시행되지 못한 것이 이를 입증한다. 그리고 대동법의 시행에 따라 18세기에 들어서면서 결세는 중앙이 지방군현에 부과하는 재정적 조세 총량 혹은 군현의 수령이 이를 각 촌락에 배분하는 공동납의 과표와 같은 성질로 변했고 이 과정에서 최말단 징세단위로서 개별촌락의 공동체적 기능이 강화되었다. 즉 국가의 토지지배가 이 같은 공동체를 단위로 하여 간접적으로 관철되게 되었으며 촌락 내에서 어떠한 징세과정이 수행되는지 국가가 간섭할 바가 아니었다.

대동법과 아울러 국가와 농민 간의 수탈관계에 있어서 또 하나의 커다란 변화가 군역제라는 개별인신지배관계에서 나타났다. 1750년에 제정된 '균역법'은 농민부담의 경감을 의미할 뿐 아니라 농민적 직포업에 대해 일정한 정도의 시장을 열어주는 효과를 가져왔다. 군역제에 있어서 의미 있는 변화로 1711년에 마련된 '이정제(里定制)'가 갖는 의미는 최말단의 자연촌이 공동체적 부담의 주체로서 국가에 의해 간주되고 있음을 주목할 필요가 있다. 이는 촌락을 매개로 하여 스스로를 자립시켜온 소농경영의 발전의 소산으로 해석할 수 있다. 그들은 공동체적 부담의 형식을 국가에 강제하고 있었다. 예를 들어, 18세기 초 결세(結稅)의 공동납화(共同納化) 현상이 인신지배의 군역제(軍役制)에 있어서는 그것이 동포(洞布) 혹은 이포(里布)의 형태로 관철되고 있었다. 국가의 토지 및 인신에 대한 개별적인 지배체제가 붕괴되고 공동체를 단위로 하는 간접적 지배가 실현되었다는 것은 농민(경영)의 자립성의 강화를 의미하는 것이었다.

이와 관련하여 한국 전통사회 전체를 관통한 '자치성(自治性)'의 원리를 주목할 필요가 있다. 한국 전통사회의 각 지방에는 관치조직과 자치조직이 상호 부조하였다. 예를 들어, 유향소(留鄕所)나 향청(鄕廳)에서는 매사를 향민이나 촌민이 집합하여 토의·결정하였으니, 향회와 촌회(村會)는 자치로서 인민이 상집(相集)하여 행정상의 부정을 탄핵하며 수령의 행정을 규찰하는 등 직접적으로 행정에 간섭을 하고 지방행정을 감독하였다. 이들 자치기관의 직원들은 평등적 민선으로 조직하여 향헌(鄕憲)에 규정한 업무나 자치적 관습을 집행하되 대소사는 촌회를 열어 전체 인민의 결정으로 하였다(安自山, 1923). 그리하여 촌락공동체는 국가의 정치적 통제의 최하위의 단위이기도 하면서, 동시에 국가권력의 침입에 저항할 수 있는 보호장치막이기도 하였다. 다시 말해, 촌락공동체는 국가의 직접통제로부터 개개인을 보호할 뿐 아니라 공공선 혹은 공공재에 개인의 권리를 복속시켰다(J.B. Palais, 1982-83: 74-75). 이와 같이, "국가의 과잉발전과 시민사회의 저발전"에도 불구하고, 그리고 비록 전통사회의 수준이었음에도 불구하고 한국 전통사회 속에서 오히려 민주주의의 이상인 자율성을 실현하기 위해 필요한 의사결정에 대한 참여 및 직접적 통제장치의 확립 등 '자치'의 경험을 발견한다(최배근, 1997b: 62-64).

한편, 17세기 이래 양반토호의 조방적 농업경영의 해체와 함께 노비의 대규모적 도망은 양반층의 경제적 토대의 붕괴를 초래하였다. 이러한 변화의 결과로 자신의 법제적 개방성에도 불구하고 경제력이 열악한 일반양인과 사대부 간의 실질적 불평등의 문제[38] 뿐만 아니라 양인과 천인을 구분 짓는 형식적 불평등이 존재하였던 조선사회 양천 신분제의 허구성은 더 이상 잠복될 수 없었다. 그리고 지주의 농민수탈에 대한 국가의 조정기능의 상실은 농민경영의 불안정성을 확대시켰다. 이런

---

[38] 고려 후기 농업생산력의 발전으로 일정한 경제력을 구비한 중소지주층인 사대부가 경제력을 통해 자신의 사회적 지배력을 확보하기 위해서는 "노비제의 존속＝천인 신분의 유지"가 절대적으로 요구되었다(劉承源, 1988: 155-56).

점에서 19세기의 잦은 민란과 갑오농민전쟁은 소농경영의 안정을 확보하려는 직접생산자 농민의 진보적 노력을 방해하는 반동에 대한 조선농민의 항거이자 새로운 사회질서의 추구였던 것이다.

평등사상에 기초하여 사회신분제의 폐지를 지향한 갑오농민전쟁의 주체세력은 양인층과 노비를 중심으로 하는 천민층으로서 경제적으로 이들은 일부의 자작농을 포함하여 대다수가 소작농인 빈민층이었다. 반면, 상인층 중 보부상은 관군에 가담하여 농민군에 적대적이었고 객주나 여각 등은 농민전쟁에 방관자였다[39]는 점에서 자본주의를 지향하는 시민혁명은 기대할 수 없었다. 게다가 시장경제의 발달에 따라 새로운 경제적 실력자층으로 등장한 상인 중 가장 선진적 상인층이었던 여각주인과 객상주인은 중간층 전체 중 극히 소수에 불과하였다(안병태, 1982: 188-89). 한편, 강화도조약의 체결 이후 조선과 일본 간에는 종래의 단순한 왜관무역과 달리 무역액이 2, 3배로 급증, 서구산 공장제품 대 미곡과 금괴를 중심으로 하는 무역품 내용의 변화, 부산 · 인천 · 원산 · 서울 등으로 확장된 일상(日商)의 대거진출이라는 새로운 양상이 나타났다. 이처럼 개항장에서의 외상 및 외래상품의 상륙에 가장 민감한 대응을 보인 것은 객주와 여객이었다. 이들은 개항 초기 무역관계에서 외래품의 판매와 지방물화의 수집을 담당하고 나섰고, 이들은 산하에 다수의 거간 및 군소 상인과 보부상을 두고 수입상품의 판매와 수출품의 수집에 종사함으로써 부를 축적하였다. 그러나 객주, 여객, 보부상은 외국 상인의 지방 행상을 허용한 조영통상조약(朝英通商條約, 1883년)의 체결을 분기점으로 하여 1880년대 후반부터 큰 타격을 받게 되었다.

이처럼 "서구 봉건제의 봉건적 특권의 폐지와 신분해방[이] 부르주

---

39) '자본주의 맹아' 론에서 주장하는 갑오농민전쟁의 주체세력으로서 경영형부농 또는 부농은 요호(饒戶)나 요부호(饒富戶) 등으로 존재한 양반토호층들로서 이들은 오히려 "소작농과 빈농 · 소농 · 농업노동자를 수취함으로써 부를 축적하는 존재"였기 때문에 갑오농민전쟁에 적대적이었고 농민군의 공격 대상이었다(慎鏞厦, 1985: 246-49).

▶▶▶ 삼정(三政) 문란

조선왕조 말기에 각종 민요(民擾)의 중요한 요인으로 지적된 것이 삼정 문란이었다. 특히 삼정은 삼남민요에서는 학정의 표어가 되었다. 군정(軍政), 전정(田政), 적정(糴政)중 환곡(還穀)제도를 일컫는 적정은 특히 농민에게 많은 고통을 준 제도이다. 환곡제는 본래 구황(救荒)의 성격을 갖는 것으로서 빈민구제를 목적으로 한 것이었다. 대여곡(貸與穀)에 대한 이식은 징수하지 않기로 하였으나 양곡의 보관 시 수모(收耗)를 보충한다는 구실로 이식을 취하게 되었는데, 수모취리(收耗取利)에 있어서 불합리한 관리로 말미암아 첨차 고리대적 성격을 띠게 되어 농민수탈의 방편이 되었다. 구황의 목적으로 실시된 관곡(官穀) 대여제는 고대사회부터 이미 실시되었던 것으로서 고려조에는 태조가 이창(里倉)을 실시하다가 성종 5년(986)에 의창(義倉)으로, 성종 12년에 상평창(常平倉)으로 개칭하면서 발전시켰다. 조선조 또한 태조가 고려 말에 중단된 의창제를 다시 채택하였고, 세종대에는 사창제(社倉制)를 채택하여 의창제를 보완하였다. 이와 같이 구황을 목적으로 봄에 농민에게 저곡(貯穀)을 대여하고 가을에 환곡하는 제도들이 불공정한 운영으로 인해 과다한 이식을 강제로 징수하는 등 백성에 대한 폐해가 심하게 나타났고, 특히 임진·병자 양난 이후에는 정부에서 저장한 관곡이 부족하여 그 운영이 부실하였을 뿐 아니라 저축한 곡식을 국가 재정에 이곡(移穀)하는 등의 각종 폐해를 발생하였고, 조선 후기에 들어서면서는 국가기강이 문란해짐에 따라 구황제도에서 징수되는 환곡이 고리대적 성격으로 변해 농민수탈의 방편으로 이용되었다.

▶▶▶ 민중저항의 유형

조선 후기 민중의 저항은 항조(抗租) 및 항세(抗稅)운동, 변란(變亂), 민란(民亂), 그리고 농민전쟁 등의 형태로 나타났다. 항세운동이 전근대적 수취체제를 통한 가혹한 수탈에 대한 저항이라면 항조운동은 지대의 감축 뿐 아니라 궁극적으로 농민적 토지소유의 쟁취를 추구한다고 할 수 있다. 변란은 정치·사회적으로 소외되어 있는 집단이 무력으로서 국가권력 자체를 붕괴시키고 새 왕조를 수립코자 봉기하는 사태로서 예를 들어 미륵신앙 사건, 장길산 사건, 홍경래 난, 19세기의 이필제란 등을 지적할 수

있고, 민란은 향촌사회의 민인들이 주로 삼정(三政)을 중심으로 하여 전근
대적 수취체제의 모순 및 폐단의 시정을 지방권력에 요구해 일으킨 봉기
로서 진주민란이 그 예다. 한편, 농민전쟁은 전근대에서 근대로의 과도기
에 일어난 대규모의 농민봉기로서 국가권력에 대결하는 내란적 성격을 갖
는 것으로서 갑오농민전쟁이 그 대표적 경우이다.

아 계급의 사상과 지도를 받아 부르주아 계급과 농민층이 연합함으로써
가능하였던 것에 비해 조선에서의 신분해방은 농민의 주도와 천민층의
참여로 이루어졌다고 하는 점"(정진상, 1991: 267-68)에서 서구의 시민
혁명과는 다른 근대변혁운동의 내용을 함축하고 있다. 앞에서 기술했듯
이, 한국 전근대사회는 농업생산력 조건으로 "공동체에서 집단적 요소
가 사유의 요소를 극복한, 즉 '공유적 계기가 중심이 된 공동체적 사회
질서'[를] 성립"시켰다. 즉 이것은 "생산력에서는 소농경영의 불안정성
을, 그리고 정치적으로는 개별농민의 공동체에 대한 비자립성에 기초했
다는 점에서 '신분제에 기초한 타율적 공동체'였다. 이러한 공동체적
사회질서를 특징으로 하는 우리사회의 발전은 한편으로는 직접생산자
들의 사회적 지위의 평준화 경향인 '수평적 등질화'를 확대하고, 다른
한편으로는 직접생산자와 지배계급 간의 간격의 축소를 지향하는 '수직
적 등질화'의 확대에 의해" 공동체를 보다 자율적으로 강화해 나갔다
(최배근, 1993: 72-76).

　예를 들어, 사회적 생산력의 발전에 따라 신라사회부터 조선사회까
지 확인되는 소농경영의 지속과 '비노비자의 등질화' 추세(공유적 계기
의 재생산)가 농민 토지소유권의 성장과 전근대적 작인의 사회적 지위의
상승[40] 및 경작권의 성장(사적 요소의 성장)에 의해 강화되어 왔다. 이런

---

40) 19세기 신분제도의 붕괴의 진전에 의해 사노비 출신의 소작인도 자기 지주에게
　신공(身貢)으로서 포목 2필을 바칠 뿐 소작경작에 대한 신분적 규제를 크게 받지
　않았을 뿐 아니라 사노비 출신의 소작농이 자기의 지주를 자기가 선택하여 자기
　주인이 아닌 타인의 토지를 차경하는 일이 많았고 자유롭게 한 지주의 토지로부

점에서 작인은 생산력 발전 및 사적 요소의 성장에 따른 부산물로 이해될 수 있다. 즉, 외형적으로는 한국 전통사회 전체를 통해 공동체적 사회질서와 사적 요소의 성장이 상호 모순적으로 작용한 것 같으나, 사실 생산력 발전에 따른 사적 요소의 확대는 공유적 계기의 축소를 초래한 것이 아니라 공동체 구성원의 자립성 증대에 기초한 '자율적 공동체사회'의 실현 과정으로서 사적 요소(개인주의)와 공유적 요소(공동체주의)의 동태적 결합(a paradoxical combination between individualism and communalism; F. Bray, 1986: 7)이었다(최배근, 1993).

그러나 19세기 말까지 조선농민은 토지소유권을 사실상 근대적 토지소유에 부합할 정도의 높은 수준까지 발전시키고 있었음에도 불구하고, 그에 상응하는 국가적 법인체계를 끝내 성립시키지 못하였다(金鴻植, 1990: 31). 그렇다면, 이러한 생산력 조건과 더불어 한편에서는 신분제사회의 토대가 더 이상 유지될 수 없었고, 다른 한편으로는 제국주의 침략 속에서 공동체적 사회질서의 재생산과 소농민경영의 안정을 확보하려는 직접생산자 농민의 진보적 노력에 부합할 수 있는 근대적 사회질서는 무엇이 가능할 수 있었는가? 그것은 조선 후기사회의 사회적 생산력이 노비제에 기초한 비자립적 소경영을 더 이상 불가능하게 하였다는 점에서 공동체 구성원 전체의 형식적 평등과 공유적 계기의 결합을 내용으로 하는 '근대적·공동체적 사회질서'라고 사료된다. 이것은 갑오농민전쟁의 사회적 지향에서도 잘 드러나고 있다. 즉 농민집강소 시기 농민통치의 원칙으로 천명된 폐정개혁 요강은 신분제 폐지, 정치부징 척결, 대부민투쟁, 반일본투쟁, 토지의 평균분작에 의한 토지개혁으로 대별되듯이, 근대변혁운동은 사회구성원 전체의 신분적·경제적 평등에 기초한 근대적 범주의 공동체적 사회질서를 지향하였고, 일본제국주의의 침략이 이것을 위협하는 실체로 인식되고 있다.

터 다른 지주의 토지로 소작을 이동할 수 있게 되었고, 이 경우 신분적 강제는 작용하지 않았다(신용하, 1987: 174-75).

◆ 참고문헌

姜萬吉, 1993, 『조선후기 상업자본의 발달』, 제7판, 고려대출판부.

高東煥, 1985, 「18 · 19세기 外方浦口의 商品流通 발달」, 『韓國史論』 13호, 서울대.

權泰煥 · 愼鏞廈, 1977, 「朝鮮王朝時代 人口推定에 關한 一試論」, 『東亞文化』 14.

金錫亨, 1957, 「朝鮮封建時代 農民의 階級構成」(日譯本).

金容燮, 1964, 「朝鮮後期의 水稻作技術」, 『亞細亞研究』 16.

_____, 1970, 『朝鮮後期農業史研究』 I, 一潮閣.

_____, 1971, 『朝鮮後期農業史研究』 II, 一潮閣.

_____, 1984a, 「조선 초기의 勸農政策」, 『東方學志』 42, 연세대국학연구소.

_____, 1984b, 增補版 『韓國近代農業史研究』 下, 一潮閣.

金載珍, 1967, 『韓國의 戶口와 經濟發展』, 박영사.

_____, 1988, 「근대화과정에서의 농업개혁의 두 방향」, 『韓國資本主義性格論爭』, 대왕사.

金惠水, 1989, 「日帝下 製絲獨占資本의 養蠶農民 再編成 構造」, 『經濟史學』 13호, 경제사학회.

金鴻植, 1990, 「대한제국기의 역사적 성격」, 김홍식 外, 『대한제국기의 토지제도』, 민음사.

_____, 1997, 「朝鮮土地調査事業의 歷史的 意義」, 김홍식 외, 『조선토지조사사업의 연구』, 민음사.

閔成基, 1980, 「朝鮮前期의 麥作技術考-農事直說의 種麥法 分析-」, 『釜大史學』 4.

_____, 1982, 「朝鮮後期 旱田輪作農法의 展開」, 『釜大史學』 6.

박기주, 2005, 「조선후기의 생활수준」, 이대근 외, 『새로운 경제발전사』, 제 2장, 해남출판.

朴魯昱, 1990, 「朝鮮時代 古文書上의 用語檢討 — 土地·奴婢文記를 中心으로 —」, 『東方學志』 68.

박영은, 1993, 「한말에 있어서 신분제의 붕괴와 정치논리의 갈등」, 『시민사회의 형성과 발달』, 한국정신문화연구원.

박현채, 1984, 「공동체론, 공동체운동」, 『공동체문화』 2, 공동체.

박희진·차명수, 2004, 「조선후기와 일제시대의 인구변동: 전주이씨 장천군파와 함양박씨 정랑공파 족보의 분석」, 『수량경제사로 본 조선후기』, 서울대학교출판부, 2–40쪽.

裵英淳, 1988, 「한말·일제초기의 토지조사와 지세개정에 관한 연구」, 서울대 국사학과 박사학위논문.

孫禎睦, 1993, 「朝鮮時代 都市의 發展과 變化」, 『시민사회의 형성과 발달』, 한국정신문화연구원.

宋洙煥, 1990, 「朝鮮前期의 王室奴婢」, 『民族文化』 13.

송찬식, 1991, 「수공업구조의 성격」, 『한국사 시민강좌』 9, 一潮閣.

愼鏞廈, 1976, 「김용섭 저, 『韓國近代農業史研究』 書評」, 『韓國史研究』 13.

_____, 1978, 「'광무개혁론'의 문제점 – 대한제국의 성격과 관련하여」, 『창작과 비평』 13:3.

_____, 1985, 「甲午農民戰爭의 主體勢力과 社會身分」, 『韓國史研究』 50·51合.

_____, 1987a, 「朝鮮王朝末期의 '賭地權'과 일제 하의 '永小作'의 관계: 小作農 '賭地權'의 몰락에 대하여」, 『韓國近代社會史研究』, 일지사.

_____, 1987b, 「조선왕조 말기의 지주제도와 소작농민층」, 『한국근대사회사연구』.

安秉直, 1985, 「조선에 있어서 (반)식민지적·반봉건사회의 형성과 일본제국주의」, 『한국근대사회와 일본제국주의』, 삼지원.

_____, 1992, 『韓國經濟史 — 第 1 編 朝鮮後期의 社會經濟 —』, 강의록.

安秉珆, 1975, 『朝鮮近代經濟史研究』, 日本評論社.

_____, 1982, 「조선 후기의 토지소유」, 『한국근대경제와 일본제국주의』, 백산서당.

安承俊, 1990, 「6~18世紀 海南尹氏 家門의 土地·奴婢 所有實態와 經營 – 海

南尹氏 古文書를 中心으로 ─」, 『淸溪史學』 6.

安自山, 1923, 『朝鮮文明史』, 滙東書館.

왕현종, 1995, 「대한제국기 量田·地契事業의 추진과정과 성격」, 한국역사연구회 근대사분과 토지대장연구반, 『대한제국의 토지조사사업』, 민음사.

吳斗煥, 1991, 『韓國近代貨幣史』, 韓國硏究院.

劉承源, 1988, 『朝鮮初期身分制硏究』, 乙酉文化社.

元裕漢, 1976, 「朝鮮後期 貨幣流通에 대한 一考察: 錢荒問題를 中心으로」, 歷史學會 編, 『韓國史論文選集(조선후기편)』, 일조각.

李景植, 1973, 「17世紀 土地開墾과 地主制의 展開」, 『韓國史硏究』 제 9 호.

李炳天, 1983, 「朝鮮後期 商品流通과 旅客主人」, 『經濟史學』 6호, 경제사학회.

_____, 1985, 「개항기 외국상인의 침입과 한국상인의 대응」, 서울대 박사학위논문.

李成茂, 1980, 『조선초기양반연구』, 일조각.

_____, 1987, 「朝鮮時代 奴婢의 身分的 地位」, 『韓國史學』 9.

李樹健, 1974, 「朝鮮初期 戶口의 移動現象」, 『李瑄根紀念韓國學論叢』.

_____, 1979, 『嶺南士林派의 形成』, 영남대학교출판부.

_____ 編, 1981, 『慶北地方古文書集成』, 영남대학교출판부.

_____, 1984, 『韓國中世社會史研究』, 一潮閣.

李永鶴, 1985, 「18세기 연초의 생산과 유통」, 『韓國史論』 13, 서울대.

_____, 1990, 「韓國 近代 煙草業에 대한 硏究」, 서울대 박사학위논문.

_____, 1995, 「대한제국기 토지조사사업의 의의」, 한국역사연구회 근대사분과 토지대장연구반, 『대한제국의 토지조사사업』, 민음사.

이영호, 1995, 「光武量案의 기능과 성격」, 한국역사연구회 근대사분과 토지대장연구반, 『대한제국의 토지조사사업』, 민음사.

李榮薰, 1985, 「開港期 地主制의 一存在形態와 그 停滯的 危機의 實相」, 『經濟史學』 제 9 호, 경제사학회.

_____, 1987, 「古文書를 통해 본 朝鮮前期 奴婢의 經濟的 性格」, 『韓國史學』 9, 정신문화연구원.

_____, 1988, 『朝鮮後期社會經濟史』, 한길사.

_____, 1989, 「朝鮮社會 率居·外居奴婢區分再考」, 『韓國近代經濟史研究의 成果』, 螢雪出版社.

_____, 1990a, 「광무양전의 역사적 성격」, 安秉直 外 編, 『근대조선의 경제구조』, 비봉출판사.

_____, 1990b, 「광무양전에 있어서 〈時主〉 파악의 실상」, 金鴻植 外, 『대한제국기의 토지제도』, 민음사.

_____, 1994a, 「갑오개혁과 한말의 토지제도」, 『갑오개혁의 사회경제사적 의의』, 갑오개혁 백주년 기념학술대회, 경제사학회.

_____, 1994b, 「朝鮮佃戶考」, 『歷史學報』 142호.

_____, 1995a, 「朝鮮初期 戶의 構造와 性格」, 한림과학원 편, 『歷史의 再照明』, 소화.

_____, 1995b, 「韓國經濟史 時代區分 試論」, 『韓國史의 時代區分에 관한 研究』, 한국정신문화연구원.

_____, 1995c, 「16世紀末·17世紀初 慶尙道·平安道의 行審冊 二例」 『古文書研究』 7.

_____, 1995d, 「조선사회의 경제」, 정창수 편, 『한국사회론』, 사회비평사.

_____, 1997a, 「量案上의 主 規定과 主名 記載方式의 推移」, 金鴻植 외, 『朝鮮土地調査事業의 研究』, 민음사.

_____, 1997b, 「韓國史에 있어서 奴婢의 經濟史的 性格」, working paper.

_____ · 安承俊, 1996, 「1528年 安東府 府北 周村 戶籍斷片」, 『古文書研究』 8.

李正守, 1996, 「朝鮮前期의 物價變動 — 米穀 이외의 商品을 중심으로 —」, 『國史館論叢』 68.

李泰鎭, 1981, 「16세기 川防(洑)灌漑의 발달」, 『韓㳁劤博士停年紀念史學論叢』.

李泰鎭, 1986, 『韓國社會史研究』, 지식산업사.

李憲昶, 1990, 「구한말·일제초 농가경영과 상품화폐경제」, 김홍식 외, 『대한제국기의 토지제도』, 민음사.

_____, 1991, 「李祖國家의 場市對策」, 낙성대연구실.

_____, 1993, 「前近代에 商業する 關比較史的 視點」, 『東アジア專制國家と社會·經濟』, 靑木書店.

_____, 2005, 「개항기 · 식민지기 국제경제관계」, 이대근 외, 『새로운 한국경제 발전사』, 나남출판, 제 4 장.

李鎬澈, 1986, 『朝鮮前期 農業經濟史』, 한길사.

_____ · 이영구, 1988, 「朝鮮時代의 人口推計」, 『經營史學』 2 · 3호.

印貞植, 1943, 『朝鮮農業再編成の硏究』.

林英正, 1973, 「朝鮮初期 公賤에 대한 一硏究 ― 外居奴婢의 成立을 中心으로 ―」, 『史學硏究』 23.

전석담 · 허종호 · 홍희유, 1970, 『조선에서 자본주의적 관계의 발생』, 사회과학출판사.

全錫淡 · 李基洙 · 金漢周, 1947, 『日帝下의 朝鮮社會經濟史』.

全炯澤, 1989, 『朝鮮後期奴婢身分硏究』, 一潮閣.

정진상, 1991, 「농민 집강소를 통해서 본 갑오농민전쟁의 사회적 지향」, 『한국의 전통사회와 신분구조』, 문학과지성사.

趙璣濬, 1973, 『韓國資本主義成立史論』, 大旺社.

_____, 1994, 『韓國經濟史新講』, 일신사.

趙錫坤, 1995a, 「量案과 土地臺帳의 歷史的 性格」, 『經濟史學』 19호, 經濟史學會.

_____, 1995b, 「書評: 대한제국의 토지조사사업」, 『經濟史學』, 19호, 經濟史學會.

池承鐘, 1995, 『朝鮮前期奴婢身分硏究』, 一潮閣.

최배근, 1993a, 「시민사회(론)의 불완전성과 公民의 역사적 성격」, 산업사회연구회.

_____, 1993b, 「역사철학의 재정립을 위한 소론: 유물론적 역사개념과 상대이념적 역사관」, 『학술지』 37:1, 건국대학교.

_____, 1997a, 「韓國 經濟成長의 歷史的 認識: 生産力 特性과 內在的 視角」, 『經濟史學』, 제22호, 經濟史學會.

_____, 1997b, 「한국사에서 근대로의 이행의 특질과 공업화의 역사적 조건」, 최배근 외, 『한국경제의 이해』.

최원규, 1995, 「대한제국기 量田과 官契發給事業」, 한국역사연구회 근대사분과 토지대장연구반, 『대한제국의 토지조사사업』, 민음사.

崔在錫, 1974, 「조선전기의 가족형태」, 『震壇學報』 37.

崔鍾軾, 1978, 『西洋經濟史論』, 서문당.

崔泰鎬, 1991, 『近代韓國經濟史 研究序說: 開港期의 韓國關稅制度와 民族經濟』, 국민대출판부.

崔虎鎭, 1988, 『韓國經濟史』, 訂正增補, 박영사.

한국역사연구회, 1992, 『한국역사』, 역사비평사.

韓相權, 1981, 「18세기말－19세기초의 市場發達에 대한 礎研究」, 『韓國史論』 7.

韓榮國, 1991, 「商工業 발달의 시대적 배경」, 『韓國史 市民講座』 9, 一潮閣.

韓永愚, 1977, 「朝鮮初期 戶口總數에 대하여」, 『인구와 생활환경』.

＿＿＿＿, 1983, 『조선전기 사회경제연구』, 乙酉文化社.

韓榮國, 1977, 1978, 「朝鮮 中葉의 奴婢結婚樣態 — 1609년의 蔚山戶籍에 나타난 事例를 중심으로 —」, 『歷史學報』, 75 · 76합, 77.

허종호, 『조선봉건말기의 소작제 연구』, 사회과학원출판사, 1965.

谷川道雄, 1976, 『中國中世社會と共同體』, 國書刊行會.

久間健一, 1943, 『朝鮮農政の課題』.

宮嶋博史, 1977, 「李朝後期の農書研究」, 『人文學報』 43, 京都大: 人文科學研究所.

＿＿＿＿, 1980, 「朝鮮農業史上にぉる15世紀」, 『朝鮮史叢』 3.

＿＿＿＿, 1981, 「李朝後期にぉける 朝鮮の農業發展」, 『朝鮮史研究會論文集』 18.

＿＿＿＿, 1984, 「朝鮮史研究の所有論」, 『人文學報』 167, 東京都立大學.

＿＿＿＿, 1990, 「光武量案의 역사적 성격」, 金鴻植 外, 『대한제국기의 토지제도』, 민음사.

＿＿＿＿, 1991, 『朝鮮土地調査事業史の研究』, 東京大學 東洋文化研究所.

＿＿＿＿, 1995, 『兩班 — 李朝社會の特權階層 —』, 中央公論社.

吉野誠, 1975, 「朝鮮開國後の穀物輸入についてね」, 『朝鮮史研究會論文集』 12.

渡邊信一郎, 1983, 「中國前近代史研究の課題と小經營生産樣式」, 『中國史像の

再構成-國家と農民」, 東京: 文理閣.

武田幸男, 1971, 「高麗田丁の再檢討」, 『朝鮮史研究會論文集』 8.

四方博, 1938, 「李朝人口に關する身分階級別的觀察」, 京城帝國大學法學會, 『朝鮮經濟の研究』 3.

梶村秀樹, 1981, 「동아시아지역에 있어서 제국주의체제로의 이행」, 富岡倍雄·梶村秀樹編, 『發展途上經濟の研究』, 世界書院.

陸芝修, 1940. 5, 「朝鮮に於ける蠶絲業分布」, "『朝鮮總督府調查月報』.

周藤吉之, 1939, 「高麗末期より朝鮮初期に至る奴婢の研究」 1·2·3·4, 『歷史學研究』 9-1·2·3·4.

中村政則, 1972, 「日本帝國主義成立史序論」, 『思想』 574호.

村上勝彦 外, 1984, 「植民地期朝鮮社會の經濟統計的研究」, 『東京經大學會誌』 136.

村上勝彦, 1984, 『植民地-日本産業革命과 植民地朝鮮』, 정문종 역, 한울.

出田正義, 1934, 『統制ある蠶絲業の朝鮮』.

河合和男, 1979, 「朝鮮 '産米增殖計劃'と植民地農業の展開」, 『朝鮮史叢』 2.

Alchain, A., and H. Demsetz, 1972, "Production, Information Costs and Economic Organization," *American Economic Review* Vol. 62 No. 5 (December), pp. 777-95 참조.

Amin, Samir, 1980, *Class and Nation,* New York.

_____, 1985, "Modes of Production, History and Unequal Development," *Science & Society* Vol. 49 No. 2, pp. 194-207.

_____, 1989, *Eurocentrism,* New York.

Anderson, Perry, 1978, *Passages from Antiquity to Feudalism,* London.

Boserup, Ester, 1965, *The Conditions of Agricultral Growth: The Economics of Agrarian Change Under Population Pressure,* Chicago.

_____, 1981, *Population and Technology,* Basil Blackwell.

Bowles, George, and Tim Coelli, 1996, "A Piece in the Township and Village Enterprise Puzzle," Working Paper, Dept. of Economics, University of Northern British Columbia and University of Winnipeg.

Bray, Francesca, 1983, "Patterns of Evolution in Rice—Growing Societies," *Journal of Peasant Studies* Vol. 11 No. 1, October.

_____, 1986, *The Rice Economies: Technology and Development in Asian Studies,* Basil Blackwell.

Brenner, Robert, 1982, "The Agrarian Roots of European Capitalism," *Past and Present* 97.

Chao, Kang, 1987, *Man and Land in Chinese History: An Economic Analysis,* Taipei: Southern Materials Center, INC..

Crafts, N.C.R., 1981, "The eighteenth century: a survey," in R. Floud and D. McCloskey, ed., *The Economic History of Britain since 1700,* Cambridgy University Press.

de Vries, Jan, 1984, *European Urbanization 1500–1800,* Harvard University Press.

Dong, Xiao—Yuan, and Louis Putterman, 1997, "Productivity and Organization in China's Rural Industries: A Stochastic Frontier Analysis," *Journal of Comparative Economics* Vol. 24, pp. 181–201.

Duby, George, 1968, *Rural Economy and Country Life in the Medieval West,* translated by C. Postan, University of South Carolina Press.

Feinstein, C.H., 1981, "Capital accumulation and the industrial revolution," in R. Floud and D. McCloskey, ed., *The Economic History of Britain since 1700,* Cambridgy University Press.

Fenoaltea, Stefano, 1991, "Transaction costs, Whig history and the common fields," in Bo Gustafsson (ed.), *Power and Economic Institutions,* Edward Elgar.

Goldin, C., and K. Sokoloff, 1984, "The Relative Productivity Hypothesis of Industrialization: The American Case, 1820 to 1850," *Quarterly Journal of Economics,* August, pp. 461–87.

Huang, P., 1991, "The Paradigmatic Crisis in Chinese Studies," *Modern China,* Vol. 7 No. 3.

Jones, E.L., 1993, *The European Miracle: Environments, economies and geopolitics in the history of Europe and Asia,* 2nd ed., Cambridge: Cambridge University Press.

Lazonick, William, 1974, "Karl Marx and Enclosures in England," *Review of Radical Political Economy* Vol. 6 No. 2.

Mann, Michael, 1989, "European Development: Approaching a Historical Explanation," in J. Baechler, J.A. Hall and M. Mann(ed.), *Europe and the Rise of Capitalism,* Basil Blackwell, pp. 6–19.

Marx, Karl, 1981, *Capital,* Vol. Ⅲ, Vintage.

Naughton, Barry, 1994(May), "Chinese Institutional Innovation and Privatization from Below," *American Economic Review* Vol. 84 No. 2.

Nee, Victor, 1992, "Organizational Dynamics of Market Transition: Hybrid Forms, Property Rights and Mixed Economy in China," *Administrative Sciences Quarterly* Vol. 37 No. 1(March), pp. 1–27.

North, D.C., and R.P. Thomas, 1973, *The Rise of the Western World: A New Economic History,* Cambridge University Press.

Oi, Jean, 1993(October), "Fiscal Reform and the Economic Foundations of Local State Corporatism in China," *World Politics* Vol. 45 No. 1, pp. 99–126.

―――――, 1995(December), *"The Role of Local State in China's* Transitional Economy," The China Quarterly No. 144, pp. 1132–49.

Palais, James B., 1982–83, "Land Tenure in Korea: Tenth to Twelfth Centuries," *Journal of Korean Studies,* Vol. 4, pp. 73–205.

Russell, W.M.S., 1967, *Man, Nature and History,* London: Aldus Book.

Slicher van Bath, B.H., 1963, *The Agrarian History of the Western Europe AD 500–1850,* London: Edward Arnold.

Svejnar, Jan, 1990, "Productive Efficiency and Employment," in W. Byrd and Q. Lin(eds.), *China's Rural Industry: Structure, Development, and Reform,* New York: Oxford University Press, pp. 243–54.

Todaro, M.P., 1969, "A Model of Labor Migration and Urban Unemployment in Less Developed Countries," *American Economic Review* 59, pp. 138–48.

Walbank, F.W., 1969, *The Awful Revolution: The Decline of the Roman Empire,* Liverpool University Press.

Walder, Andrew. 1995(September), "Local Governments as Industrial Firms: An Organizational Analysis of China's Transitional Economy," *American Journal of Sociology* Vol. 101 No. 2, pp. 263–301.

Weitzman, Martin, and Chengang Xu, 1994, "Chinese Township–village Enterprises as Vaguely Defined Cooperatives," *Journal of Comparative Economies* Vol. 18 No. 2 (April) pp. 121–45.

Wickham, C., 1985, "The Uniqueness of the East," *Journal of Peasant Studies,* Vol. 12 No. 2&3, pp. 166–94.

Wittfogel, Karl A., 1981, *Oriental Despotism: A Comparative Study of Total Power,* 구종서 역, 1991, 법문사.

Wrigley, E.A., 1987, "Urban growth and agricultural change: England and the continent in the early modern period," *People, Cities and Wealth: The Transformation of Traditional Society,* Basil Blackwell, pp. 157–93.

제 IV 편

97년 위기와 97년 체제의 등장

제Ⅳ편 97년 위기와 97년 체제의 등장
― 위험공유시스템의 붕괴 그리고 또 다른 위기 ―

제Ⅰ편에서 보았듯이 개발독재(61년 체제)라는 공유시스템이 유신체제 및 중화학공업화 단계를 거치면서 시스템의 불공정성을 증대시켰고 이것이 재벌체제의 성립 과정이었다. 재벌경제에서 공유시스템은 위험만을 공유하는 불공정시스템이었고, 이 시스템은 정당성에 도전을 받았고 이는 민주화운동으로 나타났다. 즉 개발독재의 고도성장시스템(61년 체제)이 어려운 여건 속에서 압축성장이라는 성과를 낼 수 있었던 것은 압축성장에 따른 위험을 한국사회가 공유할 수 있었기에 가능한 것이었다. 그러나 이 공유시스템은 위험은 공유하고 이익은 상대적으로 공유가 제대로 안 된, 즉 공정성이 결여된 위험공유시스템이었다. 그리고 위험공유시스템의 불공정성은 민주주의 문제로 나타났지만 이는 분단체제 하에서 어느 정도 재생산될 수 있었다.

한편, 개발독재를 대체한 '87년 체제'는 국가 주도의 공유시스템 대신 시장주도체제(사적 요소의 강화)로 전환하였고 이는 글로벌화와 더불어 '97년 위기'로 연결되었다. 즉 개발독재의 위험공유시스템(61년 체제)이 갖는 불공정성 문제는 낡은 질서의 해체를 가져온 '다원화'라는 세계사적 변화의 흐름, 즉 '외부로부터의 충격'으로 커다란 위기를 맞이한다. 경제적으로 외부로부터의 충격은 자본시장의 자유화와 IT혁명을 필두로 한 제3차 기술혁명에 의한 것이었다. 즉 70년대부터 진행된 금융경제화 및 제3차 기술혁명이라는 거대한 흐름은 80년대 후반부터 자본자유화 압력으로 한국경제에 밀려왔다. 이 외부압력은 기본적으로 시장논리가 강화된 신자유주의식 세계화 물결이었기에 국가 주도의 성장 방식과 충돌할 수밖에 없었다. 이처럼 불공정성, 즉 민주주의의 빈곤이라는 문제를 갖고 있던 개발독재의 위험공유시스템(61년 체제)은 80년대 후반부터 안팎으로부터 도전을 받으면서 국가우상은 시장우상으로 대체되기 시작했고 정치적 자유화가 만들어 낸 유약한 연성시장국가가 감독과 규제에서 해방된 재벌체제와 결합되면서 '97년 위기'로 귀결되었다.

　　'97년 위기'를 계기로 들어선 '97년 체제'는 공유시스템을 해체하고 시장주도체제를 더욱 강화시켰고 그 결과 현재 또 다른 위기를 맞이하고 있다. 즉 '97년 위기'로 등장한 '97년 체제'는 개발독재의 위험공유시스템(61년 체제)의 해체로 귀결되었다. 위험공유시스템이 가졌던 장점조차 국내에서는 '비민주성'으로, 외부로부터는 '글로벌 스탠다드(GS)'와 맞지 않는다는 이유들로 부정되었기 때문이다. '97년 위기' 이후 많은 한국경제의 문제의 본질이 여기에 있다. 사실 '97년 체제'는 외부로부터 강요된 측면도 있지만 위험공유시스템에 대해 대안을 갖고 있지 못했던 한국사회가 불가피하게 수용한 측면도 없지 않다. 물론 민주화와 세계화 바람이 한국 경제와 사회의 투명성을 증대시킨 측면도 간과할 수 없다. 그러나 한국경제는 지금 심각한 위기에 놓여 있다. 인구구성의 변화가 가져올 장기적 충격에 대한 대비는커녕 성장 동력이 급속히 소진되는 상황에 놓여 있기 때문이다. 따라서 제Ⅳ편에서는 '97년 위기'의 원인을 살펴보고 '97년 위기'의 결과로 등장한 '97년 체제'가 갖는 문제를 중심으로 살펴볼 것이다. 이러한 진단 위에 '97년 체'제에 대한 대안('포스트 97년 체제')을 모색하는 것이 과제가 될 것이다.

제13장

97년 위기의 원인
― 위험공유시스템의 붕괴의 원인 ―

외형적으로만 보면 1997년 한국의 금융 및 외환위기는 80년대 초 남미부터 90년대 초의 스칸디나비안 국가들과 90년대 후반의 동아시아 에서 최근의 러시아와 터키 그리고 다시 남미까지, 거의 모든 개도국들 이 열병처럼 겪은 금융위기의 경험과 크게 다르지 않다. 적절한 규제 없이 대내적 금융자유화와 대외적 금융개방이 함께 진전되면 금융부문 의 취약성이 심화되어 은행(금융)위기가 나타나고, 흔히 개방 이후 유 입된 외국자본의 유출로 인해 환율폭등 등 외환위기의 형태로 폭발한 다. 그래서 은행 혹은 금융위기와 외환 위기가 흔히 동시에 나타나서 '쌍둥이 위기(twin crisis)'라는 이름으로 불리기도 한다. 물론 이러한 상황은 금융중개기능의 붕괴와 외채부담 급증, 그리고 이로 인한 심각 한 기업 파산과 실업 등 종내에는 전반적인 경제위기, 사회위기로까지 이르게 된다.

한국을 포함한 일부 동아시아 국가들의 금융위기도 1990년대 초 각국에서 성급하게 진행된 금융자유화 및 개방과 밀접한 관련이 있었 다. 이들 국가는 자본흐름에 대한 조심스런 규제 속에서 국내 투자를 촉진하며 급속한 성장을 이룩했지만, 90년대 초반에는 정치·경제 그 리고 이데올로기의 변화 속에서 금융시장을 개방하라는 대내·외적 압 력이 강화되었고, 결국 단기자본을 포함한 금융시장의 빗장을 열어젖 히고 만 것이다. 물론 과다한 투자로 인한 수익성 악화나 수출시장의 쇼크 등 경제의 구조적인 문제점도 중요한 요인이었지만, 적절한 규제와 감독 없이 도입된 금융자유화와 개방으로 인해 단기외채가 급등하고 금융부문의 취약성이 심화되었던 것이 더욱 일차적인 요인이었다. 위기 이전에는 개방과 밝은 성장전망을 배경으로 이 지역에 대한 자본유입이 급등하였지만, 일단 위기가 촉발되자 패닉(panic)에 휩싸인 국제금융시장의 '무리짓기 행태(herd behavior)'가 태국에서 시작된 위기를 멀리 한국에까지 전염시켰다. 결국 국제자본은 단기대출에 대한 롤오버(rollover) 거부라는 형태로 이 지역으로부터 급속히 빠져나갔으며 결국 '기적(miracle)'을 파산(debacle)시키고 말았던 것이다.

합리적 시장주의자들조차 금융위기와 외환위기를 피하기 위해서는 이른바 "순차적인(sequential)·혹은 질서 있는(orderly)" 자본자유화, 즉 금융시장의 발전과 금융부문에 대한 적절한 감독이 필요하다고 주장한다. 1990년대 초반 스칸디나비아 국가의 경험에서 알 수 있듯이 이러한 바람직한 조건들이 상당히 충족되어 있는 선진국들조차도 금융개방 이후 위기를 겪곤 하였기 때문이다. 따라서 제도의 발전 등과 같은 전제조건들을 갖추는 데에 상당히 오랜 시간이 걸릴 개도국은 자본자유화의 도입에 더욱 조심해야 한다. 게다가 해외자본의 유·출입으로 인한 불안정을 막을 수 있는 효과적인 정부의 규제와 감독 역할 또한 필수적이다. 그러나 부패가 심각하고 정부가 무능력하다면 자본자유화정책도 정부와 유착된 집단에게만 이익을 가져다 주고 '도덕적 해이(moral hazard)'를 심화시켜 오히려 자원배분의 왜곡과 비효율성을 낳는다.

사실 자본자유화의 흐름을 이해하려면 1970년대 이후 진행된 금융경제화 및 IT 혁명을 중심으로 한 제3차 기술혁명의 내용을 먼저 이해할 필요가 있다. 그리고나서 자본자유화가 한국경제에 미친 영향을 살펴볼 것이다.

제1절 세계화와 금융경제화 그리고 IT 혁명

제2차 세계대전 이후 1960년대 중반까지 황금시기를 구가했던 서유럽과 북미의 경제는 1960년대 후반부터 이상 징후를 보이기 시작했다. 무엇보다 주요 선진국들 모두 기업의 자본수익률이 하락했다. 예컨대 제조업을 중심으로 선진국의 이윤율을 보면 1960년대까지 대체적으로 25% 이상을 유지했으나, 1973년 이후 1980년대까지 높아야 16%, 낮게는 10%까지 하락했다. [표 13-1]에서 보듯 제조업을 중심으로 선진국의 자본수익률을 보면 1965-73년에 연평균 -2.8%를 기록했고, 이 중 이윤몫의 부분이 연평균 -1.7% 그리고 '실현된 부가가치/투자자본'의 부분이 연평균 -1.1%를 기록하고 있다. 그런데 1973-87년 선진국의 자본수익률을 보면 연평균 -0.9%로, 1965-73년 기간에 비해 하락의 폭이 줄어드는 경향을 보여 준다. 이 기간중 이윤몫이 연평균 0.2%로 증가했듯이 자본수익률의 하락을 줄인 요인은 이윤몫의 개선에 의한 것이었다. 이윤몫이 하락에서 상승으로 변했다는 것은 노동생산성(AP_L)의 증가율이 실질임금의 그것을 상회했음을 보여 주는 것이다. 그러나 '실현된 부가가치/투자자본'의 부분은 연평균 -1.1%로 앞의 기간과 동일한 모습을 보이고 있다. 여기서 기업의 이윤 실현과정을 보면 두 단계, 즉 산출(가치창출)과정과 판매(가치실현)과정으로 나누어 이해할 수 있다. 즉 자본생산성(AP_K)이 하락하지 않거나 심지어 증가하더라도 '실현된 부가가치/투자자본' 비율은 산출 중 판매의 비중이 하락할수록(시장수요가 부족할수록) 감소할 수 있는 것이다.

시장 확장을 위한 자본의 대응은 무역 및 자본 자유화의 강화, 특히 후진국들에 대한 시장개방의 압력으로 나타나고, 이에 따라 국제시장, 세계시장을 관리하기 위한 국제협력과 국제기구의 역할 또한 증대한다(최배근, 2003: 제2장 참조). 첫째, 관세장벽과 수출입 제한을 제거

● **[표 13-1]** 서구 주요국들의 산업 전체의 수익성과 결정요인들
1965-1987년(연평균 변화율)

	1965~1973	1973~1987	1973~1975	1975~1979	1979~1982	1982~1987
이 윤 율	-2.8	-0.9	-12.8	1.9	-5.6	5.1
이 윤 몫	-1.7	0.2	-6.8	1.5	-1.8	3.4
노동생산성	3.2	1.5	-0.7	2.5	0.4	2.3
실질임금	3.5	0.9	1.0	2.0	-0.2	0.8
실현된 부가가치/ 투자자본	-1.1	-1.1	-6.5	0.3	-3.8	1.7

자료: Amstrong, P., A. Glyn, and J. Harrison, 1991, *Capitalism Since 1945*, 김수행 역, 『1945
년 이후의 자본주의』, 1993, 동아출판사, [표 14.9].

하고 국제무역과 물자교류를 증진시키기 위해 1947년 제네바에서 미국
을 비롯한 23개국이 조인한 국제적인 무역협정인 '관세 및 무역에 관한
일반협정(General Agreement on Tariffs and Trade, GATT)'은 1973-79년
에 진행된 동경라운드까지 7회의 라운드 교섭을 거쳤다. 이 기간에 주
요 선진공업국의 평균관세율은 GATT 출범시의 35%에서 동경라운드
후에는 4.7%로 크게 인하되었다. 이에 따라 관세는 국제무역에 더 이
상 장애가 되지 않았다. 그러나 관세율 저하에 비례하여 비관세 조치
도 계속 커졌고, 자유로운 무역을 확충ㆍ확대하기 위해서는 비관세장
벽(non-tariff barriers, NTB'S)을 낮추거나 폐지할 필요성이 제기되었다.
이 때문에 제5회 라운드까지는 관세인하만을 교섭했지만, 1964-67년
스위스 제네바에서 있었던 제6회 케네디라운드에서는 덤핑방지협정을
채택하는 등 관세 이외의 비관세 장애문제를 처음으로 다루었다. 더욱
이 제7회 동경라운드에서는 덤핑ㆍ보조금ㆍ상계관세 및 관세평가ㆍ보
건 및 안전기초ㆍ수입허가 절차ㆍ항공기ㆍ정부조달의 7개 분야에서
협정을 마련하는 등 본격적으로 비관세 장애문제를 다루었다.

▶▶▶ **상계관세**(compensation duties, 相計關稅)

수출국이 수출품에 장려금이나 보조금을 지급하는 경우, 수입국이 이에 의한 경쟁력을 상쇄시키기 위해 부과하는 누진관세.

특히 제8차 다자간 무역협상(1986-93년)인 우루과이라운드 (Uruguay Round, UR)에서는 GATT체제 밖에 있었던 농산물과 섬유류, 그리고 서비스, 무역 관련 투자조치, 무역 관련 지적재산권 등으로 확대되었다는 점이다. 특히 UR에서는 지적재산권이라는 새로운 분야가 교섭의 대상으로 되었다 하여 '지적재산권의 무역적 측면(Trade-related Aspects of Intellectual Property, TRIPS)'이란 이름으로 부르게 되었다. 사실 세계무역기구 설립 협정의 부속 협정으로 체결된 TRIPS 협정과 세계지적재산권기구(World Intellectual Property Organization, WIPO)의 저작권조약은 미국 주도로 만든 것인데 다자간 협상이 지지부진해지면서 미국이 양자협상인 FTA를 통해 지적재산권을 강조하는 이유도 이를 통해 미국 기업들이 막대한 이익을 올리기 때문이다. 2006년 3월에 발행된 세계무역기구 보고서에 따르면, 2004년 한해에만 미국이 지적재산권 로열티로 얻은 수입이 513억 달러(약 60조 원)에 달한다. 지적재산권 로열티 수입이란 지적재산권 이용료를 말하는 것이므로, 지적재산권 상품 그 자체를 판매하여 얻은 수익까지 합하면, 미국이 지적재산권으로 얻는 수입은 로열티 수입의 수십 배에 달할 것이다. 만성적인 무역수지 적자로 허덕이는 미국 입장에서 지적재산권은 그야말로 황금알을 낳는 거위인 셈이다.

또한, 협정수준에 머물러 있던 GATT의 집행력 강화를 위해 당초 협상의제에 포함되어 있지 않았던 세계무역기구(WTO) 설립(1995년 1월 출범)에 합의하였다. WTO는 제1차 각료회의(1996. 12. 9-13, 싱가포르)를 거쳐 제2차 각료회의(1998. 5. 18-20, 제네바)에서 무역자유화를 위한 뉴라운드(New Round)를 출범시키기로 합의하고, 제3차 각료회의(99. 11. 30-12. 3, 시애틀)를 거쳐 제4차 WTO 각료회의(2001. 11. 14, 도하)에 서는 144개 회원국(중국 · 타이완 포함)이 참가해 다자간 무역협상에 합 의함으로써 WTO는 명실공히 다자간 무역기구의 위상을 갖추게 되었다.

특히, 도하 각료회의에서 회원국들은 〈각료선언문〉 채택, 이른바 '도하개발아젠다(Doha Development Agenda, DDA)'에 합의함으로써 이 를 토대로 농업 · 서비스업 · 수산업 · 반덤핑 분야의 개별협상을 진행 하고, 회원국들은 2002년 1월말부터 2005년 1월 1일까지 공산품 · 농산 품 · 서비스업 등 각 분야의 시장개방 협상을 마쳐야 했다. 그리고 모 든 일정이 차질 없이 진행될 경우 협정의 효력은 2006년부터 본격 발 효될 예정이었다. 그러나 최근 회의에서 핵심인 농산물협상에 합의를 실패하였다. 즉 2006년 4월 말까지 세부원칙(modality)을 확정하고 7월 까지 각국이 이행계획서를 내고 2006년 말까지 협상을 끝내기로 일정 을 정한 바 있는 2005년 12월 홍콩 WTO 각료회의의 결정에 따라 2006

● [그림 13-1] 주요국 농산물 및 공산품 관세 수준

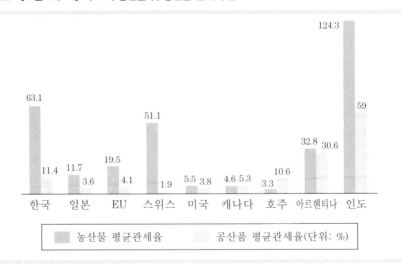

년 4월 18-21일간 제네바에서 농업협상이 있었으나 세부원칙 확정이 무산되었다. 물론 협상 합의를 위한 회의를 가속화하기로 했으나, 2005년 10월에 주요 국가들이 관세와 보조금 감축방법에 대해 제안을 내놓은 이후 거의 입장 변화 없이 평행선을 달리고 있는 상황이라 합의를 낙관하기 어려운 실정이다. 이는 기본적으로 농산물 무역의 자유화를 주장하는 미국 등과 농업의 비교역성을 강조하는 한국, 유럽연합, 일본 등과 이해가 충돌하고 있기 때문이다. 합의가 어려워지면서 쌍무적 혹은 일방적 문제해결이나 보호무역이 강화될 가능성이 높아지고 있다.

둘째, 자본의 수익률 하락은 기본적으로 제조업 부분의 구조적 과잉생산에서 비롯한 것이었다. 제조업 부문의 경쟁력 쇠퇴로 미국은 1960년대 말부터 탈공업화를 추진하고 그 결과 제조업 부문에서 자본이 이탈한다. 예를 들어, 1965년부터 일본에 대한 무역수지도 적자로 전환되었고 그 이후 흑자규모는 계속 확장되었다. 이는 세계경제에서 경쟁적 위치를 차지한 일본 중공업에 힘입은 것이었다. 신자유주의 대외경제정책이 상품과 자본, 특히 자본의 이동에 대한 정치적 및 제도적 장애의 완화로 나타난 연유가 여기에 있다. 오늘날 '경제의 금융화'도 바로 전후 서구 시장경제의 자본축적의 물적 토대의 변화에서 비롯한 것이다.

오늘날 '경제의 금융화'에서 보듯이 실물시장을 보조하고 반영하던 금융시장이 이미 오래 전부터 실물시장과 관계없이 작동하고 있다. 미국 사회의 세속적 금언은 Wall Street과 Main Street이 서로 만나는 일은 결코 없을 것이고, 전자는 후자의 거울에 불과하다고 가르쳤다. 여기서 전자는 탐욕의 거리로 투기꾼들이 두려움과 욕망의 잔치를 벌이는 곳이고, 후자는 철강으로부터 소프트웨어까지 미국인들이 필요로 하는 생산자들의 공간이다. 대개의 사람들이 생산자는 '선'이고 투기꾼은 '악'이라고 생각하였다. 그러나 Wall Street과 Main Street의 분리는 도덕적 우화로서 만족될 뿐이지 현실과는 거리가 먼 완전한 허구가 되었다. 즉 전자는 실물경제의 성과를 보여 주는 척도일 뿐 그 자체가 경제를 주도하지 못한다는 생각은 더 이상 성립하지 않는다.[1] 경제의 금융화를 주도하고 있는 것이 미국경제인 만큼, 오늘날 세계 정치경제의 복합적 변화의 역동적 계기는 전후 서구 시장경제의 황금기 동안 지속되었던 미국 헤게모니의 쇠퇴와 관련되어 있다. 1969-70년 미국의 경기침체는 10%의 수입부가세의 부과로 이어졌다. 그런데도 미국은 국가 전체적으로 1971년에 상품수지와 경상수지의 적자를 기록하게 되었다. 참고로 미국의 상품수지는 2차 대전 이후 1970년까지 항상 흑자를 기록하였으나 그 이후로는 73년과 75년을 제외하고는 지금까지 적자가 계속되고 있다. 반면, 경상수지 적자는 70년대 이전까지 문제가 되지 않았다. 1950, 53, 59년에 경상수지 적자를 기록한 적이 있으나 70년대 들어 경상수지 적자(71년, 77년, 78년, 79년)가 빈번해지더니 1982년부터는 91년을 제외하고 지속적인 경상수지 적자를 기록하고 있다.

> ▶▶▶ **헤게모니**
>
> 가장 통상적인 의미에서 한 집단 국가 문화가 다른 집단 국가 문화를 지배하는 것을 이르는 말. 즉 근대 국가체제가 형성된 뒤 특정한 나라가 압도적 국력을 바탕으로 국제질서 형성에 지배적 영향력을 행사하는 것을 뜻한다.

그 결과 1971년 8월 15일에는 '금태환 정지'를 선언(닉슨 대통령이 각국의 공적기관이 보유한 달러의 금에 대한 교환성을 정식으로 정지)하였다. 참고로 제1차 세계대전 이후 미국이 세계경제의 중심으로 떠오르면서 달러의 금 가격 표시로서의 중요성이 점차 증가되었다. 루즈벨트 대통령은 온스당 금 가격을 20.67달러에서 35달러로 올렸고 달러-

---

1) Newsweek, April 27th, 1998, pp. 31-34.

[표 13-2] 미국의 경상수지 (단위: 10억 달러)

연 도	상품수지	서비스수지	경상수지
1946	6.7	0.6	4.9
51	3.1	0.7	0.9
56	4.8	−0.2	2.7
61	5.6	−1.4	3.8
66	3.8	−0.9	3.0
71	−2.3	1.0	-1.4
76	−9.5	3.4	4.3
81	−28.0	11.9	5.0
86	−145.1	6.3	−147.2
91	−73.8	45.9	2.9
92	−96.9	57.7	−50.1
93	−132.6	60.3	−84.8
94	−166.2	61.8	−121.6
95	−173.6	71.7	−113.7
96	−191.2	80.1	−148.2
97	−198.1	91.1	−155.2
98	−246.7	83.5	−220.6
99	−346.0	84.8	−331.5
2000	−452.4	77.0	−444.7
01	−427.2	69.4	−393.4
02	−482.9	64.8	−473.9
03	−547.6	51.0	−530.7
04	−665.4	47.8	−668.1
05p	−781.6	58.0	−804.9

자료: U.S. Government Printing Office, *Economic Report of the President*, 1997, p. 414; U.S. Dept. of Commerce, http://www.economicindicators.gov/

금 교환기준을 설정해서 미국연방준비은행(Federal Reserve Board, FRB) 에서 달러를 금으로 교환할 수 있는 제도를 만들었다.

1944년 브레튼우즈(Bretton Woods) 협정은 이러한 달러-금 기준제
도를 공식화했고 일정한 비율에 의해 각국 통화가 금으로 교환할 수
있는 비율을 정해 운용하는 통화정책을 정하였다. 이에 따라 온스 당
35달러라는 금 가격은 1968년 금 가격 자유화시기까지 각국 중앙은행
의 협조 하에 유지되었다.

미국의 금태환 정지 선언은 고정환율제 붕괴로 이어졌다. 전후 세
계경제질서를 규정한 브레튼우즈 체제(Bretton Woods System)에서 달러
의 가치는 금에 고정하고 다른 통화의 가치는 달러에 연계시켜 왔다.
미국의 금태환 정지는 국제수지의 적자 확대, 달러의 신인도 하락, 미
국의 금 준비 감소에 따른 결과였다. 1971년과 1973년 두 차례에 걸쳐
달러가 평가 절하됨에 따라 각국의 경쟁적인 평가절하가 확산되면서
'변동환율제'가 확산되었다. 1971년 8월 '닉슨 선언' 이후 즉각적으로
엔의 가치가 변동하기 시작했고 1971년 12월까지 1달러에 360엔에서
330엔으로 엔화가 절상되었다.

그리고 1971년 12월의 '스미소니언협정(The Smithsonian
Agreement)'으로 일시적으로 고정환율로 돌아갔다. 즉 미국의 금태환
정지 선언 이후 미국을 비롯한 서방 선진국들은 브레튼우즈 체제를 재
건하기 위하여 안간힘을 썼다. 당시만 해도 안정적인 국제통화시스템
이 세계경제 발전에 필수불가결한 요소로 생각했기 때문이었다. 4개월
여에 걸친 협상 끝에 마침내 12월 18일 선진 10개국 재무장관들은 미
국의 워싱턴에 있는 스미소니언 박물관에 모여 협정을 체결하기에 이
르렀다. 스미소니언 협정은 브레튼우즈 체제의 기본을 유지하되 미국
의 무역적자를 감안하여 달러화를 평가 절하하는 내용으로 되어 있다.
즉 조정 가능한 고정환율제를 유지하되 달러화의 가치를 금 1온스당
35달러에서 38달러로 평가절하하고, 환율의 변동폭을 상하 1%에서
2.25%로 확대한 것이다.

그러나 유럽의 선진국들은 변동폭이 확대됨으로써 환율의 불안이

가시화될 수 있다는 우려에서 1972년 스위스 바젤에 모여 협정을 맺고 이른바 '스네이크 체제(snake in the tunnel)'를 채택했다.

이 같은 선진국들의 노력에도 불구하고 국제경제 흐름은 더 이상 고정환율을 유지할 수 없게 만들었다. 국가 간 자본이동이 활발한 가운데 고정환율을 유지하면서도 국내 경기의 진작을 위한 통화정책이 효과를 거둘 수 없었기 때문이다. 국내 경기 회복을 위해 정부에서 통화팽창 정책을 쓰는 경우를 생각해 보자. 통화공급을 증대시키면 한편에서 물가가 상승할 것이고, 다른 한편에서는 자금시장에 돈이 풍부해지므로 이자율이 하락한다. 물가상승은 무역수지 악화를 초래하게 되고 이는 자국통화의 유출이 많아지게 되는 것을 의미한다.

또한 이자율이 하락하는 것 역시 더 높은 이자를 위해 자본이 빠져나가는 결과를 가져온다. 이렇게 자본유출이 발생하면 통화의 가치는 떨어지게 마련이다. 이러한 상황에서 환율을 일정 수준에서 고정시키기 위해서는 외환시장에 개입할 수밖에 없다. 예를 들어 미국에서 이러한 상황이 발생했다면 미국 정부당국은 달러화의 가치를 끌어올리기 위해 외환시장에서 달러를 사고 외국돈을 파는 정책을 써야 한다. 이렇게 되면 유통되는 달러의 양이 줄어들게 되고, 애초에 의도했던 통화팽창 정책의 효과는 사라지게 되는 것이다. 결국 자본의 이동성, 자율적인 통화정책, 고정환율의 유지라는 세 가지 경제 현상은 동시에 존재할 수 없는 것이다. 이른바 불가능한 트리오인 것이다(차명수, 2000).

▶▶▶ **브레튼우즈협정**(Bretton Woods Agreement)

1944년 미국의 브레튼 우즈에서 열린 연합국 통화금융회의에서 채택된 새로운 국제금융기구에 관한 협정으로, 이 협정에 의하여 IMF(국제통화기금)와 IBRD(국제부흥개발은행)가 창설되었다. 브레튼우즈체제에서는 미국이 보유한 금과 각국의 공적 보유 달러를 일정비율(금 1온스:35$)로 교환하는 금환본위를 기본으로 하였으며 각국의 통화는 달러에 대하여 고정환율을 유지하였다.

▶▶▶ 금풀제(International Gold Pool)

1961년 선진 8개국이 런던의 금시장에서 투기를 목적으로 이루어지는 금 거래를 막기 위해서 주요국들이 금을 지원하여 금 시세를 1온스당 35 달러로 유지하려는 목적으로 민간 금시장에 개입한 조치(1961년~1966년)를 말한다.

▶▶▶ 스미소니언협정(The Smithsonian Agreement)

1971년 12월 미국 워싱턴의 스미소니언 박물관에서 선진 10개국의 국제 통화회의가 열려 격렬한 논의 끝에 각 주요 통화의 달러에 대해 중심환율로 불리는 새로운 고정환율이 결정되었다, 달러는 금에 대해 절하되고 주요국 통화는 달러화에 대해 절상되었으나 각 통화는 종래 중심환율의 상하 각각 1%에서 2.25%까지 환율변동을 허가하였다, 이로 인하여 보다 넓은 변동폭을 가진 고정환율제로 복귀하였다. 스미소니언 체제는 금이 뒷받침되지 않는 달러화에 대한 고정환율의 설정이었기 때문에 실질적으로는 달러본위제였다.

▶▶▶ 스네이크 체제

스네이크 체제는 유럽 국가들이 미국 달러화에 대해 상하 2.25%의 변동폭을 유지하되, 역내 국가들 사이의 환율은 상하 1% 범위 내에서 변동할 수 있도록 한 것이다. 즉 달러화에 대한 변동폭을 터널로, 유럽 내 국가들 사이의 변동폭을 그 안에 들어 있는 뱀으로 묘사한 것이다.

이처럼 국제 자본이동은 자본의 탈세조업화에 따른 대세였다. 그렇다고 정치적 생명이 걸려 있다고 할 수 있는 통화팽창 정책과 같은 경기진작책을 포기할 수도 없었다. 셋 중에 반드시 하나를 포기해야 한다면 그것은 고정환율제가 될 수밖에 없었을 것이다. 영국이 먼저 1972년 6월 변동환율을 선언했고 프랑스, 이탈리아 등이 뒤이어 이중환율제를 채택했다.

투기자본이 마르크화와 엔화에 집중되면서 달러가치는 하락했고, 마침내 미국은 1973년 2월 금 1온스당 38달러에서 42.22달러로 다시 한번 평가절하를 단행했다. 결국 스미소니언 협정은 1973년 3월까지 붕괴되고 엔의 가치는 그 해 10월까지 260엔 수준까지 올랐다. 약 36%가 절상된 것이었다. 그러자 유럽의 국가들은 달러화에 대한 공동 변동환율제로 이행했고, 전후 세계경제의 회복과 발전에 중요한 역할을 담당했던 브레튼우즈 체제는 완전히 변동환율제에 자리를 내 주고 역사의 뒤안길로 사라지게 되었다.

즉, 1976년 1월 자메이카의 킹스턴에서 열린 IMF 제5차 잠정위원회에서 가맹국이 각국의 경제 여건에 적합한 변동환율제도를 자유로이 선택할 수 있게 함으로써 변동환율제도를 공식화하고, 또한 금을 폐화시키고 준비자산으로서의 SDR(special drawing rights, IMF의 특별인출권)의 기능을 강화하는 등 IMF 협정 개정을 결정하였다. 킹스턴체제(Kingston System)는 1978년 4월 정식으로 발효되었다. 변동환율제의 도입과 달러 가치의 하락의 결과 달러 표시 금의 가격도 폭발적으로 인상되어 1980년 1월 21일 금 가격은 850 달러까지 상승하였다.

다른 한편, 국제시장에서 부족한 유동성(경제·무역 규모는 커지는데 기축통화인 달러의 공급이 부족한 상황)을 보완하기 위해 국제통화기금(IMF)의 대출기능을 확대할 수밖에 없었다. IMF는 참여국들이 돈을 내 만든 기금으로 이를 필요한 회원국이 빌려 쓰도록 되어 있었다. 바로 이 각국의 출연금을 늘림으로써 유동성 문제를 해결하려 했던 것이다. 그리하여 1969년 마침내 탄생한 것이 IMF의 특별인출권(SDR)이다. SDR은 IMF에 출연한 기금만큼 IMF로부터 돈을 인출할 수 있는 권리로 그 자체를 하나의 통화로 인정한 것이다. SDR의 가치는 달러화와 같은 금 1온스당 35SDR로 정해졌다. 1970년 1월1일부터 3년간 발행될 SDR은 95억 달러에 달했다.

▶▶▶ **SDR**

　1968년 4월 IMF 이사회가 SDR제도 채용을 중심으로 하는 국제통화기금협정 개정안을 채택하고 할당액의 85% 이상에 해당하는 가맹국의 찬성을 얻어 1970년부터 발동시킨 일종의 국제준비통화로, 금이나 달러의 뒤를 잇는 제3의 통화로 간주되고 있다. 이에 따라 가맹국은 국제수지가 악화되었을 때 국제통화기금으로부터 무담보로 외화를 인출할 수 있는 권리, 즉 국제유동성을 인출할 수 있는 권리를 보유하게 되었다. 당초의 IMF는 기금방식에 의거, 가맹국이 갹출한 기금에 의하여 국제수지 적자국에 단기자금을 공여해왔는데, SDR는 국제유동성 부족에 대처하기 위하여 IMF에 의해 창출된 국제준비통화라는 점에서 획기적인 의미를 갖는 것이라 하겠다. SDR은 IMF 가맹국에게 그 출자액의 비율에 따라 무상으로 배분되어 1국이 국제수지의 적자상태에 빠졌을 경우 등에 그것을 외국의 통화당국이나 중앙은행에 인도함으로써 필요한 외화를 입수, 그 외화를 국제결제 및 기타에 이용하는 형식의 대체통화로서, 유형의 통화는 아니다. 국제수지 흑자국에게는 어느 일정 한도까지는 이 SDR의 인수가 의무화되어 있다. 따라서 SDR은 1국의 외화준비를 구성하는 1요소로 되는데, 그 자체는 실제의 국제결제에 사용되는 결제통화가 아니며, 또 각국의 통화당국이 외국환시장에 개입할 때 사용하는 개입통화도 아니다. SDR의 가치는 당초 금에 의해 표시되어 1달러와 같은 0.888671g의 순금과 등가로 정해졌으나 달러의 평가절하로 1973년 2월 1SDR=1.2635달러가 되었다. 그러나 그 후 주요 선진국 통화의 변동환율제로의 이행으로 1974년 7월 이후 잠정적 조치로서 그 가치기준을 '표준 바스켓 방식(standard basket system),' 즉 세계 무역에서 비중이 큰 16개국의 통화시세를 가중 평균하는 방법에 의해 매일 계산·표시하게 되었고, 1980년 9월 IMF 총회에서는 표준 바스켓의 통화를 16개국에서 5개국(미국·영국·프랑스·독일·일본) 통화로 축소하여 SDR 표시의 간소화가 이루어졌다.

　이와 같이 금과 달러, 달러와 국민적 통화 간의 교환비율의 고정 속에 국제금융체계에서 가치척도로만 기능했던 선진국의 국민적 통화들이 가치의 일상적 변화를 동반하는 금융자산으로 취급되기에 이르렀

다. 국민적 통화들의 상품화는 이러한 중요한 변화에서 비롯한 것이었
다. 이처럼 본래 상품이 될 수 없는 것이 상품이 되었다는 점에서 화폐
는 소위 '허구적 상품(fictitious commodity)'이라 할 수 있다. 참고로 화
폐 이외의 허구적 상품으로 토지와 노동을 지적할 수 있는데, 전자는
15세기부터 19세기까지 진행된 인클로저(enclosure)에 의해, 그리고 후
자는 1834년의 '신구빈법(Poor Law of 1834)'에 의한 것이었다. 이처럼
화폐가 상품화됨으로써 인간(노동), 자연(토지), 화폐 등이 상품화된 '자
기조정적 시장경제(self-regulating market economy)'는 완결된 것이다.

하나의 금융자산인 국민적 통화의 미래가치에 대한 예상의 변화는
외환 매매를 촉진했다. 외환 거래를 촉진한 또 하나의 이유는 바로 자
본국제화, 특히 포트폴리오 투자라는 금융국제화의 급진전이다. 외국
의 금융자산을 획득하기 위해서는 먼저 그 나라의 외환을 매입해야 하
기 때문이다. IMF와 국제결제은행(BIS, 4월 기준)에 따르면 전 세계 1일
외환 평균거래액은 1973년 약 1,500억 달러에서, 1987년에는 1,900억
달러, 1992년 8천8백억 달러, 1995년에는 1조 2천억 달러, 1998년에는
1조 4천 9백억 달러(영국 GDP의 110%에 상당하는 규모), 2001년에는 1
조 2천억 달러, 2004년에는 1조 9천억 달러로 증가하였다. 이러한 증가
는 대체로 국제무역과는 관련이 없는 것이었다. 외환의 연간거래액과
세계 수출량 사이의 비율은 1979년 12:1에서 1996년 60:1로 벌어졌으
며, 이는 통화거래가 주로 투기적인 성격을 띠고 있다는 것을 보여 준
다. 이러한 사정들은 변동환율제 하에서 시장을 통해 결정되는 환율
을 극히 불안정하게 만들 수밖에 없다. 환율이 불안정하다는 것은 국
제적 수준에서 가치를 표현하기 위한 공통의 준거점이 부재하다는 것
을 의미한다.

> ▶▶▶ **포트폴리오투자**
>
> 일반적으로는 주식 투자에서 여러 종목에 분산 투자함으로써 한 곳에 투자할 경우 생길 수 있는 위험을 피하고 투자수익을 극대화하기 위한 방법을 의미하지만, 금융자산 전체에 걸쳐 같은 의미를 적용할 수 있다

여기에 1973년과 1979년의 두 차례 석유파동은 세계경제의 새로운 경향에 충격을 추가했다. 제1차 석유파동은, 1970년대 스태그플레이션(stagflation)의 세계적 확산에 주요 역할을 했던 원자재가격의 일반적 인상을 가장 극적으로 표현해 준다. 아라비아산 원유에 대한 오펙(OPEC)의 공식가격은 제1차 석유파동 이전의 3.07 달러에서 1974년까지 11.65 달러로 3.8배가 올랐다. 제2차 석유파동의 결과 제1차 석유파동 이후 불과 6년 사이 20 달러선을 돌파하였고, 현물시장에서는 배럴당 40 달러에 이르게 되었다. 석유파동의 여파는 성장률의 둔화와 인플레이션 등 세계경제에 큰 영향을 미쳤다. 예를 들어, 선진국의 경제성장률은 1978년의 4.0%에서 1979년에는 2.9%로 낮아졌다. 물가 면에서는 선진국의 소비자물가상승률은 10.3%를 기록하였으며, 개발도상국의 경우 32.0%의 급격한 상승세를 보였다.

한편, 인플레이션은 금리 인상으로 이어지고 금리 인상은 채권의 가격과 주가에 영향을 미칠 수밖에 없다. 1979년 제2차 석유파동 이후 급속히 상승한 소비자물가지수의 대(對) 전년비 증가율을 보면 79년 11.3%, 80년 13.5%, 81년 10.4%를 기록하였다. 즉 1970년대의 두 차례 오일쇼크와 원자재 가격의 상승은 상품가격을 인상시켜 인플레이션을 악화시켰다. 인플레이션은 이자율을 상승시키고 이자율 상승은 채권가격을 하락시키고, 다른 조건이 일정하다면 주가를 하락시킨다. 이처럼 1970년대 이래 변동환율제도와 인플레이션으로 이자율과 환율과 채권 가격과 주가의 변동폭은 크게 확대되는 등 국제금융시장은 크게 불

안정해진다. 1980-85년간 변동금리부채권 시장이 660%의 성장을 기록한 것도 이를 반영한다. 선진국 투자자들의 해외주식 인수가 1970년과 1997년 사이 170배 증가했고, 미국에서 연금기금의 해외투자는 1980년에 총자산의 1% 미만에서 1997년 17%로 증가했다.

▶▶▶ **변동금리부채권**

지급이자율이 대표성을 갖는 시장금리에 연동되어 매 이자지급기간마다 재조정되는 중장기 채권으로서, 만기 상환일까지 금리가 고정되는 고정금리부채권에 대응되는 개념으로서 채권 발행 시에 지급이자율의 결정 방법을 약정하고, 매 이자지급기간 개시 전에 차기지급이자율(이자지급금액)이 결정되는 채권이다. 변동금리부 채권가격 결정의 기본을 이루는 기준금리(대표적인 단기시장 실세금리)로 유로시장에서는 3개월 또는 6개월 만기의 LIBOR(London Interbank Offered Rate)가 주로 이용되고, 미국 시장에서는 90일 만기 재무성증권(T-bill)의 유통수익률이 주로 이용되고 있다.

환율, 금리, 주가 등 기초 금융상품 가격의 불안정성이 심화되면서 가격 차이를 이용한 금융거래가 크게 증가하였다. 자본시장의 자유화는 제조업의 경쟁력 약화로 자본의 수익성이 악화된, 그러나 자본시장 중심의 금융시스템을 가진 미국이 주도하였다. 미국은 1973년 대통령 경제보고서(Economic Report of the President)에서 자본통제에 대한 반대를 명시하였고, 1974년에는 자본통제 정책들을 폐지하였다.

대표적으로 1963-74년간 미국에서 시행된 이자평형세(Interest Equalization Tax)가 폐지되었다. 즉 미국 정부는 경상수지 적자가 증대되는 가운데 정책의 자율성을 유지하면서 국제금융시스템을 시장 중심적으로 변화시켜 시장의 힘으로 서유럽과 일본의 통화를 재평가하여 국제수지 적자 조정의 압력을 전가하였다.

세계금융시장의 불안정성이 심화되면서 신용리스크를 다루는 '바젤은행감독위원회(The Basle Committee on Banking Supervision)'가 10개 중앙은행 총재들 주도로 결성된 것도 1974년이었다. 1975년에는 주식 매매의 거래소 집중의무를 폐지하였고, 이로 인해 거래소의 비회원증 권회사가 상장주식을 장외에서 매매하는 시장으로 점차 확대되었다. 참고로 증권유통시장은 일반적으로 거래소시장과 장외시장으로 구별 되는데, 광의의 장외시장은 거래소시장 밖에서 유가증권의 거래가 이 루어지는 시장의 총칭으로 미국의 대표적 장외시장인 나스닥은 1971년 2월에 개장하였다. 또한, 1976년 킹스턴에서 열린 IMF 제5차 잠정위원 회에서 미국은 자신의 입장을 다른 선진국들에게 밀어붙이며 국제통화 체제를 재편하기 위해 협력적인 금융통제의 의무는 강화하지 않고, 4-1 조항에 "자본거래의 촉진"을 포함하도록 새로 수정하였다. 미국은 인플레로 인해 달러에 대한 신뢰가 떨어지는 상황을 자본통제 대신 대 대적인 금융긴축으로 극복해 나갔으며, 1979-80년 이후에는 유로시장 에 대한 규제도 포기하였다.

> ▶▶▶ **이자평형세**(Interest Equalization Tax)
>
> 1963년 7월 케네디 대통령이 제안하여 1964년 9월부터 발효되었다. 미 국의 금리가 다른 나라에 비하여 낮아서 미국의 투자가들이 고리의 외국 증권에 투자하는 경향이 강해져서 이것이 미국의 국제수지를 악화시키는 한 요인이 되었기 때문에, 미국과 외국 사이의 금리를 평형되게 하고 미국 국내자본시장에 있어서의 외채의 기채(起債) 등을 억제하기 위하여 제안 되었다. 원래 1965년까지의 시한입법으로 법제화되었으나 국제수지의 개 선이 이루어지지 않아 그 후로 몇 차례 연장되다가 1974년 4월 1일에 철 폐되었다. 이 세는 원칙적으로 선진국(캐나다 제외)으로의 투자를 대상으 로 한 것으로서 개발도상국에 대한 증권투자에는 적용되지 않았다.

1980년대 초 미국은 재정적자의 확대, 연준 의장 폴 볼커(Paul Volker)의 통화긴축정책에 따른 수요의 붕괴와 제조업의 심각한 타격,

여기에 레이건 행정부의 금융부문 강화와 일본 자금의 미국 내 유입으로 달러화의 급등은 미국 제조업에 재앙으로 작용하였다. 카터 행정부 말기부터 시작된 금융규제의 완화는 레이건 행정부에서 더욱 강하게 추진되어 금융기관의 영업범위를 특정기능과 지역으로 묶어 놓은 장벽도 제거한다.

1980년대의 대표적 규제완화로 상업은행의 투자은행업 겸업, 주간은행취득규제 해제, 비은행업의 은행업과 기타 금융산업 진출 등이 있다. 금융규제의 완화는 1999년 11월 4일 미국 상·하 양원에서 이른바 '금융서비스 현대화법안(Financial Modernization Act of 1999, GLBA)'으로 불리는 '그램-리치-블라일리(Gramm-Leach-Bliley) 법안(GLBA)'이 통과되고, 같은 해 11월 12일 빌 클린턴 미국 대통령이 이 법안에 서명함으로써 경제공황 시절부터 존재해 온 금융·증권·보험 관련 장벽들을 제거하려는 20년간의 노력이 마침내 결실을 맺게 된다. 즉 1933년 제정된 이래 은행-증권-보험회사의 칸막이 노릇을 해 왔던 '글래스-스티걸(Glass-Steagall)법'은 금융서비스 산업을 은행, 상호기금, 보험회사, 증권사 등으로 각각 분류했으며, 이에 따라 은행은 증권사를 소유할 수 없었으며 주식이나 채권을 판매할 수도 없었고, 보험사 또한 은행을 소유할 수 없었으며 수신업무도 불가능하였다.

물론 이러한 장벽들은 이미 90년대에 상당 부분 사라졌으나 더욱 포괄적인 '금융서비스 현대화법안'의 실시로 특히 시중은행과 보험회사 간의 합병 등 미국의 금융서비스 부문의 합병 작업이 가속화되었다. 규제 완화로 서비스 폭의 증대라는 범위의 경제가, 그리고 금융기관이 금융서비스 또는 금융상품의 생산단위 수를 증가시킴에 따라 단위당 서비스 비용 또는 단위당 생산비용 감소라는 규모의 경제가 발생하는 등 금융시장은 '정글의 법칙'에 놓이게 되었다.

여기서 참고로 '글래스-스티걸법'의 등장 배경을 소개하자. 1929년 대공황으로 1929-32년간 한 해에 수천 개씩 은행이 파산함으로써 금융시스템은 대혼란에 놓이게 된다. 이에 당시 여론은 은행 파산으로 타격 입은 농민과 상인을 구제해야 하고, 대공황 초래의 장본인으로 지명된 증권업을 악의 온상으로 몰아 붙였다. 즉 순진한 상업은행이 증권업을 해서 망한 것으로 보고 "상업은행이 증권업을 해서는 안 된다"는 것이었다. 당시 상원의원이었던 글래스와 하원의원이었던 스티걸이 제안한 법에는 이를 규정하고 만기 1년 미만의 자금은 상업은행이 담당하고, 1년 이상의 장기자금은 주식이나 채권 인수 업무를 담당할 금융기관의 필요를 제기함으로써 투자은행업이 탄생하게 된다. 즉 오늘날 증권업과 동의어로 쓰이는 계기를 마련한 '글래스-스티걸법'에서 '투자은행(investment banking)'이 최초로 규정되고, 여기서 기업의 장기자금 조달 수요를 위한 주식 및 채권의 소화와 자금조달에 도움 주는 업무, 즉 오늘날 증권회사의 '인수업무(underwriting)'를 담당하게 된다. 이처럼 은행이 "기업의 단기자금 수요를 위해 대출업무"를 맡는 상업은행 대 "기업의 장기자금 수요를 위해 도움을 주는" 투자은행으로 나뉨으로써 JP 모건 등 기존의 사금융기관(private bank)은 투자업무를 포기하고 상업은행을 선택한다.

1940년까지 증권거래법이나 투자회사법 등이 제정되고 '증권거래위원회(SEC)'가 탄생한다. 그리고 50년대에는 '은행지주회사법(Bank Holding Company Act)'이 제정되어 은행 지주회사와 산하 은행은 은행의 필수업무 외는 할 수 없게 함으로써 은행과 기타산업이 완전 분리되는 '금산분리'의 효시가 된다. 상업은행이 종합은행(universal banking) 역할을 담당하는 유럽의 은행들(Deutsche Bank, Dresdner Bank, Agricole Bank 등)과 달리 은행과 증권업이 분리되는 미국의 칸막이형 구조는 맥아더 점령시절 일본에 전파되고 뒤이어 우리나라에 전파된다. 오늘날 한·미·일 중심으로 '칸막이형 금융산업구조'가 형성된 이유가 여기에 있다. 물론, 증권이나 보험업과 산업과의 결합은 규제를 하지 않았다. '글래스-스티걸법'은 은행의 건전성 향상에 큰 기여를 하였다. 그러나 국제화 이후 미국식 칸막이가 경쟁력에 장애가 된다는 인식 속에 1999년 'GLBA'를 통해 "지주회사가 은행, 증권, 보험업 모두 할 수 있다"고 함으로써 칸막이구조는 완전 해체되었다. 그 결과, 예를 들어, 모건스탠리가 1997년 딘 위터(Dean Witter)와 합병을 통해 대형화와 종합금융회사화를 동시에 달성한 사례다. 대형화를 통해 증권발행 업무와 인수합병(M&A) 부문에서 경쟁력을 단기간에 신장시키는 한편 종합금융회사화를 통해 안정적인 수익구조를 구성했다.

한편, 미국의 연평균 무역적자는 1980-84년에는 539억 달러로 크게 증가한다. 1985년 미국의 경상수지 적자는 1,190억 달러를 기록하였고, 이중 429억 달러가 일본에 대한 적자였다. 이처럼 미국은 재정적자와 금융긴축으로 금리가 급등할 수도 있었지만 해외의 사적 자본의 대량 유입으로 이를 모면하였다. 이 과정에서 미국의 재무부는 외국인의 미국 채권 보유에 대한 세금감면, 익명의 재무부 채권 발행 등을 통해 금융자유화를 더한층 밀어붙였다. 그 결과 1975-90년간 설비 및 장비에 대한 민간투자 총액 중 금융·보험·부동산에 대한 투자의 비율은 12-13%에서·민간투자 중 에 해당하는 25-26%로 두 배가 증가하였다. 1985년 1월 "미국을 세계의 투자수도"로 건설하자고 호소하였던 레이건의 연두교서는 금융을 중심으로 한 미국 경제의 재편을 상징적으로 표현한 것이다.

영국 또한 1976년 9월 29일 구제금융 신청을 계기로 자본자유화의 길로 들어선다. 스태그플레이션과 케인즈주의에 기초한 경제정책의 결과로 영국은 1975-76년 재정 및 무역 적자가 크게 확대되면서 파운드화가 폭락한다. 1975년 파운드당 2.02 달러에서 1976년 6월에는 심리적 마지노선이었던 1.77달러가 무너져 1.71달러로 하락하자, 중앙은행은 시장에 개입하였으나 그 결과 외환보유고는 30% 이상 하락한다. 까다로운 조건을 내세우는 IMF 구제금융보다 유럽 및 미국 상업은행 등에서 50억 달러의 차관을 도입하여 파운드당 1.77 달러선을 회복하였으

나 경제 부진으로 신인도 하락과 투기자본이 이탈하면서 1976년 9월에
는 파운드화 방어를 포기하고, 1976년 12월 노동당의 칼라한(Callaghan)
내각은 IMF와 스탠드바이(Stand-by) 협약(향후 2년간 33.6억 SDR, 즉 39
억 달러)을 체결한다. 대신 영국은 IMF의 요구로 국제수지 개선과 물가
안정을 위해 그리고 재정적자 축소를 위해 예산 및 통화 긴축정책을
수용한다.

> ▶▶▶ **스탠드바이(Stand-by) 협정**
>
> IMF로부터 구제금융을 받는 방법은 '스탠드바이 협정'과 '긴급차입제
> 도(Emergency Financing Mechanism, EFM)' 두 가지가 있다. 스탠드바
> 이 협정은 긴급한 상황이 아닌 경우에 통용되는 제도로 지원을 받기 위
> 해서는 정부가 협정을 체결하고자 하는 의향을 IMF에 전달해야 한다.
> IMF가 단독으로 참여하는 스탠드바이협정 자금지원과 달리 EFM 자금
> 지원은 IMF 이외에 미국, 일본 등 선진국들도 참여해 까다로운 요구조
> 건을 내건다. 보통 부실금융기관 정리, 국제수지 관리, 외환보유고 수준
> 등 경제전반에 대해 구체적인 지원조건을 요구하기 때문에 '레스큐 패
> 키지(Rescue Package)'라고 불린다. 지원조건을 이행하지 않으면 자금
> 지원이 중단된다.

1979년 총선에서 노동당을 누르고 집권한 보수당의 대처는 그 해
에 환 통제의 철폐를 시작으로 1986년에는 '빅뱅(Big Bang)'으로 미국
과 경쟁적으로 금융규제 완화의 길로 들어선다. 참고로 빅뱅은 원래
'우주를 탄생시킨 대폭발'을 뜻하는 말로 금융규제완화 또는 금융혁신
을 의미하는데, 최근에는 대형은행들이 증권회사를 소유하고 금융자본
의 집중과 거대화 현상이 급속도로 신행되는 것을 말한다. 영국의 빅
뱅은 은행 증권 보험 등 금융산업 간 장벽을 허물고 주식매매 위탁수
수료 자유화, 외국 금융회사의 자유로운 시장 참여 등이 핵심 내용이었
다. 즉 1986년 10월 27일 영국 정부는 런던 증권시장이 국제 금융 중심

지의 지위를 위협받게 되자 증권매매 위탁수수료를 자유화하고, 은행과 증권업자 간 장벽을 철폐하고, 증권거래소 가입자격을 완전 자유화하고, 외국 금융기관의 자유로운 참여를 허용하고, 새로운 매매시장의 채택 등 증권시장의 기능을 활성화하고 증권회사의 경쟁력을 높이기 위한 대개혁을 단행하였다. 당시의 조치가 우주 대폭발과 같이 획기적이었다고 해서 붙여진 이름이다.

출처를 불문하고 모든 금융자본이 어디에서 어디로 투자되든지 상관없게 만들었던 1987년 10월 27일 런던 금융시장의 완전한 탈규제는 같은 시기인 그해 10월에 발생한 뉴욕증시 대폭락에도 불구하고 금융 지구화의 새로운 시대를 열었다. 빅뱅은 14년만인 지난 2000년 은행과 보험, 증권 등을 통합하는 금융서비스 및 시장법을 제정해 마무리지었다. 2007년 상반기에 통과될 것으로 예상되는 우리나라의 자본시장통합법이 이와 비교되는 것이다.

빅뱅의 결과 처음 10년간 영국은 위태로운 순간의 연속이었다. 1990년대 초에는 불황이 찾아와 영국 런던 금융가 '더 시티(The City, 이하 시티)'에도 감원 바람이 불었다. 1995년 SG워버그가 더 스위스에 매각되는 등 투자은행 2곳이 나가 떨어졌다. 영국이 배제된 유로화 도입으로 금융회사들이 시티를 떠나 유럽중앙은행(ECB)이 있는 프랑크푸르트로 가지 않을까 하는 두려움도 엄습했다. 그러나 유로화 체제는 오히려 시티의 금융시장 장악력을 높여 주었다. 군소 센터들이 문을 닫고 런던이 유로화 거래의 중심으로 떠오른 것이다. 정보기술(IT)의 발달로 유로존이 아닌 런던에서 모든 금융 비즈니스가 이뤄질 수 있었던 것도 한 요인이다.

파생상품 거래에서도 시티가 주도권을 확보하게 됐다. 다른 거래소의 4-5배 많은 거래량을 보이고 있다. 금융회사들이 공동으로 자금을 대출해 주는 신디케이트론의 경우 2005년 유럽이 54% 성장한 데 비해 미국은 15% 성장에 그쳤다. 헤지펀드 자산도 2003-2005년 유럽에

[그림 13-2] 영국 금융시장의 부활

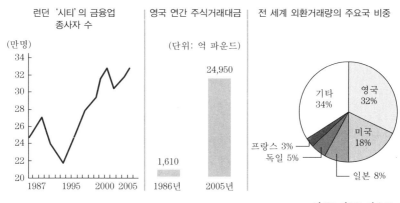

자료: 이코노미스트.

서 80% 성장했지만 미국은 28% 성장한 데 머물렀다. 미국 월가에 몰
렸던 기업공개 물량이 시티 쪽으로 선회하고 있으며 헤지펀드 자산 운
용의 중심지로도 각광받고 있는 것이다. 1980, 90년대에는 미국 금융시
장을 거치지 않고 대형 금융 거래가 이뤄지기 힘들었지만, 미국은 엔론
(Enron)의 분식회계사건 이후 회계감사를 강화한 사베인스-옥슬리
(Sarbanes-Oxley)법, 이자율 제한 등으로 영국보다 훨씬 강도 높은 규제
책을 쓰게 되면서 금융자본이 미국을 떠나게 된 것이다. 반면, 아시아
와 러시아에 고속 성장 기업들이 많아지면서 이들이 지리적으로 쉽게
접근할 수 있는 런던 증시가 뉴욕보다 선호되면서 영국 런던 금융가
시티가 세계 금융업의 메카로 부활하고 있는 것이다.

▶▶▶ **엔론**(enron)

엔론은 1985년 텍사스주의 휴스턴 내추럴가스사와 네브라스카주의 천연가스 회사인 인터노스사의 합병에 의해 탄생한 후 불과 15여년만에 미국과 유럽에서 거래되는 에너지의 20%를 담당하는 세계 최대 에너지 기업으로 성장한 회사이다. 엔론의 매출액은 1986년 76억 달러에서 2000년에는 1천 10억 달러를 기록했고, 주식 시가 총액은 2001년에 8백억 달러 이상을 호가했다. 미국 등 전 세계 40개국에 2만 1천명의 종업원을 거느린 엔론사는 매출액 기준으로 미국 제 7위의 대기업으로 선정되었고 1996년부터 2001년까지 내리 6년 동안 경제전문지 포천에 의해 '미국에서 가장 혁신적인 기업'으로 뽑혔다. 그리고 2001. 8. 14 포천지에서 앞으로 10년간 성장 가능성이 높은 10개 주식 중 하나로 엔론을 꼽았다. 엔론은 가스관 등을 소유하고 있었으나 대부분의 이익은 다른 기업이 생산해 놓은 에너지 관련 상품을 사고파는 차액을 통해 창출했고 1989년 천연가스의 선물거래로 재미를 본 뒤 사업영역을 넓혀갔다. 전력과 천연가스는 물론이고 펄프, 종이, 수자원, 인터넷 전파밴드, 석탄, 철강, 공해 배출한도, 금융 파생상품 등이 모두 거래대상에 포함됐다. 엔론은 여기에 90년대 초부터 인터넷을 통한 거래를 시작함으로써 전자상거래의 선두주자가 되기도 했다. 그러나 2000년 후반부터 본격화된 정보통신부문의 전 세계적 불황으로 광통신 등 정보통신 분야에 대한 엔론의 투자가 물거품이 되었고 2001년 3/4분기 영업실적에서 무려 6억 3천8백만 달러의 적자를 기록하였고 엔론의 주가 총액이 12억 달러나 빠져나갔다. 그리고 2001년 11월 8일 엔론은 지난 5년간의 영업실적 중 적자 5억8천6백만 달러가 계상되지 않았다고 미 증권감독위원회(SEC)에 보고했다. 이것은 그동안 엔론이 영업실적을 부풀리기 위해 적자분을 공표하지 않고 외국 등의 동업자들에 의한 투자로 위장했었다는 사실을 실토한 것이다. 엔론의 신용에 문제가 생기자 엔론 주식의 투매가 시작되어 한때 주당 90 달러를 호가했던 엔론의 주식은 36센트까지 하락했다. 결국 엔론은 2001년 11월말 경쟁 회사인 디에너지(Dynergy)에 인수를 제의했으나 엔론의 재무상태를 상세히 검토한 디에너지측이 인수를 거부하면서 2001년 12월 2일 파산 신청을 냈다. 당시 부채총액은 131억 달러로 미 연방파산법 시행 후 최대규모였다. 엔론의 파산으로 미국에서만 4천5백 명이 일자리를 잃었고 노후를 위해 저축해 온 연금마저 거의 잃게 되었다. 그리고 워싱턴포스트지가 부시 전 대통령 재임시절 레이 회장은 정치자금 모금에 기여한 공로로 백악관에 초대돼 하룻밤을 묵었으며 이후 지난 10년 동안 엔론과 레이 회장은 수백만 달러의 자금을 쏟아 부으면서 의회와 백악관, 감독관청 등을 대상으로 로비활동을 해 왔다고 밝혀 엔론사태가 '엔론게이트'로 확대되었다.

▶▶▶ 사베인스–옥슬리(Sarbanes–Oxley)법

2002년 7월 제정된 미국의 기업회계개혁법으로 회계부정에 대해 강력한 제재를 가할 수 있도록 하는 내용을 담고 있다. 회계감시를 강화하기 위한 회계감독위원회(PCAOB) 설립은 물론 기업경영진이 기업회계장부의 정확성을 보증하고 잘못이 있으면 처벌을 받도록 규정하고 있다. 이 위원회는 5명의 위원으로 구성되며, 기업들의 회계를 감사하고 윤리 규정을 채택토록 종용하는 역할을 맡는다. 또 회계법인에 대한 사찰도 가능하며 특정 기업의 회계 법규 위반 시 조사권을 갖는다. 또 극히 일부 기업들의 재무제표를 조사하는 데 그쳤던 증권거래위원회(SEC)는 대부분 대기업들의 재무제표를 감사할 수 있으며 CEO들은 고의적으로 사실과 다른 재무제표를 인증할 경우 형사처벌을 받게 되었다. 한편 '샤베인스 옥슬리법'은 미국에 진출해 있는 외국계 상장사에서 회계문제가 발생할 경우 증권거래위원회(SEC)가 해당기업의 회계·감사를 담당한 외국계 회계법인에 대해서도 서류를 열람할 수 있도록 한 규정이 다른 나라에 대한 '주권침해'에 해당된다며 물의를 빚기도 했다.

▶▶▶ 신디케이트 론(syndicate loan)

신디케이트가 농일 시장 내의 여러 기업이 출자하여 공동판매회사를 설립, 일원적으로 판매하는 조직이듯이 대부분 금융기관인 대주(貸主)가 차관단, 즉 신디케이트를 구성하여 공통의 조건으로 차주(借主)에게 일정액을 융자하는 대출방식이다. 이와 같은 형태의 대출은 유러 크레디트 시장과 미국 금융시장에서 대규모 대출의 경우 일반적으로 실시되고 있으며 특히 근년에 들어 신디케이트 방식에 의한 유러은행의 유러 커런시 대출이 국제적 대형 중장기자본의 조달에 있어서 가장 중요한 수단의 하나가

되고 있다. 대주측에는 신디케이트 조직에 의한 리스크의 분산, 객관화, 차주측에는 대규모 차관 도입의 가능, 차입 협상과 시기조정 등을 통한 높은 신축성, 차입 절차의 간편과 저렴한 차입코스트, 시장지명도를 필요로 하는 채권기채보다도 훨씬 용이하게 접근할 수 있는 유리성 등이 이 방식의 주요 이점으로 지적된다.

이처럼 IMF 위기를 맞은 영국에서는 케인즈주의가 퇴조하고 강력한 긴축정책이 실시되었으며 자본자유화가 추진되었고 이는 유럽으로 확산되었다. 즉 자본이동의 발전과 국제금융자본의 세력 강화 등 이미 변화한 역관계 하에서 각국 정부들은 국제금융자본에 무릎을 꿇고 자유화의 길로 나아갔던 것이다.

이처럼 미국 중심의 경제질서의 약화 및 해체에서 비롯된 금융경제화는 미국 경제의 불균형으로 가속화하는 경향을 보여 주고 있다. 즉 미국 경상수지의 적자가 심화되면서 해외투자자들에 대한 미국의 금융의존도는 더욱 심화되고 있다. 2000년 기준으로 외국인 보유 미국 채권은 약 8조 달러(GDP의 약 80%)이고 이 중 3조 달러는 1982년 이후 발생한 것이다. 이런 점에서 1990년대 후반 미국의 호황과 세계경제의 팽창은 어느 정도 미국 자산에 대한 외국인들의 기록적인 매수에 의존한 것이었다.

1960년대 이래 금융부문과 관련하여 나타난 근본적인 변화를 요약하면 다음과 같다. 첫째, 대공황과 제2차 세계대전 이래 장기간 유지되었던 가격과 이자율의 안정성은 1960년대에 종지부를 찍었다. 인플레이션율이 높아지고 불안정해지자 이자율이 상승하고 불안정성이 심해졌다. 저축자들은 수익률 차이에 민감하게 반응했고, 그 결과 은행 및 금융중개기관들은 기금을 보유하기 위해 높은 수익을 지불할 수밖에 없었다.

둘째, 점증하는 국제화나 시장의 세계화가 자본통제에 종지부를

● **[표 13-3]** 미국의 경상수지적자와 미국 내 외국인 순자산의 추세   (단위: 백만 달러)

	1965	1971	1975	1980	1985	1990	1995	2000	2004
경상수지	5,431	-1,433	18,116	2,317	-118,155	-78,968	-113,670	-415,999	-668,074
외국자산	742	22,970	17,170	62,612	146,115	141,571	438,562	1,046,896	1,440,105

자료: 미국 상무부 경제분석국(http://www.bea.doc.gov/bea/international/bp_web/simple.
cfm?anon=71&table_id=1&area_id=3).

찍었고 변동환율제를 가져옴으로써 경쟁을 심화시켰다. 선진국을 비롯해 각국의 금융기관들은 외국의 금융기관들과 경쟁해야만 했다. 그리고 금융중개기관 간의 경쟁이 심화되면서 전통적인 규제의 유효성이 떨어졌고, 그 결과 낡은 규제들이 속속 폐지되어 갔다.

이러한 금융세계화에 대한 이론적 평가는 어떠한가? 금융세계화는 자본비용을 절감하고 기술이전을 촉진하며 국내 금융발전을 돕는다. 또한 금융다각화와 위험분산을 가능케 하며 시장규율과 경쟁 압력의 결과 거시정책과 제도를 개선한다. 그리고 국제자본시장을 세계적 수준에서 저축을 가장 생산적인 용도에 효율적으로 배분한다. 즉 자본시장 통합이 궁극적으로 세계 각국의 성장과 안정에 기여할 것이라는 이론적 설명들이다. 그러나 자본계정 자유화와 성장, 자본계정 자유화와 산출 및 소비의 안정성 간의 상관관계를 밝히려는 실증분석의 결과는 그다지 고무적이지 못하다. 금융발달의 정도가 낮은 저개발국의 경우 특히 이런 경향이 두드러지는데 이것은 금융세계화의 이득을 누리기 위해서는 상당한 정도로 제도적·정책적 금융발달이 선행되어야 하기 때문이다. 자본이동이 선진국 간에 주로 이루어지고 저개발국으로 유입되지 않는 요즈음의 현상이 이와 관련된다. 이는 금융재정제도의 신뢰성 부족, 정책당국의 행정미숙, 금융시장의 비발달 등 저개발국의 취약성을 의미하는데 여기서 자본통제의 필요성이 대두한다. 그러나 자본통제도 여러 가지 비용, 즉 자본비용의 상승, 시장규율의 결여에 따른 자본의 효율적 배분 저해 등을 초래하며, 집행비용도 만만치 않다.

따라서 자본통제는 임시적·선별적으로 실시하고 단계적으로 완화하는 방법이 바람직하다.

그렇다면 국제자본 이동 및 국제자본시장 통합의 전망은 어떠한가. 금융세계화의 압력은 매우 강력하여 거의 불가항력적이다. 심지어 재화·용역시장과의 관련을 초월하는 듯하다. 정보통신기술의 진보로 인해 국제금융시장으로부터 국내경제를 단절시키기 위한 자본통제는 효과적으로 실행하기가 극도로 어려워지고 있다. 이러한 통제의 문이 아직은 열려 있지만 이를 총체적으로 시행하려는 의도와 능력이 있어야만 가능하다. 총체적 자본통제는 국내자본시장 발달의 포기이며 금융압박이다. 더욱이, 제3세계의 민주화에 따라 시민의 금융행동을 억압하는 엄격한 규제는 대중저항을 불러일으킬 것이다. 제도와 정책환경이 열악한 금융저개발국이 이와 같은 세계화 물결에 대응할 방향과 관련하여 미국경제학회의 엘리(Ely) 강연에서 피셔가 주장한 대로 시기와 순서를 적절히 조정해가며 세계화된 자본시장에 통합되는 편('well-phased and well sequenced integration into the global capital market')이 엄격한 자본통제보다 득이 된다는 설이 지배적이다(Fischer, 2003: 14). 실물부문을 포함한 제도 및 정책환경 개선 노력이 기본적으로 필요하며 금융세계화로 인해 직접적 불이익을 받는 계층, 특히 빈곤층을 위해 적절한 사회안전망을 구축해야 함은 물론이다.

마지막으로 경제의 금융화는 IT 혁명 없이 불가능한 것이었다. 정보통신기술의 혁신은 경쟁의 자연 장애물들을 제거하고, 통신과 자료 송신의 속도 증대 및 비용의 하락은 지리적 거리를 소멸시키고 경쟁의 장애를 제거했다. 예를 들어, IT 혁명의 상징인 반도체 혁명의 역사는 금융경제화와 맥을 같이 하고 있음을 이해할 수 있다. '인텔 인사이드', 인텔(Integrated Electronics에서 따온 말)을 대변하는 이 한마디는 인텔을 세계적인 반도체 기업으로 도약하게 한 광고문구이다. 그러나 이러한 광고문구 뒤에는 인텔의 역사뿐만 아니라 반도체의 역사가 숨어 있다. 현재 전 세계 PC의 4/5가 인텔의 일반 PC용 칩인 Pentium이나 저가형 PC용 칩인 Celeron을 사용하고 있다. 그리고 인텔은 세계 제 1 의 플래쉬 칩 메이커이기도 하다. 인텔이 결정적으로 도약할 수 있었던 배경은 1981년 IBM PC에 인텔의 8088 칩이 채택되면서부터이다. 마이크로 소프트도 1980년 IBM과 운영 시스템 계약을 하면서 성장하는 계기를 마련했다.

금융부문의 규제완화와 경쟁의 증가 그리고 금융환경을 둘러싼 기술혁명 등은 금융공학과 위험관리기법의 발전을 가져왔다. 미국에서 1972년 시카고에 설립된 옵션시장이 급속히 팽창, 결국 파생상품 시장으로 발전했다. 주식, 채권, 금리 및 상품의 가치와 각국 통화를 종종 결합한 종합증권인 파생상품(선물, 옵션, 스왑 및 다른 복잡한 상품들)과 같은 새로운 금융상품들이 출현한 것이다. 1980년 외환통제를 철폐한 영국에서는 1982년에 런던에 시카고 다음으로 두 번째의 금융선물거래 시장이 설립되었다. 프랑스가 뒤이어 1986년 자체의 선물거래소인 파리 금융선물거래소를 설치했다.

요약하면, 우리는 지난 수십 년간 경제활동의 중심이 거대한 규모로 제조업과 서비스부문에서 금융자산의 거래로 이동하는 것을 지켜보았다. 그리고 경제의 금융화와 자본의 국제화는 각국의 금융질서 간의 충돌을 가져오고 있고, 통화의 불안정 등으로 현재의 세계금융체제는 일부에서 '카지노 자본주의' 시스템이라 부르기에 이르렀다. 글로벌 자본시장이 통합되면서 고수익을 따라 움직이는 자본의 이동성이 급증하고 있다는 사실과ㆍ신흥시장으로 유입되는 자금의 규모가 이를 잘 보여 준다. 자본이 역사상 처음으로 실시간으로 움직이는, 지구적으로 통합된 금융시장에서 24시간 관리되며 수십억 달러 어치의 서래가 지구 구석구석까지 전자회로에 의해 초단위로 이루어진다. 이처럼 오늘날 자본시장은 지구적 규모로 상호의존적이다. 자본과 저축 및 투자는 은행으로부터 연금기금, 증권시장, 외환시장에 이르기까지 전 세계적으로 상호 연결되어 있으며 지구적 금융흐름이 그 규모와 속도, 복잡성, 연결성에서 극적인 증가를 보여 왔다. 그 결과, 자본시장과 통화 간의 상호의존성으로 통화정책과 이자율도 상호의존적이고 경제정책도 상호의존적일 수밖에 없다.

제 2 절 공유시스템의 약화 속의 자본시장 자유화

한국의 경우 1980년대 후반부터 이미 높은 수준으로 진행된 무역자유화를 확대하였을 뿐 아니라 추가로 자본자유화를 급속히 추진했다. 한 나라의 무역자유화의 진전도를 나타내는 수입자유화율(≡한 나라의 수입총액 중 자유롭게 수입할 수 있는 상품의 수입액이 차지하는 비율)은 1988년 95.4%에서 97년까지 99.9%로 높아졌다. 그리고 1980년대의 새로운 국제분업질서 수립으로 외국인직접투자가 급증하기 시작했다. 1962-89년간 50억 달러의 직접투자 가운데 36억 달러가 1980-89년에 이루어졌다. 특히 1984년에 외국인투자 허용방식이 예시업종 이외는 모두 허가를 받아야 하는 '허용업종 예시제도'에서 예시업종 이외는 모두 허용되는 '불허업종 예시제도'로 바뀐 뒤인 80년대 후반기인 1986-89년간에 28억 달러가 투자되었다. 자체 기술수준이 낮은 재벌기업은 앞장서서 선진국 거대자본과의 합작을 시도했다.

한편, 정부는 1980년대 말까지 금융자율화의 일환으로 일부나마 금리자유화를 추진하였으나, 그 여건의 미성숙으로 큰 진전을 보지 못했다. '97년 위기' 이전에 금융산업과 금융시장의 발전에 목표를 두고 있는 금융시장자율화의 주요 내용을 보면, 은행의 민영화, 은행경영의 자율화, 금융기관 신설, 외국금융기관의 진출, 금융기관의 업무영역의 확대, 금리자유화 등으로 구분해 볼 수 있다. 첫째, 정부는 금융자율화 조치의 일환으로 정부 소유의 시중은행을 단계적으로 민영화하였다.

즉 정부는 1973년 상업은행을 민영화한 이후 시중은행의 민영화를 지
체시키고 있었지만, 1981년 한일은행, 1982년 제일은행과 서울신탁은
행, 1983년 조흥은행 등 시중은행을 모두 민영화하였다. 그리고 정부는
특수은행의 일반은행화와 민영화를 동시에 검토하게 되었는데, 외환은
행이 처음으로 1989년 일반은행으로 전환되는 동시에 민영화되었다.

　　시중은행의 경우 1982년까지는 소유한도가 없었고 다만 의결권만
10% 이내로 제한하였으나, 1982년부터 동일인 소유한도가 8%로 제한
되었다. 지방은행의 경우 소유한도가 없었으나, 1992년부터 15%의 동
일인 소유한도가 도입되었다. 1992년 말 기준 이른바 30대 재벌이 시
중은행의 경우 6.7-29.1%의 지분을 가지고 있었고, 지방은행의 경우
5.1-30.9%의 지분을 차지하고 있었다. 그리고 30대 재벌은 1990년 말
기준 비은행금융기관에 속하는 투자금융 29.9%, 종합금융 23.3%, 상호
신용금고 4.7%, 생명보험 38.4%, 증권회사 63.1%의 지분을 가지고 있
었다. 재벌의 금융기관의 소유측면에서의 지배는 일반금융기관 전체로
확산되고 있다.

　　둘째, 정부는 1981년 금융자율화 조치의 시발이 되는 '은행경영
자율화 방안'을 발표하면서 은행의 자율경영에 방해가 되는 각종 규정
과 통첩을 정리하였고, 1982년 말에는 '은행법'을 개정하면서 금융당
국의 포괄적인 지시명령권을 삭제하였고, '금융기관에 대한 임시조치
법'을 폐지하면서 금융기관의 자율적인 임원선임을 가능토록 하였다.
정부는 이와 같이 '은행경영의 자율화' 방침을 천명하였음에도 불구하
고 은행장 선임 등 은행의 주요한 의사결정에 대한 개입은 지속되었
다. 정부는 1981년 '은행경영자율화 방안'을 발표하면서 은행 경영난
을 초래하였던 정책금융을 축소하기로 천명하였고, 1982년부터 정책금
융의 핵심을 이루고 있던 무역금융의 금리를 일반대출 금리에 근접시
킴으로써 정책금융의 부작용을 줄이기로 하였다. 그 이후 정책금융의
비중은 크게 줄어들지 않았지만, 정부가 정책금융을 재량보다는 준칙

에 따라 운영함으로써 정책금융의 자의성은 감소하였고, 그에 따라 그 폐해는 전보다 줄어들었다.

셋째, 정부는 1980년대 시중은행의 대형화보다는 시중은행의 신설로 시중은행의 부족을 해소하였다. 정부는 1980년대 초반부터 민간 일반은행의 신설을 적극적으로 허용하기 시작하여 1982년 신한은행, 1983년 한미은행, 1989년 동화은행, 대동은행, 동남은행 등이 신설되었고, 투자금융회사가 시중은행으로 전환되어 하나은행과 보람은행이 1991년 신설되었고, 1992년에는 평화은행이 신설되었다. 금융시장에서 중심적인 역할을 수행하는 시중은행은 1980년대 초반에는 5개 은행에 불과하였지만, 1980년대 말에는 11개로, 그리고 97년까지 16개로 증가하였다. 그리고 정부는 1982년부터 비은행금융기관 설립도 자유화하였다. 그 결과 2년 동안 2개의 시중은행, 12개의 투자금융회사, 58개의 상호신용금고, 1개의 투자신탁회사가 설립되었다. 이러한 과다한 금융기관의 설립이 금융시장에서의 과당경쟁을 가져오자 그 설립허가를 중단하였다. 그런데 정부는 1988년부터 지방금융의 활성화라는 이름 하에 다시 금융기관의 설립을 대폭적으로 허용하여 2년간 3개의 시중은행, 5개의 지방투자신탁회사, 11개의 지방리스회사 등, 다수의 금융기관이 신설되었다.

넷째, 한국금융의 국제화의 조류 속에서 외국의 금융기관도 국내에 활발히 진출하였다. 이들 금융기관은 미국계, 일본계, 유럽계 등 선진국 계열의 금융자본인데, 한국의 금융개방 압력을 증대시키는 원인이 되었다. 특히 외국은행 국내지점은 1980년대 대폭 확대되어 72개점에 이르렀고, 이들은 대출의 7% 정도를 차지할 정도로 중요한 비중을 차지하였다. 그리고 외국 보험회사는 1987년부터 합작회사, 현지법인, 지점설치 등의 다양한 방법으로 활발히 진출하고 있다. 이들 외국은행 지점은 1980년대 전반까지는 주로 외자조달 창구로 활용되고 있었으나, 1985년부터 외국은행에 대한 일부 우대조치가 축소된 반면에 외국은행 국내지점도 시중은행과 비슷한 업무를 취급하게 됨으로써 다른 일반은행과 다를 바 없게 되었다. 그렇지만 외국은행 지점은 한국은행 유동성 규제와 정책금융의 취급으로부터 자유로워 국내 일반은행과의 경쟁에서 상대적으로 유리한 여건을 확보하고 있다.

다섯째, 정부가 금융자율화 방침을 천명한 이후 각 금융기관은 새로운 업무를 취급하게 되었고, 그로 인해 각 금융기관의 업무가 다양해졌고 새로운 금융상품의 매출도 활발해졌다. 즉 은행은 신용카드(80), 가계종합예금(81), 자유저축예금, 가계우대정기적금(82), 상호부금(83), 금전신탁(83), CD(84) 가계금전신탁(85), 연금신탁, 기업금전신탁(87) 등의 신상품을 취급하게 되었고, 상업어음 일반매출(82), 팩토링(83, 외상매출채권을 상환청구권 없이 매입하여 이 매입채권을 대가로 전대 금융하며 채권만기일에 채무자로부터 직접 회수함을 기본업무로 하는 단기금융제도), 거액RP(88), 거액상업어음(91) 등 타 금융기관 업무에까지 진출하여 다른 금융기관과 경쟁에 돌입하였다. 그리고 비은행금융기관도 일부 은행 업무를 취급하게 되었다. 금융기관이 상호간에 다른 금융기관의 업무영역에 진출함에 따라 은행금융기관과 비은행금융기관 간의 업무영역의 중복이 나타나기 시작하였다. 이러한 업무중복은 금융기관 간의 경쟁을 촉진하고 금융기관 간의 동등한 경쟁여건의 변화를 초래하는 것이었다. 그런데 정부가 이와 같이 신금융상품의 도입을 허락한 것은 금융기관의 신상품의 개발을 추인한 것이라기보다는 은행의 예금이탈 방지, 은행의 경쟁력 강화를 통해 은행금융기관의 침체를 막기 위한 것이었다. 따라서 이러한 신금융상품의 도입은 금융기관의 자발적인 금융혁신과는 거리가 있는 것이다.

여섯째, 정부는 1980년대 말까지 금융자율화의 일환으로 일부나마 금리자유화를 추진하였으나, 그 여건의 미성숙으로 큰 진전을 보지 못했다. 정부는 1981년 CP 금리를 자율적으로 결정하도록 하였으나, 그 금리의 급등으로 다시 규제하였다. 그 이후에도 콜금리 자유화, CD 및

CMA(Cash Management Account)의 도입(84), BMF(Bond Management Fund)의 도입(87), 회사채 금융채 발행금리의 자유화(86) 등의 시도가 있었으나, 관행적으로 그 금리도 창구지도에 의해 규제되고 있었다.

정부가 1988년 12월에는 처음으로 금리자유화 자체를 전면적으로 추진하기 위해 금리에 대한 규제를 대폭적으로 완화하고자 하였다. 그러나 정부는 1년도 가지 못해 경기부양을 위한 금리인하 압력에 밀려 최고금리제를 창구지도를 통해 부활함으로써 금리 재규제로 돌아섰다.

이처럼 정부가 1980년대 이후 취했던 금융자율화는 금융시장의 활성화에 큰 영향을 줄 수 있는 것이었다. 그러나 정부는 금융자율화에 필요한 제도적 기반은 물론 거시경제적 조건을 확보하지 못한 가운데 금융자율화를 시작했기 때문에 금융자율화 조치는 부분적이고 점진적이고 경우에 따라 일관성을 잃을 수밖에 없었다.

그런데 외국자본이 한국을 제조업의 유리한 투자 장소로 인식하지 않으면서 한국에 대한 외국인직접투자가 1990년대에 들어와 침체되고 제조업보다는 서비스업에 집중되었다. 그 결과 1990년대에 들어와 자본자유화 조치가 본격적으로 추진되었다. 자본자유화의 선행 조치로 제일 먼저 환율제도를 정비한다. 즉 전날 모든 외환은행이 국내 외환시장에서 거래한 원화와 달러와의 환율을 거래량으로 가중평균하여 정하는 시장평균환율제도를 1990년 도입했는데, 이 제도는 환율을 시장기능에 의해 결정하도록 함으로써 국내금융시장과 국제시장과의 연계를 추진하고 환율안정을 도모하기 위해 반영함으로써 대외 통상마찰을 완화시키는 데 있다. 그리고 '한미금융정책협의회(Financial Policy Talks)'를 통해 1991년에는 1992년부터 외국인의 상장주식 취득 허용을 결정하였고, 1992-1993년 한미금융정책협의회 결과에서는 1-3단계 금융자유화 및 금융시장개방 청사진(Blueprint for Financial Liberalization and Market Opening)을 마련하고, 1994년 협의회 결과에서는 외환제도 개혁계획이 마련되었다.

정부는 1991년 8월 '4단계 금리자유화 추진' 계획을 확정하고 일정에 따라 금리자유화를 시행하여 1991년부터 1997년까지 단계적으로 금리를 자유화하기로 하였다. 1991년 11월 제 1 단계 금리자유화에서는 단기여신금리 및 거액 단기 금융상품의 금리가 자유화되었다. 1993년 11월 제 2 단계 금리자유화에서는 정책금융을 제외한 거의 모든 여신금리와 장기 수신금리의 자유화가 이루어졌다.

OECD 가입을 추진한 김영삼 정부는 1993년 제 3 단계 자본자유화와 금융부문 개방계획을 발표하고 OECD 멤버십의 심사를 받았다. 제3

● [표 13-4] 1980년대 이후의 주요 금리의 변화 (단위: 연수익률)

	시중은행		신탁 및 투자금융		채권유통수익률		주가 수익률	사채 이자율
	일반대출 금리	정기예금 금리	일반불특정 금전신탁	신종어음/ 기업어음	회사채	국공채		
1980	20.0	19.5	21.9		30.1		2.6	45.0
1981	17.0	16.2	17.4	23.0	24.4		3.1	35.4
1982	10.0	8.0	8.0	14.0	17.3		3.4	29.0
1983	10.1	8.0	10.0	13.0	14.2		3.8	24.7
1984	10.0-11.5	10.0	8.0	12.5	14.1		4.5	25.4
1985	10.0-11.5	10.0	10.0	12.1-13.1	14.2		5.2	23.4
1986	10.1-11.5	10.0	10.0	12.1	12.8	11.6	7.6	23.3
1987	10.0-11.5	10.0	10.0	11.9	12.8	12.4	10.9	24.4
1988	10.0-13.0	10.0	10.0	***	14.5	13.0	11.2	22.3
1989	10.0-12.5	10.0	10.0	***	15.2	14.4	13.9	22.7
1990	10.0-12.5	10.0	10.0	12.5-13.5	16.4	15.3	12.8	23.1
1991	10.0-12.5	10.0	10.0	14.4-16.4	18.8	16.5	11.2	19.9
1992	10.0-12.5	10.0	10.0	14.0	12.9	15.8	10.9	17.2
1993	8.5-12.0	8.5	9.0	12.0-12.1	14.1	12.4	12.7	15.7

자료: 경제통계연보, 사채이자율은 한국은행 내부자료.

단계금리자유화는 제3차에 걸쳐 진행되었다.

1994년 7월 제1차 조치에서는 단기금융상품의 만기가 확장되고, 표지어음의 발행 매출이 허용되고, CD, RP, CP 등 단기금융상품의 만기는 단축되고 CP의 만기는 연장되었다. 1994년 12월 제2차 조치에서는 정책자금 여신금리의 일부의 자유화와 단기수신금리의 단계적 자유화가 진행되었고, 95년 7월에는 정책자금의 여신금리자유화, 단기수신금리의 자유화가 추가적으로 시행되었다.

이러한 금융자유화의 추진의 결과로 1995년 7월말 기준 자유금리 상품의 비중은 여신의 경우 94%에 이르렀고, 수신의 경우 77%에 이르렀다. 수신금리보다는 여신금리가 우선적으로, 장기금리보다는 단기금리가 우선적으로, 제1금융권 금리보다는 제2금융권 금리가 우선적으로 자유화되었다. 여신금리를 수신금리에 앞서 자유화함으로써 금융중개기관의 수지악화를 막았으나, 예금은행의 수신금리의 자유화가 지연됨으로써 은행예금의 이탈이 나타날 수 있고, 장기금리의 자유화가 지연됨으로써 자금의 단기화가 나타날 수 있다.

이처럼 금융자유화 조치에 따라 상업은행들도 상업어음과 CD를 취급할 수 있게 되었으며 종금사 들은 외환업무를 할 수 있게 되었다. 당시 한국은 높은 신용등급으로 일본을 비롯한 국제금융시장에서 아주 싼 이자로 돈을 빌릴 수 있었으므로 종금사들은 앞 다투어 해외자금을 빌려 동남아에 투자하였다. 즉 한국의 금융기관들은 1993년부터 규제

● **[표 13-5]** 외국인 주식투자 한도 확대 일지

	92.1.1	94.12.1	95.6.1	96.4.1	96.10.1	97.5.1	11.13	12.12	12.30	98.5.25	00.11.15
전체한도	10	12	15	18	20	23	26	50	55	폐지	
공공법인	8	8	10	12	15	18	20	25	25	30	40
1인한도	3	3	3	4	5	6	7	50	50	폐지	

자료: 한국은행, 2003.

나 대비 없이 급격히 이루어진 자유화와 JP모건과 같은 국제투자자들의 부추김으로 동남아시아 상품에 200억 달러 이상을 투자하였다. 또한, 1994년에는 외환제도 개혁 계획을 발표한다. 이에 따라 1996년에는 외국환은행의 설치 및 외환업무가 자유화된다.

1996년 9월에는 OECD 가입과정에서 2000년까지 자본자유화 및 금융시장개방계획이 마련되어 자본자유화가 추진되었다. 자본유입 면에서는 외국인의 증권투자 및 직접투자 등에 대한 규제완화, 거주자의 외화증권 발행이나 차관 및 무역신용도입 등 외자조달에 대한 자유화 조치가 취해졌다. 자본유출 면에서도 해외직접투자의 경우 제한업종을 완화하다가 폐지했고, 신고투자대상도 확대하다가 1997년 8월부터는 신고만으로 단일화했다. 그러나 이러한 자본자유화는 신중하지 못한 것이었다. 부패는 여전히 심각하였고 정부는 무능하였다. 1990년대 들어 외국인투자가 위축되고 제조업부문의 투자 부진에 따라 한국경제가 위기에 처하자 이를 해결하기 위한 수단으로 자본자유화를 추진한 측면이 강하다. 여기에 자본시장의 개방과 자유화(capital account liberalization) 그리고 국제적 자본이동을 지지하는 지식인들이 다수를 구성하고 있는 우리 사회의 분위기가 자본자유화의 적극 추진을 가능케 했다.

참고로 자본자유화의 이득을 주장하는 이들은 금융시스템과 경제 전체를 더욱 효율적으로 만들어 경제성장을 촉진하는 효과를 말한다(이강국, 2005 참조). 이들은 무엇보다 개도국의 경우 금융시장이 발전하지 못해서 국내투자의 재원이 부족한 경우가 많으므로 외국자본의 유입은 국내의 투자를 증가시킬 수 있다고 주장한다. 즉 외국자본이 공장을 건설하는 직접투자가 가장 도움이 될 것이며 은행대출이나 포트폴리오 등의 금융투자도 생산적인 투자로 잘 이어진다면 바람직한 결과를 낳을 수 있을 것이다. 게다가 외국인이 국내주식을 많이 사서 주가가 높아지면 기업들은 투자를 더 늘리려 할 수도 있으며 소비도 진작시킬 수 있을 지도 모른다.

둘째, 자본시장 개방과 국제적 자본유입은 국내자본시장의 유동성을 높여서 흔히 자본조달비용을 낮출 수 있다고 주장한다. 투입되는 자본이 생산에 기여하는 한계생산성이 체감한다는 경제학의 전통적 생산함수를 가정하면, 노동자 1인당 자본량이 작은 개도국이 선진국보다 자본의 수익률이 더욱 높을 것이다. 따라서 개방과 세계화가 이루어지면 국제적 자본은 수익률이 더 높은 개도국으로 이동할 것이며 이는 개도국 뿐 아니라 외국자본에게도 좋은 투자기회를 제공한다. 이렇게 전 세계적인 자본이동의 확대는 세계자본시장의 이른바 '시점 간 자원배분문제(intertemporal misalignment)'를 해결하는 데 도움이 될 수 있다. 물론, 국제적 자본이동은 국제적 투자자에게 위험을 분산시킬 수 있는 좋은 기회도 제공한다.

셋째, 외국기업들이 국내에 직접투자를 하는 경우 선진국 기업의 발전된 경영기법과 기술이 전파되어 경제 전체의 생산성이 증가하는 확산(spillover) 효과를 기대할 수 있으며, 외국기업과의 경쟁이 과거에 보호를 받아 비효율적이었던 국내 산업의 경쟁력도 경쟁을 통해 더욱 향상될 수 있다고 주장한다.

넷째, 금융시장의 개방과 세계화는 대출금 증가 혹은 주식시장의 발전 등으로 개도국 금융부문의 발전에 긍정적인 영향을 미치고, 외국의 은행들이 개도국에 진출하면 선진적인 금융상품과 경영기법을 전파할 수 있고, 상대적으로 낙후된 개도국의 금융기관들도 경쟁을 통해 효율성이 높아질 수 있으며, 이는 금융시장이 더 잘 작동하도록 만들어 자원배분의 효율성을 높여 경제성장으로 이어진다고 주장한다.

다섯째, 외국 금융자본의 진출은 선진적인 기준의 도입 등을 통해 금융규제와 감독의 발전에도 도움을 줄 수 있다. 예를 들어, 주식시장에서 외국자본의 영향력이 높아지면 글로벌 스탠다드의 도입 등으로 투명성이 높아져 기업경영이 효과적으로 감시되고 투자의 효율성이 높아질 것이라 주장한다.

여섯째, 개방으로 인한 자본이동의 가능성은 심각한 재정적자나 인플레이션 등 방만한 거시경제정책에 제한을 가해서 정부의 거시경제정책을 규율(discipline)하는 효과를 낳을 수 있다고 주장한다. 예를 들어, 라틴아메리카처럼 건전하지 못한 재정 및 통화정책이 계속된다면 평가절하의 우려로 인해서 결국 대규모의 자본도피와 금융위기가 나타날 수 있다. 즉 세계화된 자본시장은 나쁜 정부들을 벌을 받게 해서 각국 정부가 건전한 거시경제적 펀더멘털(fundamentals)을 만들도록 감시하는 훌륭한 역할을 수행한다는 것이다. 또한 자본자유화는 정부가 이런 건전한 거시정책을 추진하겠다는 신호가 될 수 있으므로 국제적 자본의 국내투자를 더욱 촉진할 수 있다고도 주장된다.

이런 이유들을 근거로 이들은 개방된 자본시장 중심의 금융시스템이 정부가 주도하는 은행 중심적인 시스템보다 더욱 우월하다는 주장을 한다. 그런데 안타깝게도 자본자유화와 금융세계화의 장밋빛 약속은 현실에서는 썩 성공적으로 이루어지지는 않은 것으로 보인다. 자본자유화를 지지하는 주장들의 가장 큰 난점은, 이들이 기초하고 있는 시장에 대한 상당한 믿음과는 다르게 금융시장은 결코 완전하지 않다는 것이다. 투자하는 이가 투자받는 이의 상태를 결코 완벽하게 알 수 없다는 점에서 금융시장에서는 정보가 불완전하며, 투자자들은 자주 비합리적인 행위를 보여 주기도 한다. 정보가 심각하게 불완전하다면 시장에선 별별 일이 다 일어날 수 있다. 예를 들어 마주 보고 있는 똑같은 식당도 우연히 어느 한 집에 첫손님이 들어가면 나중의 다른 손님들은 계속 그 집에만 들어갈지도 모른다. 정보 문제가 아주 심각하면 상대방의 정보를 잘 모르는 시장참가자들은 손해를 입기 마련이며, 교과서에 잘 나오는 중고차 시장이나 보험 시장 뿐 아니라 금융시장에서도 끔찍한 시장실패가 발생하고 마는 것이다. 중고차의 보증이나 건강보험과 관련된 건강진단 나아가 금융시장의 규제와 감독 등 온갖 노력들이 기울여지는 것은 바로 그런 이유에서이다.

정보경제학에서는 비대칭적인 정보(asymmetric information) 문제가 국제금융시장에서는 더욱 심각할 수밖에 없으며 최근의 급속한 금융혁신은 금융시장의 위험을 더욱 심화시켰다고 주장한다. 전 세계를 몰려 다니는 국제금융자본이 투자대상이 되는 개도국의 정보를 얼마나 잘 알고 있을까? '97년 위기' 이전 동아시아 국가에 엄청나게 밀려들어왔던 국제금융자본과 IMF가 동아시아 경제를 '도덕적 해이(moral hazard)'니 '정실자본주의(crony capitalism)'니 하며 비판한 것은 이미 그들이 썰물처럼 빠져나가 위기가 터진 후였을 뿐이다.

사실 1997년 중반까지도 IMF는 동아시아의 경제성장을 찬양하였고 패닉에 휩싸이기 전까지는 국제금융자본도 그러려니 했던 것이다. 금융시장은 언제나 과도한 기대와 변동 그리고 온갖 비합리적인 행태로 가득 차 있고, 또한 금융시장의 투자자들은 더한 층의 가격상승을 기대하여 오히려 가격이 오른 증권을 사는 '모멘텀 투자(momentum investment)' 혹은 '포지티브 피드백 전략(positive feedback strategy)'을 흔히 보여 주며 이는 그 증권의 가격을 더욱 상승시키고 시장을 불안정하게 만든다. 금융시장은 언제나 극단적인 비관과 과다한 낙관 사이를 위험하게 오가며 그 곳에는 합리적인 '호모 이코노미쿠스(Homo Economicus)'도 쉽게 광적인 투기자들로 급변한다는 것을 쉽게 확인할 수 있다.

최근의 "행동금융학(behavioral finance)"이 설득력 있게 보여 주는 이러한 행태는 금융시장에서 버블이 심화되고 급속하게 붕괴하는 과정을 설명해 주며, 이는 급속한 붐과 붕괴가 반복하여 나타나는 이른바 '붐-버스트(boom-bust) 사이클'로 표현된다. 이러한 불안정한 사이클은 국제금융시장에서는 더욱 심각하며 금융시장을 개방한 개도국들을 과다한 자본유입에 취한 일시적 호황과 유출로 인한 심각한 위기에 시달리도록 만든다. 과음이 나쁜지는 술이 술을 마실 때는 결코 알 수 없는데, 국제금융시장도 이와 유사해서 멕시코 위기 이후 '데킬라 효과'

혹은 '부채 숙취(debt hangover)'라는 단어가 생겨나기도 했다.

현실에서도 금융자유화와 개방 이후 여러 개도국에서 부분적으로 버블이나 잘못된 과잉투자로 이어진 '과잉대출(overborrowing)–과잉대부(overlending) 신드롬'이 빈번히 나타났다. 이는 때때로 '도덕적 해이'와도 관련이 있었고 많은 경우 금융위기로 이어진 바 있다. 특히 국제자본은 이 과정에서 펀더멘털(fundamental, 국가 경제 따위에서 기본적인 내재 가치를 나타내는 기초 경제 여건)과는 별 관련 없이 다른 이들의 행태에 영향 받아 떼를 지어 몰려다니는 소위 '무리짓기 행태'를 보여주었으며, 개도국 금융위기의 주범으로 지목받기도 한다. 조금은 장기적이고 쉽게 발을 빼기 힘든 직접투자의 경우 이러한 문제는 덜하겠지만, 특히 포트폴리오 투자나 단기대출과 같은 단기적인 국제금융자본의 경우 이는 특히 심각할 것이다. 물론 통계로 잡히는 직접투자에서 기업을 신설해서 진출하는 그린필드 투자(greenfield investment)의 비중은 크지 않고 주로 자산이나 지분의 인수와 관련이 있다는 점에서 직접투자도 그리 신뢰할 것이 못 된다는 주장도 있다.

▶▶▶ **정보경제학**

2001년 노벨 경제학상은 · 정보 비대칭(asymmetries of information) 이론과 관련, 왕성한 연구 활동을 통해 정보경제학의 이론체계를 실질적으로 마무리했다는 평가를 받은 애컬로프(George A. Akerlof), 스펜스(Michael A. Spence), 스티글리츠(Joseph E. Stiglitz) 등이 공동 수상하였다. 애컬로프가 정보의 격차가 존재하는 시장에서는 선택하지 말아야 할 것을 선택할 수밖에 없는 상황, 곧 역선택(adverse selection)이라는 시장 왜곡 현상이 발생한다는 데 주목했고, 스펜스가 정보 보유량이 많은 경제주체가 보유량이 적은 상대 주체에게 '신호(시그널링, Signaling)'를 보냄으로써 시장의 정보 불균형을 해소하는 방식에 천착했다면, 스티글리츠는 정보가 부족한 경제주체가 상대적으로 정보가 많은 쪽으로부터 정보를 추출할 수 있다는 점을 규명함으로써 정보 비대칭 이론을 사실상 완결지었다.

'정보 비대칭 이론'의 창시자로 일컬어지는 애컬로프는 1970년 '레몬 시장(The Markets for Lemons)'이라는 논문을 발표한다. 이 논문에서 예로 든 중고차 시장에서는 중고차를 사려는 사람에 비해 파는 사람이 차의 결함 등에 관해 훨씬 더 잘 알고 있다. 따라서 중고차 구입자는 빛 좋은 개살구처럼 겉만 멀쩡한 '레몬'(lemon: 흠이 있는 낡은 차를 가리키는 구어)을 비싼 값에 속아 사는 낭패를 겪기 일쑤이다. 속아 산 적이 있는 사람들은 중고차 시장을 찾지 않고 아는 사람을 통해 품질이 담보되는 중고차를 사려 들고, 좋은 차량의 소유자는 제값을 받지 못하기 때문에 아는 사람을 통해 팔려고 든다. 결국 중고차 시장에 양질의 매물은 사라지고 질이 낮은 매물들만 남아 있게 된다. 이처럼 정보의 격차가 존재하는 시장에서는 도리어 품질이 낮은 상품이 선택되는 가격 왜곡 현상, 곧 '역선택(adverse selection)'이 이루어지거나 전체 시장 자체가 붕괴될 수 있다는 것이 바로 애컬로프의 '레몬 원리'이다. 그러나 애컬로프는 이 논문에서 단지 비대칭성 문제가 시장에 미치는 역효과를 분석하는 데 그치지 않고 문제 해결의 가능성까지 예측한다. 곧 경제주체들 스스로 그 역효과를 상쇄하고자 하는 동기가 강하기 때문에 문제 해결을 위해 다양한 시도가 이루어질 수 있다는 것이 그의 전망이었다. 이를테면 중고차상들이 판매한 차량에 대해 일정 기간 수리를 보증하는 제도를 도입한 사례라든지 브랜드 유지를 위해 프랜차이즈 등 다양한 계약형태가 등장하는 경향 따위도 그 예측의 타당성을 입증한다. 또 애컬로프는 이 같은 정보의 비대칭성 문제가 특히 개발도상국 경제권에서 만연해 있다는 점을 지적하면서, 제3세계 지방금융시장에서 엄청난 고금리의 대출이 빚어지는 까닭도 이를 통해 해명한다. 그는 오늘날 이른바 '닷컴사'들의 상장가가 추락을 거듭하면서 주식시장의 IT 거품'이 터져 버린 이유도, 정보가 부족한 개미군단이 부실한 닷컴사가 남발하는 주식의 수익성을 과대평가하게 되고 그런 닷컴사들이 외형상 급성장함에 따라 '역선택'이 이루어지면서 '레몬' 주식이 주식시장을 지배하게 된 데 따른 것으로 풀이하고 있다.

경제학에 '신호' 개념을 처음으로 도입한 스펜스는 1970년대 초 박사학위 논문 '시장신호(Market Signaling)'에서 정보가 비대칭적인 상황에서 한 개인이 독점하고 있는 정보는 그 사람이 표출하는 행동, 즉 신호에 따라 추론할 수밖에 없고, 그 예로 고용시장을 제시한다. 기업에 입사를 원하는 구직자는 자신의 능력에 대해 잘 알고 있지만, 기업은 구직자에 대한 정보를 자세히 알 수 없기 때문에 구직자가 제출한 학력 등의 신호를 통해 입사 희망자를 평가하게 된다. 따라서 교육은 신호를 발생시키는 중요한 요인이 되며, 사람들이 굳이 상급학교에 진학하려는 이유 역시 자신이 일을 잘할 수 있다는 신호를 보내기 위해서라는 것이다. 이러한 그의 신호이론은 기업들이 배당금 액수를 통해 증권시장 참여자들에게 기업 경영상태를 알 수 있게 해 주는 데 응용되는 등 여러 분야에서 활용되고 있다.

스티글리츠는 보험시장을 전형적인 사례로 들어 스펜스의 신호와는 역방향의 상황을 분석하면서 정보 불균형이 해소될 수 있는 또 다른 메커니즘을 제시한다. 보험사는 보험상품 판매 초기에 개별 고객의 신상이나 성향에 관한 정보 보유량에서 해당 고객 본인에 미치지 못한다. 고객이 더 많은 보험금을 노리고 자신의 상황을 자신에 유리한 쪽으로 조작해 제시한 경우라도, 보험사는 평균 사고위험률을 기준으로 보험금을 지급하기 때문에 적정한 금액보다 더 많은 액수를 지급할 수밖에 없다. 이럴 경우, 보험시장에는 보험 가입자 가운데 사고 위험률이 낮은 우량 고객은 비싼 보험료료에 반발해 사라지고, 사고 경험이 있거나 위험이 상대적으로 큰 가입자만 남는 까닭에 보험사로서는 역선택의 상황에 처하게 된다. 스티글리츠는 이러한 시장 왜곡 상황을 피하기 위한 방안으로 이른바 '스크리닝(screening)'에 주목한다. 보험사는 고객에게 효과적인 인센티브를 제시함으로써 고객의 위험 상황에 관한 정보를 추출해 낼 수 있다. 정보를 추출·심사하는 이 스크리닝 과정을 통해 보험사와 고객 사이에 비로소 정보의 균형상태'(equilibrium)가 형성되며 보험사는 보험 계약자들을 대상으로 상이한 사고 위험 등급을 설정하고 고객의 성향에 따라 다양한 보험상품을 제시할 수 있게 되는 것이다. 또 스티글리츠는 경제 주체 간 정보의 비대칭성으로 빚어지는 비효율 사례를 설명하기 위해 '도덕적 해이(moral hazard)' 개념을 처음 도입했다. 가령, 자동차보험 가입자는 일단 보험에 가입하고 나면 사고에 대한 경각심이 전보다 느슨해지거나 구태여 전처럼 비용을 들여가며 차량을 정비하려 하지 않을 수 있다. 보험 처리라는 뒷받침을 믿기 때문이다. 스티글리츠는 전통경제학에서 말하는 '완전한 시장', 곧 수요·공급의 일치로 효용이 극대화되는 시장 개념은 정보의 완전성을 전제로 했다고 지적하고, 현실 시장경제는 정보에서 심대한 결함 또는 불완전성이 존재하는 특성을 나타내기 때문에 '완전한 시장'이란 있을 수 없다고 못 박았다. 그는 정보의 불완전성이 비록 사소한 정도일지라도 막대한 경제적 후퇴를 초래할 수 있다고 강조하면서 경제학은 정보의 비대칭성을 고려해야 한다고 보았다.

이처럼 자본시장의 불완전성 그리고 다른 여러 가지 조건들이 완벽하지 않다는 것을 인정한다면 자유화의 이득에 관한 주장은 공염불일 수도 있다. 이론적으로 이른바 '차선의 이론(second-best theory, 모든 파레토 효율성 조건이 동시에 충족되지 않는 상황에서는 일부 조건이 추가적으로 파레토 효율적이 된다고 해서 사회후생이 증가하지 않는다는 것)' 등에 따르면 다른 모든 시장들이 완벽하지 않다면 한 시장의 자유화가 전체 경제의 효율성 상승으로 이어지지 않는다. 즉 국가 간의 조세차이나 무역장벽이 있는 현실에서는 자본자유화의 이득이 뚜렷하게 나타나지 않을 수도 있다. 상품의 자유로운 이동과 금융자본의 자유로운 이동은 근본적으로 성격이 다르다는 주장(Bhagwati, 1998, Capital myth)에 따르면 금융시장은 언제나 열광(mania)과 위기의 경향으로 가득 차 있으므로 무역자유화의 이득과는 달리 금융자본의 개방과 자유화는 비용이 더 클 수도 있다고 주장한다.

두 번째는 국내적 금융시스템과 국제적 금융시스템이 금융개방으로 인해 불일치를 일으켜 문제를 일으킬 가능성도 존재한다. 예를 들어 동아시아의 경우 장기적인 시야에서 오랫동안 국가가 관리해 오던 은행 중심적 시스템이었는데 급속한 금융개방으로 인해 주로 단기적 수익에만 관심이 있는 시장중심적인 국제금융시장에 통합되게 되었는데, 국제적 자본의 행태는 동아시아의 과거의 금융시스템 하에서 투자를 지탱해 왔던 정부에 의해 관리되는 국내은행들과 무척 달랐기 때문에 위기가 촉발되었다는 것이다. 사실, 앞에서 지적했듯이, 동아시아

경제는 높은 국내저축에 기초하여 기업의 부채도 높았고 이것이 투자와 성장을 촉진하는, 즉 고저축-고투자(고부채)-고성장의 소위 '고부채 모델(high debt model)', 특히 '은행에 기반을 둔 고부채 모델(bank-based high debt model)'에 기초하고 있었다.

그러나 이러한 모델은 국가에 의해 관리되고 자본흐름이 통제되는 경우에는 성공적으로 작동하였지만, 자본시장이 대책 없이 열리게 되자 무척이나 위험해졌다는 것이다. 최근의 흐름과는 달리 90년대 초반까지만 해도 일본이나 동아시아식의 은행 중심적 시스템이 기업 감시나 장기적 투자의 촉진 등에서 볼 때 미국식 시스템보다 우월하다고 주장되었다.

그 밖에도 외국자본의 국내산업 진출과 지배로 인한 국내기업의 약화라든가 금융산업 지배 등으로 인한 악영향과 비용은 개방의 이득을 능가할지도 모른다. 예를 들어, 한국의 재벌과 같이 독특한 소유구조로 인해 외국자본의 유입이 국내기업들의 경영권을 위협하는 경우 국내기업들은 이를 우려하여 투자를 줄이고 경영권 확보와 외국인 주주들을 위한 배당에만 신경을 쓸 수도 있다. 2005년 브릿지증권 등의 사례에서 보이듯 외국자본이 엄청나게 높은 배당을 요구하고 심지어 무상증자나 유상감자 등의 꼼수까지 동원하여 단기적으로 투자수익을 회수하는 데에만 관심이 있다면 자본시장 개방이 국내경제 성장에 도움이 된다고 말하기는 어려울지도 모른다. 사실, 금융위기 이후의 멕시코나 한국처럼 외국자본이 국내의 은행을 지배하고 기업 투자를 촉진하는 금융중개기능을 약화시키는 경우는 자본자유화가 금융의 발전을 통해 성장으로 이어진다는 주장을 반박하는 좋은 사례일 것이다.

이 모든 주장들을 종합해 볼 때, 흔히 주장되는 자본자유화 혹은 금융세계화의 이득을 주장 그대로 받아들이는 데에는 상당한 주의를 기울여야 할 것이며 자유화의 비용도 만만치 않다는 것을 인식하는 것이 필요할 것이다. 특히 직접투자에 비해 포트폴리오 투자와 같은 금융자본의 세계화는 상대적으로 그 위험이 더욱 큰 것으로 보인다. 세계화가 진전되기 이전에는 선진국들도 강력한 자본통제를 고수하였고 일부 개도국은 최근까지도 자본이동에 대한 상당한 제한들을 가하고 있다. 시장주의자들이 보기에 이러한 자본통제는 외국자본의 이용가능성을 제한하고 국내적으로 비효율성을 노정시키므로 도움이 되지 않을 뿐 아니라, 사적 자본이 첨단기술을 동원해서 통제를 회피할 것이므로 효과적일 수도 없을 것이다.

이처럼 자본시장의 섣부른 개방은 미국 등 외부로부터의 압력에 대한 분별 없는 국내 시장주의자들의 조응의 결과였다. 즉 1990년과 91년에 9.2%와 9.4%를 기록하였던 실질 GDP 성장률은 김영삼 정부 출범 전후, 즉 93년과 94년에 5.9%와 6.1%로 후퇴하면서 자본시장의 개방을 적극 추진한 측면이 있다. 경상수지의 적자규모를 보더라도 1990-93년 연평균 37.6억 달러에서 1994년 45.3억 달러, 1995년 89.5억 달러, 1996년 237.2억 달러로 빠르게 증가했다. 그런데 자본자유화가 폭넓게 추진된 결과 자본수지 흑자규모가 1990-93년 연평균 52.3억 달러에서 1994년 116.1억 달러, 1995년 174.2억 달러, 1996년 232.2억 달러로 대폭 확대되었다. 다시 말해, 경상수지 적자를 보전하기 위해 외자도입의 필요성이 증대했고, 해외로부터의 자본유입에 의해 자본수지 흑자가 빠르게 증대하였다. 경상수지를 개선하기 위해서는 수입을 줄이고 수출을 늘이거나 경제체질을 강화시키는 수밖에 없다. 그런데 자본수지 흑자를 통해 경상수지 적자를 개선할 경우 환율의 하락으로 경상수지 적자는 더욱 악화될 수밖에 없다. 이처럼 악화된 경상수지 적자를 보전하기 위해서 더 큰 규모의 자본수지 흑자가 요구되는 악순환이 되풀이 될 수밖에 없다. 시장평균환율을 보면 1990년 716.4원, 91년 760.8원, 92년 788.4원, 93년 808.1원으로 상승하다가 경상수지 적자가 크게 증대한 94년과 95년에 788.7원, 774.7원으로 하락하였다.

게다가 자본수지에서도 단기자본수지(외국인 투자 포트폴리오 포

● **[표 13-6]** 한국의 국제수지   (단위: 백만 달러)

	경상 수지	상품 수지	서비스 수지	소득 수지	경상 이전수지	자본 수지	투자 수지	기타 자본수지
1980	-5,312.2	-4,613.2	-723.0	-511.5	535.5	6522.3	6,518.3	4.0
1981	-4,606.6	-3,848.8	-486.1	-886.8	615.1	5312.9	5,348.3	-35.4
1982	-2,550.5	-2,827.2	264.8	-644.3	656.2	3935.1	4,031.7	-96.6
1983	-1,524.1	-1,848.5	393.5	-792.8	723.7	2391.2	2,470.8	-79.6
1984	-1,293.1	-1,089.1	373.4	-1,263.7	686.3	3059.1	3,141.1	-82.0
1985	-795.1	-20.2	458.6	-2,085.6	852.1	1632.5	1,725.2	-92.7
1986	4,709.4	4,299.1	1,351.9	-2,310.2	1,368.6	-4216.6	-4,120.4	-96.2
1987	10,058.4	7,529.4	2,276.5	-1,586.5	1,839.0	-10368.9	-10,159.8	-209.1
1988	14,505.4	11,283.3	2,257.0	-1,327.6	2,292.7	-5067.5	-4,714.1	-353.4
1989	5,344.2	4,345.3	444.0	-577.5	1,132.4	-2885.9	-2,567.5	-318.4
1990	-2,014.4	-2,461.3	-614.9	-87.7	1,149.5	2564.4	2,895.6	-331.2
1991	-8,317.4	-6,903.6	-2,152.7	-163.8	802.7	6411.8	6,741.3	-329.5
1992	-4,095.2	-1,907.0	-2,883.8	-395.7	1,091.3	6587.0	6,994.0	-407.0
1993	821.1	2,150.1	-2,126.2	-391.2	1,188.4	2740.7	3,215.8	-475.1
1994	-4,024.2	-3,017.2	-1,800.6	-486.8	1,280.4	10295.1	10,731.6	-436.5
1995	-8,665.1	-4,364.6	-2,978.8	-1,302.8	-18.9	16785.6	17,273.2	-487.6
1996	-23,120.2	-15,077.1	-6,179.4	-1,814.5	-49.2	23326.8	23,924.4	-597.6
1997	-8,287.4	-3,255.7	-3,200.3	-2,454.3	622.9	1314.4	1,922.0	-607.6
1998	40,371.2	41,665.0	1,024.1	-5,638.3	3,320.4	-3196.7	-3,367.8	171.1
1999	24,521.9	28,463.0	-651.0	-5,159.0	1,868.9	2040.3	2,429.6	-389.3
2000	12,250.8	16,953.0	-2,847.8	-2,412.3	566.3	12110.0	12,725.2	-615.2
2001	8,032.6	13,488.0	-3,872.1	-1,198.1	-385.2	-3390.8	-2,659.8	-731.0
2002	5,393.9	14,777.4	-8,197.5	432.3	-1,618.3	6251.5	7,338.3	-1086.8
2003	11,949.5	21,952.0	-7,424.2	326.3	-2,904.6	13909.4	15,307.8	-1398.4
2004	28,173.5	37,568.8	-8,046.1	1,082.8	-2,432.0	7598.8	9.351.6	-1,752.8
2005	16,558.5	33,473.0	-13,092.2	-1,320.1	-2,502.2	490.5	2,803.5	-2,313.0

자료: 한국은행.

함) 흑자가 대폭 증가했다. 특히 1994년 이후 예금은행 및 종금사의 기타 차입 등 단기외화차입을 중심으로 단기자본수지가 증가했다. 장기 대 단기 자본수지를 보면 1990–93년간 평균 33.0억 달러 대 19.3억 달러였으나 1994년에는 36.7억 달러 대 79.4억 달러, 1995년에는 64.7억 달러 대 109.5억 달러, 1996년에는 98.3억 달러 대 133.9억 달러로 단기와 장기 자본수지의 규모가 역전되었다. 앞에서 지적했듯이 OECD 가입을 위한 김영삼 정부의 자본자유화 조치에 따라 종금사들은 외환업무를 할 수 있게 되었다. 또한, 당시 민간부문이 단기자본을 차입하여 장기대출로 운용하였는데 이는 OECD 가입과 금융개방으로 국내금리가 국제금리 수준으로 하락할 것이라는 것과 국가신용도 증가로 외자조달 금리가 하락할 것이라는 기대도 단기 외화차입 증대의 주요 요인으로 작용했다. 여기에 기업과 금융기관은 금리하락 시 차입조건을 재조절하기 쉬운 단기외채를 선호했으며, 외국 금융기관들의 한국경제에 대한 과도한 낙관주의 및 고이자를 노린 외자의 대량 유입, 그리고 이 시기 주로 기업어음에 대한 지불보증 등 단기금융을 주 업무로 했던 제2금융권의 비중이 크게 증가한 것이 단기 외화차입 증대의 주요 요인으로 작용했다. 게다가 당시 한국은 높은 신용등급으로 일본을 비롯한 국제금융시장에서 아주 싼 이자로 돈을 빌릴 수 있었으므로 종금사들은 앞 다투어 해외자금을 빌려 동남아에 투자하였다. 개별 민간경제 주체들의 입장에서는 합리적 선택이었던 것이다.

▶▶▶ **경상수지**

아래의 무역수지와 무역외수지를 합하여 흔히 경상수지라 부른다. 경상수지는 한 나라의 대외경쟁력을 나타내므로 경상수지는 대단히 중요한 의미를 갖는다. 경상수지는 상품의 수출과 수입의 차액을 나타내는 상품수지, 운임·보험·용선료·여행비·투자수익, 주둔군에 대한 지출, 수수료·특허권 사용료 등 서비스 거래에 관계가 있는 수입과 지출의 차액을 나타내는 서비스수지, 외국에 생산요소(자본, 노동)를 제공한 대가로 받은 금액에서 외국으로부터 생산요소를 제공받은 대가로 지급한 금액을 뺀 값인 소득수지, 배상·현금 또는 물자의 증여 등 대가(對價)가 따르지 않는 거래의 수불차액을 나타내는 경상이전수지를 합한 것을 말한다. · 해외로부터 도입한 차관(금융부채)에 대한 이자는 소득수지에 포함된다.

▶▶▶ 무역수지(상품수지)

상품의 수출과 수입의 차액을 말하며 수출이 수입을 초과하면 '무역수지 흑자', 반대의 경우 '무역수지 적자'라 부른다.

▶▶▶ 무역외수지(서비스수지)

용역의 수출과 수입의 차액을 말하며 수출이 수입을 초과하면 '무역수지 흑자', 반대의 경우 '무역수지 적자'라 부른다.

▶▶▶ 소득수지

우리나라가 외국에 투자한 결과 벌어들이는 돈과 외국인이 우리나라에 투자한 결과 벌어가는 돈의 차이 그리고 우리나라 근로자가 외국에 나가 일해서 벌어들이는 돈과 외국인 근로자가 우리나라에서 일해서 벌어가는 돈의 차이를 나타낸다. 소득수지는 거주자가 외국에 단기간(1년 이내) 머물면서 일한 대가로 받은 돈과 국내에 일시 고용된 비거주자에게 지급한 돈의 차이를 나타내는 급료 및 임금수지와 거주자가 외국에 투자하여 벌어들인 배당금 및 이자와 비거주자에게 국내에 투자한 대가로 지급한 배당금 및 이자의 차이를 나타내는 투자소득수지로 구성된다.

▶▶▶ 경상이전수지

거주자와 비거주자 사이에 아무런 대가없이 주고받은 거래의 수지차를 말한다. 경상이전은 수혜자의 소득과 소비를 늘려 주게 되는데 해외에 거주하는 교포가 국내의 친척 등에게 보내오는 송금, 종교기관이나 자선단체의 기부금과 구호물자, 정부 간의 무상원조 등이 여기에 기록된다.

▶▶▶ 자본수지

자본수지는 장기와 단기 자본수지로 나눈다. 전자는 만기 1년 이상의 자본거래의 순차액을 말하며 후자는 만기 1년 이하의 자본거래의 순차액을 말한다. 예를 들면, 기업의 장기차관도입, 해외직접투자 등은 장기자본거래에 해당하고 외국의 단기채권(만기 1년 이하)매입, 단기상업어음매입 등은 단기자본거래에 해당한다.

▶▶▶ 투자수지

해외에서 발행한 증권·주식 등의 이자, 배당금 등의 수입과 대외에 지급한 이자나 배당 등의 수지차를 말한다. 경상수지 중 무역외 수지의 일종 이다. 투자부문수지의 수입액은 해외투자배당금, 지점결산이익금 , 차관이자, 외화증권이자, 외화예치금이자, 본·지점이자, 선물환매매이 익 등으로 구성 되며, 지급액은 수입액에 포함되는 항목을 우리나라에서 외국에 지급한 금액으로 구성된다. 국내 기업의 해외투자와 외국 기업의 국내 투자 규모가 커짐에 따라 점차 무역외수지에서 차지하는 비중이 커지는 추세이다. 직접투자수지와 해외포트폴리오투자수지와 기타투자수지로 구성된다.

▶▶▶ 기초수지

장기자본수지와 경상수지를 합하여 기초수지라 부른다. 따라서 기초수지는 경제의 단기적 변동요인에 따라 움직이는 단기자본수지가 제외되어 있다. 기초수지는 한 나라의 장기적인 대외지급능력을 나타내는 중요한 척도이다.

▶▶▶ 종합수지

기초수지에 단기자본수지를 합하고 다시 오차 및 누락을 합하면 종합수지가 된다. 그런데 국제수지표 작성에 있어서 오차 및 누락은 사전적으로 나오는 게 아니다. 종합수지와 금융계정은 항상 일치하므로 금융계정이 먼저 작성되고 난 다음에 기초수지에 단기자본수지를 합한 금액과 금융계정 간의 차이를 구하여 그것을 오차 및 누락계정에 계상하게 된다. 그러면 종합수지는 항상 금융계정과 일치하고 양자는 부호만 반대가 된다. 종합수지는 단기적인 자금이동까지 포함하고 있다는 점에서 불안정성을 띠고 있기는 하나 한 나라의 종합적인 국제유동성을 나타낸다.

▶▶▶ **금융계정**

금융계정은 통화금융기관(한국은행＋예금은행)의 대외자산 및 대외부채의 증감을 계상하여 부채의 증가는 '＋', 자산의 증가는 '－'로 각각 나타낸다. 금융계정은 항상 종합수지와 금액이 같으며 부호만서로 반대가 된다.

사적 부문의 이익극대화가 공공의 목표로 반드시 이어지지 않는다는 점을 보여 주고 있고 시장 대 국가의 이분법은 의미가 없음을 보여 준다. 그러나 한국의 금융기관들은 동남아시아 기업이나 금융기관의 파산으로 인한 순수한 투자손실과 환위험에 대비하지 않아 발생한 손실, 고수익 투자 상품이 가진 높은 레버리지로 인한 손실 등 투자원금을 훨씬 상회하는 손해를 입게 되었다. 즉 1997년 동아시아 경제위기의 발단이 된 태국 바트화의 폭락은 97년 3월 1일 자산규모 12위 은행인 태국 다뉴은행(Thai Danu Bank)이 최대의 금융회사인 Finance One을 합병하기로 했다는 정부 발표를 계기로 표면화되었다. 정부 발표 이후 3월 3일에는 주가가 폭락세를 지속하고 3월 5일에는 하루 동안 총 예금의 9%에 해당하는 100억 바트의 예금이 인출되는 등 상당기간 예금인출사태가 지속되어 금융기관의 유동성 부족 현상까지 발생하게 되었다. 태국의 바트화 폭락은 1996년 7월 2일 태국이 '복수통화 바스켓제도'에서 변동환율제도로 이행한 후 급속히 시작되었다.

바트화의 가치 폭락에 이르기까지의 태국 정부의 경제활동을 살펴보면, 그것이 여러 차례의 바트화 투매 현상을 통해서 빚어진 것을 짐작할 수 있다. 태국 정부는 96년 11월 이후 여러 차례의 바트화 투매 현상에 외환시장개입과 금리인상 등으로 대처하였으나 결국 바트화의 방어에는 실패하였고 97년 7월 2일부터 급속한 폭락을 시작한 바트화로 인해 태국과 마찬가지로 그간 환율변동폭 제한(인도네시아, 필리핀) 또는 외환시장개입(말레이시아) 등을 통해 환율의 절하를 억제해왔던 동남아 각국에 대한 대외 신뢰가 크게 하락하고 외국자본의 유출이 가속됨에 따라 그 주변국의 경제에까지 크게 파급 확산되었던 것이다.

태국이 외환위기에 빠진 후 1997년 10월부터 7개의 종금사가 하루하루 버텨나가고, 10월 이후엔 모든 종금사와 많은 다른 금융기관들이 한국은행 특별자금으로 간신히 생명을 연장해 갔다.[2] 더구나 돈을 빌려 주었던 국제투자자들은 단기대출에 대한 상환을 연장해 주지 않았으므로 단기대출을 상환하기 위해서 한국의 금융기관들은 한국의 외환시장에서 무차별적으로 외화를 매입하게 되었다. 사실, 당시 한국은 GDP 대비 단기부채가 그다지 높지 않았다. 세계은행은 (부채/GNP) 비율이 48% 이하인 나라들은 위기위험이 적은 나라로 분류하고 있었는데, 1996년 말 한국의 경우 이 비율은 22%밖에 안 되었고 외환위기 직전에도 이 비율은 25%에 불과했었다. 하지만 아무도 상환연장을 해 주지 않는 상황에서 모든 투자자들이 이자와 원금을 모두 갚을 것을 요구하였다. 이 과정에서 일본 투자자들의 경우 11월 한 달 동안 무려 70억 달러나 빼내갔다. 이후 한국의 외환시장은 불안정한 모습을 보이더니 결국 IMF 구제금융 사태를 맞게 되었다.

---

2) 97년 30개에 달했던 종금사는 현재 단 2개만 남아 있다.

> ▶▶▶ **레버리지효과**(leverage effect)
>
> 타인으로부터 빌린 차입금을 지렛대로 삼아 자기자본이익률을 높이는 것으로 지렛대효과라고도 한다. 예를 들어 100억 원의 자기자본으로 10억 원의 순익을 올리게 되면 자기자본이익률은 10%가 되지만, 자기자본 50억 원에 타인자본 50억 원을 도입하여 10억 원의 순익을 올리게 되면 자기자본이익률은 20%가 된다. 타인자본을 사용하는 데 드는 금리비용보다 높은 수익률이 기대되는 경우에는 타인자본을 적극적으로 활용하는 것이 유리하지만 타인자본을 과도하게 도입하면 경기가 어려울 때 금리부담으로 인한 도산 위험이 높아진다.
>
> ▶▶▶ **복수통화바스켓**(multiple currency basket)**제도**
>
> 무역이나 자본거래에서 자국통화와 관계가 깊은 복수의 통화를 가중 평균하여 마치 바구니 속에 담는 것과 같이 하나의 통화단위로 만들어 자국통화의 환율시세가 일정해지도록 함으로써 환율안정을 도모하는 제도를 말한다. 우리나라에서는 1980년 2월부터 1990년 2월까지 복수통화바스켓제를 사용하였다.

이제 '97년 위기'의 원인을 정리하면 다음과 같다. 첫째, '97년 위기'의 내부적 요인은 경상수지 적자의 확대와 환율정책의 실패에서 비롯한 것이다. 그러나 경상수지 적자는 90년대만의 문제가 아니었다는 점에서 후자의 요인이 보다 직접적 원인이라 할 수 있다. 그런데 환율정책의 실패는 정부실패에서 비롯했다기보다는 효과적인 정부 역할의 부재에서 결과하였다. 이익의 공유 없이 '위험과 손실만'이 공유된 개발독재기의 성장시스템(61년 체제)은 정치민주화가 되면서 역설적으로 심각한 문제를 드러냈다. 즉 성장과정에서 사회적으로 배제, 소외된 노동자 등 사회계층의 압력이 증대하면서 독재권력의 힘은 약해져갔고, 그 결과 새로운 '시장우상'이 개발독재기의 '국가우상'을 대체하였다. 개발독재기 국가는 나름대로 사적 규율체제를 대체하는 역할을 수행했고, 그것이 재벌의 도덕적 해이도 약화시킨 측면이 있었는데도 국가의 후퇴와 퇴각 속에 이를 대체하는 새로운 규율제도가 창출되지 못하였다. 여기에 87년 항쟁의 결과로 정치적 자유화는 유약한 연성시장국가의 등장으로 이어졌고, 여기에 정부의 규제와 감독에서 해방된, 즉 무책임한 재벌체제의 결합은 모두의 위기를 수반했다.

둘째, '97년 위기'의 외부적 요인은 동남아 전체에 퍼져있던 거품경제의 붕괴에 따른 것이다. 즉 태국 바트화의 폭락에서 촉발된 경제위기의 전염성은 급속히 확대되어 그 대응 능력이 떨어지는, 다시 말해 취약한 경제구조를 가지고 있던 경제적 인접 국가를 중심으로 번져 나아갔던 것이다. 세계경제의 네트워크화의 한 단면이라 할 수 있다. 한국과 마찬가지로 동남아국가들도 80년대 후반부터 외자 유입을 원활히 하여 높은 경제성장을 이루기 위해 외환 및 자본자유화를 급속히 추진하였는데, 이는 원활한 외자유입을 통하여 높은 경제성장을 뒷받침한 측면이 있으나 무분별한 외자도입은 국내의 자본을 과잉 공급하게 함으로써 기업 및 금융기관의 비효율적인 투자의 확대를 부추기는 결과를 초래하였고, 부동산가격의 상승 등의 원인이 되었다.

1990년 초부터 이러한 외채의 추이를 살펴보면 태국은 1991년부터 96년까지 5년간 외채가 약 150% 가까이 증가하였으며, 인도네시아와 말레이시아는 약 73%, 필리핀의 경우는 26%정도가 증가하였음을 알 수 있다. 그로 인해 90년대 초 아시아 국가들은 자신의 실력에 걸맞지 않게 주식 및 부동산 시장이 부풀려지게 된 것이다. 그러나 1990년대 고성장기에 접어든 동남아 각국의 경제여건으로 볼 때, 이 정도의 외채는 충분히 감당할 수 있는 것으로 보였고, 각국의 금융기관은 저리의 외자를 도입하여 건설업체나 콘도미니엄, 골프장 등 부동산 개발업자에 대한 대출로 운영하여 높은 수익을 올릴 수 있었다.

성장 신화에 도취돼 1995-96년 외국인 투자자금이 들어오면서 과열 양상은 이어졌고 금융체계가 잘 정비되지 못한 상태에서 시장을 무분별하게 연 것이 위기를 초래했다. 즉 태국, 인도네시아, 말레이시아의 경우 1990년대에 들어 두 자리 수의 높은 증가세를 지속해 오던 수출이 1996년부터 엔화 약세와 중국산 저가품과의 경쟁 격화에 따라 급속히 둔화되면서 경상수지가 큰 폭의 적자를 나타내기 시작한다. 이중 태국은 수출(통관기준)이 1990-95년 중의 연평균 18.8% 증가에서 1996년 중에는 1.8% 감소로 반전되었으며, 그 영향으로 경제성장률이 같은 기간 중 8.9%에서 6.4%로 하락하였고, 또한 경상수지가 1995년에 이어 1996년 중에도 GDP 대비 8%에 이르는 대폭적인 적자를 기록하였는데, 이는 1994년 외환위기 당시의 멕시코 수준(7.8%)을 상회하는 것이었다.

이처럼 계속되는 외채 증가로 인한 비효율적 투자의 확대는 부동산 가격의 확대 및 경제의 거품을 만들었고, 고도의 경제성장이 점차 누그러짐에 따라 그 거품이 일시에 꺼지면서 1996년부터는 부동산의 공급과잉 현상이 나타났고 거품붕괴 과정이 진행되어 부동산 가격이 하락함에 따라 건설업체와 부동산개발업체를 중심으로 기업의 도산이 늘어나고 그러한 기업의 도산은 돈을 융자해준 금융기관의 부실화를 초래하게 된 것이다.

이와 같은 금융위기에 대응하여 각국은 부동산 관련 대출을 제한하고 대손충당금 설정 기준을 강화하는 등의 조치를 취하였으나, 그간의 외환유치로 형성된 무분별한 투자로 인해 계속해서 도산하는 기업의 부실 채권과 금융기관들의 부실채권을 감당해 낼 수는 없었으며 각 금융기관의 부실채권은 계속 증가하게 되었다. 기업들의 과잉 중복투자와 거품경제는 또 다른 모습이었다. 물론 이 과정에서 해외 투기자금의 문제를 배제할 수 없다. 앞에서 지적했듯이, 태국의 경우 1995년과 96년에 경상수지 적자가 각각 GDP의 8.2%와 8.0%에 달하였으나 바트화 환율은 각각 0.4%와 1.6% 절하되는 데 그쳤는데, 이는 태국이 외화의 유입을 통한 고성장을 지속시키기 위해 종전의 복수통화바스켓제도 하에서 중앙은행의 외환시장 개입이나 고금리 유지 등을 통해 자국 통화를 방어한 결과였다. 그러나 무리한 자국통화 방어는 현재와 같이 국가 간 자본 이동이 활발히 이루어지고 외환시장이 국제적인 투기자 본(헤지펀드)의 영향을 크게 받는 상황에선 장기간 지속되기 어려웠고, 게다가 금리인상조치는 당시 수출 부진으로 인해 어려움을 겪고 있는 기업의 금융비용 부담을 가중시키는 원인이 되어 기업의 도산과 경기 둔화를 더욱 심화시키는 결과를 초래하게 되었다.

이처럼 '97년 위기'를 겪었던 동남아 국가들 역시 급속한 외환 및 자본자유화를 추진한 결과 단기적으로는 성장률의 수치를 높일 수 있었으나 성장 둔화와 경상수지 적자에 직면하자 해외자본 유입으로 해결할 수밖에 없었고 그 결과 금융이 해외자본의 영향력에 놓이게 된 것이다.

제3절   한보와 기아 사태로 본 97년 위기의 전개과정

'97년 위기'의 직접적 원인 중 하나가 환율정책의 실패, 즉 효과적인 정부 역할의 부재에서 결과하였다는 점에서 '97년 위기'는 근본적으로 '87년 체제'에서 비롯한다. 앞에서 지적했듯이 87년 항쟁과 정치 민주화는 유약한 연성시장국가의 등장으로 이어졌고, 개발독재기의 '국가우상'은 새로운 '시장우상'으로 대체되었다. 개발독재기 국가는 나름대로 사적 규율체제를 대체하는 역할을 수행했고, 그것이 재벌의 도덕적 해이도 약화시킨 측면이 있었는데, 이는 국가의 후퇴와 퇴각 속에 이를 대체하는 새로운 규율제도가 창출되지 못하였기 때문이었다.[3]   즉 부패가 해소되지 않고 관치금융이 잔존한 상태에서, 그리고

---

3) 일부에서는 국가의 후퇴가 이미 박정희 정권의 몰락과 함께 시작되었다고 주장한다. 즉 한국경제의 구조변화를 가져 온 1970년대 중화학공업에서의 진입과 조

여기에 관치금융에 의해 성장한 재벌의 근시안적 이해가 결합되어 금융자유화가 진행되고 재벌의 방만한 차입경영의 문제가 드러났고, 이것이 '97년 위기'를 야기한 중요 요인으로 작용한 것이다. 즉 금리자유화정책 이후 은행의 여신 심사만 제대로 되었더라도 부채의 경성예산제약 효과 때문에 과잉중복투자가 심화되지는 않았을 것이다. 즉 경제개발 초기부터 은행을 중심으로 한 금융기관이 기업금융을 주도적으로 담당해 왔지만, 기업지배구조 측면을 볼 때 국가가 경제개발과정에서 산업자금을 지원하기 위해 은행의 경영과 자금배분과정에 직접 개입함에 따라 구조적으로 은행은 기업에 대한 감시와 통제 역할을 제대로 수행하지 못한 점이 있다.

이론적으로도 오히려 부채비율이 높은 경우 금융기관의 기업에 대한 감시 유인이 강화되기 때문에 과소투자가 발생할 가능성이 높기 때문이다. 이와 관련하여 '97년 위기' 당시 IMF의 '한국경제 극비보고서'는 다음과 같은 내용을 담고 있다. 1997년 한국 재벌들의 부도는 철강, 자동차 등 특정 산업분야에 대한 과도한 투자와 경기사이클 하강에 따른 수익성 악화 등에 기인했고(제2항), 이러한 재벌들의 부도가 금융시스템을 심각할 정도로 악화시켰다(제3항). 그 결과 국제기준으로 은

정을 통해 볼 경우 1977-78년을 전환점으로 한국 경제는 실질적으로 대기업집단의 주도로 운영되어져 갔다. 즉 1970년대 중반까지 정부와 기업의 관계는 정부가 대외지향적 성장구조상 필요에 의해 산업조직정책을 등한시하였고, 기업집단들은 직간접으로 정부보호를 받는 관계가 형성되어 있었다. 그러나 70년대 후반 중화학공업 진입에서 대기업집단들은 정부의도와 다른 선택을 하였고, 정부는 70년대 말 조정으로 기업의 책임을 강조하면서 정부와 기업 관계의 재정립을 다시 시도하였지만, 10.26은 이러한 정부의 시도를 실패로 만들었다. 이후 1980년 5.17 직후 정부의 기업지배 노력이 다시 시도되지만 대기업집단들은 시장 논리와 정보 우위를 기초로 위협점을 이용해 오히려 실패한 기업운용의 손실만회와 이익을 극대화시켜 나갔고, 특히 외부충격에 의한 소규모 개방경제를 이용해 대기업집단의 이익을 더욱 관철시켜왔다. 이처럼 70년대 후반 이후 정부의 책임은 오히려 기업 진입, 조정 등 대기업정책에 국한시켜야 하며 일차적으로 경제의 공과는 당연히 경제운용의 제일 주체로 등장한 대기업에 있음을 간과해서 안 될 것이다(박영구, 2002: 137-53).

행들의 무수익자산(부실여신)이 1997년 9월 말까지 32조 원(GDP의 7%)으로 급속히 증가됐으며 동시에 주가의 급속한 하락으로 은행 보유주식의 가치가 하락했고 은행들의 순자산 가치도 떨어졌다. 게다가 이러한 사태들은 취약한 은행시스템 때문에 더욱 악화됐다. 이로 인해 국제 신용평가기관들이 한국 금융기관들의 신용 등급을 잇달아 하향 조정했으며, 해외자금 조달의 급속한 위축은 외환위기로 나타났다.

이제 1997년 재벌기업 부도의 구체적 사례를 통해 위기의 전개과정을 살펴본다. 먼저 '97년 위기'의 시발점이 되었던 한보그룹의 부도과정을 살펴보자. 한보그룹은 계열사인 한보철강의 무리한 설비확장으로 자금난이 심화되면서 1997년 1월 23일 그룹이 도산했다. 1996년 9월에서 12월 사이에 시중은행들은 자금난에 빠진 한보그룹에 4천억 원을 지원한데 이어, 1997년 1월 8일 다시 1,200억 원을 긴급 지원하여 부도를 면하게 해 주었다. 1월 22일 더 이상의 지원은 무리하다고 생각한 한보의 주거래 은행(제일은행)을 비롯한 산업은행, 외환은행, 조흥은행 등 주요 채권은행에서 한보철강의 경영권을 인수하여 한보철강의 회생을 도모하는 계획에 합의하였다. 이것을 정태수 한보그룹 총 회장에게 통보하고 한보철강 주식 360만 주와 주식의 임의처분 동의각서를 제출하도록 요구하였다. 거부할 경우 '부도처리 후 법정관리'를 밟겠다고 통보하였다. 1월 23일 한보그룹은 채권은행단에 정 총회장 일가의 주식은 내 놓겠지만 임의처분 동의 각서는 낼 수 없다는 입장을 밝혀 경영권을 포기 않겠다는 의사표시를 하였다. 채권은행들은 이것이 은행단 요구에 대한 거부의사로 받아들여 그날 오후 한보철강은 부도처리되었다.

한보는 1월 27일 법정관리를 신청하였다. 한보철강(주)의 부도는 은행은 물론 종금사에 엄청난 부실 채권을 안겨주게 되어 금융계는 일대혼란에 빠졌고, 한국 경제 전체에 큰 부담이 되었다. 한보철강 공장은 일부만이 가동하고 대부분의 공장은 건설 중에 있었다. 그래서 한보철강(주)의 부도는 자재 공급회사, 플랜트 엔지니어링 회사, 건설업체 등 대기업체는 물론이고 이들 회사와 관계되는 수많은 중소기업 업자에게까지 부도사태를 몰고 왔다. 결국에 가서는 노무자에게까지 막심한 피해를 주게 됐다. 부도 당시 한보의 자산은 5조 원, 총부채는 6조 6천억 원(1997년 2월 기준)으로 부채가 자산보다 1조6천억 원이 많은 상태였다. 이 차액은 모두 금융기관들의 손실로 돌아갔다. 한보사태로 인해서 금융기관들의 부실이 심각해졌으며 주거래 은행인 제일은행은 지급불능 상태에 빠졌다.

재무제표를 통해 한보그룹의 부도 원인을 알아보면 한보의 부채와 자본으로 이루어진 자산 규모는 해를 거듭할수록 증가하는데, 그 주된 이유는 부채의 증가에 있었다. 즉 전체 자산에서 부채가 차지하는 부분이 1993년에는 78.4%에서 96년에 97%로 거의 대부분을 차지하고 급기야 97년에는 자본의 값이 마이너스(-)를 기록하여 100%를 넘게 된다. 거기다 자산이 대부분 고정자산으로 되어 있어서 부채를 상환할 능력을 의심하게 된다. 당기순이익은 1995년에 마이너스를 기록하면서, 부채에 대한 이자지급 능력까지 상실하게 된다. 즉 빚으로 운영이 되고 있었던 것을 알 수 있다. 한보의 재무비율을 유동성비율과 부채비율을 보면, 유동성 비율은 약 200을 표준비율로 잡고 있으나 1993년부터 한보사태가 발생한 97년까지 100에도 미치지 못하여 단기부채의 상환능력이 없었다. 즉 만기가 된 단기부채를 상환하기 위해서 한보는 다시 부채를 가져와서 부채를 갚는 악순환을 되풀이한 것이다. 부채비율은 기하급수적으로 증가하고, 한보사태가 발생할 때는 급기야 자본이 마이너스(-)가 된다.

이처럼 한보 부도를 요약하면 첫째, 투자의 수익성과 세계적인 철강공급 과잉 등을 고려하지 않은 채 무모한 투자결정과 그룹총수의 비합리적인 의식과 엉성한 경영관리를 지적할 수 있다. 둘째, 투자자금을 대주었던 금융기관들은 대규모 투자의 사업성을 평가하는 데 소홀했고 거액의 대출이 불투명한 절차에 이루어졌다. 셋째, 그룹총수의 로비를 받은 대통령 측근과 정치인들이 정치 자금을 받는 대가로 사업인허가 및 대출 과정에 개입했다. 한보 도산은 기업경영, 금융, 정치 그리고 이들이 연결된 한국 경제시스템의 총체적 실패를 보여주었다. 한보사태가 일어나자 외국금융기관들은 한국기업의 신용도를 재평가하게 되었고, 한국금융기관들에게 거액의 자금을 비교적 쉽게 빌려 주었던 외국금융기관들은 부실기업들에게 대출한 은행뿐 아니라 한국의 다른 금융기관들에 대해서도 신용상태를 의심하게 되었다.

1997년 2월 20일 무디스는 한보에 대한 대출이 많다는 이유로 조흥은행, 외환은행, 제일은행의 신용등급을 하향 조정하였다. 한보부도 이후에도 대기업들의 부도가 계속되었다. 3월 20일에는 삼미그룹 5개사가 특수강의 공급과잉과 북미 현지 투자 실패로 부도가 났다. 정부는 4월 들어 대기업 연쇄부도가 정치경제에 미치는 파장을 우려하여 이를 차단하려고 '부도유예협약'을 도입하였다. 이 협약의 핵심은 채권 금융기관들이 합의하여 부도위기에 처한 기업에게 신규자금을 공급하여, 일단 부도위기에서 벗어나게 하는 대신에 해당 기업에게 강도 높은 자구노력을 요구하는 것이었다. 4월 21일 진로그룹이 처음으로 부도유예협약의 적용을 받게 된다. 이 협약이 적용되어 3개월간 부도위협에서 벗어났다. 5월에는 대농그룹, 7월에는 기아그룹이 적용을 받게 되었다. 부도 유예협약에는 은행과 종금사 등이 참여하였고 보험사 등 다른 금융기관들은 포함되지 않았다. 부도유예협약에 참가하지 않은 금융기관들은 해당 기업에 대해 채권행사를 할 수 있었으며, 이로 인한 손실은 부도유예협약에 참가한 금융기관들이 부담하였다. 부도유예협약에 참가한 채권금융기관들의 불만이 커지면서 9월 2일 부도유예협약이 개정되었다.

그러한 노력에도 불구하고 대농, 진로 등 대부분의 기업이 부도가 났다. 이렇게 한계기업 퇴출이 지연되면서 시간이 갈수록 부실이 커졌고 모든 부담은 금융기관이 안게 되는 결과를 초래하였다. 부담이 큰 금융사는 부도난 회사의 어음을 할인해 준 종금사였다. 담보물 없이도 어음만 믿고 대물해 주었기 때문에 피해가 컸던 것이다. 종금사의 어음할인 실적을 보면 1996년도에는 95년보다 25조 9,336억 원을 더 대출해 주었고 1997년 1분기에도 전년 대비 9조 3,315억 원을 더 늘려 대출해 주었다. 한보사태가 발생한 후 2분기에는 1조 5,444억 원, 4분기에는 15조 9,948억 원을 회수했다. 금융기관에서 대출을 끊으면 기업들은 연명할 수가 없다. 그래서 중소기업은 물론 재벌급 기업도 버티기가 힘들었다.

이번에는 재벌기업과 대조적으로 전문경영인체제였던 기아그룹의 부도 사태를 살펴보자. 기아그룹은 기아자동차를 모기업으로 총 26개 계열사에 5만 5천명의 임직원을 거느리고 있었으며 1996년 말 기준으로 자산총액 14조 5천여억 원으로 재계 8위, 매출액은 12조 1,400여억 원으로 재계 7위의 대기업이었다. 기아가 부실화하는 데 가장 직접적인 요인으로 작용한 것은 그룹 전체 70%의 적자를 낸 기아 특수강의 경영난이었다. 특수강 업계의 경쟁적 시설투자에 따른 공급과잉과 무리한 시설투자를 위한 단기자금 조달로 자금난을 극복하지 못하였다. 자금난에 시달리며 1997년 4월부터 종합금융사 등 제2금융권이 대출금

◉ [표 13-7] 1997년 대기업 부도 및 부도유예 내용

일 자	내 용	일 자	내 용
1월 23일	한보 부도	3월 20일	삼미 5개시 부도
4월 18일	진로 부도유예	5월 20일	대농 부도유예
6월 2일	한신공영 부도	7월 15일	기아 부도유예
10월 15일	쌍방울 부도	10월 29일	태일정밀 부도유예
11월 1일	해태 부도	11월 5일	뉴코아 부도
12월 5일	한라 부도	12월 5일	고려증권 부도

을 회수해가면서 부도 위기에 몰렸다. 기아는 7월 15일 기아그룹의 18개 회사가 부도유예협약 대상으로 선정되었다. 기아문제는 그 수습과정에서 경제와 사회에 적지 않은 파장을 일으켰다. 기아가 선정이 되고난 다음날(7월 16일) 유럽 증시에 상장된 기아 자동차의 주식예탁증서(DR)가격이 20%나 폭락하였으며 런던시장에서는 조흥은행과 국민은행의 주식예탁증서가 각각 12.5%, 3.7%로 하락하였다. 부도유예협약 대상기업 선정 이후 기아그룹은 그룹 내에 혁신기획단을 발족, 계열사 통폐합 자동차산업을 중심으로 한 경영정상화와 인원감축 등의 자구책을 내놓게 되나 채권단측이 기아의 자구책을 구체성이 없고 미온적이라는 이유로 받아들이지 않고 경영권 포기각서와 인원 감축과 급여 삭감에 대한 노조동의서 제출 요구에 대한 기아의 거부로 기아사태는 경제논리를 뒷전으로 한 감정대립으로 치닫게 된다.

이러한 상황 속에서도 정부는 해당 기업과 관련 금융기관이 알아서 할 문제라며 방관하고 있는 상황에서 5천여 개의 기아 협력업체가 어음할인을 받지 못해 도산 위기에 처하게 된다. 9월 초 채권금융단은 부도유예기간이 끝나는 9월 29일까지 김선홍 회장이 사표를 내면 부도유예기간을 연장해 주겠다는 것을 기아 측에 제안하지만 기아는 이를 거부하고 기아자동차, 아시아 자동차, 기아 특수강 등을 화의신청, 기산을 법정관리 신청함으로써 부도유예를 기업회생이 아닌 단순한 부도연기수단으로 이용했다는 채권단의 빈축을 산다. 기아의 부도 가능성이 높아가고 있던 중 9월 30일 법원으로부터 재산보전처분을 받은 기아자동차, 아시아자동차, 기산 3개 계열사가 부도 처리되고 10월 21일 관계장관회의에서 기아의 법정관리 신청방침을 결정함으로써 기아사태는 부도유예협약대상기업 선정 이후 100일 만에 해결의 조짐을 보이기 시작했다. 1년 4개월을 끌어오던 기아문제가 현대의 인수를 그 해결책으로 일단락지어졌다.

대기업들의 연이은 부도는 금융기관들의 부실채권규모 급증으로 연결되었으며 이로 인해 국내금융기관들의 대외신용도가 급격히 하락하기 시작하였다. 금융기관들의 부실채권규모를 보면 1996년 말만 해도 16.2조원 수준이던 고정 이하의 부실여신규모가 1997년 11월 말에는 무려 38.2조 원으로 2배 이상 증가하였다. 부실대기업에 대한 여신과다로 인한 자산건전성의 악화를 우려한 외국의 신용평가기관들은 우리나라와 국내금융기관에 대한 신용등급을 하향 조정하였다. 무디스사는 1997년 이후 우리나라의 국가신용등급을 장기는 6단계(A1 → Ca1), 단기는 2단계(P2 → Not Prime)나 하향 조정하였다. S&P도 1997년 이후 국가신용등급을 장기 10단계(CA- → B+), 단기 4단계(A1 → A3) 하향 조정하였다. 이에 따라 일반은행들의 해외금융시장에의 단기차입금리가 급상승하고 신규차입이 사실상 중단되는 사태에 이르렀다.

이처럼 잠재적 외환유동성 부족상태가 지속되는 상황에서 정부의 대응 또한 무기력한 모습만 보였다. 이로 인해 정부의 문제해결 능력에 대한 대외신뢰도가 낮아지게 되었다. 특히 정부가 경제위기를 맞아 취했던 부실금융기관에 대한 한국은행의 유동성공급, 부실채권 정리, 국책은행을 통한 해외차입 증대, 외국인 주식투자 한도확대와 같은 단기적인 위기해결 대책들이 위기상황을 타개하는 데 매우 미흡한 수준이라고 외국기관들이 평가하면서 문제의 발단은 시작되었다. 특히 기아사태의 처리과정은 외국투자자들에게 한국사회 전체의 문제해결방식과 능력에 대한 의구심을 증폭시키게 만들었다. 부실경영에 책임이 있는 채무자가 오히려 큰소리를 치고 정치권을 비롯한 사회 각층이 이를 지원하는 일반적인 사회분위기와 언론의 보도태도에 외국투지지들은 실망을 하게 되었다.

또한 금융개혁법안의 국회통과가 이루어지지 못함에 따라 한국의 금융개혁의지에 대해서도 불신이 가중되었다. 이러한 요인들이 복합적으로 작용하여 외국 금융기관들이 우리나라에 있던 자금을 급속히 회수하기 시작하였다. 1997년 중 외국금융기관들이 회수한 단기대출금규

모는 무려 376억 달러에 이른다. 외국인투자자들은 국내기업들의 재무
제표가 국제적인 기준의 투명성을 결여하고 공시도 제대로 이루어지지
않는 등 기업의 실상을 정확히 파악할 수 없다는 이유로 대출을 기피
하거나 만기상환 시 연장을 거부하였으며 증권시장에서도 투자자금을
급격히 회수하기 시작하였다. 앞에서 살펴보았듯이 '97년 위기'의 발
생은 해외금융시장 여건과 무관하지 않다.

1997년 10월 23일 홍콩증시가 전일대비 무려 10.41%나 폭락하였
고, 일본의 은행, 신탁은행, 증권사, 보험사 등 8개 금융기관이 도산하
였다. 이렇게 우리나라의 주요 단기차입시장인 홍콩 및 동경 금융시장
의 경색은 우리나라 금융기관 및 기업이 단기차입을 사실상 할 수 없
게 하여 '97년 위기'를 불러오는 직접적인 원인으로 작용하였다. 실제
로 일본의 금융기관들은 1997년 중 단기대출금 220억 달러의 59%에
해당하는 130억 달러를 회수하였다. 이러한 일본계 금융기관의 단기대
출금 회수규모는 우리 정부가 IMF 구제금융을 신청하기 직전인 11월 1
일과 19일중 13억 달러 그리고 11월과 12월중 합해서는 약 90억 달러
에 달하였다. 결국 정부는 위기극복을 위한 구조조정과정에서 유동성
부족을 자체적으로 해결하는 것이 어렵다고 판단함에 따라 IMF에 유동
성조절자금의 지원을 요청하게 되었다.

▶▶▶ IMF 사태

1997년 12월 3일. 우리 역사에 기록된 경제 국치일(國恥日)이다. 임창
렬 당시 경제부총리와 이경식 한국은행 총재는 이날 밤 서울 세종로 정부
청사에서 미셸 캉드쉬 국제통화기금(IMF) 총재가 지켜보는 가운데 IMF
구제금융을 위한 정책이행각서에 서명했다. 이른바 "IMF체제"의 시작이
었다. IMF체제는 국민생활 전반에 엄청난 변화를 몰고 왔다. 대마불사의
신화가 무너지면서 은행, 대기업 등이 줄줄이 문을 닫거나 통폐합됐고,
100만 명 이상의 실업자가 한꺼번에 거리로 쏟아져 나왔다. 가계는 가계

대로 얇아진 월급봉투에 맞추기 위해 허리띠를 졸라매야만 했다. 불과 1년 전 선진국 사교클럽이라는 OECD에 가입해 어깨를 으쓱대던 자부심은 간 데 없이 사라져 버렸고, 감당하기 어려운 고통이 온 국민의 어깨를 짓누르기 시작했다. 가혹한 시련이 한국민들을 기다리고 있었다. 한국의 외환위기 일지는 한보철강 부도에서부터 출발한다. 97년 신년 벽두, 한보철강이 5조원대의 부도를 낸 것을 시작으로 삼미·진로·뉴코아 등 대기업들의 부도가 연쇄적으로 이어졌다. 누적된 경영부실에 경기불황까지 겹치면서 잘 나가던 대기업들이 잇따라 자금난에 내몰렸다. 7월15일 당시 재계 서열 8위였던 기아가 마침내 부도방지협약 대상기업으로 선정됐다. 사실상의 부도였다. 투자자들은 위기를 감지했고, 발 빠른 선수들은 자금을 빼내가기 시작했다. 한보가 위기의 서막이었다면 기아는 클라이맥스였다.

대외 여건도 악재 투성이였다. 7월 2일 태국 바트화가 폭락한 데 이어 8월 14일 인도네시아 루피아화가 붕락했고, 이어서 10월 23일에는 홍콩 증시가 대폭락했다. 특히 홍콩증시 폭락은 외환위기의 경계선을 넘나들던 한국시장에 치명타였다. 동남아 투자를 늘려 왔던 종금사들과 이들을 상대로 금리장사를 해 왔던 국내은행들은 10.23 홍콩사태를 계기로 결국 돌아올 수 없는 선을 넘게 된다. 외국은행으로부터 돈을 빌려 동남아국가 채권을 매입하고 이를 다시 담보로 넣는 소위 레버리지 레포(REPO)거래를 해 온 종금사들로서는 빠져나갈 구멍이 없었다. 동남아 사태로 인해 담보가치가 떨어져 부족분만큼 돈을 더 넣어야만 했지만 자금이 있을 리 없었다. 종전에는 시중에서 달러를 빌릴 수 있었지만 이미 은행들도 라인이 끊어진 상황이었다. 홍콩 사태의 파장은 즉각 반영됐다. 다음날인 24일 종합주가지수는 33.15포인트 폭락했다. 스탠더드앤푸어스(S&P)는 이날 AA+(우수)였던 한국의 국가신용등급을 A+(양호)로 한 단계 떨어뜨리며 위기감을 고조시켰다. 사실상 외환위기의 시작을 알리는 시그널이었다. 이런 와중에 모건스탠리증권이 10월 28일 전 세계 투자가를 대상으로 한 장의 긴급 전문을 날렸다. "아시아지역에 투자된 자금을 회수하라. 즉시 팔아치우고 빠져 나오라" 파장은 일파만파로 확대됐다. 다음날인 29일 종합주가지수가 또다시 35포인트 폭락하면서 저항선으로 여겨졌던 500선이 붕괴됐다. 환율은 가격제한폭까지 뛰어 올랐다. 당시 외국인투자자들의 한국 탈출은 '엑소더스'를 방불케 한다. 10월 한 달에만 무려 1조원 이상의 자금이 서울을 빠져나갔다. 상황이 악화되면서 "한국을 탈출하라"는 외국계 기관들의 경고 사이렌이 잇따라 울려대기 시작했다. 11월 5일 미국계 블룸버그 통신이 "한국의 가용외환보유고는 20억 달러에 불과하다"며 위기감을 조장했다. 인터내셔널헤럴드트리뷴 등 세계 주요 언론들이 블룸버그를 인용해 한국의 경제위기를 대대적으로 보도했다. 같은 날 저녁 홍콩페레그린증권이 한국경제의 운명을 가르는 결정타를 날린다. 이날 홍콩페레그린증권이 전 세계에 뿌린 보고서는 이렇게 끝을 맺고 있다. "Get out of Korea. Right Now" 이유 불문하고 지금 당장 한국에서 빠져나오라는 급전이었다.

외국계를 중심으로 경고사이렌이 잇따라 울려대고 있었지만 정작 한국 정부의 대응은 미온적이었다. 무엇이 잘못됐는지, 어디서부터 손을 대야 하는지, 도무지 감을 잡지 못한 채 우왕좌왕이었다. 정부가 사태의 심각성을 인정하고 IMF행을 포함한 대응책을 논의한 것은 블룸버그와 홍콩페레그린증권의 경고사이렌이 울린 직후인 11월 7일이었다. 이날 김영삼 대통령은 강경식 부총리로부터 "최악의 경우 IMF에 갈 수도 있다"는 보고를 받는다. 윤진식 청와대 비서관이 대통령과 면담해 "각하, 돈줄이 꽉 막혔습니다"며 직보를 올린 것도 바로 이 즈음이다. 상황을 보고받은 대통령은 다음날 이경식 한은 총재에게 확인전화를 걸었다.

"이 총재. 갱제(경제)가 이래 가지고 되겠나?"

"각하 큰일입니다. 나라가 부도나기 직전입니다"

"그러면 우에 하노?"

"미국은 돈 안 줍니다. IMF에 가는 수밖에 없습니다."

그동안 "설마 IMF에 가기까지야 하겠나 …"라며 안이하게 생각했던 대통령은 이날 이 총재와의 통화 이후 "IMF로 가야 한다"로 생각을 바꾸게 된다("잃어버린 5년, 칼국수에서 IMF까지" 동아일보).

대통령의 결심은 11월 14일 강 부총리의 청와대 보고 자리에서 표면화됐다. 김 대통령이 먼저 "나라가 결딴날 판국이다. IMF로 가라."며 확답을 내려 준 것이다. 이로 부터 일주일 후 정부는 캉드쉬 총재와의 비밀 협의를 거쳐 IMF에 구제금융을 공식 요청하기에 이른다.

〈97년 외환위기 일지〉
- 1월 23일; 한보 부도
- 3월-6월; 삼미 · 진로 · 뉴코아 등 대기업 연쇄 부도
- 7월 2일; 태국 바트화 폭락
- 7월 15일; 기아 사실상 부도, 협조융자 신청
- 8월 14일; 인도네시아 루피아화 폭락
- 8월 25일; 정부 대외 금융기관 채무보증 약속
- 10월 23일; 홍콩증시 폭락
- 10월 24일; 산업은행, 기아 출자 결정
- 10월 25일; 모건스탠리 긴급 전문 발송
- 11월 5일; 블룸버그 "한국 가용외환보유고 20억 달러" 보도
- 11월 5일; 홍콩페레그린, "Get Out of Korea" 보고서 발송
- 11월 14일; 김영삼 대통령 IMF행 결심
- 11월 16일; 캉드쉬 IMF총재 극비 방한, 구제금융 방안 논의
- 11월 19일; 강경식 부총리 경질, 임창렬 신임 부총리 임명
- 11월 21일; IMF 구제금융 신청 공식 발표
- 12월 3일; 대기성 차관제공에 관한 양해각서 체결
- 12월 5일; IMF, 1차 지원금 56억 달러 제공

제14장

97년 체제와 또 다른 위기
— 포스트 97년 체제의 모색 —

한국경제는 1997년 말 위기 이후 IMF로부터 지원받은 195억 달러의 자금을 2001년 8월 23일 완전 상환함으로써 공식적으로 IMF체제에서 탈피하게 된다. 이는 계획보다 3년 조기 상환한 것이었다. IMF 체제하에서 한국경제는 1998년에는 주가 폭락, 환율 급등, 기업 및 금융기관 대량 퇴출 등으로 인해 80년 이후 최악의 불황을 경험하였고, 이에 금모으기 운동, 개혁공감대 형성, 대외신인도 회복 등에 따라 외환이 급속히 확충되었고, 98년 말부터 경제가 빠르게 회복되었다. 그러나 이후 대우사태, 현대사태, 반도체가격 폭락 등 국내외 악재가 돌출하면서 2001년부터 경제가 다시 침체에 빠졌다.

IMF 프로그램은 표면상으로는 외환 확충이나 구조조정 등 성과를 내었다. 예를 들어, 외환유동성의 경우 외국인 투자와 무역수지 흑자로 외환보유고가 확충되었다. 주로 외국인 직간접 투자와 무역수지 흑자에 의해 외환보유고가 확충되었는데 외환보유고가 외환위기 당시 39억 달러였으나 2001년 11월 15일 기준 1,008.6억 달러로 늘었다. 98년 이후 2001년 9월말까지 외국인 직간접 투자자금은 (신고기준) 753.7억 달러가 유입되었다. 이는 같은 기간 외환확충분의 93%에 해당하는 것이었다. 반면, 무역흑자(98. 1~2001. 10월)는 821억 달러로 외환보유 증가분을 초과하였다. IMF 자금 상환 등으로 총외채는 1997년 말 1,592억 달러에서 2001년 9월말 1,250억 달러로 줄어듦에 따라 340억 달러 감소하였다. 1999년부터 순채권국으로 전환되었으며 단기외채 비율은 97년 말 39.9%에서 2001년 9월 말에는 31.9%로 하락하였다. GDP 대비 총외채 비중도 같은 기간동안 33.4%에서 26.7%로 감소하였다.

　　외국인투자와 무역수지 흑자로 외환보유고가 확충됨에 따라 적정 외환보유고(3개월 수입액, 외국인주식보유 자금과 통화량을 고려)의 규모에 대한 논란이 제기되기 시작하였다. IMF자금 조기상환 및 구조조정 성과 등으로 대외신인도의 경우에도 국가신용등급이 '97년 위기' 이후에는 최저 등급이었던 B-(S&P 기준)이었으나, 99년 1월에는 투자적격을 회복하였고, 2001년 IMF 졸업 당시에는 BBB+로 상향조정되어 '97년 위기' 당시인 A에 비해서는 두 단계 아래이지만 위기 직후와 비교해서는 여덟 단계 상향 조정되었다. 그 결과 외평채가산금리도 러시아 모라토리엄 선언 당시인 1998년 8월말 10%까지 급등하였으나 이후 지속적으로 하락하여 2001년 말까지 1.5%대였다.

　　그러나 과도한 개혁속도, 국내현실과의 부적합성, 성장잠재력 약화 등 악영향도 유발하였다. IMF는 초기에 긴축과 시스템 개혁을 강하게 요구했으며, 물가 상승에 대처하기 위하여 수요를 지나치게 억제해서 경기를 냉각하는 일(over-kill) 등 부작용이 두드러지자 경기부양으로 방향을 선회하였다. 즉 초고금리 정책으로 경제가 극심한 침체를 보이자 IMF는 4차(98년 5월) 협의 시 금리 인하를 용인하였다. 재정정책도 초기에는 적자를 불허하는 입장이었으나, 1998년 2월부터 경기부양의 불가피성을 인정하면서 적자확대를 용인하였다. 정부는 금융, 기업, 노동, 공공 등 4대 부문 개혁을 중점 추진하였는데 한국경세에 많은 부작용도 가져왔다.

제 1 절 97년 체제의 부작용

첫째, 두 차례에 걸친 외환자유화로 국내자금의 해외 유출입이 증가하고 빈번한 외자 유·출입과 국제 동조화로 외환불안 가능성이 증대하였다. 즉 외자계가 국내 금융시장에서 핵심 세력으로 부상하였으며 외환 및 증권시장의 국제 동조화가 심화되었다. 외국인의 국내 상장주식 보유비중이 1997년 말 14.6%에서 2001년 말에는 37%, 2004년 4월 26일에는 44.14%까지 확대됐다가 2006년 9월 말 현재 37%까지 떨어진 상태나 여전히 높은 보유 비중을 유지하고 있다.

그 결과 국제금융시장의 움직임과 외국인의 매매패턴에 따라 국내 외환 및 주식시장이 동요하였다. 예를 들어, 외국인들의 주식매매 규모가 급증하면서 주가수익률과 외국인 주식순매수 간에는 1997년 −0.07에서 1998년 0.21, 1999년 0.31, 2000년에는 0.43 등으로 '97년 위기' 이전에는 마이너스(−)였던 주가와 외국인 주식순매수 간의 상관계수가

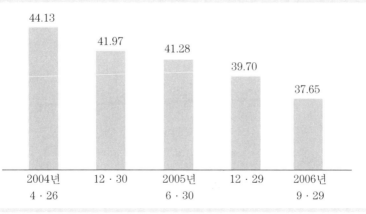

● [그림 14-1] 외국인 주식보유비중 추이

자료: 증권선물거래소.

'97년 위기' 이후 플러스(+)로 바뀌었을 뿐 아니라 그 크기가 증가하였다. 원/달러 환율 변동률과 외국인 주식순매수 간에도 1997년 0.10에서 1998년 −0.11, 1999년 −0.26, 2000년 −0.12로 상관관계를 보여 주고 있다(유용주 외, 2000). 특히, 외국자금이 핫머니(hot money)화하면서 국내 금융지표의 변동성을 심화시켰고, 외자계의 정보 독점으로 국내시장에서 우월적 지위를 확보하였다. 예를 들어, 외국인들은 한국의 국가신용도 상향 조정이 발표되기 1개월 전부터 국내 주식을 집중적으로 매입하였다. 2001년 12월 6일 미국의 금융전문 사이트인 CBS 마켓워치(Market Watch)는 한국투자전문펀드인 매튜코리아의 12월 5일 기준 연초대비 수익률이 69%로 전체 주식형펀드 중 1위를 차지했다고 보도했다. 참고로 당시 미국 주식형펀드의 수익률은 평균 마이너스(−) 11%에 머물고 있었다.

현재 한국의 금융시장은 환율과 주가가 정책금리와 무관한 움직임을 보이는 등 불안정성이 크게 증대되었다. 예를 들어, 한국은행이 콜금리를 올리면 일반적으로 주가가 하락할 것으로 예상한다. 그러나 예상과 달리 (비록 통계적 의미는 없지만) 종합주가지수와 코스닥지수가 오히려 각각 상승하는 것으로 나타났다(이근영, 2006). 콜금리 인상으로 환율은 하락했지만 마찬가지로 통계적으로 무의미하였다. 이는 금리와 환율 간의 관계보다는 환율과 주가가 높은 인과관계를 갖고 있기 때문이다. 즉 한국의 주가는 금리보다는 단기적으로 미국 주가나 달러/엔 환율 등에 더 큰 영향을 받고 있다. 예를 들어, 2005년 말 260조 744억 원에 이르던 외국인 주식보유액은 2006년 9월 말 현새 253조 8,739억 원으로 6조 원 이상 감소했으나 달러화로 환산한 외국인주식보유액은 2005년 말 2,569억 달러에서 2006년 9월 말 2,683억 달러로 되레 114억 달러 늘었다. 2005년 말 1,012원이었던 원/달러 환율이 꾸준한 하락세를 보이며 2006년 9월 말에는 946원까지 떨어진 탓이다. 이 같은 현상은 원/달러 환율이 100원 넘게 떨어졌던 2004년에도 나타났다.

[표 14-1] 외국인 주식보유액 추이

	원화(억원)	달러화(억달러)	환율(달러당 원)
2004. 4. 26	179조 4,521	1,553.7	1,155
12. 30	173조 1,953	1,663.7	1,041
2005. 6. 30	193조 3,673	1,886.5	1,025
12. 29	260조 744	2,569.9	1,012
2006. 9. 29	253조 8,740	2,683.2	946

자료: 앞의 그림과 동일.

주식시장에서 외국인 투자 비중이 44.14%에 이르렀던 2004년 4월 26일 외국인들의 주식보유액은 179조 4,521억 원에 이르렀으나 외국인들이 주식을 대거 팔아치우면서 2004년 말에는 173조 1,953억 원으로 6조 원 가량 줄었다. 반면 달러화로 환산한 주식보유액은 1,553억 달러에서 1,663억 달러로 오히려 110억 달러 증가했다. 당시 환율은 같은 기간 1,155원에서 1,041원으로 급락했다. 이처럼 원/달러 환율이 하락할 때마다 외국인들은 국내 주식시장에서 매도세를 보이며 차익실현에 나서고 있다. 미국 달러화 약세 기조로 다른 나라의 통화가치가 절상된 가운데 우리나라 원화 가치가 가파른 상승세를 보이자 환차익을 노린 외국인이 보유주식을 팔고 있는 것이다.

환율과 주가 간의 높은 인과관계는 금리와 주가의 역의 관계에도 영향을 미치고 있다. 즉, 지난 1999년 5월부터 2004년 6월까지의 기간을 대상으로 분석한 한국은행의 보고서에 따르면 콜금리 인상발표를 전후로 외국인은 강한 매수세를 보인 것으로 나타났다(손욱, 2006). 즉 금리인상이 주식시장의 악재라는 상식과 달리 한국은행이 콜금리를 인상하기 전후에 외국인은 주식을 매수하는 것으로 나타났다. 금리인상을 매도의 신호로 받아들이는 국내 기관이나 개인과는 전혀 다른 패턴을 보인 것이다. 이는 외국인의 경우 콜금리 목표 인상으로 인한 원화가치 상승 가능성에도 초점을 맞추어 투자결정을 하는 데 따른 것이다. 이처럼 금융시장이 개방되고 자유화되면서 국내 통화정책보다는 해외 요인의 영향력이 커짐으로써 국민경제의 독립성이 크게 약화되었다.

둘째, 금융 및 기업구조조정의 추진으로 금융 불안과 신용경색이 계속되었다. 예를 들어, 정부는 은행산업의 구조조정을 위해 1998년 2월 BIS기준 자기자본비율이 8% 미만인 은행 중 자력으로 정상화가 어렵다고 판단된 대동(→ 국민), 동남(→ 주택[1]), 동화(→ 신한), 경기(→ 하나) 및 충청(→ 한미)은행 등 5개 은행에 대해 98년 6월 29일자로 퇴출을 결정하고 9월 30일자로 은행업인가를 취소함에 따라 98년 10월 1일부터 국민, 주택, 신한, 한미 및 하나은행이 통합영업을 개시하였다. 이후로도 구조조정은 계속돼 장기신용은행(98. 12. 31)이 국민은행에 의해 합병되었고, 한일과 상업은행이 한빛은행(98. 12. 31)으로 통합하였고, 하나은행이 보람은행(1999. 1. 3)을, 그리고 조흥은행이 충북(99. 5. 3)과 강원은행(99. 9. 15)을 인수·합병하였다. 그 결과 1995년 당시 시중은행 15개, 지방은행 10개였으나 합병을 통해 2000년 말 기준 시중은행 11개, 지방은행 6개로 감소하였다.

그 이후에도 인수·합병은 계속되어 1997년 16개였던 시중은행이 현재 7개로 줄었으며, 이 중 우리은행을 제외하면 3개(제일, 외환, 한미〈시티〉)는 외국계로, 나머지 3개(하나, 국민, 신한)는 외국인이 1대 주주가 되었다. 즉 1998년 55개 기업과 더불어 5개 은행이 대량 퇴출되면서 시중자금이 안전한 기업과 금융기관으로 이동하였고, 금융기관들이 BIS비율을 준수하기 위해 자금을 보수적으로 운용하여 비우량기업들은 자금조달에 어려움을 경험하였다. 즉 IMF 체제 초기 고금리 정책을 강행하다가 경기부양, 구조조정 지원을 위해 1998년 중반 이후 저금리 정책으로 전환하였다. 그 결과 1998년 말 이후 저금리 기조가 지속되었

---

1) 특수은행이었던 주택은행은 1997년에 시중은행으로 전환하였다.

[표 14-2] 우량회사(AA-)와 비우량회사채(BBB-) 수익률 격차 (%p)

2000. 10. 2	2000년 말	2001. 3 말	2001. 6 말	2001. 11. 24
2.47	3.69	4.76	4.11	4.11

자료: 2000년 10월부터 회사채 기준 금리가 2개로 구분되어 발표.

다. 그럼에도 불구하고 우량채권과 비우량채권 간의 괴리가 발생하였다. 신용경색 현상이 지속되면서 우량채와 비우량채 간 금리차가 확대되어 비우량기업들은 저금리 수혜를 입지 못하였던 것이다. 2000년 말 이후 일부 대기업의 유동성 문제가 발생하면서 회사채의 금리차는 한때 5%p까지 벌어졌다.

이처럼 IMF체제에서 부실 금융기관을 퇴출하고 남은 금융기관들도 부실채권을 정리하여 금융산업 전반에서 부실 부문이 정리되었다. 또한, 은행들은 BIS비율 준수가 의무화되며, 총자산 일정규모 이상의 대형 금융기관은 외국의 회계법인에서 회계감사를 받아야 한다. 이는 곧 과거와 같이 정치권과 결탁한 대출을 하거나 무분별한 주식투자를 할 경우 즉각 은행 자신의 위험으로 집계되어 적절한 부담을 져야 한다는 것을 의미한다. 은행대출의 상업성 원칙이 확립되어 정부가 정책금융을 줄이고 은행경영 및 대출결정에 개입하지 않기로 IMF와 협약에 명시한 것은 은행 측에서는 장기적으로 자생력을 키울 수 있는 유리한 환경이 조성된 것으로 간주할 수 있다. 반면, 은행들은 투자를 축소하고, 외형보다는 수익을 중심으로 하는 새로운 경영 방식이 도입되었다. 또한, 제시된 건전성 기준을 충족하지 못할 경우 은행도 부득이하게 시장에서 퇴출되고, 이 과정에서 은행들의 M&A가 진행되었다. 여기에 외국자본이 지속적으로 참여하게 되고 금융주권의 문제까지 제기되는 실정이다. 특히 기업어음(CP), 양도성예금증서(CD) 등 단기금융상품과 회사채에 대한 외국인의 매입이 제한 없이 허용됨으로써 그렇지 않아도 '간접금융 비중 축소'라는 시대적 조류로 가뜩이나 좁아져만 가는

▶▶▶ **BIS 비율**

　1988년 신용위험을 다루고 국제결제은행(BIS)의 바젤 은행감독위원회가 권고한 은행의 자기자본에 관한 협약을 맺는데 이른바 자기자본비율로 알려진 BIS 비율을 도입하였다. 한국의 경우 IMF 구제금융 받으면서 9개 부실 종금사 정리하고 BIS기준(위험가중 자기자본비율 8%)에 미달하는 은행은 증자나 M&A를 통해 구조조정 하였다. BIS는 최근 은행의 신용리스크 및 안정성을 정확히 측정할 수 없다고 판단하여 새롭게 추진하는데 지난해 4월에 권고안이 나왔다. 각국의 의견을 물어 수정한 후 2007년부터 발효될 예정인 바젤 2 신자기자본규약의 가장 큰 특징은 "기대손실" 즉 발생할지도 모르는 위험에 대하여도 충당금을 쌓도록 하고 있으며 구체적으로는, 은행의 내부규정, 임직원의 업무행위, IT 시스템의 운영리스크 등도 리스크로 규정하고 있어, 현재보다 더 많은 충당금을 쌓아야 한다.

은행의 입지를 한층 더 좁히고 있다.

　셋째, 기업도산과 구조조정으로 실업률이 일시적으로 8.6%까지 상승하였다. 경기가 회복됨에 따라 실업률은 하락했으나, 상시적인 구조조정으로 비정규직의 증가와 청년실업 문제 등 고용사정이 악화되었다. 전체 임금근로자 중 임시 및 일용직근로자의 비중이 1997년 47.0%에서 2001년 3/4분기에는 51.4%로 상승하였다. 또한, 기업 신규채용 감

🌑 **[표 14-3]** 임시 및 비중과 20대 실업률 추이　　　　　　　　　　　　(%)

	1997년	1998년	1999년	2000년	2001년
전체 실업률	2.6	6.8	6.3	4.1	3.3
20-29세 실업률	5.4	11.4	10.2	7.1	6.3
사용직 근로자 비중	54.1	53.0	48.3	47.6	48.6
임시직 근로자 비중	31.6	32.8	33.4	34.3	34.3
일용직 근로자 비중	14.3	14.2	18.3	16.9	17.1

자료: 2001년 1/4-3/4분기 평균.

소 등으로 대졸자를 비롯한 20대의 청년실업률이 98년 말에는 전체실업률의 1.7배였으나 2001년에는 1.9배로 높아졌다.

2006년 11월 30일 국회에서 통과되어 2007년 7월부터 시행을 앞둔 비정규직 관련 3개 법안 역시 앞에서 말한 혼란을 해결하지 못하였다. 예를 들어, 비정규직법 중 기간제 및 단시간근로자보호 등에 관한 법률에는 기업주가 기간제근로자(계약직)를 2년 넘게 계속 고용할 경우 무기계약을 체결한 근로자로 간주한다고 명시하고 있다. 여기서 무기계약 근로자란 '기간의 정함이 없는 근로자'로 정부의 통계 분류상 정규직에 해당된다. 문제는 노동부가 정규직이란 명칭을 붙인 무기계약근로자의 신분이 정규직으로 상승하는 게 아니고 명칭만 정규직이 된다는 점이다. 즉 계약직이 정규직이 되면 고용은 안정되지만 임금은 계약직 때와 별반 달라질 게 없다는 것이다. 따라서 무기계약근로자로 전환되는 정규직은 기존의 정규직과 임금 수준에서 여전히 격차가 벌어진 상태를 유지할 수밖에 없다. 명칭은 정규직이지만 신분은 비정규직인 이른바 '준정규직'인 셈이다. 명칭을 둘러싼 혼선이 일어나는 이유는 기본적으로 정규직과 비정규직을 분류하는 정부의 통계방식 때문이다.

노·사·정이 2002년 합의한 통계방식을 채택하고 있는 정부는 비정규직을 기간제(계약직)처럼 고용계약 기간이 설정되어 있는 경우, 근무 기간 1개월 이상 1년 미만의 임시직, 근무 기간 1개월 미만의 일용직 등으로 구분하고 있다. 여기에다 파트타임, 특수고용직, 파견근로, 가정 내 근로, 용역근로 등도 비정규직에 포함하고 있다. 정규직은 회사 내규에 의해 채용돼 인사관리규정의 적용을 받고 퇴직금, 상여금, 각종 수당을 받는 경우와 비정규직 분류 항목에 해당되지 않는 근로자를 모두 포괄하고 있다. 이 분류에 따르면 여관, 식당, 영세 중소업체 등에서 일하는 저임금 취약계층이 대부분 정규직에 포함된다. 이에 따라 정규직과 비정규직 간 임금통계도 상당히 왜곡되고 있는 실정이다.

노동부는 2005년 8월 현재 비정규직 수를 548만 3,000명으로 추산하고 있다. 이에 반해 노동계는 취약계층 300여만 명을 합해 840여만 명으로 계산하고 있다. 취약계층 300여만 명은 고용 형태는 정규직이지만 임금은 비정규직보다 못한 수준으로 받고 있다.

정부의 정규직 및 비정규직 분포에 따르면 전체 임금근로자 1,496만 8천 명 중 정규직이 948만 6천 명(63.4%)이고 비정규직이 548만 3천 명(38.6%)으로 구분되고 있고, 후자는 다시 한시적 근로자가 361만 5천 명(24.2%), 비전형근로자가 190만 7천 명(12.7%), 시간제근로자가 104만 4천 명(7.0%)으로 분류되고 있다. 또한, 비전형근로자는 일일(단기)근로자가 71만 8천 명(4.8%), 특수고용형태가 63만 3천 명(4.2%), 용역근로자가 43만 1천 명(2.9%), 가정 내 근로자가 14만 1천 명(0.9%), 파견근로자가 11만 8천 명(0.8%)으로 나누고 있다.

▶▶▶ 기간제근로자(임시직)

시한적, 부정기적 업무를 담당케 하기 위하여 기간을 두고 채용한 노동자를 말하고, 계약직은 고용기간을 정확히 두고 고용한 노동자를 통상적으로 지칭한다. 즉 임시직이나 계약직은 일정한 사업의 완료, 일시적 결원의 대체, 계절적 근로가 필요한 경우 등 객관적이고 합리적인 사유와 조건에 의하여 고용계약 기간을 정하여 그 기한의 만료로 인하여 자동적으로 고용관계가 종료되거나, 앞으로의 장기적인 계속근로에 대한 명시적 또는 묵시적 합의가 없는 경우에 해당한다.

▶▶▶ 시간제근로자(파트타이머)

정규과정을 이수하는 학생으로서 일시적으로 주 30시간 미만으로 일하는 노동자를 말하고, 단시간 노동자는 단일한 사용자에게 고용되어 주당 30시간 미만을 일하는 임금노동자를 말한다.

▶▶▶ 비전형근로자

파견근로자, 용역근로자, 특수고용 근로자, 가정 내 근로자, 일일(호출)

근로자 등을 포함

▶▶▶ 일일근로자(일용노동자)

건설업과 서비스업 등에서 그때그때 필요한 경우에 따라 이를 매개하는 업체 또는 개인의 알선을 통해 수주, 또는 하루 단위로 일하는 노동자를 말한다.

▶▶▶ 파견근로자(파견업체 노동자)

근로자파견법에 의해 설립된 파견업체에 고용되어 그 업체와 계약을 맺은 사용업체에서 노무를 제공하는 노동자를 말한다.

▶▶▶ 용역근로자

용역업체에 고용되어 이 업체의 지휘 하에 이 업체와 용역계약을 맺은 다른 업체에서 근무하는 형태로 청소용역, 경비용역업체 등에 근무하는 형태

▶▶▶ 특수형태근로자(개인도급노동자)

독자적인 사무실, 점포 또는 작업장을 보유하지 않았으면서 비독립적인 형태로 업무를 수행하는 근로자. 다만 근로제공의 방법, 근로시간 등은 독자적으로 결정하면서 개인적으로 모집, 판매, 배달, 운송 등의 업무를 통해 고객을 찾거나 맞이하는 근무형태로 보험모집인, 학습지교사, 화물지입차주, 골프장캐디 등

▶▶▶ 재택근로노동자

자택에서 작업을 행하되 업무수행에 관한 사용자의 지휘, 명령을 받는 자를 말한다.

▶▶▶ 자영노동자

자신 외에는 별도의 종업원이 없이 사업을 영위하는 개인을 말한다.

게다가 최근에는 핵심근로계층에서 비정규직이 크게 증가하고 있다는 점이다. 즉 비정규직의 규모가 핵심근로계층인 20-30대에서 크게 증가하는 등 양질의 일자리 창출이 부족한 것으로 나타났다. 20대 비정규직 규모는 2001년 75만 1천 명(21.2%)에서 2005년에는 123만 7천 명(32.8%)으로 늘어났고 30대 비정규직도 이 기간 90만 3천 명(25.8%)에서 137만 1천 명(30.4%)으로 증가했다. 학력별로 보면 비정규직 중 고졸 이하가 73.2%를 차지하나 대졸 이상 비정규직 규모도 2001년 65만 7천명(18.2%)에서 2005년 146만 8천명(26.8%)으로 급증했다.

넷째, 대규모 공적자금 투입 등으로 인해 재정적자가 불가피했으나 공적자금 투입에 따른 이자부담과 미회수 문제로 인해 재정부담이 크게 증가하였다. '97년 위기'를 전후하여 재정수지가 비교적 건전한 상태를 유지하였고, 위기 전의 건전한 재정기조가 정부로 하여금 강력한 위기탈출 정책을 구사할 수 있게 했다. 즉 위기 이후 국가채무가 국민경제에 커다란 부담으로 자리잡게 되었다.

그러나 무엇보다 IMF 체제가 한국경제에 미친 가장 큰 부작용은 개발독재기 성장시스템(61년 체제)의 해체였다. 역설적으로 권력에 의해 키워졌으면서도 어느 정권도 제대로 손대지 못했던 재벌에 국제통화기금(IMF)이 칼날을 들이댔다. 구제금융 협상에서 IMF는 재벌이 한국경제를 위기로 몰고 왔다며 재벌 구조조정을 한국 정부에 강력히 요구했다. 1997년 12월 5일 발표된 국제통화기금의 구제금융 지원조건 중 주목되는 내용은 크게 두 가지다. 결합재무제표를 작성하고 국제회계기준을 적용해 경영의 투명성을 높이며 이를 감시하기 위해 외부감사제를 도입하고, 계열사 간 상호채무보증을 해소하는 것이 큰 뼈대로 돼 있다. 계열사 전체를 하나로 묶어 회계처리하는 결합재무제표와 국제기준에 맞는 회계처리, 외부감사는 재벌의 경영내용을 유리알처럼 들여다 보게 하려는 조처다. 이는 한국기업의 재무제표를 믿을 수 없다는 IMF의 강한 불신에서 나왔다. 실제로 재벌 계열사 간에는 자금과

물품 거래가 얽혀 있고 일부 자금은 총수에게로 빠져나가, 현행 재무제
표로는 재벌의 실상을 알 수 없다. 총수가 봉건군주처럼 군림하며 경
영을 독단할 수 있는 것도 그 결과가 재무제표로 드러나지 않기 때문
이다. 재벌이 수익 좋은 기업의 자금을 빼 내 다른 기업을 살리거나,
총수가 기업 자금을 자기 개인 돈처럼 쓸 수 없게 하기 위한 것이다.

다른 하나는 재벌정책은 아니면서도 어느 조처 못지 않게 재벌을
위협한 것이 구제금융을 계기로 한꺼번에 이뤄진 인수·합병(M&A)시
장과 상품시장의 개방이다. 재벌이 경영을 잘못해 주식값을 떨어뜨리
거나 지분관리를 소홀히 하면 언제든지 외국인의 기업사냥 덫에 걸릴
수 있고, 상품시장 개방은 국내시장이란 안방에서 재벌이 누렸던 독과
점적 지위를 무너뜨린다. IMF의 「한국경제 극비보고서」에 따르면 IMF
는 자본자유화와 관련하여 한국 정부가 외국인 주식매입한도를 1997
년 말까지 종목당 26%에서 50%로, 98년 말까지 55%까지 확대하고, 외
국인 1인당 주식소유한도도 7%에서 97년 말까지 50%로 확대하고, 98
년 2월까지 외국인의 국내 단기자금시장, 상품 및 회사채시장의 투자
를 허용하고 각종 승인절차를 간소화하여 외국인직접투자에 대한 규제
를 더욱 줄여야 하고(제27항), 민간기업의 해외차입 제한도 98년 2월 말
까지 철폐해야 하고(제28항), 자본시장의 매력을 증진시키기 위해 기업
의 인수·합병(M&A)에 대한 규제를 대폭 완화(제30항)할 것을 요구하
고 있다.

상품시장 개방과 관련해서도 IMF는 첫 번째 점검 때까지 수입증명
절차의 투명성을 증진하는 조치를 포함해 WTO 양허계획에 맞춰 무역
관련보조금, 수입선다변화제도, 규제적인 수입허가제 폐지에 관한 일정
표 제시를 요구하고 있다(보고서 제26항). 이처럼 외국인 주식투자 한
도가 50%까지 확대되었고 일본 제품의 수입을 막아준 '수입처다변화'
조처가 폐지된 것이다. 여기에 M&A시장의 개방으로 그 동안 인수·합
병을 제한하는 제도적 장치와 다른 그룹 계열사를 넘보지 않는 재벌

간 묵계 등으로 경영권 방어에 위협을 느끼지 않았던 재벌들이 주력기
업의 경영권조차 외국 거대자본의 기업 인수·합병 공세에 놓인 셈이
다. 이와 더불어 개별기업에 대한 지원보조금 금지나 세제지원금지 조
처가 강화됨으로써 〈국가-금융-기업〉의 유기적 협력체제는 막을 내리
게 된 것이다.

제 2 절 위험공유시스템의 붕괴와 '또 다른' 위기의 도래

한국경제는 개발독재(61년 체제)의 종식과 더불어 이익의 공유 없
이 '위험과 손실만을 사회화'시킨 '불구의 시스템'을 정상화시켜야 했
다. 즉 민주화는 공정성과 투명성을 강화시키는 방향으로 위험공유시
스템을 업그레이드 시켰어야 했다. 그러나 '87년 체제'는 개발독재(61
년 체제)의 유산인 '위험과 손실만'을 공유하는 시스템을 '청산대상'
으로만 인식하였다. 즉 '87년 체제'의 등장으로 지금까지 우리 사회의
화두가 되고 있는 '개혁'은 사실상 낡은 질서의 '해체'작업이었다. 위
험공유시스템이 해체된 그 자리를 한국경제의 현실과는 거리가 먼 자
본시장 중심의 영미시스템으로 대체하였고, 그 결과는 외국인 자본의
영향력 증대에 따른 은행의 금융중개기능 약화, 경영권 안정성의 위협
증대, 단기 실적 위주의 안정적 경영과 중장기투자의 기피, 상시적 구
조조정 등으로 이어졌다. 즉 대안 없는 위험공유시스템의 해체가 투자
의 위축과 고용구조의 악화라는 구조적 내수침체와 양극화를 결과한
것이다.

재벌기업의 입장에서도 그룹 내의 계열사 사이에 부익부 빈익빈의
양극화 현상이 생겼고, 그 결과 조직 구성원들 간의 동질성이 희미해지
고 우수한 인적 자원들의 효율적 교류도 덩달아 어려워지게 됐다. 또
한 미국식 경영방식을 추종하며 단기 실적주의와 성과급제를 고집하다

보니 '서로 나누어 갖자'는 우리 민족 고유의 두레정신과 상부상조의
미풍이 자취를 감추고, 남의 불행을 나의 행복으로 여기는 한탄스런 풍
조가 나타나고 있다. 이처럼 개발독재기의 위험공유시스템(61년 체제)
은 '동원(mobilization)'을 통해 성장을 가능케 한 반면, 공정성과 투명
성을 결여하였다는 점에서 문제는 '정부실패'가 아니라 '정치실패'였
다. 그런데 정치실패는 민주화를 우리 사회의 1차 과제로 부각시킨 반
면, 민주화는 역설적으로 '시장우상'으로 이어졌고 성장동력을 해체시
켰고 양극화를 심화시켰다. 이는 한국경제의 성장방식이 영미의 그것
과 차이가 있었던 것처럼 민주주의 문제 역시 상이한 수준과 내용이었
음을 의미한다. 즉 한국경제의 성장메커니즘인 위험공유시스템의 문제
는 민주주의 문제였던 것이다.

　　이제 '97년 위기' 이후 한국경제의 변화 내용을 살펴보자. 2000년
물가기준 1인당 국민소득을 기준으로 할 때 위기 이전의 최고치인 96
년의 수준(12,197 달러)은 2003년(12,720 달러)에나 회복되었다. '97년
위기' 이전의 수준을 회복하였더라도 경제성장의 내용을 보면 부정적
이다. 2003년과 2004년의 경제성장률은 세계 평균 경제성장률보다 낮
은 것으로 이는 경제개발계획을 세운 1962년 이 이후 처음이기 때문이
다. 지출 측면에서 국민소득의 성장을 결정하는 가장 중요한 요인은
소비와 투자다. 그런데 소비를 결정짓는 가장 중요한 요인은 안정적 소
득을 지속적으로 확보할 수 있는가에 달려 있고, 소득은 고용과 투자에
의해 결정되기 때문에 국민소득의 측면에서 '잃어버린 7년'을 이해하
기 위해서는 '97년 위기' 전후 투자율의 변화를 살펴볼 필요가 있다.

　　한국경제는 위기 전후로 총투자율이 약 8.3% 하락하였다. 즉 외환
위기 이전 1991-97년간 총투자율은 연평균 37.5%였으나 1998-2004년
간은 29.2%를 기록하였다. 외환위기 이전 총투자율은 35.7%에서
39.7%를 기록한 반면, 외환위기 이후에는 25.2%에서 35.1%를 기록하
고 있다. 외환위기 이후 총투자율의 최대치가 외환위기 이전의 최저치

에 미치지 못하고 있다는 점에서 외환위기 이후 총투자율의 하락은 외환위기 이후 투자시스템의 변화가 있었음을 추측할 수 있다. 기업의 실질설비투자액을 보더라도 (2000년 물가 기준) 위기 이후 1998-2003년간 연평균 실질설비투자액은 63조 6,234억원이었는데 이는 위기 이전인 96년 수준(77조7,592억원)의 82%에 불과하다. 여기서 설비투자재란 설비투자에 이용되는 기계류 및 운수장비이고, 실질설비투자액은 외형 설비투자액이라고 할 수 있는 명목설비투자액에서 물가 상승 또는 하락분을 제거한 것으로 투자액의 실질적인 증감 추이를 가늠하는 잣대로 사용한다. 참고로 실질설비투자액은 1996년 77조 7,592억 원,

[표 14-4] 97년 위기 전후의 국민계정

	GDP (십억원)	GNI (십억원)	일인당 GNI(달러)	실질 GDP 성장률	실질 GNI 성장률	총저축률	총투자율	GDP 디플레이터 상승률
1990	186,691	186,560	6,147	9.2	8.9	37.5	37.4	10.5
1991	226,008	225,660	7,105	9.4	9.8	37.6	39.7	10.7
1992	257,525	257,108	7,527	5.9	5.8	36.8	37.2	7.6
1993	290,676	290,088	8,177	6.1	6.3	36.7	35.7	6.4
1994	340,208	339,343	9,459	8.5	9.2	36.3	36.9	7.8
1995	398,838	397,459	11,432	9.2	9.5	36.3	37.8	7.4
1996	448,596	446,856	12,197	7.0	5.6	35.5	39.0	5.1
1997	491,135	488,457	11,176	4.7	2.7	35.5	36.1	4.6
1998	484,103	476,245	7,355	-6.9	-8.3	37.5	25.2	5.8
1999	529,500	523,355	9,438	9.5	9.4	33.3	29.3	-0.1
2000	578,665	576,160	10,841	8.5	5.5	33.7	31.1	0.7
2001	622,123	621,028	10,160	3.8	2.8	31.7	29.4	3.5
2002	684,264	685,069	11,499	7.0	7.0	31.3	29.1	2.8
2003	724,675	725,420	12,720	3.1	1.9	32.8	30.1	2.7
2004	779,381	781,174	14,193	4.7	3.9	34.9	30.4	2.7
2005p	806,622	805,886	16,291	4.0	0.5	33.0	30.2	-0.4

주: p는 전망치.
자료: 한국은행.

97년 70조 3,083억 원, 98년 40조 5,861억 원, 99년 55조 5,129억 원, 2000년 74조 1,607억 원, 2001년 67조 4,884억 원, 2002년 72조 5,564억 원, 2003년 71조 4,359억 원을 기록하였다. 기업 설비투자의 국제비교를 보더라도 1993-97년 중 우리나라의 국내총생산(GDP) 대비 설비투자 비율은 13.8%로 OECD 회원국 중 가장 높은 수준이었으나 1998-2002년 중에는 이 비율이 11.2%로 하락하였다. 같은 기간 미국은 설비투자 비율이 9.3%에서 12.3%로, 일본은 12.6%에서 13.5%로 각각 증가했으며 OECD 회원국 평균도 9.4%에서 11.1%로 증가하였다. 국회 예산정책처의 '2004년도 세입·세출 결산' 보고서(2005년 8월 1일)에 따르면 국내총생산에서 설비투자가 차지하는 비율을 뜻하는 설비투자율도 2004년의 경우, 외환위기 이후 최저수준인 9.2%로 주저앉았다.

'97년 위기' 이후 성장 내용의 주요 변화를 보면 무엇보다 투자 둔화에 따른 자본기여도의 급격한 하락을 지적할 수 있다. 즉 실물자본의 성장기여율이 1980년대 51%에서 90년대 65%, 97년 위기 이후 35%로 크게 하락하였다. 둘째, 1990년대 이후 정보통신산업을 중심으로 기술혁신 통한 고부가가치화가 어느 정도 진전되었으나 산업연관관계의 약화가 혁신주도 경제성장의 걸림돌로 작용하고 있다. 그나마 호조를 보이는 수출의 내용을 보면 장비와 부품의 높은 해외의존과 낮은 채산성, 품목 및 지역의 편중이 심각하다. 즉 기초·소재부품의 기술력이 취약하여 기초소재 및 가공조립 업종의 수입의존도가 상당히 높다. 한 예로 핵심부품을 해외에서 대거 들여오는 반도체나 LCD 등에서 보듯이 투자를 해도 고용으로 연결되지 않고 있다. 휴대전화기의 경우 최신형 제품에 들어가는 부품은 약 200여개인데, 그 중 최신 제품은 수입부품의 비중이 50% 이상을 차지한다. CDMA(코드분할다중접속) 통신칩은 미국 퀄컴, 카메라 이미지센서는 미국 마이크론, 벨소리는 일제 야마하, 카메라 모듈의 중요 부품인 고체촬상소자(CCD)는 소니·마쓰시타·샤프가 원천기술을 갖고 있는 부품을 쓰고 있다. 장비의존도는 더 심각하다. 2004년 반도체 생산라인에 5조원을 투자할 삼성전자의 경우 투자비의 70% 가량이 외국장비 구입에 지출하였다. 제2의 반도체 신화로 불리는 TFT-LCD(초박막액정표시장치)와 PDP의 경우 공장 설비의 80-90%가 일제·미국제 장비다. 그 결과 전체 수출액에서 1/6, 전체 무역흑자 규모의 30% 이상을 차지하는 삼성전자(2004년 1분기 기준)의 경우 투자 규모가 7조 9천억 원으로 지난 97년보다 7배 이상 늘었지만, 고용 인력은 오히려 2,438명이 감소하였다. 비싼 장비와 부품을 들여오다 보니 수출 채산성은 갈수록 악화되고 있다.

또한, 신흥산업은 중국과의 분업망이 강화되는 가운데 국내고용효과는 갈수록 감소하고 있고, 특히 중국시장의 성장에 따라 성장과 투자의 축이 정보통신산업을 중심으로 수도권 및 수도권과 가까운 서해안 쪽으로 이동중인데 이는 정부의 지역균형발전정책과 상충된다. 따라서 영남권에 밀집된 중화학공업, 이들 산업과 관련된 부품소재산업을 업그레이드하는 정책 추진이 필요하다.

수출이 특정 품목과 지역에 편중돼 있는 점도 한국경제가 취약한 원인으로 작용한다. 전체 수출에서 반도체 등 5대 품목이 절반에 육박하고 있다. 지역적으로도 홍콩·대만을 포함한 범 중화권 시장에 30% 이상을 의존하고 있고, 최근 중국 지도부의 긴축 발언에 한국 경제가 몸살을 앓는 이유도 여기에 있다.

마지막으로 지적할 점은 소비의 부가가치유발계수가 수출의 부가가치 유발계수보다 높은데 이는 수요조건이 경제성장에 미치는 영향이 확대되는 것을 의미한다. 그런데 최근 가계부채 증가나 신용불량자 확대 등으로 수요조건이 손상되어 성장잠재력에 부정적 작용하고 있다.

'97년 위기' 이후 투자의 부진으로 실물자본의 성장기여율 역시 80년대 51%에서 90년대 65%로 증가하였다가 외환위기 이후 35%로 크게 하락한 것을 보여주고 있다. 실제로 한국은행 '국민소득 추계'에 따르면 '97년 위기' 이후 실질 국민총소득 증가율의 급감은 기업들의 설

[표 14-5] 한국경제 성장기여율의 변화 추이

	1984-90	1991-97	1998-2002
1인당 GDP 성장률	5.32%	4.52%	3.44%
요소조건	68.4	84.9	47.2
- 실물자본	51.4	64.7	35.4
- 인적자본	17.0	20.2	11.8
기술조건	3.1	21.8	25.5
제도조건	13.5	6.9	20.5
산업연관관계	7.3	-22.6	-2.4
수요조건	7.7	9.1	9.1

자료: 한국은행 금융경제연구원, 2004., 『성장잠재력 변동요인의 동태적 분석』.

비투자 감소와 연관이 있음이 확인된다. 한국은행은 설비투자의 부진 원인을 크게 설비투자 유발경로 변화에 대한 대응 미흡과 구조적인 투자저해 요인의 대두로 구분하고 있다. 전자와 관련하여 제조업의 경우 설비투자의 성장 유발효과가 높기에 물적 자본 주도의 성장이 가능한 반면, 유효한 인적자본의 공급 유무에 의해 설비투자가 유발되는 '혁신주도형 지식기반경제'에서는 인적자본 주도의 성장이 필요하다. 그런데 우리의 경우 물적 자본 투입위주 성장전략에서 벗어나지 못하여 설비투자 유발경로 변화에 시의 적절히 대응하지 못한 것이 주요 선진국에 비해 설비투자 부진현상이 심화된 일차적인 요인이다. 혁신주도형 지식기반경제에 부응할 수 있는 인적자본의 공급은 교육시스템의 문제이다. 다시 말해, 〈신기술-신산업〉 분야, 즉 IT 이후의 신성장동력산업에 투자가 소극적인 이유는 기본적으로 이 분야에 필요한 인적자본 공급의 부족에서 비롯하고 교육혁신은 기업의 현재 수요를 충족시키는데 급급한 산학협동 차원이 아닌 교육이 사회를 선도하는 기능을 회복하는 수준이어야 한다.

미래(수출)경쟁력 약화의 근본 원인으로 작용할 신성장동력산업에

대한 투자 위축은 향후 내수의 구조적 침체 속에서 경제의 장기침체
우려를 높인다. 선진국의 경우 설비투자의 내생성 증대에 대응하여 일
찍부터 R&D 및 교육훈련 투자를 확대하여 기술혁신과 인적자본 확충
을 도모하였던 반면, 우리나라는 대부분의 R&D 지출이 전자부품·영
상음향통신 등 일부 IT 관련업종에 편중되어 여타 업종에서는 여전히
R&D 지출 및 교육훈련 투자가 크게 미흡하여 설비투자를 본격적으로
유발하기에는 불충분한 실정이다. 즉 1990년대 들어 R&D 지출 총액의
급증으로 GDP대비 비중도 OECD 국가들 중 상위그룹에 속하게 되었으
나 R&D 및 교육훈련 투자의 효율성은 저조한 편이다. R&D 및 교육훈
련 투자 등 질적인 투자가 설비투자를 견인하는 효과를 높이기 위해서
는 투자의 양적인 확대와 아울러 이러한 투자의 효율성이 높게 유지될
필요가 있는 반면, 우리나라의 경우 이러한 투자의 효율성이 낮아 최근
의 R&D 및 교육 투자 급증에도 불구하고 기술혁신과 고등인적자원 양
성면에서 그 성과가 미흡한 실정이다. 이처럼 R&D 및 인적자원 양성
에 대한 투자의 효율성이 낮은 것은 먼저 이러한 투자의 비효율적 배
분과 사후관리 미흡, 그리고 교육제도 개혁 지연 등에 기인한다. 또한
핵심기술 및 원천기술의 미확보, 지식과 정보의 교류를 위한 네트워크
등 투자인프라가 불충분한 것도 R&D 투자 등의 효율성을 낮추는 원인

● [표 14-6] 주요국 R&D 지출의 GDP대비 비중 추이(%)

연 도	한 국	독 일	프랑스	일 본	미 국	OECD 평균
1971	0.32	2.20	1.88	1.90	2.43	…
1981	0.78	2.43	1.93	2.11	2.34	1.95
1991	1.92	2.53	2.37	2.75	2.72	2.23
1995	2.51	2.26	2.31	2.69	2.51	2.10
2001	2.93	2.49	2.20	3.09	2.82	2.33

자료: OECD, Main Science and Technology Indicators Database National Science Foundation,
　　통계청(88년 이후).

[표 14-7] 주요국의 첨단산업 업종별 R&D 지출 점유비중   (2000년 기준, %)

	한 국	미 국	일 본	독 일	영 국
의약품	1.7	10.0	7.3	6.7	30.8
컴퓨터 및 사무용기기	8.5	8.0	11.4	2.1	1.2
전자부품 · 영상음향통신장비	43.8	19.9	19.8	11.1	11.1
의료 · 정밀 · 광학기기	1.2	14.8	4.7	5.4	5.2
항공기	3.5	8.0	0.8	7.2	11.8
(첨단기술업종 계)	(58.7)	(60.7)	(44.0)	(33.1)	(60.1)
제조업 전체	100.0	100.0	100.0	100.0	100.0

자료: NSF, Science and Engineering Indicators 2004.

[표 14-8] 제조업 업종별 매출액 대비 R&D투자 비중 및 설비투자 증가율
(1998-2003년 평균, %)

업 종	R&D투자 비중	설비투자증가율	업 종	R&D투자 비중	설비투자증가율
전자부품	4.12	21.11	조립금속	0.53	5.63
의 약 품	1.87	11.19	출판인쇄	0.50	−2.46
자 동 차	1.79	6.98	섬유제품	0.32	0.39
기계장비	1.16	5.35	비금속광물	0.31	1.01
화학제품	1.05	-0.62	음식료품	0.26	−0.31
전기기기	0.94	13.65	석유제품	0.17	−7.63
가죽가방신발	0.66	7.39	종이펄프	0.15	−15.59
1차금속	0.56	−7.91	**제조업 전체**	**1.40**	**1.34**

자료: 한국은행 『기업경영분석』 각호, 산업은행 『설비투자계획조사』 각호.

으로 작용하고 있다.

설비투자의 구조적인 저해 요인으로는 첫째, 고수익 투자기회의 감소를 지적할 수 있다. 국내 고임금 구조의 정착과 시장개방, 후발개도국의 추격 등으로 국내외 시장에서 저가의 범용기술상품 생산을 통

한 고수익 투자기회가 급격히 감소하고 있다. 또한 위기 이후 구조조정과 경쟁체제의 확대로 종래와 같이 독점적 이익을 누릴 수 있는 기회도 급속히 상실하였다. 고수익 투자기회의 감소와 관련해서도 신성장동력산업의 육성이 시급하다. 현재 홈네트워크, 차세대자동차, 바이오신약, 지능형 로봇 등 정부가 선정한 차세대 10대 성장동력 대부분이 아직 시장형성조차 되지 않은 상태로 원천기술 등 기술경쟁력과 브랜드력 부족이 국내기업의 신산업 진출을 제약하고 있다. 과거에는 선진 기술과 설비의 도입을 통해 외형 팽창을 도모했으나, 신산업분야는 기업 스스로 원천기술을 개발하고 시장을 형성해야 하는 부담을 안고 있다.

그런데 '고위험(high risk)－고수익(high return)'의 특성을 갖는 미래첨단기술의 경우 아무리 수익이 크다고 해도 위험성이 높기에 투자를 유치하는 일은 말처럼 그리 쉽지 않다. 따라서 투자재원을 마련하는 문제가 중요한 반면, 경제규모가 작아 양적 투자규모로 선진국을 따라잡기 어렵고 게다가 '97년 위기' 이후 투자의 위험공유시스템이 붕괴된 반면 자본시장은 상대적으로 발달하지 않은 우리나라의 경우 선택과 집중을 한다 할지라도 첨단기술 개발을 위한 투자재원이 마련되기 쉽지 않다. 예를 들어, 위험과 이익을 공유하는 투자시스템의 마련 없이 우리나라 바이오가 성장산업으로 만개(滿開)할 것을 기대하는 것은 현실적으로 불가능하다. 바이오산업은 기본적으로 상업화까지 장기간이 소요되는 산업이다. 줄기세포든 신약이든 7~10년 정도는 기다릴 줄 아는 인내심이 요구된다. 의욕 넘치는 연구자들, 기업가 정신을 가진 기업들을 떠받쳐 줄 인내심 있는 '인내자본(patient capital)'이 절실하다. 거품이나 머니게임이 아니라 산업으로서의 바이오를 기대한다면 더욱 그렇다. 2004년 4분기 미국 벤처캐피털이 전 분야를 100으로 했을 때 정보기술과 바이오에 투자한 비중은 각각 52.9%와 31.5%였던 반면, 우리나라는 55.7%와 2.6%였다. 바이오 시대를 말하기엔 그 비중이 너무 작고, IT와 BT의 융합을 강조하기엔 너무 불균형적이다. 그나마 2.6% 중 7년 이상 묶여 있어도 되는 인내자본이 얼마나 되는지는 말 안 해도 짐작이 갈 것이다. 다른 분야도 마찬가지다. 2003년 기준 NT 분야의 국가 R&D 규모도 미국과 일본의 6-8분의 1에 불과하다.

이와 더불어 생산기반의 세계화와 중국경제의 부상을 지적할 수 있다. 상대적 고임금구조의 정착 등에 대응하여 전통적인 제조업에서는 가격경쟁력 유지를 위해 임금 및 지가 등 생산비용이 저렴한 지역을 찾아 생산설비의 해외 이전을 시도하고 있다. 국내 제조업의 해외 투자건수가 확대되고 있으며, 이 중 절반 이상을 대중국 투자가 차지하고 있다. 전 세계적인 생산 및 영업기반을 갖춘 초국가기업이 증가하면서 비용절감을 위한 생산시설의 국제적인 재배치나 아웃소싱이 확대됨에 따라 국내투자 유인은 더욱 약화되고 있다. 1980년대 후반 ~1990년대 중반에 걸쳐 국내기업의 해외투자 제한이 대폭 완화된 것도 국내기업의 해외 아웃소싱(outsourcing)을 촉진하는 요인으로 작용하였다.

● [표 14-9] 해외직접투자 제한 완화 추이

일 시	투자제한 완화 내용
1987. 12	1백만 달러 이하 투자에 대한 신고제 도입
〃	투자업종에 대한 경험요건 삭제
1988. 3	주거래은행 투자승인제 폐지
1988. 7	자기자본 요건 폐지
1988. 12	신고대상 투자규모 확대(200만 달러 이하)
1992. 9	〃 (500만 달러 이하)
	해외직접투자 시 자기자본 조달의무제도(대기업 20-40%, 중소기업 10-30%) 폐지
1994. 2	투자제한업종 축소(17개 → 14개)
1994. 12	신고대상 투자규모 확대(1천만 달러 이하)

특히 1990년대 들어 풍부한 저임금 노동력, 광대한 시장잠재력, 그리고 선진국으로부터의 자본 및 기술이전 등을 바탕으로 세계의 제조공장으로 부상한 중국 경제는 이러한 추세를 가속화하고 있다. 설비투자와 기술투자는 정체하여 기존 주력상품에서는 중국 등 후발국에 대한 경쟁 우위가 점차 약화되고 있는 상황에서 생산거점을 중국 등 해외로 이전하고 있고 기존 주력산업의 경쟁력 격차는 향후 더욱 축소될 전망이다. 즉 국내기업들은 TFT-LCD, PDP, 디지털캠코더 등 첨단산업의 해외직접투자도 점차 늘릴 계획으로 향후 기술공동화조차 우려된다. 우리나라의 세계 수출시장 점유율 1위 품목 수(2001년 72개에서 02년 77개)는 정체한 반면, 중국의 1위 품목 수는 2001년 725개에서 2002년에는 787개로 62개 증가하였다. 중국의 2004년 휴대폰 수출(외국브랜드 포함)이 세계 최대 규모인 1억 4천6백만 대에 달해 전년보다 53.4% 증가하였고 수출액은 141억 6천6백만 달러로 전년보다 92.2% 증가했는데, 한국의 2003년 국내 휴대폰업체들이 124억 달러 어치를 수출한 것과 비교된다. 물론, 그동안 중국의 휴대폰 수출은 90%가 외자기업에 의한 것이었으나 최근 들어 보다오 등 토종업체들이 수출 대열에 적극 가세하면서 급증세를 타고 있다. 최근 철강 순수입국이었던 중국이 순수출국으로 돌아섬에 따라 그동안 호황을 누려온 철강업계가 공급과잉 상태에 직면할 가능성이 높다. 2004년 한국의 대중국 철강재 수출량은 감소한 반면 수입량은 전년대비 2배 이상 늘어난 약

🌑 **[표 14-10]** 한국과 중국의 생산비 관련 지표   (2003년 기준)

	한 국	중 국
산업단지 분양가(천원/평)	509(100.0)	116(23)
제조업 시간당 임금(달러)	9.62(100.0)	0.66(6.9)
단위노동비용	0.58(100.0)	0.15(25.9)

주: ( )내는 우리나라를 100으로 환산했을 경우 비교수치임.

🌀 **[표 14-11]** 한국과 중국의 산업별 세계시장점유율 변화 (단위: %)

	한 국				중 국			
	1990	1995 (A)	2000 (B)	B-A	1990	1995 (A)	2000 (B)	B-A
농수산품(1-24)	0.9	0.8	0.7	-0.1	2.3	2.7	3.8	1.1
석유제품(27)	0.2	0.7	1.4	0.7	1.5	1.4	1.2	-0.2
직물(50-55, 58-60)	5.6	8.2	8.1	-0.1	6.8	9.2	8.3	-0.9
의복(61-62)	5.7	2.9	2.4	-0.5	9.5	15.9	17.1	1.2
기타섬유제품(56-57, 63)	2.3	3.2	4.9	1.7	4.6	2.6	20.3	17.7
신발(64)	15.4	4.4	2.2	-2.2	7.0	18.4	27.3	8.9
고무 및 타이어(40)	3.1	3.2	3.8	0.6	0.6	1.4	2.9	1.5
나무 및 종이제품(44-49)	0.5	0.8	1.2	0.4	0.5	1.2	2.4	1.2
귀금속(71)	2.1	13.5	11.1	-2.4	0.0	0.0	12.0	12.0
완구 등(95-96)	6.4	3.8	2.9	-0.9	8.6	16.5	25.1	8.6
가구 등 잡제품(42, 65-70, 94)	4.0	1.3	1.0	-0.3	1.9	5.1	10.1	5.0
전기전자(85)	4.3	5.4	5.6	0.2	1.0	2.8	5.3	2.5
(컴퓨터(8,471, 8473))	2.2	2.2	5.7	3.5	0.2	1.8	4.9	3.1
(통신기기(8,517, 8,525-6,8529))	2.0	2.5	4.4	1.9	0.9	3.6	4.3	0.7
(가전제품)	13.2	12.5	11.4	-0.9	4.8	7.3	18.1	10.8
(반도체(8,541-2))	7.7	10.2	7.4	-2.8	0.2	0.7	1.6	0.9
자동차(87)	0.7	2.1	2.8	0.7	1.2	0.6	0.8	0.2
철강(72-73)	2.6	3.1	3.3	0.2	1.0	2.9	3.6	0.7
비철금속(74-83)	1.6	2.1	2.7	0.6	2.1	4.3	6.2	1.9
기계(84)	0.6	1.3	1.4	0.1	0.7	0.9	1.5	0.6
정밀기기(90)	1.3	1.9	1.6	-0.3	0.4	1.2	5.2	4.0
시계 및 그 부품(91)	0.5	0.5	0.3	-0.2	3.0	5.5	3.1	-2.4
화공품(28-39)	1.0	2.2	2.7	0.5	1.3	2.0	3.3	1.3
선박(89)	10.2	15.2	20.7	5.5	0.8	2.4	4.1	1.7
기타 수송장비(86, 88)	1.9	1.6	0.8	-0.8	0.0	0.3	2.7	2.4
기타(25-26, 41, 43, 92-93, 97-99)	0.4	0.5	0.4	-0.1	1.9	3.1	0.6	-2.5
총계(1-99)	2.0	2.6	2.8	0.2	1.9	3.1	4.1	1.0

주: ( )내는 HS 2단위 분류번호임.
자료: 김봉기 · 조한상, 2003, "한·중 산업간 경쟁 및 보완관계 분석,"『한은조사연구』2003-7, 한국은행 조사국.

400만 톤에 달했고, 이는 중국 철강재의 공급 초과가 서서히 현실로 나타나고 있는 것이다. 즉 그동안 우리는 중국에 상당량의 철강재를 수출해왔지만 이제는 우리의 수출 시장에서 중국산 철강재와 경쟁을 해야 하는 상황인 것이다.

두 번째 구조적 요인으로 기업가정신의 후퇴와 보수적 경영행태의 확산을 지적한다. 즉 '97년 위기' 이후 급격한 구조조정으로 기업들의 위험기피 성향이 커지고 경영행태가 보수화되고 안전지향화하고 있다. '97년 위기'의 주요인으로 재벌의 과잉·중복투자가 지목되고 부실에 대한 주주나 회로부터의 책임추궁이 강화되면서 대기업을 중심으로 안정성 위주의 경영전략이 확산되었다. 이에 따라 위험도가 높은 장기 설비투자보다는 차입금 상환이나 유동성 확보 등을 중시하고 단기실적에 치중하는 경영행태가 지속하고 있다. 또한, '97년 위기' 이후 확대된 자본자유화에 따라 외국인의 증시 비중이 늘고 외국인이나 또는 국내기업 간 적대적 M&A의 위협이 증대되면서 경영권 방어에 치중하는 보수적 경영행태가 확산되고 있다.

예를 들어, 기업 재무구조를 보면 '97년 위기' 전후 3고(매출액경상이익률, 배당률, 당좌비율)와 3저(부채비율, 차입금 평균금리, 설비투자액증가율)의 뚜렷한 역전이 확인된다. 첫째, 제조업의 평균 매출액경상이익률은 1988-97년 기간 동안 한국 2.1%였으나 2004년도에는 7.8%로 1966년(104.2%) 이래 최고를 기록하였다. 1988-97년 기간 동안 대만은 4.5%, 미국은 4.2%, 일본은 3.3%였다. 경제학에서 정의하는 이윤율 개념과 별개로 실제로 다양한 수익률 개념이 존재한다. 가장 대표적인 수익률 개념으로 매출액영업이익률(≡영업이익/매출액)과 매출액경상이익률(≡경상이익/매출액)이 있다. 영업이익(operating profit)은 영업을 통해 얻어진 수입에서 제품 원가와 영업에 필요한 비용(직원 월급, 관리비, 기타 경비)을 차감한 금액으로 이해한다. 영업이익에서 영업외비용을 차감한 후 법인세를 차감한 금액이 단기순이익이다. 여기서 영업외비용은 은행이자라던가, 기타 회사 운영에서 영업외적으로 투자된 금액을 말한다. 경상이익(ordinary profit, 經常利益)은 기업의 경영활동에서 경상적으로 발생하는 이익으로 영업외수익(수입이자 및 할인료 등)을 가산하고 영업외비용(지급이자 및 할인료 등)을 공제한 것이며, 일정 기간의 경상적 수입과 지출의 차액을 말하는데 일시적으로 발생하는 특별이익 등은 포함하지 않기 때문에 기업의 업적실태를 파악하기가 쉽다. 일반적으로 매출액과 영업이익과 경상이익 간의 관계는 다음과 같다.

$$매출액 - 제조원가 - 판매비 및 일반관리비 = 영업이익$$
$$영업이익 + 영업외수익^{2)} - 영업외비용^{3)} = 경상이익$$

'97년 위기' 이후 수익성 향상은 금리하락과 차입금 축소에 따른 금융비용 경감에서 주로 기인한 것이고, 금리 하락과 차입금 축소는 기업투자 수요 감소와 자본시장 개방에 따른 공급 증대의 결과였다. 예를 들어, 이자보상비율{≡(영업이익/이자비용)×100}을 구성하는 2004년도의 금융비용부담률은 1.3%로 나타나 동 통계의 이용이 가능한 1962년 이후 최저수준을 기록하였는데, 이는 주로 차입금평균이자율과 차입금의존도가 크게 낮아진 데 기인하였다. 예금은행 대출평균금리 (%, 연평균)는 1997년 11.8%, 98년 15.2%, 99년 9.4%, 00년 8.6%, 01년 7.7%, 02년 6.7%, 03년 6.2%, 04년 5.9%를 기록하였다. 기업들의 차입

---

2) 기업회계기준(78조)에는 영업외수익을 일반적 상거래 이외에서 발생한 수익 중 특별이익에 속하지 않는 것으로 한다고 되어 있다. 즉 수입(受入)이자와 할인료 · 유가증권이자 · 수입배당금 · 주식배당액 · 신주인수권 처분이익 · 원가차익(差益) · 수입임대료 · 유가증권처분이익 · 매입할인 · 외환차익(外換差益) · 외화환산이익 · 잡수입 등이다. 특히 관계회사에 대한 대부금의 이자 또는 지주(持株)에 의한 배당금이 큰 비중을 차지한다.

3) 기업회계기준(81조)에는 일반적 상거래 이외에서 발생한 비용 중 특별손실에 속하지 않는 것을 영업외비용으로 한다고 하는데, 즉 지급이자와 할인료 · 사채(社債)이자 · 창업비 상각(償却) · 신주발행비 상각 · 연구개발비 상각 · 기타 대손(貸損) 상각 · 유가증권처분 손실 · 유가증권평가 손실 · 투자자산평가 손실 · 원가차손(差損) · 매출할인 · 외환차손(外換差損) · 기부금 및 기타로 되어 있다.

● **[표 14-12]** 97년 위기 이전의 제조업 매출액 경상이익률 추이   (매출액대비 비중, %)

	94	95	96	97
매출액 영업이익률	7.7	8.3	6.5	8.3
영업외수지 (순금융비용) (순외환차손)[1]	−4.9 (−4.05) (0.14)	−4.7 (−3.96) (0.23)	−5.5 (−4.26) (−0.38)	−8.6 (−4.85) (−3.08)
매출액 경상이익률	2.7	3.6	1.0	−0.3

주: 1) (−)는 환차손(환산손익 포함).
자료: 한국은행, 『1997년 기업경영분석』, 1998.

● **[표 14-13]** 전산업 및 제조업의 수익성 관련 주요 지표 추이   (%)

	1997	1998	2000	2001	2002	2003	2004	일본 (2003)	미국 (2004)
매출액경상이익률[1]	−0.2 (−0.3)	−1.2 (−1.8)	0.9 (1.3)	1.0 (0.4)	4.3 (4.7)	4.8 (4.7)	7.0 (7.8)	2.7 (3.9)	− (9.0)
매출액영업이익률[2]	5.6 (8.3)	4.2 (6.1)	5.6 (7.4)	5.1 (5.5)	5.7 (6.7)	6.4 (6.9)	6.8 (7.6)	2.8 (3.9)	− (6.6)
이자보상비율[3]	115.0 (129.1)	61.3 (68.3)	140.8 (157.2)	146.1 (132.6)	263.5 (260.3)	351.2 (367.1)	483.4 (575.8)	360.1 (578.2)	− (397.1)

주: 1) (경상이익/매출액)×100
　　2) (영업이익/매출액)×100
　　3) (영업이익/이자비용)×100＝매출액영업이익률(영업이익/매출액)÷금융비용부담률
　　　(금융비용/매출액); 금융비용부담률＝차입금평균이자율(금융비용/차입금)×차입금의존도
　　　(차입금/총자산)×총자산회전율의 역(총자산/매출액)

금평균이자율(%)도 1997년 10.6%, 98년 13.5%, 99년 11.5%, 00년 10.5%, 01년 9.4%, 02년 7.7%, 03년 6.8%, 04년 5.9%를 기록하였다. 반면, 1988−97년 기간 동안 한국 제조업체의 (이자 등 금융비용을 제외한) 매출액대비 영업이익률은 7%로 미국의 6.6%, 대만의 6.5%, 일본의 3.3%에 비해 높을 뿐만 아니라 97년 8.3%에서 2004년 7.6%로 큰 차이가 없다.

금융비용부담률 = 차입금평균이자율 × 차입금의존도 × 총자산회전율의 역

↓ ↓ ↓ ↓

금융비용/매출액 금융비용/차입금 차입금/총자산 총자산/매출액

이처럼 한국기업의 낮은 경상이익률이 '97년 위기'의 원인이라 말하기는 어렵다. 참고로 효율성의 지표로 자산수익률(Return On Assets: ROA)을 말하기도 하는데 한 추정(Claessens, et al., 1996)에 따르면 자산수익률이 46개 조사 표본국가 중 금융위기를 겪었던 태국이 1위, 인도네시아가 3위, 말레이시아가 8위였다. '97년 위기' 이후 수익성 향상으로 한국의 ROA도 97년에서 2003년에 -1.3%에서 4.3%로, 그리고 자기자본이익률(自己資本利益率, return on equity ROE)도 -6.8%에서 9.2%로 증가하였다. 참고로 미국은 2003년 기준으로 ROA와 ROE가 각각 4.7%와 12.0%였고, 일본은 2002년 기준으로 ROA와 ROE가 각각 0.9%와 2.2%였다.

▶▶▶ **자산수익률(ROA)**

회사가 주어진 총자산을 수익창출활동에 얼마나 효율적으로 이용하였는가를 측정해 주는 수익성지표로서 세금 차감 후 순이익을 평균총자산으로 나눈 값이다 총자산은 보통 취득원가에서 감가상각비를 차감한 가치로 평가하여 기말자산과 기초자산의 평균을 사용한다.

▶▶▶ **자기자본이익률(ROE)**

기업의 자기자본에 대한 기간이익의 비율, 즉 경영자가 기업에 투자된 자본을 사용하여 이익을 어느 정도 올리고 있는가를 나타내는 기업의 이익창출능력으로 산출방식은 기업의 당기순이익을 자기자본으로 나눈 뒤 100을 곱한 수치다.

● **[표 14-14]** 주요국의 제조업 총자산경상이익률 [1) 추이 (연평균, %)

	50년대[2)	60년대	70년대	80년대	90년대	2000~03[3)
미 국	12.8	11.6	10.1	8.4	6.8	5.2
독 일[4)	5.8	7.4	5.4	6.1	5.3	6.2
일 본	4.2	4.9	4.4	4.7	3.2	3.2
한 국	…	7.2	4.0	2.5	1.4	3.0

주: 1) 미국 독일은 세전이익(경상이익＋특별손익) 기준.
　　2) 1955-59년.
　　3) 독일은 2000년, 일본은 2000-02년.
　　4) 1998년 이전은 서독, 이후는 통일독일.

　　둘째, 높은 배당률과 당좌비율(＝당좌자산 유동부채×100)은 상장(등록) 대기업을 중심으로 외국인 투자자의 비중이 증가함에 따라 배당 압력이 증대하였다. 당좌비율은 97년 63.5%에서 2003년 84.2%로 사상 최고를 기록하였다. 그리고 한국산업은행(2004. 5)의 '2003년「기업재무분석」결과'에 따르면 배당률은 1997년 1.2%에서 98년 2.5%, 2000년 3.7%, 2002년 5.0%, 2003년 5.7%로 97년 위기 이후 지속적으로 증가했는데 이는 상장(등록) 대기업을 중심으로 외국인 투자자의 비중이 증가함에 따라 배당 압력이 증대하였기 때문으로 보인다. 즉 외국투자펀드는 기업지분을 대량 취득해 경영권을 위협, 2004년 6월 현재 외국인이 5% 이상의 지분을 보유한 회사는 149개에 달하였다(참고로 2001년 말 55개, 02년 말 75개, 03년 말 126개). 특히 헤지펀드의 일종인 사모투자펀드들은 경영권 간섭, 고배당 요구, 그린메일 등을 통해 투자수익의 극대화를 추구한다. 외국자본의 높은 지분율은 기업들의 투자 심리를 위축시킬 가능성이 높고, 사모투자펀드 등 일부 외국자본들은 설비투자를 통해 장기적으로 투자 수익을 높이기보다 단기에 고배당 또는 유상감자로 투자 자금을 회수한다. 즉 경기가 부진하고 미래에 대한 불확실성이 높아지자 미래의 수익을 위한 투자보다는 손에 잡히는 배당금을 선호하는 측면이 높고, 기업들이 성장보다 위험관리에 치중하면서 신규 투자보다는 기존의 설비와 인력을 최대한 활용한 결과다.

> ▶▶▶ **당좌비율**(當座比率, quick ratio)
>
> 당좌자산의 합계액을 유동부채의 합계액으로 나눈 백분율{≡(당좌자산/유동부채)×100%}로 정의한다. 즉 현금·예금·매출채권, 시장성 있는 유가증권 등으로 구성된 당좌자산 합계액을, 외상매입금·단기차입금 등의 유동부채 합계액으로 나누어서 얻는 비율이다. 일반적으로 이 비율이 100% 이상이면 좋다고 한다. 참고로 당좌자산(quick assets, 當座資産)은 환금(換金)하기 쉬운 유동자산으로 현금·예금·받을어음·외상매출금·유가증권 등이 속하는데 이들은 즉시 환금되어 유동부채의 지급에 충당할 수 있다.

참고로 메릴린치증권(2004. 7. 21)의 "한국, 배당투자자들을 위한 새로운 신천지" 보고서에 따르면 배당총액과 배당성향도 1999년에 2조 9,740억 원과 21.6%, 2000년 3조 9,030억 원과 20.1%, 01년 3조 8,480억 원과 21.6%, 02년 5조 8,500억 원과 19.1%, 03년 7조 2,270억 원과 24.6%, 04년(추정치) 9조원과 27.0%였다. 2003년 12월 결산법인 기준 증권거래소 보고에 의하면 배당성향(≡배당금/당기순이익)×100 초과기업(코스닥)은 2000년 15, 01년 15(6), 02년 23(13), 03년 35(16)개나 되었다. 또한, 2005년 5월 24일 산업자원부가 발표한 '2004년 외국인투자 기업 경영실태 조사·분석결과'에 따르면 외국인이 투자한 기업일수록 국내 기업보다 배당율이 높은 것으로 나타났다. 외국인투자 기업의 배당성향은 제조업 33.0%, 서비스업 41.3%로 국내 기업의 19.2%, 19.9%에 비해 각각 13.8%p, 21.4%p 높았다. 배당률도 외국인투자 기업의 경우 제조업 8.1%, 서비스업 23.8%였던 반면 국내 산업은 7.7%, 7.0%로 각각 0.4%, 16.8% 차이를 보였다.

2004년 국회에 제출된 금융감독원과 증권거래소의 자료에 따르면

● **[그림 14-2] 국내기업의 배당성향**

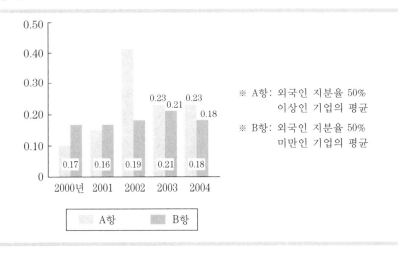

※ A항: 외국인 지분율 50%
　　　이상인 기업의 평균
※ B항: 외국인 지분율 50%
　　　미만인 기업의 평균

국내 증권시장에 대한 외국인 투자가 전면 자유화되기 전인 1997년 말 외국인은 61억 달러어치의 국내 상장주식을 보유했고 그 후 7년간 398억 달러어치의 주식을 더 사들인 반면, 외국인 투자가는 외환위기 이후 1998년부터 2004년까지 7년간 한국의 증권거래소 상장기업에 투자해 1,322억 달러의 이익을 거둔 것으로 나타났다. 이는 같은 기간 한국이 상품 및 서비스 무역 등을 통해 남긴 경상수지 흑자를 모두 합한 1,301억 달러보다 많은 것이다. 이 중 1,214억 달러의 주식 평가 차익 및 달러 환산 이익을 얻었고, 배당으로 108억 달러를 벌어들였다. 이 기간 중 투자액이 459억 달러로 수익률은 288.0%, 연평균 수익률은 41.1%다.

또한, 2005년 4월 6일 한국증권선물거래소에 따르면 2004년 말 기준 10대 그룹 상장사의 납입자본금은 18조여 원, 잉여금은 110조여 원으로 평균 유보율은 607.89%로 사상 최고를 기록했다. 이는 2003년 말에 비해 106.41%포인트 급증한 것이다. 유보율은 자본금에 비해 잉여

[표 14-15] 97년 위기 이후 제조업의 투자 관련 주요 지표 추이 (전년말 대비, %)

	1997	1998	1999	2000	2001	2002	2003	2004
유형자산 증가율	13.7	17.2	0.0	2.4	-1.5	-2.2	1.7	4.8
기계설비 증가율	22.3	26.9	0.0	0.5	-5.9	-4.9	0.6	3.2
유형자산/총자산	39.2	43.6	43.8	45.2	45.2	43.2	41.6	40.6
현금*/총자산	6.4	6.5	5.3	5.9	6.0	8.1	9.7	9.9

* 현금등가물과 1년 이내 만기도래하는 단기금융상품 등 현금성 자산 포함.
자료: 한국은행, 『2004년도 기업경영분석』, 2005.

금이 얼마나 많은 지를 나타내는 지표로 "확실한 현재가치의 희생으로 불확실한 미래가치를 얻는 행위"를 의미한다. 즉 유보율은 잉여금(≡자본잉여금+이익잉여금)을 납입자본금으로 나눈 비율로, 기업이 영업활동이나 자본거래를 통해 벌어들인 돈 중에서 어느 정도가 사내에 유보돼 있는지를 나타내는 지표다. 이 지표가 높아진 것은 기업들이 미래의 불확실에 대비하거나 경영권 및 주가 방어 등을 위해 자금을 비축하고 있기 때문으로 분석된다. 2004년도 기업들이 보유한 현금성자산은 75조 원으로 사상 최대 규모이다. 기업들이 투자할 곳을 못 찾고 있음을 반영한다.

또한, 2006년 증권선물거래소에 따르면 2006년 9월 말 현재 코스피(KOSPI) 시장에 상장된 12월 결산 제조업체 535개사의 유보율은 평균 609.3%로 집계됐다. 2005년 말 569.7%이던 유보율은 2006년 3월 말 578.1%, 6월 말 593.0%로 매 분기마다 지속적으로 늘어나고 있다. 일반적으로 유보율이 높으면 재무구조가 탄탄하고 무상증자, 배당, 설비투자 등을 위한 자금 여력이 크다는 의미를 갖지만 반대로 투자 등 생산적 부문으로 돈이 흘러가지 않고 고여 있다는 뜻도 된다. 특히 대기업의 유보율 상승세가 두드러지고 있다. 10대 그룹의 경우 자본금 20조 9,992억 원에 잉여금은 149조 8,669억 원을 기록하면서 유보율이

2005년 말 650.9%에서 2006년 9월 말 713.7%로 62.9%포인트나 높아졌다. 자본금의 7배를 넘는 돈이 기업 내부에서 잠자고 있다는 의미다. 전체 유보율 평균은 같은 기간 39.6%포인트 올랐다. 투자보다는 재무 안정성에 치우친 소극적 경영을 하고 있다는 의미다. 그룹별로는 삼성이 9개월 사이에 113.5%포인트 늘어난 1,276.9%로 가장 높았고 SK가 80.2%포인트 높아진 1,200.1%로 뒤를 이었다. 롯데는 롯데쇼핑 상장으로 대규모 주식발행초과금이 유입돼 유보율이 1,041.9%로 383.1%포인트나 급등했다. 개별기업 별로는 태광산업이 2만 5,846%로 유보율이 가장 높았고, SK텔레콤 2만 3,588%, 롯데제과 1만 7,922%, 롯데칠성음료 1만 4,508%, 남양유업 1만 2,736%, 영풍 5,861%, 삼성전자 5,402% 순이었다.

실제로 2005년 7월 18일 한국개발연구원(KDI)이 1990년부터 2004년까지 상장사(2004년 기준 610개사)들의 투자성향(≡설비투자/영업이

● **[표 14-16]** 10대 그룹 유보율과 그룹별 출자여력 현황

10대 그룹 유보율(%)		그룹별 출자여력 현황(억원)	
그룹	유보율	그룹	출자여력
삼 성	1,276.9	삼 성	10조 950억
SK	1,200.1	현대자동차	3조8.940억
롯 데	1,041.9	롯 데	2조6,250억
현대중공업	892.7	SK	1조9,850억
한 진	791.5	GS	4,120억
현대차	533.1	CJ	2,390억
GS	461.1	동 부	1,220억
LG	355.8	한 화	650억
한 화	213.9	두 산	250억
두 산	136.3		

주: 2006년 9월말 기준.
자료: 증권선물거래소, 공정거래위원회.

익)을 분석한 결과, 2000년대 이후 상장사들의 투자성향은 59.0-91.5%로 외환위기 이전(133.4-209.0%)의 절반 수준에 그친 것으로 나타났다. 외환위기 이전에는 장사를 통해 100억원을 벌었으면 133억 4천만-209억 원을 설비투자를 위해 썼으나 2000년대 들어서는 59억-91억 5,000만 원을 쓰고 있다는 의미다. 상장사들의 투자성향은 1996년 209.0%로 정점에 이른 뒤 1998-99년 102.5-129.8%로 크게 떨어졌으며 2002년 59.0%, 2003년 71.4%, 2004년 68.6% 등 2000년대 이후 100% 수준을 밑돌고 있다. 상장사들은 대신 부채상환이나 배당금 지급 등 재무활동을 위해선 아낌없이 돈을 쓰고 있다. 2004년 만해도 10조 원의 부채를 상환하는 등 지속적으로 빚을 갚아나가면서 외환위기 이전 300%를 웃돌던 부채비율은 2004년에는 91%로 크게 하락했다. 또 주주중심 경영에 대한 압력이 높아지면서 외환위기 이전 1조 원 정도에 그쳤던 배당금 지급액도 2000년 2조 8000억 원, 2001년 3조 4000억 원, 2003년 5조 2000억 원, 2004년 7조 7000억 원 등 2000년대 들어 계속 늘어나고 있다. 빚 갚기나 배당금 지급 이후 쓰고 남은 돈은 상장사들의 '금고'에 대기자금으로 눈덩이처럼 쌓이고 있다. 그 결과 총자산에서 단기유동자산(현금이나 언제든지 현금화할 수 있는 1년 미만 금융상품)이 차지하는 비율은 외환위기 이전 5.8(1990년)~7.1%(94년)에서 2002년 8.1%, 2003년 9.0%, 2004년 9.7% 등 2002년 이후 매년 사상 최고치 행진을 이어가고 있다. 한국개발연구원(KDI)은 이 같은 현상이 '97년 위기' 이후 정부의 '묵시적인 보증'이 사라짐에 따라 상장사들의 위험관리가 대폭 강화됐기 때문이라는 분석이다. 특히 최근에는 경제정책의 불확실성이 고조되면서 상장사들이 투자결정을 대거 유보하며 현금 확보에 열을 올리고 있다는 지적이다.

셋째, 낮은 부채비율과 설비투자액 증가율은 기업의 이익잉여금 및 직접금융 확대, 설비투자 위축 등으로 차입금 규모가 감소한 데 기인한다. 2004년 말 현재 제조업의 부채비율은 104.2%로 이는 2003년 말(123.4%)에 비해 19.2%p 낮아진 것으로 '97년(433.1%) 위기' 이후 지속적으로 하락하고 있다. 기업의 이익잉여금 및 직접금융 확대, 설비투자 위축 등으로 차입금 규모가 감소하고, 기업 구조조정과 투자에 몸사리는 대기업들의 차입금 상환 등의 영향에서 비롯한 것이다. 이는 주요선진국의 부채비율 수준보다도 크게 낮은 수준으로 미국이 141.2% (2004년), 일본은 145.5%(2003년)를 기록하였다.

부채비율은 '97년 위기'에 비해 크게 하락하고 기업의 현금자산은 크게 증가했음에도 불구하고 설비투자와 관련성이 높은 유형자산 투자액은 97년 수준을 회복하지 못하고 있고, 기계장치증가율 역시 매출증가에 비해 크게 미흡한 수준이다. 2005년 7월 한국은행은 '2004년중

[표 14-17] 97년 위기 이전의 제조업 재무구조 관련지표 추이   (단위: %)

	94	95	96	97
자기자본비율[1]	24.8	25.9	24.0	20.2
부채비율[2]	302.5	286.8	317.1	396.3
차입금의존도[3]	44.5	44.8	47.7	54.2

주: 1) 자기자본/총자본, 2) 부채/자기자본, 3) 차입금/총자본.
자료: 한국은행, 『1997년 기업경영분석』, 1998.

[표 14-18] 안정성지표 추이   (단위: %)

	1997	2000	2001	2002	2003	2004
부채비율	433.1	185.8	167.6	124.6	116.1	107.4
자기자본비율	18.8	35.0	37.4	44.5	46.3	48.2
유 동 비 율	86.4	86.4	98.7	110.3	112.3	118.4
당 좌 비 율	63.5	63.3	72.6	83.0	84.2	−
차입금의존도	54.8	36.9	34.4	28.9	25.7	22.8
차입금규모(조원)	−	209.0	187.3	162.6	161.6	149.5
현금성자산(조원)	−	48.9	45.6	56.8	69.5	75.5

자료: 산업은행, 2005, 2004년 기업재무분석결과.

● [표 14-19] 성장성지표 추이 (단위 : %)

	1997	2000	2001	2002	2003	2004
매출액증가율	12.9	18.4	2.6	8.5	7.8	16.9
총자산증가율	22.6	2.3	△0.5	3.4	7.8	7.9
유형자산증가율	13.8	3.9	−0.6	−0.8	2.2	5.6
기계장치증가율	21.4	2.5	−4.9	−5.4	0.5	5.4

자료: 산업은행, 2005, 2004년 기업재무분석결과.

● [표 14-20] 기업부문의 자금조달 (단위: 10억 원)

	1996	1997	1998	1999	2000	2001	2002	2003
총 액	118,769	118,022	27,664	51,755	66,531	51,939	86,839	72,100
간접금융	33,231(28.0)	43,375(36.8)		2,198	11,391	1,185	1,637(59.5)	9,975(41.6)
예금은행	16,676	15,184	259	15,525	23,348	3,381	41,660	32,121
비은행금융기관	16,555	28,191					9,618	
직접금융	56,097	44,087	49,496	24,792	18,996	36,838	23,007	26,291
기업어음	20,737	4,421				4,210		
주 식	12,981(10.9)	8,974 (7.6)	13,515	41,137	20,806	16,504	28,949(33.3)	27,654(38.4)
회사채	21,213	27,460				11,761		
국외차입	12,383	6,563	45,907	11,537	15,765	2,283	3,525	7,089
기 타	17,059	23,997	3,839	13,228	20,380	11,633	8,599	8,746

주: 기타 항목에는 기업간 대출, 정부대출 등이 포함.
자료: 자금순환동향, 한국은행 웹사이트(신장섭, 2005: 452쪽에서 재인용).

제조업 현금흐름분석'에 따르면 2004년 중 유형자산 투자지출은 77.9
억 원으로 이는 2002년의 44.1억 원, 2003년의 59.3억 원보다 증가한 것
임에도 불구하고 외환위기 이전 수준(1994-1997년 평균 106.9억 원)의
72.9%에 불과하였다. 특히 '97년 위기' 이후 유형자산증가율과 기계장
치증가율은 크게 하락하여 침체에서 벗어나지 못하고 있는 실정이다.
유형자산 증가율과 기계장치증가율은 1997년(13.8%와 21.4%) 이후

2003년 이전까지 크게 하락하였고, 2003년과 2004년에 다소 회복을 보였으나 매출액증가에 비하면 크게 미흡한 실정이다(한국산업은행, 2004. 5, '2003년 「기업재무분석」 결과'; 산업은행, 2005, 2004년 기업재무분석결과).

게다가 정보기술(IT) 부문과 함께 한국 경제를 주도하면서 빠르게

[표 14-21] 97년 위기 이후 주요 경영분석지표 추이[1)]   (%)

	2000	2001	2002	2003	2004	일본[6)] (2003)	미국 (2004)
1. 재무구조 관련지표							
부채비율[2)]	221.1 (210.6)	195.6 (182.2)	144.7 (135.4)	131.3 (123.4)	114.0 (104.2)	253.6 (145.4)	– (141.2)
차입금의존도[3)]	40.3 (41.2)	38.4 (39.8)	30.6 (31.7)	29.1 (28.3)	25.6 (24.0)	39.3 (28.7)	– (22.9)
자기자본비율[4)]	31.1 (32.2)	33.8 (35.4)	40.9 (42.5)	43.2 (44.8)	46.7 (49.0)	28.3 (40.7)	– (41.6)
2. 수익성 관련지표							
매출액영업이익률	5.6 (7.4)	5.1 (5.5)	5.7 (6.7)	6.4 (6.9)	6.8 (7.6)	2.8 (3.9)	– (6.6)
매출액경상이익률	0.9 (1.3)	1.0 (0.4)	4.3 (4.7)	4.8 (4.7)	7.0 (7.8)	2.7 (3.9)	– (9.0)
금융비용부담률[5)]	4.0 (4.7)	3.5 (4.2)	2.2 (2.6)	1.8 (1.9)	1.4 (1.3)	0.8 (0.7)	– (1.7)
차입금평균이자율	9.9 (10.5)	8.9 (9.4)	7.4 (7.7)	6.5 (6.8)	5.9 (5.9)	2.0 (2.2)	– (6.5)
3. 성장성 관련지표							
유형자산증가율	5.3 (2.4)	-0.4 (-1.5)	-1.0 (-2.2)	1.3 (1.7)	3.8 (4.8)	-2.2 (-2.7)	– (-0.2)

주: 1) 전산업 경영분석지표이며 ( )내는 제조업 기준임.   2) 부채/자기자본.
3) (차입금＋회사채)/총자본.   4) 자기자본/총자본.
5) 이자비용/매출액.   6) 일본의 2003년 회계기간은 2003. 4. 1–2004. 3. 31이며 재무구조지표는 2004년 3월말 기준임.
자료: 한국은행, 『2004년도 기업경영분석』, 2005.

성장해 왔던 것으로 '형태가 있는' 항공기, 선박, 기계류 등 설비에 대한 전통적인 투자와 달리 '형태가 없는' 자산에 대한 투자를 가리키는 것으로 컴퓨터 소프트웨어에 대한 투자가 대부분을 차지하는 실질 무형고정자산의 2003년 투자액이 10조 8,852억 원으로 외환위기 직후인 지난 1998년 이후 처음 감소세로 반전하여 2002년의 11조 254억 원에 비해 1.3%(1,402억 원)가 감소하였다.

세 번째 구조적 요인으로 금융면의 제약을 지적한다. 무엇보다 금융기관의 경영행태 및 금융시장 구조 변화 등 금융의 중개기능 약화로 투자자금 조달여건이 악화되었다. 특히 신용정보가 미흡한 중소기업에 대한 자금 공급이 부진하여 중소기업에 대한 대출은 대부분 보증이나 담보가 가능한 기업에 한정되고 있다. 미국(2003년)의 66%와 프랑스(2002년)의 78%에 비해 한국(2003년)은 중소기업 금융지원의 94.6%가 보증의 형태를 취하고 있는데, 특히 보증 부분 중 창업기업 지원 비중이 미국 26%와 프랑스 52%에 비교해 한국은 0.2%에 불과하다. 먼저 은행의 경우 외환위기 이후 퇴출, 합병 등의 구조조정 과정에서 은행·기업 간 협력관계가 약화된 데다 부실채권 정리과정에서의 공적자금 투입 등으로 경영행태도 보수화 및 안전지향화를 보인다. '97년 위기' 이후 은행들은 기업에 자금을 공급하기보다는 가계대출, 국채 등 안전한 투자대상 위주로 자산을 운용하고 있다. 은행의 기업대출 비중은 외환위기 이전에 70%를 상회했으나 2004년 들어서는 45%로 축소되었고, 금융기관 경영에 있어 단기실적주의가 강화되면서 기업의 장기 투자자금 공급 의지가 약화되었다. 아울러 경제의 불확실성 증대에 따른 수신구조의 단기화도 금융기관의 장기 설비투자 공급여력을 약화시키는 요인으로 작용하고 있다.

한국은행의 보고(2005. 8. 23)에 따르면 외환위기 이후 시중자금 단기화와 안전자산 선호현상이 급속히 진행된 것으로 나타났다. 첫째, 외환위기 이후 기업과 가계의 자금운용이 급속도로 단기화됐다. 총유동성(M3) 중 단기유동성(=M1+CD, RP, 표지어음, 발행어음, 어음관리 구좌, 단기채권형수익증권)이 차지하는 비중은 1999년 20.0%에서 2004년 12월 31.5%로 급격히 높아졌다. M3 중 1년 미만 결제성예금을 뜻하는 협의의 통화(M1) 비중도 1998년 6월 13.6%에서 2004년 12월 24.7%로 크게 높아졌다. 수신구조가 단기화되자 금융기관도 장기대출 대신 단기대출을 크게 늘렸다. 국내은행의 원화대출금 중 1년 이하 대출이 차지하는 비중은 1998년 24.8%에서 2004년에는 무려 61.8%로 2.5배 상승했다.

또한, 금융기관에 대한 건전성 감독이 강화되고 수익성 중시 경영이 요구되면서 금융기관들은 가급적 위험부담을 회피하려는 보수화 경향을 보이기 시작했으며, 위험이 높은 기업금융보다는 위험부담을 줄이고 단기적으로 수익확보가 용이한 소매금융, 특히 주택담보대출에 치중하게 되었다. 즉 금융기관은 위험을 피하기 위해 국공채 등 유가증권 운용비중은 1997년 26.5%에서 지난해 31.2%까지 높인 반면, 위험이 큰 기업대출을 피하고 주력 대출처를 가계로 바꿔 가계신용 잔액이 97년 211조 원에서 2005년 3월말 현재 477조 7,000억 원으로 무려 126.2% 급증했다. 즉 금융기관의 전체 대출금에서 가계대출금이 차지하는 비중(금액)은 1997년 24%(104조 원)에서 2004년 50%(314조 원)로 크게 증가한 반면, 기업대출금은 동 기간에 76%(324조 원)에서 50%(314조 원)으로 크게 감소하였다(한국은행, 2005, 『통화금융』). 그 결과 기업의 자금조달 규모가 GDP에서 차지하는 비중도 '97년 위기' 이전의 약 37% 수준에서 2000년에는 24% 수준으로 하락하였다.

앞에서 보았듯이 부채비율의 저하와 수익성 위주 경영으로 전환한 기업들 역시 외부자금 조달을 기피하고 보유 유동성을 늘리는 데 주력했다. 총자산 중 현금보유비중은 1997년 5.6%에서 지난해 10.5%로 두 배 가까이 높아졌다. 미국의 4.1%에 비해 월등히 높은 수치다. 즉 기업의 내부자금은 1999년부터 규모 면에서 '97년 위기' 이전의 수준을 상회하고 GDP 대비 비중도 위기 이전 수준으로 회복하였으나 외부자금은 2000년 말 여전히 위기 이전의 절반 수준에 그쳤다. 이런 상황에서 가계대출의 확장은 신용불량자의 증가를 가져왔으며, 무엇보다 대기업과 중소기업 간 양극화 현상을 심화시켰다. 즉 유보이익이 축적되어 풍부한 내부자금을 확보한 대기업과 달리 직접금융시장에 대한 접근이 용이하지 않고 수익기반이 탄탄하지 못한 중소기업은 자금조달원의 축소로 더 큰 어려움을 겪게 되었기 때문이다(김석진, 2005: 505-506, 509-510).

한편, 중소기업의 어려움은 지방금융과 중소기업 간 상대적으로 높은 연관성을 고려할 때 '97년 위기' 이후의 지방금융의 축소와도 무관하지 않다. 위기 이전에도 지방은행은 영업구역의 제한, 경영지배구조의 취약성 등의 문제점을 안고 있었으며, 지방 비은행 금융회사는 영세한 규모와 공신력의 부족, 낙후된 서비스로 경쟁력을 상실하고 있었다. 그런데 금융위기 이후 부실채권이 급증하면서 지방 금융회사의 어려움은 가중되었다. 금융회사의 건전성 회복을 위해 실시된 1차 금융구조조정에서 정부는 수도권 소재 대형은행의 정상화를 유도하는 반면, 영세한 지방 금융회사는 정리 위주로 구조조정을 단행함에 따라 지방금융이 더욱 위축되는 금융양극화 현상이 발생했다. 또한, 신용위험에 대한 관심 고조와 금융의 증권화 현상으로 지방금융의 역외 유출현상이 심화되었다. 구조조정의 결과 위기 이전 10개의 지방은행이 대구부산 정북은행의 3개로, 금융기관의 전체 점포 수는 3,745개에서 2,969개로 줄어들었다. 이는 수도권이 3,801개에서 3,452개로 축소된 것과 비교할 때 두 배 이상이 지방금융 점포 수의 감소를 말한다. 즉 구조조정의 방향이 효율화 및 대형화에 초점이 맞춰짐으로써 지방금융이 수도권에 비해 상당히 위축되었다(김석진, 2005: 509-510).

또한, 미래성장산업에 대한 자금배분도 부족했다. IT부문이 전체 경제에서 차지하는 비중은 1996년 4.4%에서 지난해 14.2%로 3배 이상 높아졌지만 전체 금융기관 대출금에서 차지하는 비중은 11.2%에서 15.2%로 매우 완만하게 올랐다. 새로운 성장동력인 벤처기업에 대한 자금공급도 급격히 위축되고 있다. 2001년 1만 개가 넘던 벤처기업수가 2004년 8천 개 미만으로 줄었고 창업투자조합 등의 신규투자금액도 2000년 2조 원에서 지난해 5,639억 원으로 급감했다. 사실 BBB-등급 이하 공모회사채 발행시장은 거의 사라지다시피 했다. 1997년 29조 7,000억 원으로 전체 공모회사채 발행 중 87%에 달했으나 2004년에는 1/10도 안 되는 2조3,000억 원에 그쳐 그 비중이 10.1%로 떨어졌고 2005년 1~3월중에는 고작 3,000억 원이 발행되는 데 그쳤다.

자본시장의 경우에도 '97년 위기' 이후 〈국가-은행-재벌〉을 축으로 짜인 과거의 경제체제를 해체하고 주식시장 중심의 새로운 체제를 도입했는데 역설적으로 직접금융시장에서의 자금조달 규모는 위기 이전에 비해 크게 축소된 상황이다. '97년 위기' 이후 주식시장이 발전하면 자금 공급이 늘어 우리 경제의 고질병으로 진단된 차입경영이 줄어들 것이라는 것이 특히 강조되었다. 기업공개, 유상증자 등을 통해 주식시장에서 기업으로 흘러들어간 돈은 '97년 위기' 직전인 1996-97년에는 연평균 4조 원에 그쳤으나 98년에는 13조 5천억 원, 99년에는 35조 1천억 원으로 증가, 그러나 2000년 이후 주식시장에서 기업으로 유입되는 자금은 연평균 (2000-2004년) 6조 2천억 원 수준으로 다시 줄었고, 동시에 현금배당이나 자사주 매입 등을 통해 기업에서 주식시장으로 유출되는 자금의 규모는 계속 증가하여 98년 1조 5천억 원 가량에 그쳤던 현금배당이 2004년에는 8조 3천억 원까지 급증했고, 자사주 매입도 2001년 3조 5천억 원에서 시작해 2003년 7조 4천억 원, 2004년 5조 8천억 원 등으로 큰 증가세를 보여 왔다. 그 결과 2001년부터는 주식시장을 통해 기업에서 유출되는 자금이 유입되는 자금보다 많아졌고, 그 규모는 2001년 2조 원, 2002년 3조 원, 2003년 6조 9천억 원, 2004년 9조 2천억 원 등으로 급증했다. 우리나라의 주식시장이 후진적

이어서 기업의 부채비율이 높다고 하던 1970-80년대에도 우리나라 기업 자금의 13.4%가 주식시장을 통해 조달되었다. 그런데 역설적으로 우리 주식시장은 그때보다도 지금 더 발달되었음에도 불구하고 기업에 자금을 공급하기보다 빼가는 역할을 하는 것이다. 우리 주식시장의 규모가 미국의 1-2%에 불과한 상황에서 자본시장을 개방하고 적대적 인수합병을 자유화하고 주주권을 강화했다. 이에 따라 기업이 조금이라도 위험한 투자는 삼가고 주주들을 만족시키기 위해 배당을 늘리며 경영권 방어를 위해 자사주 매입을 늘리다 보니 주식시장에서 가져오는 돈보다 갖다 바치는 돈이 많아진 것이다. 2006년 8월 증권선물거래소와 상장회사협의회에 따르면 2006년 상반기 유가증권시장 상장사들이 순매수(취득-처분)한 자사주는 4조 3,505억 원에 달했다. 2005년 한 해 치(4조 8,265억 원)에 육박하는 규모다. 반면 증시를 통해 주식 형태로 조달한 자금은 1조 8,809억 원에 머물러 자사주 매입액이 두 배 이상 많았다. 즉 2004년부터 2006년 상반기까지 자사주 순매수액은 9조 5,965억 원인 데 비해 증시 조달자금은 9조 3,563억 원으로 역시 자사주 매입액이 증시 자금조달액을 앞질렀다. 증시가 기업에 자금을 공급하는 게 아니라 기업 자금을 빨아들이는 '블랙홀'로 작용하고 있는 셈이다.

　실제로 '97년 위기' 이후 국내금융시장에 대한 외국자본의 영향력은 금융주권의 문제가 제기될 정도로 크게 확대되었다. 7대 시중은행 중 3개가 외국인 소유로 바뀌었고, 우리은행을 제외한 나머지 은행들도 외국인 지분율이 절대 비중을 차지하고 있다. 한미(씨티은행), 제일(뉴브리지), 외환(론스타)은 1대 주주가 외국인이고, 2006년 11월 말 기준으로 외국인 지분율이 국민 82%, 하나 80%, 신한금융지주 58%에 달하고 있다. 국내은행에 대한 외국인 투자비율(주식수 기준 외국인 투자지분율)을 보면 2001년말 16.8% → 2002년말 17.8% → 2003년말 27.7%로 높아지면서 외국인 투자자들의 적정 수익실현을 위한 배당요구가 증가하여 국내 은행의 배당성향{=(배당액/당기순이익)×100}이 2001년

20.5% → 2002년 28.0% → 2003년 41.6%로 크게 높아지고 있고, 그 결과 이익의 내부유보가 미흡하여 자기자본 및 자금조달구조가 취약한 상황이다. 즉 2003년 말 현재 국내은행의 BIS 자기자본비율은 11.2%로 미국 상업은행(12.74%) 보다는 낮으나 2001년 이후 11% 이상의 수준을 유지하였다. 그러나 BIS 자기자본비율을 조달비용이 들지 않는 기본자본(자본금, 자본잉여금, 이익잉여금, 미교부주식배당금 등)비율과 높은 수준의 조달비용이 드는 보완자본(후순위채 등)비율로 나누어 보면 2001년말 7.70% → 2002년 말 7.16% → 2003년 말 6.98%로 2001년 이후 기본자본비율은 하락추세를 보이고 있으며, 보완자본비율은 2001년 말 3.98% → 2002년 말 4.17% → 2003년 말 4.22%로 상승추세이다. 이는 기본자본비율은 상승추세(2001년말 9.87% → 2002년 말 10.01% → 2003년 말 10.06%)이며, 보완자본비율은 하락추세(2001년말 2.83% → 2002년 말 2.76% → 2003년 말 2.68%)인 미국의 경우와 대조적이다.

ING, 푸르덴셜, AIG, 알리안츠가 주축이 된 외국생보사의 시장점유율도 2000년 3월 4.6%에서 2004년 6월 15.6%로 급증하였다. 증권업계도 국내 증권사를 인수하거나 독자 진출로 외국계의 시장점유율이 2000년 10.7%에서 2004년 7월에는 25.5%로 상승하였다.

이처럼 한국 같은 소국개방경제의 금융시장 개방은 시장과 경쟁의 효과(효율성)를 기대할 수 있기보다는 해외투기자본의 이해관계에 의해 좌지우지되는 금융시장으로 전락시키고 기업의 적극적 투자에 부정적으로 작용하고 있음을 보여주고 있다(은행의 공공성 약화). 예를 들어, 앞에서도 지적했지만 1998년 금융 및 자본시장의 완전개방 이후 〈주가수익률-외국인 주식순매수-환율변동률〉 사이에 상관관계가 확인되는데, 이는 해외자본의 시장지배력을 의미하고 해외자본은 주시시장과 외환시장에서 이중적 수익 실현이 가능함을 보여준다.

네 번째 구조적 요인으로 투자의 불확실성 증가와 소비부진을 지적한다. '97년 위기' 이후 추진된 금융·기업부문의 급속한 구조조정,

경제 패러다임의 변화, 노사 갈등, 정부정책 방향에 대한 불확실성 등
으로 투자환경의 리스크가 증대하였다. '97년 위기' 이후 기업 경영의
보수·안전지향화로 인해 투자환경의 리스크 증대가 기업투자에 미치
는 부정적 영향의 강도가 그 이전보다 확대된 것으로 나타났고, 특히
선진국과 경쟁하기 위해 강조되고 있는 신산업 및 신기술산업에의 투
자는 투자의 성공 가능성 및 시장형성 등 투자결과에 대한 높은 불확
실성이 투자유인을 약화시키고 있다. 과거 개발독재기에는 〈정부-금
융-기업〉 사이의 유기적 협조체계에 의해 투자리스크가 관리되었는데
97년 위기 이후 위험공유시스템의 해체 이후 고립화된 기업들은 투자
리스크를 전적으로 떠맡을 수밖에 없게 되었다.

　또한, 소비를 중심으로 경기가 침체상태를 지속하고 있는 것도 내
수기업을 중심으로 투자부진이 장기화되고 있는 요인으로 작용하고 있
다. 산업은행의 조사(2004. 6)에 따르면 제조업체의 설비투자 부진 사유
에서는 내수부진이 전체의 33.1%로 가장 높은 비중을 차지하였다. '97
년 위기' 이후 악화된 소득구조가 위기 이전 수준으로 회복되지 못하
고 있다. 지니계수는 1990-1997년 중 평균 0.286에서 1998-2003년에
는 0.315로 상승(96년 0.291, 97년 0.283, 98년 0.316, 99년 0.320, 00년
0.317, 01년 0.319, 02년 0.312, 03년 0.306)하였다. 최상위 20%의 가계 소
득과 최하위 20%를 비교한 5분위배율도 1997년 4.5배, 1999년 5.5배,
2003년 5.2배, 2004년도 1분기 7.75배로 최근 급증하였다. OECD 국가
중 임금소득 불평등이 가장 심한 것으로 알려진 미국(4.3배)보다 크게
높다. 기업이 창출한 부가가치 중에서 노동에 분배된 몫의 비중을 나타
내는 노동소득분배율(≡〈인건비/부가가치〉×100)이 차지하는 비중도
1996년 63.4%에서 97년 62.3%, 98년 61.9%, 99년 59.6%, 00년 58.8%,
01년 59.5%, 02년 58.2%, 03년 59.8%, 04년 58.8%로 하락하였다.

　특히 '97년 위기' 이후 소득구조의 특징은 소득불평등이 심화되는
가운데 소득 양극화 현상 또한 심화되었다는 점이다. 즉 소득분배가

악화되는 가운데 중산층의 비중이 축소되는 가운데, 빈곤층과 상류층의 비중이 모두 확대되는 양극화 현상이 수반되었다. 예를 들어, 일자리를 가지고 일을 하면서도 최저 생계비조차 못 버는 근로 빈곤층이 1996년 전체 가구의 2.9%에서 2000년에 7.1%로 증가하였다. 2002년에는 4인 가족의 월소득이 기초생활비 99만 원(연간 1,180만 원)을 밑도는 절대 빈곤가구가 전체의 16.7%를 차지하였는데 이는 외부 도움 없이는 살아가지 혹은 살아남지 못할 '기아 선하'의 가정이 도시가계 여섯 중 하나라는 뜻이다. 또한, 2004년도 1분기 가처분소득이 소비 지출보다 적은, 소위 늑대점(wolf point, 소득이 생계비 지출과 같아지는 '빈곤 분기점') 이하의 가구가 전체의 31.9%였는데 이는 전국 1,431만 가구 중 456만 가구가 적자 상태임을 의미한다. 이처럼 빈곤의 주범이 전통적으로 실업이었으나, '97년 위기' 이후에는 근로 빈곤층(working poor)이 악역을 대신하고 있다.

소득의 양극화는 저축의 양극화에서도 확인된다. 저소득층의 목돈 마련 수단인 각종 적금의 잔액이 계속 감소하는 반면 상대적으로 자금 여유가 있는 고소득층의 재테크 수단인 고금리 정기예금의 잔액은 계속 증가하는 등 저축 행태에서도 양극화 현상이 뚜렷해지고 있는 것이다. 2005년 7월 13일 한국은행에 따르면 5월 말 기준 예금은행의 정기적금 잔액(말잔 기준)은 18조 8,201억 원을 나타내 지난 2001년 1월의 17조 5,866억 원 이후 4년 4개월 만에 최저치를 기록했다. 정기적금 잔액의 감소는 저금리의 영향으로 신규 적금가입자가 자취를 감춘 탓도 있지만 기존 적금의 중도해약도 원인으로 작용하였다. 반면, 예금은행의 정기예금 잔액은 5월말 현재 275조 1,203억 원으로 2004년 말보다 6조 1,722억 원이 증가했다. 또 일정액 이상의 잔고를 유지하면 비교적 높은 금리를 제공하는 수시입출금식예금(MMDA)을 비롯한 저축예금의 잔고는 96조 5,945억 원으로 2004년 말에 비해 2조 9,705억 원이 증가했다. 저금리 기조에도 불구하고 정기예금 잔액이 증가한 것은 각 은행들이 예금이탈을 막기 위해 교차판매나 특판정기예금 상품을 경쟁적으로 내놓고 있기 때문이다. 이처럼 저축에서도 고소득층이 자산축적에 유리한 기회를 가짐으로써 소득분배의 악화에 기여하고 있다.

내수침체와 투자 부진의 구조적 요인으로 작용하고 있는 소득의 양극화는 비정규직 비중의 증대나 양질의 일자리의 부족 등 고용의 질의 악화에서 비롯한다. 예를 들어, 전체 취업자 중 주당 30시간 미만 취업자 비중은 '97년 위기' 이후 급증하기 시작해 최근 들어서는 그 증가세가 한층 커지고 있다. 36시간 이상 취업자, 즉 정규직의 증감과 민간소비 증가율 사이에는 비례 관계가 존재하고 있는데 이는 비정규직 급증에 따른 고용안전성 저하와 미래소득에 대한 불확실성 증대가 소비위축의 구조적 요인이 되고 있음을 의미한다. 비정규직 규모와 관련해서는 아직까지 논란이 말끔하게 정리되고 있지 않지만, 비정규직 실태와 관련해서는 '비정규직 임금은 정규직의 절반, 비정규직 10명 중 7명이 저임금 계층, 사회보험 가입률 20%대, 퇴직금·상여금·시간외수당 적용률 10%대' 등 대다수 연구가 동일한 분석결과를 제시하고 있다. 이에 따라 비정규직에 대한 차별을 금지하고 적정 수준의 노동조건을 보장해야 한다는 데 대해서는 사회적 공감대가 형성되어 있다. 비정규직 규모를 둘러싼 의견 차이에도 불구하고 1990년대 초반에 우리나라 상용직 근로자의 규모는 50%를 상회하였으나 '97년 위기' 이후 상용직 근로자의 비중이 크게 감소하고 임시직 근로자의 비중이 크게 증가하였다는 사실은 부정하지 않는다. 1960년대 경제개발 초기 단계에는 노동자 10명 중 6명이 비정규직이었다. 1960-70년대에는 비정규직 비중이 계속 감소해 1980년대 초반에는 노동자 4명 중 1명 꼴로 비정규직이었다. 그러나 1982년 2분기를 저점으로 가파른 증가세로 돌아서 1986년에는 50%선에 육박했고, 1987년 노동자대투쟁 이후 감소하다가 김영삼 정부 때 노동시장 유연화 정책이 추진되면서 다시 증가세로 돌아서, '97년 위기'를 거친 뒤인 1999년 3월 이후 전체 노동자의 절반을 넘어섰다.

'97년 위기' 이후 위기 극복 과정에서 생산자동화, 분사 및 사업 매각, 인원 정리, 비정규직 이용 등의 전략이 그 이후에도 상시화되면서 '고용 없는 성장(jobless growth)'이 하나의 추세로 자리잡고 있다. 대기업·공기업·금융기관 등 이른바 '괜찮은 일자리'가 1997년에서 IMF를 졸업한 2001년 사이 약 29만개가 감소했다. 또한, 매출액 상위 국내 50대 상장 등록사(금융업 제외)의 2004년 사업보고서를 1999년 것과 비교 분석한 결과 이들 기업의 매출 총액은 247조 7,389억 원에서 415조 6,168억 원으로 67.8% 증가, 영업이익 합계는 21조 3,382억 원에서 46조 297억 원으로 115.7% 증가, 당기순익은 12조 6,812억 원에서 39조 9,516억 원으로 215% 증가한 반면, 직원 수는 오히려 49만 2,977명에서 49만 959명으로 0.4% 줄어든 것으로 나타났다. 일자리 감소는 제조업에서도 진행되었는데, 특히 종사자 3백 명 이상 제조업체가 전체 제조업에서 차지하는 비중이 2004년 20.1%로 5년 전인 99년 전에 비해 4.9%포인트 하락한 반면, 제조업체의 종사자 수는 2003년 62만 8천명으로 1998년보다 무려 8.4%나 급감했다. 이는 주로 공장자동화와 기업구조조정 그리고 단기성과 위주의 기업경영 등 때문인 것으로 파악됐다(통계청, '산업총조사 잠정결과', 2004년).

이처럼 '97년 위기' 이후 투자 부진은 기술진보에 따른 투자 유발경로의 변화 및 구조적 문제에서 비롯하고 있다. 그리고 투자 부진은 '성장엔진'을 의미하는 성장잠재력 약화로 이어지고 있다. 실제로 1980년대 7.5%, 90년대 6.6%에 달하던 잠재성장률이 2000년 이후 5% 내외 수준으로 떨어지고 경제의 기초체력이 갈수록 약화되고 있는 것으로 나타난다.

▶▶▶ 잠재성장률 결정요인과 추정방법

　잠재GDP 성장률은 적정 인플레이션 하에서 한 국가가 달성할 수 있는 최대 생산수준으로 정의되며 장기적 안목에서 일국의 성장잠재력을 평가하는 유용한 지표로 성장잠재력은 일반적으로 다음과 같은 요인들에 의해 결정되는 것으로 알려져 있다. 첫째 요인은 적정 인플레이션이 유지되는 가운데 최대로 투입 가능한 노동, 자본스톡 등 생산투입요소다. 생산가능인구수, 경제활동참가율, 자연실업률 등에 의해 최대 투입가능 노동력이 결정된다. 그리고 현재 자본스톡, 신규투자 및 자연가동률 등에 의해 최대 투입가능 자본스톡이 결정된다. 둘째 요인은 투입생산요소에 의해 설명되지 않는 총요소생산성(Total Factor Productivity: TFP)이다. 교육 및 R&D 투자를 통한 인적자본 축적과 기술력 제고는 생산성을 상승시키고, 대외개방의 확대와 국내소비자들의 제품 질에 대한 개선요구 증가는 국내제품의 품질경쟁력을 향상시키고, 소재·부품의 국산화율이 상승하여 최종재-중간재, 대기업-중소기업 간 산업연관관계가 높아지면 생산유발효과가 높아져 동일한 규모의 수요증가에 대해 더 많은 부가가치가 창출된다. 또한, 금융의 산업부문에 대한 자금중개기능이 강화되면 연구개발 및 시설자금의 원활한 조달이 가능하여 고기술·고부가가치 산업의 확충이 가능하다. 마지막으로 정치·사회적 안정은 미래에 대한 불확실성 제거를 통해 투자에 긍정적으로 작용하고 소득불균형의 완화는 장기적인 소비기반 확대에 도움이 된다.

　잠재GDP는 직접적인 계측이 불가능하기 때문에 다양한 계량분석방법에 의존하여 추정하는데, 추정방법은 크게 생산함수접근법과 시계열분석법으로 구분된다. 여기서는 전자만 소개한다. 생산함수접근법은 노동, 자본 등 생산요소와 생산량(GDP) 간의 관계를 나타내는 생산함수를 설정하고 동 함수식을 추정한 후 최대 투입가능 자본스톡과 노동력을 대입하여 잠재GDP를 추정한다. 즉

$$Y = AK^\alpha L^{(1-\alpha)}$$

Y: GDP,　A: 총요소생산성,　L: 노동력,　K: 자본스톡

　여기서 총요소생산성(A)은 상수항의 형태로 추정하거나 매 시점별로 변

동한다는 가정 하에 기술스톡, 교육수준 등의 대용변수를 이용하여 추정
한다. 생산함수접근법을 사용하는 경우 잠재성장률 변동을 요인별로 분해
하여 설명 가능하고 각 요인별 미래 예측을 전제로 향후의 잠재GDP 추정
도 가능하다.

제 3 절 포스트 97년 체제의 모색
— 사회대타협에 기초한 공유시스템과 아시아 네트워크(한국적 글로벌화)의 구축 —

지금까지 살펴보았듯이 개발독재의 위험공유시스템(61년 체제)이
붕괴된 이후 그 자리를 대체한 것은 '새로운 길'이 아니었다. 개발독재
의 위험공유시스템(61년 체제)을 대체한 '97년 체제'는 '97년 위기'에
대한 '새로운 길'이 아니라 '또 다른 위기'의 출발점이었다. 한편, 앞
에서 살펴보았듯이 '97년 위기'는 근본적으로 '87년 체제'에서 비롯한
것이었던 반면, 정치적 독재부분을 해체한 '87년 체제'는 개발독재(61
년 체제)의 유산인 '위험과 손실만'을 공유하는 개발독재시스템(61년
체제)을 '청산대상'으로만 인식하였다. 즉 '87년 체제'의 등장으로 지
금까지 우리 사회의 화두가 되고 있는 '개혁'은 공정성이 결여된 위험
공유시스템을 정상화시키기보다는 부정의 대상으로 설정하였다. 새로
운 길에 대한 청사진을 갖지 못한 개혁은 우리 사회의 분열로 이어졌
고 이는 세계화의 압력과 더불어 '97년 위기'를 낳았다. 그리고 '97년
위기'에 대한 외부의 압력과 내부의 대응의 결과가 '97년 체제'였다.
그런데 주지하듯이, 위험공유시스템을 해체하고 그 자리를 대신한, 즉
국가주도형 정치경제체제를 해체해 신자유주의로 대체한 '97년 체제'
는 사회양극화, 성장 동력의 약화 그리고 사회의 분열과 파편화 등의
문제점을 들어냈다. 그 결과 한국경제는 급속히 활력을 상실해 가고

있는 반면 희망이 보이지 않는다는 점에서 새로운 위기라 말할 수 있다. 게다가 급속한 고령화나 출산율 저하는 한국경제에 핵폭탄 이상 가는 위협으로 다가오고 있다.

따라서 지금까지 살펴보았듯이, 한국경제의 '새로운 길'은 공정성이 결여된 공유시스템(61년 체제)을 정상화시키고, 이를 토대로 하여 국제사회와 주체적 협력을 만들어 내는 것이다. '97년 체제'로 한국은 2006년 상반기 GDP에서 수출이 약 44%를 차지하고 있듯이 이미 세계사회에 깊숙이 발을 들여놓았고, 한반도문제에서 보듯이 세계사회의 협력 없이 우리의 문제들을 풀어가기 어려운 상태다. 구체적으로 민관 사이에 다양한 수준과 형태의 협력체제의 구축을 전제로 세계자본을 끌어들여 산적한 문제들을 풀어나가야 한다. 그리고 이를 위해 통합의 콘텐츠를 갖는 리더십('네트워크 국가')이 필요하다. 다원화와 글로벌화가 심화되는 상황에서 통합의 리더십은 사회협력을 만들어 내고 사회역량(social capability)을 강화시킬 수 있는 핵심이기 때문이다. 즉 기업과 시민사회 및 노동단체 그리고 교육계 간에 대타협과 협력네트워크를 구성해야 한다. 재벌기업의 경영권 안정에 대한 사회적 지원이 재벌기업 경영의 투명성 강화나 주주가치의 존중 등과 배치되는 문제가 아니기에 이를 고용의 질의 개선이나 중소기업의 어려움의 해결에 대한 재벌기업의 사회적 책임과 결합시킬 필요가 있다. 마찬가지로 교육의 공공성 강화를 전제로 교육혁신을 통한 고용의 창출, 신성장산업의 육성과 지방경제 자립화 등을 위해 교육계가 적극 협조해야 한다. 마지막으로 한반도문제 및 한국경제의 새로운 도약을 위해 국제사회, 특히 중국 및 미국의 협력을 이끌어내기 위한 전략이 필요하다. 이를 위해 '아시아 네트워크'의 구축을 한국이 주도할 필요가 있다. 아시아 네트워크의 구축 및 국제사회의 협력을 끌어내는 작업 역시 기업과 시민사회를 비롯해 다양한 수준과 차원의 민관협력을 극대화시킬 수 있는 네트워크국가를 필요로 한다.

1. 양극화 해결을 위한 민관협력체제의 구축

양극화 문제는 우리 사회 분열의 원인이 되고 있을 뿐 아니라 내수침체와 기업의 투자부진의 원인으로 작용하고 있다. 그런데 양극화 문제는 공공부문의 힘만으로 해결할 수 없다. 이와 관련하여 일본의 경험은 매우 시사적이다. 일본 경제는 2002년 하반기 이후 빠른 속도로 회복하고 있다는 것이 일반적인 관측이다. 2003년 일본경제는 3.2%의 높은 성장률을 기록하면서 2000년도 이래 3년 만에 3%대 성장률을 기록했다. 게다가 2006년에도 소비와 설비 투자를 축으로 2.3%의 실질성장을 이룩할 것이라는 예상이다. 2006년의 성장률은 꾸준한 증가세를 보이고 있는 수출(GDP 기여도 3%) 및 설비투자(GDP 기여도 2.4%)와 함께 고용환경과 소비 심리 개선에 따른 개인 소비의 회복이 크게 기여한 것으로 알려졌다. 현재 일본의 경기 회복은 어떠한 요인에 의해 나타났을까? 일반적인 견해로는 2002년부터 시작된 일본의 경기 회복이 미국·중국을 중심으로 한 해외 경제의 고(高)성장을 배경으로 수출이 신장됐기 때문이라고 보고 있다. 즉 수출 증가는 생산 증가나 기업 수익의 개선을 통해 설비투자를 촉진시키는 효과를 가져왔다는 것이다. 이와 더불어 개인 소비도 완만하게 상승하고 있어 기업부문의 호조가 개인 소득의 증가로 이어져 소비 지출의 확대를 가져온 것으로 볼 수 있다. 따라서 이번 경제 회복은 일본 정부의 구조개혁 결과로 보기에는 아직 이르다. 일본 정부의 대대적인 금융 안정화 정책과 재정 악화를 줄이려는 개혁은 일본 경제를 건전화하는 데 도움을 주었을 가능성은 높지만, 경기에 미친 영향은 외부적인 효과가 크다고 할 수 있다. 그렇지만 일본 경제의 회복은 개혁의 탄탄한 성과라고 보기에는 이르기 때문에 외부환경의 변화에 민감할 가능성이 높다. 에너지와 원자재의 높은 가격 지속, 중국 경제 의존도 심화, 엔화의 평가 절상 등 외부적인 리스크 요인이 늘어나면 현재 호조인 기업 수입에 악영향을 줄 수도 있다. 이럴 경우 외부적인 리스크를 줄이기 위해 기업이 임금 인하나 설비투자 억제 등의 구조조정, 축소 지향의 경영에 초점을 맞추게 되면 경기는 또다시 악화될 수 있다.

이 점에서 많은 일본인들은 아직 일본 경제에 대한 불안감을 씻지 못하고 있는 것이 사실이다. 실제로 대기업은 실적이 회복되고 있지만 지방에 있는 중소기업과 영세 상인들은 공공사업 축소 등으로 여전히 어려운 상황에 있다. 따라서 대부분 일본인들은 경기가 회복되고 있다는 느낌보다는 여전히 장기 침체에 빠져 있다는 생각이 앞서고 있다. 특히 일본 정부가 재정적자로 인해 공공사업에 더 이상 돈을 투자하지 못하게 됨으로써 지역 경제와 중소기업은 불황에 빠져 있는 상황이다. 즉 경제의 양극화가 진행되고 있는 것이다. 이러한 상황은 지금까지 일본 경제가 정부의 지출(예를 들면 공공사업)에 과도하게 의존해 왔기 때문에 생기는 문제라고 할 수 있다. 90년대의 '잃어버린 10년' 동안 일본은 금융지원을 위한 공적 부담, 경기 대책을 위한 막대한 재정 지출 등 정부가 민간을 대신해 경제를 부양시키는 데 일조를 한 것은 확실하다. 다만 1991년 버블 경제 붕괴 후 정부의 지출이 일본 경제를 지탱해 오면서 그것이 정부의 채무를 늘리는 딜레마에 빠지게 되었다. 현재는 역설적으로 빚이 늘어가고 있는 공적 분야에 대한 근본적인 개혁을 하지 않는 한 일본 경제의 본격적인 회복은 기대할 수 없는 면이 있다.

따라서 일부에서는 일본 경제를 회복하는 관건은 기존의 분배정책에서 탈피해 신자유주의적인 개혁을 얼마만큼 지속적이고 안정적으로 달성할 수 있느냐에 달려 있다고 주장한다. 문제는 이러한 개혁이 진행될 경우 일본이 더 이상 일본적으로 존재할 수 없고 일본 경제와 사회의 뿌리가 흔들린다는 점이다. 주지하듯이 지난 수십 년 동안 사회 생활 깊숙이 뿌리내린 일본경제의 상호연결망은 미국측 협상가 및 초국가적 기구에 공격의 표적이 되었다. 사회적 결속을 유지하는 일본

기업구조의 역할은 보호주의의 보루라는 오명을 뒤집어씀으로써 제대로 이해하지 못했거나 혹은 거부되었다. 즉 일본 시장제도는 계약의 문화에 의존하기보다는 신뢰의 네트워크에 의존하여 피고용자 및 사회의 기타 구성부분과의 관계를 형성한다. 일본기업은 미국기업에 비해 기업을 둘러싸고 있는 사회공동체의 구조에 훨씬 강하게 결합되어 있다. 기업과 국가제도와의 관계는 밀접하고 지속적이다. 그리고 그 기저에는 와(和: 조화)가 강조되는 일본적 삶의 가치가 작동하고 있다(J. Gray, 1998). 이런 점에서 일본경제에서 공공부문의 개혁을 통한 산업평화와 사회평화의 포기는 문화의 포기이자 일본의 포기를 의미한다.

우리 사회에서 화두가 되고 있는 양극화 문제의 해소는 현실적으로 공공부문의 역량만으로 해결될 수 없다. 일본의 경험에 기초할 때 공공부문의 역할 확대가 오히려 공공부문의 취약성 증대와 양극화의 심화로 이어질 수 있다. 한국은 2003년부터 민간에 대한 국가채무가 채권보다 많은 순채무국으로 전환되었다. 즉 재정여건이 급속히 악화하고 있는 가운데 심각한 재정팽창 압력을 받고 있으며 중장기적으로 재정 건전성이 심각하게 훼손될 가능성 고조되고 있다. 우리나라의 재정규모가 GDP에서 차지하는 비중을 기준으로 할 때 OECD 회원국 가운데 가장 안정된 것으로 보이지만 중장기적으로 심각한 재정팽창 압력이 존재한다. 공적자금 및 사회보장에 대한 재정부담, 급속한 인구노령화, 남북통일 비용 등이 존재하기 때문이다. 기본적으로 사회 및 소득의 양극화는 비정규직 비중의 증대나 양질의 일자리의 부족 등 고용의 질의 악화에서 비롯한다. 예를 들어, 전체 취업자 중 주당 30시간 미만 취업자 비중은 '97년 위기' 이후 급증하기 시작해 최근 들어서는 그 증가세가 한층 커지고 있다. 36시간 이상 취업자, 즉 정규직의 증감과 민간소비 증가율 사이에는 비례 관계가 존재하고 있는데 이는 비정규직 급증에 따른 고용 안전성 저하와 미래소득에 대한 불확실성 증대가 소비 위축의 구조적 요인이 되고 있음을 의미한다. 그리고 일자리

문제는 크게 교육시스템의 문제와 기업의 투자 부진문제 등에서 비롯하고 있다.

2. 시급한 교육혁신

낡은 교육시스템은 투자 부진 및 고용 문제로 이어지고 있다. 현재의 교육시스템은 기본적으로 기업의 투자, 특히 설비투자의 유발경로 변화에 대해 대응을 하고 있지 못하다. 앞에서도 지적했듯이, 제조업의 경우 설비투자의 성장 유발효과가 높기에 물적 자본 주도의 성장이 가능한 반면, 유효한 인적자본의 공급 유무에 의해 설비투자가 유발되는 '혁신주도형 지식기반경제'에서는 인적자본 주도의 성장이 필요하다. 그런데 우리의 경우 물적 자본 투입위주 성장전략에서 벗어나지 못하여 설비투자 유발경로 변화에 시의 적절히 대응하지 못한 것이 주요 선진국에 비해 설비투자 부진현상이 심화된 일차적인 요인이다. 혁신주도형 지식기반경제에 부응할 수 있는 인적자본의 공급은 교육시스템의 문제이다. 다시 말해, 〈신기술–신산업〉 분야, 즉 IT 이후의 신성장동력산업에 투자가 소극적인 이유는 기본적으로 이 분야에 필요한 인적자본 공급의 부족에서 비롯하고 교육혁신은 기업의 현재 수요를 충족시키는 데 급급한 산학협동 차원이 아닌 교육이 사회를 선도하는 기능을 회복하는 수준이어야 한다. 미래(수출)경쟁력 약화의 근본 원인으로 작용할 신성장동력산업에 대한 투자 위축은 향후 내수의 구조적 침체 속에서 경제의 장기침체 우려를 높인다. 인적자본의 중요성은 경제의 서비스화에서도 쉽게 확인된다. 한국은행에 따르면 10억 원 생산할 때 필요한 취업자수인 취업유발계수는 제조업이 4.9명인데 비해 서비스업은 18.2명으로 월등히 높다. 그만큼 서비스업의 일자리 창출 효과가 크다는 것이다. 그런데 서비스업의 경쟁력을 높이기 위해서는 제조업과 달리 물적 자본보다는 인적자본에 대한 투자가 필요하다.

이처럼 교육혁신은 매우 중요한 사안임에도 불구하고 현재 우리는 교육혁신에 대한 사회적 합의를 이끌어내지 못하고 있다. 정부의 통합 리더십의 부족 문제도 있지만 교육계 및 시민사회 역시 새로운 시대에 부응할 수 있는 교육혁신의 내용에 대한 합의를 끌어내지 못하고 있는 실정이다. 어떤 측면에서는 교육시장 개방의 파고 앞에서 현상 유지에 급급한 가운데 역설적으로 교육 불평등만 심화시키고 있다.

3. 기업의 투자 역량 강화

기업의 설비투자의 구조적인 저해 요인들을 사회통합적 공유시스 템의 구축이라는 관점에서 풀어가야 한다. 첫째, '97년 위기' 이후 관 치금융의 청산 차원에서 진행된 은행의 민영화 및 해외매각 등으로 관 계지향형 금융중개시스템은 해체되었고 그 결과 기업의 장기대출은 어 려워졌다. 산업금융기능을 강화하는 차원에서 '97년 체제'에서 도입된 금융규제에 대한 전면적 재검토가 필요하다. 은행과 기업이 위험을 함 께 부담하면서 불확실한 미래에 대해 투자하지 않는 한 경제의 성장은 기대할 수 없기 때문이다. 금융기관 혹은 금융기업의 재무 건전성과 안전성을 전제로 하되, 수익 추구와 금융시장 안정 역할이라는 공적기 능을 강화하기 위해 기업과 금융기관 간 장기적인 협력관계를 활성화 시켜야 한다. 이를 위해 부채비율이나 미래현금흐름에 대한 금융규제 가 미래원천기술의 확보 같은 모험적인 투자를 가로막지 않도록 재검 토하고, 또 국내 금융기관을 매각할 때 외국자본의 자격을 금융업을 영 위하는 자로 제한하고 국적 금융자본을 육성하고 국내 금융기관에 대 한 역차별도 해소해야 한다. 예를 들어, 기업의 미래현금흐름을 계산하 고 돈을 빌려 주라고 하면 장기대출이 일어나기 대단히 어렵다. 단기 현금흐름조차 실제로는 주먹구구식으로 계산하는 것이 보통인데, 은행 가들 입장에서는 나중에 감독기관에 걸려 문제될 소지가 있는 대출은 아예 하지 않는 것이 상책이다(신장섭, 2005: 457).

> ▶▶▶ **미래 현금흐름**(future cash flow)
>
> 미래 현금흐름이란 자산으로부터 기대되는 장래의 현금 사정을 추정하고 그 추정금액에 일정한 할인율을 적용해 현재 가치를 환산하는 것을 말한다.

국내 금융기관의 역차별은 특히 금융구조조정 과정에서 발생한 비은행권의 위축을 지적한다. 즉 은행권 업무영역에 대한 각종 규제 완화와 비은행권 업무영역 쪽에 대한 은행권 업무영역의 확장이다. 이로 인해 은행은 예금의 수취와 대출이라는 전통적 업무에서 벗어나 보험과 증권 관련 상품을 취급할 수 있게 되었다. 그러나 비은행권의 경우 여전히 각종 규제가 존속함으로써 기존 업무영역의 범위를 벗어나지 못하고 있으며, 이로 인해 은행권과 비은행권 간의 역차별 문제가 발

📍 [그림 14-3] 금융권역별 공적자금 지급 현황   (단위: 조 원)
(기간: 1997. 11~2006. 11말 까지)

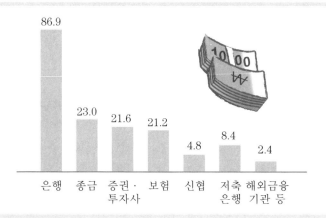

자료: 공적자금관리위원회.

생하고 있는 것이다. 이러한 금융업종 간 양극화 현상으로 전체 금융기관 자산에서 은행권이 차지하는 비중이 1997년 말 38%에서 2004년 말에는 61%로 크게 증가하였다. 이는 부실자산 발생에도 불구하고 금융위기 극복과정에서 공적자금 투입 등 정부지원에 힘입어 상대적으로 은행이 안정성을 확보한데 크게 기인한다(김석진, 2005: 508-509).

둘째, 기업집단의 확장에서 발생하는 내부인과 외부인 간의 갈등은 내부거래를 금지하기보다는 내부거래를 허용하되 주주들이 합리적으로 합의할 수 있는 여건을 만드는 것이 바람직하다. 지금까지 경험을 볼 때 내부거래는 개별기업의 수익률은 일부 희생하더라도 새로운 유망산업을 키우고 그룹의 전반적인 확장을 통해 경제성장 속도를 높이는 순기능을 갖고 있다. 사실 모든 내부거래가 소액주주의 이익을 항상 침해하지 않는다는 점, 계열사 간 거래를 통해 주가가 더 빨리 올라갈 것이 기대되면 소액주주가 내부거래에 찬성할 수도 있다는 점 등에 비추어 소액주주 권익보호 차원에서도 정부가 나서서 금지할 근거가 없다. 기본적으로 내부거래로 인해 내부인과 외부인 간의 이해상충과 갈등은 투명성 확보 및 감시기능 강화를 통해 해결하는 것이 바람직하다. 예를 들어, 기업집단들은 그룹식으로 운영함에 따라 외부주주에게 손실이 있을 수 있다는 점을 처음부터 명확히 하고 내부거래의 기준, 한도 등을 미리 밝힘으로써 외부투자자들이 처음부터 그 위험을 감안하고 주식을 살 수 있도록 하는 것이 바람직한 반면, 내부인이 그룹 전체의 이익이 아니라 사리사욕이나 다른 목적을 위해 내부거래를 하는 행위에 대해서는 징벌이 가해질 수 있도록 투명성과 감시기능이 확보돼야 한다(신장섭, 2005: 458-59).

셋째, 중소기업문제를 재벌과 중소기업 간 경쟁관계로 이해하지 말고 양자의 연계를 강화하는 방향으로 진행될 필요가 있다. 재벌 역시 세계적인 경쟁이 격화되고 좋은 부품 및 소재를 공급하는 능력 있는 중소기업의 존재가 재벌의 생존 자체를 위해 더욱 중요해지고 있다는 점을 인식해야 한다. 특히, 2006년 들어 순투자 개념으로 측정한 대기업 설비투자 성향이나 연구 · 개발(R&D) 투자 성향이 상장 중소기업에 비해서도 낮은 상태이다. 이런 상황에서 재벌이 중소기업을 협동관계로 인식하지 않는 한 재벌의 내부거래를 억제하자는 중소기업의 요청을 피할 수 없다.

4. 한반도 공간구조개혁

다음으로는 분권(균형발전)과 수도권 규제 완화의 문제다. '61년 체제'는 기본적으로 재벌과 수도권 중심의 논리에 기초하였다. 중심에서 배제된 부문의 소외는 '61년 체제'의 불공정성의 또 다른 상징이었다. 그러나 노무현 정부가 지방을 고루 발전시키겠다며 2004년 초부터 시작한 국가균형발전 5개년 정책에 따라 그동안 벌여 온 주요 사업만 해도 행정중심복합도시 건설을 비롯해 경제자유구역 · 지역특화발전특구 · 국제자유도시 조성, 혁신도시 · 기업도시 · 혁신클러스터 · 신활력지역 건설 등 손꼽기도 어려울 정도다. 정부는 이들 사업에 지난 2004-2005년 2년 동안 20조 원 이상의 국가예산을 쏟아 부었고 2008년까지 총 67조 원을 투입할 예정이다. 그러나 노무현 정부 출범 전인 2002년 말 7.7%였던 지역총생산(GRDP) 증가율 전국 평균은 2004년 말 5.1%로 2년 새 2.6%포인트가 떨어졌다. 특히 대구 · 부산지역은 GRDP 증가율이 2년 사이 5분의 1로, 제주도는 9분의 1로 뚝 떨어졌다. 일자리도 별로 늘지 않았다. 2002년 2.8%이던 시도별 취업자 증가율 평균도 2004년 1.9%로 낮아졌다. 기업투자 촉진을 통한 지방경제 활성화와 고용창출이라는 목표와 달리 균형발전정책 속에 기업은 존재하지 않았다. 반면, 대기업들은 투자를 되살리기 위해 수도권 규제 완화를 주장하고 있다. 즉 국내 대기업들은 대기업의 수도권 공장설립 규제 완화를 요구하고 있다. 이에 대한 정부의 대응은 2006년 9월 28일 기업환경

개선 종합대책이 발표되었고, 이 중 대기업의 수도권 공장설립규제와 관련해선 '균형발전 원칙에 입각한 선별적 검토' 방침을 재확인하는 수준이었다.

　이처럼 한쪽에서는 수도권 집중이 과밀과 비효율을 낳고 국가균형 발전을 초래하고 국가경쟁력을 약화시켜 왔다고 주장하는 반면, 다른 한쪽에서는 오히려 수도권 과잉규제와 지방의 한계를 지적한다. 모두 가 한국경제의 입지를 현재에 국한시켰을 때의 논리다. 이 문제는 한 반도 구조개혁의 관점에서 바라볼 필요가 있다. '97년 위기'가 '61년 체제'의 문제에서 비롯한 것이었듯이 균형발전이 제기되는 이유도 개 발독재 압축성장으로 야기된 국토의 불균형발전과 수도권 집중의 문제 를 해결하자는 것이기 때문이다. 그러나 가진 것을 나누기보다는 새로 운 것을 만들어가야 한다. '61년 체제'는 기본적으로 48년 분단체제 위에 기초한 것이다. 새로운 한반도 공간전략은 세계화의 물결과 경제 공동체의 부상, 중국의 부상, 남북통일, 그리고 지식경제로의 이행 등을 염두에 두고 한 단계 높은 차원에서 해결해야 한다. 이와 관련하여 '희 망의 한반도 프로젝트'(김석철, 2005)를 참고하고자 한다.

　첫째 수도권 세계화전략이다. 수도권을 제한한다고 수도권으로 인 구와 자본이 유입되는 것을 막을 수 없다. 수도권의 사회간접자본은 상당 부분 세계화되어 있다. 정작 수도권의 약점은 세계화의 콘텐츠가 부실한 데 있다. 즉 수도권의 세계경쟁력을 떨어뜨리고 있는 가장 큰 문제는 수도권이 경제규모에 비해 세계화되지 못한 데 있다. WTO체제 하에서 세계도시가 아닌 도시는 뒤쳐질 수밖에 없다. 수도권의 세계화 를 위해서는 수도권 규제보다는 오히려 수도권을 적정 규모로 확대할 필요가 있다. 수도권 토지이용과 교통체계를 전면적으로 재조직하고 세계와 지방과의 강력한 네트워크를 구축해야 한다. 예를 들어, 수도권 의 외연 확대는 북으로는 개성, 동으로는 춘천, 남으로는 평택, 서로는 인천 해안링크까지 이어지는 새로운 판을 구축하는 것을 검토할 필요가 있다.

둘째는 지방권 자립화 전략이다. 이를 위해서는 무엇보다 지방의 성장동력이 될 획기적인 인프라를 구축해야 하고 신산업을 일으켜야 한다. 이는 기존의 대도시와 산업공단 중심의 발전전략, 즉 지방도시와 농촌에 단순한 산업공단이 아닌 신산업클러스터를 위해 대규모의 인프라 투자가 필요하다. 1970, 80년대 수도권이 했던 것과 같은 인구와 금융과 정보를 집중해서 강력한 중심을 구축하는 방식이 되어야 한다. 이를 위해서는 지방인구의 서울 이동을 막도록 수도권 대학을 대대적으로 지방으로 이전하고 대기업이 함께 움직여 산학클러스터를 이루는 통합신도시를 만들고 이를 중심으로 분권화된 지방국가를 이루어 중앙정부로부터 자립할 수 있도록 경제규모를 키워야 한다. 신산업클러스터는 창조경제에 기반한 것이다. 창조경제의 핵심산업(R&D, 출판, 소프트웨어, 방송, 음악, 영화, 게임, 광고, 건축, 디자인 등)을 육성하려면, 즉 지방분권 성공의 요체는 지방에 창조적 집단이 가고 싶어 할 공간을 만드는 것이다. 여러 학문분야가 함께 있는 대학이 창조적 집단의 산실이며 창조적인 집단에 접근하는 것이 현대 비즈니스의 특징이다. 대학의 구조조정과 구조개혁은 눈앞에 다가온 국가적 과제로서 대학의 구조개혁과 교육혁신을 한반도 공간구조개혁이 함께 맞물려 있음을 의미한다.

셋째, 한반도 공간전략은 WTO와 FTA가 확대되는 상황에서 시장과 토지와 인구가 부족할 수밖에 없는 한반도가 중국대륙과 경제자유구역을 공유하는 일이다. 즉 한국의 경제자유구역과 중국의 경제자유구역 간의 공간공유 전략이 필요하다. 수도권 세계화와 지방권 자립화는 우리의 재정만으로는 어렵다. 즉 세계자본을 유치하고 이를 토대로 기업과 시중의 부동자금도 결합시키도록 해야 한다. 마지막으로 한반도 공간전략의 핵심은 남북통일이다. 중국과 한국의 공동자유구역이 공간공유를 이루듯이 남한과 북한이 경제권역 간 공간공유를 시도해야 한다.

5. 중국경제의 부상과 남북 경제협력 그리고 국제사회의 협조

'61년 개발독재체제'는 기본적으로 '48년 분단체제'에 기초한 것이다. 따라서 '61년 체제'가 갖는 비민주성을 해소하고 동시에 세계화를 주체적으로 수용해야 하는 '포스트 97년 체제'는 '48년 체제'를 해체시키는 것이다. 이런 점에서 남북 경제협력은 국제사회의 협력적 개입 속에서 이루어져야 하는 민족협력사업이다. 6자회담에서 보듯이 한반도문제 및 북한문제는 동북아문제이자 국제문제이기 때문이다. 일부에서는 신자유주의가 지배하는 세계시장에 주체적으로 참여할 경우 기존의 김영삼 정부, 김대중 정부, 노무현 정부의 세계화전략과 무엇이 다르고, 특히 신자유주의 세계시장에 능동적으로 참여하면서 신자유주의를 견제하는 독자적인 활동공간을 마련하는 것이 가능한지 회의적임을 지적한다. 그러나 '포스트 97년 체제'는 사회대타협에 기초한 위험과 이익의 공유시스템의 내부적 구축을 전제로 한 세계화전략이라는 점에서 신자유주의에 의한 우리 사회의 모순을 해소시킬 수 있다.

현재 한국경제와 북한경제의 대중의존도는 급증하고 있는 실정이다. 생산기반의 세계화와 중국경제의 부상은 특히 제조업의 공동화와 관련하여 한국경제에 중요한 영향을 미치고 있다. 즉 상대적 고임금구조의 정착 등에 대응하여 전통적인 제조업에서는 가격경쟁력 유지를 위해 임금 및 지가 등 생산비용이 저렴한 지역을 찾아 생산설비의 해외 이전을 시도하고 있다. 예를 들어, 수출이 1980년대 3저 호황기 이후 제 2 의 중흥기를 맞고 있지만 중국 및 일본과의 무역구조에 대해 우려를 표명하는 목소리는 갈수록 높아지고 있는 실정이다. 대(對)일본 무역수지 적자는 줄어들지 않고 있으며, 대(對)중국 무역흑자는 감소할 기미가 완연하기 때문이다.

한국과 중국, 일본 등 동북아 3개국은 무역수지 측면에서 이제껏 3 각 보완관계를 가지고 있었다. 2005년 기준으로 보면 한국은 일본에 243억 달러 적자를 기록했지만 중국에는 232억 달러 흑자를 기록했다. 일본에선 밑졌지만 이를 중국에서 대부분 만회했다는 얘기다. 중국은 한국과는 무역적자 관계지만 일본에 대규모 흑자를 기록하고 있는 상 황이다. 문제는 이 같은 관계가 서서히 바뀌고 있다는 점이다. 2006년 들어 대일 무역적자 규모는 개선되지 않는 상황에서 대중 무역흑자 규 모가 감소하고 있기 때문이다. 2006년 7월까지의 교역관계를 보면 대 중 무역흑자는 120억 6,000만 달러로 2005년 같은 기간의 125억 2,000 만 달러에 비해 4억 6,000만 달러 감소했다. 이는 대중 수출증가율이 10.8%인 데 반해 수입증가율은 19.3%에 이르기 때문이다.

대중 무역흑자가 줄어든다면 이는 2001년 이후 5년 만에 처음이 된다. 대중 수출 증가세 및 무역흑자 둔화는 중국이 철강과 석유화학 등 기초 소재 분야에 대한 대대적인 투자를 단행하면서 수입 수요가 줄어들고 있는 것이 가장 큰 배경으로 분석되고 있다. 물론, 여기에다 중국이 경기 과열을 막기 위해 위안화 평가절상, 금리 인상 등의 조치 를 취하고 있으며 국내 모기업이 중국 현지기업에 부품·소재 등을 비 싼 값에 공급하는 것을 막는 데서도 원인을 찾을 수 있다.

한편 지난해 잠깐 주춤했던 대일 무역적자는 올 들어 다시 증가세 다. 2006년 7월까지의 수치를 보면 대일 무역적자가 146억 달러로 2005년 같은 기간보다 7억 달러 가까이 늘었다. 원·엔 환율이 최근 들 어 800원대마저 무너지면서 대일 적자는 연말로 갈수록 커질 것이며 올해 대일 적자가 사상최대가 될 것이란 염려도 대두되고 있다.

게다가 중국이 '세계의 공장'과 '세계의 시장'을 넘어 '신기술 개 발의 전진기지'로 등장하고 있다. 잇달아 설치되고 있는 글로벌기업의 중국 연구·개발(R&D)센터와 '차이나 스탠더드(china standard)'로 요 약되는 중국의 독자 기술개발 전략의 영향이다. 일부 다국적기업 R&D

센터가 우리나라를 외면하고 있는 것과는 상반된 현상이다. 중국기업의 기술개발 수준은 한국을 포함한 중국 내 외국투자기업을 위협하고 있다. 글로벌 기업의 중국 R&D센터는 2006년 10월 말 현재 800개를 웃돈다. 2003년 말의 두 배 규모다. 세계 500대 기업 중 480개 사가 중국에 R&D센터를 세웠다. 글로벌기업의 R&D센터는 중국 내 고급 전문인력을 양성, 중국기업의 기술수준을 업그레이드시키고 있다. 예를 들어, 설립한 지 3년 만에 1,130만 달러의 순이익을 낸 더신무선통신의 창업자 14명은 모두 모토로라 R&D센터 출신이다.

중국은 국가적 차원에서 R&D센터 유치에 나서고 있다. 주지하듯이 중국 정부는 베이징현대차가 2공장을 세울 때 R&D센터 건립을 조건으로 허가를 내줬을 정도다. R&D센터에는 각종 장비 도입은 물론 기술 양도로 발생한 이익에도 면세 혜택이 주어진다. 중국 기업들의 적극적인 기술 개발 노력으로 중국 기업의 기술 생산성도 크게 높아지고 있다. '중국 기업 = 저부가, 저기술 생산'이라는 공식이 깨지고 있는 것이다. 매킨지와 칭화대가 최근 기술분야 3만 9,000개 중국 기업(사영기업) 및 외자 기업을 대상으로 공동 조사한 자료에 따르면 작년 중국 기업의 노동생산성(노동자 1인당 연간 매출액 기준)은 42만 1,000위안(1위안 = 약 118원)으로 외자 기업의 43만 9,000위안과 큰 차이가 없었다.

2001년 중국 기업의 노동생산성은 22만 6,000위안으로 외자 기업(50만 1,000위안)의 절반 수준에 불과했었다. 불과 4년 사이 기술분야 중국 기업의 생산성이 외자 기업의 턱밑까지 치고 올라온 것이다. 중국 기업과 외자 기업의 생산성 격차 축소는 은행대출 근로조건 등의 분야에서 중국 기업이 외자 기업보다 유리한 까닭도 있겠지만 더 주요한 요인은 기술 추격으로 중국 사영기업의 약진으로 외자기업의 중국 내 비즈니스가 위협받고 있다.[4]

한편, 최근 북한의 대중(對中) 경제의존도 역시 급증하고 있다. 특

---

4) 한국경제신문, 2006. 12. 2, A2면.

히 2004년 4월 북한 김정일 위원장의 방중(訪中) 이래 북한과 중국이 더욱 밀착되면서 일부에서는 한걸음 더 나아가 북한이 중국의 '동북 4성' 혹은 '위성국가'가 될지 모른다는 우려를 제기하고 있다. 이런 주장에 대해 일부 북한 전문가들이 이를 지나친 기우(杞憂)로 비판하기도 한다. 그런데 북·중 관계 밀착화를 확대해석하지 말아야 한다는 주장이 내세우는 주요 근거들은 다음과 같다.

첫째, 미국의 '대북 강경정책'이라는 현실 아래에서 북한과 중국 간의 경제협력 강화는 북한의 불가피한 선택으로 양국의 경제관계는 정치적 의도라기보다는 중국의 고성장에 따른 자연스런 영향력 확대 과정의 하나에 불과하다고 주장한다. 즉 북한의 대중국 의존 심화 현상은 중국 상품의 가격경쟁력, 북한 원자재에 대한 수요 급증, 지리적 인접성 등에서 기인하고 있으며, 특히 고도 경제성장에 따른 동북 3성 개발이 본격화하고 있기에 이 같은 이점들을 배경으로 북·중 경제관계는 더 긴밀해질 것이라는 것이다.

둘째, 북·중 간의 경제관계의 확대는 북한의 개혁·개방이 이루어지고 있다는 증거로 이해할 수 있다는 주장이다. 즉 이들은 대외의존도가 높아진다는 것은 체제전환이 이루어지고 있다는 증거라는 것이다. 나아가 이들은 북·중 경제관계의 확대로 인해 미국의 대북 경제봉쇄와 같은 억압책은 중국이 동참하지 않는 한 실효성이 떨어질 뿐만 아니라 중국에 대한 의존도만 더 높이는 결과를 낳을 것이며 최근 미국의 금융제재도 어느 정도 영향을 미치겠지만 미국이 예상하는 것보다 작을 것이라고 분석한다. 실제로 북·중 경제관계의 확대 및 심화가 긍정적인 영향을 미치는 것을 부정할 수가 없다. 중국 투자기업들이 북한의 시장경제 확산의 주체가 되고 있기 때문이다. 또한, 갑작스런 북한 경제와 북한 체제의 붕괴가 우리에게도 바람직하지도 않다는 점에서 북한과 중국의 경제협력 확대는 북한경제 회복에 기여하고 있다. 특히 남북경협의 확대가 제한적으로 진행되는 상황에서 북·중 경제협력의 확대는 보완적 역할을 할 수 있다. 이런 긍정적 효과들은 한국과 중국이 북한의 안정적인 체제 전환과 경제성장에 대한 이해를 공유하고 있는 결과라 할 수 있다.

그럼에도 불구하고 북한의 대중 경제의존도의 심화는 우려하지 않을 수 없는 점들이 있다. 무엇보다 한국은행의 추정에 따르면 북한경제는 사회주의권의 붕괴 영향을 받기 시작한 1990년 무렵부터 경제가 후퇴하여 98년까지 마이너스(–) 성장이 계속되었다. 예를 들어, 북한의 총무역액은 1990년 41억 8천3백만 달러에서 98년에는 16억 6천4백만 달러, 즉 90년 무역액의 약 40%에도 못 미치는 수준으로 후퇴하였다. 그 결과 GNP 역시 1990년 232억 달러에서 98년에는 126억 달러, 즉 90년의 54% 수준으로 후퇴하였다. 그러나 북한경제는 1999년부터 후퇴가 중단되고 더딘 속도지만 회복되고 있는 것으로 보인다. 여기에는 주지하듯이 1998년 2월 김대중 정부의 햇볕정책 발표, 그 해 6월과 11월 각각 정주영 명예회장의 소떼 방북과 금강산관광 첫 출항 등 남북관계가 급진전되고 이에 따른 대외환경의 커다란 개선이 한 몫을 하였다. 특히, 북·중 교역의 확대가 본격화하기 시작하였다. 북한의 총무역액은 2000년에서 2004년까지 5년간 23억 9천4백만 달러에서 35억 5천4백만 달러로 약 1.5배가 증가한 반면, 같은 기간동안 북·중교역액은 4억 8천8백만 달러에서 13억 8천5백만 달러로 2.8배 이상이 증가하였다. 이처럼 2000년 이후 북한 총 무역액 증가분의 77%를 차지하고 있는 북·중 무역의 증가는 북한경제 회복에 절대적 기여를 하였다. 참고로 2004년 북한의 명목 GNP(208억 달러)는 1990년 수준(232억 달러)의 90% 수준을 밑돌고 있고, 2004년 북한의 총 무역액 또한 1990년 수준의 85%를 밑돌고 있는 실정이다.

그러나 2004년 북·중 교역액만은 90년 수준(4억 8천3백만 달러)의 약 3배로 크게 증가하였다. 최근의 한 연구에 따르면 북·중무역의 증가는 2000년 이후 북한 GNP를 연평균 3.5% 포인트 이상 증가시켰고 이는 이 기간의 북한의 연평균 GNP 성장률 2.1%보다 1.4% 높은 것으로 북·중 무역의 증가가 없었다면 2000년 이후 북한경제가 다시 마이너스(−) 성장으로 돌아설 수밖에 없었음을 의미하는 것이다. 북핵위기가 장기화되면서 2005년부터 다시 북한이 1990년대 중반 겪었던 최악의 식량난을 다시 겪을지도 모른다는 국제사회의 경고가 나오고 있고, 북한이 식량난 해결을 위해 국가 총동원령을 내릴 정도로 북한경제는 취약한 실정이다. 이는 아직 북한의 경제가 1990년 수준을 회복하지 못할 정도로 침체를 벗어나지 못하고 있다는 점에서 북·중 무역이 북한경제에서 얼마나 커다란 비중을 차지하는지 보여주는 것이다. 반면, 북·중 무역이 중국경제에 차지하는 비중은 매우 미미한 정도다. 2004년 기준으로 북·중 무역액이 북한 총 무역액에서 차지하는 비중은 39%나 차지하는 반면, 중국 전체 무역액(1조 2,882억 달러)에서 차지하는 비중은 0.1%에 불과하다. 중국의 의지에 따라서는 북한경제가 얼마든지 순식간에 파국으로 치달을 수 있는 상황이다.

그나마 현재 북·중 경제교역의 내용을 보면 어패류나 의류 등 보세무역의 대상인 소비재를 제외하면 나머지는 철강, 광, 광물성 연료, 아연과 알루미늄 등 비철금속들, 가공하지 않은 원목 등이 대부분이다. 게다가 최근의 중국의 투자는 혜산청년동광, 무산철광산, 용등탄광 등 북한의 지하자원에 집중되고 있다. 북·중간 비대칭적 경제구조 속에서 이를 '윈−윈' 전략이라 할 수는 없다. 전 세계가 자원전쟁을 벌이는 상황에서, 지속적인 경제성장을 위해 자원의 안정적 확보가 절대과제로 된 중국의 입장에서는 실리까지 챙기고 있다. 또한, 북·중 간 경제관계의 확대가 북한의 개방으로 이어지고 있다는 주장도 불분명하다. 북·중 교역의 급증에도 불구하고 2004년 북한경제의 무역의존도는 17%로서 1990년의 18%에도 못 미치고 있기 때문이다. 게다가 지난해 말부터 북한이 1990년대 중반부터 사실상 붕괴된 식량배급제를 재가동할 움직임을 보이고 있을 정도로 체제 개혁에 소극적이다.

　　마지막으로, 북한경제가 동북 3성에 대한 무역의존도(2004년 기준 동북 3성과의 무역규모는 72%)가 큰 이유는 경제적 요인들(지리적 인접성이나 세제감면 혜택 등)에서 비롯하는 것이기에 이는 자연스런 현상으로 북한이 중국의 '동북 4성'으로 전락할 일부의 우려는 기우에 불과하다는 주장은 너무 순진하다. 예로 2002년 9월 북한의 신의주 특별행정구 발표와 중국의 양빈 장관 구속 사태는 중국의 동북 3성 개발(동북공정)과 연계되지 않는, 즉 독립적인 북한의 개방과 개발 전략을 용납할 수 없다는 중국의 입장을 적나라하게 보여 준 사건이었다. 주지하듯이, 중국은 이미 오래 전부터 현재 중국의 유력한 차세대 지도자로 꼽히고 있는 보시라이(薄熙來 · 55) 상무부장이 랴오닝(遼寧)성장 시절(2001년-2004년 2월)에 신의주와 단둥을 묶는 '조-중 경제특구'를 추진하였다. 중국은 서부개발 다음으로 동북지역개발을 주요 역점 사업으로 삼고 있다. 2002년 11월 28일자 '홍콩경제일보'의 지적을 들지 않더라도 중국이 양빈을 구속한 것은 북한에 대한 공식적인 불만을 표시한 것이었다. 중국이 북한에 식량 및 원료 등을 원조해 준 것은 그냥 이루어진 것이 아니라 중대 문제에 관해 중국과 협의한다는 조건이 전제된 것이었기 때문이다. 또한, 지난해부터 중국이 홍콩 · 상하이에 이어 랴오닝성의 선양과 다롄에 금융 · 물류허브 건설 등 대규모 프로젝트를 착수한 것도 동북 3성 지역의 인구 3억-4억 규모의 시장을 직접 겨냥한 것이며 아울러 북한의 신의주 개발 등 북한의 개방에 대응한 사전포석의 성격이 짙다. 현재 북한경제와 동북 3성과의 교역관계의 중심이 되는 곳은 단둥이다. 단둥은 북 · 중 간 거래가 가장 활발한 지역으로 북 · 중 무역의 50% 이상이 이곳을 통해 이루어지고 있다. 더욱이 단둥시가 북한과의 경제협력 강화를 위해 북 · 중 압록강 대교 건설, 경의선 철도 중 북한 철도구간에 대한 중국의 원조프로젝트 추진, 대동항 확장과 북 · 중해상운송로 재개설, 대북 자유무역지대 설립 등에 대한 계획을 밝히고 있다. 이것이 북 · 중 경제관계 밀착화의 현실이다.

북·중 경제관계의 심화를 긍정적으로 보는 주장들이 (미국의 한반도정책에 대한 부정적 인식을 갖고 있는 이들에게) 북·중관계의 확대가 미국의 대북경제봉쇄에 대한 부정적 효과에 기초한 것이 아니기를 바랄 뿐이다. 한반도문제에 대한 이해관계에서 미국과 중국은 칼라만 다를 뿐이지 결코 본질이 다르지 않기 때문이다.

북핵문제는 핵문제 이후의 북한문제와 분리하여 사고할 수 없다. 최근의 북핵문제를 보면 이미 북한문제와 같이 가고 있음이 확인된다. 우리는 궁극적으로 두 개의 코리아를 통합시켜야 하는 과제를 갖고 있는 반면, 주변 강대국들은 자신들의 이해와 충돌되는 한 한반도 및 동북아 질서의 변화를 수용할 없는 입장이다. 따라서 우리는 한반도를 둘러싼 이해 당사국들의 협조는 물론이고 양보를 끌어낼 수밖에 없다. 이를 위해 우리는 주변 이해당사국들의 양보를 끌어낼 수 있는 최대한의 교섭력을 확보해야 한다. 그런데 현실을 보면 우리는 주변 4강 어느 국가에도 우리의 입장을 관철시킬 수 있는 역량을 확보하고 있지 못하다. 우리의 대중국 교섭력이 확보되지 않는 상황이 중국의 대북 경제 진출 확대를 우려할 수밖에 없는 이유다.

한·중 간 비대칭적 관계의 심화가 한미관계의 신뢰 약화로 이어지는 한 한반도 및 북한 문제를 우리가 원하는 방향으로 해결할 수가 없다. '97년 체제' 이후 좋든 싫든 한·미관계의 신뢰와 협조는 크게 훼손된 상황이고 이는 남북 간 경제협력의 근본을 훼손시키고 있다. 따라서 '87년 체제'가 한·미동맹 체제를 중심으로 한 한반도 체제를 해체시켰다면 '97년 체제'는 한·중관계의 비대칭성을 심화시켰고, 이는 한·미관계의 신뢰 약화와 한반도 및 북한 문제에서 한국의 지위를 약화시키는 결과로 이어졌다.

6. 아시아 네트워크의 구축

이처럼 동북아에서 냉전질서의 해체 이후 한반도 및 북한 문제와 관련하여 기존의 한미관계의 비대칭성을 한중관계의 비대칭성으로 대체하는 것은 우리에게 결코 바람직하지 못하다. 동북아에서 미국의 역할을 배제할 수 없는 한 미국은 한반도 및 북한 문제에서 독립변수이기 때문이다. 중국과 북한이 미국을 한반도 및 북한 문제에서 독립변수로 인정하고 있음에도 불구하고 우리 사회의 일부는 미국을 배제하는 것이 가능한 것으로 착각해 왔다. 한국의 대중 의존도의 심화가 한반도 및 북한 문제를 해결할 수 없는 한 한·중 관계의 비대칭성의 심화는 한반도 및 북한 문제의 해결을 위한 민족공조를 불가능하게 할 수밖에 없다. 따라서 우리의 시야를 한반도 주변의 4강 외교에서 '인도 등 서남아시아 – 중앙아시아 – 중동 – 아세안 – 오세아니아' 등을 잇는 '아시아네트워크' 구축과 리더십의 발휘로 확대시켜야 하는 이유가 여기에 있다. '

이와 관련하여 우리 사회 일각에서 주장하는 동아시아론은 바람직한 '한국적 글로벌화'가 아니다. 동아시아론은 세계사회에서 동아시아의 정치·경제·군사적 비중이 급격히 높아지면서 동아시아 국가와 사람들의 동질성을 확인하고 장래의 바람직한 방향을 설정하려는 노력이라 하지만 기본적으로 동아시아의 문화적 정체성은 결국 유교사상의 가치론의 재정립이고, 세계사회에서 유교는 중국과 동일시하기 때문이다. 현실적으로 한반도 분단체세의 평화적 극복과 맞물려 니온 것이지만 기본적으로 중국 중심으로 흐를 수밖에 없기에 중국 중심의 세계질서(Pax Sinica)에 대한 미국 및 서방의 견제와 우려만 불러 올 수 있다. 실제로 동아시아론자들은 미·일이 주도하는 아시아 질서를 비판하기 위해 중국 역할을 강조하지만, 또한 우리 입장에서 중국 역할의 강조가 철저한 등거리라고 하지만 우리의 의도와 관계 없이 한·중관계의 비대칭성 증대와 한·미관계의 사회약화로 귀결되는 현실을 직시할 필요가 있다. 팍스시니카 및 경제굴기(經濟堀起)가 진행되고 차이나 존(China Zone)이 급속히 확장되는 상황에서 한반도가 중국의 동쪽 끝에 있는 변방국가로 전락할 가능성은 단순한 우려 차원이 아니다.

'아시아 네트워크' 리더십만이 한반도 평화와 민족통합에 실질적으로 기여할 수 있는 아펙(APEC)과 아셈(ASEM)의 협력을 끌어낼 수 있기 때문이다. 즉 빠르게 추격하고 있는 중국시장을 대체할 수 있을 뿐 아니라 아시아에서 중국의 지나친 영향력 확대를 견제할 수 있는 인도, 아시아의 'FTA 허브'로 부상하며 동남아시아에서 일본과 중국의 지나친 영향력 확대를 경계하는 아세안, 에너지와 자원의 확보에서 결코 외면할 수 없는 중앙아시아와 중동 국가들, 그리고 호주까지 포함하는 아시아 네트워크의 구축이 그것이다. 흔히, 중국이 빠른 호랑이라면 인도는 느린 코끼리에 비유된다. 중국의 부상을 우려하는 사람들은 한국이 호랑이 등에 올라타지 못하면 먹힐 수밖에 없음을 말한다. 중국은 기본적으로 미국의 대중국 포위전략을 무력화시켜야 하고, 인도는 아시아에서 중국의 세력이 커지는 데 경계심을 갖고 있다. 그런데 중국보다 제조업에서 기술경쟁력을 갖고 있고 하드웨어를 중심으로 IT산업이 발전한 한국이 인도에는 매력적인 파트너일 수밖에 없기에 코끼리 등에 올라타기는 그리 어렵지 않다. 삼성, LG, 현대차 등 한국의 대기업들이 인도에서 일본 기업들을 제치고 선전하는 이유도 여기에 있다.

우리의 제1 교역상대국인 중국경제의 부상은 한국경제에 위협과 기회의 양면성을 가지고 있다고 하나 기회요인을 극대화하고 위협요인을 최소화하기 위해서는, 그리고 무엇보다 한반도와 북한 문제를 풀어가기 위해서는 중국의 적극적 협력을 이끌어내야 하는데, 이를 위해 중국에 대한 최대한의 지렛대를 확보해야 한다. 중국에 대한 지렛대의 확보가 전제되지 않는 중국과의 관계 확대는 비대칭적 관계로 귀결될 수밖에 없고, 이는 한·미관계에도 부정적으로 영향을 미칠 수밖에 없다. 그런데 한·미관계의 신뢰회복 없이 한반도와 북한 문제에서 미국의 협력을 이끌어내기는 어렵다.

우리 사회의 내부개혁을 할 수 있고 통합의 리더십을 작동시킬 수 있다면, 동아시아 경제공동체의 추진이 불가피한 상황에서, 특히 우리의 경우 아시아 네트워크 구축에 주역이 되기 위해 한미 FTA도 활용할 필요가 있다. 동아시아 경제공동체의 체결을 전제로 교두보 확보를 목표로 하는 미국의 입장을 적극 활용하면 한·미 신뢰와 협조 체계까지 복구할 수 있다. 동시에 한·일 무역역조의 구조적 문제를 해결하는 계기로 활용할 수도 있다. 특히 제조업 분야에서 미국의 투자기술협력을 유도하는 것이 중요하다. 제조업분야에서 원천기술을 보유하고 있는 일본과 독일 등에게 제조업의 경쟁력을 상실한 미국의 입장에서 한국에 대한 원천기술 이전 협력이 가능할 수 있기 때문이다. 기술이전 협력을 통해 한국 제조업의 한 단계 업그레이드와 일본에 대한 무역적자 구조를 해소시킬 수 있는 기회로 삼도록 해야 한다.

◆ 참고문헌

김석진, 2005, 「금융시장 개방화와 정책과제」, 이대근 외, 『새로운 한국경제발
　　전사』, 나남출판.

김석철, 2005, 『희망의 한반도 프로젝트』, 창작과 비평사.

박영구, 2002, 「진입과 조정을 통해 본 정부와 기업 — 1970년대 중화학공업을
　　중심으로 —」, 『근현대 한국경제에서의 기업과 정부』 2002년도 경제사학회
　　정기학술대회.

손욱, 「통화정책과 주식시장」, 『경제분석』, 2006.10.

유용주 외, 2000, "IMF체제 3년간의 한국경제 변화," 삼성경제연구소.

이강국, 2005, 『다보스, 포르투 알레그레 그리고 서울(세계화의 두 경제학)』, 후
　　마니타스.

이근영, 2006(5/25), 「통화정책이 금융자산가격에 미치는 영향」, 한국은행 금융
　　안정포럼.

차명수, 2000, 『금융공황과 외환위기,1870-2000』, 대우학술총서 472, 아카넷.

최배근, 2003, 『네트워크 사회의 경제학: '역사'와 '국적'이 있는 경제학을 위
　　하여』, 한울아카데미.

한국은행, 각종 자료.

Claessens, S., S. Djankov, and L. Lang, 1998, "Corporate Growth, Financing,
　　and Risks in the Decade before Ease Asia's Financial Crisis," *Policy
　　Reserach Working Paper* no. 2017, World Bank.

Fischer, 2003(May), "Globalization and Its Challenges," *American Economic
　　Review* 93.

Gray, John, 1998, *False Down: The Delusions of Global Capitalism*, London:
　　Granta Books.

색 인

저자 약력

건국대학교 경상학부 교수
건국대 민족통일연구소 소장
경제사학회 이사
코리아글로브(KG) 운영위원장
MBC 자문위원
한겨레21, 지구촌경제 고정컬럼 집필
한국경제TV '최배근의 글로벌 이슈' 고정출연 해설
행정자치부 자문위원
하남민주연대 대표
대안학교, 민들레학교 교장
전국사립대학교 교수협의회 사무총장
학교법인 지산학원 임시이사(공익관선이사)

저   서

시장과 네트워크 그리고 경제학: 유형재 대 무형재의 경제학, 집문당, 2007
헌법 다시 보기 – 87년헌법, 무엇이 문제인가(공저), 창작과 비평사, 2007
시장경제와 민주주의의 유형: 영미형과 동아시아형의 비교, 집문당, 2005
네트워크사회의 경제학, 한울아카데미, 2003
디지털시대, 새로 쓰는 경제학, 한울아카데미, 2002
인터넷한국의 10가지 쟁점(공저), 역사넷, 2002
시장경제들의 역사적 기원과 특성, 법문사, 2000
한국경제의 역사적 인식: 유럽중심적 사고의 극복, 박영사, 1998
참여민주주의와 한국 사회(공저), 창작과 비평사, 1997
우리가 바로잡아야 할 39가지 개혁과제(공저), 도서출판 푸른숲, 1997
한반도통일론: 전망과 과제(공저), 건국대학교 출판부, 1997
한국경제의 이해: 한국경제성장의 회고와 전망(공저), 법문사, 1997

역사적 분석으로 본
한국경제의 새로운 길

| 2007年 | 2月 | 25日 | 初版印刷 |
| 2007年 | 3月 | 5日 | 初版發行 |

著 者 최 배 근
發行人 安 鍾 萬
發行處 博 英 社

서울特別市 鍾路區 平洞 13-31番地
電話 (733)6771 FAX (736)4818
登錄 1952. 11. 18. 제1-171호(倫)

www.pakyoungsa.co.kr e-mail: pys@pakyoungsa.co.kr

파본은 바꿔 드립니다. 본서의 무단복제행위를 금합니다.

定 價 30,000원   ISBN 978-89-10-20499-2